Diem/Jahn
Akquisitionsfinanzierungen

Akquisitions-finanzierungen

Kredite für Unternehmenskäufe

von

Dr. Andreas Diem
Rechtsanwalt in München

und

Dr. Christian H. Jahn
Rechtsanwalt in München

4., vollständig überarbeitete Auflage 2019

C.H.BECK

www.beck.de

ISBN 978 3 406 70978 4

Druck: Druckhaus Nomos
In den Lissen 12, 76547 Sinzheim

Satz: Druckerei C. H. Beck Nördlingen

Umschlaggestaltung: X-Design,
München (www.x-designnet.de)

Gedruckt auf säurefreiem, alterungsbeständigem Papier
(hergestellt aus chlorfrei gebleichtem Zellstoff)

Vorwort zur 4. Auflage

Der Markt für Akquisitionsfinanzierungen in den letzten sechs Jahren seit Erscheinen der dritten Auflage war geprägt von hoher Liquidität, niedrigen bis negativen Refinanzierungszinsen und einem neuen Wettbewerber der klassischen Banken, den Private Debt Funds. Die Investorenbasis der privaten Kreditfonds ähnelt derjenigen von Private Equity Funds und nicht selten sind es etablierte Private Equity Häuser die durch Gründung eines Kreditfonds nun auch in das Geschäft mit Fremdkapital eingestiegen sind. Die privaten Kreditfonds bieten die für eine Akquisition erforderlichen Mittel meist aus einer Hand in einer sog. Unitranche. Die verfügbaren Kreditvolumina sind zumeist höher als die der Banken, Entscheidungswege zur Finanzierungszusage sind kurz, dafür ist die Unitranche-Finanzierung teurer als eine klassische Bankenfinanzierung und die Kreditfonds können keine für die erworbenen Unternehmen wichtigen Kontokorrent- und Avallinien zur Verfügung stellen. Die zunehmende Stärke der Kreditfonds im Akquisitionsfinanzierungsmarkt hat dazu geführt, dass einige der Banken nach anfänglicher Skepsis und trotz grundsätzlicher Konkurrenz inzwischen mit den Kreditfonds gemeinsam Finanzierungen anbieten, indem sie den Betriebsmittelkredit und teilweise auch eine Beteiligung an der Unitranche auf sog. Super-Senior-Basis (d. h. vorrangig aus den Erlösen einer Sicherheitenverwertung zu bedienen) anbieten.

Die vorgenannten Umstände haben dazu geführt, dass die Dokumentation in den letzten Jahren fortlaufend kreditnehmerfreundlicher wurde. Auffälligstes Beispiel ist das Abschmelzen der Finanzkennzahlen (*financial covenants*) auf zumeist nur noch den Netto-Verschuldungsgrad und großzügige Möglichkeiten zur Normalisierung und Pro-Forma-Berechnung der hierfür erforderlichen Parameter. In den großvolumigen, meist in England oder den USA arrangierten Transaktionen wurden die sog. *Covenant Lite-Loans,* Darlehen ohne verpflichtend einzuhaltende Finanzkennzahlen, mehr und mehr zur Norm. Abzuwarten ist, ob erste Anzeichen einer Abkühlung im M&A- und Syndizierungsmarkt auch wieder zu konservativeren Kreditdokumentationen führen werden.

Juristisch haben in Deutschland eine Reihe von Entscheidungen des BGH zu aufsteigenden Sicherheiten und Bearbeitungsgebühren in Darlehensverträgen zu intensiven Diskussionen in der Praxis geführt. Während die Bestellung von Sicherheiten zur Besicherung von Gesellschafterverbindlichkeiten nach der neuen Rechtsprechung dem Grundsatz nach erleichtert wird, birgt sie doch erhöhte Haftungsrisiken für Geschäftsführer. Laufzeitunabhängige Bearbeitungsgebühren in AGB- Darlehensverträgen der Banken sind nach neuer Rechtsprechung des BGH unwirksam. Detailliert ist nun zu prüfen, welche Leistungen die Banken bei Akquisitionsfinanzierungen erbringen, die über die reine Gewährung des Darlehens hinausgehen und auch nach der neuen Rechtsprechung als Sonderleistung vergütet werden können. Viel grundsätzlicher aber wirft die neue Rechtsprechung Fragen der Abgrenzung von Individualvereinbarungen zu Allgemeinen Geschäftsbedingungen, zum Schutzzweck des AGB-Rechts und nicht zuletzt zur Wettbewerbsfähigkeit des deutschen Rechts in einem internationalen Marktumfeld auf.

Die Verfasser bedanken sich bei ihren Kollegen von Latham & Watkins LLP, insbesondere Dr. Susanne Kügemann, Alexandra Meyen, Stefan Süß und Dr. Christine Watzinger für ihre Gesprächsbereitschaft und Mithilfe bei der Aktualisierung des Manuskripts.

München, im März 2019

Dr. Andreas Diem
Dr. Christian H. Jahn

Aus dem Vorwort zur 1. Auflage

Akquisitionsfinanzierungen, auch „*Leveraged Buy-outs*" oder „*LBOs*" genannt, wurde Ende der siebziger Jahre in den USA entwickelt. In Europa erlangten LBO-Finanzierungen zunächst in Großbritannien und später auch in Kontinentaleuropa eine erhebliche Bedeutung. Die angelsächsischen Wurzeln prägten die Strukturierungs- und Vertragstechnik, die sich schnell als „internationaler Standard" durchsetzte. Weil die Vertragswerke häufig recht umfangreich sind und sich Kreditgeber, die sich im Rahmen der Syndizierung an der Finanzierung beteiligen wollen, nicht in allen Details mit den Verträgen befassen können, drängten die Kreditgeber auf eine Vereinheitlichung der Verträge. Verstärkt wurde diese Tendenz durch die *Loan Market Association* („LMA"), die englischsprachige Musterverträge nach englischem und später auch nach französischem Recht entwickelte und ihren Mitgliedern kostenlos zur Verfügung stellte.

Soll eine Finanzierung nicht englischem, sondern deutschem Recht unterliegen, so bietet es sich an, den Kreditvertrag auf der Grundlage eines angelsächsischen Mustervertrags zu erarbeiten. Damit sind die LBO-typischen Bestimmungen bereits im Kreditvertrag enthalten. Jetzt muss nur noch bei der Rechtswahlklausel „englisches Recht" durch „deutsches Recht" ersetzt werden und fertig ist der LBO-Kreditvertrag nach deutschem Recht – meinen manche. Gründlichere Rechtsberater werden z. B. den „rolled-up interest" durch eine Regelung ersetzen, die nicht gegen das deutsche Zinseszinsverbot verstößt, oder auch die Einflussmöglichkeiten der Kreditgeber auf die Geschäftsführung der Zielgesellschaft beschränken, um den Nachrang ihrer Kredite in der Insolvenz des Kreditnehmers zu vermeiden. Häufig werden Vertragsbestimmungen aus dem Mustervertrag übernommen, ohne eine klare Vorstellung davon, wie diese Bestimmungen nach deutschem Recht zu qualifizieren wären und wie sie sich in den Kontext des dispositiven oder zwingenden deutschen Rechts einfügen.

Die bei LBO-Finanzierungen erforderliche Besicherung der Kredite der Erwerbsgesellschaft durch Sicherheiten der erworbenen Zielgesellschaft wirft schwierige Fragen des deutschen Gesellschaftsrechts auf. Man denke nur an die Kapitalerhaltungsvorschriften, die Rechtsprechung zum existenzvernichtenden Eingriff, Nachrang von Gesellschafterdarlehen in der Insolvenz usw.

In diesem Buch werden die wesentlichen Vertragsbestimmungen der heute in Europa gebräuchlichen LBO-Kreditverträge und Intercreditor-Vereinbarungen in die Kategorien des deutschen Rechts eingeordnet, auf ihre Vereinbarkeit mit deutschem Recht untersucht und, soweit bestimmte Regelungen gegen deutsches Recht verstoßen oder zu rechtlichen Risiken führen, Vorschläge für eine wirtschaftlich möglichst gleichwertige, aber rechtlich zulässige Regelung unterbreitet. Ebenso werden die für die Strukturierung und die Besicherung von LBO-Finanzierungen relevanten Schranken des deutschen Rechts dargestellt und Gestaltungsmöglichkeiten entwickelt.

Inhaltsverzeichnis

Teil D. Nachrangige Kredite

Teil E. Rangverhältnisse und Intercreditor-Vereinbarung

Teil F. Rechtsfragen der Besicherung

Teil G. Besicherung von Gesellschafterverbindlichkeiten

Abkürzungsverzeichnis

AG	Die Aktiengesellschaft
BaFin	Bundesanstalt für Finanzdienstleistungsaufsicht
BB	Betriebs-Berater
BGBl	Bundesgesetzblatt
BGH	Bundesgerichtshof
BKR	Zeitschrift für Bank- und Kapitalmarktrecht
BlGBW	Blätter für Grundstücks-, Bau- und Wohnungsrecht
BuB	Bankrecht und Bankpraxis
DNotZ	Deutsche Notar-Zeitschrift (vorher: Zeitschrift des Deutschen Notarvereins)
Drucks.	Drucksache
EU	Europäische Union
EuInsVO	Europäische Insolvenzverordnung
EWiR	Entscheidungen zum Wirtschaftsrecht
EWWU	Europäische Wirtschafts- und Währungsunion
FMStG	Gesetz zur Umsetzung eines Maßnahmenpakets zur Stabilisierung des Finanzmarktes (Finanzmarktstabilisierungsgesetz)
GbR	Gesellschaft bürgerlichen Rechts
GmbHR	GmbH-Rundschau
HRR	Höchstrichterliche Rechtsprechung
IPR	Internationales Privatrecht
IPrax	Praxis des Internationalen Privat- und Verfahrensrechts
JuS	Juristische Schulung
JZ	Juristenzeitung
KWG	Gesetz über das Kreditwesen
LM	Lindenmaier-Möhring, kommentierte BGH-Rechtsprechung
LMA	Loan Market Association
MittRhNotK	Mitteilungen der Rheinischen Notarkammer
MoMiG	Gesetz zur Modernisierung des GmbH-Rechts und zur Bekämpfung von Missbräuchen vom 23. Oktober 2008
NJOZ	Neue Juristische Online-Zeitschrift
NJW	Neue Juristische Wochenschrift
NJW-RR	NJW-Rechtsprechungsreport Zivilrecht
OLGZ	Entscheidungen der Oberlandesgerichte in Zivilsachen einschließlich der freiwilligen Gerichtsbarkeit
RBeistand	Rechtsbeistand: Zeitschrift für Bundesrecht und Praxis der rechtsberatenden Berufe
RegE	Regierungsentwurf
RG	Reichsgericht
RisikoBegrG	Gesetz zur Begrenzung der mit Finanzinvestitionen verbundenen Risiken (Risikobegrenzungsgesetz)
Rom I-VO	Verordnung (EG) Nr. 593/2008 des Europäischen Parlaments und des Rates über das auf vertragliche Schuldverhältnisse anzuwendende Recht vom 17. Juni 2008
UBGG	Gesetz über Unternehmensbeteiligungsgesellschaften
VIZ	Zeitschrift für Vermögens- und Investitionsrecht (bis 1996), Zeitschrift für Vermögens- und Immobilienrecht (ab 1997)

WM	Wertpapier-Mitteilungen, Zeitschrift für Wirtschafts- und Bankrecht
WPg	Die Wirtschaftsprüfung
WPU	Wertpapierdienstleistungsunternehmen
WpÜG	Wertpapiererwerbs- und Übernahmegesetz
ZBB	Zeitschrift für Bankrecht und Bankwirtschaft
ZGR	Zeitschrift für Unternehmens- und Gesellschaftsrecht
ZHR	Zeitschrift für das gesamte Handelsrecht und Wirtschaftsrecht
ZIP	Zeitschrift für Wirtschaftsrecht

Literaturverzeichnis

Abramenko, Andrik, Die Sicherheitsleistung einer GmbH für Gesellschafter und der Kapitalerhaltungsgrundsatz (§§ 30, 31 GmbHG), GmbHR 1997, 875 ff.

Ackmann, Bernd/Reder, Lars, Geldwäscheprävention in Kreditinstituten nach Umsetzung der Dritten EG-Geldwäscherichtlinie, WM 2009, 158 ff.

Adler, Hans/Düring, Walther/Schmaltz, Kurt, Rechnungslegung und Prüfung der Unternehmen, Kommentar zum HGB, AktG, GmbHG, PublG nach den Vorschriften des Bilanzrichtlinien-Gesetzes, 6. Aufl., Stuttgart 1992–2001

Altmeppen, Holger, „Upstream-Loans", Cash Pooling und Kapitalerhaltung nach neuem Recht, ZIP 2009, 49 ff.

ders., Das neue Recht der Gesellschafterdarlehen, NJW 2008, 3601 ff.

ders., Abschied vom „Durchgriff" im Kapitalgesellschaftsrecht, NJW 2007, 2657 ff.

ders., Die Grenzen der Zulässigkeit des Cash Pooling, ZIP 2006, 1025 ff.

ders., Anmerkung zur Entscheidung des BGH vom 13.12.2004, II ZR 206/02 (Abwendung der Haftung wegen Existenzvernichtung einer insolvenzreifen GmbH), ZIP 2005, 117 ff.

ders., Gesellschafterhaftung und „Konzernhaftung" bei der GmbH, NJW 2002, 321 ff.

ders., Zur Entwicklung eines neuen Gläubigerschutzkonzeptes in der GmbH, ZIP 2002, 1553 ff.

ders., Grundlegend Neues zum „qualifiziert faktischen" Konzern und zum Gläubigerschutz in der Einmann-GmbH, ZIP 2001, 1837 ff.

ders., Die Auswirkungen des KonTraG auf die GmbH, ZGR 1999, 291 ff.

ders., Haftung der Gesellschafter einer Personengesellschaft für Delikte, NJW 1996, 1017 ff.

ders., Der „atypische Pfandgläubiger" – ein neuer Fall des kapitalersetzenden Darlehens?, ZIP 1993, 1677 ff.

ders., Aufsteigende Sicherheiten im Konzern, ZIP 2017, 1977 ff.

Assmann, Heinz-Dieter, Zur Haftung von Konsortien für das rechtsgeschäftliche Handeln ihrer Vertreter, ZHR 152 (1988), 371 ff.

ders./Pötzsch, Thorsten/Schneider, Uwe H., Wertpapiererwerbs- und Übernahmegesetz Kommentar, WpÜG, 2. Aufl., Köln 2013; zitiert: Assmann/Pötzsch/Schneider/*Bearbeiter*

ders./Schütze, Rolf A., Handbuch des Kapitalanlagerechts, 4. Aufl., München 2015; zitiert: Assmann/Schütze/*Bearbeiter*

Ballo, Emanuel, Die AGB-Kontrolle von Kreditverträgen in der Akquisitionsfinanzierung – eine Untersuchung am Beispiel des Senior Multicurrency Term and Revolving Facilities Agreement, Frankfurt am Main 2010

Bamberger, Heinz Georg/Roth, Herbert, Kommentar zum Bürgerlichen Gesetzbuch, Band 1 §§ 1–610 CISG, 3. Aufl., München 2012; zitiert: Bamberger/Roth/*Bearbeiter*

Bankrecht und Bankpraxis, Loseblattsammlung, Band I–IV, 135. EL August 2018, herausgegeben von *Hellner, Thorwald/Steuer, Stephan;* zitiert: BuB/*Bearbeiter*

Bankrechts-Handbuch, Band I–II, 3. Aufl., München, 2007, 5. Aufl., München 2017, herausgegeben von *Schimansky, Herbert/Bunte, Hermann-Josef/Lwowski, Hans-Jürgen;* zitiert: SBL BankR-HdB/*Bearbeiter*; soweit nicht anders angegeben, beziehen sich die Zitate auf die 5. Aufl.

Bankrechts-Kommentar, 2. Aufl., München 2016, herausgegeben von *Langenbucher, Katja/Bliesener, Dirk/Spindler, Gerald*; zitiert: LBS/*Bearbeiter*

Bastuck, Burkhard, Kreditbesicherung im Konzern – Geklärte Fragen, offene Fragen und Vertragsgestaltung, WM 2000, 1091 ff.

Baumbach, Adolf/Hopt, Klaus J., Handelsgesetzbuch: mit GmbH & Co., Handelsklauseln, Bank- und Börsenrecht, Transportrecht (ohne Seerecht), 38. Aufl., München 2018; zitiert: Baumbach/Hopt/*Bearbeiter*

Baumbach, Adolf/Hueck, Alfred, GmbH-Gesetz, 21. Aufl., München 2017; zitiert: Baumbach/Hueck/Bearbeiter

Baums, Theodor, Recht der Unternehmensfinanzierung, München 2017

Baums, Theodor/Thoma, Georg F., WpÜG Kommentar zum Wertpapiererwerbs- und Übernahmegesetz, Loseblattsammlung, 12. EL 2017; zitiert: Baums/Thoma/*Bearbeiter*

Baur, Fritz/Stürner, Rolf, Sachenrecht, 18. Aufl., München 2009

Bayer, Frank, Verlorene Gesellschafterdarlehen im steuerlichen Privatvermögen, DStR 2009, 2397 ff.

Bayer, Walter/Graff, Simone, Das neue Eigenkapitalersatzrecht nach dem MoMiG, DStR 2006, 1654 ff.

Bayer, Walter/Lieder, Jan, Darlehen der GmbH an Gesellschafter und Sicherheiten aus dem Gesellschaftsvermögen für Gesellschafterverbindlichkeiten – Besprechung der Entscheidung BGHZ 157, 72, ZGR 2005, 133 ff.

Becher, Johann G. G./Gössmann, Wolfgang, Die Änderungen der Allgemeinen Geschäftsbedingungen der privaten Banken, Sparkassen und Landesbanken, BKR 2002, 519 ff.

Becker, Ralph, Gesellschaftsrechtliche Probleme der Finanzierung von Leveraged Buy-outs, DStR 1998, 1429 ff.

Becker, Roman A., Totgesagte leben länger – Limitation Languages bei Upstream-Besicherungen nach dem Urteil des II. Zivilsenats des BGH vom 21.3.2017, ZIP 2017, 1599 ff.

ders./Dreyer, Lisa, AGB-rechtliche Zulässigkeit von Gebührenklauseln in Konsortialkreditverträgen, ZIP 2014, 2057 ff.

Beck'sches Formularbuch Zivil-, Wirtschafts- und Unternehmensrecht: Deutsch-Englisch, 4. Auflage München 2018; zitiert: BeckFormB ZivilR/*Bearbeiter*

Beck'sches Handbuch der GmbH, Gesellschaftsrecht – Steuerrecht, 5. Aufl., München 2014, herausgegeben von: *Prinz, Ulrich/Winkeljohann, Norbert*; zitiert: BeckHdB GmbH/*Bearbeiter*

Beck'sches Handbuch der Personengesellschaften, Gesellschaftsrecht – Steuerrecht, 4. Aufl., München 2014, herausgegeben von: *Prinz, Ulrich/Hoffmann, Wolf-Dieter;* zitiert: BeckHdB PersGes/*Bearbeiter*

Beck'scher Kurzkommentar, Gesellschaftsrecht, 3. Aufl., München 2016, herausgegeben von: *Henssler, Martin/ Strohn, Lutz*; zitiert: Henssler/Strohn/*Bearbeiter*, Gesellschaftsrecht

Beck'scher Online-Großkommentar, München 2018, herausgegeben von *Gsell, Beate/Krüger, Wolfgang/Lorenz, Stephan/Reymann, Christoph*, zitiert: BeckOGK/*Bearbeiter*

Benecke, Martina, Existenzvernichtender Eingriff statt qualifiziert faktischer Konzern: Die neue Rechtsprechung des BGH zur Haftung von GmbH-Gesellschaftern, BB 2003, 1190 ff.

Berger, Klaus Peter, Kreditvertragsrecht und Schuldrechtsreform, in Horn, Norbert/Krämer, Achim (Hrsg.), Bankrecht 2002, Tagungsband zum RWS-Forum am 14. und 15. März 2002 in Berlin, Köln 2003, 1 ff.

ders./Filgut, Esther, Material-Adverse-Change-Klauseln in Wertpapiererwerbs- und Übernahmeangeboten, WM 2005, 253 ff.

Berrar, Carsten, Die Finanzierungsbestätigung nach § 13 WpÜG, ZBB 2002, 174 ff.

van Bevern, Marcus/Schmitt, Ramona, Bearbeitungsentgelte bei gewerblichen Darlehensverträgen – ist die BGH-Rechtsprechung zu Verbraucherdarlehen übertragbar?, BKR 2015, 323 ff.

Bezzenberger, Tilman, Das Verbot des Zinseszinses, WM 2002, 1617 ff.

Binder, Jens-Hinrich/Ettensberger, Svenja, „Automatischer" Negativzins bei darlehensvertraglichen Zinsänderungsklauseln im Niedrigzinsumfeld?, WM 2015, 2069 ff.

Bitter, Georg, Der Anfang vom Ende des „qualifiziert faktischen GmbH-Konzerns" – Ansätze einer allgemeinen Missbrauchshaftung in der Rechtsprechung des BGH, WM 2001, 2133 ff.

Blöse, Jochen, Das österreichische Eigenkapitalersatzgesetz: Vorbild für den deutschen Gesetzgeber?, GmbHR 2004, 412 ff.

Bock, Volker, Institutioneller Gläubigerschutz nach § 30 Abs. 1 GmbHG beim Downstream-merger nach einem Anteilskauf?, GmbHR 2005, 1023 ff.

Böcker, Philipp/Poertzgen, Christoph, Finanzmarkt-Rettungspakt ändert Überschuldungsbegriff (§ 19 InsO), GmbHR 2008, 1289 ff.

Bohlen, Edgar, Der Sicherheiten-Pool – die Unterschiede der Rechtswirksamkeit des Sicherheiten-Pools unter Berücksichtigung wirtschaftlicher Aspekte, Bielefeld 1984; zitiert: *Bohlen,* Sicherheiten-Pool

Borges, Georg, Die Wertstellung im Giroverhältnis – zugleich eine Besprechung der BGH-Urteile vom 6. Mai und 17. Juni 1997, WM 1998, 105 ff.

ders./Schäfer, Carsten, GmbHG – Kommentar zum GmbH-Gesetz, 3. Aufl., Köln 2015; zitiert: Bork/Schäfer/*Bearbeiter* GmbHG

Boruttau, Ernst Paul, Grunderwerbsteuergesetz – Beck'sche Steuerkommentare, 18. Aufl., München 2016; zitiert: Boruttau/*Bearbeiter* Grunderwerbsteuergesetz

Brandes, Helmut, Grundsätze der Kapitalerhaltung im Vertragskonzern, in Festschrift für Alfred Kellermann, Berlin, New York 1991, 25 ff.; zitiert: *Brandes* FS Kellermann

Braun, Eberhard (Hrsg.), Insolvenzordnung (InsO), 7. Aufl., München 2017; zitiert: Braun/*Bearbeiter* InsO

Breuninger, Gottfried/Prinz, Ulrich, Ausgewählte Bilanz- und Steuerrechtsfragen von Mezzaninefinanzierungen, DStR 2006, 1345 ff.

Bruchner, Helmut/Metz, Rainer, Variable Zinsklauseln, RWS-Skript 327, Köln 2001

Bruns, Patrick, Zur Reichweite der Haftung wegen existenzvernichtenden Eingriffs, NZG 2004, 409 ff.

Buchheit, Lee C., How to Negotiate Eurocurrency Loan Agreements, 2. Aufl., London 2000; zitiert: *Buchheit,* How to Negotiate Eurocurrency Loan Agreements

Burg, Michael/Westerheide, Stefan, Praktische Auswirkungen des MoMiG auf die Finanzierung von Konzernen, BB 2008, 62 ff.

Burgard, Ulrich, Rechtsfragen der Konzernfinanzierung, AG 2006, 527 ff.

Busch, Torsten, Bedingungen in Übernahmeangeboten, AG 2002, 145 ff.

Cahn, Andreas, Kapitalerhaltung im Konzern, Köln, Berlin, Bonn, München 1998

Canaris, Claus-Wilhelm, Bankvertragsrecht, 2. Aufl., Berlin, New York 1981, 3. Aufl., Erster Teil, Berlin, New York 1988; soweit nicht anders angegeben, beziehen sich die Zitate auf die 3. Aufl.

ders., Die Rückgewähr von Gesellschaftereinlagen durch Zuwendungen an Dritte, in Festschrift für Robert Fischer, Berlin, New York 1979, 31 ff.; zitiert: *Canaris,* FS Fischer

ders., Der Zinsbegriff und seine rechtliche Bedeutung, NJW 1978, 1891 ff.

Casper, Matthias/Ullrich, Kristin, Zur Reichweite des Sanierungsprivilegs in § 32a Abs. 3 S. 3 GmbHG, GmbHR 2000, 472 ff.

Claussen, Carsten Peter, Die GmbH braucht eine Deregulierung des Kapitalersatzrechts, GmbHR 1996, 316 ff.

Coen, Christoph, Der negative Basiszinssatz nach § 247 BGB, NJW 2012, 3329 ff.

ders., Bank- und Börsenrecht, 5. Aufl., München 2014; zitiert: Claussen/*Bearbeiter* Bank- und Börsenrecht

Clemm, Hermann, Die Grenzen der Weisungsfolgepflicht des Vorstands der beherrschten AG bei bestehendem Beherrschungsvertrag, ZHR 141 (1977), 197 ff.

Cohn, Ernst, Das rechtsgeschäftliche Handeln für denjenigen, den es angeht, in dogmatischer und rechtsvergleichender Darstellung, 15. Aufl., Elwert 1931

Dampf, Peter, Die Gewährung von upstream-Sicherheiten im Konzern, Der Konzern 2007, 157 ff.

Danielewsky, Mike/Dettmar, Jasmin Isabel, Instrumente der Vertragsgestaltung zur Übertragung akzessorischer Sicherheiten im Rahmen von Konsortialkreditverträgen, WM 2008, 713 ff.

Dauner-Lieb, Barbara, Die Existenzvernichtungshaftung – Schluss der Debatte?, DStR 2006, 2034 ff.

dies., Das Sanierungsprivileg des § 32a Abs. 3 Satz 3 GmbHG, DStR 1998, 1517 ff.

Decher, Christian E., Konzernhaftung im Lichte von Bremer Vulkan, ZInsO 2002, 113 ff.

de Meo, Francesco, Bankenkonsortien: eine Untersuchung zum Innen- und Außenrecht von Emissions-, Kredit- und Sanierungskonsortien sowie zu deren Haftung für das Handeln von Konsortialvertretern, München 1994; zitiert: *de Meo* Bankenkonsortien

Derleder, Peter, Transparenz und Äquivalenz bei bankvertragsrechtlicher Zinsanpassung, WM 2001, 2029 ff.

ders./Knops, Kai-Oliver/Bamberger, Heinz Georg, Deutsches und europäisches Bank- und Kapitalmarktrecht, Berlin 2017; zitiert: Derleder/Knops/Bamberger/*Bearbeiter*

Desens, Marc, BFH „kippt" auch die BMF-Übergangsregelung zum Sanierungserlass für Altfälle – Auswirkungen auf laufende Verfahren und Lösungsmöglichkeiten, NZG 2018, 87 ff.

Diem, Andreas, Finanzierung von Leveraged Buy-outs (6. 4. 4), in Handbuch Corporate Finance, herausgegeben von *Achleitner, Ann-Kristin/Thoma, Georg,* Loseblattausgabe, 2. Aufl., Köln 2001, Stand: 17. EL November 2005; zitiert: HdBCorporateFinance/*Bearbeiter*

ders., Zur Vermeidung des Eigenkapitalersatzes von Bankkrediten, BKR 2002, 1034 ff.

ders./Grell, Frank/Schormair, Florian, Bankenbeiträge in der Krise, in: Praxishandbuch des Restrukturierungsrechts, herausgegeben von: *Theiselmann, Rüdiger,* 3. Aufl. Köln 2017, zitiert: *Diem/Grell/Schormair*

ders./Jahn, Christian, Acquisition Finance Agreements in Germany, München 2017; zitiert: Diem/Jahn/*Bearbeiter.*

Dörrie, Robin, Das Sanierungsprivileg des § 32a Abs. 3 S. 3 GmbHG, ZIP 1999, 12 ff.

Dreher, Meinrad, Pfandrechtsgläubiger von Geschäftsanteilen als gesellschafterähnliche Dritte im Sinne von § 32a Abs. 3 GmbHG, ZGR 1994, 144 ff.

Drygala, Tim/Kremer, Thomas, Alles neu macht der Mai – Zur Neuregelung der Kapitalerhaltungsvorschriften im Regierungsentwurf zum MoMiG, ZIP 2007, 1289 ff.

Dubber, Michael, Das Geschäft mit dem, den es angeht, München 1977

Ebenroth, Carsten Thomas/Boujong, Karlheinz/Joost, Detlev/Strohn, Lutz, Handelsgesetzbuch, Band 1 §§ 1–342e, 3. Aufl., München 2014, herausgegeben von: *Joost, Detlev/Strohn, Lutz*; zitiert: EBJS/*Bearbeiter*

Ehmann, Erik, Schuldanerkenntnis und Vergleich, München 2005

Ehricke, Ulrich/Ekkenga, Jens/Oechsler, Jürgen, Wertpapiererwerbs- und Übernahmegesetz Kommentar, 4. Aufl. München 2015; zitiert: Ehricke/Ekkenga/Oechsler/*Bearbeiter*

Eidenmüller, Horst, Leveraged Buyouts und die Effizienz des deutschen Restrukturierungsrechts, ZIP 2007, 1729 ff.

ders., Private Equity, Leverage und die Effizienz des Gläubigerschutzrechtes, ZHR 171 (2007), 644 ff.

ders., Unternehmenssanierung zwischen Markt und Gesetz, Köln 1999

Emmerich, Volker/Habersack, Mathias, Aktien- und GmbH-Konzernrecht, 8. Aufl., München 2016; zitiert: Emmerich/Habersack Aktien-/GmbH-KonzernR/*Bearbeiter*

Enneking, Felix/Heckschen, Heribert, Gesellschafterhaftung beim down-stream-merger, DB 2006, 1099 ff.

Erman, Walter, Bürgerliches Gesetzbuch: Handkommentar mit EGBGB, ErbbauVO, HausratsVO, LPartG, ProdHaftG, UKlaG, VAHRG und WEG, 15. Aufl., Köln 2017; zitiert: Erman/*Bearbeiter*

Ernst, Wolfgang, Negativzinsen aus zivilrechtlicher Sicht – ein Problemaufriss, ZfPW 2015, 250 ff.

Fahrholz, Bernd, Neue Formen der Unternehmensfinanzierung: Unternehmensübernahmen, Big ticket-Leasing, Asset Backed- und Projektfinanzierungen; die steuer- und haftungsrechtliche Optimierung durch Einzweckgesellschaften (Single Purpose Companies) dargestellt anhand von Beispielssachverhalten, München 1998; zitiert: *Fahrholz* Neue Formen der Unternehmensfinanzierung

Fischer, Nicole N./Gasteyer, Thomas, Grenzen der Sicherheitenbestellung bei der GmbH, NZG 2003, 517 ff.

Fleck, Hans-Joachim, Der Grundsatz der Kapitalerhaltung – seine Ausweitung und seine Grenzen, in Festschrift 100 Jahre GmbH-Gesetz, Köln 1992; zitiert: *Fleck* FS 100 Jahre GmbHG

ders., Die Drittanstellung des GmbH-Geschäftsführers, ZHR 1985, 387 ff.

Fleckner, Andreas, Vom partiellen Ende des Unmittelbarkeitsprinzips im Recht der Treuhand, WM 2004, 2051 ff.

Fleischer, Holger, Covenants und Kapitalersatz, ZIP 1998, 313 ff.

ders., Finanzielle Unterstützung des Aktienerwerbs und Leveraged Buyout, § 71a Abs. 1 AktG im Lichte italienischer Erfahrungen, AG 1996, 494 ff.

Flume, Werner, Allgemeiner Teil des Bürgerlichen Rechts, Zweiter Band – Das Rechtsgeschäft, 4. Aufl., Berlin 1992; zitiert: *Flume* BGB AT

Fock, Till, UBGG – Gesetz über Unternehmensbeteiligungsgesellschaften, Kommentar, München 2005; zitiert: *Fock* UBGG

Förl, Thomas, Die Absicherung von Neukonsorten in Share Pledge Agreements, RNotZ 2007, 433 ff.

Frankfurter Handbuch zum neuen Schuldrecht, herausgegeben von *Schimmel, Roland/Buhlmann, Dirk,* Neuwied, Kriftel 2002; zitiert: FrankHdBSchuldR/*Bearbeiter*

Frankfurter Kommentar zur Insolvenzordnung, herausgegeben von *Wimmer, Klaus,* Neuwied, Kriftel, 9. Aufl. 2018; zitiert: FK-InsO/*Bearbeiter*

Frankfurter Kommentar zum Wertpapiererwerbs- und Übernahmegesetz, herausgegeben von *Haarmann, Wilhelm/Schüppen, Matthias,* 3. Aufl., Frankfurt 2008; zitiert: FK-WpÜG/*Bearbeiter*

Freitag, Robert, Upstream-Sicherheiten in der GmbH nach dem MoMiG – Sieg der Kautelarpraxis über den Gesetzgeber?, Der Konzern 2011, 330 ff.

ders., Finanzverfassung und Finanzierung von GmbH und AG nach dem Regierungsentwurf des MoMiG, WM 2007, 1681 ff.

ders., §§ 30, 31 GmbHG, „Bremer Vulkan-Urteil" und „Limitation Language" – (Ab-)Wege in der GmbH-Konzernfinanzierung?, WM 2003, 805 ff.

ders., Die Beendigung des Darlehensvertrags nach dem Schuldrechtsmodernisierungsgesetz, WM 2001, 2370 ff.

ders., Die neue BGH-Rechtsprechung zur kapitalerhaltungsrechtlichen Zulässigkeit der Stellung von Upstream-Sicherheiten und ihre Auswirkungen auf die Finanzierungspraxis, WM 2017, 1633 ff.

ders., Unternehmenskredit und Zahlungsverzug – Zur Anwendung der § 288 Abs. 2, 5 BGB im Darlehensrecht vor dem Hintergrund von Zinseszinsverbot und EU-Verzugsrichtlinie, ZIP 2015, 1805 ff.

Freund, Thomas, Die Sanierung der Kapitalgesellschaft – Eine Analyse des reformierten deutschen Rechts im Vergleich zum englischen Recht, Hamburg, 2014; zitiert: *Freund,* Sanierung

Früh, Andreas, Die Regelungen des § 18 KWG, WM 2002, 1813 ff.

ders., Kreditsicherung und Mithaftung bei Krediten an Konzernunternehmen, GmbHR 2000, 105 ff.

ders., Eigenkapitalersetzende Gesellschafterkredite – Eine kurze Bestandsaufnahme nach Inkrafttreten des KapAEG, des KonTraG und der InsO, GmbHR 1999, 842 ff.

Ganter, Hans Gerhard, Das Sicherheitenpool-Syndrom und sein „Heilungsprozess", ZIP 2017, 2277 ff.

Gehrlein, Markus, Das Eigenkapitalersatzrecht im Wandel seiner gesetzlichen Kodifikationen, BB 2011, 3 ff.

ders., Die Behandlung von Gesellschafterdarlehen durch das MoMiG, BB 2008, 846 ff.

ders., Der aktuelle Stand des neuen GmbH-Rechts, Der Konzern 2007, 771 ff.

Gerkan, Hartwin von/Hommelhoff, Peter, Handbuch des Kapitalersatzrechts, 2. Aufl., Köln 2002; zitiert: v. Gerkan/Hommelhoff/*Bearbeiter,* HdBKapitalersatzrecht

Georgieff, Alexander/Hauptmann, Markus, Die Finanzierungsbestätigung nach § 13 WpÜG: Rechtsfragen in Zusammenhang mit überwiegend fremdfinanzierten öffentlichen Barangeboten, AG 2005, 277 ff.

Glanegger, Peter/Güroff, Georg, Gewerbesteuergesetz, 9. Aufl., München 2017; zitiert: Glanegger/Güroff/*Bearbeiter*

Goette, Wulf, Wo steht der BGH nach „Centros" und „Inspire Art"?, DStR 2005, 197 ff.

ders., Die GmbH, 2. Aufl., München 2002

ders., Der Stand der höchstrichterlichen Rechtsprechung zur Kapitalerhaltung und zum Rückgewährverbot im GmbH-Recht, DStR 1997, 1495 ff.

Gooch, Anthony C./Klein, Linda B., Loan Documentation, Second Edition, London 1991; zitiert: *Gooch/Klein* Loan Documentation

Graf-Schlicker, Marie-Luise, InsO – Kommentar zur Insolvenzordnung, 4. Aufl., Köln 2014; zitiert: Graf-Schlicker/*Bearbeiter*

Greulich, Sven/Bunnemann, Jan, Geschäftsführerhaftung für zur Zahlungsunfähigkeit führende Zahlungen an die Gesellschafter nach § 64 II 3 GmbHG-RefE – Solvenztest im deutschen Recht?, NZG 2006, 681 ff.

Grigoleit, Hans Christoph/Rieder, Markus S., GmbH-Recht nach dem MoMiG – Analyse, Strategie, Gestaltung, München 2009; zitiert: *Grigoleit/Rieder* GmbH-Recht nach dem MoMiG

Groß, Wolfgang/Sonnenhol, Jürgen, Besicherung von Krediten an Konzernunternehmen, GmbHR 1995, 561 ff.

Großkommentar zum Aktiengesetz, 5. Aufl., Berlin, New York 2015 ff., zitiert: GKAktG/*Bearbeiter*

Grunewald, Barbara, Cash-Pooling und Sacheinlagen: Was bringt das MoMiG, was könnte es bringen?, WM 2006, 2333 ff.

dies./Noack, Ulrich, Zur Zukunft des Kapitalsystems der GmbH – Die Ein-Euro-GmbH in Deutschland, GmbHR 2005, 189 ff.

Güngör, Volkan, Die Zulässigkeit von Bereitstellungszinsen bei Immobiliendarlehen, VuR 2013, 410 ff.

Haas, Ulrich, Kapitalerhaltung, Insolvenzanfechtung, Schadensersatz und Existenzvernichtung – wann wächst zusammen, was zusammengehört?, ZIP 2006, 1373 ff.

Habersack, Mathias, Aufsteigende Kredite im Lichte des MoMiG und des „Dezember"-Urteils des BGH, ZGR 2009, 347 ff.

ders., Die Erstreckung des Rechts der Gesellschafterdarlehen auf Dritte, insbesondere im Unternehmensverbund – Überlegungen im Anschluss an BGH ZIP 2008, 1230 und OLG Brandenburg ZIP 2006, 184, ZIP 2008, 2385 ff.

ders., Gesellschafterdarlehen nach MoMiG: Anwendungsbereich, Tatbestand und Rechtsfolgen der Neuregelung, ZIP 2007, 2145 ff.

ders., Die finanzielle Unterstützung des Aktienerwerbs – Überlegungen zu Zweck und Anwendungsbereich des § 71a I 1 AktG, in Festschrift für Volker Röhricht zum 65. Geburtstag, Köln 2005, 155 ff.; zitiert: *Habersack* FS Röhricht

ders., Grundfragen der freiwilligen oder erzwungenen Subordination von Gesellschafterkrediten, ZGR 2000, 384 ff.

ders./Schürnbrand, Jan, Cash Management und Sicherheitenbestellung bei AG und GmbH im Lichte des richterrechtlichen Verbots der Kreditvergabe an Gesellschafter, NZG 2004, 689 ff.

Hachenburg, Max, Gesetz betreffend die Gesellschaften mit beschränkter Haftung (GmbHG), Großkommentar, 8. Aufl., Berlin, New York 1989 ff.; zitiert: Hachenburg/*Bearbeiter* GmbHG

Häuser, Franz, Die Finanzierungsbestätigung nach § 13 Abs. 1 Satz 2 WpÜG, in Festschrift für Walther Hadding, Berlin 2004, 833 ff.; zitiert: *Häuser* FS Hadding

Hagemeister, Adrian/Bültmann, Michael, Konflikte von Sicherungsinstrumenten und Eigenkapitalersatz bei Projektfinanzierungen durch Banken, WM 1997, 549 ff.

Hager, Johannes, Die verdeckte Gewinnausschüttung in der GmbH – Ein Beitrag zu gesellschaftsrechtlichen Sanktionen, ZGR 1/1989, 71 ff.

Handelsrechtsausschuss des Deutschen Anwaltsvereins: Stellungnahme zum Regierungsentwurf eines Gesetzes zur Modernisierung des GmbH-Rechts und zur Bekämpfung von Missbräuchen (MoMiG), NZG 2007, 735 ff.; zitiert: Handelsrechtsausschuss DAV

Hanke, Stefan/Adler, Angela, Keine Gleichbehandlung von Unternehmern und Verbrauchern bei der Rückforderung von Bearbeitungsentgelten, WM 2015, 1313 ff.

Harpering, Guido, Die Übertragung akzessorisch besicherter Forderungen im Rahmen von syndicated loans, Berlin 2003

Heckschen, Heribert, Kapitalerhaltung und Down-Stream-Merger, GmbHR 2008, 802 ff.

Heerma, Hendrik/Bergmann, Robert: Sicherheitenbestellung an Dritte für Verbindlichkeiten des Gesellschafters als verbotene Auszahlung i. S. d. § 30 Abs. 1 GmbHG, ZIP 2017, 1261 ff.

Heidelberger Kommentar zur Insolvenzordnung, herausgegeben von *Kayser, Godehard/Thole, Christoph,* 9. Aufl., Heidelberg 2018; zitiert: Kayser/Thole/*Bearbeiter,* HK-InsO

Henssler, Martin/Strohn, Lutz; Gesellschaftsrecht, Beck'scher Kurzkommentar, 3. Auflage, München 2016, zitiert: Henssler/Strohn/*Bearbeiter*

Henze, Hartwig, Konzernfinanzierung und Besicherung – Das Upstreamrisiko aus Gesellschafter- und Bankensicht, WM 2005, 717 ff.

ders., Reichweite und Grenzen des aktienrechtlichen Grundsatzes der Vermögensbindung – Ergänzung durch die Rechtsprechung zum existenzvernichtenden Eingriff?, AG 2004, 405

ders., Ausfallhaftung des GmbH-Gesellschafters, BB 2002, 1011 f.

Herberger, Maximilian/Martinek, Michael/Rüßmann, Helmut, juris PraxisKommentar BGB, Band 2 Schuldrecht, 8. Aufl. Saarbrücken 2017, zitiert: jurisPK-BGB/*Bearbeiter*

Herweg, Christian/Fürtjes, Katharina, Bearbeitungsentgeltklauseln von Banken gegenüber Unternehmen, ZIP 2015, 1261 ff.

HGB-Bilanzrecht, Großkommentar, 1. Teilband: §§ 238–289 HGB, herausgegeben von *Ulmer, Peter,* Berlin, New York 2002; zitiert: GKBilanzR/*Bearbeiter*

Hinsch, Christian L./Horn, Norbert, Das Vertragsrecht der internationalen Konsortialkredite und Projektfinanzierungen, Berlin, New York 1985

Hirte, Heribert, Die Neuregelung des Rechts der (früher kapitalersetzenden) Gesellschafterdarlehen durch das „Gesetz zur Modernisierung des GmbH-Rechts und zur Bekämpfung von Missbräuchen", (MoMiG), WM 2008, 1428 ff.

ders., Neuregelungen mit Bezug zum gesellschaftsrechtlichen Gläubigerschutz und im Insolvenzrecht durch das Gesetz zur Modernisierung des GmbH-Rechts und zur Bekämpfung von Missbräuchen (MoMiG), ZInsO 2008, 689 ff.

Hitschler, Werner, Leveraged Management Buyouts, Bestimmungsfaktoren, Finanzierung und rechtliche Gestaltungsmöglichkeiten in der Bundesrepublik Deutschland, BB 1990, 1877 ff.

Hölters, Wolfgang, Aktiengesetz, 3. Aufl., München 2017; zitiert: Hölters/*Bearbeiter*

Hölzle, Gerrit, Nachruf: Wider die Überschuldungs-Dogmatik in der Krise, ZIP 2008, 2003

ders., Existenzvernichtungshaftung, „Klimapflege" und Insolvenzanfechtung, ZIP 2003, 1376 ff.

Hoffmann, Guido, Parallel Debt, WM 2009, 1452 ff.

Hoffmann, Jochen, Das GmbH-Konzernrecht nach dem „Bremer-Vulkan"-Urteil, NZG 2002, 68 ff.

Hommelhoff, Peter, Eigenkapital-Ersatz im Konzern und in Beteiligungsverhältnissen, WM 1984, 1105 ff.

Hopt, Klaus J./Mülbert, Peter O., Kreditrecht – Bankkredit und Darlehen im deutschen Recht, Sonderausgabe der Vorbemerkungen zu §§ 607ff BGB (Bankkreditrecht) und §§ 607–610 B GB (Darlehen) aus J. von Staudingers Kommentar zum Bürgerlichen Gesetzbuch, 12. Aufl., Berlin 1989; zitiert: Staudinger/*Hopt/Mülbert*

Huber, Ulrich/Habersack, Mathias, GmbH-Reform: Zwölf Thesen zu einer möglichen Reform des Rechts der kapitalersetzenden Gesellschafterdarlehen, BB 2006, 1 ff.

Hüffer, Uwe/Koch, Jens, Aktiengesetz, 10. Aufl., München 2012; 13. Aufl., München 2018; zitiert: Hüffer/Koch/*Bearbeiter*; soweit nicht anders angegeben, beziehen sich die Zitate auf die 13. Aufl.

Ihrig, Hans-Christoph, Kritik an der Rechtsprechung zur Gesellschafterhaftung in der GmbH – Holzweg oder Konzept mit Zukunftsperspektive?, in Gesellschaftsrecht 2003, Tagungsband zum RWS-Forum am 8. und 9. Mai 2003 in Berlin, herausgegeben von *Henze, Hartwig und Hofmann-Becking, Michael,* Köln 2004, 27 ff.; zitiert: *Ihrig* Gesellschaftsrecht 2003

Jahn, Christian, Der Bereicherungsausgleich im Mehrpersonenverhältnis, Heidelberg 2015

Jauernig, Othmar, Bürgerliches Gesetzbuch, 17. Aufl., München 2018; zitiert: Jauernig/*Bearbeiter*

Joost, Detlev, Grundlagen und Rechtsfolgen der Kapitalerhaltungsregeln im Aktienrecht, ZHR 149 (1985), 419 ff.

ders., Grundlagen und Rechtsfolgen der Kapitalerhaltungsregeln in der GmbH, ZHR 148 (1984), 27 ff.

Josenhans, Michael/Danzmann, Max, Das Future-Pledgee- und das Parallel-Debt-Konzept in der Kreditfinanzierung – Theoretische und praktische Aspekte, WM 2017, 1588 ff.

ders./ders./Lübbehüsen, Georg, Kautelarjuristische Gestaltungsoptionen bei Gebührenvereinbarungen für Konsortialkreditfinanzierungen – Implikationen der BGH-Rechtsprechung zu AGB-Bearbeitungsentgelten, BKR 2018, 142 ff.

Jungmann, Carsten, Auswirkungen der neuen Basler Eigenkapitalvereinbarung („Basel II") auf die Vertragsgestaltung festverzinslicher Kredite – Neuverhandlungsklauseln als mit § 609a BGB zu vereinbarendes Instrument zur Absicherung gegen Bonitätsänderungen des Kreditnehmers –, WM 2001, 1401 ff.

Junglas, Benjamin, Darlehensrückzahlungsforderungen als Entgeltforderungen iSd § 288 Absatz II BGB?, NJOZ 2015, 241 ff.

Kästle, Martina, Rechtsfragen der Verwendung von Covenants in Kreditverträgen, Berlin 2003

Kallmeyer, Harald (Hrsg.), Umwandlungsgesetz, 6. Aufl., Köln 2017; zitiert: Kallmeyer/*Bearbeiter*

Kayser, Godehard, Die Insolvenzanfechtung nach § 134 InsO – Ausweitung der Anfechtbarkeit von Drittleistungen?, WM 2007, 1 ff.

Kerber, Markus C., Unternehmenserwerb im Wege der Schuldübernahme und nachfolgender Verschmelzung – Ein aktienrechtlicher Nachtrag zur Reichweite von § 71a AktG, NZG 2006, 50 ff.

ders., Die aktienrechtlichen Grenzen der finanziellen Unterstützung des Aktienerwerbs im Buy-out-Verfahren, DB 2004, 1027 ff.

ders., Die Übernahme von Gesellschaften mit beschränkter Haftung im Buy-out-Verfahren, Überlegungen zum Spannungsverhältnis von Kapitalbindungsvorschriften und Buy-out-Finanzierung – Teil 1 – WM 1989, 473 ff.

Keßler, Jürgen, Die Durchgriffshaftung der GmbH-Gesellschafter wegen „existenzgefährdender" Eingriffe – Zur dogmatischen Konzeption des Gläubigerschutzes in der GmbH,

Besprechung der Entscheidung BGH v. 24.6.2002 – II ZR 300/00 – „KBV", GmbHR 2002, 945 ff.

ders., Kapitalerhaltung und normativer Gläubigerschutz in der Einpersonen-GmbH – zum „beiläufigen" Ende des „qualifizierten faktischen" GmbH-Konzerns – Besprechung der Entscheidung BGH v. 17.9.2001 – II ZR 178/99, GmbHR 2001, 1036 – „Bremer Vulkan", GmbHR 2001, 1095 ff.

Kiefner, Alexander/Theusinger, Ingo, Aufsteigende Darlehen und Sicherheitenbegebung im Aktienrecht nach dem MoMiG, NZG 2008, 801 ff.

Kiefner, Alexander/Bochum, Matthias, Aufsteigende Sicherheiten bei GmbH und AG im Lichte der neuen Rechtsprechung des BGH zur Kapitalerhaltung, NZG 2017, 1292 ff.

Kindler, Peter, Internationales Gesellschaftsrecht 2009: MoMiG, Trabrennbahn, Cartesio und die Folgen, IPRax 2009, 189 ff.

Klein, Martin/Stephanblome, Markus, Der Downstream Merger – aktuelle umwandlungs- und gesellschaftsrechtliche Fragen, ZGR 2007, 351 ff.

Kleindiek, Detlef, Anmerkung zu KG, Urteil vom 11.1.2000, NZG 2000, 479 ff.

Knof, Béla, Die neue Insolvenzverursachungshaftung nach § 64 Satz 3 RegE-GmbHG (Teil I), DStR 2007, 1536 ff.

Köhler, Stefan, Erste Gedanken zur Zinsschranke nach der Unternehmensteuerreform, DStR 2007, 597 ff.

Köhling, Lambert, Geldwäscherechtliche Identifizierungspflichten bei Konsortialkrediten nach geltendem Recht und die Auswirkungen der dritten EU-Anti-Geldwäsche-Richtlinie, WM 2007, 1780 ff.

Kölner Kommentar zum AktG, 3. Aufl., Köln u. a. 2004 ff.; herausgegeben von *Zöllner, Wolfgang*; zitiert: KölnKommAktG/*Bearbeiter*

Kölner Kommentar zum WpÜG, Köln u. a., 2. Aufl. 2010; herausgegeben von *Hirte, Heribert/von Bülow, Christoph;* zitiert: KölnKommWpÜG/*Bearbeiter*

Köndgen, Johannes, Darlehen, Kredit und finanzierte Geschäfte nach neuem Schuldrecht – Fortschritt oder Rückschritt?, WM 2001, 1637 ff.

ders., Financial Covenants – „Symbiotische" Finanzierungsverträge im Spannungsfeld von Vertrags-, Gesellschafts- und Insolvenzrecht, in *Prütting, Hanns* (Hrsg.), Insolvenzrecht, Köln 1996, 127 ff.; zitiert: *Köndgen* Financial Covenants

Kohler, Daniel, Das Konsortium im schweizerischen Kreditgeschäft, Bern, Stuttgart 1990

Konzen, Horst, Geschäftsführung, Weisungsrecht und Verantwortlichkeit in der GmbH und GmbH & Co KG, NJW 1989, 2977 ff.

Kropf, Christian, Anmerkung zu BGH, Urt. v. 17.4.2018 – BGH Aktenzeichen XI ZR 238/16, BKR 2018, 423 ff.

Krüger, Thomas/Büttner, Michael, Verzugsschadenberechnung bei Not leidenden Krediten nach der Schuldrechtsreform, WM 2002, 2094 ff.

Kübler, Bruno/Prütting, Hanns/Bork, Reinhard, InsO – Kommentar zur Insolvenzordnung, Band I, 77. EL Stand: August 2018; zitiert: KPB/*Bearbeiter* InsO

Kühbacher, Uli, Darlehen an Konzernunternehmen: Besicherung und Vertragsanpassung, Berlin 1993; zitiert: *Kühbacher* Darlehen an Konzernunternehmen

Kümpel, Siegfried/Wittig, Arne, Bank- und Kapitalmarktrecht, 4. Aufl., Köln 2011

Lang, Volker/Beyer, Hans-Joachim, Vorzeitige Ablösung von Festzinsdarlehen und Vorfälligkeitsentschädigung – Eine Bestandsaufnahme nach den BGH-Entscheidungen vom 1.7.1997 aus der Sicht von Universalkreditinstituten und Hypothekenbanken, WM 1998, 897 ff.

Langenbucher, Katja, Vereinbarungen über den Zinssatz – zugleich eine Anmerkung zu Nr. 5 und Nr. 6 der neuen Bedingungen für den gewerblichen Musterdarlehensvertrag, BKR 2005, 134 ff.

Larenz, Karl, Allgemeiner Teil: Lehrbuch des Schuldrechts, 14. Aufl., München 1987; zitiert: *Larenz* Schuldrecht AT

Liebscher, Thomas, GmbH-Konzernrecht, München 2006

Loan Market Association, Intercreditor Agreement for Leveraged Acquisition Finance Transactions (Senior Facilities and Mezzanine Facility), Juli 2017; zitiert: LMA Intercreditor Agreement

Loan Market Association, Multicurrency Term and Revolving Facilities Agreement, Juli 2017; zitiert: LMA Investment Grade Facilities Agreement

Loan Market Association, Senior Multicurrency Term and Revolving Facilities Agreement for Leveraged Acquisition Finance Transactions, August 2017; zitiert: LMA Leveraged Finance Facility Agreement

Lösler, Thomas, Konsortialkredit, Sicherheitenpool und Kapitalersatzrecht, ZInsO 2003, 773 ff.

Lopau, Eberhard, Kündigungsklauseln in Grundpfandverträgen, BlGBW 1980, 167 f.

Lutter, Marcus (Hrsg.), Umwandlungsgesetz, 5. Aufl., Köln 2014; zitiert: Lutter/*Bearbeiter*

ders./Banerjea, Nirmal Robert, Die Haftung wegen Existenzvernichtung, ZGR 2003, 402 ff.

ders./Hommelhoff, Peter, GmbH-Gesetz, 19. Aufl., Köln 2016; zitiert: Lutter/Hommelhoff/*Bearbeiter* GmbHG

ders./Scheffler, Eberhard/Schneider, Uwe, Handbuch der Konzernfinanzierung, Köln 1998; zitiert: HdBKonzernfinanzierung/*Bearbeiter*

ders./Wahlers, Henning W., Der Buyout: Amerikanische Fälle und die Regeln des deutschen Rechts, AG 1989, 1 ff.

Luttermann, Claus, Unternehmensfinanzierung, Geschäftsleiterpflicht und Haftkapital bei Kapitalgesellschaften, BB 2001, 2433 ff.

Lwowski, Hans-Jürgen/Fischer, Gero/Gehrlein, Markus, Das Recht der Kreditsicherung, 10. Aufl., Berlin 2018; zitiert: Lwowski, Kreditsicherung

Maier-Reimer, Georg, Kreditsicherung und Kapitalersatz in der GmbH, in Festschrift für Heinz Rowedder, München 1994, 245 ff.; zitiert: *Maier-Reimer* FS Rowedder

May, Andreas, Der Bankenpool – Sicherheitenpoolverträge der Kreditinstitute in der Unternehmenskrise, Berlin 1989; zitiert: *May* Bankenpool

Meister, Burkhardt W., Die Sicherheitsleistung der GmbH für Gesellschafterverbindlichkeiten, WM 1980, 390 ff.

Messer, Herbert, Kreditbesicherung im Konzern, ZHR 159 (1995), 375 ff.

Michalski, Lutz/Heidinger, Andreas/Leible, Stefan/Schmidt, Jessica, Kommentar zum Gesetz betreffend die Gesellschaften mit beschränkter Haftung (GmbH-Gesetz), Band I, 3. Aufl., München 2017; zitiert: MHLS/*Bearbeiter* GmbHG

Mielke, Werner/Nguyen-Viet, Thanh-Mai, Änderung der Kontrollverhältnisse bei den Vertragspartnern: Zulässigkeit von Change of Control-Klauseln im deutschen Recht, DB 2004, 2515 ff.

Mittendorfer, Roland, Praxishandbuch Akquisitionsfinanzierung – Erfolgsfaktoren fremdfinanzierter Unternehmensübernahmen, Wiesbaden 2007

Mucke, Jörg, Negativerklärungen (Negative Pledge Clauses) als Instrument der Kreditsicherung, inhaltliche Anforderungen des deutschen Rechts, WM 2006, 1804 ff.

Mülbert, Peter O., Bonitätsgestufte Zinsabreden in Festzinskrediten als eine Antwort auf Basel II, WM 2004, 1205 ff.

ders., Die Auswirkungen der Schuldrechtsmodernisierung im Recht des „bürgerlichen" Darlehensvertrags, WM 2002, 465 ff.

ders., Sicherheiten einer Kapitalgesellschaft für Verbindlichkeiten ihres Gesellschafters, ZGR 1995, 578 ff.

ders./Schmitz, Benedikt, Neue Problemfelder des § 489 BGB, in Zivil- und Wirtschaftsrecht im Europäischen und Globalen Kontext, Festschrift für Norbert Horn zum 70. Geburtstag, Berlin 2006; zitiert: *Mülbert/Schmitz* FS Horn

Münchener Anwaltshandbuch GmbH-Recht, herausgegeben von *Römermann, Volker,* 3. Auflage, München 2014; zitiert: MAH GmbHR/*Bearbeiter*

Münchener Handbuch des Gesellschaftsrechts, Band 1, BGB-Gesellschaft, Offene Handelsgesellschaft, Partnerschaftsgesellschaft, Partenreederei, EWIV, herausgegeben von *Gummert, Hans/Weipert, Lutz*, 4. Aufl., München 2014; zitiert: MHdB GesR I/*Bearbeiter*
Münchener Handbuch des Gesellschaftsrechts, Band 3: Gesellschaft mit beschränkter Haftung, herausgegeben von *Priester, Hans-Joachim/Mayer, Dieter/Wicke, Hartmut*, 5. Aufl., München 2018; zitiert: MHdB GesR III/*Bearbeiter*
Münchener Handbuch des Gesellschaftsrechts, Band 4: Aktiengesellschaft, herausgegeben von *Hoffmann-Becking, Michael*, 4. Aufl., München 2015; zitiert: MHdB GesR IV/*Bearbeiter*
Münchener Kommentar zum Aktiengesetz, 4. Aufl., München 2014 ff., herausgegeben von *Goette, Wulf/Habersack, Mathias;* zitiert: MüKoAktG/*Bearbeiter*
Münchener Kommentar zum Bürgerlichen Gesetzbuch, 4. Aufl., München 2000 ff., 5. Aufl., München 2006, 7. Aufl., München 2015 ff.; herausgegeben von *Säcker, Franz Jürgen/Rixecker, Roland/Oetker, Hartmut/Limperg, Bettina*; zitiert: MüKoBGB/*Bearbeiter;* soweit nicht anders angegeben, beziehen sich die Zitate auf die 7. Aufl.
Münchener Kommentar zum GmbH-Gesetz, Bd. 1, 3. Aufl., München 2018, Bd. 3, 2. Aufl., München 2016, herausgegeben von *Fleischer, Holger/Goette, Wulf,;* zitiert: MüKoGmbHG/*Bearbeiter*
Münchener Kommentar zum Handelsgesetzbuch, herausgegeben von *Schmidt, Karsten*, Bände 1–2, 4. Aufl., München 2016; ab Band 3, 3. Aufl., München 2012 ff.; zitiert: MüKoHGB/*Bearbeiter*
Münchener Kommentar zur Insolvenzordnung, herausgegeben von *Kirchhof, Hans-Peter/Eidenmüller, Horst/Stürner, Rolf*, 3. Aufl., München 2013 ff.; zitiert: MüKoInsO/*Bearbeiter*
Nasall, Wendt, Der existenzvernichtende Eingriff in die GmbH: Einwendungen aus verfassungsrechtlicher und insolvenzrechtlicher Sicht, ZIP 2003, 969 ff.
Neuhof, Rudolf, Sanierungsrisiken der Banken: Die Sanierungsphase, NJW 1999, 20 ff.
Nobbe, Gerd, Vereinbarung eines Bearbeitungsentgelts in einem formularmäßigen auch in Form von Avalen nutzbaren Darlehen, WuB 2018 Heft 10, 489 ff.
Nörr, Knut Wolfgang/Scheyhing, Robert/Pöggeler, Wolfgang, Sukzessionen – Zession, Vertragsübernahme, Schuldübernahme, Schuldbeitritt, 2. Aufl., Tübingen 1999, herausgegeben von *Gernhuber, Joachim*; zitiert: *Nörr/Scheyhing/Pöggeler* Sukzessionen
Obermüller, Manfred, Insolvenzrecht in der Bankpraxis, 9. Aufl., Köln 2016
ders., Änderungen des Rechts der kapitalersetzenden Darlehen durch KonTraG und KapAEG, ZInsO 1998, 51 ff.
ders., Bestellung von Kreditsicherheiten an einen Treuhänder, DB 1973, 1833 ff.
Ohletz, Wolfram, Bonitätsorientierte Zinsänderungsklauseln in Verträgen mit Verbrauchern und Unternehmern, BKR 2007, 129 ff.
Omlor, Sebastian, Unwirksamkeit von formularmäßig vereinbarten Bearbeitungsentgelten bei Kontokorrentdarlehen von Unternehmern, EWiR 2017, 613 ff.
Otto, Hans-Jochen, Fremdfinanzierte Übernahmen – Gesellschafts- und steuerrechtliche Kriterien des Leveraged Buy-Out, DB 1989, 1389 ff.
Paefgen, Walter G., Existenzvernichtungshaftung nach Gesellschaftsdeliktsrecht, DB 2007, 1907 ff.
Pahlke, Armin, Grunderwerbsteuergesetz – Kommentar, 6. Aufl., München 2018; zitiert: Pahlke/*Bearbeiter* GrEStG
Palandt, Otto, Bürgerliches Gesetzbuch, 77. Aufl., München 2018; zitiert: Palandt/*Bearbeiter*
Peltzer, Martin, Besicherte Darlehen von Dritten an Konzerngesellschaften und Kapitalerhaltungsvorschriften, GmbHR 1995, 15 ff.
ders./Bell, Martin, Besicherung von Gesellschafterkrediten mit dem GmbH-Vermögen?, ZIP 1993, 1757 ff.
Pentz, Andreas, Die Änderungen und Ergänzungen der Eigenkapitalersatzregeln im GmbH-Gesetz, GmbHR 1999, 437 ff.

Peters, Klaus, Der vertragliche Rangrücktritt von Forderungen – Versuch einer Bestandsaufnahme – Teil I, WM 1988, 641 ff.; Teil II, WM 1988, 685 ff.

Pfüller, Markus/Detweiler, Sabine, Die Haftung der Banken bei öffentlichen Übernahmen nach dem Wertpapiererwerbs- und Übernahmegesetz (WpÜG), BKR 2004, 383 ff.

Picherer, Martin H., Sicherungsinstrumente bei Konsortialfinanzierungen von Hypothekenbanken, Frankfurt 2002

Pichler, Jens, Unternehmenssanierung auf Grundlage des geänderten § 32a GmbHG, WM 1999, 411 ff.

Picot, Gerhard/Mentz, Alexander/Seydel, Eberhard, Die Aktiengesellschaft bei Unternehmenskauf und Restrukturierung, München 2003; zitiert: Picot/Mentz/Seydel/*Bearbeiter* Die Aktiengesellschaft bei Unternehmenskauf und Restrukturierung

ders./Duggal, Raoul, Unternehmenskauf: Schutz vor wesentlich nachteiligen Veränderungen der Grundlagen der Transaktion durch sog. MAC-Klauseln, DB 2003, 2635 ff.

Pieper, Helmut, Vertragsübernahme und Vertragsbeitritt: zugleich ein Beitrag zur Lehre vom Vertragsverhältnis, Köln 1963; zitiert: *Pieper* Vertragsübernahme und Vertragsbeitritt

Pleyer, Klemens/Huber, Herwart, Wertstellungen im Giroverhältnis, DB 1989, 1857 ff.

Preissler, Tino, Eigenkapitalersetzende Gesellschafterdarlehen und konsortiale Kreditvergabe durch Banken, Baden-Baden 1997

Priester, Hans-Joachim, Eigenkapitalersetzende Finanzierung durch Quasigesellschafter, Festschrift für Herbert Helmrich zum 60. Geburtstag, München 1994, 721 ff.; zitiert: *Priester* FS Helmrich

Raiser, Thomas/Veil, Rüdiger, Recht der Kapitalgesellschaften, 6. Aufl., München 2015; zitiert: Raiser/Veil KapGesR/*Bearbeiter*

Rauch, Carsten/Kaufmann, Tobias, Das Kreditkonsortium bei internationalen Konsortialkreditverträgen – Eine Gesellschaft bürgerlichen Rechts?, WM 2018, 652 ff.

Rayermann, Marcus, Der internationale Konsortialvertrag, Köln, Berlin, Bonn, München 2002

Reemann, Jörg, Sicherheitsleistungen der GmbH für Verbindlichkeiten ihrer Gesellschafter und das Auszahlungsverbot des § 30 Abs. 1 GmbHG, in Mitteilungen der Rheinischen Notarkammer 1996; zitiert: *Reemann* MittRhNotK 1996, 113 ff.

Reichert, Jochem, GmbH & Co. KG, 7. Aufl. 2015, zitiert: Reichert/*Bearbeiter*

Reidenbach, Dirk, Cash Pooling und Kapitalerhalt nach neuerer höchstrichterlicher Rechtsprechung, WM 2004, 1421 ff.

Reifner, Udo, Schadensbegriff und Berechnung der Vorfälligkeitsentschädigung beim Hypothekenkredit, NJW 1995, 2945 ff.

Riegger, Bodo, Kapitalgesellschaftsrechtliche Grenzen der Finanzierung von Unternehmensübernahmen durch Finanzinvestoren, ZGR 2008, 233 ff.

Ringstmeier, Andreas/Homann, Stefan, Die Auswirkungen der Schuldrechtsreform auf die Insolvenzverwaltung, ZIP 2002, 505 ff.

Röhricht, Volker, Das neue Konzept des Bundesgerichtshofs zur Gesellschafterhaftung bei der GmbH, in Gesellschaftsrecht 2003, Tagungsband zum RWS-Forum am 8. und 9. Mai 2003 in Berlin, herausgegeben von *Henze, Hartwig/Hofmann-Becking, Michael,* Köln 2004, 1 ff.; zitiert: *Röhricht* Gesellschaftsrecht 2003

ders., Die GmbH im Spannungsfeld zwischen wirtschaftlicher Dispositionsfreiheit ihrer Gesellschafter und Gläubigerschutz, in Festschrift aus Anlass des fünfzigjährigen Bestehens von Bundesgerichtshof, Bundesanwaltschaft und Rechtsanwaltschaft beim Bundesgerichtshof, herausgegeben von *Geiß, Karlmann/Nehm, Kay/Brandner, Hans Erich/Hagen, Horst,* Köln, Berlin, Bonn, München 2000; zitiert: *Röhricht* FS 50 Jahre BGH

ders., Die aktuelle höchstrichterliche Rechtsprechung zum Kapitalgesellschaftsrecht, in Gesellschaftsrecht in der Diskussion 1999, herausgegeben von der Gesellschaftsrechtlichen Vereinigung, Köln 1999, 1 ff.; zitiert: *Röhricht* Gesellschaftsrecht in der Diskussion 1999

Römermann, Volker/Schröder, Henning, Aufgabe des qualifiziert faktischen GmbH-Konzerns – Das „Bremer Vulkan"-Urteil des BGH vom 17.9.2001, GmbHR 2001, 1015 ff.

Rösler, Patrick/Lang, Volker, Zinsklauseln im Kredit- und Spargeschäft der Kreditinstitute: Probleme mit Transparenz, billigem Ermessen und Basel II, ZIP 2006, 214 ff.
ders./Wimmer, Konrad, Zahlungsverpflichtungen und Zahlungsströme bei vorzeitiger Beendigung von Darlehensverträgen – Eine kombiniert juristisch-betriebswirtschaftliche Analyse, WM 2000, 164 ff.
ders./Wimmer, Konrad/Lang, Volker, Vorzeitige Beendigung von Darlehensverträgen, Begründung und Berechnung von Vorfälligkeitsentschädigung und Nichtabnahmeentschädigung aus juristischer und finanzmathematischer Sicht, München 2003; zitiert: *Rösler/Wimmer/Lang* Vorzeitige Beendigung von Darlehensverträgen
Rösler, Peter/Mackenthun, Thomas/Pohl, Rudolf, Handbuch Kreditgeschäft, 6. Aufl., Wiesbaden 2002; zitiert: *Rösler/Mackenthun/Pohl* HdBKreditgeschäft
Roth, Günter/Altmeppen, Holger, Gesetz betreffend die Gesellschaften mit beschränkter Haftung (GmbHG), 8. Aufl., München 2015; zitiert: Roth/Altmeppen/*Bearbeiter* GmbHG
Rowedder, Heinz/Schmidt-Leithoff, Christian, Gesetz betreffend die Gesellschaften mit beschränkter Haftung (GmbHG), 6. Aufl., München 2017; zitiert: Rowedder/Schmidt-Leithoff/*Bearbeiter* GmbHG
Rümker, Dietrich/Büchler, Olaf, Probleme der Verpfändung von Kommanditanteilen – Einflussmöglichkeiten des Pfandgläubigers, § 32a GmbHG und Konkurrenzfragen, in Festschrift für Carsten Peter Claussen, Köln, Berlin, Bonn, München 1997, 337 ff.; zitiert: *Rümker/Büchler* FS Claussen
Rümker, Dietrich/Denicke, Sybil, Offene Rechtsfragen des so genannten Sanierungsprivilegs nach § 32a Abs. 3 S. 3 GmbHG, in Festschrift für Marcus Lutter, Köln 2000, 665 ff.; zitiert: *Rümker/Denicke* FS Lutter
Schäfer, Marcus, Grundlagen der Fremdkapitalfinanzierung (4. 1. 1), in Handbuch Corporate Finance, herausgegeben von: *Achleitner, Ann-Kristin/Thoma, Georg,* Loseblattausgabe, 2. Aufl., Köln 2001; Stand: 20. Ergänzungslieferung, November 2005; zitiert: HdBCorporateFinance/*Bearbeiter*
Schäffler, Frank, Bankenhaftung wegen Insolvenzverschleppung bei Auskehrung von Krediten in der Unternehmenskrise, BB 2006, 56 ff.
Schanze, Erich, Gesellschafterhaftung für unlautere Einflussnahme nach § 826 BGB: Die Trihotel-Doktrin des BGH, NZG 2007, 681 ff.
Schelske, Uwe, Kurzkommentar zu OLG Naumburg, Urt. v. 15.2.2007, EWiR 2007, 519 f.
Schimansky, Herbert, Zinsanpassung im Aktivgeschäft – Entsprechen die vorgestellten Klauseln den Vorgaben des BGH?, WM 2003, 1449 ff.
Schmidt, Karsten, Überschuldung und Insolvenzantragspflicht nach dem Finanzmarktstabilisierungsgesetz – Geschäftsleiterpflichten im Wechselbad der Definitionen, DB 2008, 2467 ff.
ders., Gesellschafterbesicherte Drittkredite nach neuem Recht, BB 2008, 1966 ff.
ders., Reform der Kapitalsicherung und Haftung in der Krise nach dem Regierungsentwurf des MoMiG – Sechs Leitsätze zu § 30 GmbHG-E, § 64 GmbHG-E und § 15a InsO-E, GmbHR 2007, 1072 ff.
ders., GmbH-Reform, Solvenzgewährleistung und Insolvenzpraxis, in GmbHR 2007, 1 ff.
ders., Gesellschaftsrecht, 4. Aufl., Köln, Berlin, Bonn, München 2002
ders., Gesellschafterhaftung und „Konzernhaftung" bei der GmbH – Bemerkungen zum „Bremer Vulkan"-Urteil des BGH vom 17.9.2001, NJW 2001, 3577 ff.
ders., Finanzplanfinanzierung, Rangrücktritt und Eigenkapitalersatz, ZIP 1999, 1241 ff.
ders., Eigenkapitalersatz und Überschuldungsfeststellung – Ein Diskussionsbeitrag gegen Fehlschlüsse aus der Insolvenzordnung, GmbHR 1999, 9 ff.
ders., Eigenkapitalersatz bei unbeschränkter Haftung, ZIP 1991, 1 ff.
ders., Kapitalsicherung in der GmbH & Co. KG: Schlussbilanz oder Zwischenbilanz einer Rechtsfortbildung?, GmbHR 1989, 141 ff.
ders., Offene Stellvertretung, JuS 1987, 425 ff.

ders., Das Zinseszinsverbot, JZ 1982, 829 ff.

ders./Lutter, Marcus, Aktiengesetz Kommentar, I. Band §§ 1–149, 3. Aufl., München 2015, zitiert: Schmidt/Lutter/*Bearbeiter* AktG

ders./Uhlenbruck, Wilhelm, Die GmbH in Krise, Sanierung und Insolvenz, 5. Aufl., Köln 2016; zitiert: Schmidt/Uhlenbruck/*Bearbeiter* Die GmbH in Krise, Sanierung und Insolvenz

Schmitt, Joachim/Hörtnagl, Robert/Stratz, Rolf-Christian, Umwandlungsgesetz, Umwandlungssteuergesetz, 7. Aufl., München 2016; zitiert: Schmitt/Hörtnagl/Stratz/*Bearbeiter* UmwG/UmwStG

Schmolke, Hans Ulrich, Kapitalerhaltung in der GmbH nach dem MoMiG, München 2009; zitiert: *Schmolke,* Kapitalerhaltung

Schnauder, Franz, Die Parallelverpflichtung als Sicherungsinstrument der Konsortialkreditpraxis, NJOZ 2010, 1663 ff.

Schön, Wolfgang, Vermögensbindung und Kapitalschutz in der AG – Versuch einer Differenzierung, in Festschrift für Volker Röhricht zum 65. Geburtstag, Köln 2005, 559 ff.; zitiert: *Schön* FS Röhricht

ders., Kreditbesicherung durch abhängige Kapitalgesellschaften, ZHR 159 (1995), 351 ff.

Scholz, Franz, Kommentar zum GmbH-Gesetz, Band I, 12. Aufl., Köln 2018 und Band II, III, 11. Aufl., Köln 2013 ff.; zitiert: Scholz/*Bearbeiter* GmbHG

Scholze, Herbert, Das Konsortialgeschäft der deutschen Banken, Erster Halbband, Berlin 1973

Schrell, Thomas/Kirchner, Andreas, Strukturelle und Vertragliche Subordination – Vorstellung und Vergleich der beiden Konzepte zur Subordinierung von Gläubigern bei der Finanzierung von Unternehmensübernahmen, BKR 2004, 212 ff.

dies., Akquisitionsfinanzierung mit Hilfe eines Vertreters ohne Vertretungsmacht, ZBB-Report 2002, 230 ff.

Schroeder, Ulrich, Finanzielle Unterstützung des Aktienerwerbs, Köln, Berlin, Bonn, München 1995; zitiert: *Schroeder* Finanzielle Unterstützung des Aktienerwerbs

Schulz, Dietmar, Apcoa – Grenzen der Anerkennung des Scheme of Arrangement nach Änderung der Rechtswahlklausel, ZIP 2015, 1912 ff.

Schwark, Eberhard/Zimmer, Daniel, Kapitalmarktrechts-Kommentar, 4. Aufl., München 2010; zitiert: Schwark/Zimmer/*Bearbeiter*

Schwarz, Axel, Bestimmtheitsgrundsatz und variabler Zins in vorformulierten Kreditverträgen, NJW 1987, 626 ff.

Schwintowski, Hans-Peter/Dannischewski, Johannes, Eigenkapitalersetzende Darlehen durch den gesellschaftergleichen Dritten nach § 32a Abs. 3 GmbHG, ZIP 2005, 840 ff.

Schwintowski, Hans-Peter/Schäfer, Frank A., Bankrecht: Commercial Banking, Investment Banking, 5. Aufl., Köln 2018; zitiert: *Schwintowski/Schäfer* Bankrecht

Séché, Maurice /Theusinger, Ingo, Upstream-Sicherheiten und Kapitalerhaltung – Neues vom BGH, BB 2017, 1550 ff.

Semler, Johannes/Stengel, Arndt, Umwandlungsgesetz, 4. Aufl., München 2017; zitiert: Semler/Stengel/*Bearbeiter* UmwG

Singhof, Bernd/Weber, Christian, Bestätigung der Finanzierungsmaßnahmen und Barabfindungsgewährleistung nach dem Wertpapiererwerbs- und Übernahmegesetz, WM 2002, 1158 ff.

Sittmann, Jörg W., Kreditunterbeteiligung von Banken – Eine Untersuchung zum Innenrecht der Beteiligung, WM 1996, 469 ff.

Soergel, Hans Theodor, Bürgerliches Gesetzbuch mit Einführungsgesetzen und Nebengesetzen, Schuldrecht III (§§ 705–853), 12. Aufl. Stuttgart, Berlin, Köln, Mainz, 1987 ff.; 13. Aufl., 2000 ff.; zitiert: Soergel/*Bearbeiter*; soweit nicht anders angegeben, beziehen sich die Zitate auf die 13. Aufl.

Sonnenhol, Jürgen, Änderungen der AGB-Banken zum 1. April 2002 – auch im Hinblick auf das Schuldrechtsmodernisierungsgesetz, WM 2002, 1259 ff.

ders./Groß, Wolfgang, Besicherung von Krediten Dritter in Konzernunternehmen, ZHR 159 (1995), 389 ff.
ders., Stützle, Rudolf, Bestellung von Sicherheiten durch eine GmbH und der Grundsatz der Erhaltung des Stammkapitals (§ 30 GmbHG), DB 1979, 925 ff.
Speechley, Tom, Acquisition Finance, Haywards Heath, 2. Aufl., 2015
Spindler, Gerald, Konzernfinanzierung, ZHR 171 (2007), 245 ff.
ders./Stilz, Eberhard, Kommentar zum Aktiengesetz, Band 1 §§ 1–149, Band 2 §§ 150–410/ SpruchG/SE-VO, 3. Aufl., München 2015; zitiert: Spindler/Stilz/*Bearbeiter* AktG
Spoerr, Wolfgang/Roberts, Marc, Die Umsetzung der Vierten Geldwäscherichtlinie: Totale Transparenz, Geldwäschebekämpfung auf Abwegen?, WM 2017, 1142 ff.
Spliedt, Jürgen D., MoMiG in der Insolvenz – ein Sanierungsversuch, ZIP 2009, 149 ff.
Staub, Hermann, Handelsgesetzbuch, Großkommentar, Band 3 §§ 105–160, 5. Aufl. 2009, herausgegeben von: *Canaris, Claus-Wilhelm/Habersack, Mathias/Schäfer, Carsten,* Berlin 2009.; zitiert: Staub/*Bearbeiter* HGB
Staudinger, Julius v., Kommentar zum Bürgerlichen Gesetzbuch mit Einführungsgesetz und Nebengesetzen, 13. Bearbeitung, Berlin 1993 ff.; sowie Neubearbeitung (soweit nicht anders angegeben, beziehen sich die Zitate auf die Neubearbeitung); zitiert: Staudinger/*Bearbeiter,* Jahrgang:
– §§ 134–138; ProstG (Gesetzliches Verbot, Verfügungsverbot, Sittenwidrigkeit), 2017
– §§ 164–240 (Allgemeiner Teil 5), 2014
– Vorbem zu §§ 244–248; §§ 244–248; PrKG (Geldrecht), 2016
– §§ 255–304 (Leistungsstörungsrecht 1), 2014
– §§ 397–432 (Erlass, Abtretung, Schuldübernahme, Mehrheit von Schuldnern und Gläubigern), 2017
– §§ 488–490; 607–610 (Darlehensrecht), 2015
– §§ 662–675b (Auftrag und Geschäftsbesorgung), 2017
– §§ 705–740 (Gesellschaftsrecht), 2003
– §§ 765–778 (Bürgschaft), 2012
– §§ 826–829; §§ 1–19 ProdHaftG (Unerlaubte Handlungen 2, Produkthaftung), 2014
– §§ 1204–1296 (Pfandrecht), 2009
– §§ 1363–1563 (Eheliches Güterrecht), 2007
– Einleitung zur Rom I-VO; Art 1–10 Rom I-VO (Internationales Vertragsrecht 1), 2016
Steinbeck, Anja, Besicherung von Gesellschafterverbindlichkeiten durch die GmbH, WM 1999, 885 ff.
Steinmeyer, Roland/Häger, Michael, WpÜG Wertpapiererwerbs- und Übernahmegesetz Kommentar, 3. Aufl., Berlin 2013; zitiert: Steinmeyer/Häger/*Bearbeiter*
Stimpel, Walter, Zum Auszahlungsverbot des § 30 Abs. 1 GmbHG; Die Befreiung vom handelsbilanziellen Denken und die Unzulässigkeit von Vermögenszuwendungen an Gesellschafter gegen hinausgeschobene schuldrechtliche Ausgleichsverpflichtungen, in Festschrift 100 Jahre GmbH-Gesetz, Köln 1992, 335 ff.; zitiert: *Stimpel* FS 100 Jahre GmbHG
Stürner, Rolf, Der vollstreckungs- und insolvenzrechtliche Schutz der Konsortialbank bei treuhänderisch gehaltenen Grundschulden des Konsortialführers, KTS 2004, 259 ff.
ders., Aktuelle Probleme des Konkursrechts, ZZP 94 (1981), 263 ff.
Stupp, Alexander/Mucke, Jörg, Die Auswirkung kreativer „Zins"-Vereinbarungen auf die ordentlichen Kündigungsmöglichkeiten des Darlehensnehmers, BKR 2005, 20 ff.
Sutter, Oliver, Überlegungen zur Notwendigkeit der Limitation Language angesichts der aktuellen BGH-Rechtsprechung, WM 2018, 360 ff.
Sutter, Oliver/Kuznetsova, Alisa, Berücksichtigung von § 64 Satz 3 GmbHG für die Limitation Language im Rahmen einer Unternehmensfinanzierung?, WM 2017, 745 ff.
Sutter, Oliver/Masseli, Markus, Keine Änderungen der Vertragspraxis bei aufsteigenden Sicherheiten in Folge des MoMiG, WM 2010, 1064 ff.
Theiselmann, Rüdiger, Die Existenzvernichtungshaftung im Wandel – Das „Trihotel"-Urteil des BGH vom 16.7.2007 – II ZR 3/04 und seine Praxisfolgen, GmbHR 2007, 904 ff.

Theusinger, Ingo/Kapteina, Matthias, Upstream-Sicherheiten und Limitation Language, NZG 2011, 881 ff.

Thießen, Friedrich, Covenants in Kreditverträgen: Alternative oder Ergänzung zum Insolvenzrecht?, ZBB 1996, 19 ff.

Tillmann, Tobias, Der Entwurf des „MoMiG" und die Auswirkungen auf die Gesellschafterfremdfinanzierung – Verstrickte und privilegierte Darlehen, GmbHR 2006, 1289 ff.

Tries, Hermann-Josef, Verdeckte Gewinnausschüttungen im GmbH-Recht, Köln 1991

Uhlenbruck, Wilhelm, Insolvenzordnung – Kommentar, 15. Aufl., München 2019; zitiert: Uhlenbruck/*Bearbeiter*

Ulmer, Peter, Anmerkung zum BGH-Urteil vom 24.6.2002 („KBV"), JZ 2002, 1049 ff.

ders., Von „TBB" zu „Bremer Vulkan" – Revolution oder Evolution?, ZIP 2001, 2021 ff.

ders., Die höchstrichterlich „enträtselte" Gesellschaft bürgerlichen Rechts, ZIP 2001, 585 ff.

ders./Habersack, Mathias/Löbbe, Marc, Gesetz betreffend die Gesellschaften mit beschränkter Haftung (GmbHG), Großkommentar, Band II §§ 29 bis 52, 2. Aufl., Tübingen 2014; zitiert: Ulmer/Habersack/Löbbe/*Bearbeiter* GmbHG

ders./Ihrig, Christoph, Ein neuer Anleihetyp: Zero-Bonds, ZIP 1985, 1169 ff.

Undritz, Sven-Holger/Degenhardt, J. Ernst, Banksicherheiten im Insolvenzverfahren – die Limitation Language in Zeiten des MoMiG, NZI 2015, 348 ff.

Vater, Hendrik, Stapled Finance: Kapitalmarktinnovation oder trojanisches Pferd im Akquisitionsprozess?, DB 2005, 1921 ff.

Vedder, Karl Christian, Missbrauch der Vertretungsmacht – Der Schutz der Selbstbestimmung durch die Anfechtbarkeit vorsätzlich interessenwidriger Vertretergeschäfte, Tübingen, 2007

Verse, Dirk A., Aufsteigende Sicherheiten und Kapitalerhaltung, GmbHR 2018, 113 ff.

Vetter, Jochen, Die neue dogmatische Grundlage des BGH zur Existenzvernichtungshaftung, BB 2007, 1965 ff.

ders., Rechtsfolgen existenzvernichtender Eingriffe, ZIP 2003, 601 ff.

Vogel, Hans-Gert, Finanzierung von Übernahmeangeboten – Testat und Haftung des Wertpapierdienstleistungsunternehmens nach § 13 WpÜG, ZIP 2002, 1421 ff.

Volkholz, Torsten, PIK-Darlehen und das Zinseszinsverbot, in: *Martinek, Michael / Rawert, Peter / Weitemeyer, Birgit* (Hrsg.), Festschrift für Dieter Reuter zum 70. Geburtstag am 16. Oktober 2010, Berlin 2010, zitiert: *Volkholz,* FS Reuter

Waclawik, Erich, Die Verantwortlichkeit für existenzvernichtendes Unterlassen – Besprechung des BGB-Urteils vom 28.4.2008, II ZR 264/06, DStR 2008, 1293, Gamma, DStR 2008, 1486 ff.

Wagner, Claus, Die persönliche Haftung der GmbH-Gesellschafter und GmbH-Geschäftsführer, Rbeistand 2003, 9 ff.

Wagner, Gerhard, Die neue Rom II-Verordnung, IPRax 2008, 1 ff.

Wand, Lothar, Musterdarlehensvertrag für gewerbliche Kreditvergaben – Zinsanpassung wegen veränderter Refinanzierungsmöglichkeiten am Geld- und Kapitalmarkt, risikoadjustierte Zinsgestaltung im Hinblick auf Basel II und Ausplatzierung des Kreditrisikos – Teil I, WM 2005, 1932 ff.; Teil II, in WM 2005, 1969 ff.

Wand, Peter/Tillmann, Tobias/Heckenthaler, Stephan, Aufsteigende Darlehen und Sicherheiten bei Aktiengesellschaften nach dem MoMiG und der MPS-Entscheidung des BGH, AG 2009, 148 ff.

Weber, Dolf, GmbH-rechtliche Probleme des Management Buy-out, ZHR 1991, 120 ff.

Weber, Sebastian, Bearbeitungsentgelte für Kredite im Kontokorrent, BKR 2017, 106 ff.

Weitnauer, Wolfgang, Handbuch Venture Capital, 5. Aufl., München 2016; zitiert: W. Weitnauer/*Bearbeiter* Venture Capital-HdB

Weller, Marc-Philippe, Die Neuausrichtung der Existenzvernichtungshaftung durch den BGH und ihre Implikationen für die Praxis, ZIP 2007, 1681 ff.

Wenzel, Jens, Rechtsfragen internationaler Konsortialkredite, deutsches und englisches Recht, Baden-Baden 2006.

Westermann, Harm Peter, Gesellschaftsrechtliche Risiken bei der bankmäßigen Projektfinanzierung, in Festschrift für Odersky, Berlin 1996, 897 ff.; zitiert: *Westermann* FS Odersky
von Westphalen, Friedrich/Thüsing, Gregor, Vertragsrecht und AGB-Klauselwerke, Loseblattausgabe, 41. EL Stand: April 2018
Wicke, Hartmut, Gesetz betreffend die Gesellschaften mit beschränkter Haftung (GmbHG), 3. Aufl. 2016; zitiert: Wicke/*Bearbeiter* GmbHG
Widmann, Siegfried/Mayer, Dieter (Hrsg.), Umwandlungsrecht: Umwandlungsgesetz, Umwandlungssteuergesetz, Spruchverfahrensgesetz, Einbringung, Realteilung, Umsatzsteuer, Grunderwerbsteuer, Vertragsmuster – Kommentar, Loseblattausgabe, 173. EL Stand: September 2018; zitiert: Widmann/Mayer/*Bearbeiter* Umwandlungsrecht
Wilhelm, Jan, Sachenrecht, 5. Aufl., München 2016
ders., Zurück zur Durchgriffshaftung – das „KBV"-Urteil des II. Zivilsenats des BGH vom 24.6.2002, NJW 2003, 175 ff.
Wilhelm, Marco/Hoffmann, Tina, Haftungsrisiken bei Upstream-Sicherheiten, DB 2017, 1387 ff.
Willer, Ralf, Die parallel debt als Sicherheitenträger, AcP 209 (2009), 807 ff.
Wimmer, Konrad/Rösler, Patrick, Vorfälligkeitsentschädigung bei vorzeitiger Beendigung von Darlehensverträgen – Bewertung aktueller Fragen aus rechtlicher und finanzmathematischer Sicht – im Anschluss an *Rösler/Wimmer,* WM 2000, 164 –, WM 2005, 1873 ff.
Winter, Martin, Mitgliedschaftliche Treuebindungen im GmbH-Recht, München 1988
Winter, Michael, Upstream-Finanzierung nach dem MoMiG-Regierungsentwurf – Rückkehr zum bilanziellen Denken, DStR 2007, 1484 ff.
Wittig, Arne, Übernahme der Gesellschafterstellung an Krisenunternehmen als Sanierungsbeitrag der finanzierenden Kreditinstitute, in *Prütting, Hanns/Vallender, Heinz* (Hrsg.), Insolvenzrecht in Wissenschaft und Praxis, Festschrift für Wilhelm Uhlenbruck, Köln 2000, 685 ff.; zitiert: *Wittig* FS Uhlenbruck
ders., Financial Covenants im inländischen Kreditgeschäft, WM 1996, 1381 ff.
Wittig, Judith/Wittig, Arne, Das neue Darlehensrecht im Überblick, WM 2002, 145 ff.
Wood, Philip, International Loans, Bonds, Guarantees, Legal Opinions, 2. Aufl., London 2007
Zerey, Jean-Claude, Rechtliche Probleme der Finanzierung von Leveraged Buyouts und Tender Offers durch Banken in den USA und in der Bundesrepublik Deutschland, Frankfurt, Berlin, Bern, New York, Paris, Wien 1994; zitiert: *Zerey* Rechtliche Probleme der Finanzierung von Leveraged Buyouts und Tender Offers
Zellweger-Gutknecht, Corinne, Negativzins: Vergütung für die Übernahme des Geldwertrisikos durch den Kapitalnehmer, ZfPW 2015, 350 ff.
Zimmer, Daniel, Internationales Gesellschaftsrecht, Heidelberg 1996

Teil A. Überblick

§ 1. Einführung

I. Begriff

Unter einer „Akquisitionsfinanzierung“ versteht man die Fremdfinanzierung des Erwerbs eines Unternehmens oder einer Unternehmensgruppe. Häufig finanziert der Erwerber den Unternehmenskauf sowohl mit Eigenkapital als auch mit Fremdkapital. Das Fremdkapital kann zB durch hochverzinsliche Anleihen (*High Yield Bonds*) am Kapitalmarkt aufgenommen oder durch Kredite zur Verfügung gestellt werden. Im Folgenden geht es nur um Fremdkapital in der Form von Krediten. 1

Eigen- und Fremdkapital. Die Finanzierung durch Eigenkapital und Fremdkapital unterscheidet sich grundsätzlich. **Eigenkapital** wird vom Erwerber und bei Verwendung einer meist neu gegründeten Gesellschaft (*NewCo*) als Akquisitionsvehikel von deren Gesellschaftern, zur Verfügung gestellt. Es wird je nach Finanzierungszweck als Kapitaleinlage in die NewCo oder die Zielgesellschaft eingebracht. Eigenkapital verbleibt grundsätzlich dauerhaft im Unternehmen und trägt keine Zinsen. Der Eigenkapitalinvestor wird Gesellschafter. Er ist über die Wertentwicklung seines Gesellschaftsanteils und seinen Dividendenanspruch am wirtschaftlichen Erfolg oder Misserfolg der Gesellschaft beteiligt. **Eigenkapitalähnlich** sind Gesellschafterdarlehen, die gegenüber allen Fremdkapitalformen nachrangig gestellt sind[1], dh bis zur vollständigen Befriedigung aller Ansprüche der Fremdkapitalgeber weder verzinst noch zurückgezahlt werden dürfen. 2

Fremdkapital wird von Banken oder Debt Fonds in der Form von Krediten zur Verfügung gestellt. Fremdkapital bleibt nur für bestimmte Zeit im Unternehmen und wird gewinnunabhängig verzinst. Der Fremdkapitalgeber erwirbt keine Gesellschafterstellung. 3

Das erforderliche Fremdkapital kann je nach Kaufpreis und Höhe der verfügbaren Eigenmittel beträchtlich sein. Es wird bei Akquisitionsfinanzierungen regelmäßig nicht von einem Kreditgeber allein zur Verfügung gestellt, sondern von einem Konsortium. Dann spricht man von einem **„Konsortialkredit“** oder Syndicated Loan. 4

Das Eigenkapital/Fremdkapital-Verhältnis beträgt bei Akquisitionsfinanzierungen derzeit mindestens 40 % Eigenkapital zu 60 % Fremdkapital. 5

Formen der Akquisitionsfinanzierungen. Eine Unternehmensakquisition, bei der neben dem Eigenkapital auch in erheblichem Umfang Fremdkapital eingesetzt wird, nennt man allgemein einen Leveraged Buy-out oder LBO.[2] Ist der Eigenkapitalinvestor das Management der Zielgesellschaft, so spricht man auch von einem Management Buy-out oder MBO. Handelt es sich dagegen bei den Erwerbern um externe Führungskräfte, so wird die Transaktion als Management Buy-in bezeichnet. Erwirbt ein Gesellschafter mit Fremdkapital die Anteile der übrigen Mitgesellschafter, so spricht man von einem Owner Buy-out. In all diesen Fällen stammen die Mittel für Zinsen und Tilgung des Fremdkapitals ausschließlich oder überwiegend aus dem freien *Cashflow* der Zielgesellschaft. 6

II. Entstehung

Der LBO als neue Form der Finanzierung eines Unternehmenskaufs entwickelte sich Ende der 70er-Jahre in den USA, als viele Großkonzerne wirtschaftlich schwache oder entbehr- 7

[1] Zum Nachrang von Gesellschafterdarlehen siehe § 51.

[2] *Mittendorfer* verlangt dafür einen Leverage von mindestens 3,0–3,5 und einen Zinsdeckungsgrad von weniger als 3,5–4,0, vgl. *Mittendorfer*, Praxishandbuch Akquisitionsfinanzierung, S. 13.

liche Teilbetriebe verkaufen wollten. Im Vereinigten Königreich entstanden LBOs als Resultat gesetzlicher Änderungen, die es erstmals ermöglichten, auch Garantien und Sicherheiten an den Vermögensgegenständen des Zielunternehmens zu bestellen, anstatt, wie bis dahin, nur Gesellschaftsanteile zu verpfänden. Unterstützt durch günstige Zinsen nahmen LBOs stetig zu, sowohl hinsichtlich Anzahl als auch Volumen der Transaktionen.

8 Nachdem zunächst *Management Buy-outs* dominierten, waren bald **Private Equity** Investoren die treibende Kraft bei LBOs. Unter Private Equity versteht man Fonds, die ihre Mittel in Unternehmensbeteiligungen investieren. Zu den bedeutendsten Private Equity Investoren gehören die von The Carlyle Group, Kohlberg Kravis Roberts, Goldman Sachs Principal Investment Area, The Blackstone Group, Texas Pacific Group, Permira, Apax Partners und Bain Capital beratenen Fonds. Durch den Einsatz von Fremdkapital können diese Investoren den Erwerb von zum Teil sehr großen Unternehmen finanzieren. Den momentanen „Rekord" hält ein Konsortium um KKR mit der USD 45 Milliarden teuren Übernahme des texanischen Stromversorgers TXU im April 2007.

9 In Deutschland wurden LBOs vor allem durch die verstärkten Aktivitäten von Private Equity Investoren seit Mitte der 90er-Jahre populär. Auch die Privatisierungen der Unternehmen der früheren DDR erfolgten vielfach durch LBOs. Von den rund 13.000 privatisierten Unternehmen wurden über 2.500 durch Buy-outs erworben.[3]

III. Typische Fallkonstellation

10 Im einfachen Modell einer Akquisitionsfinanzierung gründet ein Finanzinvestor eine neue Gesellschaft (*NewCo*), die die Zielgesellschaft erwerben soll. Die NewCo wird vom Finanzinvestor mit Eigenkapital ausgestattet. Außerdem nimmt sie Kredite auf. Mit dem Eigenkapital und den Krediten erwirbt sie die Anteile an der Zielgesellschaft. Die von der NewCo benötigten Mittel für Tilgungs- und Zinszahlungen werden von der Zielgesellschaft erwirtschaftet, die im Gegensatz zur NewCo über ein operatives Geschäft verfügt. Alle Risiken der Transaktion sind in der NewCo als Käuferin der Zielgesellschaft und Kreditnehmerin der Kredite konzentriert. Zur Begrenzung der Haftung des Finanzinvestors und der übrigen Eigenkapitalinvestoren erhält die NewCo regelmäßig die Form einer Kapitalgesellschaft.

11 Regelmäßig werden die Anteile an der Erwerbsgesellschaft nicht direkt von den Eigenkapitalinvestoren gehalten, sondern von einer Holdinggesellschaft (sog *Parent*), die nicht Kreditnehmer ist und deren Gesellschaftsanteile nicht an die Kreditgeber verpfändet werden. Aus Sicht der Kreditgeber ist es ausreichend, wenn der Parent der Intercreditor-Vereinbarung als Sicherungsgeber und meist auch als Darlehensgeber eines Darlehens an die Erwerbsgesellschaft beitritt. Eine solche Struktur hat den Vorteil, dass die Kreditgeber über einen „**single point of enforcement**" verfügen, da sie die Gruppe durch Verwertung eines einzigen Pfandrechts an den Anteilen der Erwerbsgesellschaft verkaufen können und bei diesem Verkauf nur ein einziges Gesellschafterdarlehen (vom Parent an die Erwerbsgesellschaft) mitverkaufen müssen.

12 Selbstverständlich gibt es LBOs mit sehr viel komplexeren Transaktionsstrukturen, die meist steuerlich veranlasst sind. So kann es aus steuerlichen Erwägungen zB zum Einsatz hybrider Finanzierungsinstrumente kommen, die nach deutschem Steuerrecht als Darlehen anzusehen sind und einen Zinsabzug ermöglichen, wogegen sie nach ausländischem Steuerrecht als Eigenkapital gelten und so Abschreibungspotential bieten.[4]

13 Bei einem LBO erhalten die Banken von den Eigenkapitalinvestoren typischerweise weder Garantien noch dingliche Sicherheiten. Die Besicherung der Kredite erfolgt ausschließlich durch die NewCo und die Zielgesellschaft bzw. die Zielgruppe. Die Erwerbs-

[3] *Fleischer* AG 1996, 494, 498.

[4] Beispiel: *Preferred Equity Certificates*, die etwa von einer Gesellschaft mit Sitz in Luxemburg ausgegeben werden.

gesellschaft ist mit Ausnahme der Gesellschaftsanteile an der Zielgesellschaft im Wesentlichen vermögenslos. Im Verwertungsfall kann der Erlös aus dem Verkauf der Anteile an der Zielgesellschaft deutlich unter der Höhe der Kreditverbindlichkeiten bleiben. Die Banken treffen ihre Kreditentscheidung daher in erster Linie auf der Basis des projektierten *Cashflows* der Zielgesellschaft, aus dem die Kreditverbindlichkeiten bedient werden müssen (sog *Cashflow- based Lending*) und erst in zweiter Linie auf Grund der verfügbaren Sicherheiten.

IV. Vor- und Nachteile eines LBO

1. Vorteile des LBO

a) Höhere Eigenkapitalrendite

Beim LBO macht sich der Käufer die Hebelwirkung des Fremdkapitals für die Rendite 14 seines eingesetzten Eigenkapitals zunutze (sog *Leverage*-Effekt[5]). Die Rendite des eingesetzten Eigenkapitals nimmt mit steigender Verschuldung zu, solange die Gesamtkapitalrendite (dh die Rendite auf das insgesamt im Unternehmen eingesetzte Eigen- und Fremdkapital) größer ist als der Fremdkapitalzins.[6] Dies wird durch die folgenden Rechenbeispiele belegt:

Beispiel 1 – Hoher Leverage Der Käufer erwirbt die Zielgesellschaft zum Kaufpreis von 100. Das 15 eingesetzte Eigenkapital beträgt 30, das Fremdkapital 70. Der Zins wird aus dem *Cashflow* bezahlt. Der Käufer tilgt im ersten Jahr aus dem *Cashflow* der Zielgesellschaft 10. Veräußert der Käufer die Zielgesellschaft nach einem Jahr schuldenfrei zum Preis von 100, so muss er zur Tilgung der Kredite 60 an die Kreditgeber abführen, und ihm verbleiben noch 40. Seine Eigenkapitalrendite beträgt 33,3 %.

Beispiel 2 – Niedriger Leverage Der Käufer erwirbt die Zielgesellschaft zum Kaufpreis von 100. Das 16 eingesetzte Eigenkapital beträgt 80, das Fremdkapital nur 20. Der Zins wird aus dem *Cashflow* bezahlt. Der Käufer tilgt im ersten Jahr aus dem *Cashflow* der Zielgesellschaft wiederum 10. Veräußert der Käufer die Zielgesellschaft nach einem Jahr schuldenfrei zum Preis von 100, so muss er zur Tilgung der Kredite 10 an die Kreditgeber abführen, und ihm verbleiben noch 90. Seine Eigenkapitalrendite beträgt demnach nur 12,5 %.

b) Flexibilität der Finanzierung

Die Finanzierung eines LBO erfolgt durch den Einsatz von Eigenkapital sowie verschiede- 17 ner Arten von Fremdkapital. Das Fremdkapital besteht aus Senior-Krediten und Mezzanine-Krediten bzw. anderen Formen nachrangiger Finanzierungsinstrumente, wie zB *High Yield Bonds* oder Wandelgenussanleihen. Nicht selten gewährt der Verkäufer der Zielgesellschaft dem Käufer ein Verkäuferdarlehen. Durch diese Mischung verschiedener Kapitalformen entsteht ein hohes Maß an Flexibilität, das es ermöglicht, die Finanzierung optimal auf die Bedürfnisse des Kreditnehmers zuzuschneidern.

c) Begrenztes Risiko für Eigenkapitalinvestoren

Da alle Risiken der Transaktion in der NewCo, einer Gesellschaft mit beschränkter 18 Haftung, konzentriert sind und die Eigenkapitalinvestoren selbst keine Garantien oder Sicherheiten stellen, ist ihr Risiko grundsätzlich auf den Verlust ihres eingesetzten Eigenkapitals begrenzt.

---

[5] Von engl. *Lever* = Hebel.

[6] Vgl. *Fleischer* AG 1996, 494, 497; *W. Weitnauer*, Venture Capital-HdB, S. 132; siehe auch das instruktive Rechenbeispiel bei HdBCorporateFinance/*Schäfer*, 4. 1. 1, S. 6.

2. Nachteile des LBO

19 Je höher die Fremdverschuldung der Zielgesellschaft ist, desto stärker wird deren *Cashflow* durch den Schuldendienst belastet. Bleiben die Geschäfte der Zielgesellschaft hinter dem Plan zurück, so besteht die Gefahr, dass der erzielte *Cashflow* nicht ausreicht, um die hohen Tilgungs- und Zinsverbindlichkeiten erfüllen zu können. Kommt es zum Zahlungsverzug, sind die Banken berechtigt, die Kredite gegenüber der NewCo zu kündigen. Regelmäßig wird die NewCo nicht in der Lage sein, die Kredite sofort zurückzuzahlen. Da die Zielgesellschaft für die Kredite Sicherheiten bestellt hat, wird es dann auch zu deren Verwertung kommen, mit der höchstwahrscheinlichen Folge der Insolvenz der Zielgesellschaft.

3. Anwendungsbereich von LBOs

20 Die dargestellten Vor- und Nachteile eines LBO erklären, warum diese Finanzierungsform vorwiegend von Finanzinvestoren geschätzt wird. Finanzinvestoren, insbesondere Private Equity Fonds, haben eine möglichst hohe Eigenkapitalrendite zum Ziel unter gleichzeitiger Begrenzung ihrer Risiken. Die Investition ist auf einen beschränkten Zeitraum von wenigen Jahren angelegt. Danach erfolgt der Verkauf (sog Exit) und damit die Realisierung des Gewinns auf das eingesetzte Eigenkapital. Dagegen sind strategische Investoren, die eine Akquisition zB zur Ergänzung ihres bestehenden Geschäfts oder zur Erzielung von Größenvorteilen tätigen, an einer langfristigen und sicheren Investition interessiert. Ein baldiger Verkauf ist nicht das Ziel. Sie finanzieren ihre Akquisitionen daher soweit möglich mit eigenen Mitteln.

§ 2. Typischer Ablauf einer Akquisitionsfinanzierung

1 Die Finanzierung eines typischen *Leveraged Buy-out* unter Beteiligung von Private Equity Investoren vollzieht sich in folgenden Schritten.

I. Ansprache möglicher Arrangeure

2 Ein Finanzinvestor, der sich für den Erwerb einer Gesellschaft im Wege des LBO interessiert, muss sich frühzeitig um die Beschaffung des Fremdkapitals kümmern. Der Finanzinvestor spricht verschiedene Banken oder Debt Fonds an, die als Arrangeure einer Akquisitionsfinanzierung in Betracht kommen. Der **Arrangeur** hat die Aufgabe, die Finanzierung zu strukturieren und das Kreditkonsortium zusammenzustellen.

3 Der Finanzinvestor erläutert den potentiellen Arrangeuren die geplante Akquisition, stellt ihnen die erforderlichen Unterlagen und Informationen zur Verfügung und bittet um Abgabe eines Angebots für die Arrangierung der Finanzierung in der Form eines *Term Sheet.*

4 In Zeiten, in denen ein scharfer Wettbewerb unter den Banken um Arrangierungsmandate herrscht, schicken Finanzberater (sof. Debt Advisors) im Namen eines Finanzinvestors häufig sehr ausführliche *Term Sheets* an verschiedene potentielle Arrangeure, bei denen die wirtschaftlichen Konditionen (ua Aufteilung des Fremdkapitals auf verschiedene Kreditlinien, Höhe der Kreditlinien, Zinssätze, Gebühren) noch einzufügen sind. Jede angesprochene Bank oder Debt Fonds ergänzt das *Term Sheet* um die von ihr angebotenen Konditionen und ändert die übrigen Bestimmungen des *Term Sheet*, so dass es eine für sie akzeptable Grundlage für die Finanzierung darstellt. Je größer der Änderungsbedarf ist, desto geringer wird die Chance der Bank als Arrangeur ausgewählt zu werden.

II. Prüfung durch Bank

Die Bank prüft zunächst 5
- die grundsätzliche Eignung der Zielgesellschaft für eine Akquisitionsfinanzierung (Marktpotential, Management, Produkte),
- die bisherige wirtschaftliche und finanzielle Entwicklung der Zielgesellschaft (ua Eigenkapitalquote, Verschuldung, EBIT oder EBITDA[1], *Capex*) und die voraussichtliche künftige Entwicklung der Zielgesellschaft (insbesondere projektierter freier *Cashflow*),
- die verfügbaren Sicherheiten,
- die Höhe der angebotenen Eigenmittel der Finanzinvestoren.

1. Grundsätzliche Eignung des Zielunternehmens

Während für die Finanzinvestoren insbesondere das Wachstumspotential des Zielunterneh- 6
mens (sog *Upside Potential*) von Interesse ist, prüfen die Banken vor allem die Nachhaltigkeit bzw. Belastbarkeit des *Cashflow* (sog *Downside Potential*). Die verschiedenen Ansätze erklären sich aus den unterschiedlichen Renditeerwartungen von Finanzinvestoren und Banken. Die Banken erzielen ihren Ertrag mit einer im Vergleich zu den Renditeerwartungen der Eigenkapitalinvestoren geringeren Marge und stellen einen hohen Anteil an der Finanzierung. Dagegen erwarten die Eigenkapitalinvestoren für ihren kleineren, aber mit höherem Risiko behafteten Kapitaleinsatz eine weit höhere Rendite. Fällt ein Bankkredit aus, so müssen viele neue Engagements der Bank erfolgreich durchgeführt werden, um den Verlust zu kompensieren. Erleidet hingegen ein Eigenkapitalinvestor einen Totalausfall, so kann dieser Verlust uU schon mit einer einzigen anderen erfolgreichen Investition ausgeglichen werden.

Für eine Akquisitionsfinanzierung sind Zielunternehmen mit folgenden Eigenschaften 7
grundsätzlich **besonders geeignet:**[2]
- Ausreichende Eigenkapitalbasis, niedriger Verschuldungsgrad,
- Vorhandensein von ausreichendem unbelastetem Vermögen, das als Sicherheit zur Verfügung steht,
- Erfahrenes, qualifiziertes Management, das auch nach der Übernahme im Unternehmen bleibt,
- Gutes Marktpotential der Produkte oder Dienstleistungen,
- Erwartung eines ausreichenden nachhaltigen *Cashflows* während der Laufzeit des Darlehens.

Für einen ausreichenden nachhaltigen *Cashflow* des Zielunternehmens spricht, wenn 8
- das Kerngeschäft auf ausgereiften Produkten beruht, die von technologischen Neuentwicklungen nicht leicht verdrängt werden können und nicht von saisonalen oder Modetrends abhängig sind (zB Lebensmittelindustrie),
- das Unternehmen eine gesicherte Marktposition hat, der Wettbewerbsdruck gering und die Marktzutrittsschranken hoch sind,
- weder kapitalintensive Investitionen oder zusätzliche Akquisitionen (daher sind Unternehmen in einer Wachstumsbranche weniger geeignet) noch teure Forschungs- und Entwicklungsarbeiten oder Werbekampagnen erforderlich sind.

2. Due Diligence

Die Bank wird regelmäßig selbst eine Prüfung der Zielgesellschaft (sog *Due Diligence*) 9
durchführen. Sie wird sich dafür vom potentiellen Erwerber, soweit verfügbar, die Finanz-

[1] EBIT = Earnings before Interest and Tax, EBITDA = Earnings before Interest, Tax, Depreciation and Amortisation.

[2] Vgl. dazu *Hitschler* BB 1990, 1877, 1879, 1880; *Otto* DB 1989, 1389, 1390.

zahlen der Vergangenheit (ua Jahresabschlüsse), die Finanzplanung für die nächsten Jahre (Budget, Investitionsplan), sowie Marktstudien, Kundenbefragungen, sämtliche Due-Diligence-Berichte (ua rechtliche, finanzielle, steuerliche, Markt-, Umwelt- und Versicherungs-Due-Diligence-Berichte) und sonstige relevante Unterlagen vorlegen lassen und diese Informationen zumindest plausibilisieren.

10 Die Bank wird sich einen eigenen Eindruck vom Wert des Kaufobjektes verschaffen wollen, um die **Angemessenheit des Kaufpreises** beurteilen zu können. Sie wird daher die zB von einer Investmentbank oder Wirtschaftsprüfungsgesellschaft vorgelegte Unternehmensbewertung auf ihre Plausibilität hin überprüfen. Die derzeit gebräuchlichsten Methoden der Unternehmensbewertung sind das Ertragswertverfahren und die Discounted-*Cashflow*-Methode.[3]

11 Die *Due Diligence* umfasst auch die rechtliche **Prüfung des Kaufvertrags** über den Erwerb der Gesellschaftsanteile (sog *Share Deal*) bzw. der Vermögensgegenstände der Zielgesellschaft (sog *Asset Deal*). Dabei ist ua zu prüfen, ob sich der Erwerber ausreichende Gewährleistungen (*Representations and Warranties*) einräumen ließ, um sein Risiko bei Vorliegen von Sach- oder Rechtsmängeln der Zielgesellschaft zu beschränken, ob und unter welchen Voraussetzungen Rücktrittsrechte bestehen, ob die Haftung des Verkäufers nicht zu stark beschränkt ist, etc. Dabei ist auf Marktüblichkeit zu achten. Verkauft ein Private Equity Investor eine Gesellschaft an einen anderen Private Equity Investor (sog Secondary Buy-out), so wird der Kaufvertrag regelmäßig nur die unverzichtbaren Gewährleistungen enthalten, wie zB Bestehen und Berechtigungen des Verkäufers, Eigentum der verkauften Gesellschaftsanteile, keine Insolvenz der verkauften Gesellschaft. Die Bank wird auch prüfen, ob der Käufer nach dem Kaufvertrag berechtigt ist, seine Gewährleistungsansprüche zur Sicherheit an die finanzierenden Banken abzutreten. Die Kaufverträge enthalten häufig Abtretungsverbote.

3. Transaktionsstruktur

12 Es ist von großer Bedeutung, dass die Durchführung der Akquisition sowie die angestrebte künftige Gruppenstruktur sorgfältig geplant und ausreichend vorbereitet sind.

13 **Erwerbsgesellschaft.** Soll die Akquisition durch eine spezielle Erwerbsgesellschaft erfolgen, muss der Finanzinvestor eine neue Gesellschaft gründen oder eine Vorratsgesellschaft erwerben. Gesellschaften, die längere Zeit inaktiv waren (sog Mantelgesellschaften) und daher mit rechtlichen Risiken behaftet sein können, sollten für den Erwerb nicht verwendet werden. Wenn zwischen der Erwerbsgesellschaft (als herrschender Gesellschaft) und der Zielgesellschaft (als beherrschter Gesellschaft) eine steuerliche Organschaft gebildet werden soll, ist es gegebenenfalls erforderlich, das Wirtschaftsjahr der Zielgesellschaft zu ändern, so dass es bei oder kurz nach dem Erwerb beginnt.[4]

14 **Steuerliche Optimierung.** Der Erwerbsvorgang und die künftige Struktur der Gruppe sind steuerlich zu optimieren. Es ist ua darauf zu achten, dass der Finanzierungsaufwand bei der Erwerbsgesellschaft mit Gewinnen der Zielgesellschaft verrechnet werden kann, dass nicht unnötig Grunderwerbsteuer zu bezahlen ist, dass Verlustvorträge nicht verloren gehen und dass hinreichend Sicherheiten für die Fremdkapitalgeber eingeräumt werden können, ohne steuerliche Nachteile zu bewirken.

15 Wenn die Zielgesellschaft über Grundvermögen verfügt, kann die Übertragung ihrer Gesellschaftsanteile auf eine andere Gesellschaft **Grunderwerbsteuer** auslösen. Deshalb sollten die Anteile der Zielgesellschaft unmittelbar von der endgültigen Erwerbsgesellschaft erworben werden, so dass später keine weitere Übertragung erforderlich wird. Soll der Erwerb über mehrere Stufen erfolgen, kann eine Vorabübertragung des Grundvermögens auf eine Besitzgesellschaft sinnvoll sein.

---

3 *Fahrholz*, Neue Formen der Unternehmensfinanzierung, S. 77.

4 Dazu → § 3 Rn. 8.

Bei deutschen Kreditnehmern sind die Auswirkungen der sog **Zinsschranke** auf die Abzugsfähigkeit von Fremdkapitalzinsen zu berücksichtigen. Im Fall der Überschreitung der Freigrenze von EUR 1 Million Nettozinsaufwand, bis zu der Zinsen unbeschränkt abzugsfähig sind, können Zinsen nur dann vollständig abgezogen werden, wenn die Eigenkapitalquote des finanzierten Betriebs höher ist als die Eigenkapitalquote des gesamten Konzerns. Ansonsten sind Zinsaufwendungen nur in Höhe von 30 Prozent des steuerlichen EBITDA abzugsfähig (Zinsschranke).[5] 16

In der Regel wird eine Wirtschaftsprüfungsgesellschaft oder Rechtsanwaltskanzlei mit der detaillierten Ausarbeitung der angestrebten Akquisitionsstruktur und der dazu erforderlichen Schritte beauftragt (sog *Tax Structure Memorandum*), das auch dem Arrangeur der Fremdfinanzierung zur Verfügung gestellt wird. Das *Tax Structure Memorandum* stellt die einzelnen kauf- und gesellschaftsrechtlichen Schritte von der Ausgangsstruktur bis zur endgültigen Zielstruktur dar und erläutert deren steuerliche Auswirkungen. Es behandelt auch die Finanzierung der Akquisition durch die verschiedenen Eigen- und Fremdkapitalformen. 17

Gesellschaftsrechtliche Optimierung. Die künftige Gruppenstruktur muss so gestaltet sein, dass die Zielgesellschaft durch die Bestellung von Sicherheiten für Verbindlichkeiten ihres Gesellschafters nicht gegen Kapitalerhaltungsvorschriften und sonstige gesellschaftsrechtliche Vorschriften verstößt. Dazu kann eine post-akquisitorische Umstrukturierung erforderlich sein.[6] 18

III. Strukturierung der Finanzierung

Wenn die Bank auf Grund ihrer Prüfungen zu der Ansicht gelangt, dass die Akquisition grundsätzlich finanziert werden kann, erarbeitet sie einen Vorschlag für die Strukturierung der Finanzierung. Sie legt das Verhältnis von Eigen- und Fremdkapital fest, in welcher Höhe und zu welchen Konditionen Senior-, nachrangige und Betriebsmittelkredite zur Verfügung gestellt werden können, ob Akquisitions- oder *Capex*-Linien angeboten werden, die Laufzeit der Kredite und deren Tilgung und welche *Financial Covenants* die Kreditnehmer während der Laufzeit der Kredite einzuhalten haben. Das Ergebnis der Prüfung wird in den *Commitment Papers* festgehalten. 19

IV. Commitment Papers

Die sog *Commitment Papers* bestehen meist aus einem *Commitment Letter* mit angehängtem *Term Sheet*, dem *Syndication Letter* sowie den Gebührenvereinbarungen. Gelegentlich wird auch ein *Interim Facility Agreement* verhandelt. 20

1. Commitment Letter

Der *Commitment Letter* enthält das Angebot einer Bank gegenüber dem Kreditnehmer, die Finanzierung für die geplante Akquisition zu arrangieren und meist auch zu unterschreiben (*Underwriting*). Das Angebot steht regelmäßig unter **Bedingungen.** Dem *Commitment Letter* ist als Anlage ein *Term Sheet* beigefügt, das die wirtschaftlichen und rechtlichen Eckdaten der Finanzierung enthält. Der Finanzinvestor kann das Angebot durch Gegenzeichnung und Rücksendung des *Commitment Letter* annehmen. 21

Arrangierung. Die Arrangierung einer Finanzierung umfasst deren Strukturierung[7] sowie die Syndizierung der Kredite, dh die Zusammenstellung des Konsortiums. Über- 22

[5] Dazu → § 3 Rn. 12.
[6] Dazu → § 3 Rn. 3 ff.
[7] Dazu → § 2 Rn. 19.

nimmt niemand das *Underwriting*, so beschränkt sich die Pflicht des Arrangeurs darauf, sich nach besten Kräften um die Bildung eines Kreditkonsortiums zu bemühen, das die gewünschten Kredite zur Verfügung stellt (sog Best Efforts-**Transaktion**). Letzteres ist für LBOs unzureichend, wenn die Zielgesellschaft vom Verkäufer im Rahmen einer Auktion angeboten wird und die Verlässlichkeit der Finanzierung für den Verkäufer eine große Rolle spielt.

23 **Underwriting.** Die Bank, die zu einem vollständigen oder teilweisen *Underwriting* der Kredite bereit ist, verpflichtet sich dem Kreditnehmer gegenüber, die gesamten Kreditbeträge, wenn nötig alleine oder gemeinsam mit anderen Underwriters, zur Verfügung zu stellen, dh auch dann, wenn der Arrangeur die Kredite nicht syndizieren kann. Der Underwriter trägt also das Risiko, dass die Syndizierung durch den Arrangeur scheitert.[8]

24 Wenn sich Banken nur gemeinsam zum *Underwriting* bereit erklären, spricht man von einem **Co-Underwriting.** Meist wird ein Co-*Underwriting* durch eine Bank initiiert, die das Syndizierungsrisiko nicht alleine tragen will. Das Co-*Underwriting* hat für den Underwriter den Nachteil, dass er sich die Underwritinggebühr mit anderen teilen muss. Für den Kreditnehmer bedeutet ein Co-*Underwriting*, dass er die Vertragsdokumentation nicht nur mit einer Bank, sondern mit mehreren Banken verhandeln muss. Dadurch können sich die Verhandlungen in die Länge ziehen, was zu höheren Kosten führt. In Zeiten der Unsicherheit an den Finanzmärkten sind Kreditgeber häufig nicht einmal zu einem Co-*Underwriting* bereit. Stattdessen schließen sich mehrere Kreditgeber zu einem **Banken-Club** zusammen. Jede Bank gibt eine Kreditzusage nur in Höhe des Betrages ab, den sie selbst dauerhaft halten möchte (sog Final Take and Hold). Finden sich nicht genügend Kreditgeber, um den vom Kreditnehmer gewünschten Kreditbetrag abzudecken, kommt die Finanzierung nicht zustande.

25 Die *Underwriting*-Verpflichtung wird **zeitlich befristet** erteilt. Sie endet automatisch mit der Unterzeichnung des Kreditvertrags durch einen Kreditgeber, mit dem Ablauf einer gewissen Frist für den Abschluss der Vertragsverhandlungen oder mit dem Abbruch der Vertragsverhandlungen zwischen Finanzinvestoren und Verkäufer.

26 **Bedingungen.** Die Verpflichtung zur Arrangierung und zum *Underwriting* der Kredite wird regelmäßig unter aufschiebenden Bedingungen übernommen. Diese Bedingungen betreffen sowohl die Sphäre der Bank als auch die des Kreditnehmers. Bei Abgabe des *Commitment Letter* liegen alle bankinternen Genehmigungen häufig noch nicht vor. Der Kreditnehmer hat zu diesem Zeitpunkt viele wichtige Unterlagen noch nicht vorlegen können, wie zB die endgültigen Due-Diligence-Berichte oder das Tax-Structure-Memorandum. Auch die endgültigen Finanzierungsverträge sind noch nicht abgeschlossen. Außerdem können sich die wirtschaftlichen Verhältnisse der Zielgesellschaft erheblich verschlechtern (sog *Business Material Adverse Change* oder Business MAC) oder es tritt eine wesentliche Verschlechterung an den Finanzmärkten ein (sog *Market Material Adverse Change* oder Market MAC), so dass die Kredite am Interbankenmarkt nicht zu syndizieren sind. Bei Eintritt eines solchen Ereignisses möchte die Bank nicht mehr an ihr Angebot gebunden sein.

27 Viele Unternehmensverkäufe erfolgen heute in der Form von Auktionen. Potentielle Käufer werden eingeladen, ein Angebot für den Erwerb der Zielgesellschaft abzugeben. Bei der Abgabe des Angebots muss der Bieter auch nachweisen, dass die Bezahlung des Kaufpreises gesichert ist. Wird der Kaufpreis teilweise durch Kredite finanziert, sind dem Verkäufer ua die *Commitment Papers* vorzulegen. Aus Sicht des Verkäufers und des Finanzinvestors sollten in den *Commitment Papers* möglichst wenige Bedingungen enthalten sein.

28 **Mandatierung.** In dem *Commitment Letter* werden auch der oder die Arrangeure ernannt und die Finanzinvestoren verpflichten sich, keine weiteren Arrangeure zu ernennen (Exklusivität). Dies kann aber auch in einem separaten *Mandate Letter* geregelt sein.

---

[8] *Hinsch/Horn,* Das Vertragsrecht der internationalen Konsortialkredite und Projektfinanzierungen, S. 26 f.

Kostenerstattung. Der *Commitment Letter* enthält auch die Verpflichtung des Kreditnehmers, alle externen **Kosten** zu tragen, die dem Arrangeur im Zusammenhang mit seiner Tätigkeit entstehen, und zwar unabhängig davon, ob die Kredite jemals in Anspruch genommen werden oder nicht. Dazu gehören ua Notar- und Beraterhonorare für die Erstellung der Kreditvertrags- und Sicherheitendokumentation sowie Auslagen.[9] **29**

Bindungswirkung. Der *Commitment Letter* mit dem *Term Sheet* als Anlage wird vom Kreditnehmer zum Zeichen seines Einverständnisses gegengezeichnet. Inwieweit durch die beiderseitige Unterzeichnung des *Commitment Letter* rechtliche Bindungen entstehen, hängt von der Ausgestaltung im Einzelfall ab.[10] Regelmäßig sollen die im (häufig als „non-binding" bezeichneten) *Term Sheet* beschriebenen Konditionen der Finanzierung erst mit Unterzeichnung der endgültigen Finanzierungsverträge verbindlich werden. Dagegen enthält der *Commitment Letter* bindende Vereinbarungen jedenfalls hinsichtlich Exklusivität, Kostenersatz und Vertraulichkeit. Es gibt aber auch „binding" oder „fundable" *Commitment Letters*, die einen Anspruch auf Auszahlung der Kredite begründen sollen. Davon wird aber nur in Ausnahmefällen Gebrauch gemacht, wenn die Zeit nicht reicht, um wenigstens ein *Interim Facility Agreement* abzuschließen.[11] **30**

Gelegentlich zögern die Kreditnehmer die Gegenzeichnung des *Commitment Letter* hinaus, um nicht einer Bank zu früh Exklusivität zu gewähren. Ohne Gegenzeichnung durch den Kreditnehmer fehlt dem Arrangeur ua eine klare Anspruchsgrundlage auf Kostenersatz. **31**

2. Term Sheet

Die im Rahmen ihrer Strukturierungsüberlegungen vom Arrangeur erarbeiteten Eckdaten der Finanzierung werden in ein sog *Term Sheet* aufgenommen. Das *Term Sheet* enthält die wesentlichen Konditionen der Finanzierung. Neben der Art, Höhe und Rang der Kredite enthält es auch Angaben zu Kreditnehmern und Garanten, Verwendungszwecken, den wesentlichen Auszahlungsbedingungen, den Zeitraum der möglichen Inanspruchnahmen, Margen, Laufzeiten, Tilgungen, vorzeitige Rückzahlungen, Sicherheiten, Bereitstellungsprovision, Zusicherungen, *Financial Covenants*, Auflagen, Kündigungsgründen, Kosten, Rechtswahl und Gerichtsstand. Arrangierungs- und Underwritinggebühren werden meist nicht in das *Term Sheet* aufgenommen, da es uU später beitretenden Konsortialbanken zur Verfügung gestellt werden muss, denen die Höhe dieser Gebühren nicht mitgeteilt wird. **32**

Die im *Term Sheet* enthaltenen Bedingungen und Angaben sind selbstverständlich nicht abschließend. Dennoch sind sie für die Erstellung der späteren Kreditvertrags- und Sicherheitendokumentation von erheblicher Bedeutung, da diese auf der Grundlage des *Term Sheet* erarbeitet werden und in wesentlichen Punkten nicht davon abweichen sollten. Soweit Finanzinvestoren den ersten Entwurf eines *Term Sheet* an verschiedene potentielle Arrangeure verschicken, verwenden sie teilweise sehr ausführliche *Term Sheets*, um in möglichst vielen Punkten ihre Rechtsposition festzuschreiben. **33**

Das *Term Sheet* wird zwischen der Bank und dem Finanzinvestor verhandelt und dem *Commitment Letter* an Anlage beigefügt. **34**

---

9 Zur Wirksamkeit solcher Klauseln in AGB → § 18 Rn. 46.

10 Das OLG Köln hat eine „unwiderrufliche Finanzierungsbestätigung" einer Bank als abstraktes Schuldanerkenntnis gegenüber einem Verkäufer eines Grundstücks (dh nicht dem Kunden der Bank) angesehen, mit der Folge, dass der Verkäufer berechtigt sei, unmittelbar von der Bank Zahlung zu verlangen, OLG Köln v. 13.11.2002 (13 U 157/01) mwN. Nach dem OLG Brandenburg ist eine Finanzierungsbestätigung, selbst wenn sie unwiderruflich ist, nicht als abstraktes Schuldanerkenntnis zu qualifizieren, wenn die Finanzierungsbestätigung nicht als Garantie oder Bürgschaft bezeichnet ist und die Bank dafür keine Provision verlangt. OLG Brandenburg v. 16.5.2007, WM 2007, 1879; ebenso OLG Schleswig v. 10.4.2014, GWR 2014, 482 (mit Besprechung *Cohnen* mwN).

11 Dazu → § 2 Rn. 43 ff.

3. Syndication Letter

35 Die Rechte und Pflichten der Parteien im Zusammenhang mit dem **Syndizierungsprozess** sind nur teilweise in den Kreditverträgen geregelt. Detaillierte Vereinbarungen dazu werden entweder im *Commitment Letter* oder einer separaten Syndizierungsvereinbarung (*Syndication Letter*) getroffen. Ein separater *Syndication Letter* bietet sich in Auktionen an, da er Bestimmungen enthält, die für den Verkäufer nicht von Interesse sind und diesem daher auch nicht vorgelegt wird.

36 Im *Syndication Letter* wird, für Senior- und Mezzanine-Kredite getrennt, unter anderem festgelegt, wie die Konsortialbanken für die Primärsyndizierung auszuwählen sind. Der Kreditnehmer verpflichtet sich, den Arrangeur bei der Erstellung eines *Information Memorandum* und sonstigen für die Syndizierung erforderlichen Dokumenten zu unterstützen, die Richtigkeit der darin enthaltenen Angaben zu bestätigen und die Geschäftsführung der Zielgesellschaft zu veranlassen, den Konsortialbanken die Zielgesellschaft zu präsentieren.

37 Der Kreditnehmer verpflichtet sich auch dafür einzustehen, dass ohne die vorherige Zustimmung der Bank, bis zum (befristeten) Ende der Syndizierungsperiode weder von der Erwerbsgesellschaft noch von einer der Gruppengesellschaften weitere Kredite aufgenommen, Schuldscheine begeben oder in sonstiger Weise an den Kapitalmärkten Fremdkapital aufgenommen wird (sog Clear Market **Klausel**).

38 Market Flex **Klausel.** Insbesondere in Zeiten volatiler Finanzmärkte ist die sog *Market Flex* Klausel von erheblicher Bedeutung. Sie enthält die Befugnis des Arrangeurs, die vereinbarten Konditionen für die Kredite **einseitig zu ändern,** wenn er das für eine „erfolgreiche Syndizierung" für erforderlich hält. Es handelt sich also um ein Bestimmungsrecht durch eine Partei gemäß § 315 BGB, das im Zweifel nach billigem Ermessen auszuüben ist.[12] Das Bestimmungsrecht bezieht sich, je nach Vereinbarung, auf die Preisgestaltung der Kredite (Margen und Gebühren), auf die Struktur der Finanzierung (zB Aufteilung der Kreditsumme auf Senior- und Mezzanine-Kreditlinien oder auf die einzelnen Senior-Kreditlinien) oder auch auf bestimmte Klauseln in den Finanzierungsdokumenten (zB Übertragbarkeit eines Konsortialanteils, die Ausgestaltung des Equity Cure Rechts etc.). Was unter einer **„erfolgreichen Syndizierung"** zu verstehen ist, wird zwischen Kreditnehmer und Arrangeur vereinbart. Üblicherweise wird die Syndizierung dann als erfolgreich angesehen, wenn der Konsortialanteil des Underwriters durch Übertragung von Konsortialanteilen auf andere Kreditgeber auf einen bestimmten Betrag oder Prozentsatz der ursprünglich verfügbaren Kreditlinien abgesunken ist. Änderungen der Kreditkonditionen auf Grund der *Market Flex* Klausel sind grundsätzlich nur zulässig, wenn der Arrangeur es für wahrscheinlich halten darf, dass das Syndizierungsziel ohne diese Änderungen nicht erreicht werden kann, nach Vornahme dieser Änderungen aber doch. Kreditnehmer befürchten, dass der Arrangeur sein einseitiges Bestimmungsrecht missbräuchlich zu einer Erhöhung seines Gewinns aus dem Geschäft nutzt und sind darum bestrebt, das Bestimmungsrecht an enge Voraussetzungen zu knüpfen und so den Spielraum des Arrangeurs einzugrenzen.

39 Die *Market Flex* Klausel wird nicht in den Kreditvertrag aufgenommen, da sie den im Rahmen des Syndizierungsprozesses angesprochenen Kreditgebern nicht offengelegt werden soll. Die Kreditgeber könnten sonst versucht sein, den Spielraum, den die *Market Flex* Klausel bietet, auszuschöpfen.

40 **Reverse Flex Klausel.** Umgekehrt gibt es auch eine sog *Reverse Flex* Klausel für den Fall, dass das Interesse der angesprochenen Kreditgeber an einer Beteiligung das Angebot an Konsortialanteilen erheblich übersteigt (Überzeichnung). Dann ist der Arrangeur verpflichtet, die Margen zu reduzieren. Der Arrangeur erhält regelmäßig als Anreiz für eine Margenreduzierung einen Teil der ersparten Zinsaufwendungen als zusätzliche Gebühr.

---

[12] § 315 BGB ist dispositiv, vgl. BGH v. 6.3.1985, NJW-RR 1986, 164, 165; Palandt/*Grüneberg* § 315 Rn. 3.

Wirksamkeit. Ohne eine *Reverse Flex* Klausel könnte die *Market Flex* Klausel gegen das AGB-Recht verstoßen. Soweit AGB die Veränderung des Zinssatzes vorsehen, muss die Veränderung sowohl nach oben als auch nach unten möglich sein.[13] Das wäre nicht der Fall, wenn nur eine Erhöhung des Zinssatzes durch die *Market Flex* Klausel vorgesehen wäre.[14] 41

4. Gebührenvereinbarungen

Die Höhe der zu zahlenden Arrangierungsgebühren, der Agentengebühren für den Senior Agenten und den Mezzanine Agenten und der Sicherheiten-Treuhändergebühr sind nicht im *Commitment Letter*, sondern in separaten Gebührenvereinbarungen **(Fee Letters)** enthalten.[15] Die Gebührenvereinbarungen werden den Kreditgebern, die nicht Arrangeur, Agent oder Sicherheiten-Treuhänder sind, nicht offengelegt. 42

5. Interim Facility Agreement

Zweck. Reicht die Zeit zwischen Abschluss des *Commitment Letter* und beabsichtigtem Abschluss des Unternehmenskaufvertrags nicht aus, um wenigstens die Kreditverträge und die Intercreditor-Vereinbarung zu entwerfen und zu verhandeln, so wird häufig ein *Interim Facility Agreement* abgeschlossen. Dies ist ein stark vereinfachter Kreditvertrag. Er soll dem Verkäufer die Sicherheit geben, dass dem Käufer die am Closing der Akquisition erforderlichen Kreditmittel zur Finanzierung des Kaufpreises sicher zur Verfügung stehen. 43

Vertragsparteien. Das *Interim Facility Agreement* wird nur von einem Kreditnehmer sowie den ursprünglichen Kreditgebern abgeschlossen. Der Beitritt von Gesellschaften der Zielgruppe als Kreditnehmer oder Garanten ist wegen der kurzen Laufzeit des *Interim Facility Agreement* nicht vorgesehen. Eine Syndizierung der Kredite ist nicht beabsichtigt, wenn auch nicht ausgeschlossen. 44

Kredit und Konditionen. In dem *Interim Facility Agreement* verpflichtet sich der Kreditgeber, einen zur Finanzierung des Kaufpreises und zur Ablösung der bestehenden Finanzverbindlichkeiten erforderlichen Kredit zur Verfügung zu stellen. Zur Vereinfachung werden die im *Term Sheet* vereinbarten Senior- und Mezzanine-Kreditlinien sowie die verschiedenen Tranchen der Senior-Kreditlinien in eine einzige Kreditlinie zusammengefasst. Da zwischen Unterzeichnung des Unternehmenskaufvertrags und dem Closing wegen der Fusionskontrollverfahren regelmäßig mindestens drei bis vier Wochen vergehen, hoffen die Parteien, bis zum Closing die endgültigen Kreditverträge abgeschlossen zu haben, so dass die Kredite dann auf deren Grundlage ausbezahlt werden können. Daher wird gelegentlich darauf verzichtet, in das *Interim Facility Agreement* auch eine Betriebsmittelkreditlinie aufzunehmen. Sind im *Term Sheet* Akquisitions- oder *Capex*-Linien vereinbart, so werden diese erst in die endgültigen Kreditverträge aufgenommen. 45

Der Kredit ist mit einer Marge zu verzinsen, die dem gewichteten Durchschnitt aller für die verschiedenen Kredite vereinbarten Margen entspricht. Regelmäßig kann der Kredit nur in einer Währung gezogen werden. 46

Auszahlungsvoraussetzungen. Es sind die üblichen Auszahlungsvoraussetzungen zu erfüllen. 47

Laufzeit. Die Kredite sind in der Regel 30 bis 60 Tage nach Closing zurückzuzahlen. Bis dahin müssen die endgültigen Kreditverträge verhandelt und unterzeichnet sein. 48

Sonstige Vertragsbestimmungen. Wegen der kurzen Laufzeit verzichtet der Vertrag auf Regelungen zu Pflichtsondertilgungen oder *Financial Covenants*. Die Bestimmungen zu Marktstörung, Steuerausgleich, Kostenerhöhung, Entschädigungspflichten zugunsten der 49

[13] Dazu → § 15 Rn. 31.
[14] Siehe auch *Wenzel*, Rechtsfragen internationaler Konsortialkredite, S. 186 ff.
[15] Zur Wirksamkeit von Arrangierungs- oder Underwriting-Gebühren in AGB → § 18 Rn. 3 ff., 27.

Kreditgeber, zur Kostenerstattung sowie die Agency Bestimmungen entsprechen im Wesentlichen den in ausführlichen Kreditverträgen üblichen Klauseln. Hinsichtlich Zusicherungen, Auflagen und Kündigungsgründen werden *Certain Funds* vereinbart.[16] Mangels geplanter Syndizierung sind die Bestimmungen über die Übertragung von Konsortialanteilen sehr kurz gefasst.

50 **Sicherheiten.** Sicherheiten werden nur von der Erwerbsgesellschaft und meist ausschließlich an den Sicherheiten-Treuhänder bestellt.

V. Finanzierungsverträge

51 Nachdem die Eckdaten der Finanzierung feststehen, entwerfen die Rechtsanwälte des Kreditnehmers die erforderliche Dokumentation, die regelmäßig die folgenden Verträge einschließt: Senior-Kreditvertrag, Intercreditor-Vereinbarung und Sicherheitenverträge. Gelegentlich wird auch ein Mezzanine-Kreditvertrag abgeschlossen.

52 Im **Senior-Kreditvertrag** sind die Rechte und Pflichten des Kreditnehmers und der Senior-Kreditgeber im Hinblick auf die Senior-Kreditlinien geregelt. Kredite, die auf Grund der Senior-Kreditlinien ausgereicht werden, sind vorrangig zu befriedigen. Die Senior-Kreditlinien bestehen meist aus verschiedenen zeitlich befristeten Kreditlinien (sog Terminkreditlinien[17]), die meist Kreditlinien A und B genannt werden. Soweit eine Second-Lien-Kreditlinie angeboten wird, wird sie gelegentlich als weitere separate Kreditlinie in den Senior-Kreditvertrag aufgenommen. Meist wird sie aber in einem separaten Kreditvertrag dokumentiert. Zu den Senior-Kreditlinien zählt außerdem die Betriebsmittelkreditlinie. Plant die Zielgesellschaft Akquisitionen oder größere Investitionen, so kann eine Akquisitions- oder *Capex*-Kreditlinie vorgesehen werden. Diese wird häufig als nicht fest zugesagte sog Incremental Facility oder Uncommitted Facility in den Kreditvertrag aufgenommen. Der Senior-Kreditvertrag enthält auch Bestimmungen über die Rechte und Pflichten des Senior-Agenten, den Beitritt weiterer Senior-Kreditgeber als Konsortialbanken, die Übertragung von Konsortialanteilen sowie die Beschlussfassung der Konsortialbanken.

53 Im **Mezzanine-Kreditvertrag** sind die Rechte und Pflichten des Kreditnehmers und der Mezzanine-Kreditgeber im Hinblick auf die (nachrangige) Mezzanine-Kreditlinie geregelt. Der Mezzanine-Kreditvertrag ist in weiten Teilen, insbesondere bei Zusicherungen, Auflagen und Kündigungsgründen, identisch mit dem Senior-Kreditvertrag. Das Mezzanine-Darlehen wird aber höher verzinst und hat eine längere Laufzeit als die Senior-Kredite.

54 In einem **Unitranche-Kreditvertrag** werden sog Unitranche-Kredite dokumentiert. Die Unitranche ist eine von Debt Fonds angebotene Kombination aus Senior- und Nachrang-Krediten.[18] Der Unitranche-Kreditvertrag, in dem auch die von einer Bank zur Verfügung gestellte Betriebsmittelkreditlinie („**Super Senior RCF**") dokumentiert wird, ähnelt einem Senior-Kreditvertrag.

55 In der **Intercreditor-Vereinbarung** (*Intercreditor Agreement*) regeln die verschiedenen Kreditgebergruppen den Vor- bzw. Nachrang ihrer Forderungen. Den höchsten Rang haben die Forderungen der Senior- und Second-Lien-Kreditgeber. Es folgen die der Mezzanine-Kreditgeber, und danach rangieren die Forderungen der Gruppengesellschaften (soweit sie Parteien der Intercreditor-Vereinbarung geworden sind), zB aus Konzerndarlehen, und schließlich die Forderungen der Finanzinvestoren, zB aus Gesellschafterdarlehen. Bei Unitranche-Finanzierungen wird in der Intercreditor-Vereinbarung das Verhältnis von Unitranche und Super Senior RCF-Forderungen geregelt.

56 Die Intercreditor-Vereinbarung enthält regelmäßig auch die **Sicherheiten-Treuhandbestimmungen.** Durch diese Bestimmungen wird der Sicherheiten-Treuhänder beauf-

[16] Dazu → § 11 Rn. 25 ff.

[17] BGH v. 1.10.2002, ZIP 2002, 2125, 2126.

[18] Dazu im Einzelnen → § 5 Rn. 13 f.

tragt, die nicht-akzessorischen Sicherheiten treuhänderisch für die Kreditgeber und die übrigen Beteiligten auf Finanzierungsseite, ua Unterkreditbanken, Agent, Sicherheiten-Treuhänder, Hedging-Bank (die **„Finanzparteien“**), zu halten und gegebenenfalls im eigenen Namen, aber für Rechnung der Finanzparteien zu verwerten. Er wird außerdem beauftragt, die den einzelnen Finanzparteien bestellten akzessorischen Sicherheiten für diese zu verwalten und sie gegebenenfalls in deren Namen zu verwerten. Die Verwertung der Sicherheiten wird von einem Beschluss der Kreditgeber abhängig gemacht, der mit qualifizierter Mehrheit gefasst werden muss. Der Verwertungserlös wird gemäß des Rangverhältnisses aus der Intercreditor-Vereinbarung auf die Finanzparteien verteilt.

Die **Sicherheitenverträge** regeln die Bestellung und Verwertung der dinglichen Sicher- **57**
heiten. Sicherheiten werden von der Erwerbsgesellschaft und der Zielgesellschaft, nicht aber von den Finanzinvestoren (dh den Gesellschaftern der Erwerbsgesellschaft) bestellt.[19] Typischerweise bestellt die **Erwerbsgesellschaft** ua folgende Sicherheiten: (i) Verpfändung ihrer (künftigen) Gesellschaftsanteile an der Zielgesellschaft, (ii) Sicherungsabtretung ihrer Ansprüche gegen den Verkäufer aus dem Unternehmenskaufvertrag, gegen die Ersteller von *Due Diligence*-Berichten aus Vertragsverletzung und gegen andere Gruppengesellschaften aus Konzerndarlehen und (iii) Verpfändung der Ansprüche aus Kontoverträgen. Die **Zielgesellschaft** bestellt regelmäßig die folgenden Sicherheiten: (a) Pfandrecht an den Gesellschaftsanteilen ihrer wesentlichen Tochtergesellschaften, (b) Grundschulden auf den Grundstücken der Zielgesellschaft und ihrer Tochtergesellschaften, (c) Sicherungsübereignung des beweglichen Anlage- und des Vorratsvermögens der Zielgesellschaft und ihrer operativen Tochtergesellschaften, (d) Globalzession aller Forderungen aus Lieferungen und Leistungen, gegen Versicherungen, gegen andere Gruppengesellschaften aus Konzerndarlehen, (e) Verpfändung der Marken-, Patent- und sonstigen gewerblichen Schutzrechte der Zielgesellschaft und ihrer Tochtergesellschaften sowie (f) Verpfändung der Ansprüche aus Kontoverträgen.

Außerdem geben ua die Erwerbsgesellschaft und die wesentlichen Gruppengesellschaften **58**
Garantien für die Erfüllung aller Forderungen der Finanzparteien aus den Finanzierungsverträgen ab. Diese Garantien sind nicht in separaten Garantieverträgen enthalten, sondern werden in die Kreditvereinbarung aufgenommen, da es sich nicht um dingliche Sicherheiten handelt und daher eine Rechtswahl hinsichtlich des anwendbaren Rechts möglich ist. Als Teil des Kreditvertrags unterliegt die Garantie dem für die Kreditverträge gewählten Recht.

VI. Syndizierung

Market Sounding. Der Arrangeur will bereits frühzeitig feststellen, ob andere Finanz- **59**
institute und Investoren bereit sind, Konsortialanteile an den Krediten zu den von ihm angebotenen Konditionen zu übernehmen. Daher wird er noch vor der Unterzeichnung des Kreditvertragsdie Syndizierbarkeit der Finanzierung testen. Der Arrangeur spricht dazu ausgewählte Finanzinstitute oder Debt Fonds an, die an der Übernahme eines Konsortialanteils interessiert sein könnten. Er schildert ihnen die Transaktion in groben Zügen und teilt ihnen die wesentlichen Bedingungen mit, zu denen die Finanzierung bereitgestellt werden soll (*Market Sounding*). Wegen seiner Geheimhaltungspflicht benötigt der Arrangeur dafür die Zustimmung des Kreditnehmers.

Einladungsschreiben. Die eigentliche Syndizierung beginnt damit, dass der Arrangeur **60**
Finanzinstituten oder Debt Fonds, die ein Interesse an der Übernahme eines Konsortialanteils bekundet haben oder sonst als Konsortialmitglieder in Frage kommen, ein sog

[19] Die Finanzinvestoren sind häufig Private Equity Fonds. Stellen solche Fonds Sicherheiten für Verbindlichkeiten der Portfolio-Gesellschaften, so führt das grundsätzlich zur Gewerblichkeit des Fonds mit der Folge, dass seine Einkünfte der Gewerbesteuer unterliegen, vgl. Rn. 10 des BMF-Schreibens zur steuerlichen Behandlung von Venture Capital und Private Equity Fonds vom 16.12.2003, IV A 6 – S 2240 – 153/03.

Einladungsschreiben schickt. Darin wird diesen Personen ua der Kreditnehmer, die Kreditbeträge und die Eckdaten der Kredite mitgeteilt, und sie werden eingeladen, sich in einer bestimmten Rolle (zB Lead Arranger, Participant, dh einfacher Kreditgeber) und mit einem bestimmten Betrag als Kreditgeber an der Finanzierung zu beteiligen. Das Einladungsschreiben stellt eine *invitatio ad offerendum* dar.[20] Es enthält keine Angaben zu den Gebühren für Arrangeur und Underwriter. Stattdessen wird eine **Abschlussgebühr** (*Participation Fee*) angeboten, die je nach Beteiligungshöhe variiert.[21] In dem Schreiben wird eine Frist festgelegt, innerhalb derer ein Angebot zur Übernahme eines Konsortialanteils („Zusage") abgegeben sein muss. Der Arrangeur weist regelmäßig auch darauf hin, dass er bei einer Überzeichnung, dh wenn das Interesse der Eingeladenen die zu syndizierende Summe übersteigt, die Quoten kürzen oder die Angebote nach der Reihenfolge ihres Eingangs annehmen wird.

61 **Informationen.** Diejenigen, die dem Arrangeur mitgeteilt haben, dass sie an der Übernahme eines Konsortialanteils interessiert sind und eine Vertraulichkeitserklärung unterschrieben haben, erhalten zusätzliche Informationen. Diese Informationen bestehen im Wesentlichen aus dem *Information Memorandum* und dem *Term Sheet.* Das *Information Memorandum* wird regelmäßig vom Arrangeur mit Unterstützung des Kreditnehmers erstellt. Bei größeren Konsortialkrediten wird ein sog **Syndizierungsagent** (*Syndication Agent*) mit der Erstellung des *Information Memorandum* beauftragt. Das *Information Memorandum* enthält neben einer Beschreibung der Transaktion und der Zielgruppe auch eine historische Darstellung der wirtschaftlichen und finanziellen Lage der Gruppe sowie eine Prognose der künftigen Entwicklung. Der Arrangeur schließt gegenüber den Eingeladenen die **Haftung** für die Richtigkeit aller Angaben im *Information Memorandum* aus und weist darauf hin, dass jeder Eingeladene die Informationen selbständig prüfen und ihre eigene Kreditentscheidung treffen muss. Das *Information Memorandum* enthält vertrauliche Daten. Diese Daten dürfen nur mit Zustimmung des Kreditnehmers an Dritte weitergegeben werden.

62 **Angebot der Bank.** Interessierte Finanzinstitute oder Debt Fonds übermitteln dem Arrangeur ein Angebot auf Übernahme eines Konsortialanteils unter Angabe eines Höchstbetrages. Das Angebot steht regelmäßig unter dem Vorbehalt des Einverständnisses mit der Vertragsdokumentation.

63 **Zuteilung der Quoten.** Nach Ablauf der Angebotsfrist teilt der Arrangeur den einzelnen Konsorten ihre Quoten zu. Ist der Kredit überzeichnet, so kürzt der Arrangeur (bei mehreren Arrangeuren der *Bookrunner*) die Quoten der einzelnen Kreditgeber. Gibt es zu wenig Interesse, so übernimmt der Underwriter die Differenz.[22] Falls es keinen Underwriter gibt, kann es sein, dass die Kreditvergabe scheitert.

64 **Übernahme der Konsortialanteile.** Sind die Kreditverträge noch nicht unterzeichnet, so können die Konsorten in die Verträge als weitere Vertragsparteien einbezogen werden. Meist wurden die Kreditverträge aber schon abgeschlossen. Dann unterzeichnet jede der übernehmenden Banken eine Übertragungs- und Beitrittsvereinbarung (*Transfer Certificate*), die vom Agenten im eigenen Namen und als Vertreter der bereits beteiligten Konsortialbanken gegengezeichnet wird. Durch die Übertragungs- und Beitrittsvereinbarung werden Konsortialanteile auf den übernehmenden Kreditgeber übertragen, und er tritt als weiteres Mitglied dem Kreditkonsortium bei. Der Kreditnehmer hat seine Zustimmung zu dieser Vertragsübernahme bereits im Kreditvertrag erteilt.[23]

---

[20] *Hinsch/Horn,* Das Vertragsrecht der internationalen Konsortialkredite und Projektfinanzierungen, S. 43.

[21] Eine solche Participation Fee ist wirksam, wenn sie zwischen Underwriter und Participant vereinbart wird. Zur Wirksamkeit einer Verpflichtung des Kreditnehmers zur Zahlung oder Erstattung einer Participation Fee → § 18 Rn. 32 ff.

[22] Dazu → § 2 Rn. 23.

[23] Siehe dazu im Einzelnen §§ 33 und 55.

VII. Auszahlung des Kreditbetrags

Im Unternehmenskaufvertrag wird regelmäßig vereinbart, dass die Bezahlung des Kaufpreises aufschiebende Bedingung für die Übertragung der Anteile an der Zielgesellschaft ist. Daher erfolgt die Auszahlung der für die Finanzierung des Kaufpreises vorgesehenen Kreditsumme in der Regel unmittelbar vor der Übertragung der erworbenen Anteile auf den Käufer. Die Auszahlung der Kreditmittel kann aber nur erfolgen, wenn alle Auszahlungsbedingungen erfüllt sind. Dazu gehört auch die Bestellung der Sicherheiten durch die Erwerbsgesellschaft.[24] Der Betriebsmittelkredit wird jedenfalls dann am Closing in Anspruch genommen, wenn bestehende Bankavale durch Avale des neuen Konsortiums zu garantieren sind oder in den neuen Kreditvertrag „hineingerollt" werden. Kreditlinien, die anderen Verwendungszwecken dienen (zB Akquisitions- oder *Capex*-Linien), werden regelmäßig erst später in Anspruch genommen. **65**

VIII. Verwaltung des Kredits durch den Agenten

Die laufende Verwaltung der Kredite obliegt dem Agenten.[25] Seine Tätigkeiten umfassen die Entgegennahme der Auszahlungsgesuche und die Prüfung der Auszahlungsvoraussetzungen, die Information der Konsorten über den in Anspruch genommenen Kreditbetrag, den jeweils auf sie entfallenden Anteil, den Zeitpunkt, an dem die Kreditmittel zur Verfügung gestellt werden müssen, und die Auszahlung des Betrags an den Kreditnehmer, die Berechnung des Zinssatzes zu Beginn jeder Zinsperiode, die Entgegennahme der Tilgungsraten und Zinszahlungen (als Empfangsermächtigter der einzelnen Konsortialbanken), deren Prüfung und anteilige Weiterleitung an die Konsortialbanken, die Sicherstellung des Informationsflusses zwischen Kreditnehmer und Konsortialbanken, die Überwachung der Einhaltung der Auflagen, zB der Finanzkennzahlen, die Unterrichtung der Konsorten über Vertragsverletzungen und das Vorliegen eines Kündigungsgrundes, die Herbeiführung von Beschlüssen der Konsorten, zB ob ein *Waiver*[26] erteilt oder eine Kündigung ausgesprochen werden soll, die Ausführung der Beschlüsse der Konsorten und Verhandlungen mit dem Kreditnehmer im Namen der Konsorten, zB bei einer Marktstörung. **66**

IX. Stapled Finance

Bei *Leveraged Buy-outs* wird gelegentlich auch von der Technik des „*Stapled Finance*"Gebrauch gemacht. Von einer *Stapled Finance*-Transaktion wird gesprochen, wenn der Verkäufer eines Unternehmens den Kaufinteressenten außer dem Kaufobjekt auch eine Bankfinanzierung für die Finanzierung des Kaufpreises anbietet. Kaufobjekt und Finanzierung des Kaufpreises werden zusammengeheftet („stapled"), dh im Paket angeboten.[27] **67**

Der Verkäufer verhandelt mit den finanzierenden Banken die Bedingungen, unter denen diese bereit sind, den von einem Käufer zu zahlenden Kaufpreis teilweise zu finanzieren. Diese Verhandlungen münden idR in ein bindendes Finanzierungsangebot, bestehend aus *Commitment Letter* und *Term Sheet*, das die wesentlichen Eckdaten der Finanzierung enthält. **68**

Der **Verkäufer** hat an *Stapled Finance* ein Interesse, weil die Höhe der von den Banken angebotenen Finanzierung Rückschlüsse auf den zu erzielenden Kaufpreis erlaubt. Außerdem steht zu einem frühen Zeitpunkt fest, dass die Transaktion auch finanzierbar ist. **69**

---

[24] Dazu auch → § 6 Rn. 8 ff.
[25] MHdB GesR I/*Schaffelhuber/Sölch* § 31 Rn. 34.
[26] Dazu → § 36 Rn. 2.
[27] Allgemein zu *Stapled Finance* siehe *Vater* DB 2005, 1921 ff.

70 Für die finanzierenden Banken ist eine solche *Stapled Finance*-Transaktion von Interesse, da ihre Chance, den Erwerb finanzieren zu können, steigt.[28] Bei einem gewöhnlichen Auktionsprozess mit mehreren Bietern ohne *Stapled Finance* kommt eine Bank nur dann zum Zuge, wenn gerade der von ihr finanzierte Bieter den Zuschlag erhält. Die Chancen dafür sind entsprechend gering. Die Rolle der finanzierenden Banken ist in einer *Stapled Finance* Transaktion aber nicht unproblematisch. Zunächst ist der Verkäufer ihr Kunde, mit dem sie die Konditionen der Finanzierung verhandeln. Der Verkäufer erlaubt den Banken häufig einen tieferen Einblick in die wirtschaftliche und finanzielle Situation des Zielunternehmens als den Bietern im Rahmen von deren *Due Diligence*. Hat sich der Verkäufer schließlich für einen der Bieter entschieden und akzeptiert dieser die Finanzierungskonditionen des *Stapled Finance*, so wechseln die Banken die Seiten und betrachten fortan den Käufer als ihren Kunden. Auf diese Weise kann der Käufer Zugriff auf Informationen erlangen, die nur den Banken offengelegt wurden.[29]

71 Aus Sicht des **Käufers** ist die Höhe des Finanzierungsangebots ein wichtiges Element für die Höhe des von ihm abzugebenden Angebots.

§ 3. Post-akquisitorische Umstrukturierung

I. Ziele

1 Steuerliche oder gesellschaftsrechtliche Gründe, aber auch das Sicherungsinteresse der Banken, können eine nachträgliche Umstrukturierung der Unternehmensgruppe oder der Finanzierungsstruktur erforderlich machen. So erlaubt der Abschluss eines Beherrschungs- und Gewinnabführungsvertrags zur Herbeiführung einer steuerlichen Organschaft die steuerliche Verrechnung des Zinsaufwandes der Erwerbsgesellschaft mit den Gewinnen aus dem operativen Geschäft der Zielgesellschaft. Eine Verschmelzung der Zielgesellschaft als Hauptsicherungsgeber auf die Erwerbsgesellschaft als Kreditnehmer der Akquisitionskredite beseitigt Probleme mit den Kapitalerhaltungsvorschriften, da die verbleibende Gesellschaft dann eigene Verbindlichkeiten besichert.[1] Um den strukturellen Nachrang[2] der Kreditgeber zu beseitigen, kommt eine Verlagerung der von der Erwerbsgesellschaft aufgenommenen Kredite auf operative Gesellschaften in Betracht (sog *Debt Push-down*). Ein solcher *Debt Push-down* kann auch unter steuerlichen Gesichtspunkten vorteilhaft sein. Außerdem werden häufig Maßnahmen ergriffen, um den Verschuldungsgrad der Gruppe zu vermindern (zB Verkauf von nicht betriebsnotwendigem Vermögen (sog *Asset Stripping*) oder Verkauf von Betriebsteilen, die nicht zum Kerngeschäft gehören) oder um den *Cashflow* zu steigern.

2 Alle diese Maßnahmen können erst nach Erwerb der Anteile an der Zielgesellschaft umgesetzt werden. Denn eine Verschmelzung, der Abschluss eines Beherrschungs- und Gewinnabführungsvertrags und eine Umschuldung (*Debt Push-down*) sind erst möglich, nachdem der Erwerber die Kontrolle über die Zielgesellschaft erlangt hat.

II. Umsetzung

1. Gesellschaftsrechtliche Optimierung

a) Besicherung von Gesellschafterverbindlichkeiten

3 Ist die Zielgesellschaft eine AG, so verbieten die §§ 57 Abs. 1, 71a Abs. 1 AktG grundsätzlich die Stellung von Sicherheiten durch die Zielgesellschaft für die Verbindlichkeiten

---

[28] Allerdings nehmen die Käufer das *Stapled Finance* Angebot nur in 20 % der Fälle an, vgl. *Vater* DB 2005, 1921, 1922 unter Verweis auf eine Untersuchung der KPMG aus dem Jahr 2004.
[29] So auch *Vater* DB 2005, 1921, 1922.
[1] Dazu → § 48 Rn. 3 ff.
[2] Dazu → § 40 Rn. 7 ff.

eines (erwerbenden) Aktionärs.[3] Ist die Zielgesellschaft eine GmbH oder GmbH & Co. KG, so ist § 30 Abs. 1 GmbHG zu beachten.[4] Unabhängig von der Rechtsform der Zielgesellschaft kann die Besicherung von Gesellschafterverbindlichkeiten einen existenzvernichtenden Eingriff darstellen.[5] Die Kreditgeber verlangen aber, dass das Vermögen der Zielgesellschaft zur Besicherung der Kreditverbindlichkeiten herangezogen wird, da die Erwerbsgesellschaft, mit Ausnahme der Anteile an der Zielgesellschaft, sonst über kein nennenswertes Vermögen verfügt.

b) Lösungsvorschläge

Beide Probleme können dadurch gelöst werden, dass Kreditnehmer und Sicherungsgeber in einer juristischen Person zusammengeführt werden. In Betracht kommt die Verschmelzung der Zielgesellschaft auf die Erwerbsgesellschaft[6] oder umgekehrt,[7] die Anwachsung des Vermögens der Zielgesellschaft auf die Erwerbsgesellschaft (vorausgesetzt, die Zielgesellschaft hat die Rechtsform einer Personengesellschaft),[8] die Verlagerung der Kreditverbindlichkeiten auf die Zielgesellschaft oder die Übertragung der Sicherheiten auf den Kreditnehmer.[9] Bei jeder dieser Maßnahmen sind die steuerlichen Auswirkungen vorher sorgfältig zu prüfen. **4**

Die Verschmelzung und die Anwachsung haben den weiteren Vorteil, dass der **strukturelle Nachrang** (*Structural Subordination*) der Kreditgeber beseitigt wird. Statt Gläubiger des Gesellschafters der Zielgesellschaft zu sein, werden die Kreditgeber deren unmittelbarer Gläubiger, gleichberechtigt neben den übrigen Gläubigern dieser Gesellschaft. Das ist insbesondere in der Insolvenz der Zielgesellschaft wichtig. Die Insolvenzgläubiger der Zielgesellschaft können ihre Forderungen zur Tabelle anmelden (§ 175 InsO). Die Gesellschafter bekommen nur den Überschuss, der nach vollständiger Befriedigung aller Insolvenzgläubiger verbleibt (§ 199 InsO). **5**

2. Steuerliche Optimierung

a) Steuerliche Organschaft

Da die Kredite zur Finanzierung der Akquisition von der Erwerbsgesellschaft aufgenommen werden, sich das operative Geschäft dagegen bei der Zielgesellschaft befindet, kann der bei der Erwerbsgesellschaft anfallende Finanzierungsaufwand (insbesondere Zinsen, Gebühren, Kosten) nicht mit Gewinnen der Zielgesellschaft verrechnet werden. Ein steuerwirksamer Abzug des Finanzierungsaufwands wird erst durch eine steuerliche Organschaft zwischen Erwerbsgesellschaft als Organträger und Zielgesellschaft als Organgesellschaft ermöglicht. **6**

Körperschaftsteuerliche Organschaft. Eine körperschaftsteuerliche Organschaft kann zwischen einer Organgesellschaft mit Geschäftsleitung und Sitz im Inland (§§ 14 Abs. 1 S. 1, 17 S. 1 KStG) und einem Organträger mit Geschäftsleitung im Inland (§ 14 Abs. 1 S. 1 Nr. 2 KStG) begründet werden. **7**

Die körperschaftsteuerliche Organschaft setzt die **finanzielle Eingliederung** der Organgesellschaft in den Organträger voraus (§ 14 Abs. 1 S. 1 Nr. 1 KStG). Eine finanzielle Eingliederung liegt vor, wenn der Organträger vom Beginn des Wirtschaftsjahrs der Organgesellschaft an über die Mehrheit der Stimmrechte (die Kapitalmehrheit ist nicht erforderlich) an dieser verfügt (§ 14 Abs. 1 S. 1 Nr. 1 KStG). Die finanzielle Eingliederung muss vom Beginn des Wirtschaftsjahrs der Organgesellschaft an ununterbrochen bestehen. **8**

[3] Siehe dazu § 45.
[4] Siehe dazu §§ 43 und 44.
[5] Dazu → § 47 Rn. 37 ff.
[6] Dazu → § 48 Rn. 3 ff.
[7] Dazu → § 48 Rn. 27 ff.
[8] Dazu → § 48 Rn. 44 ff.
[9] Zu den rechtlichen Grenzen → § 48 Rn. 56 ff.

Hat deren Wirtschaftsjahr bereits begonnen, kommt dessen Umstellung auf ein Datum nach dem dinglichen Erwerb der Anteile an der Zielgesellschaft in Betracht. Dazu muss der Gesellschaftsvertrag geändert und die Änderung im Handelsregister eingetragen werden. Die Umstellung des Wirtschaftsjahrs auf einen vom Kalenderjahr abweichenden Zeitraum erfordert die Zustimmung des Finanzamts (§ 7 Abs. 4 S. 3 KStG). Die Finanzbehörde muss die Zustimmung erteilen, wenn das Wirtschaftsjahr zum Zwecke der Bildung einer steuerlichen Organschaft geändert wird.[10]

9 Erforderlich ist außerdem der Abschluss und die tatsächliche Durchführung eines **Gewinnabführungsvertrags** iSd § 291 Abs. 1 AktG für mindestens fünf Jahre (§ 14 Abs. 1 S. 1 Nr. 3 KStG). Durch den Gewinnabführungsvertrag verpflichtet sich die Organgesellschaft, ihren gesamten Gewinn an den Organträger abzuführen. Das hat zur Folge, dass ihr Einkommen für Zwecke der Körperschaftsteuer dem Organträger zugerechnet wird (§ 14 Abs. 1 S. 1 KStG).

10 Der Gewinnabführungsvertrag wird wirksam, wenn er im Handelsregister der Organgesellschaft eingetragen ist (§ 294 Abs. 2 AktG). Das Einkommen der Organgesellschaft ist dem Organträger erstmals für das Kalenderjahr zuzurechnen, in dem das Wirtschaftsjahr der Organgesellschaft endet, in welchem der Gewinnabführungsvertrag wirksam wird (§ 14 Abs. 1 S. 2 KStG).

11 **Gewerbesteuerliche Organschaft.** Die gewerbesteuerliche Organschaft ist nach Gegenstand und Voraussetzungen an die körperschaftsteuerliche Organschaft angeglichen worden (§ 2 Abs. 2 S. 2 GewStG verweist auf §§ 14, 17 KStG). Daher besteht eine Zwangsverknüpfung der gewerbesteuerlichen mit der körperschaftsteuerlichen Organschaft.[11]

b) Gesellschafter-Fremdfinanzierung

12 Am 6.7.2007 hat der Bundesrat dem Unternehmensteuerreformgesetz zugestimmt, so dass es (überwiegend) zum 18.8.2007 in Kraft treten konnte.[12] Kernpunkt der Reform war die Senkung des Körperschaftsteuersatzes auf ein international konkurrenzfähiges Niveau von 15 %. Zur Gegenfinanzierung wurde ua die Möglichkeit der degressiven Absetzung für Abnutzung (AfA) abgeschafft sowie die Abzugsfähigkeit von Zinsaufwendungen für alle Betriebe in Abhängigkeit von deren Gewinn beschränkt (sog **Zinsschranke**). Durch die Zinsschranke soll die Möglichkeit deutscher Tochterunternehmen eingeschränkt werden, sich über Kredite ihrer ausländischen Konzernmütter fremdzufinanzieren und die Zinsen in Deutschland geltend zu machen.[13] Die Regelungen der Zinsschranke in § 4h EStG sehen vor, dass Nettozinsaufwendungen grundsätzlich nur in Höhe von 30 Prozent des steuerlichen Gewinns vor Zinsen und regulären Abschreibungen (steuerliches EBITDA) abziehbar sind, es sei denn, es greift eine der normierten Ausnahmen ein (*Escape Clauses*). Danach soll die Beschränkung des Zinsabzugs auf 30 Prozent des steuerlichen EBITDA nicht eingreifen, wenn (i) der Nettozinsaufwand die Freigrenze von EUR 1 Million nicht überschreitet,[14] (ii) der den Zinsaufwand geltend machende Betrieb nicht oder nur anteilsmäßig einem Konzern angehört oder (iii) die Eigenkapitalquote des finanzierten Betriebs gleich hoch oder höher ist als diejenige des gesamten Konzerns.[15] Zu beachten ist jedoch, dass die Ausnahmeregelungen gemäß § 8a KStG nicht anwendbar sind, wenn mehr als 10 Prozent des negativen Zinssaldos an einen zu mehr als 25 Prozent

[10] R59 Abs. 3 KStR, Allgemeine Verwaltungsvorschrift zur Körperschaftsteuer 2004, BR-Drucks. 695/04.
[11] *Glanegger/Güroff* GewStG § 2 Rn. 487.
[12] Unternehmensteuerreformgesetz 2008 v. 14.8.2007, BGBl. I 2007, 1912 ff.
[13] Antwort der Bundesregierung auf die kleine Anfrage der Abgeordneten Dr. Hermann Otto Solms, Frank Schäffler, Carl-Ludwig Thiele, weiterer Abgeordneter und der Fraktion der FDP, BT-Drucks. 16/4835 v. 27.3.2007.
[14] Die Freigrenze soll der Entlastung kleiner und mittlerer Betriebe dienen, Gesetzesbegründung zum Entwurf eines Unternehmensteuerreformgesetzes 2008, BT-Drucks. 16/4841, S. 48.
[15] Vgl. § 4h Abs. 2 S. 1 lit. a–c EStG; skeptisch *Köhler* DStR 2007, 597, 599.

beteiligten Anteilseigner, eine diesem nahe stehende Person oder einen rückgriffsberechtigten Dritten fließen.

Nichtabziehbarer Zinsaufwand kann in die folgenden Wirtschaftsjahre vorgetragen werden (§ 4h Abs. 1 Satz 2 EStG). **13**

Die bisherige Regelung zur Gesellschafter-Fremdfinanzierung nach § 8a KStG aF wurde vollständig durch die Zinsschranke ersetzt. Anders als § 8a KStG aF, der lediglich die Finanzierung durch wesentlich beteiligte Gesellschafter und diesen nahe stehende Dritte erfasste, findet die Zinsschranke auf jede Art der Fremdfinanzierung, dh insbesondere auch durch nicht am Eigenkapital beteiligte Banken, Anwendung. **14**

3. Verminderung der Verschuldung

Um eine vorzeitige Rückzahlung der Kredite zu ermöglichen, kommt ua der Verkauf nicht betriebsnotwendiger Betriebsteile und Vermögensgegenstände oder der Abschluss von Sale-and-Lease-back-Geschäften in Betracht. **15**

4. Erhöhung des Cashflows

Reicht der von der Zielgesellschaft generierte *Cashflow* für den Schuldendienst nicht aus, kommen zur Erhöhung des *Cashflows* sowohl bilanzielle als auch geschäftliche Maßnahmen in Betracht. **16**

Eine Maßnahme zur Erhöhung des nach der Bilanz verfügbaren *Cashflows* ist die **Aufstockung der Buchwerte** der Zielgesellschaft (sog *Step-up*). Die höheren Buchwerte erlauben grundsätzlich höhere Abschreibungen und führen so zu einer Steuerersparnis. Dies setzt zusätzlichen *Cashflow* für den Schuldendienst frei. Step-up- Modelle erfordern nach Änderungen der Gesetzeslage in den letzten Jahren jedoch eine besondere Gestaltung, um trotz Steuerfreiheit des Step-up steuerlich nutzbare erhöhte Abschreibungen zu ermöglichen. **17**

Zur Steigerung der Liquidität kommen außerdem folgende geschäftliche Maßnahmen in Betracht[16]: Factoring von Forderungen, Verringerung von Vorräten oder die Verkürzung der Zahlungsziele für die Kunden. **18**

§ 4. Strukturierung einer Finanzierung

I. Ermittlung des Kapitalbedarfs

Die Erwerbsgesellschaft und die Zielgesellschaft benötigen Eigen- und Fremdkapital für mehrere Zwecke. Ein Teil des Kapitals wird von der Erwerbsgesellschaft verwendet, um den **Kaufpreis** für die Akquisition der Zielgesellschaft und die damit verbundenen Kosten zu finanzieren. Die Zielgesellschaft benötigt Kapital, um ihre bestehenden **Darlehensverbindlichkeiten** gegenüber den Verkäufern und den bisherigen Kreditgebern **abzulösen.** Denn die neuen Kreditgeber verlangen, dass alle bestehenden Bankdarlehen der Zielgruppe abgelöst und durch Kredite der neuen Kreditgeber ersetzt werden **(Grundsatz der Vollfinanzierung).** Auf diese Weise lässt sich das Zielunternehmen kreditvertraglich in die Akquisitionsfinanzierung integrieren (Sicherheitenbestellung, direkter Zugriff auf den *Cashflow*, Informationspflichten, Auflagen, etc.). Außerdem wird dadurch das Risiko ausgeschlossen, dass die Kreditnehmer überraschend zusätzliche Liquidität benötigen, weil eine außenstehende Bank ihren Kredit fällig gestellt hat. Die Kredite, die für die Akquisition der Gruppengesellschaften, einschließlich der Ablösung bestehender Bank- und Gesellschafter- **1**

[16] Siehe *Hitschler* BB 1990, 1877, 1880.

darlehen sowie der Bezahlung der Transaktionskosten, zur Verfügung gestellt werden, werden im Folgenden auch als **„Akquisitionskredite“** bezeichnet.

2 Plant die Erwerbs- oder die Zielgesellschaft den Erwerb weiterer Gesellschaften (sog *Add-on-Akquisitionen*) oder größere **Investitionen,** so ist dafür weiteres Kapital erforderlich. Schließlich muss der **Betriebsmittelbedarf** der Gruppengesellschaften gedeckt werden.

II. Aufteilung von Eigen- und Fremdkapital

3 Jeder Teilnehmer an einer Finanzierung hat eigene **Renditeerwartungen.** Derzeit beträgt die Renditeerwartung eines Senior-Kreditgebers 6–9 % p. a., eines Mezzanine-Kreditgebers 13–20 % p. a. (davon 10–15 % fest und 3–5 % gewinnabhängig) und eines Eigenkapitalgebers (Private Equity Investor) über 20 % p. a. jeweils über die gesamte **Dauer**, für die das Kapital zur Verfügung gestellt wird. Anders als ein strategischer Investor, dessen Investition grundsätzlich auf unbeschränkte Zeit angelegt ist, strebt ein Private Equity Investor den Verkauf seiner Beteiligung (sog *Exit*) in der Regel spätestens nach fünf 5 Jahren an. Die Senior-Kredite werden meist für Laufzeiten zwischen sechs und sieben Jahren zur Verfügung gestellt, Mezzanine-Kredite für Laufzeiten von bis zu acht Jahren.

4 Wegen des Leverage-Effekts[1] sind die Finanzinvestoren grundsätzlich an einem **möglichst hohen Fremdkapitalanteil** an der Gesamtfinanzierung interessiert. Je höher die Fremdverschuldung ist, desto höher sind aber die Zins- und Tilgungsverpflichtungen, die aus dem *Cashflow* der Zielgesellschaft erfüllt werden müssen. Der Fremdkapitalanteil wird deshalb durch den **freien Cashflow** der Zielgesellschaft begrenzt. Der freie *Cashflow* wird vereinfacht definiert als EBITDA +/− Rückstellungszunahmen oder -abnahmen, – Steuern, +/− Desinvestitionen des/Investitionen in das Anlagevermögen, +/− Abnahme/Zunahme des *Working Capital.*[2] Working Capital (= Betriebsmittel) wird vereinfacht definiert als Forderungen aus Lieferungen und Leistungen + Vorräte, + Halb- und Fertigerzeugnisse, – Verbindlichkeiten aus Lieferungen und Leistungen.[3] Die Zielgesellschaft muss also nach Deckung ihrer Kosten, Zahlung der Steuern und Investitionen (unter Herausrechnung von Schwankungen des *Working Capital*) mindestens so viel *Cashflow* übrig haben, um den Schuldendienst erfüllen zu können. Die voraussichtliche Höhe des freien *Cashflows* wird auf der Grundlage der Planung der Zielgruppe unter Berücksichtigung ihrer Vergangenheitsergebnisse ermittelt.

5 Ausgangspunkt der Ermittlung des Fremdkapitalbedarfs ist das von den Finanzinvestoren angebotene (wirtschaftliche) **Eigenkapital,** das in Form von Kapitaleinlagen oder nachrangigen Gesellschafterdarlehen zur Verfügung gestellt werden kann. Bei LBOs liegt der durchschnittliche Eigenkapitalanteil derzeit zwischen 40 und 50 %. Der Rest muss durch Fremdkapital abgedeckt werden.

6 Die **Senior-Kredite** werden meist das Vier- bis Fünffache des (konsolidierten) EBITDA der Zielgruppe nicht übersteigen.[4]

7 Bleibt zwischen dem verfügbaren Eigenkapital und den Senior-Krediten eine **Finanzierungslücke** bestehen, so kann diese durch einen **Second Lien-** oder **Mezzanine-Kredit** geschlossen werden. Für Second Lien- und Mezzanine-Kredite gilt als Faustregel, dass sie einschließlich der vorrangigen Senior-Kredite das Fünf- bzw. das 6,5-fache des EBITDA der Zielgruppe nicht übersteigen sollten. Reicht der freie *Cashflow* nicht aus, um die vorgesehenen Zins- und Tilgungsleistungen auf die Kredite zu erbringen, muss der **Eigenkapitalanteil** erhöht werden. Je höher der Eigenkapitalanteil an einer Transaktion ist, desto

---

[1] Dazu → § 1 Rn. 14.

[2] *Ähnlich Mittendorfer*, Praxishandbuch Akquisitionsfinanzierung, S. 17.

[3] *Mittendorfer*, Praxishandbuch Akquisitionsfinanzierung, S. 17.

[4] Das sind durchschnittliche Grenzwerte, die von den im LBO-Markt tätigen Banken in der Regel angewendet werden.

geringer ist die Rendite des eingesetzten Eigenkapitals. Unterschreitet die zu erzielende Rendite die Erwartungen der Finanzinvestoren, wird die Transaktion für sie uninteressant.

§ 5. Instrumente der Fremdfinanzierung

Fremdkapital kann durch Kredite (= Darlehen) oder alternative Finanzierungsinstrumente 1
zur Verfügung gestellt werden. Bei Akquisitionsfinanzierungen kommen überwiegend Kredite, bei hohem Fremdkapitalbedarf auch hochverzinsliche Anleihen zum Einsatz.

Die Kreditgeber stellen zeitlich befristete Kreditlinien, sog **„Terminkreditlinien"** (*Term* 2
Loan Facilities), in Form von vorrangigen Senior-Kreditlinien und nachrangigen Kreditlinien zur Verfügung, die ausschließlich für genau festgelegte Zwecke verwendet werden dürfen. Diese sind in der Regel die Bezahlung des Kaufpreises für den Erwerb der Zielgesellschaft und der Transaktionskosten sowie die Rückzahlung bestehender Bankverbindlichkeiten und Gesellschafterdarlehen. Andere Senior-Kreditlinien können der Finanzierung von Investitionen („*Capex*-Kreditlinie") oder Add-on-Akquisitionen („Akquisitionskreditlinie") dienen. Statt einer Mezzanine-Terminkreditlinie kommt auch der Einsatz von **alternativen nachrangigen Finanzierungsinstrumenten** in Betracht, wie zB hochverzinsliche Anleihen (*High Yield Bonds*).

Zur Finanzierung des Betriebsmittelbedarfs wird eine **Betriebsmittelkreditlinie** (*Revol-* 3
ving Credit Facility) zur Verfügung gestellt, die den Senior-Kreditlinien zugerechnet wird.

I. Terminkreditlinien

Terminkreditlinien haben feste Laufzeiten. Die auf Grund der Terminkreditlinie ausbezahl- 4
ten Darlehen sind entweder in regelmäßigen Raten (sog Tilgungsdarlehen) oder in einem Betrag am Ende der Laufzeit **zurückzuzahlen** (sog *Bullet Repayment*). Einmal zurückbezahlte Darlehensbeträge können nicht wieder in Anspruch genommen („revalutiert") werden, da der vereinbarte Zweck erledigt ist.

Terminkreditlinien kommen bei Akquisitionsfinanzierungen als Senior-, Second Lien-, 5
Mezzanine- oder Unitranche-Kreditlinien vor. Sie unterscheiden sich nach dem **Grad ihres Risikos.** Ein Darlehen, das während seiner Laufzeit zumindest teilweise in regelmäßigen Raten und zeitlich vorrangig vor anderen Darlehen getilgt wird (Senior-Darlehen A), ist weniger risikoreich als ein Kredit, der erst nachrangig (zB Senior-Darlehen B) oder nach allen Senior-Darlehen (zB Mezzanine-Darlehen) zurückgezahlt wird. Um die vorrangige Tilgung der Senior-Darlehen sicherzustellen, wird die Nachrangigkeit bestimmter Darlehen vereinbart. Die nachrangig zu tilgenden Darlehen sind auch nachrangig besichert.

1. Senior-Kreditlinien

Es werden regelmäßig mehrere Senior-Kreditlinien (meist Kreditlinien A und B) zur 6
Verfügung gestellt.

Kreditlinie A hat die **kürzeste Laufzeit** aller Kreditlinien (meist nicht mehr als sechs 7
Jahre) und ist in **regelmäßigen** (meist halbjährlichen) **Raten** während ihrer Laufzeit zu tilgen. Die Höhe der Raten wird dem geplanten *Cashflow* angepasst. Ist das Geschäft der Zielgesellschaft saisonalen Schwankungen unterworfen, so muss in schwächeren Perioden weniger getilgt werden. Ist noch eine Krise zu bewältigen, so kann zB ein tilgungsfreies erstes Jahr vereinbart werden. Die Tilgungsraten des Darlehens A sind aber so zu bemessen, dass der Zeitraum, in dem die Kreditgeber noch überwiegend Firmenwert finanzieren und insofern ungesichert sind, 2- bis 4 Jahre nicht übersteigt, da mit zunehmender Zeit die Planungsunsicherheit zunimmt. Ist der Kreditbetrag, der auf den Firmenwert entfällt, zu-

rückgezahlt, so dass der Wert der bestellten Sicherheiten in etwa dem noch ausstehenden Kreditbetrag entspricht, verliert der *Cashflow* aus Bankensicht langsam an Bedeutung. Die **letzte Rate** des Darlehens A ist fällig, bevor die anderen Senior-Darlehen und die nachrangigen Darlehen (zB Mezzanine) zu tilgen sind. Bei einer Verwertung der Sicherheiten ist aus dem **Erlös** das Darlehen A zuerst zu tilgen. Das Darlehen A ist deshalb der risikoärmste Kredit, für den auch die **geringste Marge** zu zahlen ist. Wenn die Kredite ausschließlich an institutionelle Investoren (zB Pensionskassen) oder Debt Fonds syndiziert werden sollen, die an einer Regeltilgung kein Interesse haben, wird auf ein Darlehen A vollständig verzichtet.

8 Die **Kreditlinie B** hat eine in der Regel um ein Jahr längere Laufzeit als die Kreditlinie A. Sie wird nach vollständiger Rückzahlung des Darlehens A meist in einem Betrag (*Bullet Repayment*) oder in zwei Raten am Ende ihrer Laufzeit getilgt. Die Kreditlinie B ist risikoreicher als die Kreditlinie A, denn sie hat eine **längere Laufzeit,** und der Kreditbetrag bleibt bis zum Ende der Laufzeit in **voller Höhe** ausstehend. Wegen des erhöhten Risikos ist die Marge des Darlehens B höher als die Marge des Darlehens A.

9 Zusätzlich zu den Kreditlinien A und B können für bestimmte Zwecke weitere Kreditlinien bereitgestellt werden. Häufig sind **Akquisitionskreditlinien** zur Finanzierung von Unternehmenskäufen oder **Investitionskreditlinien** zur Finanzierung von Capex. Im Unterschied zu den Kreditlinien A und B, die regelmäßig am Closing-Tag voll gezogen werden, um den Kaufpreis zu bezahlen und bestehende Finanverbindlichkeiten zurückzuführen, werden Akquisitions- oder Investitionskreditlinien erst gezogen, wenn ein konkreter Bedarf entstanden ist. Daher ist ihre Verfügbarkeitsdauer (*Availability Period*)[1] sehr viel länger als die der Kreditlinien A und B. Sie beträgt meist 36 bis 48 Monate nach Unterzeichnung des Kreditvertrags.

10 Der Kreditnehmer hat während der Verfügbarkeitsdauer bis zur Ziehung der Kredite Bereitstellungsprovision zu zahlen.[2] Das gilt jedoch nur für fest zugesagte Kreditlinien. Wenn noch nicht feststeht, ob und wann ein Bedarf für eine Akquisitions- oder Investitionskreditlinie entsteht, kann stattdessen eine Kreditlinie für diese Zwecke im Kreditvertrag vorgesehen werden, für welche die Kreditgeber aber noch keine festen Kreditzusagen abgegeben haben (sog ***Incremental Facility*** oder ***Uncommitted Facility***).[3] Die festen Kreditzusagen für eine solche Kreditlinie werden vom Kreditnehmer erst bei tatsächlichem Bedarf beantragt. Die Kreditzusagen können von den Kreditgebern des bestehenden Konsortiums abgegeben werden oder von Dritten, die dann dem Kreditvertrag als weitere Kreditgeber beitreten müssen. Vor Abgabe dieser Kreditzusagen fällt keine Bereitstellungsprovision und auch keine Arrangierungsgebühr an. Die wesentlichen kommerziellen Konditionen, u a. Währung, Höhe der Kreditzusagen, Marge, Bereitstellungsprovision, Verwendungszweck, Verfügbarkeitsdauer, Rückzahlung, Laufzeit müssen mit den Kreditgebern verhandelt werden. Im Übrigen unterliegt die Incremental Facility den Bestimmungen des Kreditvertrags. Der Kreditnehmer kann die Incremental Facility auch gegen den Willen einzelner Kreditgeber durchsetzen, wenn er genügend andere Kreditgeber findet, die ihm die gewünschten Kreditzusagen abgeben. Die nachträgliche Aufnahme einer neuen Kreditlinie in den Kreditvertrag erfordert dagegen die Zustimmung aller oder, bei einem Structural Adjustment, jedenfalls der Mehrheit der Kreditgeber.[4]

2. Second Lien-, Mezzanine-Kreditlinien

11 Mit einer Second Lien- oder Mezzanine-Kreditlinie werden meist Finanzierungslücken geschlossen, die zwischen dem Eigenkapital und den Senior-Kreditlinien verbleiben.[5] Die

[1] Dazu → § 12 Rn. 4.
[2] Siehe dazu → § 18 Rn. 18 ff.
[3] Beispielsklausel: Ziff. 10 (*Establishment of Incremental Facilities*) LMA Leveraged Finance Facilities Agreement.
[4] Siehe dazu → § 36 Rn. 4.
[5] Dazu → § 4 Rn. 7.

Forderungen der Second Lien-Kreditgeber sind gleichrangig mit denen der Senior-Kreditgeber, aber nachrangig besichert. Mezzanine-Darlehen werden als eine Mischform aus Eigen- und Fremdkapital angesehen, da sie Elemente beider Kapitalformen aufweisen. Ihr Risiko ist wegen des Nachrangs dem **Eigenkapital** angenähert. Mit dem **Fremdkapital** haben Mezzanine-Darlehen gemein, dass das Kapital nur für eine bestimmte Zeit zur Verfügung gestellt wird und sie in der Insolvenz noch vor dem Eigenkapital zurückzuzahlen sind. Mezzanine-Darlehen werden ua von Kreditinstituten (sog Banken-Mezzanine) und von institutionellen „Mezzanine Providern" angeboten.

Die Second Lien- und Mezzanine-Darlehen sind erst nach vollständiger Rückzahlung der **12**
Senior-Darlehen, einschließlich des Betriebsmittelkredits, **zurückzuzahlen.** Die Laufzeit der Second Lien- und Mezzanine-Kreditlinien übersteigt die der längsten Senior-Kreditlinie in der Regel um mindestens ein halbes Jahr. Second Lien- und Mezzanine-Darlehen werden wegen ihres erhöhten Risikos deutlich höher **verzinst** als Senior-Darlehen.

3. Unitranche-Kreditlinien

Gemischte Senior- und Second Lien-Finanzierungen oder Senior- und Mezzanine-Finan- **13**
zierungen werden seit einigen Jahren immer stärker durch Unitranche-Kredite ersetzt. Die gemischten Finanzierungen haben den Nachteil, dass ihre verschiedenen Kreditlinien unterschiedliche Konditionen haben (Zinsen, teilweise kapitalisiert, Laufzeit etc), meist in separaten Kreditverträgen dokumentiert werden müssen (mit jeweils unterschiedlichen Konsortien, die separat Beschlüsse fassen) und ihr Rangverhältnis in der Intercreditor-Vereinbarung detailliert geregelt werden muss. Die gemischten Finanzierungen waren notwendig, weil der gewünschte Leverage allein durch Senior-Kredite der Banken nicht errreicht werden konnte und die Finanzierungslücke daher durch nachrangige oder jedenfalls nachrangig besicherte Kredite von spezialisierten Fonds geschlossen werden musste. Die Unitranche ermöglicht einen höheren Leverage als Senior-Kredite und ist einfach zu dokumentieren. Sie vereinigt Senior- und nachrangige Kredite in einer einzigen endfälligen Kreditlinie, die in einem einzigen Kreditvertrag dokumentiert wird. Aufgrund ihres gegenüber Senior-Krediten höheren Risikos ist sie höher als diese zu verzinsen, jedoch geringer als zB Mezzanine-Kredite.

Unitranche-Kredite werden von Debt Fonds angeboten. Diese stellen allerdings regel- **14**
mäßig keine Betriebsmittelkreditlinie zur Verfügung. Daher muss die Unitranche-Kreditlinie noch durch eine Betriebsmittelkreditlinie einer Bank (sog *Super Senior Revolving Credit Facility*) ergänzt werden. Das nimmt der Unitranche wieder einiges von ihrer attraktiven Einfachheit. Die Betriebsmittelkreditlinie kann zwar in die Kreditvereinbarung für die Unitranche-Kreditlinie eingebaut werden. Aber das komplizierte Verhältnis von Unitranche- und den Super Senior RCF-Forderungen ist in der Intercreditor-Vereinbarung zu regeln.

II. Betriebsmittelkreditlinie

1. Grundform

a) Allgemeines

Neben den Terminkreditlinien, die für bestimmte Zwecke (Zahlung des Kaufpreises, **15**
Ablösung bestehender Bankverbindlichkeiten, etc.) verwendet werden, benötigt die Zielgesellschaft zur Deckung ihres Betriebsmittelbedarfs eine Betriebsmittelkreditlinie (*Revolving Credit Facility*). Kreditnehmer der Betriebsmittelkreditlinie ist darum regelmäßig die Zielgesellschaft und gegebenenfalls weitere operative Gruppengesellschaften. Die Betriebsmittelkreditlinie darf nach Belieben des Kreditnehmers für die Führung des kaufmännischen Betriebs der Zielgesellschaft und insbesondere die Finanzierung des Umlaufvermögens verwendet werden. Damit können zB Rohstoffe gekauft, Löhne, Mieten und Steuern

bezahlt werden. Dagegen ist die Verwendung der Betriebsmittelkreditlinie für den Schuldendienst, Investitionen oder den Erwerb von Unternehmen unzulässig.

16 **Kreditarten.** Soweit größere Beträge in Form von Bardarlehen benötigt werden, wird die Betriebsmittelkreditlinie als **Geldmarktdarlehen** in Anspruch genommen. Die Kreditgeber refinanzieren sich insoweit am Geldmarkt.[6] Neben Geldmarktkrediten benötigt der Kreditnehmer auch **Kontokorrent- und Avalkredite**. Da Kontokorrentdarlehen häufig in kleinen und „krummen" Beträgen ausbezahlt und zurückgeführt werden, erfolgt die Kreditgewährung insoweit bilateral über eine **Unterkreditbank** (*Ancillary Bank*).[7] Avale werden meist (auf bilateraler Basis) durch eine Unterkreditbank ausgereicht oder seltener (mit Risikounterbeteiligung der Konsorten) durch eine Avalausstellende Bank (*Issuing Bank*).

17 **Inanspruchnahme.** Wird die Betriebsmittelkreditlinie als Geldmarktdarlehen in Anspruch genommen, sind alle Konsortialbanken verpflichtet, anteilige Geldbeträge zur Verfügung zu stellen. Daher wird in Konsortialkreditverträgen für die Inanspruchnahme regelmäßig ein **Mindestbetrag** festgelegt.

18 **Laufzeit und Rückzahlung.** Ein Unternehmen benötigt eine Betriebsmittelkreditlinie grundsätzlich zeitlich unbefristet. Wird die Betriebsmittelkreditlinie jedoch im Zusammenhang mit einer Akquisitionsfinanzierung zur Verfügung gestellt, ist sie zeitlich auf das Ende der Laufzeit des Senior-Darlehens A befristet. Deshalb wird die Betriebsmittelkreditlinie den Senior-Kreditlinien zugerechnet. Betriebsmittelkredite, die in Form von Geldmarktdarlehen ausgereicht worden sind, sind jeweils am Ende einer Zinsperiode zurückzuzahlen. Sollen sie am Ende der Zinsperiode in derselben Währung und in höchstens demselben Betrag erneut in Anspruch genommen werden (*Rollover Loan*), so werden sie am Ende der Zinsperiode auf Verlangen des Kreditnehmers prolongiert, ohne dass Geldbeträge hin- und hergebucht werden müssen.

19 **Revalutierung.** Betriebsmittelkredite können während der Laufzeit der Betriebsmittelkreditlinie grundsätzlich jederzeit zurückgezahlt und erneut wieder in Anspruch genommen („revalutiert") werden, wenn dies so vereinbart ist[8] oder sich aus der Art des Kredits (zB Kontokorrentkreditlinie) ergibt.[9]

20 **Clean-down.** Die Banken verlangen, dass die Barbestandteile aller Betriebsmittelkredite in regelmäßigen Abständen, zB einmal in jedem Kalenderjahr, für mindestens fünf volle Tage vollständig zurückbezahlt werden, bevor die Betriebsmittelkreditlinie erneut in Anspruch genommen werden kann (sog *Clean-down*).[10] Zu den Barbestandteilen zählen Geldmarktdarlehen, Darlehen auf Grund einer Unterkreditlinie sowie alle Darlehen, die durch ein Aval einer Avalausstellenden Bank oder Unterkreditbank garantiert sind.[11] Der *Clean-down* soll verhindern, dass der Kreditnehmer die Betriebsmittelkredite für andere Zwecke als zur kurzfristigen Finanzierung des Umlaufvermögens verwendet, zB für Akquisitionen, zur Rückzahlung von Krediten oder für Investitionen. Die Kreditnehmer wehren sich zunehmend gegen diese Pflicht zum *Clean-down*, da dieser mit einem nicht unerheblichen Organisationsaufwand verbunden ist.

b) Geldmarktdarlehen

21 Ein Geldmarktdarlehen ist vom Kreditnehmer auf der Basis eines Referenzzinssatzes (zB EURIBOR, LIBOR) zuzüglich einer Marge zu **verzinsen.** Die Marge entspricht in der Regel der Marge für das Senior-Darlehen A. Die anwendbare Zinsperiode kann vom Kreditnehmer gewählt werden.

---

[6] Unter dem „Geldmarkt" wird der Markt für kurzfristig verfügbare Gelder verstanden, die meist als Tages-, Einmonats- oder Dreimonatsgeld angeboten bzw. nachgefragt werden. Teilnehmer des Geldmarkts sind vor allem Kreditinstitute, vgl. *Rösler/Mackenthun/Pohl*, HdBKreditgeschäft, S. 18.

[7] → § 5 Rn. 29 ff.

[8] BGH v. 28.6.1984, WM 1984, 1181.

[9] Staudinger/*Mülbert*, § 488, Rn. 469.

[10] Beispielsklausel: Ziff. 5.7 (*Clean-down*) LMA Leveraged Finance Facilities Agreement.

[11] Beispielsklausel: Ziff. 5.7 (*Clean-down*) LMA Leveraged Finance Facilities Agreement.

c) Kontokorrentdarlehen

Ein Kontokorrentdarlehen wird häufig auf der Basis eines „bis auf weiteres" gültigen Zinssatzes **verzinst.** Die Bank ist jederzeit berechtigt, diesen Zinssatz entsprechend der Marktentwicklung nach oben oder unten zu verändern.[12] Teilweise ist das Kontokorrentdarlehen auch auf der Basis des umsatzgewichteten Tagesgeldzinssatzes für den EUR (sog EONIA[13]) zuzüglich einer Marge zu verzinsen. Da das Kontokorrentdarlehen nicht auf der Basis eines für bestimmte Zeitperioden gültigen Referenzzinssatzes verzinst wird, sind dafür keine Zinsperioden zu wählen. **22**

Für das Kontokorrentdarlehen besteht eine dispositive gesetzliche Regelung in § 355 HGB. **23**

d) Avalkredit

Der Avalkredit gehört zur Gruppe der Haftungskredite.[14] Bei einem Haftungskredit wird dem Kreditnehmer keine Geldsumme zur Nutzung überlassen, sondern es wird nur seine Haftungsbasis durch Mitübernahme der Haftung erweitert.[15] Bei einem Avalkredit verpflichtet sich die Bank, auf Verlangen des Kreditnehmers Dritten gegenüber Garantien, Bürgschaften oder andere Gewährleistungen abzugeben.[16] Der Vertrag über die Abgabe einer Bankgarantie oder einer Bankbürgschaft stellt einen Werkvertrag in der Form eines **Geschäftsbesorgungsvertrages** nach §§ 631, 675 BGB dar.[17] **24**

Ein ausgestelltes Aval wird in Höhe des Nennbetrags auf die verfügbare Kreditlinie angerechnet.[18] Wird das Aval von einer Avalausstellenden Bank (*Issuing Bank*) mit Risikounterbeteiligung weiterer Banken ausgestellt (gefrontetes Aval), reduziert sich die verfügbare Kreditzusage jeder beteiligten Bank um den Betrag ihrer potentiellen Haftung. **25**

Auf Avalkredite, die von der Avalausstellenden Bank zur Verfügung gestellt werden, wird eine **Avalprovision,** meist in Höhe der Marge, erhoben.[19] Die Konditionen für Kontokorrent- und Avalkredite, die von einer Unterkreditbank zur Verfügung gestellt werden, werden bilateral mit der Unterkreditbank vereinbart. **26**

Wenn die Avalausstellende Bank von dem begünstigten Dritten in Anspruch genommen wird, hat sie einen **Rückgriffsanspruch** gegen den Kreditnehmer, entweder aus §§ 675, 670 BGB oder aus übergegangenem Recht gemäß § 774 Abs. 1 BGB. Außerdem übernehmen die Konsortialbanken eine **Risikounterbeteiligung** an jedem von der Avalausstellenden Bank ausgestellten Aval.[20] **27**

Bei Vorliegen eines Kündigungsgrundes können die Kreditgeber vom Kreditnehmer, dessen Zahlungspflichten durch Ausstellung eines Avals garantiert wurden, die **Barunterlegung** (*Cash Cover*)[21] der Avale verlangen.[22] **28**

[12] *Rösler/Mackenthun/Pohl,* HdBKreditgeschäft, S. 164; zur Zinsanpassung → § 15 Rn. 27 ff.
[13] EONIA = Euro OverNight Index Average.
[14] Dazu gehören außerdem die Akzept- und die Akkreditivkredite, vgl. SBL BankR-HdB/*Wunderlich* § 75 Rn. 5.
[15] SBL BankR-HdB/*Wunderlich* § 75 Rn. 4.
[16] SBL BankR-HdB/*Wunderlich* § 75 Rn. 38; *Claussen/Erne,* Bank- und Börsenrecht § 5 Rn. 61. Nach § 1 Abs. 1 S. 2 Nrn. 2 und 8 KWG gehört die Gewährung von Avalkrediten nicht zum Kreditgeschäft, sondern zum Garantiegeschäft der Banken. Gleichwohl unterfallen sie dem Kreditbegriff der §§ 13–14 und §§ 15–18 KWG, s. § 19 I Nr. 3, 4 („andere außerbilanzielle Geschäfte") und § 21 I Nr. 4 KWG.
[17] MüKoBGB/*Berger,* vor § 488 Rn. 44; Staudinger/*Freitag* § 488 Rn. 64; Palandt/*Sprau* § 675 Rn. 10; *Claussen/Erne,* Bank- und Börsenrecht § 5 Rn. 63; BuB/*Früh/Müller-Arends* Rn. 3/274; SBL BankR-HdB/*Pamp* § 75 Rn. 39.
[18] Zum Begriff der verfügbaren Kreditlinie → § 11 Rn. 11.
[19] Dazu → § 18 Rn. 40.
[20] Beispielsklausel: Ziff. 7.3(b) (*Indemnities*) LMA Leveraged Finance Facilities Agreement.
[21] Dazu → § 12 Rn. 9.
[22] Beispielsklausel: Ziff. 29.20(a)(iv), (v) (*Acceleration*) LMA Leveraged Finance Facilities Agreement.

2. Unterkredit

a) Allgemeine Regeln

29 Der Betriebsmittelbedarf eines Unternehmens verändert sich ständig in großen oder kleinen Beträgen. Neben Geldmarktdarlehen, die für bestimmte Zinsperioden zur Verfügung gestellt werden, benötigt ein Unternehmen zB auch Kontokorrentkredite oder Bankgarantien. Der Betriebsmittelkredit in der Form des Geldmarktdarlehens, der nur in großen (Mindest-) Geldbeträgen, teilweise beschränkt auf eine bestimmte Anzahl von Auszahlungen, in Anspruch genommen werden kann, ist nur für die Finanzierung des ständigen Betriebsmittelbedarfs geeignet. Für die Abwicklung des täglichen Zahlungsverkehrs und für Sonderbedürfnisse sind flexiblere Instrumente erforderlich. Daher wird dem Kreditnehmer regelmäßig das Recht eingeräumt, die Eröffnung einer Unterkreditlinie (*Ancillary Facility*) zu vereinbaren.

30 Jede Konsortialbank kann als sog **Unterkreditbank** (*Ancillary Lender*) dem Kreditnehmer auf bilateraler Basis eine Unterkreditlinie zur Verfügung stellen.[23] Die anderen Konsortialbanken haben mit dieser Unterkreditlinie grundsätzlich nichts zu tun. Insbesondere sind sie bei deren Inanspruchnahme nicht zu einem Bareinschuss verpflichtet. Jedoch ist keine Konsortialbank verpflichtet, eine Unterkreditlinie zur Verfügung zu stellen. Der Kreditnehmer ist also darauf angewiesen, dass eine Konsortialbank ihm die Eröffnung einer Unterkreditlinie anbietet.

31 Unterkredite können ua als Kontokorrent- oder Avalkredite zur Verfügung gestellt werden.

32 Die **maximale Höhe** der Unterkreditlinie darf den Konsortialanteil der als Unterkreditbank agierenden Konsortialbank an der gesamten verfügbaren Betriebsmittelkreditlinie (nach Abzug der von ihr unter der Betriebsmittelkreditlinie bereits ausgezahlten Beträge) nicht übersteigen.[24]

33 Wird ein Unterkredit **freiwillig zurückbezahlt,** so kann er jederzeit erneut gezogen werden, es sei denn, der Kreditnehmer hat die Unterkreditlinie gekündigt. Bei einer **Pflichtsondertilgung** wird der zurückbezahlte Betrag zunächst für die Tilgung der Terminkredite, dann der Betriebsmittelkredite und erst zuletzt der Unterkredite verwendet.[25]

34 Die **Laufzeit** der Unterkreditlinie endet spätestens am gleichen Tag wie die Laufzeit der Betriebsmittelkreditlinie.[26] Allerdings kann auch eine kürzere Laufzeit vereinbart werden.[27] Die **Kündigung** eines Unterkredits durch die Unterkreditbank ist grundsätzlich erst möglich, wenn auch die gesamte Betriebsmittelkreditlinie gekündigt wurde, die Betriebsmittelkredite anderweitig zur Rückzahlung fällig geworden sind oder der Unterkredit durch eine Inanspruchnahme des Betriebsmittelkredits refinanziert werden kann.[28]

35 Die **übrigen Konditionen** der Unterkredite, einschließlich des Zinssatzes, werden zwischen Unterkreditbank und Kreditnehmer vereinbart.[29] Die Konsortialkreditverträge sehen lediglich vor, dass die Konditionen der Unterkredite marktgerecht sein müssen,[30] um eine übermäßige Belastung des *Cashflows* des Kreditnehmers zu verhindern.

36 Die den Finanzparteien bestellten **Sicherheiten** besichern auch die Ansprüche der Unterkreditbanken aus den Unterkrediten. Allerdings sieht die Intercreditor-Vereinbarung

---

[23] Beispielsklausel: Ziff. 9.2 (*Availability*) LMA Leveraged Finance Facilities Agreement.

[24] Beispielsklausel: Ziff. 9.3(b)(iv) (*Terms of Ancillary Facilities*) LMA Leveraged Finance Facilities Agreement.

[25] Beispielsklausel: Ziff. 13.3(a) (*Application of mandatory prepayments*) LMA Leveraged Finance Facilities Agreement.

[26] Beispielsklausel: Ziff. 9.3(b)(v) (*Terms of Ancillary Facilities*) LMA Leveraged Finance Facilities Agreement.

[27] Beispielsklausel: Ziff. 9.4(b)(i) (*Repayment of Ancillary Facility*) LMA Leveraged Finance Facilities Agreement.

[28] Beispielsklausel: Ziff. 9.4(c) (*Repayment of Ancillary Facility*) LMA Leveraged Finance Facilities Agreement.

[29] Beispielsklausel: Ziff. 9.3(a) (*Terms of Ancillary Facilities*) LMA Leveraged Finance Facilities Agreement.

[30] Beispielsklausel: Ziff. 9.3(b)(i) (*Terms of Ancillary Facilities*) und 17.6 (*Interest, commission and fees on Ancillary Facilities*) LMA Leveraged Finance Facilities Agreement.

regelmäßig vor, dass die Ansprüche der Unterkreditbanken aus den Unterkrediten gegenüber den Ansprüchen der Konsortialbanken auf Rückzahlung der Senior-Darlehen und der Betriebsmittelkredite **nachrangig** sind.

b) Risikoverteilung

Als Folge der Eröffnung einer Unterkreditlinie durch eine Konsortialbank reduziert sich die insgesamt **verfügbare Betriebsmittelkreditlinie** sowie der **Konsortialanteil** der Unterkreditbank an der Betriebsmittelkreditlinie um denselben Betrag. Wird die Unterkreditlinie gekündigt, so erhöht sich die verfügbare Betriebsmittelkreditlinie und der Konsortialanteil der Unterkreditbank an der Betriebsmittelkreditlinie entsprechend.[31] **37**

Durch die Eröffnung einer Unterkreditlinie kann es zu **Risikoverschiebungen** im Konsortium kommen. Die Konsortialbanken sind bei jedem Gesuch auf Auszahlung eines Betriebsmittelkredits nur in Höhe ihres zu diesem Zeitpunkt jeweils bestehenden Konsortialanteils an der Betriebsmittelkreditlinie zur Auszahlung verpflichtet. Eröffnet ein Kreditgeber als Unterkreditbank zB eine Kontokorrentkreditlinie in Höhe seines gesamten Konsortialanteils an der Betriebsmittelkreditlinie und wird nicht der Kontokorrentkredit, sondern stattdessen der Betriebsmittelkredit abgerufen, so sind nur die übrigen Konsortialbanken zur Auszahlung verpflichtet und mit dem Ausfallrisiko belastet. Folgerichtig erhalten nur die übrigen Konsortialbanken einen ihrem jeweiligen Konsortialanteil am Betriebsmittelkredit entsprechenden Anteil an der **Marge,** nicht jedoch die Unterkreditbank. Diese verdient erst dann eine Marge, wenn sie selbst den Unterkredit ausbezahlt hat. Diese Marge muss sie nicht mit anderen Konsorten teilen. **38**

Alternativ können **wechselseitige Risikounterbeteiligungen** vereinbart werden.[32] Dann übernehmen alle Konsortialmitglieder an allen Krediten, einschließlich der Unterkredite, das Ausfallrisiko entsprechend ihrer Konsortialquoten, sind jedoch zu einem Bareinschuss nicht verpflichtet. Im Gegenzug erhalten sie von allen Krediten einen ihrer jeweiligen Risikounterbeteiligung entsprechenden Anteil an der Marge. **39**

Häufig sehen die Kreditverträge einen **Verlustausgleich** (*Loss Sharing*) unter den an der Betriebsmittelkreditlinie beteiligten Kreditgebern vor. Kann der Kreditnehmer nicht alle Forderungen aus den Betriebsmittelkrediten und den Unterkrediten erfüllen, so tragen die beteiligten Kreditgeber den Gesamtverlust im Verhältnis ihrer Konsortialanteile an der Betriebsmittelkreditlinie untereinander. Dazu treten sie nach einer Kündigung der Kredite im erforderlichen Umfang Forderungen aus Betriebsmittelkrediten oder Unterkrediten an andere beteiligte Kreditgeber ab.[33] Dadurch sollen die oben beschriebenen (vertragsgemäßen) Risikoverschiebungen ausgeglichen werden. Insofern unterscheidet sich dieser Verlustausgleich auch vom Saldenausgleich,[34] der nur sicherstellen will, dass vertragswidrig geleistete Zahlungen der Kreditnehmer oder durch den Agenten falsch verteilte Beträge auf die Kreditgeber entsprechend ihrer Konsortialanteile an den einzelnen Krediten verteilt werden. **40**

c) Rang der Unterkredite

Unterkredite sind bei einer Pflichtsondertilgung unter den Senior-Krediten zuletzt zu tilgen. Die Kündigung eines Unterkredits durch die Unterkreditbank ist nur eingeschränkt zulässig.[35] Dadurch soll eine zeitlich vorrangige Befriedigung der Unterkreditbank vor den Konsortialbanken verhindert werden. Aus diesen Besonderheiten der Unterkredite folgt, **41**

---

[31] Beispielsklausel: Ziff. 9.4(b) (*Repayment of Ancillary Facility*) LMA Leveraged Finance Facilities Agreement iVm der Definition „Availabe Commitment".

[32] Dazu → § 33 Rn. 45 ff.

[33] Beispielsklausel: Ziff. 9.6 (*Adjustment for Ancillary Facilities upon acceleration*) LMA Leveraged Finance Facilities Agreement.

[34] Dazu → § 35 Rn. 10.

[35] Dazu → § 5 Rn. 34.

dass sie gegenüber den Senior-Darlehen und den (von mehreren Konsortialbanken zur Verfügung gestellten) Betriebsmittelkrediten nachrangig sind. Dementsprechend sind die Erlöse aus der Verwertung von Sicherheiten auch nachrangig an die Unterkreditbanken zu verteilen.

§ 6. Besonderheiten einer Akquisitionsfinanzierung

I. Eurokredit

1 Akquisitionskredite werden meist in der Form von Eurokrediten zur Verfügung gestellt. Als Eurokredit wird ein Barkredit bezeichnet, der am sog Euromarkt aufgenommen wird.[1]

2 **Euromarkt.** Der US-amerikanische Markt war Mitte der 50er-Jahre durch Zins- und Kreditbestimmungen stark reglementiert. Daher suchten Inhaber von US-Dollar außerhalb der USA nach Anlagemöglichkeiten in weniger reglementierten Märkten. Es handelte sich zumeist um OPEC-Staaten, Zentralbanken, staatliche Stellen und größere Privatunternehmen. Diese legten ihre US-Dollar zunächst in London an. London war einerseits ein etabliertes Finanzzentrum und bot andererseits die Möglichkeit, US-Dollar frei von den Beschränkungen der US Federal Reserve Bank zu handeln. Wegen des freieren Handels erhielten die Anleger günstigere Konditionen für ihre Einlagen in US-Dollar und umgekehrt die Kreditnehmer günstigere Kredite.[2] Aufgrund der geographischen Lage von London entstand der Begriff **„EUR-Dollarmarkt".**

3 Unter einem **EUR-Dollar** versteht man einen US-Dollar, der von einer Bank außerhalb der USA und unmittelbar oder nach Umtausch in eine andere Währung zur Kreditgewährung an einen Nichtbankenkunden verwendet wurde, uU nach ein- oder mehrmaliger Platzierung von Bank zu Bank.[3] Mit der Bezeichnung „EUR-Dollarmarkt" sollte also ursprünglich nur deutlich gemacht werden, dass es sich um einen Geldmarkt für Kredite in Dollar handelt, die mit Einlagen bei Banken außerhalb der USA finanziert wurden. Neben dem US-Dollar gewannen Kredite in Deutsche Mark, Yen und Schweizer Franken an Bedeutung.[4] Seither hat sich die Bezeichnung **„Euromarkt"** eingebürgert, an dem neben EUR-Dollar auch EUR (vor allem in Luxemburg) und CHF (Zürich) gehandelt werden.

4 Obwohl sich der Euromarkt später auf weitere ebenfalls wenig reglementierte Finanzzentren außerhalb Europas ausdehnte, blieb der Begriff erhalten. Der Euromarkt erstreckt sich heute auf Finanzplätze in Europa (zB London, Luxemburg, Paris), in Asien (zB Hongkong, Singapur, Tokio) sowie in arabischen Ländern (zB Bahrain) und der Karibik (zB Nassau).[5] Er wird auch als **Internationaler Finanzmarkt** bezeichnet.[6] Seit die amerikanische Regierung den heimischen Banken die Einrichtung sog *International Banking Facilities* im Inland erlaubte, gibt es auch in den USA, insbesondere in New York, einen Euromarkt. Die *International Banking Facilities* sind eine Art von Freihandelszonen, von denen aus das internationale Kreditgeschäft frei von nationalen Zinsobergrenzen, Mindestreservevorschriften und Steuerlasten betrieben werden kann.[7]

5 **Marktteilnehmer.** Marktteilnehmer des Euromarktes sind Zentralbanken, nationale und internationale Institutionen und Organisationen mit öffentlich-rechtlichem Charakter,

[1] Allgemein dazu *Rösler/Mackenthun/Pohl,* HdBKreditgeschäft, S. 328 ff.
[2] *Hinsch/Horn,* Das Vertragsrecht der internationalen Konsortialkredite und Projektfinanzierungen, S. 6.
[3] *Hinsch/Horn,* Das Vertragsrecht der internationalen Konsortialkredite und Projektfinanzierungen, S. 6.
[4] *Rösler/Mackenthun/Pohl,* HdBKreditgeschäft, S. 332.
[5] *Kümpel,* Bank- und Kapitalmarktrecht Rn. 7.280; SBL BankR-HdB/*Welter* § 118 Rn. 50; *Rösler/Mackenthun/Pohl,* HdBKreditgeschäft, S. 332.
[6] *Rösler/Mackenthun/Pohl,* HdBKreditgeschäft, S. 331.
[7] *Hinsch/Horn,* Das Vertragsrecht der internationalen Konsortialkredite und Projektfinanzierungen, S. 7.

spezielle Finanzierungsinstitute, Banken und internationale, aber auch bonitätsmäßig einwandfreie große und mittelgroße nationale Unternehmen.[8]

Merkmale des Eurokredits. Ein Eurokredit ist ein am Euromarkt aufgenommener Kredit, der folgende Merkmale aufweist: 6

- Die zumeist mittelfristigen Eurokredite werden durch kurzfristige Eurogelder refinanziert.[9]
- Die Kreditverträge enthalten Klauseln, die das Risiko einer Störung des Euromarktes abfangen sollen.[10]
- Ein Eurokredit ist bei der Wahl der Währungen sehr flexibel. Die Banken können sich am Euromarkt in verschiedenen Währungen refinanzieren. Bei herkömmlichen Krediten stammen die Gelder dagegen aus dem Passivgeschäft, das in der Inlandswährung abgewickelt wird.

II. Kreditkonsortium

Die Kredite für Akquisitionsfinanzierungen werden fast immer von mehreren Kreditgebern 7
zur Verfügung gestellt. Es handelt sich häufig um hohe Kreditbeträge, die es den finanzierenden Banken geraten erscheinen lassen, das Risiko auf mehrere Kreditgeber zu verteilen. Allerdings werden die Kredite zunächst meist nur von einem oder einigen wenigen Kreditgebern ausgezahlt. Unmittelbar nach der Auszahlung werden die Kredite syndiziert. Banken, die Konsortialanteile (dh einen Teil der Rechte und Pflichten eines Kreditgebers aus den Kredit- und Sicherheitenverträgen) an den Krediten übernehmen, werden **Konsortialbanken** genannt. Die Konsortialbanken bilden ein Kreditkonsortium. Das Kreditkonsortium ist eine Gesellschaft bürgerlichen Rechts, meist in der Form der Innengesellschaft.[11] Sie beauftragen eine Bank (in der Regel den oder einen der Arrangeure), die Kredite für sie zu verwalten. Diese Bank wird **Agent** genannt. Entscheidungen über Änderungen der Verträge oder auch die Erklärung eines *Waiver* werden durch die Konsortialbanken getroffen, die darüber meist mit Zweidrittelmehrheit ihrer Konsortialanteile abstimmen.[12]

III. Besicherung der Kredite

Die Erwerbsgesellschaft verfügt als neugegründete Zweckgesellschaft bei Unterzeichnung 8
der Kreditverträge über kein nennenswertes Vermögen. Erst nach dem Erwerb der Zielgesellschaft kann die Erwerbsgesellschaft werthaltige Sicherheiten bestellen. Sie beschränken sich aber im Wesentlichen auf die Verpfändung der Gesellschaftsanteile an der Zielgesellschaft sowie die Sicherungsabtretung etwaiger Gewährleistungsansprüche gegen den Verkäufer aus dem Unternehmenskaufvertrag und gegen die Ersteller von *Due Diligence*-Berichten aus Vertragsverletzung. Diese Sicherheiten sind für die Kreditgeber nur von eingeschränktem Wert. Die Sicherungsabtretung der Ansprüche stellt nur dann eine wertvolle Sicherheit dar, wenn die Erwerbsgesellschaft zum Zeitpunkt der Verwertung über solche Ansprüche verfügt. Die Verpfändung der Gesellschaftsanteile an der Zielgesellschaft wäre nur dann eine wertvolle Sicherheit, wenn der Verkauf dieser Anteile einen ausreichend hohen Erlös versprechen würde. Da der Schuldendienst der nicht operativen Erwerbsgesellschaft durch die operative Zielgesellschaft finanziert wird, ist davon auszugehen, dass die Zielgesellschaft nicht sehr profitabel ist, wenn die Erwerbsgesellschaft ihre Zah-

[8] *Kümpel,* Bank- und Kapitalmarktrecht Rn. 7.283.
[9] *Hinsch/Horn,* Das Vertragsrecht der internationalen Konsortialkredite und Projektfinanzierungen, S. 8.
[10] Vgl. insbesondere die Marktstörungsklausel, unten § 17; *Hinsch/Horn,* Das Vertragsrecht der internationalen Konsortialkredite und Projektfinanzierungen, S. 9.
[11] Dazu → § 31 Rn. 8 ff.
[12] Dazu → § 36 Rn. 2 f.

lungspflichten gegenüber den Kreditgebern nicht mehr erfüllen kann. Dann ist bei einem Verkauf der Zielgesellschaft auch kein hoher Verwertungserlös zu erwarten.

9 Außerdem ist die Bank als Gläubigerin der Erwerbsgesellschaft (dh der Muttergesellschaft der Zielgesellschaft) gegenüber den Gläubigern der Zielgesellschaft im sog **strukturellen Nachrang.** Das bedeutet, dass die Kreditgeber auf das Gesellschaftsvermögen der Zielgesellschaft nur zugreifen können, indem sie die (mit den Passiva belasteten) Gesellschaftsanteile verwerten oder die Befriedigung der Gläubiger der Zielgesellschaft aus dem Aktivvermögen abwarten und den verbleibenden Liquidationsüberschuss einziehen.[13]

10 Der strukturelle Nachrang kann dadurch überwunden werden, dass die Zielgesellschaft für die Verbindlichkeiten der Erwerbsgesellschaft zB durch Garantie oder Bürgschaft haftet, sich durch einen Schuldbeitritt schuldrechtlich mitverpflichtetoder für deren Erfüllung dingliche Sicherheiten an ihrem Vermögen bestellt. Übernimmt die Zielgesellschaft die Mitschuld oder Haftung, so werden die Kreditgeber unmittelbare Gläubiger der Zielgesellschaft, die gleichberechtigt neben deren anderen Gläubigern stehen. Bestellt die Zielgesellschaft dingliche Sicherheiten, so erwerben die Kreditgeber gegenüber den anderen Gläubigern der Zielgesellschaft sogar eine vorrangige Stellung.[14]

11 Nicht unproblematisch ist der **Zeitpunkt,** an dem diese Sicherheiten bestellt werden. Eine Bank zahlt einen Kredit grundsätzlich erst dann aus, wenn alle Sicherheiten wirksam bestellt worden sind. Während die Erwerbsgesellschaft schon vor dem *Closing* der Akquisition (dh dem dinglichen Erwerb der Gesellschaftsanteile) ihre künftigen Gesellschaftsanteile an der Zielgesellschaft an die Kreditgeber verpfänden und diesen ihre Ansprüche aus dem Unternehmenskaufvertrag und gegen die Ersteller der *Due Diligence*-Berichte abtreten kann, darf die Zielgesellschaft Sicherheiten an ihren Vermögensgegenständen erst nach dem Closing bestellen. Die Bestellung der Sicherheiten erfolgt nicht im Interesse der Zielgesellschaft, sondern im Interesse des Erwerbers. Bis zum Closing ist der Erwerber nicht Gesellschafter der Zielgesellschaft, sondern ein unbeteiligter Dritter. Die Geschäftsführung der Zielgesellschaft würde ihre Pflichten verletzen, wenn sie zugunsten eines Dritten ohne Gegenleistung Sicherheiten bestellen würde. Dies ändert sich erst dann, wenn der Erwerber in seiner Eigenschaft als Gesellschafter der Geschäftsführung der Zielgesellschaft eine entsprechende Weisung erteilt und auch nur dann, wenn diese Weisung bindend ist. Nur die Geschäftsführung einer GmbH oder einer Personengesellschaft ist gegenüber den Gesellschaftern weisungsgebunden, der Vorstand einer AG dagegen nicht. Bei einer freundlichen Übernahme, insbesondere im Fall eines MBO, besteht die Möglichkeit, die Sicherheitenverträge aufschiebend bedingt durch die Erteilung einer bindenden Weisung des Erwerbers zu schließen. Steht die Geschäftsführung der Zielgesellschaft der Übertragung der Anteile auf den Erwerber dagegen ablehnend gegenüber, scheidet dieser Weg aus.

12 Bei der Bestellung von Sicherheiten sind auch die **steuerlichen Konsequenzen** zu berücksichtigen. Neben der Frage, ob die Bestellung der Sicherheiten als solche zu Verkehrssteuern führt, ist in ertragsteuerlicher Hinsicht regelmäßig zu prüfen, ob durch die Sicherheiten ein sogenannter Rückgriff iSv § 8a Abs. 2 und 3 KStG ausgelöst wird (welcher die Anwendung einer sog *Escape Clause* im Rahmen der Zinsschranke ausschließt) oder ob die Besicherung im konkreten Einzelfall zu einer beschränkten Steuerpflicht des Kreditgebers in Deutschland führen kann. Zu einer beschränkten Steuerpflicht des Kreditgebers kommt es bei Zahlungen der Kreditnehmer und Garanten, wenn diese Zahlungen durch deutschen **Grundbesitz,** grundstücksgleiche Rechte oder Schiffspfandrechte besichert sind. In diesem Falle unterliegt der Empfänger der gezahlten Zinsen bzw.

---

[13] Das Vermögen einer Gesellschaft dient nach der Entscheidung des Gesetzgebers zunächst der Befriedigung der Forderungen ihrer eigenen Gläubiger, bevor die Gesellschafter auf das verbleibende Vermögen zugreifen können, vgl. nur *Schön* ZHR 159 (1995), 351, 352; BGH v. 24.6.2002, ZIP 2002, 1578 ff. („KBV").

[14] *Schön* ZHR 159 (1995), 351, 353.

Garantiezahlungen der deutschen Einkommen- bzw. Körperschaftsteuer. Zwar sehen die von der Bundesrepublik Deutschland geschlossenen Doppelbesteuerungsabkommen mit ausländischen Staaten für den Fall von Zins- und Garantiezahlungen ein alleiniges Besteuerungsrecht des ausländischen Ansässigkeitsstaates des Kreditgebers vor (wodurch der Erhebung von Steuern im Rahmen der beschränkten Steuerpflicht die Grundlage entzogen wird). Für Kreditgeber, die in Staaten ansässig sind, mit denen Deutschland kein Doppelbesteuerungsabkommen abgeschlossen hat oder mit denen ein eher atypisches Doppelbesteuerungsabkommen besteht, kann die Besicherung jedoch zum Anfall von deutschen Steuern führen. Die deutsche Steuerpflicht kann insbesondere auch dann entstehen, wenn weder der Kreditnehmer noch der Garantiegeber in Deutschland ansässig ist, sondern der einzige Bezug zu Deutschland ausschließlich in der Belegenheit der Sicherheiten liegt.

IV. Kapitalerhaltung

1. Ziel-GmbH

Ist die Zielgesellschaft eine GmbH, so darf die Bestellung der Sicherheiten nicht gegen die **13**
für GmbHs geltenden **Kapitalerhaltungsvorschriften** (§ 30 GmbHG) verstoßen. Die Kapitalerhaltungsvorschriften verbieten die Auszahlung des zur Erhaltung des Stammkapitals erforderlichen Vermögens der Gesellschaft an die Gesellschafter. Das bedeutet nach der herrschenden bilanziellen Betrachtungsweise, dass eine Leistung an einen Gesellschafter nicht dazu führen darf, dass das Reinvermögen der GmbH unter deren Stammkapitalziffer absinkt (sog „Unterbilanz"). Die Besicherung von Verbindlichkeiten der Erwerbsgesellschaft durch die Ziel-GmbH (sog „aufsteigende Sicherheit" oder „Upstream Sicherheit") kann eine Auszahlung von Gesellschaftsvermögen darstellen, da sie eine Leistung ist, die dem Gesellschafter zugute kommt. Diese Leistung könnte gegen § 30 GmbHG verstoßen.[15]

Führt die Verwertung der Sicherheit zur Zahlungsunfähigkeit oder Überschuldung der **14**
Ziel-GmbH, so kann die Weisung der Erwerbsgesellschaft, mit der sie die Ziel-GmbH zur Bestellung der Sicherheit veranlasst hat, einen sog **existenzvernichtenden Eingriff** in die Ziel-GmbH darstellen. Dies kann dazu führen, dass die Erwerbsgesellschaft der Zielgesellschaft gegenüber aus § 826 BGB auf Schadensersatz haftet. Wenn die Geschäftsführer der Erwerbsgesellschaft bei Erteilung ihrer Weisung die Zahlungsunfähigkeit oder Überschuldung der GmbH bewusst in Kauf genommen haben, können sie selbst schadensersatzpflichtig sein und sich wegen Untreue strafbar gemacht haben. Dasselbe gilt für die Geschäftsführer der GmbH selbst.[16]

2. Ziel-AG

Ist die Zielgesellschaft eine AG, könnte die Bestellung von Sicherheiten für die Ver- **15**
bindlichkeiten der Erwerbsgesellschaft gegen das Verbot der Einlagenrückgewähr (§ 57 AktG) und, im Hinblick auf die Akquisitionskredite, auch gegen das Verbot der Leistung einer Sicherheit durch die AG an einen Dritten zum Zweck des Erwerbs ihrer eigenen Aktien (§ 71a AktG) verstoßen. Außerdem würde der Vorstand seine Pflichten verletzen und wäre der AG zum Schadensersatz verpflichtet (§ 93 AktG). Um dennoch das Vermögen einer AG zur Besicherung der Forderungen der Kreditgeber nutzen zu können, kommt grundsätzlich die Umwandlung der AG in eine GmbH oder GmbH & Co. KG oder der Abschluss eines Beherrschungs- und Gewinnabführungsvertrags zwischen der Erwerbsgesellschaft als herrschender und der Ziel-AG als abhängiger Gesellschaft in

[15] Vgl. im Einzelnen § 43.
[16] Vgl. im Einzelnen → § 47 Rn. 36 ff.

Betracht. Leistungen der abhängigen AG an die herrschende Erwerbsgesellschaft bei Bestehen eines Beherrschungs- oder Gewinnabführungsvertrags gelten nicht als Verstoß gegen § 57 AktG[17] oder gegen § 71a AktG.[18] Eine Weisung der herrschenden an die beherrschte Gesellschaft zur Gewährung einer Finanzierungshilfe wäre allerdings dann rechtswidrig und dürfte vom Vorstand der abhängigen Gesellschaft nicht befolgt werden, wenn Anhaltspunkte dafür bestünden, dass die herrschende Gesellschaft zu einem Ausgleich der Verluste der beherrschten Gesellschaft nicht in der Lage sein könnte und dadurch deren Existenz gefährdet würde.[19] Dann wäre zu prüfen, ob durch post-akquisitorische Umstrukturierungsmaßnahmen die Bestellung von Sicherheiten durch die Ziel-AG ermöglicht werden kann.[20]

V. Nachrang von Krediten in der Insolvenz

16 **Gesellschafter** können die von ihnen gewährten Darlehen in der Insolvenz der Gesellschaft nur als nachrangige Insolvenzgläubiger geltend machen (§ 39 Abs. 1 Nr. 5 InsO). Die Rückzahlung von Gesellschafterdarlehen innerhalb des letzten Jahres vor dem Eröffnungsantrag oder danach ist anfechtbar (§ 135 InsO). Dasselbe gilt für Darlehen eines Dritten, der einem Gesellschafter **gleichgestellt** ist.

17 Ein **Kreditgeber** kann insbesondere dann einem Gesellschafter gleichgestellt sein, wenn ihm die Geschäftsanteile des Kreditnehmers verpfändet wurden und ihm, zB durch die Finanzierungsverträge, gesellschafterähnliche Befugnisse, insbesondere Mitentscheidungsrechte, eingeräumt wurden. Die Kreditgeber haben grundsätzlich ein großes Interesse an solchen Mitentscheidungsrechten. Sie erlauben es ihnen, die Geschäftstätigkeit des Kreditnehmers so zu beeinflussen, dass dieser über ausreichend Liquidität verfügt, um seine Verbindlichkeiten aus den Kreditverträgen erfüllen zu können. Durch Mitentscheidungsrechte können die Kreditgeber zB unerwünschte Investitionen oder Akquisitionen der Zielgesellschaft verhindern, die einen Liquiditätsabfluss zur Folge hätten. Allerdings hat der BGH diesem Wunsch der Kreditgeber auf Mitentscheidungsrechte durch sein Urteil zum **„atypischen Pfandgläubiger“**[21] einen Riegel vorgeschoben.[22]

VI. Sicherheitenpool

18 Jedes Konsortialmitglied erwartet für seine Forderungen gegen den Kreditnehmer einen Anteil an den verfügbaren Sicherheiten. Wenn allerdings jeder Kreditgeber über seine Sicherheiten frei verfügen könnte, bestünde beim ersten Anzeichen einer Verschlechterung der Vermögens- oder Finanzlage des Kreditnehmers die Gefahr eines „Windhundrennens“. Der Kreditgeber mit den „schwächsten Nerven“ würde seine Kredite fällig stellen und seine Sicherheiten verwerten. Die anderen würden sofort folgen. Um dies auch im Interesse des Kreditnehmers zu verhindern und eine gleichmäßige Befriedigung der Konsortialmitglieder sicherzustellen, schließen sich die Konsorten regelmäßig zu einer Gesellschaft bürgerlichen Rechts in der Form einer Innengesellschaft zusammen (sog Sicherheitenpool) und verpflichten sich untereinander, die Kredite nur zu kündigen und die Sicherheiten nur zu verwerten, wenn sie dies vorher mit Mehrheit beschlossen haben. Meist wird eine Zweidrittelmehrheit bezogen auf die Konsortialanteile an allen Krediten vereinbart.

---

[17] Vgl. den durch das MoMiG neu eingefügten § 57 Abs. 1 S. 2 AktG.
[18] Vgl. den durch das MoMiG neu eingefügten § 71a Abs. 1 S. 3 AktG.
[19] Vgl. im Einzelnen → § 46 Rn. 29 ff.
[20] Vgl. im Einzelnen § 48.
[21] BGH v. 13.7.1992, BGHZ 119, 191 ff.
[22] Siehe dazu ausführlich § 51.

Die nicht-akzessorischen Sicherheiten, wie Grundschulden, sicherungsübereignete Sachen und zur Sicherung abgetretene Forderungen und Rechte, werden von den Sicherungsgebern auf einen Sicherheiten-Treuhänder übertragen.[23] Der Sicherheiten-Treuhänder hält diese nicht-akzessorischen Sicherheiten für die Kreditgeber. Die Kreditgeber ermächtigen den Sicherheiten-Treuhänder auch, ihre Rechte aus den akzessorischen Sicherheiten in ihrem Namen auszuüben. Der Sicherheiten-Treuhänder verwaltet und verwertet die Sicherheiten für alle Konsorten und verteilt den Erlös pro rata. **19**

[23] Zum Unmittelbarkeitsprinzip → § 54 Rn. 16.

Teil B. Senior-Kreditvertrag

Teil B behandelt den gesetzlichen Rahmen und die üblichen vertraglichen Vereinbarungen eines Vertrags über die Eröffnung von Senior-Kreditlinien („Senior-Kreditvertrag"). 1

§ 7. Überblick über die Vertragsbestimmungen

Die Dokumentation einer Akquisitionsfinanzierung unterscheidet sich deutlich von einem gewöhnlichen Kreditvertrag über die Eröffnung einer Kreditlinie oder die Gewährung eines Einzelkredits. 1

Vertragsparteien sind auf Kreditgeberseite neben den ursprünglichen Kreditgebern, welche sich verpflichten, die Kredite zur Verfügung zu stellen, auch der oder die Arrangeure, welche die Finanzierung strukturieren und die Kredite syndizieren, der Agent als Verwalter der Kredite und der Sicherheiten-Treuhänder, der die Sicherheiten verwaltet und gegebenenfalls verwertet. Regelmäßig gibt es mehrere Kreditnehmer sowie Garanten. Die Akquisitionskredite werden von der Erwerbsgesellschaft in Anspruch genommen, die Betriebsmittelkredite von den operativen Gruppengesellschaften. Die wesentlichen Gruppengesellschaften geben Garantien für die Verbindlichkeiten der Kreditnehmer ab. 2

Die Kreditverträge für die Senior- oder Mezzanine-Kreditlinien enthalten sehr ausführliche Kreditbestimmungen, Konsortialbestimmungen sowie Schlussbestimmungen. 3

Die **Kreditbestimmungen** regeln die Bedingungen, zu denen die verschiedenen Kredite zur Verfügung gestellt werden. Nach einer Liste von **Definitionen** folgt die zentrale Bestimmung des Kreditvertrags, die die Verpflichtung der Kreditgeber enthält, dem oder den Kreditnehmern verschiedene Kreditlinien bis zu der jeweils vereinbarten Höhe zu eröffnen **(Krediteröffnung).** Es wird festgelegt, wozu die einzelnen Kredite verwendet werden dürfen **(Verwendungszweck).** Die Kredite werden nur ausgezahlt, wenn bestimmte aufschiebende Bedingungen erfüllt wurden **(Auszahlungsvoraussetzungen),** zB bestimmte Dokumente vorgelegt wurden oder der Erwerbsgesellschaft Eigenkapital in bestimmter Höhe zur Verfügung gestellt wurde. Der Kreditvertrag enthält Regeln über die Art und Weise des Abrufs („Ziehung") der Kredite, die Berechnung der **Zinsen,** die Zinsperioden sowie Vorschriften für den Fall des **Zahlungsverzugs.** Andere Bestimmungen regeln **Laufzeit** und **Tilgung** der einzelnen Kredite sowie freiwillige **vorzeitige Tilgungen** und Pflichtsondertilgungen. In der **Marktstörungsklausel** wird Vorsorge für den Fall getroffen, dass eine Störung des Euromarkts die Refinanzierungsmöglichkeiten der Kreditgeber beschränkt oder gar entfallen lässt. Die **Kostenerhöhungsklausel** regelt den Fall, dass der Erlass neuer oder die Änderung bestehender Rechtsvorschriften zu höheren Kreditkosten oder geringeren Einnahmen führt. Der Kreditvertrag enthält **Zusicherungen** der Kreditnehmer und Garanten über ihre rechtlichen, wirtschaftlichen und sonstigen Verhältnisse sowie **Auflagen,** in denen den Kreditnehmern und Garanten bestimmte Verhaltenspflichten (ua die Einhaltung bestimmter *Financial Covenants*) auferlegt werden. In den **Kündigungsbestimmungen** werden die Voraussetzungen und Rechtsfolgen einer Kündigung durch die Kreditgeber geregelt. Die **Saldenausgleichsklausel** stellt eine gleichrangige und anteilige Verteilung der Zahlungen der Kreditnehmer an die Kreditgeber sicher. In den Bestimmungen zu **Gebühren und Kosten** ist die Höhe einzelner Gebühren (zB der Bereitstellungsprovision) bestimmt, hinsichtlich der Arrangierungsgebühr und der Agentengebühr wird auf Nebenvereinbarungen verwiesen, da diese Gebühren den anderen Konsortialbanken nicht offengelegt werden. Es wird auch die Pflicht der Kreditnehmer 4 aufgenommen, alle externen Kosten der Kredit- und Sicherheitendokumentation sowie der Bestellung, Verwaltung und Verwertung der Sicherheiten zu tragen.

5 Die **Konsortialbestimmungen** regeln die Rechte und Pflichten der Konsortialbanken untereinander sowie im Verhältnis zum Agenten. Dort finden sich ua Bestimmungen über die Rechte und Pflichten des Agenten und die zur Beschlussfassung der Konsortialmitglieder über bestimmte Angelegenheiten erforderlichen Mehrheiten. Außerdem ist dort die Übertragung von Konsortialanteilen an beitretende Kreditgeber geregelt.

6 In den **Schlussbestimmungen** finden sich Vorschriften ua über die Teilwirksamkeit, das anwendbare Recht und den Gerichtsstand.

§ 8. Rechtliche Einordnung und Grundlagen

I. Rechtliche Einordnung

1 Durch den Senior-Kreditvertrag verpflichtet sich jeder einzelne Senior-Kreditgeber, dem Kreditnehmer zu bestimmten Bedingungen und bis zu einer bestimmten Höhe auf Abruf Kredit zu gewähren **(Kreditlinie).** Der Senior-Kreditvertrag erfüllt somit alle Tatbestandsmerkmale eines **Krediteröffnungsvertrags.**[1] Da zwischen dem Kreditnehmer und jedem Kreditgeber ein eigenständiges Kreditverhältnis begründet wird,[2] handelt es sich um mehrere Krediteröffnungsverträge, die in einer Urkunde zusammengefasst sind.

2 Der **Abruf** des Kredits durch den Kreditnehmer ist ein einseitiges Gestaltungsrecht.[3] Der Abruf eines **Darlehens** wird durch Übersendung eines Auszahlungsgesuchs (*Utilisation Request, Drawdown Notice*) an den Agenten ausgeübt. Der Abruf konkretisiert die Pflichten der einzelnen Kreditgeber, indem er festlegt, welcher Kredit in welcher Höhe und zu welchem Zeitpunkt in Anspruch genommen wird. Außerdem wird die Dauer der ersten Zinsperiode festgelegt. Durch den Abruf entsteht ein selbständiger und vom Krediteröffnungsvertrag rechtlich zu trennender **Einzelkreditvertrag.**[4]

3 Der Auftrag auf **Ausstellung eines Avals** erfolgt durch Übersendung eines Avalgesuchs an den Agenten, der es an die Avalausstellende Bank (*Issuing Bank*) weiterleitet. Die Avalausstellende Bank stellt die Avalurkunde im eigenen Namen aus und übersendet sie an den Avalempfänger. Durch den Auftrag auf Ausstellung eines Avals kommt ein selbständiger und vom Krediteröffnungsvertrag rechtlich zu trennender Geschäftsbesorgungsvertrag zwischen dem Kreditnehmer und der Avalausstellenden Bank zustande.[5] Durch den Avalkredit stellt sich die Avalausstellende Bank dem Kreditnehmer als Haftungsträger (nicht als Geldgeber wie beim Darlehen) zur Verfügung.[6] Beim **Fronting-Modell** übernehmen die übrigen an der Kreditlinie (Betriebsmittel- oder Avalkreditlinie) beteiligten Konsortialmitglieder im Innenverhältnis zur Avalausstellenden Bank eine Risikounterbeteiligung. Sie verpflichten sich ihr gegenüber anteilig im Verhältnis ihrer verfügbaren Kreditzusagen in Bezug auf die Kreditlinie, der Avalausstellenden Bank alle mit der Ausstellung des Avals zusammenhängenden Kosten und Schäden zu ersetzen.[7] Beim **Multi Issuer-Modell** haftet

[1] *Schwintowski/Schäfer,* Bankrecht Kap. 14 Rn. 55; SBL BankR-HdB/*Pamp* § 77 Rn. 22; Diem/Jahn/*Jahn,* Einleitung, Rn. 3; LBS/*Walgenbach,* 16. Kap. Rn. 70; eingehend zu Wesen und Rechtsnatur des Krediteröffnungsvertrages Staudinger/*Freitag* § 488 Rn. 39 ff.; Staudinger/*Mülbert* § 488 Rn. 408 ff.

[2] Dazu → § 30 Rn. 21.

[3] Staudinger/*Mülbert,* § 488 Rn. 413; SBL BankR-HdB/*Pamp* § 77 Rn. 1 und 15.

[4] BGH v. 4.2.1982, BGHZ 83, 76, 81; SBL BankR-HdB/*Pamp* § 77 Rn. 1.

[5] Dazu → § 5 Rn. 24.

[6] Ähnlich *Claussen/Erne,* Bank- und Börsenrecht § 5 Rn. 61. Nach § 1 Abs. 1 S. 2 Nrn. 2 und 8 KWG gehört die Gewährung von Avalkrediten nicht zum Kreditgeschäft, sondern zum Garantiegeschäft der Banken. Gleichwohl unterfallen sie dem Kreditbegriff der §§ 13–14 und §§ 15–18 KWG, s. § 19 I Nr. 3, 4 („andere außerbilanzielle Geschäfte") und § 21 I Nr. 4 KWG.

[7] Beispielsklausel: Ziff. 7.3(b) (*Indemnities*) LMA Leveraged Finance Facilities Agreement.

die Avalausstellende Bank alleine. Die übrigen Kreditgeber übernehmen keine Risikounterbeteiligung. Die Avalausstellende Bank trägt dann nicht das Insolvenzrisiko der übrigen Kreditgeber.

II. Rechtliche Grundlagen

1. Krediteröffnungsvertrag

Der Krediteröffnungsvertrag ist gesetzlich nicht geregelt. Gleichwohl haben Rechtspre- 4
chung und Literatur diesem Vertragstypus Konturen verliehen. Der Krediteröffnungsvertrag ist ein Grund- und Rahmenvertrag.[8] Als **Hauptleistungspflichten** stehen sich die Pflicht des Kreditgebers zur Bereitstellung und Auszahlung des Kredits[9] und die Pflicht des Kreditnehmers zur Zahlung der Bereitstellungsprovision gegenüber.[10]

Beendigung. Der Krediteröffnungsvertrag kann durch Zeitablauf, Kündigung oder 5
Aufhebungsvertrag enden. Nach der Beendigung des Krediteröffnungsvertrags ist der Kreditgeber nicht mehr zur weiteren Kreditgewährung verpflichtet, und der Kreditnehmer schuldet ab dem Beendigungszeitpunkt keine Bereitstellungsprovision mehr.[11] Hat die Bank den Krediteröffnungsvertrag aus wichtigem Grund gekündigt, so kann sie gemäß §§ 280 Abs 1, Abs 3, 281 BGB als Schadensersatz die entgangene Bereitstellungsprovision bis zum nächstzulässigen Beendigungszeitpunkt verlangen.[12]

2. Einzelkreditvertrag

Regelung im BGB. Die für Akquisitionsfinanzierungen relevanten allgemeinen Bestim- 6
mungen für Gelddarlehen sind in den §§ 488–490 BGB geregelt. Die Tatsache, dass die zentralen Bestimmungen des Kreditrechts im BGB nur drei Paragraphen in Anspruch nehmen, zeigt, dass das Kreditrecht im Wesentlichen dispositives Recht ist. Mangels Beteiligung natürlicher Personen spielt das Recht der Verbraucherdarlehen bei Akquisitionsfinanzierungen regelmäßig keine Rolle.

Gelddarlehen. Früher war streitig, ob der „Darlehensvertrag"[13], wie jeder andere Ver- 7
trag auch, durch übereinstimmende Willenserklärungen zustande kommt (so die Konsensualtheorie) oder, wie im römischen Recht,[14] erst durch Valutierung, dh durch den Empfang des Darlehens (so die Realvertragstheorie). Seit der im Rahmen der Schuldrechtsreform erfolgten Einfügung von § 488 Abs. 1 in das BGB ist die bereits vorher herrschende Konsensualtheorie gesetzlich kodifiziert.[15]

Der Darlehensvertrag ist als gegenseitiger Vertrag ausgestaltet, dessen Leistungspflichten 8
synallagmatisch verknüpft sind. Die Hauptpflicht des Kreditgebers ist die Pflicht, dem Kreditnehmer einen bestimmten Geldbetrag **zur Verfügung zu stellen** und für eine bestimmte oder unbestimmte Zeit zu **belassen.**[16] Das Darlehen kann auch durch die Leistung von Buchgeld zur Verfügung gestellt werden. Die Leistung von Buchgeld gilt nach

---

[8] Staudinger/*Mülbert,* § 488 Rn. 411; *Schwintowski/Schäfer,* Bankrecht Kap. 14 Rn. 56; SBL BankR-HdB/*Pamp* § 77 Rn. 1.

[9] Staudinger/*Mülbert,* § 488 Rn. 425.

[10] Staudinger/*Mülbert,* § 488 Rn. 429; SBL BankR-HdB/*Pamp* § 77 Rn. 3.

[11] Staudinger/*Mülbert,* § 488 Rn. 439.

[12] Staudinger/*Mülbert,* § 488 Rn. 439.

[13] Kritisch zur Terminologie der §§ 488ff. BGB, *Köndgen* WM 2001, 1637ff.

[14] *Köndgen* WM 2001, 1637, 1638.

[15] Nach wie vor ist allerdings die Kontoüberziehung nicht anders denn als Realvertrag zu begreifen. Insoweit hat die Realvertragstheorie also ihre Bedeutung nicht völlig verloren, *Köndgen* WM 2001, 1637, 1641.

[16] Der Wortlaut des § 488 Abs. 1 BGB erwähnt die Belassungspflicht nicht. Sie ergibt sich aber aus der Gesetzesbegründung, vgl. Entwurf der Regierungsfraktionen eines Gesetzes zur Modernisierung des Schuldrechts vom 14.5.2001, BT-Drucks. 14/6040, S. 253; *Mülbert* WM 2002, 465, 467; aA *Fleckner* WM 2004, 2051, 2054 mwN.

dem Willen des Gesetzgebers als echte Erfüllung iSd § 362 Abs. 2 BGB, nicht nur als eine Leistung an Erfüllungs statt gemäß § 364 Abs. 1 BGB, welche das Einverständnis des Kreditnehmers voraussetzt.[17] Der Kreditnehmer schuldet im Gegenzug die **Verzinsung** des Darlehensbetrags für die Kapitalbelassung.[18] Die Zinszahlungspflicht ist vertragliche Hauptpflicht und steht zu der geschuldeten Kapitalbereitstellung bzw. -überlassung im Synallagma.[19] Wie die Pflicht zur Abnahme der Darlehensvaluta einzuordnen ist, hängt davon ab, ob es sich um ein entgeltliches Darlehen handelt. Ist dies der Fall, so stellt sie nach hM eine vertragliche Hauptpflicht dar.[20] Teils wird weitergehend gefordert, es müsse im Einzelfall durch Auslegung ermittelt werden, ob die Parteien die Abnahme als Haupt- oder Nebenpflicht ausgestalten wollten.[21]

9 Die Pflicht zur **Rückerstattung** des Darlehensbetrags ist dagegen nicht die Gegenleistung für die Darlehensgewährung und somit keine synallagmatische Pflicht.[22] Zurückzugewähren sind auch nicht konkrete Geldscheine oder -münzen, sondern ein von den Parteien in Form eines Geldbetrages ausgedrückter Vermögenswert. Es handelt sich also um eine Wertverschaffungspflicht.[23]

3. Verhältnis von Krediteröffnungs- und Einzelkreditvertrag

10 Der Krediteröffnungsvertrag ist als Grund- und Rahmenvertrag von den Einzelkreditverträgen, die erst durch den Abruf zustande kommen, zu trennen (Trennungstheorie).[24] Der Krediteröffnungsvertrag bildet die rechtliche Grundlage für die Einzelkreditverträge.[25] Aus dem Trennungsprinzip folgt die **grundsätzliche Unabhängigkeit** der Einzelkreditverträge vom Krediteröffnungsvertrag, insbesondere in Bezug auf Leistungsstörungen und Beendigung.[26] Eine Erstreckung von Leistungsstörungen und Beendigung auf das jeweils andere Vertragsverhältnis müssen besonders begründet oder vereinbart werden.[27]

11 **Leistungsstörungen.** Eine Verletzung eines Einzelkreditvertrags, zB durch Zahlungsverzug, führt grundsätzlich nicht zu den entsprechenden Leistungsstörungsfolgen auch beim Krediteröffnungsvertrag.[28] Bei einer Leistungsstörung hat der andere Teil zunächst nur die Rechte aus dem Einzelkreditvertrag.[29] Welche Rechte dem anderen Teil im Hinblick auf den Krediteröffnungsvertrag zustehen, ist allein nach dem Krediteröffnungsvertrag zu beurteilen.[30] So kann sich die Leistungsstörung des Einzelkreditvertrags so schwerwiegend auf die gesamte Rechtsbeziehung zum Kreditnehmer auswirken, dass den Kreditgebern ein Recht zur außerordentlichen Kündigung des Krediteröffnungsvertrags zusteht.

---

[17] Entwurf der Regierungsfraktionen eines Gesetzes zur Modernisierung des Schuldrechts vom 14.5.2001, BT-Drucks. 14/6040, S. 253; *Mülbert* WM 2002, 465, 468; *Berger,* Kreditvertragsrecht und Schuldrechtsreform, S. 12.

[18] Staudinger/*Mülbert* § 488 Rn. 180a.

[19] Staudinger/*Mülbert* § 488 Rn. 180a; MüKoBGB/*Berger,* Vorbem. § 488 Rn. 10; *Kümpel,* Bank- und Kapitalmarktrecht Rn. 5, 7.

[20] So Palandt/*Weidenkaff* § 488 Rn. 16 und Vorb. zu § 488 Rn. 2; Bamberger/Roth/*Rohe* § 488 Rn. 24; *Wand* WM 2005, 1932, 1936; zu § 607 aF BGB vgl. BGH v. 12.3.1991, NJW 1991, 1817, 1818.

[21] So MüKoBGB/*Berger* § 488 Rn. 67, 68; Staudinger/*Mülbert* § 488 Rn. 217.

[22] Palandt/*Weidenkaff* Vorb. zu § 488 Rn. 2.

[23] *Mülbert* WM 2002, 465, 468 unter Hinweis auf die Gegenäußerung der Bundesregierung zur Stellungnahme des Bundesrates, BT-Drucks. 14/6857, S. 64.

[24] SBL BankR-HdB/*Pamp* § 77 Rn. 12 und 15; *Schwintowski/Schäfer,* Bankrecht Kap. 14 Rn. 72; *Claussen/Erne,* Bank- und Börsenrecht § 5 Rn. 13.

[25] SBL BankR-HdB/*Pamp* § 77 Rn. 12 und 15; *Schwintowski/Schäfer,* Bankrecht Kap. 14 Rn. 72.

[26] Staudinger/*Mülbert,* § 488 Rn. 411, 441; SBL BankR-HdB/*Pamp* § 77 Rn. 15.

[27] Staudinger/*Mülbert,* § 488 Rn. 441.

[28] Staudinger/*Mülbert,* § 488 Rn. 441.

[29] Staudinger/*Mülbert,* § 488 Rn. 444.

[30] Staudinger/*Mülbert,* § 488 Rn. 445.

Beendigung. Die Kündigung des Krediteröffnungsvertrags führt nicht automatisch auch zur Beendigung der Einzelkreditverträge.[31] 12

§ 9. Krediteröffnung

Kredite. Der Senior-Kreditvertrag regelt im Einzelnen, welche **Kreditarten** die Kreditgeber welchem **Kreditnehmer** und bis zu welcher **Höhe** zur Verfügung stellen.[1] Es wird also bestimmt, welcher Kreditbetrag zB als Senior-Darlehen A, Senior-Darlehen B und für Betriebsmittelkredite etc. höchstens zur Verfügung gestellt wird[2] und wer diese Kredite abrufen darf. 1

Währungen. Es kann vereinbart werden, dass ein in einer Basiswährung zur Verfügung gestellter Kredit auch in bestimmten anderen Währungen („Alternativwährungen") abgerufen werden kann. Bei einer Ziehung in einer Alternativwährung werden sich die Kreditgeber in dieser Währung am Interbankenmarkt refinanzieren und den Kreditbetrag in dieser Währung an den Kreditnehmer auszahlen. Wünscht der Kreditnehmer einen Kredit in einer Währung, die nicht ausdrücklich vorgesehen ist, müssen alle Kreditgeber der Kreditvergabe zustimmen, da sich jeder Kreditgeber in dieser Währung eindecken muss.[3] 2

Konsortialanteile. Ist bei der Unterzeichnung des Kreditvertrags auf Kreditgeberseite mehr als ein Kreditgeber beteiligt, so wird außerdem festgelegt, in welcher Höhe sich die beteiligten Kreditgeber an den einzelnen Kreditlinien beteiligen (sog **„Konsortialanteile"** oder **„Konsortialquoten"**). 3

Teilschuldner. Die Kreditgeber schließen eine gesamtschuldnerische Haftung regelmäßig aus. Die einzelnen Kreditgeber wollen keinesfalls für den Ausfall eines anderen Kreditgebers einzustehen haben. Sonst bestünde die Gefahr, dass ein Kreditgeber die von seinen internen Gremien erteilte Kreditgenehmigung überschreitet. Die Kreditgeber sind somit **Teilschuldner** iSd § 420 Alt. 1 BGB. 4

Teilgläubiger. Regelmäßig wird auch bestimmt, dass die Kreditgeber nicht Gesamtgläubiger, sondern **Teilgläubiger** iSd § 420 Alt. 2 BGB sind. Der Kreditnehmer kann also nicht gemäß § 428 BGB nach seinem Belieben mit befreiender Wirkung an jeden Kreditgeber leisten. Er ist vielmehr verpflichtet, über den Agenten an jeden Kreditgeber Zahlung in Höhe des auf diesen entfallenden Anteils zu leisten.[4] 5

§ 10. Verwendungszwecke

Bei Akquisitionsfinanzierungen ist eine **strenge Zweckbindung** der Mittel erforderlich. Akquisitionsfinanzierungen sind regelmäßig *Non Recourse*-Finanzierungen, dh den Kreditgebern steht zwar der Zugriff auf die Vermögensgegenstände der Kreditnehmer und deren Tochtergesellschaften offen, nicht aber der Rückgriff auf die Finanzinvestoren.[1] Die Kreditgeber legen daher großen Wert darauf, dass die Kreditmittel nur für Zwecke eingesetzt werden, die die Erwirtschaftung eines ausreichenden *Cashflow* erwarten lassen, damit die Kredite fristgerecht zurückgezahlt und verzinst werden können. Ob die geplante Akquisiti- 1

---

[31] Näher dazu → § 23 Rn. 34 f.

[1] Beispielsklausel: Ziff. 2 (*The Facilities*) LMA Leveraged Finance Facilities Agreement.

[2] Die einzelnen Kreditarten sind in § 5 näher beschrieben.

[3] Beispielsklausel: Ziff. 4.3 (*Conditions relating to Optional Currencies*) LMA Leveraged Finance Facilities Agreement.

[4] Beispielsklausel sowohl zur Teilschuldner- als auch zur Teilgläubigerschaft: Ziff. 2.2 (*Finance Parties' rights and obligations*) LMA Investment Grade Facility Agreement (German Law); vgl. dazu Diem/Jahn/*Jahn*, II.2 Rn. 15 ff.

[1] Dazu → § 1 Rn. 10 ff.

on einen solchen *Cashflow* erwarten lässt, wird vom Arrangeur vor dem Abschluss der Kreditverträge eingehend geprüft. Wenn er nach dieser Prüfung die Kreditlinien zur Verfügung stellt, muss sichergestellt sein, dass die Mittel ausschließlich für diesen Zweck verwendet werden. Keinesfalls dürfen die Kreditmittel für andere, vom Arrangeur nicht genehmigte Zwecke verwendet werden.

2 Die zulässigen Verwendungszwecke werden bereits im *Term Sheet* festgelegt und dann in der Kreditvereinbarung festgeschrieben.[2] Die **Terminkredite** dürfen grundsätzlich nur von der Erwerbsgesellschaft in Anspruch genommen und (zusammen mit dem eingesetzten Eigenkapital) für die Akquisition der Zielgesellschaft verwendet werden. Mit diesen Mitteln können also der Kaufpreis sowie die Transaktionskosten bezahlt werden. Außerdem können die Darlehen zur Ablösung bestehender Darlehensverbindlichkeiten der Zielgruppe gegenüber den bisherigen Kreditgebern und den Altgesellschaftern verwendet werden, um eine Vollfinanzierung durch das Kreditkonsortium zu erreichen.[3] Soweit Kreditmittel auch für den Zukauf weiterer Unternehmen (sog Add on-Akquisitionen) oder Investitionen verwendet werden sollen, werden dafür häufig gesonderte Akqiusitions- oder Investitionskreditlinien zur Verfügung gestellt.

3 Die **Betriebsmittelkreditlinie** darf regelmäßig nur von operativen Gruppengesellschaften für die Finanzierung des Umlaufvermögens und allgemeine betriebliche Zwecke verwendet werden, aber insbesondere nicht für Tilgungen, Akquisitionen oder Investitionen. Bisweilen zulässige Ausnahmen sind die Vorfinanzierung einer Kassenposition der Zielgesellschaft, auf die die Erwerbsgesellschaft vor Erwerb der Zielgruppe keinen Zugriff hat (sog *Cash Bridge*) oder zur Finanzierung einer Kaufpreisanpassung, die sich allein aus einer Änderung des Umlaufvermögens der Zielgruppe seit dem im Kaufvertrag festgelegten Stichtag ergibt (sog *Working Capital Adjustment*).[4]

4 Bei dem **Erwerb einer Aktiengesellschaft** konnte es vor Inkrafttreten des MoMiG erforderlich sein, dass die Erwerbsgesellschaft die Betriebsmittelkreditlinie vorübergehend auch für Zinszahlungen auf die Terminkredite in Anspruch nimmt. Die Erwerbsgesellschaft ist verpflichtet, am Ende jeder Zinsperiode Zinsen auf die Akquisitionskredite zu zahlen. Bis zum Abschluss der Syndizierung werden kurze, oft einmonatige Zinsperioden vereinbart. Als reine Zweckgesellschaft verfügt die Erwerbsgesellschaft über keine eigenen Einkünfte. Sie kann ihre Zahlungsverpflichtungen deshalb grundsätzlich nur erfüllen, wenn sie Ausschüttungen von der Zielgesellschaft oder Darlehen erhält. Ausschüttungen durch eine AG sind grundsätzlich unzulässig. Eine AG darf ohne Gewinnverwendungsbeschluss der Hauptversammlung, der erst nach Feststellung des Jahresabschlusses[5] erfolgen kann, grundsätzlich keine Ausschüttungen an die Aktionäre vornehmen (§ 57 Abs. 3 AktG). Eine Abschlagszahlung auf den Bilanzgewinn ist erst nach Ablauf des Geschäftsjahres zulässig, wenn auch die übrigen Voraussetzungen des § 59 AktG erfüllt sind. Mit Inkraftreten des MoMiG darf eine AG nun aber unter den Voraussetzungen des § 57 Abs. 1 S. 3 AktG Darlehen an ihren Aktionär gewähren,[6] mit dem sie die Bedienung der Zinszahlungen durch die Erwerbsgesellschaft sicherstellen kann. Wenn Tilgungen während der Laufzeit vereinbart werden, beginnen diese in der Regel erst, wenn die erworbene Aktiengesellschaft in eine GmbH umgewandelt, ein Beherrschungs- oder Gewinnabführungsvertrag abgeschlossen oder eine andere Strukturmaßnahme vorgenommen wurde, die eine Ausschüttung von Geldern an die Erwerbsgesellschaft erlaubt. Sollte dies nicht rechtzeitig geschehen können, müsste ggf. auch die Tilgung vorübergehend durch Darlehen der AG oder anderenfalls aus der Betriebsmittelkreditlinie finanziert werden.

---

2 Beispielsklausel: Ziff. 3 (*Purpose*) LMA Leveraged Finance Facilities Agreement; siehe dazu auch Diem/Jahn/*Jahn*, II.3 Rn. 1 ff.
3 Dazu → § 4 Rn. 1.
4 Siehe Diem/Jahn/*Jahn*, II.2 Rn. 7.
5 In der Regel durch Vorstand und Aufsichtsrat, § 172 AktG.
6 Dazu → § 45 Rn. 17 ff.

Die Kreditgeber haben das Recht, die zweckentsprechende Verwendung der Mittel zu **kontrollieren.** Eine dahingehende Pflicht übernehmen sie aber nicht. Das Kontrollrecht wird bei Konsortialkrediten auf den Agenten übertragen. Bei einer zweckwidrigen Verwendung der Kreditmittel steht den Kreditgebern regelmäßig ein Kündigungsrecht zu. 5

§ 11. Abruf und Auszahlung

Der Kreditnehmer kann auf der Grundlage und nach Maßgabe des Krediteröffnungsvertrags die Auszahlung von Darlehen und die Ausstellung von Avalen abrufen. 1

I. Auszahlungs-/Avalgesuch

Der Abruf von Darlehen oder der Auftrag ein Aval auszustellen, erfolgt nach den bankü blichen Kreditverträgen durch Übersendung eines Auszahlungsgesuchs[1] bzw. Avalgesuchs[2] (*Utilisation Request*) durch den Kreditnehmer an den Kreditgeber. 2

Inhalt. Auszahlungs- und Avalgesuch enthalten die Bezeichnung des Kreditnehmers, den Auszahlungs- oder Ausstellungstag, die Kreditlinie, die in Anspruch genommen werden soll (zB Senior-Kreditlinie A, Mezzanine- und/oder Betriebsmittelkreditlinie), die gewünschte Währung, falls die Kreditlinie in verschiedenen Währungen in Anspruch genommen werden kann, die Höhe des auszuzahlenden Darlehens bzw. des Nennbetrags des Avals und, nur bei Darlehen in Form eines Eurokredits,[3] die Dauer der ersten Zinsperiode.[4] Dem Avalgesuch ist als Anlage der zwischen Kreditnehmer und Avalempfänger verhandelte Wortlaut des Avals beigefügt.[5] 3

Rechtsnatur und Rechtsfolge. Das Recht des Kreditnehmers, die Auszahlung des Darlehens oder die Ausstellung eines Avals zu verlangen, ist nach hM ein **Gestaltungsrecht**[6] und damit bedingungsfeindlich. Dieses Gestaltungsrecht wird durch Abgabe eines Auszahlungs- oder Avalgesuchs ausgeübt. 4

Das Auszahlungs- bzw. Avalgesuch ist eine empfangsbedürftige Willenserklärung des Kreditnehmers. Ist eine empfangbedürftige Willenserklärung einem Abwesenden (dem Kreditgeber) gegenüber abzugeben, wird sie wirksam, wenn sie dem anderen zugeht (§ 130 Abs. 1 S. 1 BGB). Sie wird nicht wirksam, wenn dem anderen vorher oder gleichzeitig ein **Widerruf** zugeht (§ 130 Abs. 1 S. 2 BGB). Um klare Verhältnisse zu gewährleisten, wird die Möglichkeit eines Widerrufs des Auszahlungsgesuchs in den Verträgen regelmäßig ausgeschlossen. 5

Durch das Auszahlungs- bzw. Avalgesuch wird die Leistungspflicht des Kreditgebers oder der Avalausstellenden Bank ua hinsichtlich Höhe, Währung und Fälligkeit des auszuzahlenden Darlehens oder auszustellenden Avals konkretisiert. Mit dem Abruf eines Kredits auf Grund des Krediteröffnungsvertrags kommt mit dem Kreditgeber ein **Einzelkreditvertrag** zustande.[7] 6

Konsortialkredit. Beim Konsortialkredit schickt der Kreditnehmer nicht an jede Konsortialbank ein Auszahlungsgesuch, sondern ein einziges an den Agenten. Der Agent informiert die Konsortialbanken über den Inhalt des Auszahlungsgesuchs, die Höhe des auf 7

---

1 Beispielsklausel: Ziff. 5.1 (*Delivery of a Utilisation Request*) LMA Leveraged Finance Facilities Agreement.

2 Beispielsklausel: Ziff. 6.2 (*Delivery of a Utilisation Request for Letters of Credit*) LMA Leveraged Finance Facilities Agreement.

3 Dazu → § 6 Rn. 1 ff.

4 Muster eines Auszahlungsgesuchs für Darlehen: Schedule 3 Part IA (*Utilisation Request Loans*) LMA Leveraged Finance Facilities Agreement.

5 Muster eines Avalgesuchs: Schedule 3 Part IB (*Utilisation Request Letters of Credit*) LMA Leveraged Finance Facilities Agreement.

6 SBL BankR-HdB/*Wunderlich* § 77 Rn. 1 und 15.

7 SBL BankR-HdB/*Wunderlich* § 77 Rn. 1; dazu → § 8 Rn. 2.

die einzelne Bank gemäß ihres Konsortialanteils entfallenden Kreditbetrags und den Tag, an dem der Betrag zur Verfügung gestellt werden muss. Ein Avalgesuch wird ebenfalls an den Agenten geschickt,[8] der es an die Avalausstellende Bank weiterleitet.

8 Der Agent ist von jeder Konsortialbank zum Empfang des Auszahlungsgesuchs bevollmächtigt (§ 164 Abs. 1, 3 BGB). Durch den Eingang des Auszahlungsgesuchs beim Agenten kommt daher mit jeder Konsortialbank, die eine Kreditzusage für die abgerufene Kreditlinie abgegeben hat, ein Einzelkreditvertrag in Höhe ihres anteiligen Kreditbetrags zustande.

9 **Frist.** Meist wird vereinbart, dass das Auszahlungsgesuch spätestens bis 9.30 Uhr (am Sitz des Agenten) des dritten Bankarbeitstags vor dem gewünschten Auszahlungszeitpunkt beim Agenten eingehen muss. Dieser Zeitraum ist erforderlich, damit der Agent die Kreditgeber über das Auszahlungsgesuch informieren kann, diese sich am Interbankenmarkt refinanzieren und den Betrag auf das Konto des Kreditnehmers gutschreiben können.

II. Mindest- und Höchstbeträge

10 **Mindestbetrag.** Um den Verwaltungsaufwand für die Konsortialbanken und den Agenten zu beschränken, darf ein abgerufenes Darlehen oder Aval einen bestimmten Mindestbetrag nicht unterschreiten.[9] Regelmäßig wird auch die Anzahl der zugleich ausstehenden Darlehen beschränkt.[10]

11 **Höchstbetrag.** Der Betrag der im Rahmen einer Kreditlinie ausbezahlten Darlehen und ausgestellten Avale darf den Gesamtbetrag der von den beteiligten Konsortialbanken zur Verfügung gestellten Kreditzusagen zu keinem Zeitpunkt überschreiten.[11] Um dies zu gewährleisten, muss der Agent vor jeder Auszahlung eines Darlehens oder Ausstellung eines Avals zunächst feststellen, in welcher Höhe die anfängliche Kreditzusage jedes einzelnen Kreditgebers, der sich an der in Anspruch genommenen Kreditlinie beteiligt, noch verfügbar ist (**„verfügbare Kreditzusage"**, *Available Commitment*). Die verfügbare Kreditzusage ist der Betrag der anfänglichen Kreditzusage eines Kreditgebers abzüglich dessen Beteiligung an bereits ausbezahlten Darlehen, dessen Risikounterbeteiligung an ausgestellten Avalen sowie einer etwaigen von ihm zur Verfügung gestellten Unterkreditlinie.[12] Die Kreditzusagen lauten auf eine einzige Währung (sof. *Base Currency*), meist EUR. Soweit Auszahlungen in Fremdwährungen erfolgten oder Fremdwährungsavale ausgestellt wurden, muss der Agent diese Darlehen und Avale vor einer neuen Auszahlung bzw. Ausstellung eines neuen Avals in die Base Currency umrechnen.[13] Der Agent wird sodann die verfügbaren Kreditzusagen der beteiligten Kreditgeber addieren. Die Summe der verfügbaren Kreditzusagen aller an einer Kreditlinie beteiligten Kreditgeber ist die **„verfügbare Kreditlinie"** (*Available Facility*). In Höhe der verfügbaren Kreditlinie können weitere Darlehen ausgezahlt bzw. Avale ausgestellt werden.

12 Die verfügbaren Kreditzusagen können sich auch durch **Währungsschwankungen** reduzieren, ohne dass weitere Darlehensbeträge oder Avale abgerufen werden. Sind Darlehen zB in US-Dollar ausbezahlt oder Avale in US-Dollar ausgestellt worden und gewinnt der USD gegenüber dem EUR an Wert, so reduziert allein dieser Wertzuwachs die auf EUR lautenden verfügbaren Kreditzusagen. Verliert der US-Dollar dagegen an Wert gegenüber dem EUR, so erhöhen sich die verfügbaren Kreditzusagen entsprechend. Die

---

[8] Beispielsklausel: Ziff. 6.2 (*Delivery of a Utilisation Request for Letters of Credit*) LMA Leveraged Finance Facilities Agreement.
[9] Beispielsklausel: Ziff. 5.3(b) (*Currency and amount*) LMA Leveraged Finance Facilities Agreement.
[10] Beispielsklausel: Ziff. 4.4 (*Maximum number of Utilisations*) LMA Leveraged Finance Facilities Agreement.
[11] Beispielsklausel: Ziff. 5.3(b) (*Currency and amount*) LMA Leveraged Finance Facilities Agreement.
[12] Definition *„Available Commitment"* in Ziff. 1.1 (*Definitions*) LMA Leveraged Finance Facilities Agreement.
[13] Definition „Base Currency Amount" in Ziff. 1.1 (*Definitions*) LMA Leveraged Finance Facilities Agreement.

verfügbaren Kreditzusagen sollten durch Währungsschwankungen jedenfalls nicht dauerhaft überschritten werden.

Die Termindarlehen sind regelmäßig in voller Höhe ausbezahlt und die Darlehensbeträge, zB zur Bezahlung des Kaufpreises für ein Unternehmen verwendet worden. Ergibt sich, dass auf Grund von Währungsschwankungen die verfügbare Kreditlinie überschritten wurde, so ist dies für die Kreditgeber unschädlich, da diese Darlehen in der Währung zurückzuzahlen sind, in der sie ausgereicht wurden. Eine zwischenzeitliche währungsbedingte Überschreitung der Kreditlinie ist unbeachtlich. Betriebsmittelkredite sind am Ende jeder Zinsperiode zurückzuzahlen[14] und können danach wieder gezogen werden (sog *Rollover Loan*). Da eine Auszahlung nur bis zur Höhe der jeweils verfügbaren Kreditzusagen möglich ist, werden Währungsschwankungen auf diese Weise ausgeglichen. Der Agent rechnet deshalb nur die ausgestellten **Fremdwährungsavale** in regelmäßigen Abständen (meist alle sechs Monate) in EUR um.[15] Soweit dadurch die verfügbare Betriebsmittelkreditlinie überschritten wurde, ist eine Pflichtsondertilgung zu leisten.[16] Gelegentlich wird eine Freigrenze zB von 5 % der verfügbaren Kreditlinie vereinbart. Erst wenn diese Grenze überschritten ist, ist eine Pflichtsondertilgung zu leisten, dann aber in Höhe der gesamten Differenz zwischen verfügbarer Kreditlinie und tatsächlicher Inanspruchnahme. **13**

III. Auszahlungsvoraussetzungen

Die Kreditgeber stellen Bedingungen für die Ziehung der Kredite auf. Die meisten Bedingungen müssen nur vor der ersten Auszahlung eines Darlehens oder der ersten Ausstellung eines Avals erfüllt sein, einige dagegen vor jeder Inanspruchnahme einer Kreditlinie. **14**

1. Voraussetzungen der ersten Auszahlung

a) Dokumentäre Auszahlungsvoraussetzungen

Vor der ersten Ziehung sind regelmäßig mindestens die folgenden **Dokumente** nach Form und Inhalt zur Zufriedenheit des Agenten vorzulegen:[17] **15**

b) Kreditnehmer und Garanten

- Aktuelle **Handelsregisterauszüge** und **Gesellschaftsverträge** bzw. Satzungen der Kreditnehmer und Garanten. **16**
- **Beschlüsse** der Gesellschafter der Kreditnehmer und Garanten, die den Kreditvertrag unterzeichnen (sog „**anfängliche Verpflichtete**"; *Original Obligors*) über die Berechtigung zum Abschluss und zur Durchführung der Finanzierungsdokumente. Kreditnehmer und Garanten in der Form einer OHG oder KG müssen für außergewöhnliche Geschäfte ohnehin die Zustimmung aller Gesellschafter einzuholen (§§ 116 Abs. 1 und 2, 164 S. 1 HGB[18]). Auch ausländische Kreditnehmer und Garanten bedürfen für den Abschluss und die Durchführung der Finanzierungsdokumente häufig eines Gesellschafterbeschlusses. Je nach Gesellschaftsvertrag oder Satzung kann auch ein Beschluss eines anderen Gesellschaftsorgans, zB eines Aufsichtrats oder Beirats, erforderlich sein.

---

[14] Beispielsklausel: Ziff. 10.2 (*Repayment of Revolving Facility Loans*) LMA Leveraged Finance Facilities Agreement.

[15] Beispielsklausel: Ziff. 6.8(a) (*Revaluation of Letters of Credit*) LMA Leveraged Finance Facilities Agreement.

[16] Beispielsklausel: Ziff. 6.8(b) (*Revaluation of Letters of Credit*) LMA Leveraged Finance Facilities Agreement.

[17] Beispielsklausel: Ziff. 4.1 (*Initial conditions precedent*) iVm Schedule 2 (*Conditions Precedent*) LMA Leveraged Finance Facilities Agreement.

[18] Baumbach/Hopt/*Hopt*, HGB § 164 Rn. 2.

– **Vertretungsnachweise** sowie Unterschriftsproben der Personen, die für einen anfänglichen Verpflichteten den Kreditvertrag abschließen und zur Abgabe von Erklärungen (zB Auszahlungsgesuch) gegenüber den Kreditgebern berechtigt sein sollen. Bei Vorständen, Geschäftsführern und Prokuristen reicht zum Nachweis der Vertretungsberechtigung ein Handelsregisterauszug. Die Vollmacht des Bevollmächtigten muss durch eine geschlossene Kette von Vollmachten bis zu der oder den Personen zurückverfolgt werden können, welche die Gesellschaft laut Handelsregister vertreten dürfen.[19]
– Bestätigung eines Geschäftsführers oder Vorstandsmitglieds der anfänglichen Verpflichteten, dass alle vorgenannten Dokumente aktuell, richtig und vollständig sind und keine im Handelsregister eintragungspflichtigen Umstände vorliegen (sog Formalities' Certificate oder Officers' Certificate).

c) Transaktionsdokumente

17 – Vorlage wirksam abgeschlossener Transaktionsverträge (Unternehmenskaufvertrag, Beteiligungsvertrag, etc.). Bei Herauslösung der Zielgesellschaft aus einem Konzern auch Vorlage der Schnittstellenverträge.
– Vorlage wirksam abgeschlossener Investmentverträge (ua über die Verpflichtung der Finanzinvestoren zur Einlage von Eigenkapital) und Nachweis, dass das Eigenkapital vollständig in die Erwerbsgesellschaft eingebracht worden ist.

d) Finanzierungsdokumente

18 – Wirksam abgeschlossene Finanzierungsverträge (einschließlich Senior-Kreditvertrag, evtl. Mezzanine-Kreditvertrag, Intercreditor-Vereinbarung, Sicherheitenverträge bezüglich der von den anfänglichen Verpflichteten zu bestellenden Sicherheiten, Gebührenvereinbarungen).

e) Legal Opinions

19 Regelmäßig verlangen die Kreditgeber die Vorlage von *Legal Opinions*. Eine *Legal Opinion* ist eine Bestätigung ua des wirksamen Abschlusses oder der rechtlichen Durchsetzbarkeit der Rechte aus den Finanzierungsverträgen, die von einer Anwaltskanzlei gegenüber dem Agenten und den gegenwärtigen und künftigen (meist beschränkt auf *Primary Syndication*) Kreditgebern abgegeben wird. Die sog *Capacity Opinions* bestätigen ua das Bestehen der Kreditnehmer und Garanten, deren Befugnis, die Finanzierungsdokumente abzuschließen und die darin enthaltenen Pflichten zu erfüllen, die Vertretungsmacht der unterzeichnenden Personen sowie gegebenenfalls den wirksamen Abschluss der Finanzierungsverträge durch diese Personen. Sie werden in Deutschland regelmäßig von den Anwälten der Kreditnehmer abgegeben. Die sog *Enforceability Opinions* bestätigen die Wirksamkeit und Durchsetzbarkeit der Finanzierungsdokumente. Sie werden in Deutschland regelmäßig von den Anwälten des Agenten abgegeben, welche die Verträge entworfen haben.[20]

20 Die Anwälte beschränken ihre Aussagen auf das Recht des Staates, in dem sie zugelassen sind. Sind an einer Finanzierung Kreditnehmer und Garanten aus verschiedenen Staaten

[19] Ein Nachweis der internen Handlungsberechtigung ist dagegen bei deutschen Gesellschaften nicht erforderlich. Die Geschäftsführungsbefugnis des Vorstands einer AG kann zwar gemäß § 82 Abs. 2 AktG durch die Satzung, den Aufsichtsrat, die Hauptversammlung und die Geschäftsordnungen des Vorstands und des Aufsichtsrats beschränkt werden. Dies führt aber nur zu einer Beschränkung im Innenverhältnis. Die Vertretungsmacht der Vorstandsmitglieder im Außenverhältnis wird dadurch nicht berührt. Dasselbe gilt gemäß § 37 Abs. 2 GmbHG für eine Beschränkung der Geschäftsführungsbefugnis der Geschäftsführer einer GmbH.

[20] Dagegen ist es in den USA üblich, dass die Kanzlei des Kreditnehmers sowohl die *Capacity* als auch die *Enforceability Opinions* abgibt, wogegen in England beide Opinions von den Anwälten der Kreditgeber abgegeben werden.

beteiligt oder unterliegen die Finanzierungsverträge unterschiedlichem Recht, so ist grundsätzlich eine Anwaltskanzlei aus jedem betroffenen Staat zu beauftragen.

Die beauftragte Anwaltskanzlei haftet gegenüber allen Adressaten für die Richtigkeit **21** ihrer Bestätigungen. *Legal Opinions* sind deshalb vor allem für diejenigen Konsortialbanken wichtig, mit denen die Anwaltskanzlei kein Mandatsverhältnis hat, aus dem sie ohnehin haftet.

f) Sonstige Dokumente

- Nachweis der Beauftragung von **Zustellungsbevollmächtigten** für die Zustellung an **22** ausländische Kreditnehmer oder Garanten.
- Organigramm der Gruppe, das die **Gruppenstruktur** unmittelbar nach Vollzug des Anteilserwerbs durch die Erwerbsgesellschaft darstellt.
- Vorlage des **Geschäfts- und Investitionsplans** (Budget), einschließlich Gewinn- und Verlustrechnung, Bilanz, *Cashflow*-Rechnung und Investitionsplan für das laufende Geschäftsjahr sowie die Mittelfristplanung für die nächsten zwei- bis drei Jahre der Gruppe.
- Alle Due Diligence-**Berichte** über die rechtlichen, finanziellen, Steuer-, Markt-, Umwelt-, Versicherungs- und sonstigen Verhältnisse, die an den Agenten und die gegenwärtigen und künftigen (teilweise beschränkt auf *Primary Syndication*) Kreditgeber adressiert sind oder denen ein sog *Reliance Letter* beigefügt ist, der es dem Adressaten erlaubt, sich auf den Inhalt des *Due Diligence*-Berichts zu verlassen (und dem Adressaten einen Haftungsanspruch gegenüber dem Verfasser des Berichts gewährt).
- Bestätigung eines Sachverständigen über die Angemessenheit des **Versicherungsschutzes** nach versicherten Risiken und Deckungshöhe zum Nachweis eines ausreichenden Versicherungsschutzes mit Reliance Letter.
- **Strukturgutachten** über die einzelnen Transaktionsschritte, deren steuerliche Auswirkungen und geplante Umstrukturierungsmaßnahmen.
- Vorlage der geprüften **Konzernabschlüsse** und der geprüften (soweit prüfungspflichtig oder geprüft) **Jahresabschlüsse** der wesentlichen Gesellschaften der Zielgruppe für die letzten drei Jahre,[21] der letzten Quartalsberichte und der monatlichen betriebswirtschaftlichen Auswertungen der Zielgruppe.
- *Funds Flow Statement* mit einer detaillierten Darstellung der Zahlungsströme (einschließlich Zahlungsempfänger, Beträgen und Kontodaten) am Tag des Closing.
- Aktuelle **Grundbuchauszüge,** falls Grundvermögen vorhanden ist und zur Besicherung der Verbindlichkeiten mit Grundpfandrechten belastet werden soll.
- Stellt eine verheiratete natürliche Person Sicherheiten, die im Wesentlichen ihr gesamtes Vermögen belasten (zB Bestellung einer Grundschuld auf einem Grundstück, das im Wesentlichen das gesamte Vermögen ausmacht,[22] Verpfändung von Wertpapieren, die nahezu das gesamte Vermögen darstellen,[23] Verpfändung aller Gesellschaftsanteile des Familienunternehmens), so ist die **Zustimmung des anderen Ehegatten** vorzulegen, wenn die Ehegatten im Güterstand der Zugewinngemeinschaft (§ 1365 BGB) oder der Gütergemeinschaft (§ 1423 BGB) leben. Ohne die Zustimmung sind das Verpflichtungs- und das Verfügungsgeschäft schwebend unwirksam.[24]
- Nachweis, dass das von den Finanzinvestoren beizubringende **Eigenkapital** zur freien Verfügung der Erwerbsgesellschaft steht.

---

[21] Die Vorlage des letzten geprüften Jahresabschlusses ist bei einem Kredit von mehr als EUR> 250.000 nach § 18 KWG ohnehin grundsätzlich vorgeschrieben. Nach Ansicht der BaFin sollten möglichst die geprüften Abschlüsse der letzten drei Jahre angefordert werden; vgl. Schreiben der BAFin vom 7.7.1998 – I3–237-2/94; *Früh* WM 2002, 1813, 1819.

[22] MüKoBGB/*Koch* § 1365 Rn. 63; differenzierend Staudinger/*Thiele* § 1365 Rn. 47.

[23] BGH v. 2.2.2000, BGHZ 143, 356 f.

[24] Palandt/*Brudermüller* § 1365 Rn. 15 f.

– Nachweis, dass am Tag des Closing alle bestehenden **Bankverbindlichkeiten** der Gruppe abgelöst und alle dafür bestellten **Sicherheiten** freigegeben werden, zB durch Vorlage einer unterzeichneten Sicherheitenfreigabevereinbarung mit den bisherigen Kreditgebern.
– Unterzeichnete **Auszahlungsgesuche** für Senior- und Mezzanine-Kredite.

23 **Kündigungsgründe und Zusicherungen.** Soweit keine *Certain Funds*[25] vereinbart wurden, muss der Kreditnehmer außerdem bei Abgabe des ersten Auszahlungs- oder Avalgesuchs und am Tag der ersten Auszahlung eines Darlehens oder Ausstellung eines Avals versichern, dass kein Kündigungsgrund vorliegt oder einzutreten droht und alle im Kreditvertrag abgegebenen Zusicherungen zutreffend sind.[26]

2. Voraussetzungen jeder Auszahlung

24 Vor jeder Auszahlung eines Kredits haben die Kreditnehmer im Auszahlungsgesuch zu versichern, dass bei Abgabe des Auszahlungsgesuchs und am Tag der Auszahlung kein Kündigungsgrund vorliegt oder (außer im Fall eines Rollover-Darlehens) einzutreten droht und die zu wiederholenden Zusicherungen[27] zutreffend sind.[28]

IV. Certain Funds

1. Öffentliche Angebote

25 Wird für eine börsennotierte Gesellschaft ein freiwilliges Angebot, ein Übernahme- oder Pflichtangebot abgegeben, so verlangt das Gesetz, dass der Bieter vor der Veröffentlichung der Angebotsunterlage die **notwendigen Maßnahmen** zu treffen hat, um sicherzustellen, dass ihm die zur vollständigen Erfüllung des Angebots notwendigen Mittel zum Zeitpunkt der Fälligkeit des Anspruchs auf die Gegenleistung zur Verfügung stehen (§ 13 Abs. 1 S. 1 WpÜG). Dies ist im Fall eines Barangebots durch ein unabhängiges Wertpapierdienstleistungsunternehmen **(„WPU“)** schriftlich zu bestätigen (§ 13 Abs. 1 S. 2 WpÜG), sog **„Finanzierungsbestätigung“.** Ist die Finanzierungsbestätigung falsch und erhält deshalb ein Aktionär, der das Angebot angenommen hat, nicht seinen vollen Kaufpreis, so haftet ihm das WPU auf Schadensersatz (§ 13 Abs. 2 WpÜG). Es hat jedoch nur Vorsatz und grobe Fahrlässigkeit zu vertreten (§§ 13 Abs. 3, 12 Abs. 2 WpÜG).

a) Notwendige Mittel

26 Es ist umstritten, ob unter dem Begriff der „notwendigen Mittel“ auch die für die Refinanzierung bestehender Verbindlichkeiten der Zielgesellschaft erforderlichen Mittel zu verstehen sind[29] oder nicht.[30] Teilweise wird danach differenziert, ob der Bieter in der Angebotsunterlage eine solche Refinanzierung angekündigt hat oder nicht.

b) Notwendige Maßnahmen

27 Der Abschluss eines Kreditvertrags ist grundsätzlich ausreichend.[31] Sehr strittig ist dagegen die Frage, wie ein Kreditvertrag zu diesem Zweck inhaltlich ausgestaltet sein muss:

---

25 Dazu → § 11 Rn. 25 ff.
26 Beispielsklausel: Ziff. 4.2 (*Further conditions precedent*) LMA Leveraged Finance Facilities Agreement.
27 Dazu → § 21 Rn. 12 ff.
28 Beispielsklausel: Ziff. 4.2 (*Further conditions precedent*) LMA Leveraged Finance Facilities Agreement.
29 So KölnKommWpÜG/*Möllers* § 13 Rn. 54; Schwark/Zimmer/*Noack/Holzborn* § 13 Rn. 2; *Georgieff/Hauptmann* AG 2005, 277, 278.
30 So Assmann/Pötzsch/Schneider/*Krause* § 13 Rn. 20; Ehricke/Ekkenga/*Oechsler* § 15 Rn. 47.
31 Allg. M., vgl. nur Assmann/Pötzsch/Schneider/*Krause,* WpÜG § 13 Rn. 52: Assmann/Schütze/*Süßmann* § 15 Rn. 47.

Kündigungsrechte/Auszahlungsvoraussetzungen. In der Literatur gibt es ein breites Meinungsspektrum zur Zulässigkeit von Kündigungsrechten und Auszahlungsvoraussetzungen. Am einen Ende des Spektrums findet sich die Ansicht, dass marktübliche Auszahlungsvoraussetzungen und Kündigungsgründe (wie zB Sicherheitenverträge, Zusicherungen oder Verhaltenspflichten) unschädlich seien, da bei willkürlicher Nichterfüllung erfüllbarer, marktüblicher Auflagen eine Haftung des WPU ausgeschlossen sei.[32] 28

Am anderen Ende des Spektrums wird vertreten, dass sogar das außerordentliche Kündigungsrecht des Darlehensgebers gemäß § 490 Abs. 1 BGB (soweit möglich) ausgeschlossen sein müsse[33] und LBO-Finanzierungsstrukturen *per se* unzulässig seien.[34] 29

Die Mehrheit der Autoren verlangt dagegen nur den Ausschluss der ordentlichen Kündigung,[35] lässt aber Auszahlungsvoraussetzungen und Kündigungsgründe im Rahmen der §§ 313, 314 und 490 BGB zu.[36] In diese Gruppe fällt zB das Vorliegen eines Insolvenzgrundes[37] bzw. Insolvenzantrags (soweit nicht der Antrag vom Bieter selbst gestellt wurde).[38] Eine Untergruppe derartiger Kündigungsrechte stellen die **MAC-Klauseln** dar. Das Meinungsbild ist auch hier differenziert. Teilweise werden marktübliche MAC-Klauseln pauschal als zulässig angesehen, soweit sie sowohl im Angebot selbst wie in der Finanzierungsbestätigung enthalten sind.[39] Andere Ansichten halten MAC-Klauseln nur insoweit für zulässig, als sie inhaltlich dem Kündigungsrecht wegen Wegfalls der Geschäftsgrundlage für das Angebot entsprechen.[40] Dabei sind im Rahmen des Bestimmtheitsgebots bei Aufnahme in ein (freiwilliges) Angebot gemäß § 18 WpÜG[41] sowohl auf die Zielgesellschaft bezogene *Business MAC*- wie allgemeine *Market MAC*-Klauseln zulässig,[42] soweit sie objektiv nachprüfbar sind.[43] Beim *Business MAC* ist hierfür an Kennzahlen bzw. unabhängige Expertengutachten anzuknüpfen,[44] beim *Market MAC* an Indices wie zB den DAX.[45] Dabei ist allgemein zu beachten, dass MAC-Klauseln nur zulässig sind, soweit sie nicht ausschließlich vom Bieter selbst herbeigeführt werden können.[46] Teilweise wird zusätzlich verlangt, dass die MAC-Klauseln sich auch nicht auf solche Umstände beziehen, die innerhalb der vertraglichen Risikosphäre des WPU liegen.[47] So sollen zB *Market Flex*-Klauseln unzulässig sein, da auf diese Weise von den Arrangeuren die Auszahlungsbedingungen derart verschärft werden könnten, dass die Finanzierung scheitert.[48] 30

[32] Baums/Thoma/*Marsch-Barner* § 13 Rn. 35.
[33] Steinmeyer/Häger/*Steinhardt* § 13 Rn. 5.
[34] Steinmeyer/Häger/*Steinhardt* § 13 Rn. 6; Ehricke/Ekkenga/*Oechsler* § 13 Rn. 20; diese Meinung ohne Stellungnahme referierend *Häuser* FS Hadding, S. 833, 849; aA KölnKommWpÜG/*Möllers* § 13 Rn. 46 (jedenfalls bei „Zerschlagung" der Zielgesellschaft nach der Übernahme); Schwark/Zimmer/*Noack/Holzborn* § 13 Rn. 6; Assmann/Pötzsch/Schneider/*Krause* § 13 Rn. 53; auch Ehricke/Ekkenga/*Oechsler* § 13 Rn. 29 hält jedoch eine LBO-Finanzierung bei anschließender Verschmelzung der Zielgesellschaft für zulässig.
[35] *Vogel* ZIP 2002, 1421, 1428; Schwark/Zimmer/*Noack/Holzborn* § 13 Rn. 6; *Georgieff/Hauptmann* AG 2005, 277, 281; Baums/Thoma/*Marsch-Barner* § 13 Rn. 105; FK-WpÜG/*Vogel* § 13 Rn. 85.
[36] Assmann/Pötzsch/Schneider/*Krause* § 13 Rn. 55 ff.; *Häuser* FS Hadding, S. 833, 850; *Singhof/Weber* WM 2002, 1158, 1164; Baums/Thoma/*Marsch-Barner* § 13 Rn. 34.
[37] Assmann/Pötzsch/Schneider/*Krause* § 13 Rn. 57.
[38] Steinmeyer/Häger/*Steinmeyer* § 18 Rn. 27.
[39] *Busch* AG 2002, 145, 147; *Berrar* ZBB 2002, 174, 179; Ehricke/Ekkenga/*Oechsler* § 13 Rn. 7.
[40] Ehricke/Ekkenga/*Oechsler* § 13 Rn. 7; Steinmeyer/Häger/*Steinhardt* § 13 Rn. 5 (Fn. 17); Steinmeyer/Häger/*Steinmeyer* § 18 Rn. 24; *Georgieff/Hauptmann* AG 2005, 277, 281; *Berger/Filgut* WM 2005, 253, 256 sind der Ansicht, dass eine entsprechende ausdrückliche, generalklauselartige Bedingung zwar mangels Bestimmtheit nicht in das Angebot aufgenommen werden kann, § 313 BGB aber „auch im Rahmen des WpÜG anwendbar" bleibt.
[41] Steinmeyer/Häger/*Steinmeyer* § 18 Rn. 10 u. 25.
[42] Steinmeyer/Häger/*Steinmeyer* § 18 Rn. 24.
[43] *Häuser* FS Hadding, S. 833, 850; KölnKommWpÜG/*Hasselbach* § 18 Rn. 58 ff.; Baums/Thoma/*Stöcker* § 18 Rn. 123 ff.; *Berger/Filgut* WM 2005, 253, 256 f.
[44] Steinmeyer/Häger/*Steinmeyer* § 18 Rn. 27.
[45] Steinmeyer/Häger/*Steinmeyer* § 18 Rn. 25.
[46] Steinmeyer/Häger/*Steinmeyer* § 18 Rn. 24.
[47] *Vogel* ZIP 2002, 1421, 1428.
[48] *Georgieff/Hauptmann* AG 2005, 277, 281.

c) Finanzierungsbestätigung

31 **Zulässige Bedingungen.** In der Literatur wird einerseits vertreten, dass im Rahmen einer Finanzierungsbestätigung keinerlei Vorbehalte zulässig sein sollen.[49] Dieser Auffassung entspricht die Praxis der BaFin.[50] Nach aA dürfen Bedingungen, die gemäß § 18 Abs. 1 WpÜG in freiwilligen Angeboten enthalten sein dürfen, auch in eine Finanzierungsbestätigung aufgenommen werden.[51]

32 *Während Pflichtangebote mit Ausnahme von Genehmigungsvorbehalten (wie zB Kartellfreigaben) bedingungsfeindlich sind,*[52] wurden von der BaFin für freiwillige Angebote ua die folgenden Angebotsbedingungen zugelassen:

33 **Market MAC:** kein Bankenmoratorium nach § 47 KWG,[53] kein Absinken des DAX unter eine bestimmte Marke,[54] kein Steigen der 10-Year Mid Swap Rate Euro über einen bestimmten Schwellenwert.[55]

34 **Business MAC:** keine Mitteilung, dass bestimmte Personen nicht mehr Geschäftsführer sind,[56] keine Veräußerung (oder Verpflichtung zur Veräußerung) von Tochtergesellschaften oder wesentlichen Vermögensgegenständen (wird von einem unabhängigen Sachverständigen festgestellt),[57] keine Belastung von Vermögensgegenständen,[58] keine Aufnahme von Bankverbindlichkeiten (außerhalb festgelegter Grenzen),[59] keine Dividendenzahlung oder sonstige Kapitalausschüttung[60] und kein MAC (definiert als zahlenmäßig bestimmte Verringerung von Konzerumsatz bzw. EBITDA[61] oder des Konzernwerts[62]; wird von einem unabhängigen Sachverständigen festgestellt).

2. Private Akquisitionen

35 Auch Verkäufer eines nicht börsennotierten Unternehmens verlangen **Transaktionssicherheit.** Entscheiden sie sich für einen bestimmten Käufer, soll der Verkauf nicht mehr scheitern. Ein Scheitern kann zu erheblicher Verunsicherung bei den Geschäftspartnern und der Belegschaft führen. Ein erneuter Verkauf ist häufig nur mit erheblichen Abschlägen möglich. Bei fremdfinanzierten Käufen kann der Käufer den Kaufpreis nur bezahlen, wenn die Kreditgeber ihre Kredite am Closing-Tag zur Verfügung stellen. Verkäufer und Käufer

---

[49] Steinmeyer/Häger/*Steinhardt* § 13 Rn. 7; KölnKommWpÜG/*Möllers* § 13 Rn. 81; Baums/Thoma/*Marsch-Barner* § 13 Rn. 191; *Vogel* ZIP 2002, 1421, 1426, Ehricke/Ekkenga/*Oechsler* § 13 Rn. 7; Schwark/Zimmer/*Noack/Holzborn* § 13 Rn. 10; *Georgieff/Hauptmann* AG 2005, 277, 281; *Singhof/Weber* WM 2002, 1158, 1162.

[50] Die gelegentlich zu findende Einschränkung, das WPU erteile die Finanzierungsbestätigung nur nach seinem Wissen ist inhaltsleer, da es sich bei der Finanzierungsbestätigung um eine Wissenserklärung handelt; vgl. Assmann/Pötzsch/Schneider/*Krause* § 13 Rn. 105.

[51] FK-WpÜG/*Vogel* § 13 Rn. 104; *Vogel* ZIP 2002, 1421, 1428; *Pfüller/Detweiler* BKR 2004, 383, 387; *Georgieff/Hauptmann* AG 2005, 277, 281; *Singhof/Weber* WM 2002, 1158, 1164; *Häuser* FS Hadding, S. 833, 850; *Berrar* ZBB 2002, 174, 178; Ehricke/Ekkenga/*Oechsler § 13 Rn.* 7.

[52] RegE BT-Drucks. 14/7034, S. 62; Steinmeyer/Häger/*Steinmeyer* § 39 Rn. 7; Assmann/Pötzsch/Schneider/*Pötzsch* § 39 Rn. 17 f.; FK-WpÜG/*Hommelhoff/Witt* § 39 Rn. 16 f.; KölnKommWpÜG/*Bülow* § 39 Rn. 48 ff.; Schwark/Zimmer/*Noack/Holzborn* § 13 Rn. 7 f.; Ehricke/Ekkenga/Oechsler/*Ekkenga* § 39 Rn. 6; Baums/Thoma/*Hecker* § 39 Rn. 201 § 35 Rn. 230 ff.; *Busch* AG 2002, 145; *Berger/Filgut* WM 2005, 253, 254.

[53] Angebot zur Übernahme der Deutsche Hypothekenbank (Actien-Gesellschaft), Angebotsende 2. Januar 2008, S. 34.

[54] Angebot zur Übernahme der Hamborner Aktiengesellschaft, Angebotsende 5. April 2007, S. 10; Angebot zur Übernahme der Techem AG, Angebotsende 15. Januar 2007, S. 13.

[55] Angebot zur Übernahme der AMG Generali Holding AG, Angebotsende 24. April 2006, S. 10.

[56] Angebot zur Übernahme der VEM Aktienbank AG, Angebotsende 25. Januar 2008, S. 32.

[57] Angebot zur Übernahme der intelligence AG, Angebotsende 13. November 2007, S. 12.

[58] Angebot zur Übernahme der PrimaCom AG, Angebotsende 31. August 2007, S. 17.

[59] Angebot zur Übernahme der Herlitz Aktiengesellschaft, Angebotsende 21. Oktober 2005, S. 21.

[60] Angebot zur Übernahme der intelligence AG, Angebotsende 13. November 2007, S. 13.

[61] Angebot zur Übernahme der intelligence AG, Angebotsende 13. November 2007, S. 14; Angebot zur Übernahme der Wavelight AG, Angebotsende 11. September 2007, S. 45.

[62] Angebot zur Übernahme der Landesbank Berlin Holding AG, Angebotsende 10. Oktober 2007, S. 31.

möchten daher das Risiko minimieren, dass am Closing-Tag eine Auszahlungsvoraussetzung nicht erfüllt ist und daher die Kreditmittel nicht ausgezahlt werden. Deshalb werden häufig *Certain Funds* vereinbart.

Certain Funds ist der Sammelbegriff für die Bestimmungen im Kreditvertrag, welche die Kreditgeber verpflichten, die Kreditmittel am Closing-Tag auch dann auszuzahlen, wenn ein drohender Kündigungsgrund vorliegt oder nicht alle Zusicherungen zutreffend sind. Ausgenommen sind nur (von Fall zu Fall vereinbarte) besonders schwerwiegende drohende Kündigungsgründe (Major Default) und Zusicherungen (Major Representation), soweit sie sich auf die **Erwerbsgesellschaft** (und deren Holdinggesellschaften), ausnahmsweise auch auf die Zielgesellschaften, beziehen. Die *Major Representations* umfassen meist die Zusicherungen in Bezug auf die Vertragsparteien und den Abschluss der Kauf- und Finanzierungsverträge.[63] Die *Major Defaults* umfassen regelmäßig neben einer Verletzung wesentlicher allgemeiner Auflagen auch die Kündigungsgründe, die eine Verletzung einer Zahlungspflicht, Insolvenz und Insolvenzverfahren, Zwangsvollstreckung oder unwirksame Verträge zum Gegenstand haben.[64] Als wesentliche allgemeine Auflagen werden meist nur Verhaltensverbote (*Negative Undertakings*) vereinbart. Die Erwerbsgesellschaft (und deren Holdinggesellschaften) soll sich nicht verpflichten, unerlaubte Zahlungen zu leisten, Käufe oder Verkäufe zu vereinbaren, Finanzverbindlichkeiten aufzunehmen, Darlehen oder Garantien zu vergeben oder Sicherheiten zu bestellen. Außerdem soll sie den Unternehmenskaufvertrag nicht ohne Zustimmung der Kreditgeber ändern. Nur im Fall der Rechtswidrigkeit (*Illegality*), im Fall eines Kontrollwechsels (*Change of Control*) und bei Vorliegen eines *Major Default* oder Nichtzutreffens einer *Major Representation* darf ein Kreditgeber seine Kreditzusagen kündigen oder die Auszahlung der Kredite aus anderen Gründen verweigern.[65] Eventuelle Heilungsfristen bleiben außer Betracht, denn die Kreditgeber müssen am Vollzugstag wissen, ob ein Anspruch auf Auszahlung besteht oder nicht. Sie können nicht bis zum Ablauf der Heilungsfrist warten. **36**

Die als Auszahlungsvoraussetzung verlangten **Dokumente**[66] müssen allerdings vollständig nach Form und Inhalt zur Zufriedenheit des Agenten vorliegen. Um die Auszahlung am Closing-Tag nicht zu gefährden, sollten diese Dokumente dem Agenten frühzeitig vorgelegt werden, der nach Prüfung bestätigen sollte, dass die betreffende Auszahlungsvoraussetzung erfüllt ist. **37**

Die *Certain Funds*-Bestimmungen sollen die Auszahlung der Kreditmittel am Closing-Tag sicherstellen, um die Bezahlung des Kaufpreises für die Zielgesellschaft und gegebenenfalls auch die Rückzahlung bestehender Finanzverbindlichkeiten zu ermöglichen. Bestehende Finanzverbindlichkeiten müssen meist wegen der weit verbreiteten *Change of Control*-Bestimmungen in Kreditverträgen am Closing-Tag zurückgezahlt werden. Insoweit liegen die *Certain Funds* auch im Interesse des Erwerbers und nicht nur des Verkäufers. Die *Certain Funds*-Bestimmungen gelten nur bis zur ersten Auszahlung der Kredite bzw. bis zu dem Tag, an dem nach dem Unternehmenskaufvertrag das Closing spätestens stattfinden muss. An diesem Tag endet die sog Certain Funds Period. Nach Ablauf der *Certain Funds Period* gelten alle Kündigungsgründe ohne Einschränkung, und alle zu wiederholenden Zusicherungen müssen an den vereinbarten Zeitpunkten zutreffend sein. Deshalb können Kredite, die trotz Vorliegens eines Kündigungsgrundes auf Grund der *Certain Funds*-Bestimmungen ausbezahlt wurden, grundsätzlich unmittelbar nach der Auszahlung gekündigt werden, soweit dem nicht die *Clean-up*-Bestimmungen[67] entgegenstehen. **38**

---

[63] Dazu → § 21 Rn. 7.

[64] Dazu → § 23 Rn. 39 ff.

[65] Beispielsklausel: Ziff. 4.5 (*Utilisations during the Certain Funds Period*) LMA Leveraged Finance Facilities Agreement.

[66] Dazu → § 11 Rn. 15 ff.

[67] Beispielsklausel: Ziff. 29.21 (*Clean-Up Period*) LMA Leveraged Finance Facilities Agreement; dazu auch → § 23 Rn. 60.

V. Auszahlungspflicht

39 Der Kreditgeber ist nach dem Krediteröffnungsvertrag verpflichtet, dem Kreditnehmer bis zur Höhe der verfügbaren Kreditlinie Darlehen auszuzahlen und Avale auszustellen.

40 **Konsortialdarlehen.** Bei Konsortialdarlehen stellen die Konsorten ihre Teilbeträge auf einem Konto des Agenten bereit, der sie in ihrem Namen an den Kreditnehmer weiterleitet. **Leistungsstörungen.** Stellt ein Kreditgeber den auf ihn entfallenden Kreditbetrag bei Fälligkeit nicht zur Verfügung, so verletzt er seine Pflichten aus dem Krediteröffnungsvertrag. Der Kreditnehmer hat gegen diesen Kreditgeber einen Anspruch auf Erfüllung sowie auf Ersatz des Verzögerungsschadens (§§ 280 Abs. 1, 2, 286 BGB).[68] Daneben kommt ein Anspruch auf Schadensersatz statt der Leistung nach §§ 280 Abs. 1, 3, 281 BGB in Betracht. Da sich jedes Konsortialmitglied nur in Höhe seines Anteils zur Auszahlung des Kreditbetrags verpflichtet hat und die gesamtschuldnerische Haftung regelmäßig ausgeschlossen wird,[69] stehen dem Kreditnehmer keine Ansprüche gegen die anderen Konsortialmitglieder zu. Der Ausschluss der gesamtschuldnerischen Haftung gilt sowohl für die Primär- als auch für die Sekundärpflichten der Kreditgeber.[70]

41 Verweigert ein Kreditgeber die Auszahlung seines Darlehens (sog ***Defaulting Lender***), ist der Kreditnehmer berechtigt, die Kreditzusagen des Defaulting Lender zu kündigen.[71] Danach kann er beantragen, dass die Kreditzusagen der betreffenden Kreditlinie bis zur Höhe der gekündigten Kreditzusagen des Defaulting Lender erhöht werden und von einem Kreditgeber oder einem anderen Finanzinstitut oder Fonds übernommen werden, das zur Übernahme der Kreditzusagen bereit ist und dem Kreditvertrag als Kreditgeber beitritt.[72]

VI. Abnahmepflicht und Nichtabnahmeentschädigung

1. Abnahmepflicht

42 **Gesetzliche Regelung.** Ist der Einzelkreditvertrag wirksam abgeschlossen worden, so ist der Kreditnehmer bei einem verzinslichen Darlehen grundsätzlich zur Abnahme des Kreditbetrags verpflichtet, damit der Kreditgeber in den Genuss der Zinsen kommt.[73] Dagegen scheidet eine Abnahmepflicht beim Krediteröffnungsvertrag regelmäßig aus, da die Bank einen Anspruch auf Zahlung der Bereitstellungsprovision hat.[74]

43 **Vertragliche Regelung.** Nach den banküblichen Krediteröffnungsverträgen ist der Kreditnehmer nicht verpflichtet, den Kredit abzunehmen. Er hat nach dem Krediteröffnungsvertrag aber eine Bereitstellungsprovision auf den nicht abgerufenen Kreditbetrag zu bezahlen. Erst mit dem Zugang des Auszahlungsgesuchs beim Agenten entsteht eine Pflicht, den abgerufenen Kreditbetrag auch abzunehmen.[75] Das Auszahlungsgesuch ist nach den Vertragsbestimmungen regelmäßig **unwiderruflich.** Das ist notwendig, weil sich die Kreditgeber nach Erhalt des Auszahlungsgesuchs am Euromarkt refinanzieren, dh dort selbst Kredite aufnehmen. Den Kreditgebern entstehen durch diese Refinanzierung Kosten.

---

68 Sieht man die Pflicht jeder Bank zur Bereitstellung oder Auszahlung des von ihr geschuldeten Kreditbetrags auch als Beitragsleistung iSd §§ 705, 706 BGB an, so sind auch die einzelnen Konsorten anspruchsberechtigt, dazu → § 30 Rn. 21.

69 Beispielsklausel: Ziff. 2.4(a) (*Finance Parties' rights and obligations*) LMA Leveraged Finance Facilities Agreement.

70 *Hinsch/Horn,* Das Vertragsrecht der internationalen Konsortialkredite und Projektfinanzierungen, S. 172.

71 Beispielsklausel: Ziff. 12.7 (*Right of cancellation in relation to a Defaulting Lender*) LMA Leveraged Finance Facilities Agreement.

72 Beispielsklausel: Ziff. 2.3 (*Increase*) LMA Leveraged Finance Facilities Agreement.

73 BGH v. 12.3.1991, WM 1991, 760; Palandt/*Weidenkaff* § 488 Rn. 16.

74 Staudinger/*Freitag* § 488 Rn. 217.

75 *Hinsch/Horn,* Das Vertragsrecht der internationalen Konsortialkredite und Projektfinanzierungen, S. 76.

2. Nichtabnahmeentschädigung

a) Gesetzliche Regelung

Nimmt der Kreditnehmer die Darlehensvaluta nicht ab, so richten sich die Rechtsfolgen danach, ob die Abnahme der Darlehensvaluta von den Parteien als echte Leistungspflicht des Kreditnehmers ausgestaltet ist oder nicht. Bei **Eurokrediten** wird die Auszahlungspflicht der Kreditgeber und die korrespondierende Abnahmepflicht des Kreditnehmers hinsichtlich des Betrags, der Währung und des Auszahlungszeitpunkts erst durch das Auszahlungsgesuch konkretisiert. Vor dessen Zugang und bis zu dem darin genannten Auszahlungstag besteht für den Kreditnehmer keine Pflicht, einen Kredit abzunehmen. Ab diesem Zeitpunkt ist die Abnahme der Valuta eine **echte Leistungspflicht.** Kommt der Kreditnehmer mit der Erfüllung seiner Abnahmepflicht in Verzug, so entsteht den Kreditgebern durch den Verzug des Schuldners ein Zinsschaden. Hat der Kreditnehmer die Nichtabnahme zu vertreten, so kann die Bank bei einer verspäteten Abnahme ihren Verzugsschaden nach §§ 280 Abs. 1, 2, 286 BGB ersetzt verlangen. Bei einer endgültigen Nichtabnahme hat sie einen Anspruch auf Schadensersatz statt der Leistung nach §§ 280 Abs. 1, 3 281 BGB.[76] 44

Dauer. Der Schadensersatzanspruch des Kreditgebers geht auf Ersatz des Zinsausfalls für die Zeit, während der der Kreditgeber eine **rechtlich geschützte Zinserwartung** hatte.[77] Die rechtlich geschützte Zinserwartung des Kreditgebers endet mit der ersten Kündigungsmöglichkeit des Kreditnehmers, spätestens jedoch mit der Fälligkeit des Kredits.[78] Bei Eurokrediten ist der Kreditnehmer jeweils zum Ende einer Zinsperiode zur Kündigung berechtigt (§ 489 Abs. 1 Nr. 1 Alt. 2 BGB).[79] 45

Höhe. Die Höhe des Schadens berechnet sich wie bei der Vorfälligkeitsentschädigung.[80] 46

b) Vertragliche Regelung

Eurokreditverträge enthalten eine Bestimmung über die Pflicht des Kreditnehmers zur Zahlung einer Nichtabnahmeentschädigung.[81] Eine Entschädigung ist zu zahlen, wenn der Kreditnehmer der Bank ein Auszahlungsgesuch geschickt hat, die Mittel aber aus Gründen, welche die Bank nicht zu vertreten hat, nicht ausgezahlt werden. Dies kann der Fall sein, wenn sich herausstellt, dass zB eine Auszahlungsbedingung nicht erfüllt ist, eine Auflage verletzt wurde oder ein Kündigungsgrund vorliegt. Die Höhe der Nichtabnahmeentschädigung entspricht der Vorfälligkeitsentschädigung. 47

§ 12. Laufzeit, Verfügbarkeit und Regeltilgung

I. Laufzeit

1. Gesetzliche Regelung

Sowohl die durch den **Krediteröffnungsvertrag** zur Verfügung gestellten Kreditlinien als auch die durch Auszahlung eines Darlehens oder Ausstellung eines Avals entstehenden 1

[76] Verweigert der Kreditnehmer die Abnahme schon vor Fälligkeit des Kredits, so beruht der Anspruch auf § 280 Abs. 1 BGB Palandt/*Grüneberg* § 280 Rn. 5.
[77] *Rösler/Wimmer* WM 2000, 164.
[78] *Rösler/Wimmer* WM 2000, 164.
[79] Dazu → § 24 Rn. 13.
[80] BGH v. 1.7.1997, WM 1997, 1747, 1749; BGH v. 12.3.1991, WM 1991, 760; OLG Schleswig v. 30.4.1998, WM 1998, 1486; *Rösler/Wimmer* WM 2000, 164, 166; zur Berechnung der Vorfälligkeitsentschädigung → § 25 Rn. 4 ff.
[81] Beispielsklausel: Ziff. 21.2(a)(iii) (*Other indemnities*) LMA Leveraged Finance Facilities Agreement.

Einzelkredite haben jeweils eigene Laufzeiten. Die Laufzeit der Kreditlinien umfasst idR den Zeitraum von der Unterzeichnung des Krediteröffnungsvertrags bis zum vereinbarten Laufzeitende oder der Wirksamkeit einer Kündigung.[1] Die Laufzeit eines Einzelkredits erstreckt sich von der Wirksamkeit des Abrufs des Einzelkredits bis zum vereinbarten Rückzahlungstag (*Termination Date* oder *Final Maturity Date*) oder zur Wirksamkeit einer Kündigung. Die Laufzeiten von Kreditlinien und Einzelkrediten stehen insofern zueinander in Beziehung, als die Laufzeit eines Einzelkredits diejenige der Kreditlinie nicht übersteigen darf. Etwas anderes gilt aber für Avalkredite. Der Einzelvertrag über einen Avalkredit muss grundsätzlich auch dann wirksam bleiben, wenn die Avalausstellende Bank (beim Fronting-Modell damit auch indirekt die Kreditgeber der Betriebsmittel- oder Avalkreditlinie) oder die Unterkreditbank dem begünstigten Dritten gegenüber aus dem Aval über das Ende der Laufzeit des Krediteröffnungsvertrags verpflichtet bleiben.[2]

2. Vertragliche Regelung

2 In Eurokreditverträgen sind die Laufzeiten der einzelnen Kredite entsprechend ihrem Risikogefälle gestaffelt. Das Senior-Darlehen A ist zuerst zurückzuzahlen, meist gleichzeitig damit auch die Betriebsmittelkredite. Ein Jahr später folgt das Senior-Darlehen B, dann (soweit vorhanden) das Second Lien-Darlehen und zuletzt das Mezzanine-Darlehen. Die Laufzeit des Krediteröffnungsvertrags beginnt mit dessen Unterzeichnung und endet am vereinbarten Rückzahlungstag des letztfälligen Einzelkredits oder der letztfälligen Rate.

3 Die Laufzeiten der Einzelkredite dürfen die Laufzeit der Kreditlinien grundsätzlich nicht übersteigen. Das LMA Leveraged Finance Facilities Agreement sieht sogar eine optionale Regelung vor, wonach ein Aval nur ausgestellt werden darf, wenn es spätestens am letzten Tag der Laufzeit des Betriebsmittelkredits seine Gültigkeit verliert.[3] Von dieser Regelung wird in der Praxis nur selten Gebrauch gemacht. Die Pflicht zur „Rückzahlung" des Avalkredits[4] am Ende der Laufzeit der Betriebsmittelkreditlinie wird für ausreichend erachtet. Kreditlinien, die von Unterkreditbanken eröffnet worden sind, enden spätestens am letzten Tag der Laufzeit des Betriebsmittelkredits, und ausbezahlte Unterkredite müssen spätestens an diesem Tag vollständig zurückbezahlt worden sein.[5]

II. Verfügbarkeit

4 Von der Laufzeit der Kreditlinien ist die **Dauer der Verfügbarkeit** der Kreditlinien (*Availability Period*) zu unterscheiden. Diese bezeichnet den vertraglich vereinbarten Zeitraum, währenddessen der Kreditnehmer berechtigt ist, einen Kredit abzurufen. Die Verfügbarkeitsdauer ist abhängig vom Verwendungszweck und kann sehr kurz sein. So wird meist vereinbart, dass der Teil der Kredite, der zur Bezahlung des Kaufpreises für die Akquisition zu verwenden ist, nur am Tag des Anteilsübergangs, an dem der Kaufpreis zu zahlen ist (*Closing Date*), in Anspruch genommen werden kann. Dagegen ist die Betriebsmittelkreditlinie bis einen Monat vor dem Ende ihrer Laufzeit verfügbar. Die maximale Verfügbarkeitsdauer entspricht der Laufzeit des Krediteröffnungsvertrags. Soweit eine Kreditlinie am Ende ihrer Verfügbarkeitsdauer nicht in Anspruch genommen worden ist, endet die Pflicht des Kreditgebers, die Kredite zur Verfügung zu stellen. Die Kreditlinie bleibt nur in Höhe des in Anspruch genommenen Teils verfügbar. Mit dem Ablauf der Verfügbarkeits-

---

1 Staudinger/*Freitag*, § 488 Rn. 252; Staudinger/*Mülbert*, § 488 Rn. 288 ff., 490 Rn. 1 ff.

2 Staudinger/*Mülbert*, Vorbem. § 488 Rn. 441.

3 Beispielsklausel: Ziff. 6.3(g) (*Completion of a Utilisation Request for Letters of Credit*) LMA Leveraged Finance Facilities Agreement.

4 Dazu → § 5 Rn. 24 ff.

5 Beispielsklausel: Ziff. 9.3(b)(v) (*Terms of Ancillary Facilities*) LMA Leveraged Finance Facilities Agreement.

dauer darf der Kreditnehmer die überlassenen Kreditmittel zwar weiterhin bis zum Ende der Laufzeit des Kredits nutzen, aber keine neuen Kredite in Anspruch nehmen.

III. Regeltilgung

1. Gesetzliche Regelung

Der Kreditnehmer ist zur Rückerstattung des Kredits verpflichtet (§ 488 Abs. 1 S. 2 BGB).[6] Kredite können zeitlich befristet oder unbefristet sein. Zeitlich befristete Kredite sind spätestens am Ende ihrer Laufzeit zurückzuzahlen, unbefristete nach erfolgter Kündigung des Kredits durch den Kreditgeber oder Kreditnehmer.[7] **5**

Währung. Kann der Kredit nicht nur in EUR, sondern auch in einer anderen Währung in Anspruch genommen werden, ist § 244 Abs. 1 BGB zu beachten. Um Währungsrisiken auszuschließen, sollte das Darlehen in der gleichen **Währung** zurückgezahlt werden, in der es ausbezahlt wurde. Nach § 244 Abs. 1 BGB muss die Verpflichtung zur Zahlung in einer anderen Währung als EUR aber ausdrücklich vereinbart werden. Sonst hat der Kreditnehmer bei einem Fremdwährungsdarlehen, das im Inland zurückzuzahlen ist, das Recht, es in EUR zurückzuzahlen. **6**

Tilgungsreihenfolge. Die Reihenfolge der zu erfüllenden Forderungen der Finanzparteien ergibt sich aus ihren Fälligkeiten. **7**

2. Vertragliche Regelung

Ein **Termindarlehen** ist je nach Vereinbarung entweder in regelmäßig wiederkehrenden Raten während der Laufzeit des Kreditvertrags (sog **Ratentilgung**) oder in einem Betrag am Ende der Laufzeit (sog **Endfälligkeit** oder *„Bullet Repayment"*) zurückzuzahlen.[8] Bei einer Regeltilgung müssen die einzelnen Raten nicht gleich hoch sein. Sie werden in der Praxis der Akquisitionsfinanzierungen dem geplanten freien *Cashflow* des Kreditnehmers angepasst. Eurokreditverträge sehen meist vor, dass das vorrangige Senior-Darlehen A in Raten zu tilgen ist. Dagegen wird für die anderen Senior-Darlehen, das Second Lien-Darlehen und das Mezzanine-Darlehen, eine Endfälligkeit vereinbart. Im Rahmen der Betriebsmittelkreditlinie ausbezahlte Geldmarktdarlehen sind am Ende jeder Zinsperiode zurückzuzahlen. Doch kann die Betriebsmittelkreditlinie erneut in Anspruch genommen werden, wenn kein Kündigungsgrund vorliegt.[9] Bei einer erneuten Inanspruchnahme am selben Tag, in gleicher Währung, durch denselben Kreditnehmer und bis zur Höhe des fälligen Darlehens wird der Rückzahlungsanspruch der Kreditgeber mit dem Auszahlungsanspruch des Kreditnehmers verrechnet, dh es fließt insoweit kein Geld (sog *Rollover Loan*).[10] **8**

Die „Rückzahlung" eines **Avalkredits** erfolgt durch (a) Barunterlegung des Avals, (b) Rückgabe der Avalurkunde oder (c) auf eine andere Weise, die dazu führt, dass die Avalausstellende Bank oder die Unterkreditbank der Auffassung ist, dass sie aus dem Aval nicht mehr haftet.[11] Die Pflicht zur **Barunterlegung** bedeutet, dass der Kreditnehmer einen Geldbetrag in Höhe des Gesamtbetrags der möglichen Haftung der Kreditgeber auf Grund des Avals auf ein Konto des Agenten bzw. der Unterkreditbank einzuzahlen hat. Der **9**

---

[6] Diese Formulierung ist insofern missverständlich, als ein zur Verfügung gestelltes, aber nicht ausbezahltes Darlehen natürlich nicht zurückzuerstatten ist. Der Kreditnehmer hätte daher besser zur Rückerstattung des „empfangenen Darlehens" verpflichtet werden sollen.

[7] Zu den Kündigungsrechten der Kreditgeber siehe § 23, zu den Kündigungsrechten des Kreditnehmers siehe § 24.

[8] Beispielsklausel: Ziff. 11.1 (*Repayment of Term Loans*) LMA Leveraged Finance Facilities Agreement.

[9] Beispielsklausel: Ziff. 4.2(a) (*Further conditions precedent*) LMA Leveraged Finance Facilities Agreement.

[10] Beispielsklausel: Ziff. 11.2 (*Repayment of Revolving Facility Loans*) LMA Leveraged Finance Facilities Agreement.

[11] Beispielsklausel: Ziff. 1.2(g) (*Construction*) LMA Leveraged Finance Facilities Agreement.

Kreditnehmer ist verpflichtet, seine Ansprüche in Bezug auf dieses Guthaben den Finanzparteien zu verpfänden.[12] In der Praxis kommt es nicht zur Barunterlegung, und häufig ist auch die Rückgabe der Avalurkunde nicht möglich. Daher werden die meisten Avale im Rahmen der Refinanzierung der Konsortialkredite durch ein Aval der neuen Avalausstellenden Bank garantiert **(„Rückgarantie"** oder **„Rückaval").** Damit trägt das bisherige Konsortium nur noch das Risiko der Insolvenz der neuen Konsorten, nicht mehr des Kreditnehmers.

10 **Zahlstelle.** Bei Konsortialkrediten sind die Tilgungszahlungen grundsätzlich an den Agenten als zentrale Zahlstelle zu leisten, der sie anteilig an die Konsortialbanken weiterleitet.[13] Ausgenommen sind Tilgungszahlungen auf Unterkredite, die direkt an die Unterkreditbank geleistet werden.[14] Dasselbe gilt für Zahlungen auf Grund von Hedging-Verträgen, die separat abgeschlossen und durchgeführt werden. Der Agent ist von den Kreditgebern zum Empfang der Zahlungen **ermächtigt.** Daher wird der Kreditnehmer mit dem Eingang der Zahlung beim Agenten von seiner Leistungspflicht befreit.[15]

11 **Tilgungsreihenfolge.** In den banküblichen Kreditverträgen ergibt sich die Tilgungsreihenfolge aus den **Laufzeiten** der einzelnen Darlehen und den **Fälligkeiten** der jeweiligen Forderungen. Zunächst sind die Raten des Senior-Darlehens A zu bezahlen, danach die des Senior-Darlehens B.[16] Betriebsmitteldarlehen sind am Ende jeder Zinsperiode zurückzuzahlen.[17]

§ 13. Sondertilgung

1 In den banküblichen Kreditverträgen ist unter bestimmten Voraussetzungen eine Pflicht des Kreditnehmers vorgesehen, Kredite vor dem vereinbarten Ende der Laufzeit zurückzuzahlen (sog Pflichtsondertilgung oder *Mandatory Prepayment*). Umgekehrt wird dem Kreditnehmer aber auch das Recht eingeräumt, Kredite jederzeit vorzeitig zurückzuzahlen (freiwillige Sondertilgung oder *Voluntary Prepayment*).

1. Fallgruppen

2 Der Kreditnehmer wird im Wesentlichen aus zwei Gründen zur Sondertilgung der Kredite verpflichtet: Vom Kreditnehmer nicht benötigte Mittel sollen abgeschöpft und zur Tilgung der Kredite verwendet werden, oder es findet ein teilweiser oder vollständiger Exit der Finanzinvestoren statt.

a) Abschöpfung nicht benötigter Mittel

3 Der Kreditnehmer muss einen Mittelzufluss, den er für seinen Geschäftsbetrieb nicht benötigt, nach den banküblichen Kreditverträgen zur vorzeitigen Rückzahlung der Kredite (Pflichtsondertilgung) verwenden. Es sollen also die nicht betriebsnotwendigen und daher freien Mittel für eine **beschleunigte Rückzahlung** der Kredite eingesetzt werden. Eine solche Pflichtsondertilgung ist ua in folgenden Fällen zu leisten:[1]

---

[12] Beispielsklausel: Ziff. 1.2(e) (*Construction*) LMA Leveraged Finance Facilities Agreement.
[13] Beispielsklausel: Ziff. 36.2 (*Distributions by the Agent*) LMA Leveraged Finance Facilities Agreement.
[14] Beispielsklausel: Ziff. 36.1(a) (*Payments to the Agent*) LMA Leveraged Finance Facilities Agreement.
[15] Dazu → § 35 Rn. 4.
[16] Beispielsklausel: Ziff. 11.1 (*Repayment of Term Loans*) LMA Leveraged Finance Facilities Agreement.
[17] Beispielsklausel: Ziff. 11.2 (*Repayment of Revolving Facility Loans*) LMA Leveraged Finance Facilities Agreement.
[1] Beispielsklausel: Ziff. 13.2 (*Disposal, Insurance and Acquisition Proceeds and Excess Cashflow*) LMA Leveraged Finance Facilities Agreement.

- wenn die Erwerbsgesellschaft vom Verkäufer der Zielgesellschaft auf Grund des Anteilskaufvertrags Schadensersatzzahlungen erhält,
- wenn eine Gruppengesellschaft einen Vermögensgegenstand veräußert,
- wenn eine Gruppengesellschaft zB von einer Versicherung oder einem Dritten Schadensersatzleistungen für den Verlust oder die Zerstörung von Vermögensgegenständen erhält,
- wenn die Gruppengesellschaften einen höheren freien *Cashflow* erwirtschaften als für den Schuldendienst erforderlich ist (*Excess Cashflow*).

Der Kreditnehmer darf diese Mittel nur insoweit behalten, als er sie für die Anschaffung **4** von Ersatzgütern oder zur Beseitigung von Schäden benötigt und innerhalb einer bestimmten Frist auch nachweislich verwendet.

b) Exit der Finanzinvestoren

Pflichtsondertilgungen sind in bestimmten Fällen auch dann zu leisten, wenn nicht dem **5** Kreditnehmer, sondern seinen Gesellschaftern Mittel zufließen. Diese Sondertilgungen dienen der **Rückführung der gesamten valutierten Kredite.** Eine solche Pflichtsondertilgung ist regelmäßig in folgenden Fällen zu leisten:[2]

- wenn die Kontrolle über die Erwerbsgesellschaft auf einen Dritten übergeht (*Change of Control*), zB durch Verkauf der Anteile der Erwerbsgesellschaft oder einer Holding der Erwerbsgesellschaft an einen Dritten (*Trade Sale*) oder durch Verkauf des im Wesentlichen gesamten Vermögens der Erwerbsgesellschaft und/oder der Gruppengesellschaften,[3]
- bei einem sonstigen „Exit" der Finanzinvestoren, der keinen *Change of Control* darstellt, zB durch einen Börsengang der Erwerbs- oder Zielgesellschaft.

Diesen Sondertilgungstatbeständen liegt die Überlegung zugrunde, dass der Zweck der **6** Akquisitionsfinanzierung erfüllt ist, wenn dem Investor der Exit gelingt.[4]

In diesen Fällen ist der Kreditnehmer zur Sondertilgung verpflichtet, obwohl die Geld- **7** mittel unter Umständen nicht ihm, sondern seinen Gesellschaftern zufließen. Die Erfüllung der Pflicht zur Sondertilgung muss daher durch den Käufer der Anteile bzw. beim Börsengang durch den Hauptaktionär sichergestellt werden. Dieser muss bereits im Vorfeld des Anteilserwerbs oder Börsengangs eine neue Finanzierung für die Zielgruppe bereitstellen.

Diese Fälle der Pflichtsondertilgung kommen einer Kündigung aller Kredite durch die **8** Kreditgeber gleich, die automatisch erfolgt. Ein Beschluss der Kreditgeber ist also nicht erforderlich. Rechtlich sind sie aber nicht als Kündigungsgrund ausgestaltet. Nur ein Kündigungsgrund löst einen Cross-default[5] in anderen Finanzierungsverträgen aus. Daher kommt es in diesen Fällen nicht zum Cross-default. Das ist im Interesse des Kreditnehmers, der auf den *Change of Control* keinen Einfluss hat.[6] Soweit neben der Konsortialfinanzierung eine andere Finanzierung der Zielgruppe besteht, deren Dokumentation eine Cross-default-Klausel enthält, dürfte dort aber auch eine Change-of-Control-Klausel zu finden sein.

c) Rechtswidrigkeit

Einen Sonderfall bildet die Pflichtsondertilgung, die zu leisten ist, wenn das Kreditengage- **9** ment einer Bank rechtswidrig wird. Das kann zB bei einem staatlichen Embargo gegenüber dem Sitzstaat des Kreditnehmers der Fall sein. Dann sind nach den üblichen Vereinbarun-

---

2 Beispielsklausel: Ziff. 13.1 (*Exit*) LMA Leveraged Finance Facilities Agreement.

3 Eine in vorformulierten Vertragsbedingungen enthaltene *Change of Control*-Klausel kann wegen Verstoßes gegen § 307 Abs. 1 BGB unwirksam sein, vgl. *Mielke/Nguyen-Viet* DB 2004, 2515, 2518.

4 *Wood*, International Loans, Bonds, Guarantees, Legal Opinions, 3–034; teilweise löst ein begrenzter Börsengang auch nur eine Pflicht zur Sondertilgung in Höhe des gesamten oder eines Teils des Erlöses aus dem Börsengang aus; *Speechley*, Acquisition Finance, 5.31.

5 Dazu → § 23 Rn. 43.

6 *Wood*, International Loans, Bonds, Guarantees, Legal Opinions, 6–024.

gen ausnahmsweise nur die Kredite derjenigen Bank zu tilgen, deren Vertragserfüllung rechtswidrig geworden ist.[7]

2. Vertragliche Ausgestaltung

10 **Rechtliche Einordnung.** Sind die Voraussetzungen einer Pflichtsondertilgung erfüllt, so ist der Betrag zur Rückzahlung der Valuta eines Barkredits oder zur Barunterlegung eines Avals zu verwenden. Rechtlich ist darin die **(Teil-)Kündigung** von Bar- oder Avalkrediten durch die Kreditgeber und gleichzeitig die (Teil-)Kündigung der im Krediteröffnungsvertrag vereinbarten Kreditzusagen zu sehen, die diesen Bar- oder Avalkrediten zugrunde liegen. Ausdrückliche Kündigungserklärungen der Kreditgeber sind dafür nicht erforderlich.

11 **Tilgung während Zinsperiode.** Führte eine Pflichtsondertilgung, die während einer Zinsperiode erfolgt, sofort zur Tilgung des betreffenden Kredits, so ginge den Kreditgebern ab dem Tilgungszeitpunkt der Zinsanspruch verloren, während sie selbst gegenüber ihren refinanzierenden Banken bis zum Ende der Zinsperiode zur Zinszahlung verpflichtet blieben. Der Kreditnehmer müsste bei einer solchen Vereinbarung den Kreditgebern den dadurch entstehenden Schaden durch Zahlung einer **Vorfälligkeitsentschädigung** ersetzen.[8] Stattdessen wird demKreditnehmer regelmäßig die Option eingeräumt, den erhaltenen Betrag erst am Ende der laufenden Zinsperiode zur Sondertilgung zu verwenden, es sei denn es liegt ein Kündigungstatbstand vor.[9] Teilweise wird dann aber verlangt, dass der Kreditnehmer den erhaltenen Betrag bis zur Sondertilgung auf ein separates (verzinsliches) Konto (*Mandatory Prepayment Account*) des Kreditnehmers beim Agenten einzuzahlen hat.[10] Der Kreditnehmer muss seine Ansprüche aus dem Kontovertrag an die Finanzparteien verpfänden. Außerdem hat der Kreditnehmer den Agenten zu ermächtigen, den erhaltenen Betrag am Ende der Zinsperiode zur Sondertilgung zu verwenden.[11] Auf dem Konto aufgelaufene Zinsen stehen grundsätzlich dem Kreditnehmer zu.

12 **Tilgungsreihenfolge.** Die Reihenfolge der zu tilgenden Forderungen bestimmt sich nach dem Kreditvertrag und hilfsweise nach §§ 366, 367 BGB.[12] Ohne besondere Vereinbarung oder Tilgungszweckbestimmung besteht keine Pflicht des Kreditgebers, Sonderzahlungen mit fälligen oder rückständigen Raten zu verrechnen.[13]

13 Nach dem Kreditvertrag sind Pflichtsondertilgungsbeträge wie folgt zu verwenden: (a) Rückzahlung der Termindarlehen, (b) (Teil-)Kündigung der verfügbaren Betriebsmittelkreditlinie (dh der ungenutzten Kreditzusagen in Bezug auf die Betriebsmittelkreditlinie), (c) Rückzahlung der Betriebsmittelkredite (zunächst Tilgung der Barkredite und danach Barunterlegung der Avale) und entsprechende (Teil-)Kündigung der zugrunde liegenden Betriebsmittelkreditlinie, (d) Tilgung bzw. Barunterlegung der Unterkredite und (Teil-) Kündigung der zugrunde liegenden Unterkreditlinie.[14] Das Senior-Darlehen A ist gemäß seinem Vorrang grundsätzlich vor den übrigen Senior-Termindarlehen zu tilgen. Stattdessen kann auch die anteilige Tilgung aller Senior-Termindarlehen vereinbart sein.

14 Senior-Darlehen B werden typischerweise nicht an Banken, sondern an **institutionelle Investoren** syndiziert. Diese Investoren erwirtschaften ihren Gewinn vor allem durch die

---

7 Siehe dazu § 14.
8 Siehe dazu § 25.
9 Beispielsklausel: Ziff. 13.3(d) und (e) (*Application of mandatory prepayments and cancellations*) LMA Leveraged Finance Facilities Agreement.
10 Beispielsklausel: Ziff. 13.4(a) (*Mandatory Prepayment Accounts and Holding Accounts*) LMA Leveraged Finance Facilities Agreement.
11 Beispielsklausel: Ziff. 13.4(b) (*Mandatory Prepayment Accounts and Holding Accounts*) LMA Leveraged Finance Facilities Agreement.
12 Dazu → § 35 Rn. 5 ff.
13 OLG Köln v. 4.4.2001, WM 2003, 1468, 1470.
14 Beispielsklausel: Ziff. 13.3(a) (*Application of mandatory prepayments*) LMA Leveraged Finance Facilities Agreement.

Marge und sind daher an einer möglichst langen Laufzeit der von ihnen gewährten Darlehen interessiert. Deshalb wird den Kreditgebern der nachrangigen Senior-Darlehen B häufig das Recht eingeräumt, eine Pflichtsondertilgung **abzulehnen,** soweit das Senior-Darlehen A noch nicht vollständig zurückgeführt ist. Der abgelehnte Betrag wird dann zur Sondertilgung des Senior-Darlehens A verwendet.[15]

Die Intercreditor-Vereinbarung bestimmt entsprechend dem Rang der Kredite, dass **15**
zunächst die Senior-Kredite, nach deren vollständiger Tilgung das Second Lien- und danach das Mezzanine-Darlehen zu tilgen sind.

Wirksamkeit. Die Bestimmungen über die Tilgungsreihenfolge im Senior-Kreditver- **16**
trag und in der Intercreditor-Vereinbarung verstoßen nicht gegen § 489 Abs. 4 BGB. Denn der Pflichtsondertilgung geht keine Kündigung des Kreditnehmers voraus. Die Pflicht zur Sondertilgung besteht im Interesse der Kreditgeber und kommt daher einer Kreditkündigung durch die Kreditgeber gleich, so dass der Schutzbereich des § 489 Abs. 4 BGB nicht eröffnet ist.[16]

3. Freiwillige Sondertilgung

Gesetzliche Regelung. Die Kredite einer Akquisitionsfinanzierung sind verzinslich und **17**
am Ende der vereinbarten Laufzeit zurückzuzahlen. Ist für eine Leistung eine Zeit bestimmt, kann der Schuldner die Leistung im Zweifel auch schon vor dem Fälligkeitstermin erbringen (§ 271 Abs. 2 BGB). Der Kreditnehmer kann sein Recht zur freiwilligen vorzeitigen Rückzahlung (*Voluntary Prepayment*) aber nicht auf § 271 Abs. 2 BGB stützen. Aus § 488 Abs. 3 S. 3 BGB, der dem § 271 Abs. 2 BGB als *lex specialis* vorgeht, folgt vielmehr, dass das Recht zur Voraustilgung bei einem verzinslichen Darlehen ausgeschlossen ist.[17] Im Umkehrschluss zu § 488 Abs. 3 S. 3 BGB setzt eine freiwillige vorzeitige Tilgung eines verzinslichen Darlehens eine **(Teil-) Kündigung** des Darlehensvertrags durch den Kreditnehmer voraus. Das Recht zur Kündigung kann sich aus Gesetz oder Vertrag ergeben.[18]

Vertragliche Regelung. In den banküblichen Kreditverträgen wird regelmäßig verein- **18**
bart, dass der Kreditnehmer die Kredite jederzeit vor ihrer Fälligkeit zurückzahlen kann (*Voluntary Prepayment*).[19] Eine Kündigungserklärung wird nicht verlangt, sondern nur die vorherige **Anzeige** der Tilgungszahlung. § 488 Abs. 3 S. 1, 3 BGB, der den Kreditgeber eines verzinslichen Darlehens vor der vorzeitigen Rückzahlung des Kredits gegen seinen Willen schützen will, ist abdingbar.[20] Die Parteien können deshalb wirksam vereinbaren, dass der Kreditnehmer die Kredite jederzeit vorzeitig tilgen kann, ohne dass dies einer ausdrücklichen Kündigungserklärung bedarf.

Die freiwillige vorzeitige Rückzahlung ist einige Bankarbeitstage im Voraus anzukündi- **19**
gen. Regelmäßig wird vereinbart, dass die Zahlungen bestimmte **Mindestbeträge** nicht unterschreiten dürfen. Erfolgt die Rückzahlung zum Ende einer Zinsperiode und hat der Kreditnehmer fristgerecht gekündigt, so ist diese Bestimmung wegen Verstoßes gegen § 489 Abs. 1 Nr. 1 iVm Abs. 4 S. 1 BGB unwirksam. Erfolgt eine freiwillige vorzeitige Rückzahlung während einer Zinsperiode, so ist der Kreditnehmer vertraglich zur Zahlung einer **Vorfälligkeitsentschädigung** verpflichtet, da die Kreditgeber auch in diesem Fall ihrerseits zur Zinszahlung auf ihre Refinanzierungskredite bis zum Ende der Zinsperiode verpflichtet bleiben.[21]

---

15 Beispielsklausel: Ziff. 14.8 (*Prepayment elections*) LMA Leveraged Finance Facilities Agreement.
16 Dazu → § 40 Rn. 41 ff.
17 Dazu → § 24 Rn. 6.
18 Siehe dazu § 24.
19 Beispielsklauseln: Ziff. 12.4 (*Voluntary prepayment of Term Loans*), 12.5 (*Voluntary prepayment of Revolving Facility Utilisations*) LMA Leveraged Finance Facilities Agreement.
20 Palandt/*Weidenkaff* § 488 Rn. 22.
21 Zur Berechnung der Vorfälligkeitsentschädigung siehe § 25.

20 **Tilgungsreihenfolge.** Häufig darf der Kreditnehmer frei wählen, welches Termindarlehen er vorzeitig tilgen möchte. Teilweise wird aber auch vereinbart, dass die Termindarlehen gleichzeitig und *pro rata* zu tilgen sind oder dass das Senior-Darlehen A vor den Darlehen B zu tilgen ist.[22] Die Intercreditor-Vereinbarung bestimmt entsprechend des Rangs der Kredite, dass zunächst die Senior-Kredite, nach deren vollständiger Tilgung das Second Lien- und danach das Mezzanine-Darlehen zu tilgen sind.[23]

21 **Wirksamkeit.** Eine vertraglich vereinbarte Tilgungsreihenfolge könnte gemäß § 489 Abs. 4 S. 1 BGB unwirksam sein. Diese Vorschrift bestimmt, dass das Kündigungsrecht des Kreditnehmers nach § 489 Abs. 1 und 2 BGB durch Vertrag nicht ausgeschlossen oder erschwert werden kann. **Konsortialkreditverhältnisse** bestehen aus einer Mehrzahl von Krediten. Um diese Kredite an verschiedene Fremdkapitalgeber syndizieren zu können, werden sie mit unterschiedlichen Konditionen, insbesondere hinsichtlich Laufzeit, Tilgung und Verzinsung, ausgestattet.[24] Dadurch unterscheiden sie sich auch in ihrem Risiko. Ein Kredit mit kürzerer Laufzeit, der in regelmäßigen Tilgungsraten zurückzuzahlen ist, ist weniger riskant als ein endfälliger Kredit mit längerer Laufzeit. Für einen risikoreicheren Kredit wird eine höhere Marge verlangt. Erwirbt eine Bank einen Konsortialanteil am Senior-Darlehen A, so entscheidet sie sich bewusst für einen risikoärmeren, aber auch weniger ertragreichen Kredit. Diese Bank erwartet, dass ihr Kredit vor den nachrangigen Krediten (zB Senior-Darlehen B oder Mezzanine-Kredit) getilgt wird. Ihre Erwartung würde enttäuscht, wenn der Kreditnehmer sich auf § 489 Abs. 4 BGB berufen und zB das Mezzanine-Darlehen vor allen vorrangigen Darlehen tilgen könnte.

22 § 489 BGB erfasst nach seinem Wortlaut nur das ordentliche Kündigungsrecht des Kreditnehmers in Bezug auf einen **einzigen Darlehensvertrag.**[25] Er regelt nicht das Kündigungsrecht bei mehreren parallel bestehenden Krediten eines Konsortialkreditverhältnisses. § 489 Abs. 4 S. 1 BGB steht daher der Wirksamkeit von Tilgungsvereinbarungen in Bezug auf verschiedene Kreditverhältnisse nicht entgegen. Auch nach seinem Sinn und Zweck soll § 489 Abs. 4 BGB dem Kreditnehmer nicht die vorrangige Tilgung nachrangiger Kredite im Rahmen eines Konsortialkreditverhältnisses erlauben. Ein Kreditnehmer, der einen Konsortialkredit vereinbart, akzeptiert die übliche Diversifizierung der Kredite in solche mit geringerem und solche mit höherem Risiko, denen geringere bzw. höhere Kosten entsprechen. Er muss dann auch die vereinbarte Rangordnung der Kredite respektieren und darf sie nicht durch eine vertragswidrige Rückzahlung nachrangiger Kredite unterlaufen. Sonst hätten die später getilgten Kredite von Anfang an höher verzinst werden müssen. Der Kreditnehmer kann sich insoweit nicht auf sein Kündigungsrecht aus § 489 Abs. 1 oder 2 BGB berufen.[26]

4. Einzelkredit- und Krediteröffnungsvertrag

23 Die vorzeitige Tilgung eines Einzelkredits lässt die durch den Krediteröffnungsvertrag bereitgestellte Kreditlinie grundsätzlich unberührt. Vorzeitig zurückgezahlte **Termindarlehen** können nach dem Kreditvertrag regelmäßig nicht revalutiert werden.[27] Das hat zur Folge, dass die zugrunde liegende Kreditlinie automatisch in derselben Höhe gekündigt ist.[28] Dagegen ist bei der **Betriebsmittelkreditlinie** nach der Rückzahlung eines Betriebs-

[22] Beispielsklauseln: Ziff. 12.4(c) (*Voluntary prepayment of Term Loans*), 12.5 (*Voluntary prepayment of Revolving Facility Utilisations*) LMA Leveraged Finance Facilities Agreement.
[23] Zur Wirksamkeit dieser Bestimmung → § 40 Rn. 41 ff.
[24] Dazu → § 30 Rn. 4.
[25] Vgl. § 489 Abs. 1 und 2 BGB („einen Darlehensvertrag").
[26] Das folgt schon aus § 242 BGB („venire contra factum proprium").
[27] Beispielsklausel: Ziff. 14.3 (*No reborrowing of Term Facilities*) LMA Leveraged Finance Facilities Agreement.
[28] Beispielsklausel: Ziff. 14.9 (*Effect of repayment or prepayment on Commitments*) LMA Leveraged Finance Facilities Agreement.

mittelkredits eine Revalutierung grundsätzlich möglich.[29] Bei einer freiwilligen Sondertilgung bleibt die Betriebsmittelkreditlinie unberührt und kann deshalb insoweit wieder in Anspruch genommen werden. Bei einer Pflichtsondertilgung wird dagegen auch die auf Grund des Krediteröffnungsvertrags eingeräumte Kreditlinie gekündigt.[30] Die Betriebsmittelkreditlinie kann somit nicht mehr revalutiert werden, soweit sie durch eine Pflichtsondertilgung zurückgezahlt wurde.

§ 14. Rechtswidrigkeitsklausel

I. Inhalt und Regelungsziel

Eurokreditverträge enthalten regelmäßig eine „Rechtswidrigkeitsklausel" (*Illegality Clause*).[1] 1
Diese Klausel bestimmt, dass ein Kreditgeber, für den es auf Grund neu erlassener oder geänderter Rechtsvorschriften, deren Auslegung oder Anwendung nach dem für ihn geltenden Recht eines Staates ungesetzlich wird, seine Pflichten aus dem Kreditvertrag zu erfüllen, dh einen Kredit auszuzahlen oder einen bereits ausgezahlten Kredit weiterhin zu belassen, von seinen entsprechenden Vertragspflichten frei wird. Rechtsfolge ist eine Pflicht zur Sondertilgung der Kredite des betreffenden Kreditgebers.

Durch diese Klausel soll verhindert werden, dass ein Kreditgeber gegenüber dem Kredit- 2
nehmer vertraglich zu etwas verpflichtet bleibt, was ihm auf Grund des für ihn geltenden Rechts (meist seines Heimatlandes) untersagt ist.[2] Die Klausel kann insbesondere bei politischen Konflikten zwischen Staaten Bedeutung erlangen. Dies war zB der Fall beim Konflikt zwischen den USA und Iran Ende der siebziger Jahre.[3]

II. Gesetzliche Regelung

Nach dem BGB entfällt die Leistungspflicht des Schuldners, wenn die Leistung für ihn oder 3
für jedermann unmöglich ist (§ 275 Abs. 1 BGB).[4] Auch rechtliche Beschränkungen, die es einem Kreditgeber dauerhaft untersagen, einen Kredit zu gewähren, können das Entfallen der Leistungspflicht nach § 275 Abs. 1 BGB zur Folge haben.[5]

Die Leistungspflicht eines ausländischen Kreditgebers könnte außerdem entfallen, wenn 4
die ausländischen Verbotsvorschriften nach den Bestimmungen des **deutschen IPR** von deutschen Gerichten anzuwenden wären.

In der Rom I-VO ist in Art. 9 Abs. 1 erstmals eine Definition der Eingriffsnorm 5
enthalten. Es muss eine Vorschrift mit internationalem Geltungsanspruch sein, die unabhängig vom Vertragsstatut angewendet werden will. Außerdem muss sie für die Wahrung des öffentlichen Interesses des erlassenden Staates, insbesondere seiner politischen, sozialen und wirtschaftlichen Organisation entscheidend sein. Ob diese Voraussetzungen im Einzelfall erfüllt sind, wenn eine Vorschrift es Kreditgebern verbietet, in bestimmten Fällen Darlehen auszureichen, ist durch Auslegung zu ermitteln.

Im Weiteren unterscheidet die Rom I-VO zwischen Eingriffsnormen des Forumstaates, 6
die uneingeschränkt gelten (Art. 9 Abs. 2 Rom I-VO), und Eingriffsnormen des Erfül-

[29] Beispielsklausel: Ziff. 14.4 (*Reborrowing of Revolving Facility*) LMA Leveraged Finance Facilities Agreement.
[30] Beispielsklausel: Ziff. 13.3(a)(iii) (*Application of mandatory prepayments*) LMA Leveraged Finance Facilities Agreement.
[1] Beispielsklausel: Ziff. 12.1 (*Illegality*) LMA Leveraged Finance Facilities Agreement.
[2] *Hinsch/Horn,* Das Vertragsrecht der internationalen Konsortialkredite und Projektfinanzierungen, S. 110.
[3] *Buchheit,* How to Negotiate Eurocurrency Loan Agreements, S. 54.
[4] Dabei führt auch die sog anfängliche Unmöglichkeit seit der Schuldrechtsreform nicht mehr zur Nichtigkeit des Vertrags. Der Vertrag ist vielmehr wirksam geschlossen (§ 311a Abs. 1 BGB). Die Rechte des Gläubigers bestimmen sich nach § 311a Abs. 2 BGB.
[5] BGH v. 8.6.1983, NJW 1983, 2873, 2874; Palandt/*Grüneberg* § 275 Rn. 16, 25.

lungsortstaates, die lediglich Berücksichtigung finden können (Art. 9 Abs. 3 Rom I-VO). Die Eingriffsnormen des ausländischen Staates, dessen Recht Vertragsstatut ist, werden nicht von den allgemeinen Verweisungen nach Art. 3 ff. Rom I-VO erfasst, sondern finden nur im Rahmen einer Sonderanknüpfung gemäß Art. 9 Abs. 3 Rom I-VO Anwendung.[6] Darüber hinaus wird eine Sonderanknüpfung ausländischen Eingriffsrechts abgelehnt. Eine Anwendung von Eingriffsnormen, die einer anderen Rechtsordnung als der des Erfüllungsortes unterliegen, ist daher jedenfalls über kollisionsrechtliche Anwendung ausgeschlossen.[7]

7 In der Vergangenheit war nach dem BGH bei entsprechenden tatsächlichen Beziehungen zu einer ausländischen Rechtsordnung statt einer unmittelbaren Anwendung über das Kollisionsrecht die **faktische Berücksichtigung** ihrer Eingriffsnormen über § 138 BGB möglich.[8] Danach konnte ein nach Vertragsschluss erlassenes ausländisches Verbot die nachträgliche Unmöglichkeit der Leistung iSd § 275 BGB[9] oder eine Störung der Geschäftsgrundlage iSd § 313 BGB[10] zur Folge haben. Diese Berücksichtigung ausländischer Eingriffsnormen auf Ebene des Sachrechts soll trotz der restriktiven Konzeption des Art. 9 Abs. 3 Rom I-VO weiterhin möglich sein.[11] Dies hat der EuGH inzwischen in einem Vorlageverfahren bestätigt.[12]

8 Nach dem IPR der USA und vieler anderer Länder sind gesetzliche Verbote im Land eines vertragsstatutfremden Schuldners regelmäßig unbeachtlich.[13] Daher ist die Klausel bei einem möglichen Rechtsstreit vor Gerichten solcher Länder schon deshalb unverzichtbar.

III. Vertragliche Regelung

9 Nach manchen Verträgen liegt eine Rechtswidrigkeit schon dann vor, wenn der Heimatstaat eines Kreditgebers nur zu verstehen gibt („whether or not having the force of law"), dass er ein Fortbestehen des Kreditverhältnisses **nicht wünsche** und die Bank diesen Hinweis nur zum eigenen Nachteil unbeachtet lassen könnte.[14] In der Regel wird aber ein rechtlich bindendes Verbot verlangt.[15]

10 Nach den üblichen Verträgen ist der betreffende Kreditgeber in einem solchen Fall berechtigt, die von ihm eröffneten Kreditlinien zu kündigen und die vorzeitige Tilgung der von ihm ausbezahlten Kredite zu verlangen. Die Pflichten der übrigen Kreditgeber aus dem Kreditvertrag bleiben grundsätzlich unberührt.

11 Die üblichen Kreditverträge sehen vor, dass die Kreditgeber in einem solchen Fall vor einer Rückforderung des Kredits **mildere Maßnahmen** ergreifen müssen, zB die Übertragung ihrer Konsortialanteile auf eine andere Niederlassung desselben Kreditgebers in einem anderen Staat.[16] Auch ist es dem Parent erlaubt, einen anderen Kreditgeber zu finden, für den die Kreditgewährung nicht rechtswidrig ist und der bereit ist, die Konsortialanteile des betroffenen Kreditgebers zu übernehmen. Findet der Parent einen solchen Kreditgeber, so kann er den betroffenen Kreditgeber zwingen, seine Konsortialanteile auf den neuen Kreditgeber zum Nennwert zu übertragen.[17]

---

[6] Palandt/*Thorn*, Rom I 9 Rn. 15.

[7] MüKoBGB/*Martiny*, 5. Aufl. Art. 9 Rom I-VO Rn. 113; Staudinger/*Magnus*, Art. 9 Rom I-VO Rn. 123.

[8] BGH v. 22.6.1972, BGHZ 59, 82, 85; BGH v. 17.11.1994, BGHZ 128, 41, 53; Palandt/*Heldrich*, 66. Aufl. Art. 34 EGBGB Rn. 4.

[9] RG v. 13.11.1917, RGZ 91, 260, 261 f.

[10] BGH v. 8.2.1984, NJW 1984, 1746, 1747.

[11] MüKoBGB/*Martiny*, Art. 9 Rom I-VO Rn. 114; so auch Staudinger/*Magnus*, Art. 9 Rom I-VO, 2011 Rn. 124 unter der Voraussetzung, dass die ausländische Eingriffsnorm die Erfüllung tatsächlich hindert.

[12] EuGH C-135/15 (Republik Griechenland/ Grigorios Nikiforidis), NJW 2017, 141.

[13] *Hinsch/Horn*, Das Vertragsrecht der internationalen Konsortialkredite und Projektfinanzierungen, S. 115.

[14] *Buchheit*, How to Negotiate Eurocurrency Loan Agreements, S. 54.

[15] Beispielsklausel: Ziff. 12.1 (*Illegality*) LMA Leveraged Finance Facilities Agreement.

[16] Beispielsklausel: Ziff. 22.1 (*Mitigation*) LMA Leveraged Finance Facilities Agreement.

[17] Beispielsklausel: Ziff. 42.8 (*Replacement of Lender*) LMA Leveraged Finance Facilities Agreement.

Die vorzeitige Rückzahlung des Konsortialanteils eines Kreditgebers und die Zahlung darauf entfallender Zinsen sollten nicht dem **Saldenausgleich**[18] unterfallen. 12

Die Rechtswidrigkeitsklausel behandelt üblicherweise nur eine Leistungsstörung **auf Seiten der Kreditgeber.** Tritt dagegen auf Seiten des Kreditnehmers eine entsprechende Leistungsstörung ein, zB weil sein Heimatstaat die Rückzahlung des Kredits verbietet, so haftet er im Rahmen der Gesetze wegen Vertragsverletzung. 13

§ 15. Zinsen

I. Gesetzliche Regelung

Zinszahlungspflicht. Durch die Schuldrechtsreform wurde erstmals die grundsätzliche Pflicht des Kreditnehmers normiert, ein Gelddarlehen zu verzinsen (§ 488 Abs. 1 S. 2 BGB). Bei Handelsgeschäften und Darlehen eines Kaufmanns galt dies schon vor der Schuldrechtsreform (§§ 353, 354 Abs. 2 HGB). 1

Zinsbegriff. „Zins" ist gesetzlich nicht definiert und wird im BGB an unterschiedlichen Stellen mit unterschiedlichem Gehalt verwendet.[1] Im Kreditrecht versteht die Rechtsprechung und ganz hM unter Zins die „nach der Laufzeit des Darlehens bemessene, gewinn- und umsatzunabhängige Vergütung für die Möglichkeit des Gebrauchs des auf Zeit überlassenen Kapitals".[2] Diese auch als Nominal- oder **Sollzinsen** bezeichneten Zinsen weichen damit zB ab vom „effektiven Jahreszins" des § 6 Abs. 1 PreisAngVO, der neben den Sollzinsen sämtliche Gebühren und sonstige Kreditkosten erfasst.[3] 2

Beginn der Zinszahlungspflicht. Das Gesetz legt nicht ausdrücklich fest, von welchem Zeitpunkt an der Zins zu berechnen ist. Als Gegenleistung für die Überlassung des Kapitals auf Zeit, besteht eine Zinszahlungspflicht immer erst ab dem Empfang der Darlehenssumme durch den Kreditnehmer.[4] Die Zinszahlungspflicht beginnt grundsätzlich mit der Wertstellung der Gutschrift auf dem angegebenen Empfängerkonto.[5] Für die Berechnung des Zeitraums, für den Zinsen zu entrichten sind, sind allerdings die §§ 187 ff. BGB heranzuziehen.[6] Nach § 187 Abs. 1 BGB beginnt dieser Zeitraum am Tag nach dem Empfang des Darlehensbetrags um 0.00 Uhr.[7] 3

Ende der Zinszahlungspflicht. Die Zinszahlungspflicht endet grundsätzlich gemäß § 188 BGB mit dem Ablauf des Tages, an dem der Kreditbetrag zurückbezahlt wird.[8] § 193 BGB bleibt außer Betracht.[9] 4

Auch wenn die Darlehensvaluta vertragswidrig bei Fälligkeit nicht zurückbezahlt wird, endet die Pflicht zur Zahlung des vertraglich vereinbarten Zinses. Der Vertragszins wird als Gegenleistung für die Überlassung des Darlehenskapitals geschuldet. Endet das Recht des Kreditnehmers zur Nutzung des Kapitals infolge Zeitablaufs oder durch Kündigung und verlangt der Kreditgeber Rückzahlung der Darlehensvaluta in einer Weise, die die Annahme einer stillschweigend fortgesetzten Darlehensvereinbarung ausschließt, so entfällt das 5

[18] Dazu → § 35 Rn. 10 ff.

[1] Siehe Beispiele bei MüKoBGB/*Grundmann* § 246 Rn. 3 ff.

[2] BGH v. 13.5.2014, NJW 2014, 2420, 2424 (mwN); grundlegend bereits *Canaris* NJW 1978, 1891, 1892; eingehend mwN auch zu abweichenden Erklärungen des Zinsanspruchs Staudinger/*Freitag* § 488 Rn. 181.

[3] Siehe Diem/Jahn/*Jahn*, II.14 Rn. 1.

[4] BGH v. 8.11.1984, WM 1985, 10, 11; BGH v. 21.2.1985, WM 1985, 686, 687; SBL BankR-HdB/*Bruchner/Krepold* § 78 Rn. 8; BuB/*Früh/Müller-Arends* Rn. 3/106.

[5] BGH v. 12.7.1979, WM 1979, 1054; SBL BankR-HdB/*Bruchner/Krepold* § 78 Rn. 8.

[6] OLG Karlsruhe v. 13.11.1987, NJW 1988, 74, 75; Erman/*Maier-Reimer* § 187 Rn. 1; Palandt/*Ellenberger* § 187 Rn. 1; *Pleyer/Huber* DB 1989, 1857, 1859.

[7] *Pleyer/Huber* DB 1989, 1857, 1859.

[8] *Pleyer/Huber* DB 1989, 1857, 1859; *Borges* WM 1998, 105, 106.

[9] OLG Frankfurt v. 23.1.1975, NJW 1975, 1971; *Pleyer/Huber* DB 1989, 1857, 1859.

Recht des Kreditgebers, Zahlung des Vertragszinses zu verlangen.[10] Die Zinszahlungspflicht endet mit der Fälligkeit des Rückzahlungsanspruchs,[11] nicht erst mit dem Verzug des Kreditnehmers.[12]

6 Die Parteien können andere Zeitpunkte für Beginn und Ende der Zinszahlungspflicht vereinbaren.[13]

7 **Zinsakzessorietät.** Die Zinsschuld setzt den Bestand einer Hauptschuld voraus. Mit dem Erlöschen der Hauptschuld erlischt auch der Zinsanspruch. Zinsen sind jeweils von der tatsächlich noch bestehenden Kapitalschuld zu berechnen **(Grundsatz der Zinsakzessorietät)**.[14]

8 **Fälligkeit.** Die Zinsen sind gemäß § 488 Abs. 2 BGB jeweils am Ende eines Jahres und, wenn das Darlehen vor dem Ablauf eines Jahres zurückzuzahlen ist, bei der Rückzahlung zu bezahlen. Die Regelung ist abdingbar.

9 **Währung.** Sind die Zinsen im Inland zu zahlen, so hat der Kreditnehmer grundsätzlich das Recht, sie in EUR zu zahlen, es sei denn, dass die Zahlung in einer anderen Währung ausdrücklich vereinbart ist (§ 244 Abs. 1 BGB). Das gilt auch dann, wenn der zu verzinsende Kredit auf eine andere Währung lautet.

II. Vertragliche Regelung

1. Zinssatz

10 Der Zinssatz von **Eurokrediten** setzt sich regelmäßig zusammen aus einem Referenzzinssatz, dh dem Zinssatz, zu dem sich Banken gewöhnlich refinanzieren können, zuzüglich einer Marge.[15]

a) Referenzzinssatz

11 Müssen, wie häufig bei Akquisitionsfinanzierungen, größere Darlehensbeträge zur Verfügung gestellt werden, refinanzieren sich die Banken am internationalen Finanzmarkt.[16] Die tatsächlichen Refinanzierungskosten der Bank werden dem Kreditnehmer allerdings regelmäßig nicht offen gelegt.[17] Stattdessen wird ein allgemein zugänglicher Referenzzinssatz als abstrakte Größe gewählt. Für Eurokredite wird hierfür der EURIBOR herangezogen, für viele Fremdwährungen derzeit noch der LIBOR.[18]

12 **EURIBOR** (EUR Interbank Offered Rate) ist die Abkürzung für den seit 1999 wichtigsten Referenzzinssatz für kurzfristige unbesicherte Geldanlagen unter Geschäftsbanken

[10] BGH v. 8.2.2000, NJW 2000, 1408, 1409; BGH v. 7.11.1985, WM 1986, 8, 9 f.; *Mülbert* WM 2002, 465, 472.

[11] So BGH v. 8.2.2000, NJW 2000, 1408, 1409; BGH v. 7.11.1985, WM 1986, 8, 9 f.; *Mülbert* WM 2002, 465, 472.

[12] So konnte aber BGH v. 28.4.1988, BGHZ 104, 337, 339 interpretiert werden.

[13] So für den § 608 BGB aF, BGH v. 8.11.1984, NJW 1985, 730; SBL BankR-HdB/*Bruchner/Krepold* § 78 Rn. 8 und 10; allerdings sollen die Parteien als frühesten Zeitpunkt für den Beginn der Zinszahlungspflicht den Beginn der Kapitalhingabe durch den Kreditgeber vereinbaren können; Nachweise bei *Mülbert* WM 2002, 465, 470.

[14] SBL BankR-HdB/*Bruchner/Krepold* § 78 Rn. 5; nach *Mülbert* stehen auf Grund der synallagmatischen Verknüpfung von Darlehensüberlassungsanspruch und Zinsanspruch schon anderweitige Regeln bereit, die Entstehung, den Fortbestand und Untergang des synallagmatisch verknüpften Zinsanspruchs sachgerecht zu regeln, so dass für die zusätzliche Anwendung das Akzessorietätsdogmas weder Anlass noch Raum sei, vgl. *Mülbert* WM 2002, 465, 470.

[15] Beispielsklausel: Ziff. 15.1 (*Calculation of interest*) LMA Leveraged Finance Facilities Agreement.

[16] → § 6 Rn. 4. Zwingend ist das indes nicht. So kann sich eine Bank zB auch durch Ausleihungen bei der Europäischen Zentralbank oder aus ihrem Einlagengeschäft refinanzieren. Debt Funds finanzieren sich durch die Einlagen ihrer Investoren.

[17] Zu Ausnahmen → § 17 Rn. 2 f.

[18] Zu derzeitigen Reformbestrebungen → § 15 Rn. 18 ff.

in EUR. Der EURIBOR wird an jedem TARGET-Arbeitstag[19] vom *European Money Markets Institute* (*EMMI*) im Interbankenmarkt aus den Briefsätzen von derzeit noch 19 ausgesuchten Kreditinstituten[20] für aktuell sieben Laufzeiten von einer Woche sowie ein, drei, sechs und zwölf Monaten quotiert[21] und zwei TARGET-Tage vor Beginn der nächsten Zinsperiode für diese fixiert. Die Veröffentlichung der EURIBOR-Sätze für die Laufzeiten erfolgt durch *Thomson Reuters* gegen 11.00 Uhr Mitteleuropäischer Zeit (oder Sommerzeit) auf der Seite EURIBOR01.[22] Derzeit werden die Quotierungen der Panelbanken zeitversetzt jeweils nachmittags 15 Uhr Mitteleuropäischer Zeit (oder Sommerzeit) auch noch einzeln veröffentlicht. Um zu vermeiden, dass eine Fehlinterpretation der Daten negative Auswirkungen auf die Refinanzierungsmöglichkeiten der einzelnen Panelbanken hat und letztlich dazu führen könnte, dass die Panelbanken nicht mehr bereit sind, ihre Quotierungen zu übermitteln, wurde die Veröffentlichung der individuellen Quotierungen mit Wirkung zum 3. Dezember 2018 inzwischen eingestellt.[23]

Der Haupthandelsplatz für Fremdwährungen in Europa ist London. Daher wird als **13** Zinssatz für Kredite in anderen Währungen als EUR meist der **LIBOR** (*London Interbank Offered Rate*) für die jeweilige Währung zugrunde gelegt. Der LIBOR wird derzeit von der *ICE Benchmark Administration Limited (IBA)* ermittelt. Er gibt eine Indikation, zu welchem durchschnittlichen Zins sich die LIBOR-Panelbanken in einer bestimmten Währung für eine bestimmte Laufzeit am Interbankenmarkt unbesichert finanzieren können. Es gibt USD-LIBOR, GBP-LIBOR, CHF-LIBOR, JPY-LIBOR und (den aufgrund des üblicherweise angewandten EURIBOR für die deutsche Kreditpraxis unbedeutenden) EUR-LIBOR.[24] Der LIBOR wird derzeit von bis zu 20 Panelbanken für sieben Laufzeiten von einem Tag (*Overnight/Spot Next*), einer Woche, ein, zwei, drei, sechs und zwölf Monaten Jahr quotiert[25] und am ersten Tag der Zinsperiode fixiert. Die Veröffentlichung der LIBOR-Sätze für die sieben Laufzeiten erfolgt durch *Thomson Reuters* gegen 11.00 Uhr Londoner Zeit auf der Seite LIBOR01 oder LIBOR02.[26]

Die **Höhe** des Referenzzinssatzes richtet sich nach der Laufzeit des Refinanzierungs- **14** darlehens. Der Kreditnehmer kann diese Laufzeit durch die Wahl der Dauer der **Zinsperioden** bestimmen.[27] Wählt er zB eine dreimonatige Zinsperiode, schuldet der Kredit-

[19] TARGET (Trans-European Automated Real-time Gross Settlement Express Transfer) ist das Echtzeit-Bruttozahlungssystem der Zentralbanken der Europäischen Union, in dem grenzüberschreitende Groß- und Individualzahlungen taggleich einschließlich der Gutschrift auf dem Konto des begünstigten Kreditinstituts bei der empfangenden Zentralbank abgewickelt werden können. Seit November 2007 gibt es die zweite Generation, TARGET2. Weitere Informationen finden sich auf https://www.ecb.europa.eu/paym/t2/html/index.en.html.

[20] Siehe hierzu die Übersicht der Panelbanken unter https://www.emmi-benchmarks.eu/euribor-org/panel-banks.html, abgerufen am 10. Januar 2019. Zuvor waren es 20 Panelbanken. Die italienische Banca Monte dei Paschi Di Siena (BMPS) hat am 7. Januar 2019 ihren Rückzug aus dem EURIBOR Banken Panel bekanntgegeben (siehe hierzu Mitteilung der EMMI vom 7. Januar 2019, unter https://www.emmi-benchmarks.eu/assets/files/D0001A-2019%20-%20Withdrawal_MPS_Euribor_final.pdf., abgerufen am 10. Januar 2019.

[21] Am 3. Dezember 2018 sind die Quotierungen für zwei Wochen, zwei Monate und neun Monate weggefallen (siehe Bekanntmachung des EMMI vom 6. Juni 2018, https://www.emmi-benchmarks.eu/assets/files/D0237B-2018-CESSATION%20OF%20EURIBOR%20TENORS.pdf,, abgerufen am 10. Januar 2019). Bis zum 31. Oktober 2013 gab es noch 15 verschiedene Laufzeiten.

[22] Historische EURIBOR-Sätze, die EURIBOR Panel-Banken und viele weitere Informationen zum EURIBOR finden sich auf http://www.emmi-benchmarks.eu/.

[23] Siehe https://www.emmi-benchmarks.eu/euribor-org/euribor-rates.html, abgerufen am 10. Januar 2019.

[24] Früher wurden mit Neuseeländischen Dollar, Dänischen Kronen, Schwedischen Kronen, Kanadischen Dollar und Australischen Dollar noch Zinssätze für fünf weitere Währungen quotiert. Diese Quotierungen wurden sukzessive bis Ende Mai 2013 eingestellt (http://www.bbatrent.com/news/libor-becomes-a-regulated-activity).

[25] Bis Ende Juli 2013 waren es noch 15 verschiedene Laufzeiten.

[26] Historische LIBOR-Sätze, die LIBOR Panel-Banken und viele weitere Informationen zum LIBOR finden sich auf https://www.theice.com/iba/libor.

[27] Dazu → § 15 Rn. 43 ff.

nehmer den jeweils gültigen Zinssatz für ein dreimonatiges Refinanzierungsdarlehen in der vereinbarten Währung. Bei der Anpassung der Zinshöhe aufgrund eines derart objektiv festgelegten Referenzzinssatzes handelt es sich um eine Zinsgleitklausel.[28]

15 Für den Fall, dass für eine bestimmte Laufzeit oder, im Fall von LIBOR, für eine bestimmte Währung **keine Quotierungen verfügbar** oder ein größerer Teil der Kreditgeber sich nicht mehr zu EURIBOR oder LIBOR refinanzieren kann – sog **Marktstörung** –, enthalten die Kreditverträge regelmäßig Regelungen für eine alternative Bestimmung bzw. Ersetzung des Referenzzinssatzes.[29]

16 Die Maßnahmen der Zentralbanken während und im Nachgang der Finanzkrise haben dazu geführt, dass Refinanzierungszinsen auf unter null gesunken sind. Die Europäische Zentralbank hat am 11. Juni 2014 ihren Zinssatz für Einlagefazilitäten erstmals auf -0,10 % p. a. festgelegt.[30] In der Folge sind auch die Interbankenreferenzzinssätze EURIBOR und LIBOR für verschiedene Laufzeiten negativ geworden. Der für Eurokredite relevanteste 3-Monats-EURIBOR ist am 21. April 2015 erstmals unter null gesunken.[31] Für die Finanzwirtschaft kam die Entwicklung der **Negativzinsen** nicht unerwartet. Die Banken haben bereits früh angefangen, in ihren Kreditverträgen eine Untergrenze (englisch „***floor***") des EURIBOR und LIBOR von null Prozent p. a. vorzusehen.[32] Damit ist vertraglich fixiert, wovon die Marktteilnehmer bisher ausgegangen sein dürften, nämlich dass für die Darlehensaufnahme ein positiver Zins zu zahlen ist und den Kreditgebern zumindest die vereinbarte Marge verbleiben soll.[33] Refinanzieren sich die Kreditgeber bei negativen Zinsen über den Interbankenmarkt, kann dies natürlich dazu führen, dass ihnen auch die Differenz zwischen ihren tatsächlichen negativen Refinanzierungskosten und dem auf null fixierten EURIBOR als zusätzlicher Gewinn verbleibt.

17 Die Wahl einer Untergrenze für den Referenzzinssatz hat auch Auswirkungen auf das zur Absicherung von Zinsänderungsrisiken abzuschließende **Zinshedging**. Um zu vermeiden, dass der Kreditnehmer bei einem negativen EURIBOR oder LIBOR unter seinen Hedgingverträgen zu einer Ausgleichszahlung an die Hedging-Gegenpartei verpflichtet ist, umgekehrt aber nicht von dem sinkenden Referenzzinssatz gegenüber seinen Kreditgebern

---

[28] Zu deren Zulässigkeit → § 15 Rn. 35 ff.

[29] Zu den derzeit üblichen vertraglichen Mechanismen bei vorübergehender fehlender Quotierung des Referenzzinssatzes siehe unten § 17 sowie ausführlich Diem/Jahn/*Jahn*, II.16 Rn. 1 ff. Zu einer möglichen Anpassung bei dauerhaftem Ausfall eines Referenzzinssatzes → § 15 Rn. 21.

[30] Seit dem 16.3.2016 liegt dieser Zinssatz bei -0,40 %. Der Satz der Hauptrefinanzierungsgeschäfte liegt seit dem 16.3.2016 bei 0 %, siehe hierzu https://www.ecb.europa.eu/stats/monetary/rates/html/index.en.html#data.

[31] Siehe die historischen EURIBOR-Raten unter http://www.emmi-benchmarks.eu/euribor-org/euribor-rates.html.

[32] Die LMA hat diesbezüglich bereits im September 2011 einen entsprechenden Vorschlag für ihre Musterdokumentation vorgelegt. Der Markt ist in diesem Punkt nicht einheitlich. Während sich bei deutschen Geschäftsbanken die Untergrenze des Referenzzinssatzes von null Prozent etabliert hat, verlangen *Debt Funds* und Finanzierer nachrangiger Kredite auch höhere Untergrenzen von bis zu 1 % p. a. Dem entgegengesetzt verlangen starke Kreditnehmer im englischen Markt in letzter Zeit vermehrt auch ausdrücklich Finanzierungen ohne Untergrenze des Referenzzinssatzes.

[33] Enthält der Kreditvertrag keine entsprechend vereinbarte Untergrenze, ist gemäß §§ 133, 157 BGB der Parteiwille zu ermitteln. Es handelt sich hierbei um eine ergänzende Vertragsauslegung, was die Parteien geregelt hätten, wenn sie die Entstehung negativer Referenzzinssätze bedacht hätten. Unwahrscheinlich erscheint dabei die Vorstellung, der Kreditgeber wäre für diesen Fall auch damit einverstanden gewesen, dass die Zinszahlungspflicht des Kreditnehmers in eine Entgeltforderung für die atypische Verwahrung der Darlehensvaluta umschlägt (für kaum begründbar halten dies auch *Binder/Ettensberger* WM 2015, 2069, 2072). Offen bleibt aber, ob die Vertragsparteien davon ausgegangen sind, dass der Vertragszins insgesamt bis auf null sinken kann (so *Binder/Ettensberger* WM 2015, 2069, 2073) oder ob Parteiwille war, dass zumindest die Marge als Mindestzinssatz verbleiben soll (so tendenziell *Ernst* ZfPW 2015, 250, 253, ähnlich *Zellweger-Gutknecht* ZfPW 2015, 350, 374). Verzichten die Vertragsparteien bewusst auf eine Untergrenze, wie in letzter Zeit von starken Sponsoren vermehrt verlangt, ist für letztere Auslegung freilich kein Raum. Auch wenn zumindest in *Leverage* Finanzierungen ein Umschlagen in einen negativen Gesamtzins (also die Summe aus Referenzzinssatz und Marge) derzeit unwahrscheinlich erscheint, sollten Banken darauf achten, zumindest für diesen Gesamtzins eine Nullgrenze zu vereinbaren.

profitiert, sollte er sicherstellen, dass die Hedgingverträge dieselbe Nullzinsbegrenzung vorsehen.[34] Eine derartige Begrenzung dürfte aufgrund des höheren Risikos für die Hedging-Gegenpartei allerdings auch nur gegen ein höheres Entgelt zu erhalten sein.[35]

Reformbestrebungen. Aufgrund einer Reihe von Skandalen um die Manipulation des LIBOR wird derzeit intensiv über eine Reform der Referenzzinssätze und gar eine mögliche Abschaffung des LIBOR und etwaige Alternativen diskutiert. In der EU ist zum 1. Januar 2018 eine Verordnung zur Regulierung von Indizes, die als Referenzwert bei Finanzinstrumenten und Finanzkontrakten verwendet worden, in Kraft getreten.[36] Die Verordnung soll über Transparenzregeln und regulatorische Anforderungen an die Administratoren solcher Indizes die Integrität und Zuverlässigkeit von Referenzwerten sicherstellen. 18

Das European Money Markets Institute (EMMI) als Administrator für den EURIBOR arbeitet derzeit an einer Umstellung der bisherigen Methodologie von einem rein auf die Angaben der beteiligten Panelbanken vertrauenden Modell zu einer stärker transaktionsbezogenen Methode.[37] Parallel arbeitet die EZB an der Einführung eines eigenen Overnight Geldmarktsatzes (voraussichtlich bis 2020), der als alternativer Referenzsatz für EUR-Ausleihungen dienen könnte. 19

Noch dringlicher erscheint die Reform oder Ersetzung durch einen Alternativreferenzsatz beim LIBOR, nachdem der Vorsitzende der englischen Bankenaufsicht (*Financial Conduct Authority*) Andrew Bailey in einer Rede am 27. Juli 2017 darauf hinwies, dass die englische Bankenaufsicht nach 2021 von den LIBOR-Panelbanken keine Quotierung mehr verlangen werde. Während die ICE Benchmark Administration Limited (IBA) als Administrator des LIBOR ähnlich wie das EMMI für den EURIBOR an einer Reform des LIBOR hin zu einer stärker transaktionsbasierten Methodologie arbeitet,[38] prüfen Arbeitsgruppen der verschiedenen Zentralbanken die Ersetzung des LIBOR durch Overnight Geldmarktsätze, zu denen sich Finanzinstitute in einer bestimmten Währung bei den teilnehmenden Finanzinstituten Geld auf Tagesbasis geliehen haben (sog *Risk Free Rates* (*RFRs*)).[39] 20

Die Reform oder Ersetzung der Referenzzinssätze wird erhebliche Auswirkungen auf die Kreditwirtschaft und die bestehenden Konsortialkreditverträge haben. Anders als Hedging-Verträge, die durch Änderung des ISDA- oder Deutschen Rahmenvertrags im Wege eines Protokoll-Systems einheitlich geändert werden können, ist jeder Kreditvertrag individuell von den Parteien zu ändern. Die LMA hat für den Fall, dass ein bestimmter Referenzzinssatz dauerhaft nicht mehr quotiert wird, bereits im November 2014 eine 21

[34] Die *International Swaps and Derivatives Association* (ISDA) hat in ihren ISDA 2006 Definitions die Möglichkeit vorgesehen, zwischen Geschäften mit ggf. negativem Marktzins („*Negative Interest Rate Method*") und einer Begrenzung auf den Nullzins („*Zero Interest Rate Method*") zu wählen. Erfolgt keine Wahl, soll gilt die *Negative Interest Rate Method* als vereinbart (Section 6.4 des ISDA 2006 Definitions; siehe dazu eingehend auch *Zellweger-Gutknecht* ZfPW 2015, 350, 371 f.). Bei Zinssicherung auf Grundlage des deutschen Rahmenvertrags erfolgt die Vereinbarung der jeweiligen Methode beim telefonischen Abschluss des Handels sowie in der schriftlichen Einzelbestätigung.

[35] *Zellweger-Gutknecht* ZfPW 2015, 350, 372 f.

[36] Verordnung (EU) 2016/1011.

[37] Tests für eine rein transaktionsbasierte Methode sind zwischenzeitlich aufgrund zu geringer Marktaktivität gescheitert. Das EMMI arbeitet seit dem an einem Hybridmodell, das in erster Linie tatsächliche Transaktionsdaten heranzieht, aber bei zu geringer Aktivität weiter eigene Angaben der Panel-Banken berücksichtigt. Siehe das „Consultation Paper on a Hybrid Methodology for EURIBOR" des EMMI vom 26. März 2018, abgerufen am 10. Januar 2019 unter https://www.emmi-benchmarks.eu/assets/files/D0083–2018 %20Consultation%20Hybrid%20Euribor_full.pdf., sowie zu den Ergebnissen der Testphase „Second Consultation Paper on a Hybrid Methodology for EURIBOR" des EMMI vom 17. Oktober 2018, abgerufen am 10. Januar 2019 unter https://www.emmi-benchmarks.eu/assets/files/D0373B-2018 %20Second%20Consultation%20Hybrid%20Euribor_full.pdf.

[38] Siehe „ICE LIBOR Evolution" der IBA vom 25. April 2018, abgerufen am 10. Januar 2019 unter https://www.theice.com/publicdocs/ICE_LIBOR_Evolution_Report_25_April_2018.pdf.

[39] Für den EUR ist das ESTER (*Euro Short Term Rate*). Für die LIBOR Währungen gibt es die folgenden RFRs: Für Pfund Sterling SONIA (*Sterling Overnight Index Average*), für US Dollar SOFR (*Secured Overnight Funding Rate*), für Schweizer Franken SARON (*Swiss Average Rate Ovenright*) und für Japanische Yen TONAR (*Tokyo Overnight Average Rate*).

Musterklausel vorgeschlagen, wonach mit Zustimmung der Mehrheitsbanken und dem Vertreter der Kreditnehmer und Garanten ein alternativer Referenzzinssatz vereinbart und der Kreditvertrag entsprechend geändert werden kann.[40] Fehlt eine solche Klausel, so ist hierzu die Zustimmung aller Vertragsparteien erforderlich. In jedem Fall ist die Änderung insbesondere in internationalen Finanzierungen mit einem erheblichen Dokumentations- und Kostenaufwand verbunden. Inhaltlich wird insbesondere die Ersetzung von EURIBOR und LIBOR durch RFRs Schwierigkeiten bereiten. Zum einen sind die RFRs untereinander bisher nicht wirklich vergleichbar (manche sind besichert, andere unbesichert), sie werden anders als der LIBOR nicht zur selben Zeit, sondern zu unterschiedlichen Zeiten veröffentlicht, und sie beinhalten aufgrund ihres Overnight Charakters anders als EURIBOR und LIBOR keine verlässliche Basis für mehrmonatige Ausleihungen. Es ist derzeit unklar, wie der Referenzzinssatz bei Abstellen auf einen historischen Overnight-Geldmarktsatz für alle Parteien sinnvoll verlässlich bestimmt werden könnte. Eine rückwirkende Festlegung auf Basis der Durchschnitts-Tageszinssätze am Ende der gewählten Zinsperiode wäre sowohl für Kreditnehmer als auch für Banken nachteilig, da der Zinssatz nicht im Vorhinein verlässlich vereinbart werden könnte. Eine mögliche Lösung wäre die Entwicklung eines für die jeweilige RFR festzustellenden *Overnight Index Swaps* (*OIS*) für verschiedene Laufzeiten, mit denen Marktteilnehmer ihr zukünftiges RFR Risiko absichern könnten und der dann als Referenzzinssatz zugrunde gelegt werden könnte. Im Dezember 2018 hat die EZB ESTER als Ersatzreferenzzins für den EURIBOR empfohlen und auch Hinweise zur möglichen Entwicklung eines auf ESTER-Derivaten basierenden Terminzinssatzes gegeben.[41]

b) Marge

22 Zusätzlich zum Referenzzinssatz ist eine Marge (*Margin, Spread*) zu bezahlen. Die Marge wird als Prozentsatz des ausbezahlten Kreditbetrags ausgedrückt. Während der Referenzzins im Wesentlichen ein Durchlaufposten ist, leistet die Marge einen Deckungsbeitrag zu den allgemeinen Kosten des Kreditgebers, deckt das Kreditausfallrisiko und enthält einen Gewinnbeitrag.

23 **Margenskala.** Je besser die Bonität des Kreditnehmers, desto geringer ist das Kreditausfallrisiko. Bei einem geringeren Kreditausfallrisiko kann auch die Marge niedriger sein. Daher wird häufig vereinbart, dass sich die Marge entsprechend der wirtschaftlichen und finanziellen Situation des Kreditnehmers in Schritten nach oben oder unten verändert (sog *Margin Ratchet*). Maßstab für die wirtschaftliche und finanzielle Situation des Kreditnehmers ist in der Regel das *Leverage Ratio*,[42] dessen Höhe alle drei Monate durch Übersendung eines *Compliance Certificate* an den Agenten nachzuweisen ist. Bei der Anknüpfung der Marge an eine objektiv zu bestimmende variable Bezugsgröße handelt es sich um eine Zinsgleitklausel.[43]

24 Aus technischen Gründen erfolgt eine Margenanpassung in der Regel immer erst ein paar Tage nach Einreichung des entsprechenden ***Compliance Certificate***. Aus rechtlichen Gründen wird zumindest eine Margenerhöhung in jedem Fall erst zum Beginn der nächsten Zinsperiode empfohlen. Andernfalls hätte der Kreditnehmer ein gesetzliches Kündigungsrecht zum Zeitpunkt der Erhöhung der Marge gemäß § 489 Abs. 1 Nr. 1 BGB, bei dessen Ausübung nach § 489 Abs. 4 S. 1 BGB keine Vorfälligkeitsentschädigung

[40] Siehe Ziff. 42.5 (*Replacement of Screen Rate*) des LMA Leveraged Finance Facilities Agreement; seit 25. Mai 2018 gibt es einen noch ausdifferenzierteren Vorschlag der LMA (abrufbar für die Mitglieder der LMA auf deren Homepage), der eine entsprechende Änderung auch schon vor einer dauerhaften Aussetzung eines Referenzzinssatzes zulässt.

[41] Siehe die „*Second public consultation by the working group on euro risk-free rates*" der EZB, abgerufen am 29. Januar 2019 unter https://www.ecb.europa.eu/paym/pdf/cons/euro_risk-free_rates/ecb.consultation_details_201812.en.pdf

[42] Dazu → § 22 Rn. 16 ff.

[43] Zu deren Zulässigkeit → § 15 Rn. 35 ff.

verlangt werden könne.[44] Die Einordnung der Fälle periodisierter Margenanpassung aufgrund sich ändernder Bonität des Kreditnehmers als solche des § 489 Abs. 1 Nr. 1 BGB entspricht der herrschenden Meinung.[45] Nach ganz hM bedeutet dies auch, dass die Vereinbarung einer Vorfälligkeitsentschädigung unwirksam ist, wenn sie dazu führen kann, dass der Darlehensnehmer von seinem gesetzlichen Kündigungsrecht gemäß § 489 Abs. 1 Nr. 1 BGB Abstand nimmt.[46] Geschützt wird aber nur die Möglichkeit zur Ausübung des gesetzlichen Kündigungsrechts unter Beachtung der in § 489 Abs. 1 Nr. 1 BGB vorgesehenen Voraussetzungen, dh der Darlehensnehmer müsste tatsächlich mit einer Frist von einem Monat zum Tag der Zinserhöhung kündigen. In der Praxis kommt dies so gut wie nicht vor.

c) Mandatory Costs

25 In vielen Kreditverträgen waren bis in jüngerer Vergangenheit als weiterer Zinsbestandteil zusätzlich sog „***Mandatory Costs***" enthalten. Die *Mandatory Costs* umfassten bis zum 1. April 2013 in erster Linie monatliche Gebühren, die von Kreditgebern mit Niederlassung in Großbritannien an die dortige *Financial Services Authority* (FSA) zu zahlen waren.[47] Seit dem 1. April 2013 sind die Funktionen der FSA auf die *Financial Conduct Authority* und die *Prudential Regulation Authority* übertragen worden und auch die Berechnung der zu zahlenden Gebühren hat sich geändert. Da die Höhe der Gebühren für jeden Kreditgeber unterschiedlich ausfallen konnte, hatte es auch schon unter dem vorherigen Regime immer wieder Schwierigkeiten gegeben, die *Mandatory Costs* durch den Agenten zu berechnen. In der Praxis wurden diese Gebühren zumindest in deutsch-rechtlichen Kreditverträgen fast nie in Rechnung gestellt.[48] Auch die aktuellen englisch-rechtlichen LMA-Musterverträge sehen aufgrund der operativen Schwierigkeiten ihrer Feststellung keine *Mandatory Costs*-Formel mehr vor, sondern überlassen die Anwendbarkeit den Verhandlungen der Parteien. Nach deutschem Recht dürfte zumindest bei Anwendbarkeit von AGB-Recht die Umlegung von *Mandatory Costs*, die eigene aufsichtsrechtliche Kosten der Kreditgeber betreffen und nicht einmal in ihrer Höhe vom Kreditnehmer eingeschätzt werden können, unwirksam sein.[49]

2. Zinsänderungsklauseln

26 Zinsänderungsklauseln begegnen uns in Form von Zinsanpassungsklauseln und Zinsgleitklauseln. Wird dem Kreditgeber das Recht eingeräumt, durch einseitige Bestimmung gemäß § 315 BGB die Zinshöhe anzupassen, so spricht man von einer **Zinsanpassungs-**

---

[44] LBS/*Castor*, 16. Kap. Rn. 46, 61; Diem/Jahn/*Jahn*, II.14 Rn. 7.

[45] Siehe ua LBS/*Castor*, 16. Kap. Rn. 46, 61; *Langenbucher* BKR 2005, 134, 141; MüKoBGB/*Berger* § 489 Rn. 15 und → § 24 Rn. 12. Nach aA führt die Vereinbarung einer bonitätsorientierten Margenanpassung gar zu einem variablen Zinssatz mit jederzeitiger Kündigungsmöglichkeit des Darlehensnehmers gemäß § 489 Abs. 2 BGB (so zB Bamberger/Roth/*Rohe* § 489 Rn. 16). Diese Ansicht berücksichtigt jedoch zumindest für die Fälle der nur periodenhaften Überprüfung der Bonität nicht hinreichend, dass der Zinssatz in diesen Fällen zumindest für einen bestimmten Zeitraum festgeschrieben ist, § 489 Abs. 2 BGB jedoch nur solche Fälle erfassen soll, bei denen der Zins *jederzeit* veränderlich ist (vgl. zu § 609a Abs. 2 BGB aF BT-Drucks. 10/4741, S. 23; Staudinger/*Mülbert* § 489 Rn. 53; sowie → § 24 Rn. 13). Nach *Mülbert* (Staudinger/*Mülbert* § 489 Rn. 55) bewirkt die bonitätsabhängige Zinsanpassung gar keine Veränderlichkeit des Zinssatzes iSd § 489 BGB, wenn und weil lediglich verschieden hohe feste Sollzinssätze für die gesamte Laufzeit der Kreditvereinbarung vereinbart würden.

[46] → § 25 Rn. 30 sowie Staudinger/*Mülbert* § 489 Rn. 71.

[47] Zu dem Inhalt der damaligen *Mandatory Costs* Regelungen und der Frage einer möglichen Erstreckung auf Mindestreservekosten und Eigenkapitalkosten nach Basel II und Basel III siehe die Vorauflage (*Diem*, Akquisitionsfinanzierungen, 3. Auflage, 2013) → 3. Aufl. 2013, § 15 Rn. 20 ff.

[48] LBS/*Castor*, 16. Kap. Rn. 45.

[49] Vgl. zu jüngeren Entscheidungen des BGH im Zusammenhang mit Kostentragungsklauseln nach AGB-Recht auch → § 18 Rn. 3 ff.

klausel.[50] Eine Regelung, wonach der Zinssatz an eine externe variable Bezugsgröße (zB EURIBOR oder LIBOR) gekoppelt ist, nennt man **Zinsgleitklausel.**[51] Die Zulässigkeit von Zinsanpassungs- und Zinsgleitklauseln ist umstritten.

a) Zinsanpassungsklauseln

27 In Bezug auf den Kontokorrentkredit wird häufig vereinbart, dass die kreditgebende Bank berechtigt ist, angemessene Zinsen zu verlangen oder einen bei Vertragsschluss festgelegten Zinssatz später zu ändern.[52]

28 **(i) Allgemeine Geschäftsbedingungen.** Soweit sich das Anpassungsrecht des Kreditgebers aus allgemeinen Geschäftsbedingungen (etwa aus Nr. 12 Abs. 2 der AGB-Banken) ergibt, muss es sich grundsätzlich an § 307 BGB messen lassen.[53] Keiner Inhaltskontrolle nach § 307 BGB unterliegen **reine Preisabreden,** dh Vereinbarungen über die Zinshöhe. Dies gilt aber nur, wenn den Kreditgebern weder im Hinblick auf die Voraussetzungen noch auf den Umfang der Zinsänderung ein Ermessensspielraum zusteht.[54] Erfolgt die Zinsanpassung nicht auf Grund öffentlich zugänglicher externer Parameter, sondern wird sie einseitig vom Kreditgeber auf Grund geschäftlicher Entscheidungen oder Einschätzungen festgelegt, so besteht ein Ermessensspielraum, und sie ist an § 307 BGB zu messen.[55]

29 **Anforderungen.** Zinsanpassungsklauseln im Kreditgeschäft von Kreditinstituten unterliegen der AGB-rechtlichen Inhaltskontrolle[56] und müssen den allgemeinen Anforderungen an Preisanpassungsklauseln genügen.[57]

30 Nach dem BGH liegt keine unangemessene Benachteiligung des Kunden iSd § 307 BGB vor, wenn der Kunde **vorhersehen** kann, unter welchen Voraussetzungen und in welchem **Umfang** ihn zusätzliche Belastungen treffen werden.[58] Aufgrund dieses sich aus § 307 BGB ergebenden **Transparenzgebots** können nach Ansicht des BGH Zinsanpassungsklauseln in AGB nur hingenommen werden, wenn die AGB Anlass, Richtlinien und Grenzen der Ausübung des Anpassungsrechts „möglichst konkret angeben".[59] Der allgemeine Hinweis auf § 315 BGB reicht dafür nicht aus. Der Verwender kann sich ein Leistungsbestimmungsrecht nach § 315 BGB nicht einräumen lassen, ohne dieses Recht von vornherein inhaltlich zu beschränken.[60]

31 **Inhaltliche Anforderungen.** Eine inhaltliche Beschränkung des Leistungsbestimmungsrechts der Bank folgt aus der Forderung nach einer **Symmetrie** der Maßstäbe für Zinsanhebungen und Zinssenkungen.[61] Diese Symmetrie darf sich nicht nur auf die Anpassungsvoraussetzungen, sondern muss sich auch auf den Umfang der Anpassung beziehen.[62]

---

[50] *Langenbucher* BKR 2005, 134, 135.
[51] SBL BankR-HdB/*Bruchner/Krepold* § 78 Rn. 68.
[52] Vgl. zur Auswirkung kreativer Zins-Vereinbarungen auf die ordentlichen Kündigungsmöglichkeiten des Darlehensnehmers *Stupp/Mucke* BKR 2005, 20.
[53] Zur möglichen AGB-Eigenschaft von standardmäßig verwendeten Formulierungen in im Übrigen individuell ausgehandelten Verträgen → § 28 Rn. 1 ff.
[54] *Langenbucher* BKR 2005, 134, 137.
[55] *Langenbucher* BKR 2005, 134, 137.
[56] St. Rspr. vgl. nur BGH v. 21.4.2009, BB 2009, 1436, 1437.
[57] BGH v. 21.4.2009, BB 2009, 1436 unter ausdrücklicher Aufgabe der Entscheidung BGH v. 6.3.1986, WM 1986, 580, 581.
[58] BGH v. 8.10.1997, WM 1998, 558, 561.
[59] BGH v. 19.10.1999, WM 1999, 2545, 2547 (*obiter dictum*); einschränkend jedoch OLG Hamm v. 5.2.2003, WM 2003, 1169, 1171 und OLG Düsseldorf v. 17.10.2003, WM 2004, 319, 323 (Zinsanpassungsklauseln im Passivgeschäft der Banken, dh im Einlagengeschäft, verstoßen nicht gegen § 307 BGB).
[60] *Schimansky* WM 2003, 1449, 1450.
[61] BGH v. 6.3.1986, BGHZ 97, 212, 217, 220; *Schimansky* WM 2003, 1449, 1451.
[62] *Schimansky* WM 2003, 1449, 1451.

Die Zinsanpassung orientiert sich in ihrem **Umfang** zunächst an ihrem sachlichen Grund, der Veränderung der Refinanzierungsmöglichkeiten der Bank am Kapitalmarkt (Passivgeschäft), wobei es nicht auf die individuelle Situation der betroffenen Bank, sondern auf die allgemeinen Refinanzierungsmöglichkeiten ankommt.[63] Sie ist der Höhe nach aber auf das durchschnittliche Zinsniveau vergleichbarer Kredite (Aktivgeschäft) der jeweiligen Bank beschränkt.[64] Eine am Markt nicht durchsetzbare Steigerung ihrer Refinanzierungskosten hat die Bank auf Kosten ihrer Marge im Rahmen ihres marktwirtschaftlichen Tätigwerdens hinzunehmen.[65] **32**

Die konkrete Bemessung des im Einzelfall zu zahlenden Zinssatzes ist anhand von § 315 BGB zu prüfen.[66] Dabei hat sich die kreditgebende Bank im Rahmen der Zinssätze jeweils nach der Art und Größe vergleichbarer Kredite zu richten, wie sie sich aus den in den **Monatsberichten** der Deutschen Bundesbank veröffentlichten Statistiken ergeben, aus denen bereits die höchsten und die niedrigsten Zinssätze ausgesondert sind.[67] Die kreditgebende Bank ist bei zulässigen oder gebotenen Zinsänderungen verpflichtet, den einzelnen Kunden nicht schlechter zu behandeln als andere Kreditnehmer, denen sie Kredite dieser Art gewährt hat.[68] Über Voraussetzungen, Intervalle und Ausmaß der Anpassung entscheiden im Streitfall allein die Gerichte (§ 315 Abs. 3 BGB). Das Kreditinstitut kann sich in diesen Fällen weder bei Zinserhöhungen noch bei Zinssenkungen auf einen Ermessenspielraum gemäß § 315 Abs. 1 BGB berufen.[69] **33**

(ii) Individualvereinbarung. Die genannten Beschränkungen gelten nicht, wenn die Befugnis der kreditgebenden Bank zur Zinsanpassung aus einer Individualvereinbarung folgt.[70] Dies ist ua bei Vereinbarung einer Market Flex-Klausel von Bedeutung, die auch zur Anhebung der Margen berechtigt.[71] **34**

b) Zinsgleitklauseln

Bei Eurokrediten wird der geschuldete Zins jeweils am Ende einer Zinsperiode in Abhängigkeit zum aktuellen EURIBOR, LIBOR oder einem anderen Referenzzinssatz angepasst. Außerdem kann sich der Zinssatz auf der Basis vereinbarter Bilanzrelationen oder Finanzkennzahlen ändern. **35**

(i) Gesetzliche Verbote. Eine Zinsgleitklausel verstößt nicht gegen § 1 Abs. 1 des Preisklauselgesetzes (PreisklG).[72] Der Zinssatz des Vertragszinses wird vom gewählten Referenzzinssatz bestimmt, also nicht von „anderen Gütern und Leistungen", die mit dem Zinssatz **36**

---

63 *Derleder* WM 2001, 2029, 2033.

64 BGH v. 6.3.1986, BGHZ 97, 212, 222 f.; OLG Celle v. 20.12.2000, WM 2002, 1878, 1880; *Derleder* WM 2001, 2029, 2032 ff.; krit. *Bruchner/Metz*, Variable Zinsklauseln Rn. 129 ff.; für eine Orientierung allein am Aktivgeschäft *Schimansky* WM 2003, 1449, 1451 f.

65 So auch *Derleder* WM 2001, 2029, 2034.

66 *Schwarz* NJW 1987, 626, 628; BuB/*Früh/Müller-Arends* Rn. 3/118a und 120a.

67 BGH v. 6.3.1986, BGHZ 97, 212, 222 f.

68 BGH v. 6.3.1986, BGHZ 97, 212, 223.

69 *Schimansky* WM 2003, 1449, 1453.

70 Insoweit ist der Nachprüfungsmaßstab auf die Vereinbarkeit der konkreten Festsetzung des Zinssatzes mit § 315 BGB beschränkt, vgl. BuB/*Früh/ Müller-Arends* Rn. 3/118a und 120a.

71 Dazu → § 2 Rn. 38 f.

72 BGBl. 2077 I, S. 2246; § 1 Abs. 1 PaPkG lautet: „Der Betrag von Geldschulden darf nicht unmittelbar und selbsttätig durch den Preis oder Wert von anderen Gütern oder Leistungen bestimmt werden, die mit den vereinbarten Gütern oder Leistungen nicht vergleichbar sind." Das Bundesministerium für Wirtschaft kann auf Antrag Ausnahmen genehmigen, wenn Zahlungen langfristig zu erbringen sind oder besondere Gründe des Wettbewerbs eine Wertsicherung rechtfertigen und die Preisklausel nicht eine der Vertragsparteien unangemessen benachteiligt. Der Geld- und Kapitalverkehr, einschließlich der Finanzinstrumente im Sinne des § 1 Abs. 11 des Kreditwesengesetzes sowie die hierauf bezogenen Pensions- und Darlehensgeschäfte, bleibt vom Indexierungsverbot ausgenommen. Desgleichen bleiben Verträge von gebietsansässigen Kaufleuten mit Gebietsfremden vom Indexierungsverbot ausgenommen."

„nicht vergleichbar" sind. Gemäß § 5 PreisklG ist der Geld- und Kapitalverkehr vom Indexierungsverbot zudem ausdrücklich ausgenommen.

37 **(ii) Allgemeine Geschäftsbedingungen.** Vereinbarungen über die Zinshöhe sind grundsätzlich **Preisabreden**, die einer Inhaltskontrolle nach § 307 BGB entzogen sind. Nur wenn den Kreditgebern ein Ermessensspielraum bei der Zinsänderung zusteht, findet eine Inhaltskontrolle nach AGB-Recht statt.[73] Ein solcher Ermessensspielraum fehlt bei den banküblichen Zinsänderungen in Abhängigkeit von Referenzzinssätzen oder Finanzkennzahlen auf der Basis einer im Voraus vereinbarten Margenskala sowohl hinsichtlich der Voraussetzungen einer Zinsänderung als auch hinsichtlich ihrer Höhe.[74] Es handelt sich um kontrollfreie Preisabreden.[75]

3. Festsetzung des Zinssatzes

38 Der für die jeweilige Zinsperiode gültige Zinssatz wird vom Kreditgeber, beim Konsortialkredit vom Agenten errechnet. Zu diesem Zweck stellt er bei Darlehen in EUR zwei TARGET-Tage vor dem Beginn einer Zinsperiode den an diesem Tag gültigen EURIBOR fest (sog *Fixing*), prüft die Einhaltung relevanter *Financial Covenants* im Hinblick auf eine Margenanpassung und berechnet den endgültigen Zinssatz. Bei Krediten in Pfund Sterling erfolgt das Fixing am ersten Tag der Zinsperiode, bei Krediten in anderen Währungen, die am Londoner Interbankenmarkt gehandelt werden, zwei Bankarbeitstage in London vor dem Beginn der Zinsperiode.[76]

39 Die **Frist** von zwei Bankarbeitstagen bedeutet im Zweifel zwei volle Bankarbeitstage.[77] Die Frist endet daher gemäß § 188 Abs. 1 BGB mit Ablauf des zweiten vollen Bankarbeitstags. Die Auszahlung kann erst am darauffolgenden Bankarbeitstag erfolgen.

40 Da die Zinsfestsetzung durch den Kreditgeber bzw. Agenten erfolgt, ist bei der Definition des **Bankarbeitstags** für Zwecke der Festsetzung des Zinssatzes darauf zu achten, dass alle gesetzlichen Feiertage am Abwicklungsort des Kreditgebers bzw. des Agenten ausgenommen sind.

41 Der Kreditgeber bzw. der Agent teilt dem Kreditnehmer und gegebenenfalls den Konsortialbanken den festgesetzten Zinssatz mit. Die Zinsfestsetzung durch den Agenten ist für alle Konsortialbanken verbindlich, unabhängig davon, ob sie sich zu diesem Satz refinanzieren können oder nicht.

4. Zinsperiode

42 **Dauer.** Die mögliche Dauer der Zinsperioden richtet sich grundsätzlich nach den EURIBOR- bzw. LIBOR-Quotierungen.[78] Sehr kurze Zinsperioden sind mit einem relativ großen Verwaltungsaufwand verbunden und werden daher von den Kreditgebern idR nicht angeboten. Andererseits sind Eurokredite mit einer Laufzeit von mehr als zwölf Monaten am Interbankenmarkt schwer zu erhalten. Dem Kreditnehmer werden daher meist Zinsperioden von einem, drei, sechs und zwölf Monaten angeboten.

43 **Wahlrecht.** Der Kreditnehmer kann grundsätzlich die Dauer der Zinsperioden wählen.[79] Entsprechend refinanzieren sich die Kreditgeber für die gewählte Dauer, dh sie nehmen für diesen Zeitraum einen Kredit am internationalen Finanzmarkt auf oder pro-

[73] *Langenbucher* BKR 2005, 134, 137.
[74] *Langenbucher* BKR 2005, 134, 137.
[75] Vgl. auch Diem/Jahn/*Jahn*, II.14 Rn. 2; LBS/*Castor*, 16. Kap. Rn. 41.
[76] → § 15 Rn. 38.
[77] Arg. § 359 Abs. 2 HGB.
[78] Dazu → § 15 Rn. 12 f.
[79] Beispielsklausel: Ziff. 16.1(a) (*Selection of Interest Periods and Terms*) LMA Leveraged Finance Facilities Agreement; siehe zu den üblichen vertraglichen Regelungen auch Diem/Jahn/*Jahn*, II.15 Rn. 1 ff.

longieren einen bereits erhaltenen Kredit um die Dauer der gewählten Zinsperiode. Der **Zinssatz** ist während einer Zinsperiode festgeschrieben.

Ausübung des Wahlrechts. Der Kreditnehmer teilt der Bank die gewünschte Dauer der ersten Zinsperiode im **Auszahlungsgesuch** (*Utilisation Request*) und die Dauer jeder nachfolgenden Zinsperiode durch Übersendung eines **Prolongationsgesuchs** (*Selection Notice*) mit. Das Prolongationsgesuch ist spätestens bis 9.30 Uhr (am Sitz des Agenten) des dritten Bankarbeitstags vor dem Beginn der nachfolgenden Zinsperiode zu übermitteln. **44**

Das Wahlrecht ist so auszuüben, dass am Fälligkeitstag jeder **Tilgung** eines Kredits auch eine Zinsperiode endet.[80] Denn an diesem Tag sind (theoretisch) auch die Refinanzierungskredite der Kreditgeber zu tilgen. Der Kreditnehmer ist berechtigt, zu diesem Zweck eine kürzere als die vertraglich angebotenen Zinsperioden zu wählen. Dadurch kann es zu Zinsperioden mit Laufzeiten kommen, für die kein EURIBOR- oder LIBOR-Satz quotiert wird. Die Banken können sich für diese „schrägen" Laufzeiten nur zum dann aktuellen Geldmarktzinssatz refinanzieren, der leicht von dem EURIBOR- oder LIBOR-Satz abweichen wird. **45**

Bis zum Abschluss der **Syndizierung** werden meist einmonatige Zinsperioden vereinbart,[81] um die Übertragung von Konsortialanteilen am Ende einer Zinsperiode und doch zeitnah vornehmen zu können. **46**

Versäumt der Kreditnehmer die Frist zur Ausübung seines Wahlrechts, so gilt nach den Kreditverträgen eine bestimmte Zinsperiode als gewählt.[82] Oft handelt es sich um eine kurze Periode (zB ein Monat), die regelmäßig teurer ist als eine längere. **47**

Beginn der Zinsperiode. Als Beginn der Zinsperiode wird – in Abweichung von der gesetzlichen Regelung[83] – regelmäßig der Beginn des Tages vereinbart, an dem das Darlehen ausgezahlt wird. Ist das Darlehen bereits ausbezahlt und wird es nur prolongiert, so beginnt die Zinsperiode am letzten Tag der vorangehenden Zinsperiode.[84] Gleichzeitig beginnt auch die Zinszahlungspflicht. **48**

Ende der Zinsperiode. Ein in Monaten bemessener EURIBOR wird in der Regel für Perioden angeboten, deren Anfangs- und Endtag dieselbe Zahl haben, dh zB vom 25. 3. bis 25. 6. Mangels anderweitiger Vereinbarung endet diese Zinsperiode also am 25. 6. um 24.00 Uhr. Gelegentlich ist vereinbart, dass die nachfolgende Zinsperiode mit dem Ablauf der vorhergehenden Zinsperiode beginnt. Das wäre im Beispielsfall am 26. 6. um 0.00 Uhr. Um zu vermeiden, dass sich die Zinsperioden laufend um einen Tag nach hinten verschieben, wird vereinbart, dass jede Zinsperiode, die auf eine andere Zinsperiode folgt, am letzten Tag der vorhergehenden Zinsperiode beginnt.[85] Die Zinsperioden überlappen sich also um einen Tag. Im oben genannten Beispiel würde die nachfolgende Zinsperiode also am letzten Tag der vorhergehenden Zinsperiode beginnen, dh am 25. 6., 0.00 Uhr. Bei einer dreimonatigen Zinsperiode endete diese am 25. 9., 24.00 Uhr, usw. **49**

Damit dieses System funktioniert, ist es erforderlich, dass die Darlehensvaluta am Rückzahlungstag so rechtzeitig bei den Kreditgebern eingeht, dass diese sie an ihren refinanzierenden Kreditgeber zurückzahlen und der refinanzierende Kreditgeber sie noch am gleichen Tag einem neuen Kreditnehmer zur Verfügung stellen kann. Sonst verliert der refinanzierende Kreditgeber einen Zinstag. Der refinanzierende Kreditgeber muss den Zahlungsauftrag zur Überweisung der Valuta an den neuen Kreditnehmer spätestens bis **50**

[80] Beispielsklausel: Ziff. 16.1(e) (*Selection of Interest Periods and terms*) LMA Leveraged Finance Facilities Agreement.
[81] Beispielsklausel: Ziff. 16.1(h) (*Selection of Interest Periods and Terms*) LMA Leveraged Finance Facilities Agreement.
[82] Beispielsklausel: Ziff. 16.1(c) (*Selection of Interest Periods and Terms*) LMA Leveraged Finance Facilities Agreement.
[83] → § 15 Rn. 3.
[84] Beispielsklausel: Ziff. 16.1(f) (*Selection of Interest Periods and Terms*) LMA Leveraged Finance Facilities Agreement.
[85] Beispielsklausel: Ziff. 16.1(f) (*Selection of Interest Periods and Terms*) LMA Leveraged Finance Facilities Agreement.

15.00 Uhr erteilen können, da sonst eine taggleiche Abwicklung nicht mehr gewährleistet ist. Manche Kreditverträge enthalten entsprechende Zeitvorgaben.

51 Der letzte Tag einer Zinsperiode muss auf einen **Bankarbeitstag** fallen, da an diesem Tag häufig Zahlungen erfolgen. Am Ende einer Zinsperiode können zB Zinsen zu entrichten, eine Tilgungsrate fällig oder, bei Endfälligkeit des Darlehens, das Darlehen insgesamt zurückzuzahlen sein. Fällt das Ende der Zinsperiode nicht auf einen Bankarbeitstag, so gilt sie als mit Ablauf des nächstfolgenden Bankarbeitstags als beendet. Fällt der nächstfolgende Bankarbeitstag aber in den nächsten Kalendermonat, so gilt die Zinsperiode an dem Bankarbeitstag als beendet, der dem letzten Tag der Zinsperiode unmittelbar vorangeht (sog *modified following business day convention*).[86]

52 **Angleichung der Zinsperioden.** Mit jeder Auszahlung eines Kreditbetrags beginnt für diesen Betrag eine Zinsperiode zu laufen, deren Dauer vom Kreditnehmer gewählt wird. Wenn ein Kredit in vielen kleinen Teilbeträgen ausgezahlt würde und für diese Teilbeträge auch noch unterschiedliche Zinsperioden gewählt würden, wäre die Überwachung der Zinszahlungen nach Fälligkeit und Höhe sowohl für die Bank als auch für den Kreditnehmer mit erheblichem Verwaltungsaufwand verbunden. Um den Aufwand so gering wie möglich zu halten, wird die zulässige Anzahl der gleichzeitig ausstehenden Darlehen (mit unterschiedlichen Zinsperioden) beschränkt.[87] Teilweise wird auch vereinbart, dass die Zinsperioden aller Kredite an denselben Kreditnehmer (und damit auch die Einzelkredite selbst) konsolidiert werden müssen. Der Kreditnehmer muss dann sein Wahlrecht so ausüben, dass die Zinsperiode jedes neu ausgezahlten Kreditbetrags am selben Tag wie die bereits laufenden Zinsperioden der anderen Kredite endet. Außerdem können die Zinsperioden aller Kreditbeträge nur einheitlich verlängert werden.

5. Berechnung des Zinsbetrags

53 Zinsen sind für alle Tage zu zahlen, an denen der Kredit in Anspruch genommen wurde. Üblicherweise wird vereinbart, dass – in Abweichung von der gesetzlichen Regelung[88] – auch der Auszahlungstag zu verzinsen ist. Dafür wird dem Kreditnehmer aber die Zinszahlungspflicht für den letzten Tag erlassen.

54 Zinsen werden bei Eurokrediten auf der Grundlage der tatsächlich verstrichenen Tage geteilt durch 360 Tage berechnet (*actual*/360, sog Eurozinsmethode oder französische Zinsmethode).[89] Beträgt die Dauer der gewählten Zinsperiode drei Monate, so schuldet der Kreditnehmer Zinsen für die tatsächliche Anzahl der Tage, einschließlich des Auszahlungstags, geteilt durch 360 und multipliziert mit dem Zinssatz. Wird das Darlehen während des gesamten Jahres in Anspruch genommen, so schuldet der Kreditnehmer Zinsen in Höhe von 365/360 des Zinssatzes p. a. Dagegen werden die Zinsen für ein Darlehen in Pfund Sterling in der Regel auf der Basis eines 365-Tage-Jahres (*actual*/365, sog englische Zinsmethode) berechnet.[90] Die bei Eurokrediten in anderen Währungen als Pfund Sterling angewendete Berechnungsmethode ist für die Bank günstiger. Bei hohen Kreditbeträgen kann der Unterschied beträchtlich sein.[91]

[86] Beispielsklausel: Ziff. 16.3 (*Non-Business Days*) LMA Leveraged Finance Facilities Agreement; siehe auch Diem/Jahn/*Jahn*, II.15 Rn. 11; LBS/*Castor*, 16. Kap. Rn. 47.

[87] Beispielsklausel: Ziff. 4.4(a) (*Maximum number of Utilisations*) LMA Leveraged Finance Facilities Agreement.

[88] Dazu → § 15 Rn. 3.

[89] Beispielsklausel: Ziff. 39.3 (*Day count convention*) LMA Leveraged Finance Facilities Agreement; siehe auch Diem/Jahn/*Jahn*, II.38 Rn. 6.

[90] *Gooch/Klein*, Loan Documentation, S. 48.

[91] Sollte keine Zinsberechnungsmethode vereinbart sein, so ist diese unter Zugrundelegung eines etwaigen Handelsbrauchs und der Verkehrssitte gemäß §§ 133, 157 BGB zu ermitteln (BeckOGK/*Weber*, § 488 Rn. 254). In Darlehensverträgen von Banken dürfte das so gut wie nie der Fall sein. Durchaus aber fehlt eine ausdrückliche Vereinbarung mitunter in Gesellschafterdarlehensverträgen oder Verträgen zwischen Konzerngesellschaften. Das LG Darmstadt (Urt. v. 23.1.1997, NJW 1997, 2689) hat für Zinsen für einen gestundeten Kaufpreis geurteilt, es bestehe im Rechtsverkehr ein Handelsbrauch für die 360-Tage-Methode. Solle eine taggebaue Abrechnung vereinbart werden, so müsse dies explizit festgehalten werden.

6. Fälligkeit

In Eurokreditverträgen wird regelmäßig vereinbart, dass die Zinsen am letzten Tag einer Zinsperiode für die abgelaufene Periode zu bezahlen sind. Soweit die Zinsperiode drei oder sechs Monate überschreitet, verlangt die Bank in der Regel aber eine Abschlagszahlung in Höhe der bis zum vereinbarten Zeitraum aufgelaufenen Zinsen.[92] **55**

§ 16. Verzug

I. Verzugsvoraussetzungen

1. Gesetzliche Regelung

Die schuldhafte Nichtleistung trotz Fälligkeit und Mahnung führt zum Verzug (§ 286 BGB). Der Verzug des Schuldners setzt grundsätzlich eine **Mahnung** durch den Gläubiger voraus (§ 286 Abs. 1 BGB). Eine Mahnung ist aber ua entbehrlich, wenn die Fälligkeit der Leistung **kalendermäßig** bestimmt ist (§ 286 Abs. 2 Nr. 1 BGB) oder wenn der Leistung ein **Ereignis** vorauszugehen hat und eine angemessene **Frist** für die Leistung in der Weise bestimmt ist, dass sie sich von dem Ereignis an nach dem Kalender berechnen lässt (§ 286 Abs. 2 Nr. 2 BGB). Die Entbehrlichkeit einer Mahnung ist für jede Forderung getrennt zu beurteilen. **1**

Rückzahlung der Darlehensvaluta. Die Fälligkeit der geschuldeten Rückzahlungen ist regelmäßig im Vertrag bestimmt. Ist **ratenweise Rückzahlung** vereinbart, enthält der Kreditvertrag eine Tilgungstabelle, in der die Fälligkeitstermine der einzelnen Raten bestimmt sind. Ist der Kredit am Ende der vereinbarten Laufzeit in einem Betrag zurückzuzahlen, tritt die Fälligkeit am Ende der im Vertrag bestimmten Laufzeit ein. Die Fälligkeit von Tilgungsleistungen ist somit kalendermäßig bestimmt. **2**

Das ist jedoch nicht der Fall, wenn der Kreditvertrag durch **Kündigung** beendet wird. Die Kündigung eines Kredits gilt als ein Ereignis iSd § 286 Abs. 2 Nr. 2 BGB.[1] Nach den üblichen vertraglichen Vereinbarungen ist der Kredit allerdings mit dem Zugang der Kündigung sofort zur Rückzahlung fällig. Eine Frist zur Rückzahlung wird nicht eingeräumt. In diesem Fall ist der Leistungszeitpunkt also nicht nach dem Kalender zu berechnen. Eine solche Vereinbarung fällt deshalb nicht unter § 286 Abs. 2 Nr. 2.[2] Nach der Kündigung eines Kredits ist daher grundsätzlich eine Mahnung erforderlich, um den Verzug herbeizuführen. **3**

Zahlung der Zinsen. Zinsen sind am Ende einer jeden Zinsperiode oder in regelmäßigen Zeiträumen nach dem Beginn einer Zinsperiode zu bezahlen. Die Dauer der Zinsperiode wird im Auszahlungs- oder Prolongationsgesuch vom Kreditnehmer einseitig bestimmt. Dies genügt den Anforderungen an eine kalendermäßige Bestimmtheit der Leistung iSd § 286 Abs. 2 Nr. 1 BGB. Die Bestimmung der Leistungszeit kann einvernehmlich durch beide Vertragsparteien oder einseitig durch den Schuldner[3] auch noch während der Vertragsdurchführung[4] erfolgen. Aber auch nach § 286 Abs. 2 Nr. 2 BGB ist eine Mahnung nicht erforderlich. Ereignis iSd Bestimmung ist hier die Auszahlung des Kredits auf Grund eines Auszahlungsgesuchs bzw. die Verlängerung eines Kredits durch ein **4**

---

[92] Beispielsklausel: Ziff. 15.2(a) (*Payment of interest*) LMA Leveraged Finance Facilities Agreement.

[1] Palandt/*Grüneberg* § 286 Rn. 23.

[2] Palandt/*Grüneberg* § 286 Rn. 23.

[3] Eine einseitige Bestimmung durch den Gläubiger genügt dagegen nicht, Palandt/*Grüneberg* § 286 Rn. 22, außer dem Gläubiger steht ein Leistungsbestimmungsrecht nach § 315 BGB zu, vgl. BGH v. 15.2.2005, NJW 2005, 1772.

[4] BGH v. 13.12.2001, NJW 2002, 1274, 1275; Palandt/*Grüneberg* § 286 Rn. 23 („8 Monate nach Baubeginn").

Prolongationsgesuch, in denen jeweils die Dauer der nächsten Zinsperiode bestimmt wird. Vom Zeitpunkt der Auszahlung oder Prolongation an lässt sich die Fälligkeit der Zinsen also auch nach dem Kalender berechnen.

2. Vertragliche Regelung

5 Der Ausschluss des Erfordernisses einer Mahnung ist in einer Individualabrede zulässig,[5] nicht aber durch die AGB eines Kreditgebers.[6]

II. Verzugsfolgen

6 Befindet sich der Kreditnehmer mit Zahlungen im Verzug, so kommen die folgenden Ansprüche der Kreditgeber in Betracht. Bei **rückständigen Tilgungs- und sonstigen Zahlungen** (mit Ausnahme von Zinsen) können die Kreditgeber verlangen: (a) Den im Kreditvertrag vereinbarten Zins („Vertragszins") auch für die Zeit des Verzugs, wenn dies vertraglich vereinbart ist, (b) den gesetzlichen Verzugszins oder (c) einen im Kreditvertrag besonders vereinbarten Verzugszins. Soweit nichts anderes vereinbart ist, kann der Kreditgeber daneben (d) Schadensersatz für den weiteren Schaden verlangen (§ 288 Abs. 4 BGB). Für **rückständige Zinszahlungen** gilt wegen des Zinseszinsverbots[7] eine Ausnahme. Ist der Kreditnehmer mit der Zahlung von Zinsen im Verzug, so können die Kreditgeber darauf nicht die gesetzlichen Verzugszinsen oder vereinbarte Verzugszinsen, sondern nur Schadensersatz verlangen.[8]

1. Vertragszins

a) Gesetzliche Regelung

7 Die vertraglich vereinbarten Zinsen bleiben grundsätzlich auch im Fall des Verzugs maßgebend (§ 288 Abs. 3 BGB).[9] Bei **Kreditverträgen** endet die Pflicht zur Zahlung des Vertragszinses dagegen mit der Fälligkeit des Rückzahlungsanspruchs, dh im Regelfall am Ende der Laufzeit oder mit der Wirksamkeit der Kündigung. Der Vertragszins wird als Gegenleistung für die Überlassung des Darlehenskapitals geschuldet. Endet das Recht des Kreditnehmers zur Nutzung des Kapitals infolge Zeitablaufs oder durch Kündigung und verlangt der Kreditgeber Rückzahlung der Darlehensvaluta in einer Weise, die die Annahme einer stillschweigend fortgesetzten Darlehensvereinbarung ausschließt, so entfällt das Recht des Kreditgebers, Zahlung des Vertragszinses zu verlangen.[10] Die Zinszahlungspflicht endet nicht erst mit dem Verzug des Kreditnehmers,[11] sondern schon mit der Fälligkeit des Rückzahlungsanspruchs.[12] Für die Zeit danach kann der Kreditgeber mangels anderweitiger vertraglicher Regelung nur noch **Verzugszins** oder **Schadensersatz** verlangen, nicht aber die vertraglich vereinbarten Zinsen.[13]

---

[5] Palandt/*Grüneberg* § 286 Rn. 7.

[6] Vgl. § 309 Nr. 4 BGB, der zwar auf AGB, die einem Unternehmer gegenüber verwendet werden, nicht unmittelbar Anwendung findet (§ 310 Abs. 1 S. 1 BGB), nach § 307 BGB kann aber auch im Verkehr zwischen Unternehmern das Erfordernis einer Mahnung nicht durch AGB abbedungen werden, Palandt/*Grüneberg* § 309 Rn. 23.

[7] Dazu → § 16 Rn. 21 ff.

[8] Für Verbraucherdarlehen gelten Sonderbestimmungen, insbesondere § 497 Abs. 2 BGB.

[9] Palandt/*Grüneberg* § 288 Rn. 11.

[10] BGH v. 8.2.2000, NJW 2000, 1408, 1409; BGH v. 7.11.1985, WM 1986, 8, 9 f.; *Mülbert* WM 2002, 465, 472.

[11] So konnte aber BGH v. 28.4.1988, BGHZ 104, 337, 339 interpretiert werden.

[12] So BGH v. 8.2.2000, NJW 2000, 1408, 1409; BGH v. 7.11.1985, WM 1986, 8, 9 f.; *Mülbert* WM 2002, 465, 472.

[13] BGH v. 18.3.2003, ZIP 2003, 840, 842.

8 Gewährt die Bank dagegen eine **Rückzahlungsfrist,** so gelten – im Wege der ergänzenden Vertragsauslegung – die Vertragszinsen bis zum Ablauf der Rückzahlungsfrist als geschuldet.[14] Bis zum Ablauf der Rückzahlungsfrist ist die Rückzahlung **gestundet.** Dadurch wird die Fälligkeit des Rückzahlungsanspruchs bis zum Ende der Frist hinausgeschoben.[15] Der Kreditnehmer kommt erst nach Ablauf der Rückzahlungsfrist in Verzug.

b) Vertragliche Regelung

9 Die Vereinbarung einer Pflicht zur Zahlung des Vertragszinses über den Zeitraum hinaus, für den eine rechtlich geschützte Zinserwartung besteht, ist jedenfalls in **Individualvereinbarungen** zulässig.[16] In **AGB** wird eine entsprechende Regelung wegen Verstoßes gegen §§ 307, 309 Nr. 5a, Nr. 6 BGB von der Rechtsprechung und Teilen des Schrifttums dagegen für unwirksam gehalten,[17] da der Darlehensnehmer die Dispositionsmöglichkeit über den Kreditbetrag verliere und mit einer jederzeitigen Verwertung von Sicherheiten oder ggf. Zwangsvollstreckung rechnen müsse. Dies soll auch dann gelten, wenn der Vertragszins niedriger als der gesetzliche Verzugszins sein sollte.[18] Im Einzelfall behilft man sich mit einer stillschweigenden Abrede, wonach der Kreditnehmer berechtigt sein soll, die Darlehensvaluta bis auf weiteres zu nutzen.[19] Überzeugend ist diese Ansicht nicht. Sie würde dem Kreditnehmer im Fall eines günstigeren Verzugszinses bis zur Vollstreckung die Möglichkeit geben, die Darlehensvaluta zu niedrigeren Zinsen zu nutzen.[20] In der Praxis der Akquisitionskreditverträge ist dies kein praktischer Fall. Hier wird regelmäßig die Fortzahlung des Vertragszinses mit einem Aufschlag von ein oder zwei Prozentpunkten vereinbart.[21]

2. Verzugszins

a) Gesetzliche Regelung

10 Die Bank kann **ab Eintritt des Verzugs** ohne besondere Vereinbarung den gesetzlichen Verzugszins auf die rückständigen Beträge, dh Darlehensvaluta, Kosten, Gebühren, etc. verlangen. Dies gilt grundsätzlich nicht für Zinsen.[22] Werden die gesetzlichen Verzugszinsen geltend gemacht, ist der Nachweis eines tatsächlich eingetretenen Schadens nicht erforderlich.[23]

11 Der **Zinssatz** beträgt 5 % über dem jeweils gültigen Basiszinssatz p. a. (§ 288 Abs. 1 BGB).[24] Durch die Übergangsregelungen zur Schuldrechtsreform wurde der Basiszinssatz nach dem Diskontsatz-Überleitungsgesetz durch den Basiszinssatz gemäß § 247 BGB ersetzt.[25] Der Basiszinssatz beträgt aktuell (Stichtag: 1.1.2019) -0,88 %.[26] Er wird an jedem

[14] SBL BankR-HdB/*Krepold* § 78 Rn. 11; MüKoBGB/*Berger*, § 488 Rn. 209.
[15] Palandt/*Grüneberg* § 271 Rn. 12.
[16] BGH v. 28.4.1988, BGHZ 104, 337, 339; BGH v. 26.1.1999, XI ZR 83/98 (unveröffentlicht); *Krüger/Büttner* WM 2002, 2094, 2095.
[17] Noch zur Rechtslage vor der Schuldrechtmodernisierung BGH v. 28.4.1988, BGHZ 104, 337, 339 f. zu § 288 Abs. 1 S. 2 aF, §§ 9, 11 Nr. 5a, Nr. 6 AGBG; auch heute noch MüKoBGB/*Berger* § 488 Rn. 210; EBJS/*Thessinga*, BankR IV Rn. 138; Palandt/*Grüneberg*, § 288 Rn. 11.
[18] MüKoBGB/*Berger*, § 488 Rn. 210.
[19] MüKoBGB/*Berger*, § 488 Rn. 210.
[20] AA daher ua auch MüKoBGB/*Ernst* § 288 Rn. 26; Staudinger/*Löwisch/Feldmann* § 288 Rn. 22; Staudinger/*Freitag* § 488 Rn. 249 mwN.
[21] Beispielsklausel: Ziff. 15.3 (*Default interest*) LMA Leveraged Finance Facilities Agreement.
[22] Zum Zinseszinsverbot → § 16 Rn. 21 ff.
[23] BGH v. 26.4.1979, BGHZ 74, 231.
[24] AA *Junglas* NJOZ 2015, 241 ff., der auf rückständige Valuta § 288 Abs. 2 BGB anwenden will. Dagegen zurecht Staudinger/*Freitag*, § 488 Rn. 248. Die Rückzahlung des Darlehens ist nicht das Entgelt für die Darlehensgewährung, § 288 Abs. 2 BGB daher hierauf nicht anwendbar.
[25] Art. 229, § 7 Abs. 1 S. 1 Nr. 1 EGBGB.
[26] Zur Möglichkeit eines negativen Basiszinssatzes als Bezugssgröße, *Coen* NJW 2012, 3329, 3330. Zur Natur und Rechtsfolgen negativer Zinsen allgemein, → § 15 Rn. 16.

1. Januar und 1. Juli an die sog Bezugsgröße angepasst. Bezugsgröße ist der Zinssatz für die jüngste Hauptrefinanzierungsoperation der Europäischen Zentralbank vor dem ersten Kalendertag des betreffenden Halbjahres (§ 247 Abs. 1 S. 2 BGB). Da dieser Zinssatz nicht allgemein bekannt ist, wird der Basiszinssatz von der Deutschen Bundesbank unverzüglich nach jedem 1. Januar und 1. Juli im Bundesanzeiger veröffentlicht (§ 247 Abs. 2 BGB). Der Praktiker muss sich also nicht um die „Bezugsgröße" kümmern, sondern nur den jeweils gültigen (veröffentlichten) Basiszinssatz ermitteln.[27]

12 Bei Rechtsgeschäften, an denen ein Verbraucher nicht beteiligt ist, beträgt der Zinssatz für Entgeltforderungen 9% über dem jeweils gültigen Basiszinssatz p.a. (§ 288 Abs. 2 BGB). Verbraucher iSd § 13 BGB sind an Akquisitionsfinanzierungen in der Regel nicht beteiligt. Gleichwohl findet diese Bestimmung auf Darlehensforderungen keine Anwendung. Der höhere Zinssatz von 9% über dem Basiszinssatz gilt nur für **Entgeltforderungen.** Darunter sind nur solche Forderungen zu verstehen, die auf Zahlung eines Entgelts für die Lieferung von Gütern oder die Erbringung von Dienstleistungen gerichtet sind.[28] Darlehensforderungen einschließlich der Zinsen sind keine Entgeltforderungen und daher nach § 288 Abs. 1 BGB zu verzinsen.[29]

b) Vertragliche Regelung

13 Die Parteien können für den Fall des Verzugs einen höheren Zinssatz als den gesetzlichen Verzugszins vereinbaren (§ 288 Abs. 3 BGB). Nach dem LMA Leveraged Finance Facilities Agreement ist der Schuldner, der eine geschuldete Zahlung am Fälligkeitstag nicht leistet, verpflichtet, den „rückständigen Betrag" für die Dauer des Verzugs mit dem Vertragszins zuzüglich eines Aufschlags von in der Regel ein bis zwei Prozentpunkten zu verzinsen.[30] Während des Verzugs wird die Dauer der Zinsperioden vom Agenten gewählt. Eventuelle Margenreduzierungen werden nach den üblichen Vertragsbestimmungen rückgängig gemacht.[31]

14 Ein Aufschlag auf den vertraglich geschuldeten Zinssatz bei Eintritt des Verzugs ist grundsätzlich keine unzulässige Zinseszinsabrede.[32] Dies lässt sich damit begründen, dass der erhöhte Zinsbetrag nicht die Gebrauchsmöglichkeit der aufgelaufenen Zinssumme, sondern allein die Gebrauchsmöglichkeit des ursprünglichen und unveränderten Kapitals vergütet.[33] Dies gilt aber nur dann, wenn der höhere Zinssatz lediglich auf das Kapital oder sonstige Beträge mit Ausnahme von Zinsen erhoben wird. Die oben erwähnte Bestimmung des LMA Leveraged Finance Facilities Agreement unterscheidet nicht zwischen rückständigen Zinsen und sonstigen rückständigen Beträgen. Nach dieser Klausel sind also alle fälligen und nicht bezahlten Beträge zu verzinsen und zwar mit dem erhöhten Zinssatz. Die Kreditverträge sehen regelmäßig vor, dass die Zinsen für alle Darlehen am Ende einer jeden Zinsperiode zu zahlen sind. Erfolgt dies nicht, so enthält der „rückständige Betrag" auch Zinsen, so dass die Regelung des LMA Leveraged Finance Facilities Agreement nach hM mit dem Zinseszinsverbot des § 289 Abs. 1 BGB nicht zu vereinbaren ist.[34] Daher kann diese Bestimmung nicht in Kreditverträge, die deutschem Recht unterliegen, unverändert übernommen werden. Der erhöhte Zinssatz kann auf alle rückständigen Beträge, nicht aber

[27] Der jeweils gültige Basiszinssatz kann unter http://www.basiszinssatz.de/ abgerufen werden.

[28] Palandt/*Grüneberg* § 288 Rn. 8, § 286 Rn. 27.

[29] Palandt/*Grüneberg* § 288 Rn. 8, § 288 soll nur die europäische Zahlungsverzugsrichtlinie (RiL 2000/35/EG des Europäischen Parlaments und des Rates vom 29. Juni 2000 zur Bekämpfung von Zahlungsverzug im Geschäftsverkehr, ABl. EG Nr. L 200 vom 8.8.2000, S. 35 ff.) umsetzen, die die Zahlung von Zinsen ausdrücklich nicht erfasst, *Wittig/Wittig* WM 2002, 145, 154.

[30] Dazu bereits → § 16 Rn. 9.

[31] Beispielsklausel: Ziff. 1.1 (*Definitions*) Definition „Margin" (iv) LMA Leveraged Finance Facilities Agreement.

[32] MüKoBGB/*Grundmann* § 248 Rn. 8 mwN.

[33] Soergel/*Arnold*, § 248 Rn. 5 (ausführlicher noch in der Vorauflage: Soergel/*Teichmann*, 12. Aufl. § 248 Rn. 4).

[34] Dazu näher → § 16 Rn. 21 ff.

auf rückständige Zinsen erhoben werden. Werden die Zinsen ausgenommen, ist eine solchermaßen modifizierte Regelung als Individualvereinbarung zulässig.[35]

Nach dem LMA Investment Grade Facilities Agreement (German Law) wird während des Verzugs der erhöhte Vertragszins nicht auf rückständige Zinsen erhoben. Stattdessen ist ein **pauschalierter Schadensersatz** in gleicher Höhe geschuldet.[36] Dem Kreditnehmer wird auch ausdrücklich das Recht eingeräumt, nachzuweisen, dass dem Kreditgeber ein geringerer Schaden entstanden ist.[37] Wie bei der Berechnung des Verzugsschadens hinsichtlich sonstiger Beträge kann die Berechnung durch den Kreditgeber allerdings abstrakt erfolgen und ist damit ein Gegenbeweis durch den Schuldner nur sehr schwer möglich. Ob die Vereinbarung eines solchen pauschalierten Schadensersatzes wirksam ist, ist umstritten.[38] 15

3. Schadensersatz

Ab Eintritt des Verzugs steht der Bank ein Anspruch auf Ersatz ihres **Verzugsschadens** gemäß § 280 Abs. 1, 2 BGB iVm § 286 BGB zu. 16

Berechnungsarten. Der Verzugsschaden wird unterschiedlich berechnet, je nachdem, ob der Kreditnehmer bei Fortbestehen des Kreditvertrags im Hinblick auf **einzelne Forderungen** im Rückstand ist oder ob der **Kreditvertrag insgesamt beendet** wird. Ist der Kreditnehmer mit der Rückzahlung von einzelnen Raten oder Kosten oder mit der Zahlung von Zinsen im Verzug und besteht der Kreditvertrag fort, so ist der Verzugsschaden für jede Forderung getrennt zu berechnen. Ist dagegen der Kreditvertrag (zB durch Kündigung der Bank) beendet worden, so kann der Verzugsschaden wie folgt (abstrakt)[39] berechnet werden: Mit Beginn des Verzugs werden die einzelnen Forderungen aus dem Kreditvertrag auf Rückzahlung des Darlehensbetrags und Zahlung rückständiger Zinsen und Kosten zu einer einheitlichen Gesamtforderung **(Schuldsaldo)** zusammengefasst.[40] In diesen Betrag kann auch der bereits vor der Beendigung des Kreditvertrags aufgelaufene Verzugsschaden eingerechnet werden, da nach der Rechtsprechung des BGH gemäß § 289 S. 2 BGB auf den Verzugsschaden erneut Verzugsschadenszins berechnet werden darf, soweit die Voraussetzungen des Verzugs (insbesondere Fälligkeit und Mahnung) auch insoweit vorliegen.[41] 17

Verzugsschaden. Die Höhe des (abstrakt berechneten) Verzugsschadens für die Nichtzahlung des Schuldsaldos bestimmt sich nach §§ 249 ff. BGB.[42] Der Bank sind diejenigen Vorteile zu ersetzen, die sie erlangt hätte, wenn ihr der Schuldsaldo rechtzeitig zur Verfügung gestanden hätte. Es ist davon auszugehen, dass die Bank das Geld durch den Abschluss neuer Kreditverträge zu banküblichen Zinssätzen wieder ausgeliehen hätte. Da die Gelder in verschiedene Kreditarten geflossen wären, ist für die Berechnung des Verzugsschadens ein **Durchschnittszinssatz** zugrunde zu legen, der sich an der Struktur des Kreditgeschäfts der Bank orientieren muss.[43] Die Bank ist nicht gezwungen, ihre interne Kalkulation offenzulegen. Sie muss nur darlegen, welchen Anteil die einzelnen Kreditarten am Gesamtvolumen ihres Aktivgeschäfts haben. Der Durchschnittszinssatz der marktübli- 18

---

35 BGH v. 28.4.1988, BGHZ 104, 337, 339; BGH v. 26.1.1999, XI ZR 83/98 (unveröffentlicht); *Krüger/Büttner* WM 2002, 2094, 2095.

36 Ziff. 9.3 (a) (*Default interest and lump sum damages*) LMA Investment Grade Facilities Agreement (German Law).

37 Insoweit entspricht die Regelung den AGB-rechtlichen Anforderungen (§ 309 S. 1 Nr. 5 BGB).

38 Dazu → § 16 Rn. 39.

39 Zur konkreten und abstrakten Schadensberechnung vgl. MüKoBGB/*Ernst* § 286 Rn. 131 ff.

40 Grundlegend BGH v. 28.4.1988, BGHZ 104, 337, 344; BGH v. 9.2.1993, WM 1993, 586, 587; *Krüger/Büttner* WM 2002, 2094, 2095, 2100.

41 Dazu → § 16 Rn. 19; ebenso *Krüger/Büttner* WM 2002, 2094, 2100.

42 BGH v. 28.4.1988, BGHZ 104, 337, 344; zum Folgenden siehe auch MüKoBGB/*Berger* § 488 Rn. 211 ff.; Diem/Jahn/*Jahn*, II.14 Rn. 24.

43 BGH v. 28.4.1988, BGHZ 104, 337, 345.

chen Sollzinsen lässt sich dann anhand der Zinsstatistik der Deutschen Bundesbank errechnen.[44] Dem Schuldner steht es frei, zu beweisen, dass der tatsächliche Schaden der Bank geringer war.[45] Zu ersetzen ist höchstens der bis zum vereinbarten Rückzahlungstag entstehende Schaden. Steht dem Kreditnehmer ein Kündigungsrecht (zB nach § 489 BGB) zu, so ist nur der bis zum nächst zulässigen Kündigungstermin entstehende Schaden ersatzfähig. Denn nur für diesen Zeitraum hatte der Kreditgeber eine **rechtlich geschützte Zinserwartung.**[46]

19 **Verzugsschadenszins.** Der auf Grund des Verzugs geschuldete Schadensersatzbetrag ist seinerseits nach den dargestellten Grundsätzen zu verzinsen, wenn die Voraussetzungen des Verzugs auch dafür vorliegen.[47] Obwohl sich die Höhe des Schadensersatzes an einem Zinssatz orientiert, handelt es sich der Sache nach doch nicht um Zinsen, sondern um Schadensersatz.[48] Das Zinseszinsverbot des § 289 BGB, das nur für Verzugszinsen gilt, ist daher auf den Verzugsschaden nicht anwendbar.[49]

20 **Anspruchskonkurrenz.** Der Verzugsschaden kann nur in dem Umfang geltend gemacht werden, in dem er nicht schon durch den auf Grund anderer Anspruchsgrundlagen gezahlten Verzugszins (zB den gesetzlichen Verzugszins) abgedeckt ist.

III. Zinseszinsverbot

21 Auf rückständige Zinsen sind weder gesetzliche Verzugszinsen iSd § 288 BGB noch vertraglich vereinbarte Verzugszinsen[50] zu entrichten (§ 289 S. 1 BGB, § 248 BGB),[51] es sei denn, der Kreditvertrag wird insgesamt beendet. In diesem Fall kann der Kreditgeber Verzugszinsen auf den Schuldsaldo einschließlich der darin enthaltenen Zinsen verlangen.[52]

22 In diesem Zusammenhang stellt sich die Frage, welche Leistungen des Kreditnehmers als „Zinsen" im Rechtssinne zu werten sind.

1. Zinsbegriff

23 Das Zinseszinsverbot erstreckt sich auf Zinsen im Rechtssinne und auf sonstige Leistungen des Kreditnehmers, die wirtschaftlich die Funktion von Zinsen ausüben.[53] Zins im Rechtssinne ist die nach der Laufzeit bemessene, aber nicht gewinn- und umsatzabhängige, in Geld zu entrichtende Vergütung für die Gebrauchsmöglichkeit eines auf Zeit überlassenen Kapitals.[54] Zinsen müssen nicht fortlaufend entrichtet werden. Auch eine einmalige Leistung kann Zins sein.[55] Sie können im Voraus für die gesamte Laufzeit berechnet und bezahlt oder vom Kapital einbehalten werden.[56] Zinsen müssen nicht notwendig nach Bruchteilen

[44] BGH v. 28.4.1988, BGHZ 104, 337, 348.

[45] BGH v. 28.4.1988, BGHZ 104, 337, 348.

[46] BGH v. 28.4.1988, BGHZ 104, 337, 342f.; BGH v. 8.2.2000, NJW 2000, 1408, 1409; SBL BankR-HdB/*Krepold* § 79 Rn. 74.

[47] Stattdessen kann auf den rückständigen Verzugsschaden auch der gesetzliche Verzugszins erhoben werden, vgl. *Krüger/Büttner* WM 2002, 2094, 2099.

[48] SBL BankR-HdB/*Krepold* § 78 Rn. 4 und 19.

[49] BGH v. 9.2.1993, WM 1993, 586, 587; *Krüger/Büttner* WM 2002, 2094, 2095.

[50] Staudinger/*Omlor* § 248 Rn. 4; Palandt/*Grüneberg* § 289 Rn. 1.

[51] AA nun *Freitag* (Staudinger/*Freitag* § 488 Rn. 248; *Freitag* ZIP 2015, 1805, 1808ff.) für § 289 S. 1 BGB mit dem Hinweis, dass gemäß § 497 Abs. 1 BGB sogar Zinsen auf Verbraucherdarlehen zu verzinsen sind und im unternehmerischen Verkehr nichts anderes gelten könne. Ein Verbot von Zinseszinsen verstoße zudem gegen die Zahlungsverzugsrichtlinie (Richtlinie 2011/7/EU). Zinsen auf Darlehen seien, da sie Entgelt für die Darlehensgewährung sind, im Verzug des Darlehensnehmers daher gesetzlich gemäß § 288 Abs. 2 BGB mit 9% über dem Basiszinssatz zu verzinsen.

[52] Dazu → § 16 Rn. 19.

[53] Eine ausführliche Definition findet sich bei MüKoBGB/*Grundmann* § 246 Rn. 4ff.

[54] BGH v. 16.11.1978, NJW 1979, 540, 541; BGH v. 9.11.1978, NJW 1979, 805, 806.

[55] Soergel/*Teichmann*, § 246 Rn. 9; *Bezzenberger* WM 2002, 1617, 1622.

[56] Palandt/*Grüneberg* § 246 Rn. 2.

des Kapitals berechnet werden, sondern die Parteien können ebenso gut feste Summen als Zinsen vereinbaren.[57]

Die Qualifizierung von Gebühren, Prämien, Provisionen, Disagio, etc. als Zinsen kann im Einzelfall Schwierigkeiten bereiten: 24

a) Einzelfälle

Einmalige **Bearbeitungsgebühren,** wie zB die Arrangierungsgebühr oder die *Waiver-*Gebühr, stellen keine Vergütung für den Gebrauch, sondern für die bloße Hingabe bzw. Überlassung des Kapitals dar.[58] Sie sind daher in der Regel auch nicht laufzeitabhängig ausgestaltet[59] und bei vorzeitiger Beendigung des Kredits nicht rückzahlbar,[60] womit es sich nicht um Zinsen handelt.[61] Die §§ 248, 289 S. 1 BGB finden somit auf Bearbeitungsgebühren grundsätzlich keine Anwendung.[62] Das schließt jedoch nicht aus, dass sich im Einzelfall eine den üblichen Rahmen deutlich übersteigende Bearbeitungsgebühr in Wahrheit als verschleierte Zinsabrede darstellt.[63] Mit Blick auf die unscharfe Unterscheidung zwischen „Gebrauch" und „Hingabe" des Kapitals, die es dem Schuldner verhältnismäßig leicht mache, auf laufzeitunabhängige Provisionen und andere Leistungen auszuweichen, hält das OLG Nürnberg gegebenenfalls die Anwendung der Regeln über die Gesetzesumgehung für geboten.[64] 25

Einmalige **Vermittlungsgebühren oder -prämien** sind als laufzeitunabhängige Leistung keine Zinsen.[65] Sie stellen vielmehr ihrer eigentlichen Natur nach allein eine Gegenleistung für die Beschaffung des Kredits dar.[66] Eine Ausnahme mag im Einzelfall wiederum gelten, soweit es sich *de facto* um eine verschleierte Zinsvereinbarung handelt.[67] 26

Vergütungen für die Verwaltung des Kredits oder der Sicherheiten wie die **Agentengebühr** (*Agency Fee*) oder die **Gebühr für den Sicherheiten-Treuhänder** werden in regelmäßigen Abständen (meist jährlich im Voraus) und unabhängig vom ausstehenden Kreditbetrag bezahlt. Als laufzeitunabhängige und auf konkrete Leistungen außerhalb der Gewährung des Kapitalgebrauchs bezogene Vergütungen sind sie keine Zinsen. 27

Auch die **Bereitstellungsprovision** ist kein Zins, sondern eine Vergütung für eine eigenständige Leistung, die in der Krediteröffnung als solcher liegt.[68] 28

---

[57] Soergel/*Teichmann,* 12. Aufl. § 246 Rn. 13; *Bezzenberger* WM 2002, 1617, 1622.

[58] SBL BankR-HdB/*Krepold* § 78 Rn. 3 und 116; vgl. zu dieser Unterscheidung auch *Canaris* NJW 1978, 1891, 1893.

[59] SBL BankR-HdB/*Krepold* § 78 Rn. 3 und 116.

[60] SBL BankR-HdB/*Krepold* § 78 Rn. 116.

[61] BGH v. 7.11.1985, WM 1986, 8, 9; BGH v. 20.11.1970, WM 1971, 42; Palandt/*Grüneberg* § 246 Rn. 6; SBL BankR-HdB/*Krepold* § 78 Rn. 3 und 116; *Canaris* NJW 1978, 1891, 1893; Staudinger/*Omlor* § 248 Rn. 8.

[62] BGH v. 7.11.1985, WM 1986, 8, 9; BGH v. 20.11.1970, WM 1971, 42; SBL BankR-HdB/*Krepold* § 78 Rn. 116; *Canaris* NJW 1978, 1891, 1893; Staudinger/*Omlor* § 248 Rn. 8.

[63] BGH v. 14.9.2004, NJW-RR 2005, 483 (dort 10% der Kreditsumme); OLG Nürnberg v. 21.1.1981, WM 1981, 1399; *Canaris* NJW 1978, 1891, 1894, der zutreffend darauf hinweist, dass es durchaus nicht unüblich sei, dass diese nach der Kredithöhe und nicht nach dem tatsächlichen Arbeitsaufwand berechnet wird, weil es sich bei der Bearbeitungsgebühr der Sache nach um eine Provision handelt, vgl. auch § 403 HGB; ihm folgend OLG Nürnberg v. 21.1.1981, WM 1981, 1399, 1400. Eine nicht unwesentlich über der üblichen Höhe liegende Bearbeitungsgebühr wurde von der Rechtsprechung auch teilweise als Disagio mit Zinscharakter gewertet, vgl. OLG Hamm v. 2.6.1997, WM 1997, 2168 (dort 3% der Kreditsumme), ebenso SBL BankR-HdB/*Krepold* § 78 Rn. 116.

[64] OLG Nürnberg v. 21.1.1981, WM 1981, 1399.

[65] BGH v. 9.11.1978, NJW 1979, 805, 806; Palandt/*Grüneberg* § 246 Rn. 6; SBL BankR-HdB/*Krepold* § 78 Rn. 3; *Canaris* NJW 1978, 1891, 1894.

[66] SBL BankR-HdB/*Krepold* § 78 Rn. 3; *Canaris* NJW 1978, 1891, 1894.

[67] So *Canaris* NJW 1978, 1891, 1894.

[68] *Canaris* NJW 1978, 1891, 1894; im Ergebnis auch BGH v. 12.12.1985, WM 1986, 156, 157; SBL BankR-HdB/*Krepold* § 78 Rn. 125; dazu noch → § 18 Rn. 18 ff.

29 Auf **Kreditgebühren** wendet die hM die §§ 248, 289 S. 1 BGB (teilweise analog) an.[69] Von Kreditgebühren spricht man in der Regel dann, wenn die vom Kreditnehmer zu entrichtende Vergütung nicht nach einem Jahressatz vom verbleibenden Darlehensrest, sondern nach einem gleichbleibenden Monatssatz vom ursprünglichen Kapital berechnet wird.[70] Die Bezeichnung kann indes nicht darüber hinwegtäuschen, dass es sich um die Gegenleistung für den Gebrauch des Kapitals handelt, in die, und sei es nur neben anderen, auch laufzeitabhängige Elemente einfließen.[71] Kreditgebühren sind somit Zinsen im Rechtssinne.[72] Die Nichtanwendbarkeit der §§ 248, 289 S. 1 BGB ließe sich daher nur dann vertreten, wenn man mit der unten[73] dargestellten Literaturauffassung deren Anwendung bei von Anfang an summenmäßig bezifferter Zinslast nicht für gerechtfertigt hielte.[74]

30 Ist auf eine fortlaufende Entrichtung von Zinszahlungen verzichtet und stattdessen eine sog **Kreditkostenpauschale** vereinbart worden, so stellt diese, da Kapital in aller Regel nicht unentgeltlich überlassen wird, die Gegenleistung für den Gebrauch der Kreditsumme dar.[75] Derartige Pauschalen sind regelmäßig nichts anderes als der durch eine einmalige Zahlung zu begleichende Kreditzins.[76]

31 Beim **Disagio** wird bei der Auszahlung ein bestimmter Betrag der Kreditsumme einbehalten. Allerdings ist im Folgenden die gesamte vereinbarte Kreditsumme zu verzinsen. Der BGH sieht das Disagio als laufzeitabhängigen Ausgleich für einen niedrigeren Nominalzins an,[77] so dass das Disagio als Zins zu qualifizieren wäre.[78] Konsequenterweise müsste demnach auch das Disagio dem Zinseszinsverbot der §§ 248, 289 S. 1 BGB unterfallen.[79] Bei Vereinbarung eines Disagios dürfte also der Zins nur von der ausgezahlten, verminderten Valuta berechnet werden.[80] In einer Entscheidung aus dem Jahr 1999 vertritt der BGH jedoch die gegenteilige Auffassung. Seine vorherige abweichende Rechtsprechung zum Verbot einer Verzinsung des Disagio gibt der BGH darin ausdrücklich auf.[81] Zur Begründung verweist der BGH aber nicht mit der Mindermeinung auf das Argument der Rechtsklarheit,[82] wonach bei von vornherein feststehender Höhe der Zinslast das Zinseszinsverbot keine Anwendung finden soll. Der BGH erklärt vielmehr, dass die Verzinsung des als Disagio einbehaltenen Betrags nur rechnerisch als die Verzinsung von Zinsen erscheine. In Wirklichkeit handele es sich jedoch um die rechtlich unbedenkliche Verzinsung des Darlehensteilbetrags, der nur auf Grund der Verrechnung mit dem Anspruch der Bank auf Zahlung des Disagiobetrags nicht ausbezahlt wurde, gleichwohl aber dem

---

69 BGH v. 7.5.1981, WM 1982, 1021, 1022; BGH v. 2.12.1982, NJW 1983, 1420, 1421; OLG Köln v. 23.9.1966, NJW 1966, 2217; SBL BankR-HdB/*Krepold* § 78 Rn. 1; Palandt/*Grüneberg* § 248 Rn. 1; Erman/*Schaub* § 248 Rn. 2; aA ua Staudinger/*Omlor*, § 248 Rn. 8; MüKoBGB/*Grundmann*, § 248 Rn. 5).

70 Palandt/*Grüneberg* § 246 Rn. 3; *Canaris* NJW 1978, 1891, 1893.

71 Vgl. *Canaris* NJW 1978, 1891, 1893.

72 Palandt/*Grüneberg* § 246 Rn. 3; *Canaris* NJW 1978, 1891, 1893.

73 → § 16 Rn. 36.

74 So denn auch Staudinger/*Omlor* § 248 Rn. 8; MüKoBGB/*Grundmann* § 248 Rn. 5.

75 *Canaris* NJW 1978, 1891, 1894.

76 So im Ergebnis auch *Canaris* NJW 1978, 1891, 1894.

77 St. Rspr., vgl. BGH v. 9.11.1999, NJW 2000, 352 mwN.

78 Vgl. Palandt/*Grüneberg* § 246 Rn. 4; SBL BankR-HdB/*Krepold* § 78 Rn. 3 und 45 sowie BGH v. 29.5.1990, BGHZ 111, 287, 289; BGH v. 12.5.1992, NJW 1992, 2285; BGH v. 12.10.1993, NJW 1993, 3257.

79 BGH v. 1.6.1989, ZIP 1989, 903, 905; Palandt/*Grüneberg* § 248 Rn. 1 iVm § 246 Rn. 4; *Bezzenberger* WM 2002, 1617, 1624; differenzierend Soergel/*Teichmann*, 12. Aufl. § 248 Rn. 4 (soweit das Disagio als Zins zu qualifizieren ist); aA OLG Köln v. 12.2.1992, OLGZ 1992, 472; MüKoBGB/*Grundmann* § 248 Rn. 5; Staudinger/*Omlor* § 248 Rn. 9 auf Grund abweichender Interpretation des Sinns und Zwecks von § 248 BGB; Soergel/*Arnold*, § 248 Rn. 8.

80 So noch BGH v. 1.6.1989, ZIP 1989, 903, 905.

81 BGH v. 9.11.1999, NJW 2000, 352. Dies ist auch die hM in der Literatur, vgl. MüKoBGB/*Grundmann* § 248 Rn. 5; Erman/*Schaub* § 248 Rn. 2; Palandt/*Grüneberg* § 248 Rn. 1; Staudinger/*Omlor*, § 248 Rn. 9; *Volkholz* FS Reuter 2010, S. 413, 417.

82 So OLG Köln v. 12.2.1992, OLGZ 1992, 472; MüKoBGB/*Grundmann* § 248 Rn. 5; Staudinger/*Omlor* § 248 Rn. 9.

Kreditnehmer zugute gekommen sei.[83] Das überzeugt. Hätte der Kreditgeber den gesamten Kreditbetrag ohne Einbehalt ausbezahlt und der Kreditnehmer an den Kreditgeber eine Zahlung in Höhe des Disagiobetrags als Vorauszahlung auf die Zinsen geleistet, so bestünde Einigkeit, dass der gesamte Kreditbetrag einschließlich des Disagios zu verzinsen wäre. Dies ändert sich nicht dadurch, dass nicht der volle Kreditbetrag ausbezahlt, sondern mit dem Anspruch des Kreditgebers auf Vorauszahlung der Zinsen verrechnet wurde.

Zinsen sind unabhängig vom wirtschaftlichen Ergebnis der Kapitalüberlassung zu ent- **32** richten. Daher sind **Gewinnbeteiligungen** oder **Dividenden** keine Zinsen.[84]

Eine **Vertragstrafe** des Inhalts, dass sich der auf die Darlehensschuld zu entrichtende **33** Zins bei unpünktlicher Zinszahlung erhöht, ist kein Zinseszins und fällt deshalb nicht unter § 248 Abs. 1 BGB bzw. § 289 S. 1 BGB.[85]

b) Ergebnis

Nach diesen Grundsätzen sind jedenfalls die Vertragszinsen bestehend aus Referenzzinssatz **34** und Marge, nicht jedoch die Arrangierungsgebühr, die *Waiver*-Gebühr, die Agentengebühr, die Bereitstellungsprovision und der Anspruch auf Kostenerstattung vom Zinseszinsverbot erfasst.

2. Grenzen des Zinseszinsverbots

Tatbestandliche Einschränkung. Nach § 248 Abs. 1 BGB ist nur die **im Voraus** **35** getroffene Abrede, wonach fällige Zinsen wieder Zinsen tragen sollen, nichtig. Eine nach der Fälligkeit der Zinsen getroffene Vereinbarung über deren Thesaurierung ist daher zulässig.[86]

Immanente Einschränkung. Eine wachsende Ansicht in der Literatur sieht im An- **36** schluss an *Karsten Schmidt*[87] den Schutzzweck des § 248 BGB darin, den Schuldner vor der Ungewissheit über den Umfang der im Voraus vereinbarten Zinsschuld zu schützen.[88] Ihrer Ansicht nach ist eine im Voraus getroffene Zinseszinsvereinbarung dann zulässig, wenn der zu verzinsende Zinsbetrag **summenmäßig benannt** ist,[89] dh wenn ein im Voraus aus Kapital und Zins errechneter Festbetrag verzinslich gestellt wird.[90] Diese Interpretation des § 248 Abs. 1 BGB wird von der wohl noch hM unter Hinweis auf den Wortlaut und die Entstehungsgeschichte der Vorschrift abgelehnt.[91] Außerdem entstehe ein Wertungswiderspruch zu §§ 289 S. 1 BGB, 291 S. 2 BGB und § 353 S. 2 HGB, die nach ihrem eindeutigen Wortlaut auch bezifferte Zinsbeträge erfassten.[92] Bei Zinsen, die von einem Referenzzins (zB EURIBOR) abhängig sind, ist eine Berechnung des künftig fälligen Zinsbetrags generell nicht möglich. Dagegen ist die Marge ein fester Prozentsatz vom Kreditbetrag. Daher ist die Vorausberechnung der an einem künftigen Zeitpunkt fälligen Marge grundsätzlich möglich. Soll, wie häufig beim Mezzanine-Kredit, nur ein Teil der

---

[83] BGH v. 9.11.1999, NJW 2000, 352; *Bezzenberger* lehnt zwar die Argumentation des BGH als „überkonstruiert" ab, plädiert aber für die gewohnheitsrechtliche Anerkennung der Wirksamkeit einer Disagio-Abrede, vgl. *Bezzenberger* WM 2002, 1617, 1624.

[84] RG v. 7.5.1915, RGZ 86, 399; Palandt/*Grüneberg* § 246 Rn. 2.

[85] *K. Schmidt* JZ 1982, 829, 832 mwN; → § 16 Rn. 14.

[86] Palandt/*Grüneberg* § 248 Rn. 2.

[87] *K. Schmidt* JZ 1982, 829, 830 f.

[88] Staudinger/*Omlor* § 248 Rn. 2 mwN (so auch schon *K. Schmidt* in der Vorauflage); MüKoBGB/*Grundmann* § 248 Rn. 1; Palandt/*Grüneberg* § 248 Rn. 1; *Ulmer/Ihrig* ZIP 1985, 1169, 1173; der Schutz des Kreditnehmers vor Ausbeutung und Wucher sei nicht Aufgabe des § 248 BGB, sondern des § 138 BGB, so *K. Schmidt* JZ 1982, 829, 831.

[89] *K. Schmidt* JZ 1982, 829, 831; zustimmend MüKoBGB/*Grundmann* § 248 Rn. 4; *Ulmer/Ihrig* ZIP 1985, 1169, 1173; Staudinger/*Omlor* § 248 Rn. 6; *Freitag* ZIP 2015, 1805, 1808.

[90] *K. Schmidt* JZ 1982, 829, 832.

[91] Vgl. *Bezzenberger* WM 2002, 1617, 1621; Soergel/*Arnold,* § 248 Rn. 10 mwN.

[92] jurisPK-BGB/*Toussaint,* § 248 Rn. 8.

Marge thesauriert werden,[93] wäre dies nach der Mindermeinung ohne Verstoß gegen § 248 Abs. 1 BGB zulässig.

37 **Gesetzliche Ausnahmen.** Vom Zinseszinsverbot gibt es die folgenden gesetzlichen Ausnahmen: Sparkassen, Kreditanstalten und Inhaber von Bankgeschäften[94] können zu ihren Lasten im Voraus vereinbaren, dass Zinsen auf Einlagen ihrer Kunden thesauriert werden (§ 248 Abs. 2 S. 1 BGB). Kreditanstalten können Darlehen kongruent durch die Ausgabe von verzinslichen Inhaberschuldverschreibungen refinanzieren, deren Zinsen thesauriert werden (§ 248 Abs. 2 S. 2 BGB).[95] Die dritte Ausnahme betrifft den handelsrechtlichen Kontokorrent, bei dem mindestens auf einer Seite des Kontokorrents ein Kaufmann stehen muss.[96] Während der Kontokorrentperiode ist die Geltendmachung und Verfügung über die Forderungen ausgeschlossen.[97] Nach der Saldierung der beiderseitigen Ansprüche ist der Anspruch auf Zahlung des Überschusses zu verzinsen, obwohl im Saldo Zinsen enthalten sind (§ 355 Abs. 1 HGB).[98] Eine weitere Ausnahme betrifft die Verzinsung des Schuldsaldos (inklusive geschuldeter Zinsen) bei vollständiger Beendigung des Kreditvertrags.[99]

3. Schadensersatz

38 Das Zinseszinsverbot des § 289 S. 1 BGB betrifft die „gesetzlichen" Verzugszinsen gemäß § 288 BGB.[100] Vertraglich vereinbarte Verzugszinsen unterliegen dem Zinseszinsverbot des § 248 Abs. 1 BGB.[101] Die Bank kann stattdessen vom Kreditnehmer den **Schaden** ersetzt verlangen, der ihr aus der verspäteten Zahlung der Zinsen entsteht (§ 289 S. 2 BGB).[102] Der Schadensersatzanspruch setzt voraus, dass die Verzugsvoraussetzungen auch hinsichtlich der geschuldeten Zinsen vorliegen. Da für die Zahlung von Verzugszinsen eine Zeit nach dem Kalender nicht bestimmt ist, kommt der Schuldner grundsätzlich nur unter den Voraussetzungen des § 286 Abs. 1 BGB, also insbesondere durch **Mahnung,** in Verzug.[103] Außerdem muss der Gläubiger die Schadenshöhe auch dann darlegen und beweisen, wenn er einen Schaden nur in Höhe der gesetzlichen Zinsen geltend macht. Ist der Gläubiger ein Kreditinstitut, kann er den Zinsschaden auch **abstrakt berechnen.**[104] Es kann angenommen werden, dass ein Kreditinstitut die vorenthaltenen Zinsen im Rahmen seines Geschäftsbetriebs gewinnbringend angelegt hätte.[105]

39 Das Verbot des § 248 BGB ist als Vorschrift zum Schutz des Schuldners zwingendes Recht und darf deshalb **nicht umgangen** werden.[106] Eine Umgehungsabsicht ist nicht erforderlich. Eine Umgehung wird auch angenommen, wenn das Umgehungsgeschäft den Erfolg herbeiführt, den das Verbot verhindern will.[107] Daher ist die Vereinbarung eines

---

[93] Dazu → § 38 Rn. 16.

[94] Zu den Begriffen vgl. §§ 1, 39, 40 KWG, Palandt/*Grüneberg* § 248 Rn. 3; MüKoBGB/*Grundmann* § 248 Rn. 10ff.

[95] MüKoBGB/*Grundmann* § 248 Rn. 11.

[96] So die hL, vgl. nur MüKoBGB/*Grundmann* § 248 Rn. 13 mwN; nach aA gilt die Ausnahme vom Zinseszinsverbot auch für den uneigentlichen Kontokorrent unter Privatleuten, Baumbach/*Hopt,* HGB § 355 Rn. 3, Rn. 18 mwN.

[97] Baumbach/*Hopt,* HGB § 355 Rn. 7; MüKoBGB/*Grundmann* § 248 Rn. 12.

[98] *K. Schmidt* möchte diese Ausnahme auch auf die gesetzestypisch stille Beteiligung, das Darlehenskonto des Gesellschafters („Kapitalkonto II") und auf Gesellschafterdarlehen erstrecken, *K. Schmidt* JZ 1982, 829, 832.

[99] Dazu → § 16 Rn. 17.

[100] BGH v. 9.2.1993, WM 1993, 586, 587; Staudinger/*Löwisch/Feldmann* § 289 Rn. 1; MüKoBGB/*Ernst,* § 289 Rn. 1.

[101] *Freitag* ZIP 2015, 1805, 1808; Staudinger/*Omlor* § 248 Rn. 4.

[102] BGH v. 9.2.1993, WM 1993, 586, 587.

[103] BGH v. 9.2.1993, WM 1993, 586, 587.

[104] BGH v. 9.2.1993, WM 1993, 586, 588.

[105] Zur abstrakten Berechnung des Zinsschadens bei Kreditinstituten → § 25 Rn. 16.

[106] Vgl. nur OLG Hamm v. 22.4.1977, BB 1978, 1540.

[107] Palandt/*Ellenberger* § 134 Rn. 28.

pauschalierten Schadensersatzes im Falle des Verzugs mit fälligen Zinszahlungen nichtig, wenn der pauschalierte Schadensersatz als laufzeitabhängige Vergütung ausgestaltet und damit die Vereinbarung materiell als eine Zinseszinsvereinbarung zu qualifizieren ist.[108] Das gilt auch dann, wenn der Kreditnehmer den Schadensersatz reduzieren kann, wenn er nachweist, dass ein geringerer Schaden entstanden ist. Denn dazu wird der Kreditnehmer regelmäßig nicht in der Lage sein. Im Ergebnis ist damit jede im Voraus getroffene Vereinbarung eines Schadensersatzes insoweit nichtig, als der Schaden ausschließlich im Ausbleiben von Zinszahlungen besteht.[109]

§ 17. Marktstörung

1 Auch wenn die Referenzzinssätze von einer Vielzahl von Panelbanken gemeldet werden, um eine täglich verfügbare stabile Datenbasis zu haben, gibt es Zeiten, in denen entweder gar kein Referenzzinssatz oder zumindest kein Referenzzinssatz für die angefragte Zinsperiode gemeldet wird, weil sich die Banken untereinander kein Geld leihen und auch keinen Zinssatz hierfür benennen. Dies ist gerade in Zeiten der Finanzkrise wiederholt geschehen. Auch hat das Absetzen der Quotierung verschiedener Laufzeiten beim EURIBOR und LIBOR im Juli 2013 gezeigt, dass beim Abschluss des Vertrages angedachte Zinsperioden auch aus anderen Gründen in der Zukunft nicht mehr verfügbar sein können.[1]

I. Kein Referenzzinssatz

2 Eine heute übliche verwendete Mechanik zur alternativen Berechnung des Referenzzinssatzes bei einem voraussichtlich vorübergehendem Ausfall seiner Quotierung[2] sieht einen Wasserfall in folgender Reihenfolge vor: Ist ein Referenzzinssatz nicht verfügbar, wird zunächst auf einen aus der nächst kürzeren und der nächst längeren Laufzeit interpolierten Referenzzinssatz *(Interpolated Screen Rate)* zurückgegriffen. Sollte dieser nicht verfügbar sein, wird teilweise auf den letzten verfügbaren (*Historic Screen Rate*) oder den letzten verfügbaren interpolierten Referenzzinssatz (*Historic Interpolated Screen Rate*) abgestellt oder auf eine kürzere verfügbare Zinsperiode (*Fallback Interest Period*) zurückgegriffen. Sollte auch diese nicht verfügbar sein, wird auf den von definierten Referenzbanken gemeldeten Zinssatz *(Reference Bank Rate)* abgestellt, und schließlich, sollte auch dieser nicht gemeldet werden, auf die tatsächlichen Refinanzierungskosten des jeweiligen Kreditgebers *(Cost of funds)*.[3]

---

108 MüKoBGB/*Grundmann* § 248 Rn. 14; Soergel/*Teichmann,* 12. Aufl. § 248 Rn. 4; Für Unwirksamkeit analog § 248 BGB zB Staudinger/*K. Schmidt,* 1997 § 248 Rn. 22; differenzierend Staudinger/*Omlor* § 248 Rn. 13, wenn der Schaden ein funktionelles Äquivalent zu Zinsen darstellt, was bei dem hier in Frage stehenden pauschalierten Schadensersatz für entgangene Zinsen der Fall sein dürfte; aA *Ballo,* AGB-Kontrolle, S. 121 ff.; LBS/*Castor,* 16. Kap. Rn. 51 b. Das Argument *Ballos* (S. 122 f.), der BGH habe eine abstrakte Berechnung des Verzugsschadens zugelassen, also müsse auch eine Pauschalierung des Schadenersatzes durch Festlegung eines sich am Vertragszins orientierten und um eine gewissen Prozentsatz erhöhten Betrages zulässig sein, überzeugt nicht. Maßstab für die abstrakte Schadensberechnung nach dem BGH ist nämlich nicht der konkrete Vertragszins für die Kredite des säumigen Schuldners, sondern der Durchschnittszinssatz sämtlicher von dem jeweiligen Kreditgeber getätigten Kreditarten (dazu ausführlich bereits → § 16 Rn. 18).

109 *K. Schmidt* JZ 1982, 829, 833.

1 Diem/Jahn/*Jahn,* II.16 Rn. 1.

2 Zur Ersetzung eines Referenzzinssatzes bei dauerhaftem Aussetzen der Quotierung, → § 15 Rn. 18 ff.

3 Beispielsklausel: Ziff. 17.1 (*Unavailability of Screen Rate*), 17.4 (*Cost of funds*) LMA Leveraged Finance Facilities Agreement; siehe dazu ausführlich Diem/Jahn/*Jahn,* II.16 Rn. 3 ff.

II. Refinanzierungskosten nicht gedeckt

3 Für den Fall, dass die tatsächlichen Refinanzierungskosten von Kreditgebern, deren Kreditzusagen einen bestimmten Anteil an den Gesmtkreditzusagen übersteigen (je nach Größe des Konsortiums zwischen 35 % und 50 %), den Betrag eine tatsächlich gemeldeten Referenzzinssatz übersteigt (*Market disruption*), wird dem jeweiligen Kreditgeber ermöglicht, seine tatsächlichen Refinanzierungskosten in Rechnung zu stellen.[4] In der Praxis hat diese Klausel wegen der hiermit für eine Bank verbundenen negativen Öffentlichkeitswirkung unseres Wissens selbst in den Zeiten der Finanzkrise im Euroraum keine Anwendung gefunden.

§ 18. Gebühren und Kosten

1 Neben den Zinsen schuldet der Kreditnehmer einer Akquisitionsfinanzierung die Zahlung verschiedener Gebühren[1] und die Erstattung von Kosten und Auslagen.[2]

2 **Zulässigkeit in Indivualvereinbarungen**. Derartige Vereinbarungen sind in Individualvereinbarungen vorbehaltlich der Grenze des § 138 BGB unbedenklich zulässig.

3 **Zulässigkeit in Allgemeinen Geschäftsbedingungen**. Die Zulässigkeit der Vereinbarung zur Zahlung von Gebühren und zur Erstattung von Kosten aufgrund von AGB ist in der Folge einer Reihe von BGH-Entscheidungen zu Bearbeitungsentgelten in allgemeinen Geschäftsbedingungen in den letzten Jahren in starke Diskussion geraten.

4 Nach der Rechtsprechung des BGH unterliegen Bearbeitungsentgelte in allgemeinen Geschäftsbedingungen von Privatdarlehensverträgen als Preisnebenabreden nach § 307 Abs. 3 S. 1 BGB der richterlichen Inhaltskontrolle und sind sowohl im Verkehr mit Verbrauchern[3] als auch mit Unternehmern[4] gemäß § 307 Abs. 1 S. 1, Abs. 2 Nr. 1 BGB unwirksam. Dies gilt nicht nur bei Gelddarlehen im Sinne des § 488 BGB, sondern auch bei Avalkrediten.[5]

5 Nach dem BGH sind Bearbeitungsentgelte eine Vergütung für den vorvertraglichen Aufwand des Kreditgebers, der diesem im Zusammenhang mit der Prüfung der Kreditwürdigkeit des Kreditnehmers und der Vertragsvorbereitung entsteht, sowie Deckungsposten für die Kosten, die mit der Prüfung und Ausfertigung des Vertrags, die Beschaffung und Ausreichung der Darlehensvaluta sowie ggf. nach Vertragsschluss erforderliche weitergehende Abwicklungs-, Prüfungs- und Überwachungstätigkeiten anfallen.[6] Der Inhaltskontrolle gemäß § 307 Abs. 3 S. 1 BGB entzogen sind nach dem BGH lediglich der gemäß

[4] Beispielsklausel: Ziff. 17.3 (*Market disruption*) LMA Leveraged Finance Facilities Agreement; siehe dazu Diem/Jahn/*Jahn*, II.16 Rn. 8.

[1] *Krepold* spricht insoweit einheitlich von Entgelten. Die Bezeichnung als „Gebühren" anstelle von „Entgelten" führt aber entgegen SBL BankR-HdB/*Krepold*, § 78 Rn. 115 auch in AGB nicht schon für sich zu einer Unwirksamkeit wegen Verstoßes gegen das Transparenzgebot des § 307 Abs. 1 S. 2 BGB. Die Behauptung, Gebühren würden nur im Rahmen eines Über- und Unterordnungsverhältnisses erhoben und die Verwendung des Begriffes suggeriere dem Kunden, er müsse diese „gleichsam hoheitlich gewollt" bezahlen (SBL BankR-HdB/*Krepold*, § 78 Rn. 115), widerspricht der Erfahrung aus der Praxis. So hat sich nicht nur die Bezeichnung „Kontoführungsgebühren" als Engelt für die Kontoführung einer Bank etabliert, auch der BGH spricht in seinen Entscheidungen durchgängig synonym von Bearbeitungsentgelten und Bearbeitungsgebühren (vgl. zB BGH v. 16.2.2016, XI ZR 63/15, BeckRS 2016, 06441).

[2] Zu dem sog Nettokreditprinzip oder *Cost Plus Principle* siehe noch → § 20 Rn. 1.

[3] BGH v. 13.5.2014, NJW 2014, 2420, 2422 ff.

[4] BGH v. 4.7.2017, WM 2017, 1643, 1644 ff.; BGH v. 4.7.2017, WM 2017, 1652, 1654 ff.

[5] Bei diesen handelt es sich um einen Geschäftsbesorgungsvertrag nach § 675 BGB, BGH v. 17.4.2018, WM 2018, 1356, 1357 f.

[6] BGH v. 13.5.2014, NJW 2014, 2420, 2422.

§ 488 Abs. 1 S. 2 BGB zu zahlende (Soll-)Zins[7] oder, im Fall des Avalkredits, die Avalprovision[8] sowie sonstige, rechtlich selbständige, gesondert vergütungsfähige Leistungen.[9] Das Bearbeitungsentgelt ist nach Ansicht des BGH aber weder das eine noch das andere, sondern lediglich eine Abwälzung von Kosten für Tätigkeiten, die der Kreditgeber im eigenen Interesse oder aufgrund bestehender eigener Rechtspflichten erbringe. Derartige Preisnebenabreden seien nach der ständigen Rechtsprechung der Inhaltskontrolle unterworfen.[10] Bezogen auf Geschäfte **mit Verbrauchern** sei die Inhaltskontrolle auch verfassungsrechtlich zum Schutz der Privatautonomie der Verbraucher geboten, um im Sinne praktischer Konkordanz die erforderliche Waffengleichheit zwischen Klauselverwendern und Verbrauchern herzustellen.[11] Dieser Inhaltskontrolle hält die Vereinbarung von Bearbeitungsentgelten in AGB nach dem BGH nicht stand. Die Erhebung eines laufzeitunabhängigen Entgelts für die Bearbeitung eines Verbraucherdarlehens ist nach Ansicht des BGH mit wesentlichen Grundgedanken der gesetzlichen Regelung unvereinbar ist und benachteiligt die Kunden der Bank entgegen den Geboten von Treu und Glauben auch unter Beachtung der erforderlichen umfassenden Interessenabwägung[12] unangemessen und ist daher gemäß § 307 Abs. 1 und 2 Nr. 1 BGB unwirksam.[13]

Heftig umstritten und in der unterinstanzlichen Rechtsprechung kontrovers entschieden **6**
war in der Folge der Urteile vom 13. Mai 2014, ob diese Rechtsprechung auch auf Darlehensverträge **mit Unternehmern** anzuwenden sei.[14] Der BGH hat in seinen beiden Urteilen vom 4. Juli 2017 unmissverständlich klargestellt, dass die Rechtsprechung auch bei Darlehensverträgen mit Unternehmern Anwendung findet.[15] § 354 HGB, wonach im Zweifel ein Kaufmann seine Leistungen nicht unentgeltlich erbringt, sei auf diesen Fall nicht anwendbar,[16] da die Bank bei den mit dem Bearbeitungsentgelt zu vergütenden Tätigkeiten im eigenen Interesse tätig werde.[17] Die Vereinbarung eines Bearbeitungsentgelts in AGB halte auch nicht bei angemessener Berücksichtigung der im Handelsverkehr geltenden Gewohnheiten und Gebräuche nach § 310 Abs. 1 S. 1 Hs. 2 BGB der Inhaltskontrolle stand.[18] Die im Handelsverkehr geltenden Gewohnheiten und Gebräuche umfassen zum einen den Handelsbrauch gemäß § 346 HGB, zum anderen sonstige Besonderheiten des kaufmännischen Geschäftsverkehrs. Ein Handelsbrauch nach § 346 HGB setzte aber voraus, dass eine allgemeine Übung besteht, wonach für die Gewährung von Darlehen Bearbeitungsentgelte erhoben würden, und die Parteien dies auch ohne gesonderte vertragliche Vereinbarung gegen sich gelten lassen würden. Davon ist bei der Vereinbarung eines Bearbeitungsentgelts nicht auszugehen.[19] Mit den Besonderheiten des kaufmän-

---

7 BGH v. 13.5.2014, NJW 2014, 2420, 2422; BGH v. 4.7.2017, WM 2017, 1643, 1645; BGH v. 4.7.2017, WM 2017, 1652, 1654.

8 BGH v. 17.4.2018, WM 2018, 1356, 1358.

9 BGH v. 13.5.2014, NJW 2014, 2420, 2425; BGH v. 4.7.2017, WM 2017, 1643, 1645; BGH v. 4.7.2017, WM 2017, 1652, 1654.

10 BGH v. 13.5.2014, NJW 2014, 2420, 2425; BGH v. 4.7.2017, WM 2017, 1643, 1645; BGH v. 4.7.2017, WM 2017, 1652, 1654.

11 BGH v. 13.5.2014, NJW 2014, 2420, 2429 unter Verweis auf BVerfG v. 7.9.2010, NJW 2011, 1339, 1341.

12 BGH v. 13.5.2014, NJW 2014, 2420, 2428.

13 BGH v. 13.5.2014, NJW 2014, 2420, 2427; BGH v. 4.7.2017, WM 2017, 1643, 1646; BGH v. 4.7.2017, WM 2017, 1652, 1655.

14 Dafür ua LG Chemnitz v. 13.6.2014, 7 O 28/13; LG Freiburg v. 11.9.2014, 5 O 136/13; AG Stuttgart v. 24.6.2015, 1 C 1137/15, OLG Frankfurt a. M. v. 25.2.2016, 3 U 110/15, BeckRS 2016, 06367; dagegen ua LG München v. 22.8.2014, ZIP 2015, 967, 968; OLG München v. 13.10.2014, 27 U 1088/14, BeckRS 2015, 13567; LG Augsburg v. 16.12.2014, 31 O 3164/14; LG Saarbrücken v. 29.5.2015, 1 O 334/14; LG Nürnberg-Fürth v. 26.5.2015, 10 O 9729/14 für Förderkredite; LG Wiesbaden v. 12.6.2015, 2 O 298/14, BeckRS 2015, 13515; LG Braunschweig v. 30.9.2015, BKR 2016, 77.

15 BGH v. 4.7.2017, XI ZR 562/15, WM 2017, 1643, 1644 ff.; BGH v. 4.7.2017, XI ZR 233/16, WM 2017, 1652, 1654 ff.

16 So aber die Argumentation von *Hanke/Adler* WM 2015, 1313, 1314.

17 BGH v. 4.7.2017, WM 2017, 1652, 1655.

18 BGH v. 4.7.2017, WM 2017, 1652, 1656 f.

19 BGH v. 4.7.2017, WM 2017, 1652, 1657.

nischen Geschäftsverkehrs lasse sich die Vereinbarung des Bearbeitungsentgelts nicht rechtfertigen, da die im Streit stehenden Klauseln, wie aus den Urteilen vom 13. Mai 2014 ersichtlich, auch in Verträgen mit Verbrauchern Anwendung gefunden hätten.[20]

7 Die Banken sollen nicht daran gehindert sein, ihre im Zusammenhang mit der Darlehensgewährung entstehenden Kosten und Risiken dem Kreditnehmer aufzuerlegen. Dies sei allerdings in den Zins des Darlehens einzupreisen. Dem Risiko der Nichtabnahme oder vorzeitigen Rückzahlung des Darlehens könne nach dem BGH im Wege einer Mischkalkulation begegnet werden.[21]

8 Die Vereinbarung von Bearbeitungsentgelten in AGB ist nicht in jedem Fall unwirksam. So ist auch nach dem BGH die Vereinbarung einer Vergütung für eine echte Sonderleistung als Preisabrede der Inhaltskontrolle entzogen. Und auch die Vereinbarung eines Bearbeitungsentgelts als Preisnebenabrede kann im Einzelfall der Inhaltskontrolle standhalten, wenn sie nach umfassender Interessenabwägung den Kunden nicht unangemessen benachteiligt, wovon insbesondere auszugehen ist, wenn die Abweichung vom gesetzlichen Leitbild sachlich gerechtfertigt und der gesetzliche Schutzzweck auf andere Weise sichergestellt ist.[22] Diese Interessenabwägung führt nach dem BGH bei der „gebotenen pauschalisierenden Gesamtbetrachtung“ zumindest bei Förderkrediten der KfW zu einer Wirksamkeit von Bearbeitungsentgelten, da diese nur den Förderbedingungen entspreche und die KfW damit keine eigenwirtschaftlichen Zwecke verfolge.[23] Bei den einzelnen Gebühren ist also jeweils zu prüfen, ob es sich bei diesen um eine Preis- oder Preisnebenabrede handelt und, wenn es sich um eine Preisnebenabrede handelt, ob diese invidivualvertraglich zustande gekommen ist oder anderweitig aufgrund Interessenabwägung einer Inhaltskontrolle standhält.

9 **Anwendbarkeit auf Konsortialkredite und Akquisitionsfinanzierungen**. Die Rechtsprechung des BGH bertraf ausnahmslos bilaterale Finanzierungen, bei denen die Bank die Vertragsbedingungen einseitig gestellt hatte. Sie gilt im Grundsatz auch für Konsortialkredite und Akquisitionsfinanzierungen. Allerdings sind deren Besonderheiten zu beachten.

10 Konsortialfinanzierungen und Akquisitionsfinanzierungen enthalten nicht das eine Bearbeitungsentgelt, sondern verschiedene Gebühren für verschiedene Tätigkeiten oder Risikoübernahmen der Kreditgeber und sonstigen Finanzierungsparteien. Bei diesen Tätigkeiten oder Risikoübernahmen handelt es sich zu einem großen Teil um **echte Sonderleistungen**, deren Vergütung auch durch die Zahlung einer laufzeitunabhängigen Gebühr möglich und als **Preisabrede** der AGB-Inhaltskontrolle grundsätzlich entzogen ist.[24] Die verschiedenen Funktionen und Tätigkeiten der Finanzierungsparteien bewirken auch, dass ein höherer Zins diese evidentermaßen nicht angemessen vergüten könnte, denn der höhere Zins steht allen Kreditgebern anteilig der Höhe ihrer Konsortialanteile in gleichem Maße zu, die Arrangierungsgebühr soll aber nur dem Arrangeur gezahlt werden, die Agentengebühr nur dem Agenten etc.

11 Die große Mehrheit der Gebühren in Konsortialfinanzierungen ist zudem nicht aufgrund allgemeiner Geschäftsbedingungen, sondern **individualvertraglich** vereinbart. So ist es gängige Marktpraxis, dass der Kreditnehmer oder seine *Debt Advisors* mehrere Banken ansprechen und sie um indikative Konditionen für eine Arrangierung und spätere Kreditvergabe bitten oder der Kreditnehmer selbst die Höhe der Arrangierungs- und Beteiligungsgebühren vorschlägt, die er bereit ist, seinen Banken zu zahlen. Nicht selten wird das hierfür zu erstellende *Term Sheet* von den Anwälten des Kreditnehmers erstellt und werden

[20] BGH v. 4.7.2017, WM 2017, 1652, 1657.

[21] BGH v. 4.7.2017, WM 2017, 1643, 1649; BGH v. 4.7.2017, WM 2017, 1652, 1659; für Avalkredite nun auch BGH v. 17.4.2018, WM 2018, 1356, 1358; zu Recht kritisch dazu vor dem Hintergrund, dass auf diese Weise individuelle Sonderkosten auf die Allgemeinheit der Kunden abgewälzt werden, *Omlor* EWiR 2017, 613, 614.

[22] BGH v. 16.2.2016, XI ZR 63/15, BeckRS 2016, 06441 Rn. 34.

[23] BGH v. 16.2.2016, XI ZR 63/15, BeckRS 2016, 06441 Rn. 36 ff.

[24] Vgl. zu den verschiedenen Gebühren und Provisionen im Einzelnen ab → Rn. 18 ff.

die Banken um Ausfüllung der von ihnen angebotenen Konditionen und sonstige Anmerkungen gebeten.[25] Regelmäßig wird über die Höhe der Arrangierungsgebühr verhandelt und sind Banken bereit, sei es unter dem marktwirtschaftlichen Druck durch Wettbewerber oder aufgrund sonstiger Zugeständnisse des Kreditnehmers an anderer Stelle, eine geringere als die anfangs gewünschte Arrangierungsgebühr zu akzeptieren.

Individualvertraglich vereinbart sind darüber hinaus auch Klauseln, die, obwohl zunächst 12
im Rahmen von allgemeinen Geschäftsbedingungen durch die Bank gestellt, im Einzelnen **ausgehandelt** wurden (§ 305 Abs. 1 S. 3 BGB). Einig ist man sich, dass aushandeln mehr bedeutet als verhandeln.[26] Nach dem BGH muss der Verwender für ein Aushandeln „den in seinen AGB enthaltenen „gesetzesfremden Kerngehalt", also die den wesentlichen Inhalt der gesetzlichen Regelung ändernden oder ergänzenden Bestimmungen, inhaltlich **ernsthaft zur Disposition stellen** und der anderen Seite Gestaltungsfreiheit zur Wahrung eigener Interessen einräumen mit der realen Möglichkeit, die inhaltliche Ausgestaltung der Vertragsbedingungen zu beeinflussen."[27] Dabei genügt es nach Ansicht des BGH allerdings zurecht nicht, dass man dem Kreditnehmer die Wahl zwischen mehreren vorformulierten Klauseln lässt.[28] Die Wahl zwischen einer wirksamen und einer unwirksamen Klausel, macht die unwirksame nicht wirksam. Der Vertragspartner des Klauselverwenders muss vielmehr auch hier die Gelegenheit erhalten, alternativ eigene Textvorschläge mit der effektiven Möglichkeit ihrer Durchsetzung einzubringen.[29] Dass tatsächlich Änderungen vorgenommen werden, ist indes nicht erforderlich. Es genügt auch, wenn der Vertragspartner die Klausel akzeptiert, weil er sie für akzeptabel hält.[30] Selbst Fälle, in denen der Verwender eine Klausel zur *„sine qua non"* erklärt und der Vertragspartner dies akzeptiert, wurden als ausgehandelt angesehen,[31] wenn zwischen Verwender und Vertragspartner kein Informations- oder Machtgefälle bei den Verhandlungen bestand.[32] Dazu gehören nach richtiger Ansicht auch die Fälle, in denen der Kreditnehmer die Arrangierungsgebühr nach Verhandlungen akzeptiert, weil ihm die Bank in anderen Punkten entgegen gekommen ist.[33]

Aber auch bei grundsätzlicher Anwendung von AGB-Recht erscheint schließlich eine 13
Aufrechterhaltung der üblichen Vereinbarungen zur Arrangierungs- und anderen Gebühren angezeigt. Gemäß § 310 Abs. 1 S. 2 Hs. 2 BGB sind bei der Anwendung des § 307 Abs. 1 und 2 BGB gegenüber Unternehmern die im Handelsverkehr geltenden Gewohnheiten und Gebräuche zu berücksichtigen. Zurecht stellt der BGH fest, dass in der Vereinbarung eines Berabeitungsentgelts kein Handelsbrauch im Sinne des § 346 HGB zu sehen ist.[34] Dies gilt auch für die verschiedenen Gebühren im Rahmen einer Konsortial- oder Akquisitionsfinanzierung, denn auch diese werden allein aufgrund vertraglicher Vereinbarungen und nicht aufgrund allgemeiner Übung gezahlt. Anders als bei den Bearbeitungsentgelten in bilateralen Krediten lässt sich bei Konsortial- und Akquisitionsfinanzie-

---

25 Darauf weisen auch *van Bevern/Schmitt* BKR 2015, 323, 326, *Herweg/Fürtjes* ZIP 2015, 1261, 1262 und LBS/*Castor,* 16. Kap. Rn. 64e hin.

26 BGH v. 3.11.1999, BGHZ 143, 103, 111 (= NJW 2000, 1110, 1111).

27 BGH v. 3.11.1999, BGHZ 143, 103, 111, 112 (= NJW 2000, 1110, 1111).

28 BGH v. 13.3.2018, WM 2018, 1046, 1047.

29 BGH v. 13.3.2018, WM 2018, 1046, 1047.

30 Staudinger/*Schlosser,* 2013 § 305 Rn. 36a; so in Bezug auf Bearbeitungsgebühren auch LG Saarbrücken, v. 29.5.2015, 1 O 334/14.

31 BGH v. 26.2.1992, NJW 1992, 2283, 2285.

32 Dazu, dass die Anwendung des AGB-Rechts maßgeblich auf einem gerechtfertigten Schutz des schwächeren Verhandlungspartners beruht, damit aber bei erfolgten Verhandlungen zwischen gleichstarken Verhandlungspartnern gerade nicht einschlägig ist, siehe mit beachtlichen Argumenten und weiteren Nachweisen Staudinger/*Schlosser,* 2013 § 305 Rn. 36a sowie Diem/Jahn/*Diem,* II.28 Rn. 90 ff.

33 MüKoBGB/*Basedow* § 305 Rn. 41 („Paketlösung"); *Herweg/Fürtjes* ZIP 2015, 1261, 1262. Der Nachweis, dass es sich um eine Paketlösung gehandelt hat, liegt allerdings beim Verwender. Die bloße Tatsache, dass andere Teile des Vertrages geändert wurden, reicht hierfür alleine nicht aus (siehe auch BGH v. 23.1.2003, BGHZ 153, 311, 322 f.); siehe dazu auch Diem/Jahn/*Diem,* II.28 Rn. 96.

34 BGH v. 4.7.2017, WM 2017, 1652, 1657.

rungen hingegen durchaus feststellen, dass die Zahlung von Gebühren wie Arrangierungs-, Betetiligungs-, Agenten- oder Sicherheitentreuhändergebühr den Besonderheiten des kaufmännischen Geschäftsverkehrs für diese Art von Krediten entspricht. Vor der neuen Rechtsprechung des BGH zu Bearbeitungsentgelten dürfte es so gut wie keine Konsortialkredite und syndizierten Akquisitionsfinanzierungen gegeben haben, bei denen diese Gebühren nicht erhoben wurden. Entsprechende Kredite an Verbraucher, die als Vergleichsmaßstab dienen könnten, gibt es nicht. Die Handelsgebräuchlichkeit iSd § 310 Abs. 1 BGB indiziert die Zulässigkeit einer Vereinbarung, die nicht unter die Klauselverbote der §§ 308 und 309 BGB fällt.[35] Den Unternehmer, der sich auf die Unwirksamkeit beruft, trifft die Darlegungs- und Beweislast für eine gleichwohl unangemessene Benachteiligung.[36]

14 Schließlich ist im Rahmen der Interessenabwägung nach Treu und Glauben zu berücksichtigen, dass sich die handelnden Akteure in dem Marktumfeld von Akquisitionsfinanzierungen und Konsortialkrediten in aller Regel auf Augenhöhe begegnen. Kreditnehmer sind erfahrene Finanzinvestoren oder multinationale Konzerne, die die Kreditverträge mit Unterstützung von auf Bankrecht und Finanzierung spezialisierten Großkanzleien und fachlichen Beratern wie *Debt Advisors* verhandeln. Führt dieser Umstand nicht ohnehin schon zur Annahme einer Individualvereinbarung,[37] ist er doch zumindest bei der im Rahmen des § 307 BGB gebotenen Interessenabwägung zu berücksichtigen. Schon im Rahmen des geltenden Rechts erschiene eine entsprechende Interessenabwägung möglich. Bei der Interessenabwägung im Rahmen des § 307 BGB ist zwar eine **generalisierende, typisierende Betrachtungsweise** zugrunde zu legen. Dies verbietet aber nicht **gruppentypische Differenzierungen**, dh eine Typisierung für die Durchschnittskunden eines bestimmten Vertragstyps, im Gegenteil, eine solche gruppenspezifische Typisierung ist geboten.[38] Dies sind bei Akquisitions- und Konsortialfinanzierungen nach LMA-Standard keine Verbraucher und auch keine kleineren Unternehmen, sondern, wie dargestellt, hoch professionelle, anwaltlich und fachlich beratene Finanzinvestoren und Konzerne. Der BGH hatte solche Fälle bislang nicht zu entscheiden. Zumindest *de lege ferenda* erscheint eine gesetzliche Regelung oder explizite Öffnung des AGB-Rechts sinnvoll, um den Gerichten die Annahme einer Individualvereinbarung oder die Handhabung der Interessenabwägung in diesen Fällen zu erleichtern, nicht zuletzt auch, um der Flucht der Marktakteure dieser Art von Finanzierungen in andere Rechtsordnungen vorzubeugen.[39]

15 **Kautelarjuristische Praxis**. Die Praxis ist in der Folge der Entscheidungen des BGH zu bilateralen Finanzierungen bei Konsortial- und Akquisitionsfinanzierungen dazu übergegangen, noch deutlicher als bisher zu dokumentieren, dass der Vorschlag zur Zahlung der verschiedenen Gebühren, vom Kreditnehmer kommt. So wird das bisher übliche Gebührenschreiben inzwischen überwiegend als **Angebotsschreiben** von den Anwälten des Kreditnehmers an die betreffende Bank aufgesetzt.[40]

16 In *Club Deals* oder bilateralen Akquisitionsfinanzierungen werden von den Banken auch **höhere Zinsen** vorgeschlagen. Hierbei wird teilweise auch eine Zinsstaffelung vorgesehen, bei der die ansonsten zu zahlende Gebühr auf die erste oder die ersten, oft länger gewählten Zinsperioden umgelegt wird. Je kürzer die Zinsperioden und je höher die hierfür angehobenen Gebühren, desto größer ist freilich das Risiko des Vorwurfs der Umgehung.[41] Da

---

[35] Unterfällt die betreffende Klausel den Verboten der §§ 308, 309 BGB heben sich die beiden Indizwirkungen auf (MüKoBGB/*Basedow* § 310 Rn. 10). Die Inhaltskontrolle erfolgt dann allein nach § 307 BGB und den Grundsätzen von Treu und Glauben.

[36] LG Braunschweig, BKR 2015, 77, 78; MüKoBGB/*Basedow* § 310 Rn. 10; dagegen dezidiert OLG Frankfurt a. M. v. 25.2.2016, 3 U 110/15, BeckRS 2016, 06367 in dem von ihm zu Bearbeitungsgebühren entschiedenen Fall: eine solcher Handelsbrauch existiere nicht und wäre im Übrigen rechtsmissbräuchlich und schließe daher die Unangemessenheit iSd § 307 BGB nicht aus.

[37] Hierfür zB Diem/Jahn/*Diem*, II.28 Rn. 101 ff.

[38] Staudinger/*Coester*, § 307 Rn. 111 f.

[39] Überzeugend in diesem Sinne auch Staudinger/*Schlosser*, § 305 Rn. 36a f.

[40] Siehe auch *Josenhans/Danzmann/Lübbehüsen* BKR 2018, 142, 144 f.

[41] So auch *Josenhans/Danzmann/Lübbehüsen* BKR 2018, 142, 147.

hierin für den Kreditnehmer in der Regel kein wirtschaftlicher Vorteil liegt, entscheidet er sich allerdings auch hier oft für das ihm bekannte Gebührenmodell.

In internationalen Finanzierungen weichen die Parteien, sofern nicht ohnehin der gesamte Kreditvertrag ausländischem Recht unterstellt wird, teilweise für die Gebührenvereinbarungen im Wege der **Teilrechtswahl** auf ein ausländisches Recht aus.[42] So kennen beispielsweise das englische oder das österreichische Recht derartige Beschränkungen nicht. Ganz risikolos erscheint eine Teilrechtswahl für Gebührenvereinbarungen hingegen auch nicht. So lässt sich bspw. die Vereinbarung einer Beteiligungsgebühr (*Participation Fee*) als Vereinbarung einer Vergütung für die Gewährung des Darlehens verstehen, deren Vereinbarung in AGB mangels Laufzeitabhängigkeit unwirksam sein könnte.[43] Es erscheint nicht ausgeschlossen, dass die Aufspaltung der Vergütung für die deutschem Recht unterstehende Hauptleistungspflicht der Darlehensgewährung in einen Zins nach deutschem Recht und eine Gebühr nach englischem Recht als in sich widersprüchlich angesehen würde. Weniger problematisch erscheint dies hingegen für Gebühren, die nicht mit der Darlehensgewährung, sondern echten Sonderleistungen im Synallagma stehen oder bei denen es sich tatsächlich um Preisnebenabreden handelt. 17

I. Bereitstellungsprovision

Die Bereitstellungsprovision (*Commitment Fee*)[44] wird als Entgelt für die Bereitstellung der Kreditlinien erhoben.[45] Es handelt sich nicht um Zinsen iSd § 248 BGB, wenn die Bank dem Kreditnehmer das Recht einräumt, den Kredit während eines bestimmten Zeitraums (*Availability Period*) jederzeit abzurufen.[46] 18

Höhe. Die Bereitstellungsprovision wird in der Regel ausgedrückt als Prozentsatz *per annum* der für die jeweilige Kreditlinie anwendbaren Marge (üblich sind 30 bis 40 % der Marge). Teilweise wird ein Mindest- oder Höchstprozentsatz vereinbart. Der BGH hat in einer Entscheidung von 1986 eine Provision von 0,25 % p. M. der nicht in Anspruch genommenen Kreditlinie für unbedenklich erklärt.[47] Dies entspricht der Bereitstellungsprovision bei KfW-Förderkrediten nach einer anfänglichen bereitstellungsprovisionsfreien Zeit von 12 Monaten. Dies ist allerdings nicht zu verallgemeinern. Die Angemessenheit und ggf. Sittenwidrigkeit der Höhe der Bereitstellungsprovision ist abhängig von dem jeweiligen Zinsumfeld.[48] 19

Fälligkeit. Die Zahlung einer Bereitstellungsprovision ist grundsätzlich ab dem Zeitpunkt gerechtfertigt, ab dem bei der Bank Risikopositionen entstehen, die mit Eigenkapital zu unterlegen sind. Das ist regelmäßig der Fall, wenn ein Darlehen gewährt oder zugesagt wird, dh mit der verbindlichen Eröffnung einer Kreditlinie,[49] sprich der Unterzeichnung des Kreditvertrags durch die Bank. In Akquisitionsfinanzierungen liegt hierin ein Risiko für den Kreditnehmer. Um hinreichend Finanzierungssicherheit zu haben, unterschreiben die Investoren den Kreditvertrag häufig noch vor Unterzeichnung des Anteilskaufvertrags. Zwischen der Unterzeichnung des Anteilskaufvertrags und Vollzug muss aber noch eine Reihe von Closing-Bedingungen erfüllt werden. So sind zB Kartellgenehmigungen ggf. in verschiedenen Jurisdiktionen einzuholen und ist die Ablösung der bestehenden Bankverbindlichkeiten mit den finanzierenden Banken der Zielgesellschaft zu organisieren. Oft 20

[42] Zu Zulässigkeit und Anforderungen an eine Teilrechtswahl allgemein → § 38 Rn. 10 ff. sowie für Gebührenvereinbarungen auch *Josenhans/Danzmann/Lübbehüsen* BKR 2018, 142, 147 f.
[43] Dazu noch → § 18 Rn. 32 ff.
[44] Beispielsklausel: Ziff. 18.1 (*Commitment fee*) LMA Leveraged Finance Facilities Agreement.
[45] BGH v. 12.12.1985, WM 1986, 156; *Kümpel*, Bank- und Kapitalmarktrecht Rn. 5.285.
[46] BGH v. 12.12.1985, WM 1986, 156, 157; SBL BankR-HdB/*Krepold* § 78 Rn. 125; LBS/*Castor*, 16. Kap. Rn. 68; Diem/Jahn/*Jahn*, II.17 Rn. 3.
[47] BGH v. 6.3.1986, WM 1986, 577, 579.
[48] SBL BankR-HdB/*Krepold*, § 78 Rn. 21.
[49] SBL BankR-HdB/*Krepold* § 78 Rn. 125.

wird daher auf die Erhebung einer Bereitstellungsprovision vor dem Vollzug der geplanten Akquisition verzichtet oder ein längerer Zeitraum vereinbart, in dem keine Bereitstellungsprovision anfallen soll.[50] Die Bereitstellungsprovision ist regelmäßig vierteljährlich im Nachhinein zu bezahlen.

21 **Zulässigkeit in Individualvereinbarungen und AGB.** Als Entgelt für eine eigene zusätzliche Leistung der Bank, das Zurverfügunghalten der Darlehensvaluta, sollte die Vereinbarung einer Bereitstellungsprovision auch in allgemeinen Geschäftsbedingungen als Preishauptabrede nicht der Inhaltskontrolle gemäß § 307 Abs. 3 S. 1 BGB, sondern lediglich der Schranke des § 138 BGB unterliegen.[51] Damit wäre auch ein laufzeitunabhängiges Entgelt für den Abschluss des bei Akquisitionsfinanzierungen üblichen Krediteröffnungsvertrages[52] und die damit verbundene Bereitstellung der Kreditlinien zulässig.[53] Dies ist mit der Entscheidung des BGH zur Unzulässigkeit von Bearbeitungsentgelten bei Kontokorrentkrediten,[54] dessen Zweck immerhin die jederzeitige Verfügbarkeit eines zugesagten Kreditlimits ist, fraglich geworden. Aber auch wenn man im Zuge der neuen Rechtsprechung die Möglichkeit zum jederzeitigen Abruf eines Kredits als Nebenleistung zur eigentlich Hauptleistung des Kreditgebers, der Darlehensgewährung, ansähe, hält zumindest die derzeit üblich Bereitstellungsprovision einer AGB-rechtlichen Kontrolle statt, wenn und weil sie laufzeitabhängig und daher dem Zins vergleichbar erhoben wird.

22 Dass der Kreditnehmer auch ohne ausdrückliche Vereinbarung zur Zahlung einer von der Bank gemäß § 315 BGB festzusetzenden Bereitstellungsprovision verpflichtet sein soll, da die Bank nach dem in § 354 HGB zum Ausdruck kommenden Rechtsgedanken die Leistung im Zweifel nicht unentgeltlich erbringt,[55] erscheint dagegen zumindest heute nicht mehr überzeugend. In der Kreditwirtschaft werden immer öfter Darlehen auch ohne Bereitstellungsprovision vergeben. Wie dargestellt, verzichten auch bei Akquisitionsfinanzierungen die Banken bis zur erstmaligen Auszahlung oder zumindest für einen gewissen Zeitraum ab Unterzeichnung auf eine Bereitstellungsprovision. In der Praxis der Akquisitionsfinanzierungen wird daher regelmäßig eine Bereitstellungsprovision nur für die Betriebsmittelkreditlinie oder andere ungezogene Kreditlinien wie eine Akquisitions- oder Investitionskreditlinie erhoben.

II. Arrangierungsgebühr

23 Der Kreditnehmer verpflichtet sich, dem Arrangeur eine Arrangierungsgebühr (*Arrangement Fee*) zu bezahlen. Da die Gebühr bilateral mit dem Arrangeur verhandelt wird und nicht allen Kreditgebern offengelegt werden soll, wird sie nicht im Kreditvertrag, sondern in einer separaten Gebührenvereinbarung vereinbart. Der Kreditvertrag enthält lediglich einen Hinweis auf diese Gebührenvereinbarung.[56]

24 Die Arrangierungsgebühr ist Entgelt für ein Bündel von Tätigkeiten des Arrangeurs im Vorfeld der Darlehensgewährung, insbesondere die Strukturierung der Finanzierung, die Übernahme des Underwritingrisiko und die Syndizierung der Kredite. Die Strukturierung ist mit erheblichem Arbeitsaufwand verbunden. Sie umfasst die genaue Analyse und Plausibilisierung des Geschäftsmodells und der Planung des Kreditnehmers, insbesondere des geplanten *Cashflows* der Zielgruppe für die folgenden Jahre und eine entsprechende Wahl des Tilgungs- und Risikoprofils der Kredite. Zur Syndizierung gehört die Erstellung

[50] Diem/Jahn/*Jahn*, II.17 Rn. 5.
[51] BGH v. 6.3.1986, WM 1986, 577, 579; SBL BankR-HdB/*Krepold* § 78 Rn. 127; aA, aber nicht überzeugend, *Güngör* VuR 2013, 410, 412 ff.
[52] Dazu eingehend → § 8 Rn. 1 ff.
[53] In diesem Sinne zB KG Berlin, BKR 2017, 417, 419; *Weber* BKR 2017, 106, 107.
[54] BGH v. 4.7.2017, XI ZR 233/176, WM 2017, 1652.
[55] So SBL BankR-HdB/*Pamp* § 77 Rn. 6; MüKoBGB/*Berger*, § 488 Rn. 219.
[56] Beispielsklausel: Ziff. 18.2 (*Arrangement fee*) LMA Leveraged Finance Facilities Agreement; Diem/Jahn/*Jahn*, II.17 Rn. 7.

des *Information Memorandum,*[57] die Auswahl und Ansprache der Konsortialbanken und die Zuteilung der Quoten.

Höhe. Die Arrangierungsgebühr wird als ein Prozentsatz des Gesamtbetrages aller Kreditzusagen zum Zeitpunkt der Unterzeichnung des Kreditvertrags oder der ersten Auszahlung ausgedrückt. 25

Fälligkeit. Die Arrangierungsgebühr wird in der Regel mit der ersten Auszahlung der Akquisitionskredite einmalig zur Zahlung fällig. Sie wird auch bei vorzeitiger Tilgung nicht, auch nicht anteilig, zurückerstattet. Kommt es nicht zur Auszahlung, steht dem Arrangeur in Akquisitionsfinanzierungen keine Arrangierungsgebühr zu. Kommt es nicht zum Closing, würde dem Akquisitionsvehikel auch kein Eigenkapital zur Verfügung gestellt, mit dem es diese Gebühren bezahlen könnte.[58] Aus demselben Grund ist auch die Vereinbarung einer *Break-up-* oder sonstigen Strukturierungsgebühr, die unabhängig von der Auszahlung zahlbar wäre, bei Akquisitionsfinanzierungen unüblich. 26

Zulässigkeit in AGB. Die Vereinbarung einer Arrangierungsgebühr in AGB ist dann einer Inhaltskontrolle entzogen, wenn es sich bei den hiermit vergüteten Tätigkeiten um echte Sonderleistungen des Arrangeurs handelt und nicht um bloße Nebentätigkeiten zur Vorbereitung der Hauptleistung der Darlehensgewährung. Dabei erscheint, soweit sich der Arrangeur wie regelmäßig selbst am Kredit beteiligt, der oben beschriebene Strukturierungsaufwand, dh die Prüfung der zukünftigen Cashflows des Kreditnehmers und die Plausibilisierung des Geschäftsmodells, als bloße Nebenleistung zur eigenen Darlehensgewährung. Diese Analyse hat jeder Kreditgeber, unabhängig davon, ob er den Kredit arrangiert oder später im Rahmen einer Syndizierung beitritt, jeweils für sich selbst anzustellen. Soweit die Arrangierung aber die unterschiedliche Tranchierung der Kredite mit verschiedenen Laufzeiten und Zinsen umfasst, um im Rahmen einer Syndizierung verschiedene Investoren anzusprechen, kann hierin eine Sonderleistung für den Kreditnehmer liegen. Bei den Tätigkeiten des Arrangeurs ist also zwischen syndizierten Krediten einerseits und bilateralen Krediten oder Krediten mit einer kleinen, vorher ausgesuchten Gruppe von Banken (sog *Club Deals*) andererseits zu unterscheiden. 27

Syndizierte Kredite. Der Arrangeur ist bei der Darlehensgewährung gesetzlich nicht zur Ansprache weiterer potentieller Kreditgeber oder zur Erstellung eines hierfür benötigten *Information Memorandum* verpflichtet. Auch ist die Zusammenstellung eines Konsortiums durch die Bank nicht zwingende Voraussetzung für die Darlehensgewährung überhaupt. Dies gilt sowohl für sog „*best efforts*"-Transaktionen als auch für in Akquisitionsfinanzierungen häufiger vorkommende „*Underwriting*"-Transaktionen. Bei der „*best efforts*"-Transaktion sagt die arrangierende Bank den eigenen Konsortialanteil nur unter der Bedingung zu, dass vor erster Auszahlung ein Konsortium, mit dem die gesamte gewünschte Kreditsumme abgedeckt wird, zusammen gestellt wird. Die Zusammenstellung des Konsortiums liegt dabei im Interesse des Kreditnehmers, überhaupt den gewünschten Kredit zur Verfügung gestellt zu bekommen. Beim „*Underwriting*" übernehmen eine oder wenige Banken die anfänglichen Kreditzusagen, sollen aber absprachegemäß einen Teil der Kreditzusagen an weitere Investoren weitersyndizieren. Bei größeren Krediten handelt es sich dabei um teilweise weiter über einhundert auch institutionelle Investoren, die sich lediglich an Krediten beteiligen, die aber selbst kein Kreditinstitut sind. Die Übernahme sämtlicher Kreditzusagen und des damit im Zusammenhang stehenden Syndizierungsrisikos durch die arrangierende Bank erfolgt im Interesse des Kreditnehmers an einem schnelleren Abschluss der Kreditvertragsdokumentation und der durch das *Underwriting* höheren Finanzierungssicherheit. Diese Tätigkeiten und die Übernahme des *Underwriting*-Risikos stellen daher echte Sonderleistungen an den Kreditnehmer dar, die auch gesondert zu vergüten sind. Als Preisabrede unterliegt die Verpflichtung zur Zahlung eines entsprechenden Entgelts nicht 28

[57] Dazu → § 2 Rn. 61.

[58] Dass die Arrangierungsgebühr unabhängig von einer Auszahlung zahlbar ist, wie LBS/*Castor,* 16. Kap. Rn. 65 schreibt, dürfte daher allenfalls in Ausnahmefällen oder außerhalb von *Leveraged Buy-outs* der Fall sein.

der Inhaltskontrolle des § 307 Abs. 3 S. 1 BGB, sondern lediglich der Schranke des § 138 BGB.[59]

29 Soweit der Kreditgeber sich selbst an den Krediten nicht oder nur vorübergehend bis zum Abschluss der Syndizierung beteiligt, lässt sich die Arrangierungsgebühr rechtlich auch als **„Mäklerlohn"** iSd §§ 652 ff. BGB ansehen. Ein Makler vermittelt Verträge. Der Arrangeur stellt die Kredite nicht selbst, sondern durch die ursprünglichen Kreditgeber zur Verfügung, die sich zur Kreditvergabe verpflichten, oder er überträgt, wenn er zugleich *Underwriter* ist, diese im Rahmen der Primärsyndizierung an die späteren Kreditgeber. Der Arrangeur vermittelt also einen Kreditvertrag zwischen Kreditnehmer und den Kreditgebern oder lässt durch Übertragung von Konsortialanteilen auf die Konsorten selbständige Vertragsverhältnisse zwischen dem Kreditnehmer und den einzelnen Konsorten entstehen. Soweit die Arrangierungsgebühr für die Vermittlung der Verträge mit den anderen Konsortialbanken bezahlt wird, ist dies grundsätzlich zulässig.[60] Soweit die Arrangierungsgebühr aber dafür bezahlt wird, dass der Arrangeur sich selbst oder einer mit ihm verbundenen Gesellschaft die Kreditvergabe vermittelt, könnte ein Anspruch auf Maklerprovision an der **Verflechtungsrechtsprechung** des BGH scheitern, wonach kein Anspruch auf Maklerprovision besteht, wenn Makler und Vertragspartner wirtschaftlich identisch sind.[61] Daher soll die Verpflichtung zur Zahlung einer Arrangierungsgebühr nach aA ein wirksames, von den Voraussetzungen des § 652 BGB **unabhängiges Provisionsversprechen** darstellen.[62] Ein solches unabhängiges Provisionsversprechen ist in der Regel nur dann anzunehmen, wenn der Interessent (dh hier der Kreditnehmer) eine klare Kenntnis von der wirtschaftlichen Verbindung zwischen dem Provisionsempfänger und dem Geschäftspartner hatte.[63] Dies ist bei Konsortialfinanzierungen der Fall. Regelmäßig weiß der Kreditnehmer und legt auch Wert darauf, dass der Arrangeur oder ein mit ihm verbundenes Unternehmen selbst als Kreditgeber an dem Konsortium teilnimmt.

30 **Bilaterale Kredite und *Club Deals*.** In bilateralen Krediten wie in *Club Deals* fehlt sowohl die Notwendigkeit zur Syndizierung als auch die Übernahme eines *Underwriting*-Risikos. Andere im Zusammenhang mit der Darlehensgewährung erbrachte Tätigkeiten erbringt die Bank vorwiegend im eigenen Interesse der von ihr zugesagten Darlehensgewährung. Die Vereinbarung einer Arrangierungsgebühr in diesen Fällen stellt mangels Sonderleistung die Vergütung von Nebenleistungen dar. Als Preisnebenabrede unterliegen sie in AGB der Inhaltskontrolle des § 307 Abs. 3 S. 1 BGB. Zu Ihrer Wirksamkeit gelangt man außer in Indidualvereinbarungen nur, wenn man anerkennt, dass diese anders als Bearbeitungsentgelte in bilateralen Finanzierungen den Gewohnheiten des kaufmännischen Geschäftsverkehrs im Sinne des § 310 BGB entsprechen oder wenn man anerkennt, dass die erforderliche Interessenabwägung nach Treu und Glauben dazu führt, dass bei einer Verhandlung dieser Gebühren zwischen gleichstarken Vertragspartnern die entsprechende Gebührenvereinbarung nicht mehr als unangemessen erscheint.

[59] Siehe dazu auch Diem/Jahn/*Jahn*, II.17 Rn. 19; iE auch LBS/*Castor*, 16. Kap. Rn. 66c; *Josenhans/Danzmann/Lübbehusen* BKR 2018, 142, 146; *Becker/Dreyer* ZIP 2014, 2057, 2065; BuB/*Früh/Müller-Arends*, 3/137b, c; *Hanke/Adler* WM 2015, 1313,1315.

[60] Palandt/*Sprau*, Einf. § 652 Rn. 4.

[61] Vgl. nur BGH v. 23.10.1980, WM 1980, 1428, 1430 mwN. Nach anderer Ansicht ist die Pflicht zur Zahlung der Arrangierungsgebühr selbst dann nicht wegen Verstoßes gegen das Verbot der Doppeltätigkeit gemäß § 654 BGB unwirksam, wenn die Arrangierungsgebühr als Maklerprovision einzuordnen wäre. Eine Doppeltätigkeit des Arrangeurs könnte zwar vorliegen, wenn er sich an den Krediten auch selbst als kreditgebende Konsortialbank beteiligt. Schon aus dem Wortlaut des § 654 BGB ergibt sich aber, dass die Doppeltätigkeit „dem Inhalte des Vertrags zuwider" erfolgt sein muss. Dies ist bei Akquisitionsfinanzierungen nicht der Fall. Der Kreditnehmer erklärt sich im *Term Sheet* und auch im Kreditvertrag damit einverstanden, dass die Kredite vom Arrangeur syndiziert werden. Ein Verstoß gegen § 654 BGB ist damit nicht gegeben. Vgl. *Hinsch/Horn,* Das Vertragsrecht der internationalen Konsortialkredite und Projektfinanzierungen, S. 33 f.

[62] *Hinsch/Horn,* Das Vertragsrecht der internationalen Konsortialkredite und Projektfinanzierungen, S. 35 f.

[63] BGH v. 23.10.1980, WM 1980, 1428, 1430.

Bis zu einer Entscheidung des BGH oder einer Gesetzesänderung ist in diesen Fällen allerdings Vorsicht geboten.

III. Participation Fee

Übernimmt ein Kreditgeber einen Konsortialanteil und tritt dem Kreditkonsortium bei, so erhält er regelmäßig eine Beteiligungsgebühr (*Participation Fee*), die in der Regel als Prozentsatz des übernommenen Konsortialanteils ausgedrückt wird und einmalig bei erster Auszahlung oder Beitritt des jeweiligen Kreditgebers zahlbar ist. Ihre Höhe ist in der Regel abhängig von der Vergütungserwartung der beitretenden Kreditgeber und der Bonität des Kreditnehmers. In Akquisitionsfinanzierungen wird diese Gebühr regelmäßig vom Arrangeur an die sich beteiligende Bank gezahlt, bei bereits ausbezahlten Darlehen oft im Wege eines Abschlags (*Original Issue Discount* (*OID*)) auf die zu erwerbenden Kreditforderungen. Anders ist die Situation in syndizierten Unternehmenskrediten oder bei einer „*best efforts*"-Transaktion. Hier bietet der Kreditnehmer den sich beteiligenden Banken eine Gebühr für die Beteiligung am Konsortium an. Ihre Höhe ist dann häufig abhängig von der Höhe der letztlich zugeteilten Kreditzusagen. 31

Zulässigkeit. Mit der Beteiligungsgebühr wird allein die Beteiligung des Kreditgebers an dem Konsortialkredit vergütet. Sie ist Teil der Vergütung der Hauptleistungspflicht des Kreditgebers, der Darlehensgewährung, und als solche eine Preisabrede. Sie widerspricht aber als einmalig zu zahlende, auch bei vorzeitiger Tilgung nicht erstattbarer Gebühr dem gesetzlichen Leitbild des Darlehens, das lediglich die Zahlung von Zinsen vorsieht (§ 488 Abs. 1 S. 2 BGB). Nach der Rechtsprechung des BGH wäre daher eine Verpflichtung in allgemeinen Geschäftsbedingungen von Banken, die die Zahlung einer Beteiligungsgebühr an den Kreditgeber vorsieht, voraussichtlich unwirksam. 32

In dem oben dargestellten Fall der Beteiligungsgebühr durch Verkauf von Kreditforderungen mit einem prozentualen Abschlag (*OID*) ist sie dennoch wirksam. Sie ist der Preis, den der Arrangeur den Konsortialbanken für ihre Teilnahme am Kredit und Reduzierung seines Underwritingrisikos bezahlen muss. Die Verpflichtung zu ihrer Zahlung bzw. der Abschlag zu dem Kaufpreis der Kreditforderung entsteht allein aufgrund einer Vereinbarung zwischen Arrangeur und Konsortialbanken, unabhängig von einer Beteiligung des Kreditnehmers. Der Kreditnehmer kennt in Akquisitionsfinanzierungen bei einem *Underwriting* mit Syndizierung die konkrete Höhe der *Participation Fee* im Regelfall nicht einmal.[64] Finanziert wird diese aus der Arrangierungsgebühr, die der Kreditnehmer an den Arrangeur – vorbehaltlich einer abweichenden Regelung in einer sog *Market Flex*-Vereinbarung – unabhängig davon zahlt, welchen Betrag dieser möglichen Konsorten für ihre Teilnahme am Kredit wirtschaftlich weiterreicht. 33

Soll an die arrangierende Bank selbst oder in einem bilateralen Kredit oder *Club Deal* eine Beteiligungsgebühr gezahlt werden, so ist diese entweder vom Kreditnehmer selbst vorzuschlagen[65] oder darauf zu achten, dass sie individualvertraglich ausverhandelt wird. Hierfür gelten die oben[66] beschriebenen Voraussetzungen. Andernfalls ist sie nur wirksam, wenn man die bestehende Verhandlungsmacht des Kreditnehmers ausreichen lässt, um eine unangemessene Benachteiligung zu verneinen. Alternativ sollte zukünftig anstelle der Beteiligungsgebühr die Erhebung eines Entgelts für die Krediteröffnung, dh die Zurver- 34

[64] Die von *Castor* (LBS/*Castor,* 16. Kap. Rn. 67, 67a) beschriebene Offenlegung der *Participation Fee* und deren Zusage durch den Kreditnehmer im Zusageschreiben ist gängige Praxis in Konsortialfinanzierungen für Unternehmen, nicht aber in Akquisitionsfinanzierungen.

[65] Die Praxis der Unternehmensfinanzierungen ist daher inzwschen verbreitet dazu übergegangen, dass die vom Kreditnehmer den Konsortialbanken vorgeschlagenen Beteiligungsgebühren nicht mehr, wie bisher üblich, in dem Mandatsschreiben mit dem Arrangeur dokumentiert werden, sondern den Konsorten vom Kreditnehmer selbst in einem sog *Fee Offer Letter* angeboten werden. Zur bisherigen Praxis bei Unternehmenskrediten und ihrer Zulässigkeit siehe LBS/*Castor*, 16. Kap. Rn. 67, 67a.

[66] → § 18 Rn. 11 ff.

fügungstellung der innerhalb ihres Verfügbarkeitszeitraums jederzeit verfügbaren Kreditlinien, erwogen werden.[67]

IV. Agentengebühren

35 Für die Tätigkeit des Agenten (*Facility Agent*) und des Sicherheiten-Treuhänders (*Security Trustee* oder *Security Agent*) werden vom Kreditnehmer Gebühren erhoben.[68]

36 **Agentengebühr.** Die allgemeine Tätigkeit des Agenten und des Sicherheiten-Treuhänders wird durch feste Pauschalen (*Agency Fee, Security Agency Fee*) vergütet. Sie ist kein Entgelt für die Darlehensgewährung, sondern für die Verwaltung der Kredite, die Kommunikation zwischen Kreditnehmer und Konsortium sowie die Übernahme der Zahlstellenfunktion. Als solche ist sie Vergütung für eine echte Sonderleistung. Sie ist unabhängig von der Höhe der Kreditzusagen meist am Closing-Tag und danach jährlich im Voraus zu entrichten.[69]

37 **Zulässigkeit in AGB.** Als Vergütung einer echten Sonderleistung ist die Agenten- und die Sicherheiten-Treuhänder-Gebühr eine Preisabrede und ist damit an sich der AGB-Inhaltskontrolle entzogen.[70] Der Agent und der Sicherheiten-Treuhänder werden allerdings nicht vom Kreditnehmer, sondern von den Kreditgebern im Wege eines Geschäftsbesorgungsvertrags beauftragt.[71] Gleichwohl handeln der Agent und Sicherheiten-Treuhänder auch im Interesse des Kreditnehmers. Ohne die Tätigkeit eines Agenten oder Sicherheiten-Treuhänders wäre die vom Kreditnehmer gewünschte Konsortialfinanzierung vielfach nahezu unhandbar. Dies gilt auch für die Verwaltung von Sicherheiten, bei denen gerade nicht-akzessorische Rechte nicht sinnvoll an alle Kreditgeber gegeben werden können und ohne die der Kreditnehmer vielfach den gewünschten Kredit überhaupt nicht bekäme. Auch wenn die Beauftragung nicht durch den Kreditnehmer erfolgt, erscheint daher die Verpflichtung zur Zahlung der Agenten- und Sicherheiten-Treuhändergebühr durch den Kreditnehmer, wenn sie nicht ohnehin individualvertraglich erfolgt, auch in AGB als zulässig.[72]

38 ***Waiver*-Gebühren.** Verstößt der Kreditnehmer gegen Bestimmungen des Kreditvertrags, indem er zB die *Financial Covenants* nicht einhält, so haben die Banken die Wahl, den Kredit zu kündigen oder auf die Erfüllung der Vertragspflicht (vorübergehend) zu verzichten. Wird der Verzicht gewählt, so ist ein sog *Waiver* zu erklären. Der (vom Kreditnehmer zu vertretende) zusätzliche Verwaltungsaufwand des Agenten wird oft durch eine pauschale Gebühr abgegolten, die vom Agenten von Fall zu Fall festgesetzt wird.[73] Daneben werden sich auch die Kreditgeber die Verzichtserklärungen oder Zustimmung zu bestimmten Maß-

[67] Zur – derzeit freilich ebenso noch fraglichen – Zulässigkeit der Erhebung eines solchen Krediteröffnungsentgelts → § 18 Rn. 21. Dass eine solche Gebühr in Akquisitionsfinanzierungen nicht mit Unterzeichnung des Kreditvertrages, sondern erst mit Auszahlung fällig wird („*No Closing, no fees*"), ändert nach hier vertretener Meinung an der Zulässigkeit nichts. Diese richtet sich allein nach dem Rechtsgrund der Entgeltverpflichtung, nicht ihrer rein zeitlichen Fälligkeit. Verlangt die Bank die Zahlung eines Krediteröffnungsentgelts und ändert diese aufgrund der Anmerkungen des Kreditnehmers in eine bloße Beteiligungsgebühr, ist diese wiederum individualvertraglich zustande gekommen.

[68] Beispielsklauseln: Ziff. 18.3 (*Agency fee*), 18.4 (*Security Agent fee*) LMA Leveraged Finance Facilities Agreement.

[69] Siehe auch Diem/Jahn/*Jahn*, II.17 Rn. 20 ff., 24 ff.

[70] LBS/*Castor,* 16. Kap. Rn. 69 c.

[71] Die Steuerbehörden sehen daher auch die Leistungen des Agenten in erster Linie als Leistungen gegenüber den Kreditgebern an. Folgerichtig sind nach Umsatzsteuerrecht die Kreditgeber zur Zahlung der für seine Tätigkeiten anfallenden Umsatzsteuer verpflichtet. Eine Belastung des Kreditnehmers mit diesen Gebühren entspricht umsatzsteuerrechtlich daher eher der Regelung zur Kostenerstattung; siehe dazu Diem/Jahn/*Jahn*, II.17 Rn. 22.

[72] So im Ergebnis auch *Josenhans/Danzmann/Lübbehusen* BKR 2018, 142, 146.

[73] Zu der nicht selten zusätzlich vereinbarten Verpflichtung zur Zahlung von „Agent's management time" (Beispielklausel: Ziff. 33.17 (*Agent's management time*) LMA Leveraged Finance Facilities Agreement) siehe Diem/Jahn/*Aschenbrenner*, II.32 Rn. 104 ff.

nahmen je nach Schwere des Verstoßes, Arbeitsaufwand und erhöhtem Risiko durch Zahlung einer sog *Waiver*-Gebühr bezahlen lassen. Die Verpflichtung zur Zahlung der *Waiver*-Gebühr ist in aller Regel individualvertraglich ausgehandelt.

Transfer Fee. Konsortilbanken, die dem Kreditvertrag durch Übernahme eines Konsorti- 39
alanteils außerhalb der Primärsyndizierung als Kreditgeber beitreten, haben an den Agenten eine Bearbeitungsgebühr (*Transfer Fee*) zu bezahlen.[74] Die *Transfer Fee* ist meist ein fester Betrag zwischen EUR 2.000 und EUR 3.000.

V. Avalprovision, Fronting-Gebühr und Ausfertigungsentgelt

Avalprovision. Als Gegenleistung des Kreditnehmers für die Übernahme der Mithaftung 40
durch die Avalausstellende Bank wird üblicherweise eine Avalprovision (*Bank Guarantee Fee* oder *Letter of Credit Fee*) als wiederkehrende Verpflichtung zur Zahlung eines bestimmten Prozentsatzes der Garantiesumme vereinbart.[75] Der Avalkreditvertrag ist ein Geschäftsbesorungsvertrag im Sine des § 675 BGB. Die Avalprovision ist die laufzeitabhängige Vergütung der durch Ausstellung eines Avals von der Bank übernommenen Eventualverbindlichkeit.[76] Sie ist als Preisabrede auch in AGB nicht zu beanstanden. Solange das Aval vom Avalempfänger nicht in Anspruch genommen wurde, fallen keine Refinanzierungskosten an. Deshalb deckt die Avalprovision, ebenso wie die Marge beim Geldkredit, nicht die Refinanzierungskosten ab, sondern die den garantierenden oder bürgenden Kreditgebern entstehenden Eigenkapitalkosten und Risiken und beinhaltet einen Gewinnanteil. Soweit die übrigen an der Betriebsmittel- oder Avalkreditlinie beteiligten Konsortialmitglieder eine Risikounterbeteiligung am Aval übernehmen,[77] erhalten sie auch einen entsprechenden Anteil an der Avalprovision. Wird ein Multi Issuer Aval ausgestellt, steht die Avalprovision der Avalausstellenden Bank alleine zu. Wird ein Aval im Rahmen einer Unterkreditlinie ausgestellt, gelten andere Regeln.[78]

Fronting-Gebühr. Beim Fronting-Modell berechnet die Avalausstellende Bank dem 41
Kreditnehmer eine Fronting Gebühr (*Fronting Fee*), die das Adressenausfallrisiko der übrigen Konsortialbanken abdecken soll.[79] Auch sie ist laufzeitabhängig und AGB-rechtlich unbedenklich. Beim Multi Issuer-Modell ist grundsätzlich keine Fronting-Gebühr zu zahlen.

Ausfertigungsentgelt. Die Avalausstellende Bank erhält ein **Ausfertigungsentgelt** 42
(*Issuance/Administration Fee*) für jedes ausgestellte Aval als einmalige Bearbeitungsgebühr. Das Ausfertigungsentgelt verbleibt in voller Höhe bei der ausstellenden Bank.[80] Ob derartige Ausfertigungsentgelte nach der neuen Rechtsprechung des BGH in AGB noch aufrecht erhalten werden können, erscheint zweifelhaft.[81] In seiner Entscheidung vom April 2018 zu Bearbeitungsgebühren bei Avalkreditverträgen[82] erwähnt der BGH die für jede Ausstellung einer Bürgschaftsurkunde zu zahlenden Ausfertigungsgebühren im Sachverhalt, sie waren aber offenbar nicht streitgegenständlich. In der Entscheidung ging es allein um ein allgemeines, von der Ausstellung der einzelnen Avale unabhängiges Bearbeitungsentgelt. Nach dem BGH explizit zulässig ist über die Avalprovision hinaus nur der Aufwen-

[74] Beispielsklausel: Ziff. 30.4 (*Assignment or transfer fee*) LMA Leveraged Finance Facilities Agreement.
[75] Beispielsklausel: Ziff. 18.5(b) (*Fees payable in respect of Letters of Credit*) LMA Leveraged Finance Facilities Agreement.
[76] Vgl. BGH v. 17.4.2018, WM 2018, 1356, 1357 f.
[77] Dazu → § 5 Rn. 24.
[78] Dazu → § 5 Rn. 35.
[79] Beispielsklausel: Ziff. 18.5(a) (*Fees payable in respect of Letters of Credit*) LMA Leveraged Finance Facilities Agreement.
[80] Beispielsklausel: Ziff. 18.5(e) (*Fees payable in respect of Letters of Credit*) LMA Leveraged Finance Facilities Agreement.
[81] Für eine Zulässigkeit bislang zB OLG Frankfurt a. M. v. 10.11.2015, 3 U 173/14; dagegen zB OLG Rostock v. 21.10.2015, Az. 2 U 19/15.
[82] BGH v. 17.4.2018, WM 2018, 1356.

dungsersatz gemäß §§ 675 Abs. 1, 670 BGB. Hiermit ist jedoch der Ersatz von Aufwendungen nach Inanspruchnahme aus dem Aval gemeint,[83] nicht pauschale Entgelte für die Ausstellung eines Avals. Dies ist insoweit bemerkenswert, da es anders als für Gelddarlehen für den Geschäftsbesorgungsvertrag des Avalkredits gerade kein gesetzliches Leitbild der laufzeitabhängigen Vergütung gibt.[84] Wendet man dessen ungeachtet mit dem BGH die neue Rechtsprechung nicht nur auf Gelddarlehen, sondern auch auf den Avalkreditvertrag an, so ist zu konstatieren, dass die Ausstellung des Avals zwingende Voraussetzung der Erbringung der Hauptleistungspflicht der Bank aus dem Avalkreditvertrag ist. Die Verpflichtung zur Zahlung eines Entgelts für den Aufwand bei der Ausfertigung oder Änderung eines Avals ist danach eine kontrollfähige und an § 307 Abs. 1 BGB zu messende Preisnebenabrede.[85] Sie ist daher nur in Individualvereinbarungen zulässig oder, wenn man der hier vertretenen Meinung folgt, aufgrund Interessenabwägung bei anwaltlich vertretenen Finanzinvestoren oder Großunternehmen im Rahmen ansonsten verhandelter Kreditverträge.[86] Anders als andere Gebühren ließen sich die Ausfertigungsgebühren aber leicht auf die Avalprovision und damit ein rechtsprechungskonformes Entgelt umlegen.

VI. Kosten

43 **Vertragliche Regelungen**. Enthält der Kreditvertrag keine Regelung über die Erstattung von Kosten, so trägt jede Seite ihre Kosten selbst. Üblicherweise wird jedoch vereinbart, dass der Kreditnehmer den Kreditgebern alle Kosten zu erstatten hat, die ihnen im Zusammenhang mit der Vertragsdokumentation (Kreditverträge, Sicherheitenverträge, etc. sowie deren Änderungen), der Verwaltung und gegebenenfalls der Verwertung der Sicherheiten entstehen.[87]

44 Die Kosten umfassen regelmäßig nur externe Kosten (zB Notars- und Anwaltsgebühren), nicht die internen Kosten der Banken. Soweit nur *„Out-of-pocket Expenses"* zu erstatten sind, entsteht eine Erstattungspflicht erst, wenn die Bank tatsächlich entsprechende Auslagen hatte, nicht schon dann, wenn sie gegenüber dem Dritten zahlungspflichtig ist.

45 Wird ein **Höchstbetrag** vereinbart, so sollte der aus Sicht der Bank nur für die Kosten der Erstellung der Vertragsdokumentation gelten, nicht für spätere Vertragsänderungen oder die Kosten der Sicherheitenverwaltung und -verwertung, da deren Umfang nicht vorhersehbar ist. Der Kreditnehmer wird darauf achten, dass er Rechtsverfolgungskosten nur dann zu erstatten hat, wenn die Kreditgeber in dem Verfahren tatsächlich obsiegen.[88]

46 **Zulässigkeit in AGB**. Die Vereinbarung zur Kostenübernahme durch den Kreditnehmer geht über den in § 670 BGB gesetzlich vorgesehenen Aufwendungsersatz hinaus. Bereits 2012 hat der BGH entschieden, dass eine Klausel in AGB, die einen weitergehenden Erstattungsanspruch vorsieht, gegen § 307 Abs. 2 Nr. 1 BGB verstößt, da sie mit wesentlichen Grundgedanken der gesetzlichen Regelung des § 670 BGB nicht vereinbar sei und den Kunden unangemessen benachteilige.[89] Diese Rechtsprechung gilt auch für Kredite mit Unternehmern. Nach einer in der Literatur vertretenen Meinung lässt sich bei Konsortial- und Akquisitionsfinanzierungen die Kostenerstattung als Teil der an den Arrangeur, Agenten oder Sicherheiten-Treuhänder für dessen Sonderleistung zu erbringende

[83] Siehe die vom BGH zitierten BuB/*Früh/Müller-Arends*, Rn. 3/287 und Derleder/Knops/Bamberger/*Hoffmann*, § 24 Rn. 49.

[84] Aus diesem Grund grundsätzlich kritisch zur Entscheidung des BGH v. 17.4.2018 und für eine Zulässigkeit von Ausstellungsentgelten für Avale *Nobbe* WuB 2018, 489, 492; *Kropf* BKR 2018, 421, 425.

[85] So zum vergleichbaren Fall der Vereinbarung von Ausfertigungsgebühren bei der Erstellung eines Versicherungsscheins durch Versicherungen auch v. Westphalen/*Präve*, Vertragsrecht und AGB-Klauselwerke, AVB Rn. 121.

[86] → § 18 Rn. 14; in diesem Sinne auch schon Diem/Jahn/*Jahn*, II.17 Rn. 30.

[87] Beispielsklausel: Ziff. 23 (*Costs and Expenses*) LMA Leveraged Finance Facilities Agreement; vgl. dazu Diem/Jahn/*Freund*, II.22 Rn. 1 ff.

[88] *Buchheit*, How to Negotiate Eurocurrency Loan Agreements, S. 116.

[89] BGH v. 8.5.2012, NJW 2012, 2337, 2340 zu Nr. 18 AGB-Sparkassen.

Vergütung verstehen.[90] Anderenfalls ist sie nur wirksam in Individualvereinbarungen oder, wenn man der hier vertretenen Meinung folgt, aufgrund Interessenabwägung bei anwaltlich vertretenen Finanzinvestoren oder Großunternehmen im Rahmen ansonsten verhandelter Kreditverträge.[91]

§ 19. Ausgleich von Steuern

Die Steuerausgleichsklauseln (*Tax Gross-up Clause* und *Tax Indemnity Clause*) haben, ebenso wie die Kostenerhöhungsklausel, ihren Ursprung in dem **Nettokreditprinzip** (*Cost Plus Principle* oder *Net Lending Concept*[1]) der Eurokredite.[2] Die Steuerausgleichsklauseln sollten ursprünglich vor allem gegen kostenerhöhende Maßnahmen im Heimatstaat des Kreditnehmers schützen, während die Kostenerhöhungsklausel vor allem auf kostenerhöhende Maßnahmen in den Heimatstaaten der Kreditgeber abzielte.[3] 1

I. Klauselinhalt

1. Zahlungserhöhung wegen Quellensteuerabzug

Wenn der Heimatstaat des Kreditnehmers Rechtsvorschriften erlässt, wonach bei Zinszahlungen in das Ausland eine Steuer, insbesondere eine **Quellensteuer,** Gebühr oder andere Abgabe abzuführen ist, oder eine solche Steuer, Gebühr oder Abgabe erhöht wird, ist der Kreditnehmer verpflichtet, den geschuldeten Betrag um den Fehlbetrag **zu erhöhen** (*Tax Gross-up*).[4] Ausgenommen sind Steuern auf die Erträge der Kreditgeber. Steuerschuldner einer Quellensteuer ist der empfangende Kreditgeber, die Steuer wird jedoch vom Kreditnehmer einbehalten und abgeführt.[5] 2

Nachweise. Der Kreditnehmer ist verpflichtet, dem Agenten für den betreffenden Kreditgeber Nachweise über gezahlte Steuern auszuhändigen.[6] Der Kreditgeber benötigt diese Nachweise, um in seinem Heimatstaat eine Steuergutschrift beantragen zu können und gegenüber dem Steuererhebungsstaat die Zahlung der Steuer beweisen zu können. 3

Ausnahmen. Der Kreditnehmer schuldet dann keine um die abgeführte Steuer erhöhte Zahlung, wenn der betreffende Kreditgeber im Zeitpunkt der Fälligkeit der Zahlung kein „qualifizierter Kreditgeber" **(„Qualifying Lender")** ist.[7] Vereinfacht ausgedrückt, ist ein Kreditgeber dann als „qualifizierter Kreditgeber" anzusehen, wenn (a) der Kreditnehmer auf Grund der für ihn geltenden nationalen Steuervorschriften bei Zinszahlungen an diesen Kreditgeber keine Quellensteuer abführen muss (zB weil der Kreditgeber im Sitzstaat des Kreditnehmers unbeschränkt steuerpflichtig ist oder den Kredit über eine Niederlassung im Sitzstaat des Kreditnehmers ausgezahlt hat) oder (b) der Kreditgeber in einem Staat unbeschränkt steuerpflichtig ist, der mit dem Sitzstaat des Kreditnehmers ein Doppelbesteuerungsabkommen abgeschlossen hat, das von der Verpflichtung zur Abführung von Quellen- 4

---

90 *Josenhans/Danzmann/Lübbehusen* BKR 2018, 142, 147.

91 → § 18 Rn. 14; in diesem Sinne auch schon Diem/Jahn/*Freund*, II.22 Rn. 8.

1 *Gooch/Klein,* Loan Documentation, S. 70.

2 Zum „Nettokreditprinzip" → § 20 Rn. 1.

3 *Hinsch/Horn,* Das Vertragsrecht der internationalen Konsortialkredite und Projektfinanzierungen, S. 139; *Buchheit,* How to Negotiate Eurocurrency Loan Agreements, S. 42.

4 Beispielsklausel: Ziff. 18.2 (*Tax gross-up*) LMA Leveraged Finance Facilities Agreement; *Buchheit,* How to Negotiate Eurocurrency Loan Agreements, S. 69.

5 *Gooch/Klein,* Loan Documentation, S. 46; *Buchheit,* How to Negotiate Eurocurrency Loan Agreements, S. 70.

6 Beispielsklausel: Ziff. 18.2(f) (*Tax gross-up*) LMA Leveraged Finance Facilities Agreement.

7 Beispielsklausel: Ziff. 18.2(f) (*Tax gross-up*) LMA Leveraged Finance Facilities Agreement.

steuer befreit und die Zinseinkünfte des Kreditgebers im Sitzstaat des Kreditnehmers auch nicht unter die Betriebsstättenbesteuerung fallen.

2. Steuererstattung

5 Bezahlt ein Kreditgeber die Steuer, Gebühr oder Abgabe, so ist der Kreditnehmer verpflichtet, dem Kreditgeber seine Aufwendungen zu **erstatten** (*Tax Indemnity*).[8] In den Kreditverträgen ist diese Erstattungspflicht meist nicht mehr auf vom Heimatstaat des Kreditnehmers erhobene Steuern beschränkt, sondern erstreckt sich auf Steuern aller Staaten, die eine Zinszahlung auf Grund des Kreditvertrags besteuern könnten, einschließlich der Heimatstaaten der Kreditgeber.[9] Ausgenommen sind Steuern auf die Erträge der Kreditgeber.

6 Für Fälle der sog Grundbesitzbesicherung[10] wird in der Praxis regelmäßig darüber verhandelt, ob das Risiko des Entstehens deutscher Steuern auf Grund der Grundbesitzbesicherung durch den Kreditnehmer oder Garanten einerseits oder durch die Kreditgeber andererseits zu tragen ist. Häufig wird das Steuerrisiko in der Weise auf die Kreditgeber verlagert, dass diese nur dann einen Anspruch auf Erstattungsbeträge haben, soweit sie als qualifizierter Kreditgeber („Qualifying Lender") anzusehen sind. Andere Regelungskonzepte versuchen, diese Problematik durch eine Einschränkung des Sicherungszwecks von deutschen Grundschulden zu lösen.

II. Herausgabe der Steuervorteile

7 Der Kreditnehmer wird verlangen, dass sich die Kreditgeber zur Herausgabe jedes **Steuervorteils** verpflichten, den sie durch eine Anrechnung oder Erstattung der abgeführten Quellensteuer in ihrem Heimatstaat erlangen und der gerade dem betreffenden Kreditengagement zuzurechnen ist.[11] Eine solche Verpflichtung ist für die Kreditgeber aber mit Problemen verbunden. Es ist schwierig festzustellen, inwieweit eine Steuergutschrift einem bestimmten Kreditverhältnis zuzuordnen ist. Außerdem können Jahre vergehen, bevor die Höhe des Steuervorteils endgültig feststeht. Die Kreditgeber werden es außerdem regelmäßig ablehnen, dem Kreditnehmer Einblick in ihre Steuerunterlagen zu gewähren.[12]

8 Daher wird meist vereinbart, dass ein Kreditgeber hinsichtlich Voraussetzungen und Umfangs der Herausgabe des Steuervorteils ein **Ermessen** hat.[13] Ein solches Leistungsbestimmungsrecht unterliegt gemäß § 315 Abs. 3 BGB der richterlichen Kontrolle. Nach der Rechtsprechung des BGH zu den Anforderungen an das Leistungsbestimmungsrecht des Kreditgebers bei der Anpassung des Zinssatzes („Zinsanpassungsklauseln") ist das Bestimmungsrecht inhaltlich zu beschränken. Außerdem müssen die Richtlinien und Grenzen der Ausübung des Leistungsbestimmungsrechts „möglichst konkret angegeben" werden.[14]

III. Schadensminderung

9 **Übertragung des Konsortialanteils.** Entsteht eine Verpflichtung des Kreditnehmers gegenüber einem Kreditgeber zur Zahlung erhöhter Beträge oder zur Erstattung bezahlter

[8] Beispielsklausel: Ziff. 18.3 (*Tax indemnity*) LMA Leveraged Finance Facilities Agreement.

[9] *Buchheit,* How to Negotiate Eurocurrency Loan Agreements, S. 72, 75.

[10] Dazu → § 6 Rn. 12.

[11] Beispielsklausel: Ziff. 18.4 (*Tax Credit*) LMA Leveraged Finance Facilities Agreement; *Gooch/Klein,* Loan Documentation, S. 45.

[12] *Gooch/Klein,* Loan Documentation, S. 45; *Hinsch/Horn,* Das Vertragsrecht der internationalen Konsortialkredite und Projektfinanzierungen, S. 140.

[13] Nach Ziff. 18.1 (*Definitions*) des LMA Leveraged Finance Facilities Agreement soll der Kreditgeber über die Herausgabe des Steuervorteils nach seinem freien Ermessen (*absolute discretion*) entscheiden können. *Ballo* hält dies wegen Verstoßes gegen § 307 Abs. 2 Nr. 1 BGB für unwirksam.

[14] Dazu → § 15 Rn. 32.

Steuern, Gebühren oder Abgaben, so ist häufig in den Kreditverträgen vorgesehen, dass der betreffende Kreditgeber alle seine Rechte und Pflichten aus dem Kreditvertrag auf eine verbundene Gesellschaft übertragen oder durch eine andere Niederlassung (zB im Ausland) ausüben lassen muss, wenn dies ohne Nachteil für ihn möglich ist.[15] Außerdem verpflichtet sich jeder Kreditgeber, seinen Konsortialanteil auf einen anderen vom Kreditnehmer vorgeschlagenen Kreditgeber zu übertragen, wenn der Kreditnehmer auf Grund der Steuerausgleichsklauseln höhere Zahlungen an ihn leisten muss als an die übrigen Kreditgeber.[16] Falls der übertragende Kreditgeber gegenüber einer Bank, die Avale ausgestellt hat, aus einer Risikoübernahme haftet, bedarf die Übertragung auf eine verbundene Gesellschaft oder eine andere Bank der Zustimmung der Avalausstellenden Bank.[17]

Vorzeitige Rückzahlung. Bei Entstehung einer Verpflichtung zur Erstattung von **10** Steuern, Gebühren oder Abgaben wird dem Kreditnehmer das Recht eingeräumt, den Kredit des betreffenden Kreditgebers **vorzeitig zurückzuzahlen** und die Kreditlinie insoweit zu kündigen.[18] Die vorzeitige Rückzahlung eines einzelnen Kreditgebers bevorzugt diesen vor den übrigen Konsortialmitgliedern. Das ist bei angespannten wirtschaftlichen Verhältnissen des Kreditnehmers für die übrigen Konsortialmitglieder unbefriedigend. Die Rückzahlung sollte am Ende einer Zinsperiode erfolgen, da sonst eine Vorfälligkeitsentschädigung zu zahlen wäre. Es ist darauf zu achten, dass der an diesen Kreditgeber vorzeitig zurückgezahlte Betrag nicht auf Grund der Saldenausgleichsklausel[19] auf alle Konsorten umzuverteilen ist.

Beitretende Kreditgeber. Die Verpflichtung zum Ausgleich von Steuern gilt grund- **11** sätzlich nach einer Vertragsübernahme auch zugunsten des beigetretenen Kreditgebers. Je nach Steuersituation des neuen Kreditgebers können Zinszahlungen an ihn erstmals einer Quellensteuer, einer höheren Quellensteuer oder sonstigen Abgaben unterliegen. Diesen Nachteil sollte nicht der Kreditnehmer zu tragen haben, wenn er die Vertragsübernahme nicht veranlasst hat. Daher ist regelmäßig vorgesehen, dass der Kreditnehmer gegenüber dem beigetretenen Kreditgeber nicht zu höheren Zahlungen verpflichtet ist als gegenüber dem übertragenden. Dasselbe gilt, wenn ein Kreditgeber den Kredit auf eine andere Niederlassung überträgt.[20] Eine Ausnahme gilt für Übertragungen während der Primärsyndizierung.

§ 20. Kostenerhöhung

Ein Eurokreditvertrag basiert auf dem **Nettokreditprinzip** (*Cost Plus Principle* oder *Net* **1** *Lending Concept*[1]). Die dem Kreditgeber zustehende Marge und regelmäßig auch ein Teil der Arrangierungs- oder Beteiligungsgebühr stellen die Gegenleistung für die Gewährung des Kredits und des damit verbundenen Risikos des Zahlungsausfalls dar. Alle übrigen Kosten und Risiken trägt der Kreditgeber grundsätzlich nicht. Daher hat der Kreditnehmer dem Kreditgeber alle transaktionsspezifischen Kosten, einschließlich ihrer Refinanzierungskosten, die Kosten für die Erstellung der Vertragsdokumentation[2] etc. zu erstatten. Der

[15] Beispielsklausel: Ziff. 21.1 (*Mitigation*) LMA Leveraged Finance Facilities Agreement.

[16] Beispielsklausel: Ziff. 41.4(a) (*Replacement of Lender*) LMA Leveraged Finance Facilities Agreement.

[17] Beispielsklausel: Ziff. 41.4(b)(i) (*Replacement of Lender*) LMA Leveraged Finance Facilities Agreement.

[18] Beispielsklausel: Ziff. 11.6 (*Right of cancellation and repayment in relation to a single Lender or Issuing Bank*) LMA Leveraged Finance Facilities Agreement.

[19] → § 35 Rn. 10 ff.

[20] Beispielsklausel: Ziff. 29.2(f) (*Conditions of assignment or transfer*) LMA Leveraged Finance Facilities Agreement.

[1] *Gooch/Klein,* Loan Documentation, S. 70.

[2] Das Nettokreditprinzip ist durch einige Entscheidungen des BGH in Frage gestellt worden, wonach der Kreditnehmer in AGB nicht wirksam verpflichtet werden, den Keditgebern ihre Anwaltskosten zu erstatten, vgl. → § 18 Rn. 46.

Kreditnehmer trägt darüber hinaus auch das Risiko einer späteren Erhöhung bestimmter Kosten oder einer Minderung von Einnahmen.[3]

2 Ein Eurokreditvertrag ohne Kostenerhöhungsklausel oder eine entsprechende Regelung dürfte nicht syndizierbar sein.

I. Klauselinhalt

3 Die gebräuchlichen **Kostenerhöhungsklauseln** (*Increased Costs Clause*) sehen vor, dass der Kreditnehmer einem Kreditgeber alle höheren Kosten zu ersetzen oder Mindereinnahmen auszugleichen hat, die diesem oder einem ihn beherrschenden Unternehmen im Zusammenhang mit dem Kredit (a) durch den Erlass neuer oder die Änderung bestehender Rechtsvorschriften, (b) durch eine geänderte Auslegung oder Anwendung bestehender Rechtsvorschriften oder (c) durch die Befolgung von Rechtsvorschriften, die nach dem Abschluss des Kreditvertrags erlassen wurden, entstehen.[4] Davon gibt es die zwischen den Parteien ausgehandelte Ausnahmen.

1. Hoheitliche Maßnahmen

4 Im Grundsatz gilt, dass eine Bank nur einen Anspruch auf Ausgleich solcher Zusatzkosten hat, die ihr durch **hoheitliche Maßnahmen** aufgezwungen werden. Anderweitig veranlasste Kostensteigerungen, zB auf Grund privater Vereinbarungen (zB Kreditversicherung), sind nicht ausgleichspflichtig. Zu den hoheitlichen Maßnahmen zählt der Erlass neuer oder die Änderung bestehender Rechtsvorschriften durch den Gesetz- oder Verordnungsgeber oder durch Institutionen mit ähnlichen Befugnissen. Darunter fallen auch Änderungen des Bankaufsichtsrechts sowie geänderte Anforderungen an die Eigenmittelausstattung, die vom Baseler Ausschuss für Bankenaufsicht der Bank für Internationalen Zahlungsausgleich erarbeitet werden (Basel II, Basel III), nachdem diese Empfehlungen in EU- der nationales Recht umgesetzt worden sind. Den genannten Maßnahmen ist eine geänderte **Auslegung** von Rechtsvorschriften durch die Gerichte und eine geänderte Anwendungspraxis durch die Verwaltung gleichgestellt.

5 Gelegentlich wird im Kreditvertrag vereinbart, dass auch hoheitliche Maßnahmen, die der Bank ein bestimmtes (kostenerhöhendes) Verhalten nur „empfehlen", ohne dass es dafür eine klare gesetzliche Grundlage gibt („whether or not having the force of law"), ausgleichspflichtig sind, wenn sich die Bank entschließt, zur Vermeidung von Nachteilen der „Empfehlung" Folge zu leisten.[5]

6 Nicht durch eine hoheitliche Maßnahme veranlasst sind zB höhere Refinanzierungskosten durch eine Erhöhung des Zinssatzes am relevanten **Interbankenmarkt.**[6] Keine hoheitliche Maßnahme ist auch die Herabstufung des Ratings einer Bank durch die *Rating*-Agenturen, wenn sich die Ertrags- und Vermögenslage einer Bank verschlechtert hat oder weil – wie bei den Landesbanken – die Anstaltslast und Gewährträgerhaftung der Bundesländer für die meisten Sachverhalte weggefallen ist. Die höheren Refinanzierungskosten einer Bank auf Grund eines schlechteren *Ratings* sind daher nicht ausgleichspflichtig.

---

[3] *Buchheit,* How to Negotiate Eurocurrency Loan Agreements, S. 42.

[4] Beispielsklauseln: Ziff. 20.1 (*Increased costs*) LMA Leveraged Finance Facilities Agreement; *Gooch/Klein,* Loan Documentation, S. 69; *Buchheit,* How to Negotiate Eurocurrency Loan Agreements, S. 46.

[5] *Buchheit,* How to Negotiate Eurocurrency Loan Agreements, S. 43 mit Beispielsklausel auf S. 46.

[6] Die Pflicht des Kreditnehmers zur Zahlung höherer Zinsen ergibt sich aus den Bestimmungen des Kreditvertrags über die Berechnung des Zinssatzes. Der vom Kreditnehmer geschuldete Zinssatz enthält als ein Element den jeweils anwendbaren EURIBOR oder sonstigen Referenzzinssatz.

2. Erhöhung der transaktionsspezifischen Kosten

7 Eine Ausgleichspflicht besteht nicht bei solchen kostenerhöhenden Umständen, welche die Kostensituation oder den Gewinn des Kreditgebers im Allgemeinen **(Allgemeinkosten)** und nicht nur in Bezug auf den konkreten Kredit beeinflussen. Ausgleichspflichtig sind nur **transaktionsspezifische Kosten.**[7] Wird der Begriff „transaktionsspezifisch" in einem weiten Sinn verstanden, so umfasst er alle Kosten, die einer Bank nicht entstehen würden, wenn sie diesen oder einen vergleichbaren Kredit nicht gewährt hätte (kreditgeschäftsspezifische Kosten). Wird der Begriff dagegen eng verstanden, so umfasst er nur solche Kosten, die einem Kreditgeber nicht entstehen würden, wenn er den in Frage stehenden Kredit an den konkreten Kreditnehmer nicht gewährt hätte (einzelgeschäftspezifische Kosten). Die enge Definition verdient den Vorzug.

8 **Eigenmittelausstattung.** Die Bestimmungen über die Eigenmittelausstattung sind kreditgeschäftspezifische Kosten, wenn sie an das Kreditportfolio einer Bank und nicht an den einzelnen Kredit anknüpfen. Dann sollte eine Kostenerhöhung durch eine Änderung der Vorschriften über die Eigenmittelausstattung grundsätzlich nicht zu einer Ausgleichspflicht nach der Kostenerhöhungsklausel führen.[8] Nach der CRR[9], mit der Basel III ua umgesetzt wurde, richten sich die Eigenmittelanforderungen eines Kreditinstituts nach der Bonität und dem Ausfallrisiko des einzelnen Schuldners, der Art des Kredits und seiner Besicherung.[10] Das deutet darauf hin, dass es sich um einzelgeschäftsspezifische Kosten handelt. Die Eigenmittel eines Kreditinstituts setzen sich aber aus verschiedenen Positionen (ua hartes Kernkapital, zusätzliches Kernkapital, Ergänzungskapital) zusammen. Kapitalinstrumente, Darlehen und andere Aktiva qualifizieren je nach ihrer Art und Besicherung für die eine oder andere Eigenmittelposition.[11] Das Kreditinstitut kann innerhalb bestimmter Grenzen frei bestimmen, welche Kapitalpositionen es anrechnen will, um die Eigenmittelanforderungen eines konkreten Kredits zu erfüllen. Je nachdem, welche Kapitalpositionen es wählt, entstehen andere Kosten. Daher können die durch einen bestimmten Kredit entstehenden Eigenmittelkosten nicht allgemein und für alle Kreditinstitute gleich berechnet werden, sondern hängen von internen Entscheidungen des jeweiligen Kreditinstituts ab. Es handelt sich daher um kreditgeschäftsspezifische Kosten.

9 **Mindestreserven.** Höhere Kosten durch eine Erhöhung der **Mindestreserven** sind keine transaktionsspezifischen Kosten, da die Höhe der Mindestreserven vom Kreditportfolio einer Bank unabhängig ist. Die Mindestreservepflicht richtet sich nach den Verbindlichkeiten einer Bank, die zB auf Grund der Einlagen ihrer Kunden entstehen.[12]

3. Ausnahmen

10 Ausgenommen vom Anwendungsbereich der Kostenerhöhungsklausel sind insbesondere alle hoheitlichen Maßnahmen, die zu neuen oder höheren Steuern, Gebühren oder Abgaben führen, welche nach den Steuerausgleichsklauseln zu ersetzen sind oder, wie die **Ertragssteuern** (dh Einkommen-, Körperschaft- und Gewerbesteuer), auch nach den Steuerausgleichsklauseln ausdrücklich nicht ersetzt werden sowie Kostenerhöhungen, die auf einen vorsätzlichen Rechtsbruch durch den betreffenden Kreditgeber oder ein mit ihm verbundenes Unternehmen zurückzuführen sind.[13]

---

7 *Buchheit,* How to Negotiate Eurocurrency Loan Agreements, S. 42.

8 *Gooch/Klein,* Loan Documentation, S. 70.

9 Verordnung (EU) Nr. 575/2013 des Europäischen Parlaments und des Rates vom 26. Juni 2013 („CRR").

10 Teil 3 (Eigenmittelanforderungen) der CRR.

11 Teil 2 (Eigenmittel) der CRR.

12 Siehe Art. 3 der VO 2531/98 und Art. 3 der VO 2818/98.

13 Beispielsklausel: Ziff. 20.3 (*Exceptions*) LMA Leveraged Finance Facilities Agreement; *Buchheit,* How to Negotiate Eurocurrency Loan Agreements, S. 42; → § 19 Rn. 4.

II. Unterbeteiligung

11 Hat ein Kreditgeber einen Dritten an seiner Konsortialquote **unterbeteiligt,** so kann der Hauptbeteiligte die höheren Kosten des Unterbeteiligten nur dann als eigene höhere Kosten geltend machen, wenn das im Kreditvertrag ausdrücklich vereinbart ist.

III. Schadensminderung

12 Die Kreditgeber verpflichten sich häufig, Kostenerhöhungen für den Kreditnehmer zu vermeiden, indem sie ihre Rechte und Pflichten aus dem Kreditvertrag auf eine verbundene Gesellschaft übertragen oder durch eine andere Niederlassung (zB im Ausland) ausüben lassen.[14] Außerdem wird dem Kreditnehmer das Recht eingeräumt, den Konsortialanteil des betreffenden Kreditgebers vorzeitig zurückzuzahlen.[15] Stattdessen kann der Kreditnehmer einen Kreditgeber, der erhöhte Kosten geltend macht, zwingen, seine Konsortialanteile auf einen bestehenden oder neuen Kreditgeber zu übertragen, der bereit ist, diese Konsortialanteile zu übernehmen.[16] Es ist darauf zu achten, dass der an die betroffene Bank vorzeitig zurückgezahlte Betrag nicht entsprechend der Saldenausgleichsklausel auf alle Konsorten umverteilt wird.[17]

IV. Inhaltskontrolle

13 Die Kostenerhöhungsklausel wird in der Regel nicht individuell ausgehandelt, sondern als Standardklausel akzeptiert und im Wesentlichen unverändert in fast allen Kreditverträgen verwendet. Sie könnte daher eine **allgemeine Geschäftsbedingung** darstellen[18] und als solche der Inhaltskontrolle nach § 307 BGB unterliegen. Keiner Inhaltskontrolle unterliegen **reine Preisabreden,** dh Vereinbarungen über die Zinshöhe. Dies gilt aber nur, wenn den Kreditgebern weder im Hinblick auf die Voraussetzungen noch den Umfang der Zinsänderung ein Ermessenspielraum zusteht.[19] Erfolgt die Zinsanpassung nicht auf Grund öffentlich zugänglicher externer Parameter, sondern wird sie einseitig vom Kreditgeber auf Grund geschäftlicher Entscheidungen oder Einschätzungen festgelegt, so besteht ein Ermessensspielraum, und die Klausel ist an § 307 BGB zu messen.[20] Die Voraussetzungen einer Kostenerhöhung mögen noch von externen Faktoren abhängen, da sie an eine Änderung der Rechtslage anknüpfen. Doch kann sich der Umfang der Kostenerhöhung nach den individuellen Umständen des einzelnen Kreditgebers richten und wird dann nicht allein auf Grund öffentlich zugänglicher Quellen bestimmbar sein. Die Kostenerhöhungsklausel ist daher keine kontrollfreie reine Preisabrede.

14 Bei der Prüfung der Angemessenheit einer Klausel im Rahmen der Inhaltskontrolle ist der gesamte Vertragsinhalt zu berücksichtigen.[21] Problematisch könnte sein, dass die üblichen Kostenerhöhungsklauseln nicht das **Symmetriegebot** beachten, da nur Kostensteigerungen an den Kreditnehmer weitergegeben werden, nicht aber Kostenreduzierungen.[22] Vor- und Nachteile können sich jedoch kompensieren, wenn es sich um sachlich

---

[14] Beispielsklausel: Ziff. 22.1 (*Mitigation*) LMA Leveraged Finance Facilities Agreement; auch → § 19 Rn. 9.

[15] Beispielsklausel: Ziff. 12.6 (*Right of cancellation and repayment in relation to a single Lender or Issuing Bank*) LMA Leveraged Finance Facilities Agreement; *Buchheit,* How to Negotiate Eurocurrency Loan Agreements, S. 44.

[16] Beispielsklausel: Ziff. 42.8 (*Replacement of Lender*) LMA Leveraged Finance Facilities Agreement.

[17] *Buchheit,* How to Negotiate Eurocurrency Loan Agreements, S. 44.

[18] Zur Qualifizierung von Kreditverträgen als AGB § 28.

[19] *Langenbucher* BKR 2005, 134, 137.

[20] *Langenbucher* BKR 2005, 134, 137.

[21] BGH v. 17.1.1989, BGHZ 106, 259, 263; Palandt/*Grüneberg* § 307 Rn. 13.

[22] *Rösler/Lang* ZIP 2006, 214, 220.

zusammenhängende Klauseln handelt, wie zB bei einem Preiserhöhungsrecht einerseits und einem **Rücktrittsrecht** andererseits.[23] Die bankpüblichen Kreditverträge gewähren dem Kreditnehmer ein Recht zur vorzeitigen Tilgung der Kredite eines Kreditgebers, der zusätzliche Zahlungen auf Grund der Kostenerhöhungsklausel verlangt.[24] Dieses Kündigungsrecht wäre aber nur dann eine ausreichende Kompensation, wenn es in der Praxis auch ausgeübt werden könnte. Der Kreditnehmer müsste in der Lage sein, unter normalen Umständen eine Refinanzierung für den gekündigten Kredit zu erhalten.[25] In Betracht kommt zB eine Refinanzierung durch ausländische Banken, die von der Rechtsänderung nicht betroffen sind und daher keine erhöhten Kosten zu tragen haben.

§ 21. Zusicherungen

I. Wesen der Zusicherungen

1 Die bei Akquisitionsfinanzierungen gebräuchlichen Kreditverträge enthalten Zusicherungen (*Representations*).[1] Die Zusicherungen werden grundsätzlich von allen Kreditnehmern und Garanten gegenüber jedem Kreditgeber abgegeben.

2 Die Zusicherungen enthalten die Versicherung, dass bestimmte rechtliche, wirtschaftliche oder faktische Umstände zu bestimmten Zeitpunkten bei den Kreditnehmern, Garanten und ihren Tochtergesellschaften vorliegen bzw. nicht vorliegen. Das ist keine Vereinbarung zulasten Dritter, da die Zusicherungen, anders als die Auflagen, keine Handlungs- oder Unterlassungspflichten enthalten. Da einige der Zusicherungen jedoch regelmäßig wiederholt abgegeben werden müssen, entsteht indirekt ein Zwang für die Kreditnehmer und Garanten, dafür zu sorgen, dass es zu keinen Verstößen gegen die Zusicherungen kommt.

3 **Vorvertragliche Offenbarungspflicht.** Nach der Rechtsprechung sind bei den einem Vertragsschluss vorhergehenden Verhandlungen die Vertragspartner grundsätzlich verpflichtet, den anderen Teil von sich aus über die Umstände aufzuklären, die zur Vereitelung des Vertragszwecks geeignet und daher für die Entschließung des anderen Teils von wesentlicher Bedeutung sind. Diese Offenbarungspflicht setzt voraus, dass der Vertragspartner die Mitteilung der betreffenden Tatsachen nach Treu und Glauben unter Berücksichtigung der Verkehrsauffassung erwarten durfte.[2] Verletzt ein Vertragspartner diese Offenbarungspflicht, so kann der andere Teil den Vertragsschluss unter Umständen wegen arglistiger Täuschung anfechten. Eine Täuschung kann auch durch Verschweigen eines offenbarungspflichtigen Umstandes begangen werden.[3] Arglistig handelt, wer den offenbarungspflichtigen Umstand kennt und weiß oder damit rechnet und billigend in Kauf nimmt, dass der Vertragsgegner bei dessen Offenbarung den Vertrag nicht oder nicht mit dem vereinbarten Inhalt geschlossen hätte.[4] Bedingter Vorsatz im Sinne eines „Fürmöglichhaltens" ist ausreichend.[5]

4 Die arglistige Täuschung berechtigt den Getäuschten zur Anfechtung nach § 123 BGB, mit der Folge, dass der Vertrag von Anfang an nichtig ist (§ 142 BGB).

---

[23] BGH v. 1.2.1984, BGHZ 90, 69, 78; Palandt/*Grüneberg* § 307 Rn. 14; anders bei Preisanpassungsklausel einerseits und (Sonder-)Kündigungsrecht bei Preisänderungen in AGB andererseits BGH v. 21.9.2016, NJW 2017, 325.

[24] Beispielsklausel: Ziff. 12.6(a) (*Right of cancellation and repayment in relation to a single Lender or Issuing Bank*) LMA Leveraged Finance Facilities Agreement.

[25] Das bezweifelt *Ballo* in Zeiten der Finanz- und Kreditkrise, *Ballo*, S. 145. Allerdings kann es auf solche Sondersituationen nicht ankommen.

[1] Beispielsklausel: Ziff. 25 (*Representations*) LMA Leveraged Finance Facilities Agreement.

[2] BGH v. 13.12.1990, WM 1991, 604, 606; OLG Saarbrücken v. 13.7.2006, WM 2006, 2251.

[3] OLG Saarbrücken v. 13.7.2006, WM 2006, 2251, 2252.

[4] OLG Saarbrücken v. 13.7.2006, WM 2006, 2251, 2252.

[5] BGH v. 11.5.2001, WM 2001, 1420; OLG Saarbrücken v. 13.7.2006, WM 2006, 2251, 2252.

5 Diese vorvertragliche Offenbarungspflicht machen die in Kreditverträgen enthaltenen Zusicherungen aber nicht überflüssig. Denn es lässt sich trefflich darüber streiten, ob die verschwiegene Tatsache für die Entschließung des anderen Vertragsteils zum Vertragsabschluss von wesentlicher Bedeutung war. Gibt dagegen der Kreditnehmer eine vertragliche Zusicherung falsch ab, so bestimmt der Kreditvertrag, dass der Kreditgeber den Vertrag fristlos kündigen kann.

II. Inhalt der Zusicherungen

6 Die in den banküblichen Kreditverträgen enthaltenen Zusicherungen betreffen in der Regel die folgenden Umstände:[6]

1. Vertragsparteien und Verträge

7 – Die Kreditnehmer und Garanten (und die von ihnen beherrschten Gesellschaften) sind wirksam gegründete Gesellschaften.
– Die Akquisitions-, Kredit- und Sicherheitenverträge begründen wirksame und durchsetzbare Rechtspflichten.
– Der Abschluss und die Durchführung der Akquisitions-, Kredit- und Sicherheitenverträge führen zu keinem Verstoß gegen Rechtsvorschriften oder die Gesellschaftsverträge oder sonstige Verträge eines Kreditnehmers, Garanten oder einer von ihnen beherrschten Gesellschaft.
– Jeder Kreditnehmer und Garant wurde beim Vertragsabschluss wirksam vertreten. Eine in angelsächsischen Verträgen häufig zu findende weitere Zusicherung, dass die Kreditnehmer die Befugnis haben, den Vertrag abzuschließen und durchzuführen, hat ihren Grund in der *Ultra-Vires*-Lehre des *Common Law.*[7] Dagegen ist die Vertretungsmacht von Geschäftsführern einer Gesellschaft, deren Gesellschaftsstatut das deutsche Recht ist, grundsätzlich nach außen unbeschränkbar. Verstößt ein Geschäftsführer jedoch gegen interne Beschränkungen seiner Vertretungsmacht und ist dies offensichtlich, so könnten die Kreditgeber wegen evidenten Missbrauchs der Vertretungsmacht daran gehindert sein, sich auf die Wirksamkeit der Finanzierungsverträge zu berufen.[8] Versichern die Kreditnehmer und Garanten aber, dass sie die internen Grenzen ihrer Vertretungsmacht einhalten, ist für einen Missbrauch der Vertretungsmacht in der Regel kein Raum.
– Alle Genehmigungen, die für den Abschluss oder die Erfüllung der Akquisitions-, Kredit- und Sicherheitenverträge zB auf Grund Gesetzes oder Satzung erforderlich sind, liegen vor.
– Wirksamkeit der Wahl deutschen Rechts und Vollstreckbarkeit von Urteilen deutscher Gerichte unter anderem im Gründungsstaat des jeweiligen Kreditnehmers oder Garanten.

2. Steuerpflicht und Kosten

8 – Die Kreditnehmer und Garanten haben alle fälligen Steuern bezahlt.
– Der Abschluss der Kredit- und Sicherheitenverträge unterliegt am Sitz des jeweiligen Kreditnehmers oder Garanten keinen Stempelsteuern (*Stamp Tax*).
– Die Zahlungen der Kreditnehmer oder Garanten unterliegen keiner Quellensteuer.

---

[6] Ausführlich zu den einzelnen Zusicherungen, Diem/Jahn/*Diem*, II.24.
[7] Siehe dazu *Zimmer,* Internationales Gesellschaftsrecht, S. 241 ff.
[8] Dazu → § 47 Rn. 17 ff.

3. Grundlagen der Kreditvergabe

- Richtigkeit und Vollständigkeit des *Information Memorandum* und des *Information Package*.[9] Alle darin enthaltenen zukunftsbezogenen Aussagen beruhen auf den jüngsten verfügbaren Informationen, den bisherigen Erfahrungen und realistischen Annahmen. **9**
- Die vorgelegten Jahresabschlüsse wurden nach IFRS, HGB oder den jeweils anwendbaren Buchführungsvorschriften aufgestellt und geben ein den tatsächlichen Verhältnissen entsprechendes Bild der Vermögens-, Finanz- und Ertragslage der einzelnen Gesellschaften und des Konzerns ab.
- Keine wesentliche nachteilige Veränderung (*Material Adverse Change*) der wirtschaftlichen oder finanziellen Lage der Kreditnehmer und Garanten seit dem letzten Jahresabschluss.
- Nichtvorliegen (und bei Unterzeichnung und am Closing-Tag kein Drohen) eines Kündigungsgrundes gemäß des Kreditvertrags.
- Der „Mittelpunkt der hauptsächlichen Interessen" iSd Europäischen Insolvenzverodnung 2015/848 liegt in seinem Gründungsstaat.
- Die Sicherheiten haben den vereinbarten Rang oder werden ihn nach ihrer Bestellung haben und am Sicherungsgut bestehen keine vor- oder gleichrangigen Sicherheiten.

4. Grundlagen der Geschäftstätigkeit

- Vorliegen aller erforderlichen Betriebs- und sonstigen Genehmigungen. **10**
- Eigentum am oder wirksames Nutzungsrecht für das betriebsnotwendige Vermögen.
- Rechtsinhaberschaft oder wirksame Lizenz für alle betriebsnotwendigen gewerblichen Schutzrechte.
- Beachtung aller Renten- und Pensionsverpflichtungen.
- Beachtung aller Umweltvorschriften.

5. Negativerklärungen

- Kein Verstoß gegen Rechtsvorschriften, einschließlich Sanktionsvorschriften[10] und der **11** Vorschriften zur Bekämpfung von Terrorismus und Korruption.
- *Pari Passu*-Klausel.
- Keine Finanzverbindlichkeiten (*Financial Indebtedness*), mit Ausnahme erlaubter Finanzverbindlichkeiten.
- Keine Sicherheiten, mit Ausnahme erlaubter Sicherheiten.
- Keine Gerichts-, Schiedsgerichts- oder behördlichen Verfahren anhängig oder angedroht.
- Kein Insolvenzantrag gestellt.

III. Wiederholung der Zusicherungen

Die Zusicherungen betreffen grundsätzlich nur Umstände in der Vergangenheit oder im **12** Zeitpunkt der **Unterzeichnung** des Kreditvertrags. Es gibt aber Tatsachen, die aus Sicht der Kreditgeber während der gesamten Laufzeit des Kredits unverändert vorliegen müssen. Deshalb verlangen die Kreditgeber, dass bestimmte Zusicherungen auch bei späteren Ereignissen **erneut abgegeben** werden, oder es ist vereinbart, dass sie als erneut abgegeben gelten (*Repeating Representations* oder *Evergreen Warranties*).[11] Der Kreditnehmer darf den

[9] Dazu → § 2 Rn. 61.
[10] Die Zusicherung alle Sanktionsbestimmungen eingehalten zu haben, darf von Inländern und gegenüber Inländern nicht abgeben werden, § 7 AWV.
[11] Beispielsklausel: Ziff. 25.33 (*Times when representations made*) LMA Leveraged Finance Facilities Agreement.

Inhalt der zu wiederholenden Zusicherungen nicht verändern. Er erklärt also bei jeder Wiederholung, dass sich die Umstände, die den ursprünglichen Zusicherungen zugrunde lagen, bis zum Zeitpunkt der Wiederholung nicht geändert haben. Regelmäßig wird im Einzelnen vereinbart, welche Zusicherungen wiederholt werden sollen und welche nicht.[12]

13 Nicht zu wiederholen sind Zusicherungen in Bezug auf Umstände, die sich ohne Zutun der Kreditnehmer jederzeit ändern können oder zwangsläufig ändern werden, ohne dass dies notwendig zur Kündigung der Kredite führen muss. So können zB bestimmte Angaben im *Information Memorandum* unrichtig werden, ohne dass dies zwingend die Bonität des Kreditnehmers gefährdet. Andere Tatsachen sind dagegen für die Gewährung der Kredite unverzichtbar, wie zB die Wirksamkeit der Akquisitions-, Kredit- und Sicherheitenverträge, die zu jedem Zeitpunkt gegeben sein muss. Zusicherungen, die auch Gegenstand einer Auflage sind oder deren Nichtzutreffen einen Kndigungsgrund auslöst, müssen icht wiederholt werden.

14 **AGB-rechtliche Zulässigkeit.** Die üblichen Kreditverträge sehen vor, dass die zu wiederholenden Zusicherungen mit jedem **Auszahlungs- und Prolongationsgesuch,** am Tag des Beitritts eines Verpflichteten, am Tag jeder **Auszahlung** und am ersten Tag jeder **Zinsperiode** als erneut abgegeben gelten („are deemed to be made").[13] Sind solche **fingierten Erklärungen** in AGB enthalten,[14] so fallen sie unter § 308 Nr. 5 BGB. Diese Vorschrift soll die Verwendergegenseite davor schützen, dass deren Verhalten eine Bedeutung beigelegt wird, die sie nicht kennt, und dass an ihr Verhalten Rechtsfolgen geknüpft werden, gegen die sie sich nicht zur Wehr setzen kann.[15] Es soll verhindert werden, dass der Betroffene im Zeitpunkt des Unterlassens einer bestimmten Handlung nicht mehr weiß, welche Folgen die unter Umständen Jahre zuvor vereinbarten AGB seinem Verhalten beimessen.[16] Da der Kreditnehmer bei Akquisitionsfinanzierungen regelmäßig ein Unternehmer (§ 14 Abs. 1 BGB) ist, findet § 308 BGB keine direkte Anwendung (§ 310 Abs. 1 BGB). Zwischen **Kaufleuten** wird der AGB-rechtliche Schutz durch § 307 Abs. 1 und 2 BGB gewährleistet. Jedoch sind die Grundgedanken der §§ 308, 309 BGB in den § 307 BGB „hineinzulesen". Es ist lediglich die Besonderheit zu beachten, dass die AGB gegenüber einem Unternehmer Anwendung finden.[17] Auch ein Kreditnehmer in Form einer Gesellschaft kann sich gegen die Rechtsfolgen seiner fingierten Erklärung nicht zur Wehr setzen. Stimmen die tatsächlichen Umstände im Zeitpunkt der fingierten Wiederholung der Zusicherung nicht mit deren Inhalt überein, so wird der Kreditnehmer so behandelt, als hätte er eine falsche Zusicherung abgegeben, ohne dass er sich dagegen wehren kann. Die Abgabe einer falschen Zusicherung stellt einen Kündigungsgrund dar. Falls die fingierte Erklärung in AGB enthalten ist, bestehen an ihrer Wirksamkeit erhebliche Zweifel.[18]

15 Wegen dieser Unsicherheit über die Wirksamkeit solcher fingierten Erklärungen werden Kreditnehmer und Garanten verpflichtet, die Erklärungen tatsächlich abzugeben, soweit dies ohne erheblichen Mehraufwand möglich ist. Da der Kreditnehmer ohnehin vor jeder Auszahlung und, in Bezug auf Terminkredite, dem Beginn jeder neuen Zinsperiode ein Auszahlungs- bzw. Prolongationsgesuch an den Agenten schicken muss, kann die Wiederholung der Zusicherungen in diese Schreiben aufgenommen werden. Ein beitretender Kreditnehmer oder Garant muss mit dem Agenten einen Beitrittsvertrag abschließen, in den die Abgabe der Zusicherungen aufgenommen werden kann. Sofern es mehrere Kreditnehmer oder Garanten gibt, kann einer von ihnen (meist die Erwerbsgesellschaft) von den anderen bevollmächtigt werden, die Erklärungen auch für alle anderen abzugeben.

---

12 *Hinsch/Horn,* Das Vertragsrecht der internationalen Konsortialkredite und Projektfinanzierungen, S. 95.

13 Beispielsklausel: Ziff. 25.33(d) (*Times when representations made*) LMA Leveraged Finance Facilities Agreement.

14 Zur Frage, ob Kreditverträge AGB enthalten, → § 28 Rn. 60 ff.

15 BGH v. 27.9.2000, BGHZ 145, 203.

16 BGH v. 4.10.1984, NJW 1985, 617, 618.

17 Bamberger/Roth/*Becker* § 310 Rn. 3.

18 Nach *Ballo* sind sie unwirksam, *Ballo,* S. 233.

Diesen Weg beschreitet auch das LMA Investment Grade Facilities Agreement (German Law), das allerdings auch vorsieht, dass die Wiederholung der Zusicherungen im Übrigen, dh am Tag jeder **Auszahlung** und am ersten Tag jeder **Zinsperiode** eines Kredits, fingiert wird.[19] Insoweit bleibt die rechtliche Unsicherheit bestehen.

Lösungsvorschlag. Statt die wiederholte Abgabe bestimmter Zusicherungen zu fingieren, könnte ein Kündigungsrecht für den Fall vereinbart werden, dass sich die tatsächlichen Umstände, auf die sich die anfänglich abgegebenen Zusicherungen beziehen, später zum Nachteil der Kreditgeber verändert haben. 16

IV. Rechte der Kreditgeber bei Unrichtigkeit

Anders als bei einem Unternehmenskaufvertrag führt die Nichteinhaltung einer Zusicherung regelmäßig nicht zur Geltendmachung von Schadensersatzansprüchen der Kreditgeber. Die Kreditgeber haben bei der Verletzung einer Zusicherung aber ein Recht zur außerordentlichen Kündigung der Kreditverträge.[20] 17

V. Waiver

Kommt es zur Verletzung einer Zusicherung, müssen die Kreditnehmer von den Kreditgebern jeweils einen ausdrücklichen Verzicht (*Waiver*) auf die Ausübung ihres Kündigungsrechts wegen Verletzung der Zusicherung einholen.[21] Die Kreditgeber entscheiden über den Verzicht mit der im Kreditvertrag bestimmten Mehrheit (meist 66 2/3% der Konsortialanteile). Der Verzicht wird vom Agenten im Namen der Kreditgeber erklärt. Bei einem befristeten Verzicht ist das Verbot des widersprüchlichen Verhaltens zu beachten.[22] 18

Wenn die geänderten Umstände nach Ansicht der Kreditgeber die Rückzahlung der Kredite nicht gefährden, wird der *Waiver* regelmäßig erteilt. Die Hauptfunktion der Zusicherungen liegt deshalb nicht in der Gewährung eines Kündigungsrechts, sondern in dem faktischen Zwang der Kreditnehmer, die Kreditgeber über alle wesentlichen Umstände und Entwicklungen zu informieren. 19

§ 22. Auflagen

I. Wesen und Zweck von Auflagen

Auflagen (*Undertakings* oder *Covenants*) sind Verpflichtungen der Kreditnehmer und Garanten zu einem bestimmten Tun oder Unterlassen. Im Gegensatz zu den Zusicherungen, die sich jeweils nur auf Umstände im Zeitpunkt ihrer Abgabe (oder wiederholten Abgabe) beziehen, sind Auflagen in die Zukunft gerichtet. Sie bleiben wirksam, solange nicht alle Forderungen der Kreditgeber vollständig zurückbezahlt wurden oder eine Kreditlinie eröffnet bleibt. Auflagen dienen dem Ziel, die Kreditrisiken zu senken, indem sie das unternehmerische Ermessen des Kreditnehmers beschränken und ihn (und seine ganze Gruppe) in die finanzielle Disziplin nehmen. Sie dienen außerdem der frühzeitigen Erkennung wirtschaftlicher Fehlentwicklungen des Kreditnehmers, dh dem *Credit Monitoring*.[1] 1

[19] Ziff. 19.14 (*Repetition*) LMA Investment Grade Facilities Agreement (German Law).
[20] Dazu → § 23 Rn. 42.
[21] Zur Rechtsnatur des *Waiver: Diem/Grell/Schormair*, Kapitel 11 Rn. 30.
[22] Dazu → § 23 Rn. 28.
[1] *Fleischer* ZIP 1998, 313, 314.

2 Auflagen sind besonders wichtig, wenn der Kredit unbesichert oder nicht ausreichend besichert ist (*Non-Recourse-* oder *Limited Recourse*-Finanzierung).[2] Dann ist eine intensive Kontrolle des Kreditnehmers unerlässlich. Ist ein Kredit dagegen ausreichend mit werthaltigen Sicherheiten gedeckt (zB Grundschuld bei Immobilienfinanzierung), sind Auflagen weitgehend entbehrlich.

3 Die wesentlichen allgemeinen Auflagen finden sich in den Kreditverträgen in den Abschnitten *Information Undertakings, Financial Covenants* und *General Undertakings.* Weitere Auflagen sind über die Kredit- und Sicherheitenverträge verstreut. Der Kreditvertrag wird zB die Bestellung bestimmter Sicherheiten entweder als Auszahlungsvoraussetzung oder als eigenständige Vertragspflicht vorsehen. Zu empfehlen ist die Aufnahme einer schuldrechtlichen Pflicht zur Bestellung der Sicherheiten. Dies kann dann wichtig werden, wenn sich nach Auszahlung der Kredite herausstellt, dass eine Sicherheit nicht wirksam ist. Dann haben die Kreditgeber immer noch den Anspruch auf Bestellung der Sicherheit. Unter Umständen ist der Sicherungsgeber auch nach § 242 BGB daran gehindert, sich auf die Unwirksamkeit der Sicherheit zu berufen.[3]

II. Arten von Auflagen

4 Die Auflagen umfassen Verpflichtungen des Kreditnehmers[4]
- zur Information über seine wirtschaftliche Entwicklung und gegebenenfalls die seiner Unternehmensgruppe (*Information Undertakings*),
- zur Einhaltung bestimmter Finanzkennzahlen und Bilanzrelationen (*Financial Covenants*),
- zu bestimmten Verhaltensweisen, durch welche die Kreditgeber unter anderem sicherstellen wollen, dass der erwirtschaftete *Cashflow* in ausreichendem Maße zur Bedienung der Kredite zur Verfügung steht (*General Undertakings*).

III. Informationspflichten

5 Eine Bank ist vor der Vergabe eines Kredits über EUR 750.000[5] gesetzlich verpflichtet, sich die wirtschaftlichen Verhältnisse des Kreditnehmers, insbesondere durch Vorlage der Jahresabschlüsse, offen legen zu lassen und den Kredit während der gesamten Laufzeit zu überwachen, um bei Verschlechterung der wirtschaftlichen Verhältnisse Vorsorge treffen zu können (§ 18 KWG).

6 Vor allem bei strukturierten Finanzierungen wollen die Banken darüber hinaus **regelmäßig** über die wirtschaftliche und finanzielle Lage der Kreditnehmer, Garanten und der Gruppe insgesamt sowie deren Planung detailliert informiert werden. Deshalb verlangen die Kreditgeber in der Regel zumindest die **folgenden Finanzinformationen:**[6]
- Geprüfter und uneingeschränkt testierter Konzernabschluss und Konzernlagebericht für das jeweils abgelaufene Geschäftsjahr einschließlich *Cashflow*-Rechnung,
- Geprüfte und uneingeschränkt testierte Jahresabschlüsse und Lageberichte der Kreditnehmer und Garanten für das jeweils abgelaufene Geschäftsjahr, einschließlich *Cashflow*-Rechnung,
- Konsolidierte Quartals- und Monatsberichte (*Management Accounts*), bestehend aus einer Pro-forma-Bilanz, Pro-forma-Gewinn- und Verlustrechnung, einer *Cashflow*-Rechnung

---

2 *Köndgen, Financial Covenants*, S. 127, 130.
3 Vgl. dazu BGH v. 22.10.2003, WM 2003, 2372, 2374; BGH v. 22.10.2003, WM 2003, 2375, 2378; BGH v. 2.12.2003, ZIP 2004, 303, 307 (in allen Fällen Unwirksamkeit einer Unterwerfungserklärung).
4 Zu anderen möglichen Einteilungen siehe *Fleischer* ZIP 1998, 313, 314.
5 § 18 KWG.
6 Beispielsklausel: Ziff. 26 (*Information Undertakings*) LMA Leveraged Finance Facilities Agreement.

und einem Bericht der Geschäftsführung über die geschäftliche und finanzielle Entwicklung,

- Eine Bestätigung der Einhaltung der *Financial Covenants* (sog *Compliance Certificate*) jeweils zusammen mit jedem Quartalsbericht und jedem Jahresabschluss. Das *Compliance Certificate*, das mit den Jahresabschlüsseneinzureichen ist, muss vom Wirtschaftsprüfer bestätigt werden.
- Konsolidierter *Business Plan*, einschließlich Planbilanz, Plan-Gewinn- und Verlustrechnung, Plan-*Cashflow*-Rechnung sowie Investitionsplan (*Capex*) für das jeweils nächste Geschäftsjahr,
- Die Mittelfristplanung für die nächsten drei- bis fünf Geschäftsjahre.

Darüber hinaus sind die Kreditnehmer und Garanten verpflichtet, den Agenten über Tatsachen zu informieren, die finanzielle Schwierigkeiten eines Kreditnehmers oder Garanten oder eine Gefährdung von Sicherheiten indizieren können, zB die Kündigung eines Kredits, die Erhebung einer Zahlungsklage oder die Einleitung von Zwangsvollstreckungsmaßnahmen gegen einen Kreditnehmer oder einen Garanten, die Verletzung einer Gewährleistung des Unternehmenskaufvertrags, das Bestehen oder Drohen eines Kündigungsgrunds. **7**

IV. Financial Covenants

Regelmäßig werden bei Akquisitionsfinanzierungen Auflagen zur Einhaltung bestimmter Bilanzrelationen oder fester Finanzkennzahlen vereinbart (*Financial Covenants*). **8**

1. Funktion

Die *Financial Covenants* werden auf der Grundlage der Planung für die Gruppe festgelegt und definieren für die gesamte Laufzeit des Kredits **Zielvorgaben** („Leitplanken") für die von der Gruppe zu erfüllenden Bilanzrelationen und Finanzkennzahlen.[7] Hält die Gruppe die *Financial Covenants* nicht ein, so bedeutet das, dass die wirtschaftliche und finanzielle Lage der Gruppe nicht der Planung entspricht, auf deren Grundlage die Banken die Kredite gewährt haben. Solange die *Financial Covenants* dagegen eingehalten werden, können die Kreditgeber grundsätzlich davon ausgehen, dass die Kreditnehmer zur Erfüllung ihrer Verpflichtungen aus dem Kreditvertrag in der Lage sind.[8] **9**

Financial Covenants werden gerne als **Frühwarnsystem** bezeichnet. Allerdings sind sie zur Früherkennung einer Krise des Kreditnehmers nur bedingt geeignet, da die Banken erst mit Verspätung, nämlich nach dem Berichtsstichtag, von einer Nichteinhaltung der *Financial Covenants* erfahren.[9] Es kommt also darauf an, wie häufig die *Financial Covenants* zu berechnen und mitzuteilen sind.[10] Außerdem geben sie nur Aufschluss über bilanzwirksame Umstände, nicht dagegen über bilanzneutrale Erfolgsfaktoren wie Produkt-Pipeline, Kundenbindung, etc.[11] **10**

Da Zinsanpassungsklauseln zur risikoadäquaten **Anpassung der Marge** nach derzeitiger Rechtslage nicht wirksam vereinbart werden können,[12] erfolgt stattdessen eine Anpassung der Marge in Abhängigkeit von der Einhaltung bestimmter *Financial Covenants* (meist des *Leverage Ratio*).[13] **11**

---

7 *Wittig* WM 1996, 1381, 1382; Beispielsklausel: Ziff. 27 (*Financial Covenants*) LMA Leveraged Finance Facilities Agreement.

8 Zu Hintergrund und Funktion der Finanzkennzahlen siehe eingehend auch Diem/Jahn/*Jahn*, II.26 Rn. 1 ff.

9 So *Wittig* WM 1996, 1381, 1386.

10 Zu den Mitteilungspflichten → § 22 Rn. 37.

11 Schmidt/Uhlenbruck/*Wittig*, Die GmbH in Krise, Sanierung und Insolvenz Rn. 1.257.

12 Dazu → § 15 Rn. 27 ff.

13 Dazu → § 15 Rn. 23.

2. Einzelne Financial Covenants

12 *Financial Covenants* kommen in unterschiedlichsten Ausgestaltungen vor.

13 **LBO-Finanzierungen.** Die banküblichen *Financial Covenants* zielen auf die Sicherstellung einer angemessenen **Liquidität** und eines angemessenen **Eigenkapitals** der Kreditnehmergruppe. Dazu wird meist das einzuhaltende Verhältnis bestimmter Finanzkennzahlen zu anderen Finanzkennzahlen (Bilanzrelationen oder *Ratios*) festgelegt. Es gibt *Financial Covenants,* die ein bestimmtes Verhältnis von Fremdverschuldung zum EBITDA (*Leverage Ratios*) oder vom freien Cashflow zum Schuldendienst (*Cashflow Cover* Ratio) oder vom EBITDA zu den Zinsaufwendungen verlangen (*Interest Cover Ratio*).[14] Andere *Financial Covenants* begrenzen die zulässigen Ausgaben für Investitionen (*Capex*), setzen ein Mindestverhältnis von Verschuldung zum Eigenkapital (*Gearing* oder *Debt/Equity Ratio*) oder einfach nur ein Mindesteigenkapital fest. Alle diese *Financial Covenants* werden auf **konsolidierter Basis** berechnet, da die finanzielle Lage der Gruppe insgesamt beurteilt werden soll.

14 **Asset-Finanzierungen.** Bei der Finanzierung von Sachen wie Immobilien, Schiffen oder Flugzeugen (sog „Asset Financing") wird das einzuhaltende Verhältnis der Darlehen zum jeweils aktuellen Wert der damit finanzierten Sache (*Loan to Value Ratio* oder *LTV*) oder zu den Anschaffungskosten der Sache (*Loan to Cost Ratio* oder *LTC*) festgelegt.

15 Die häufigsten *Financial Covenants* werden nachfolgend dargestellt, wobei regelmäßig nicht alle, sondern nur einige dieser *Financial Covenants* vereinbart werden. Bei LBO-Finanzierungen wurden häufig die **„phantastischen Vier"** vereinbart: *Leverage Ratio, Cashflow Cover Ratio, Interest Cover Ratio* und *Capex*. In Niedrigzinsphasen, wo die Banken dringend Erträge erwirtschaften müssen, geben sie sich auch mit einem, meist dem Leverage Ratio (sog „Covenant-loose" Finanzierung) oder sogar keinem Financial Covenant (sog „Covenant-lite" Finanzierung) zufrieden. Es sollten grundsätzlich solche *Financial Covenants* ausgesucht werden, welche die aus Sicht der Kreditgeber vorhandenen Schwachstellen der Kreditnehmer offenbaren.

a) Leverage Ratio

16 Die *Leverage Ratio* (Verschuldungsgrad) ist eine zentrale Größe bei *Leveraged Buy-outs*. Es bezeichnet das Verhältnis der Finanzverbindlichkeiten zum EBITDA. Der Leverage bestimmt darüber, bis zu welcher Höhe die Banken bereit sind, Senior-Kredite und Mezzanine-Kredit zur Verfügung zu stellen.[15] Übersteigt der Leverage ein bestimmtes Verhältnis, so ist nicht gewährleistet, dass der Kreditnehmer ausreichende Erträge für die Rückzahlung der Kredite erwirtschaftet.

17 Ausgangswert sind die Netto-Finanzverbindlichkeiten der Gruppe (*Total Net Debt*), dh die konsolidierten Finanzverbindlichkeiten der Gruppe abzüglich des Kassenbestands, der Bankguthaben und des Buchwerts liquider Wertpapiere an einem bestimmten Stichtag. Die Finanzverbindlichkeiten umfassen die Senior-Kredite (einschließlich Avalkredite), ggf. das Mezzanine- oder Second Lien-Darlehen sowie sonstige Verbindlichkeiten aus Darlehen, Anleihen, begebenen Wechseln, Finanzierungsleasing, Hedging, in Bezug auf Bankgarantien etc. Nicht zu den Finanzverbindlichkeiten zählen laufende Zahlungsverpflichtungen wie Leasingraten für Operating Leasing oder Miete.

18 Der Ausgangswert wird dem während der zwölf Monate vor dem Stichtag erwirtschafteten EBITDA gegenübergestellt. **EBITDA** bezeichnet das konsolidierte Ergebnis aus der gewöhnlichen Geschäftstätigkeit vor Zinsen, Steuern und Abschreibungen der Gruppe. Außerordentliche Erträge und außerordentliche Aufwendungen bleiben unberücksichtigt, da die künftige Ertragslage des Kreditnehmers nur auf der Grundlage der Ertragskraft seines gewöhnlichen Geschäfts sinnvoll beurteilt werden kann.

---

[14] Zu Einzelheiten der in LBO-Finanzierungen üblichen Finanzkennzahlen siehe ausführlich Diem/Jahn/*Jahn*, II.26 Rn. 4 ff.

[15] Dazu → § 4 Rn. 6 f.

b) Senior Leverage Ratio

Diese Kennzahl soll Aufschluss darüber geben, ob die gewöhnlichen Erträge der Gruppe für den Schuldendienst aller vorrangigen („Senior“) Finanzverbindlichkeiten ausreichend sind. Das *Senior Leverage Ratio* bezeichnet das Verhältnis der Netto-Finanzverbindlichkeiten abzüglich des Mezzanine-Darlehens und anderer nachrangiger Darlehen („Netto-Senior-Finanzverbindlichkeiten“) zum EBITDA. Ausgangswert sind die Netto-Senior-Finanzverbindlichkeiten der Gruppe (*Senior Total Net Debt*) abzüglich des Kassenbestands, der Bankguthaben und des Buchwertes liquider Wertpapiere an einem Stichtag. Der Ausgangswert wird zum EBITDA der letzten zwölf Monate vor dem Stichtag in das Verhältnis gesetzt. **19**

c) Cashflow Cover Ratio

Während die zuvor dargestellten *Leverage Ratios* die Fähigkeit des Kreditnehmers zur künftigen Rückzahlung der Kredite im Auge haben, geben die *Cover Ratios* Aufschluss über die Fähigkeit der Kreditnehmer, die während der Kreditlaufzeit wiederkehrenden Tilgungs- und/oder Zinszahlungen zu leisten. **20**

Der *Cashflow*-Deckungsgrad bezeichnet das Verhältnis von *Cashflow* zum Netto-Schuldendienst. Ausgangswert ist der *Cashflow* der letzten zwölf Monate zum Stichtag. Anders als die Kennzahl EBITDA, die außergewöhnliche Erträge und Aufwendungen ausblendet, gibt die Kennzahl *Cashflow* Auskunft über die für den Schuldendienst tatsächlich verfügbare Liquidität der Gruppe. **21**

Der Cashflow errechnet sich aus dem EBITDA (i) zuzüglich Steuererstattungen (und abzüglich Steuerpflichten), (ii) zuzüglich der Abnahme des *Working Capital* (und abzüglich der Zunahme des *Working Capital*), (iii) zuzüglich der Barzuflüsse (und abzüglich der Barabflüsse) aus außergewöhnlichen Ereignissen, (iv) zuzüglich der Rückstellungserhöhungen (und abzüglich der Rückstellungsauflösung) und anderer nicht zahlungswirksamer Verbindlichkeiten, soweit sie bei der Berechnung von EBITDA berücksichtigt wurden, (v) abzüglich Investitionen (*Capital Expenditure*), Kaufpreise für Akquisitionen und Investitionen in Joint Ventures, soweit sie nicht aus dem Erlös von Verkäufen oder Versicherungen, *Excess Cashflow*, Kapitaleinlagen, nachrangigen Gesellschafterdarlehen oder einer *Capex*-Kreditlinie finanziert werden, und (vi) abzüglich Pensionszahlungen. **22**

Working Capital bezeichnet das kurzfristig gebundene Umlaufvermögen der Gruppe abzüglich ihrer kurzfristigen Verbindlichkeiten. Zum **kurzfristig gebundenen Umlaufvermögen** zählen die Vorräte (einschließlich der unfertigen Erzeugnisse und Leistungen) und die Forderungen aus Lieferungen und Leistungen, soweit sie in den nächsten zwölf Monaten fällig werden. Wertpapiere, Kasse, Bankguthaben und Schecks, Forderungen gegen verbundene Unternehmen und Beteiligungsgesellschaften, Forderungen in Bezug auf Steuern und Zinsen, Versicherungen und aus außergewöhnlichen Ereignissen rechnen dagegen nicht zum kurzfristig gebundenen Umlaufvermögen. Zu den **kurzfristigen Verbindlichkeiten** gehören solche Verbindlichkeiten, die innerhalb der nächsten zwölf Monate fällig werden, mit Ausnahme von Verbindlichkeiten gegenüber abhängigen Unternehmen, Verbindlichkeiten in Bezug auf Steuern und Zinsen, Versicherungen und aus außergewöhnlichen Ereignissen. **23**

Der so ermittelte *Cashflow* wird zu dem Netto-Schuldendienst in das Verhältnis gesetzt. **Netto-Schuldendienst** sind die Aufwendungen für Regeltilgungen und Zinsen (abzüglich der erzielten Zinserträge) in den letzten zwölf Monaten vor dem Stichtag. **24**

d) Interest Cover Ratio

Das *Interest Cover Ratio* (Zinsdeckungsgrad) bezeichnet das Verhältnis von EBITDA zu den Netto-Zinsaufwendungen. Ausgangswert ist das in den letzten 12 Monaten vor dem Stichtag erzielte EBITDA. Dieser Wert wird zu den Netto-Zinsaufwendungen in das Verhältnis gesetzt. **Netto-Zinsaufwendungen** sind die Aufwendungen für fällige Zinsen, **25**

Gebühren und Provisionen für Finanzverbindlichkeiten abzüglich der erzielten Zinseinnahmen während der letzten zwölf Monate vor dem Stichtag. Kapitalisierte Zinsen werden nicht berücksichtigt.

e) Capital Expenditure (Capex)

26 Um eine zu starke Belastung der Liquidität zu verhindern, wird für jedes Geschäftsjahr während der Laufzeit des Kredits eine Obergrenze für die *Capital Expenditure* (kurz *Capex*) der Gruppe vereinbart. Der Begriff *Capital Expenditure* erfasst den Aufwand für die Anschaffung von aktivierungsfähigem Anlagevermögen. Dazu zählen ua Grundstücke und Maschinen. Bei der Anschaffung dieser Vermögensgüter kommt es zu einem Aktivtausch (Kasse gegen aktiviertes Vermögensgut) oder einer Bilanzverlängerung. Nicht aktivierungsfähig sind dagegen geringwertige Wirtschaftsgüter (dh Vermögensgegenstände, deren Anschaffungskosten 150 EUR nicht übersteigen). Deren Anschaffung führt nur zu einem Aufwand.

f) Gearing

27 Das *Gearing* legt die zulässige Höchstgrenze für die Verschuldung des Kreditnehmers im Verhältnis zu seinem Eigenkapital (*Debt/Equity Ratio*) fest.[16]

28 Die Festlegung des höchstzulässigen *Gearings* soll verhindern, dass der Kreditnehmer sinkende Erträge über eine höhere Kreditaufnahme ausgleicht. Deshalb wird vereinbart, dass die Verschuldung des Kreditnehmers nur in dem Maße ansteigen darf, wie gleichzeitig im Verhältnis das Eigenkapital zunimmt. Eine steigende Verschuldung führt zu einer Belastung der Gewinn- und Verlustrechnung mit zusätzlichen Zinsaufwendungen.[17] Dies ist dann unbedenklich, wenn trotz höherer Zinsaufwendungen der Jahresüberschuss (nach Zinsen) ansteigt, der sich in einem höheren Eigenkapital niederschlägt.[18] Nimmt der Kreditnehmer dagegen weniger Kredit in Anspruch und sinken deshalb die laufenden Zinsaufwendungen, kann auch ein geringerer Jahresüberschuss in Kauf genommen werden. Die Einhaltung eines bestimmten *Gearing* wird von den Kreditgebern nur noch selten verlangt.

g) Eigenkapital

29 Die Eigenkapitalklausel (*Minimum Net Worth*) bestimmt, dass das wirtschaftliche Eigenkapital[19] des Kreditnehmers einen bestimmten Betrag nicht unterschreiten darf.[20] Zum „wirtschaftlichen Eigenkapital" zählen auch eigenkapitalähnliche Fremdmittel, wie nachrangige Gesellschafterdarlehen oder Genussscheine. Mitunter ist vorgesehen, dass dieser Betrag während der Laufzeit des Kredits ansteigt.[21] Alternativ wird auch ein bestimmtes Verhältnis von Aktiva und Eigenkapital (*Equity Cover*) vereinbart.

30 Solange der Kreditnehmer über ein positives Eigenkapital verfügt, wäre er in der Lage, durch eine Veräußerung seiner Aktiva zu Buchwerten alle seine Verbindlichkeiten (einschließlich des Bankkredits) zu erfüllen. Eine Veräußerung der Aktiva zu Buchwerten wird häufig nicht möglich sein. Das Eigenkapital bildet einen „Puffer", wenn die Veräußerungserlöse hinter den Buchwerten zurückbleiben. Je größer das Eigenkapital (und damit der „Puffer") ist, desto sicherer ist die Rückzahlung des Darlehens.[22] Die Einhaltung einer bestimmten Eigenkapitalziffer wird von den Kreditgebern nur noch selten verlangt.

---

[16] Schmidt/Uhlenbruck/*Wittig*, Die GmbH in Krise, Sanierung und Insolvenz Rn. 1.246.

[17] § 275 Abs. 2 Nr. 13 oder § 275 Abs. 3 Nr. 12 HGB.

[18] § 266 Abs. 3 A V HGB.

[19] Meist wird auf das „tangible net worth" abgestellt, dh das bilanzielle Eigenkapital abzüglich der immateriellen Vermögensgüter, vgl. *Thießen* ZBB 1996, 19, 21.

[20] *Thießen* ZBB 1996, 19, 21.

[21] *Wittig* WM 1996, 1381, 1382.

[22] Ähnlich *Wittig* WM 1996, 1381, 1382.

3. Covenant-loose oder -lite

Begriff. Die Begriffe *Covenant-loose* und *Covenant-lite* Kreditverträge werden unterschiedlich verwendet. Gemeinsames Verständnis ist jedoch, dass es sich um einen Kreditvertrag handelt, der über ein weniger enges „Korsett" an *Financial Covenants* verfügt. Das kann dadurch erfolgen, dass die üblichen vier *Financial Covenants,* dh *Cashflow Cover Ratio, Interest Cover Ratio, Leverage Ratio* und *Capital Expenditure* entweder durch weniger strenge sog *Incurrence Covenants* ersetzt werden oder die Banken teilweise oder vollständig auf *Financial Covenants* verzichten. 31

Maintenance Covenants vs. Incurrence Covenants. Die in Kreditverträgen regelmäßig verwendeten *Financial Covenants* werden als Maintenance Covenants bezeichnet. Ihre Einhaltung ist vierteljährlich durch Abgabe eines *Compliance Certificate* nachzuweisen. Ist der *Financial Covenant* an einem Stichtag nicht eingehalten, so liegt ohne weiteres ein Kündigungsgrund vor. Incurrence Covenants stammen aus der Dokumentation von *High Yield Bonds* und anderen Finanzinstrumenten, die einem großen Investorenkreis zum Kauf angeboten werden. In der Regel wird nur die Einhaltung des *Leverage Ratio* und in Ausnahmefällen des *Cashflow Cover Ratio* vereinbart. Die Einhaltung der *Incurrence Covenants* wird dabei nicht regelmäßig, sondern nur beim Eintritt bestimmter Ereignisse überprüft. So wird das *Leverage Ratio* nur getestet, wenn eine Gruppengesellschaft zusätzliche Verschuldung aufnimmt oder bestimmte Investitionen oder Akquisitionen durchführt. Ohne eine solche Handlung einer Gruppengesellschaft kommt es nicht zu einer Überprüfung des *Leverage Ratio.* Wenn also die Verschuldung der Gruppe unverändert bleibt, keine Investitionen oder Akquisitionen durchgeführt werden, wird der *Incurrence Covenant* selbst dann nicht verletzt, wenn das EBITDA der Gruppe einbricht und deswegen die festgelegte *Leverage*-Kennzahl überschritten wird. Bei einem *Maintenance Covenant* findet die Überprüfung der *Financial Covenants* dagegen unabhängig von irgendwelchen Handlungen oder Unterlassungen der Gruppengesellschaften alle drei Monate statt. 32

Financial Covenants stellen ein Warnsystem dar, das durch die *Covenant-loose und Covenant-lite*-Kreditverträge ganz oder teilweise außer Funktion gesetzt wird. *Solche* Kreditverträge erlauben es dem Kreditnehmer, erst dann mit den Banken zu sprechen, wenn sich seine wirtschaftliche und finanzielle Situation wesentlich verschlechtert hat. 33

4. Definition und Ausprägung der Financial Covenants

Die *Financial Covenants* verwenden **Begriffe,** die zu **definieren** sind. Dabei kann zum Teil auf die Terminologie der Bilanzierungsvorschriften des HGB (§§ 242 ff.) zurückgegriffen werden. Jedoch muss die Definition der Begriffe den besonderen Anforderungen einer Finanzierung angepasst werden.[23] 34

Die zahlenmäßige Bestimmung **(„Ausprägung")** der *Financial Covenants* erfolgt auf der Basis der zwischen Kreditnehmer (bzw. Finanzinvestor) und dem Arrangeur abgestimmten Planung für die Zielgruppe (*Agreed Base Case Model*). Dabei wird gegenüber der Planung ein Spielraum (Headroom) eingeräumt, der aktuell zwischen 30 und 35 % beträgt. Sonst würde es bereits bei einer leichten negativen Abweichung vom Plan zu einer Verletzung der *Financial Covenants* kommen und die Kreditgeber wären zur Kündigung der Kredite berechtigt. Aus Sicht des Kreditnehmers ist ein ausreichender *Headroom* bei der Ausprägung der *Financial Covenants* einer der wichtigsten Verhandlungspunkte. 35

Regelmäßig sind die *Financial Covenants* im **Mezzanine-Kreditvertrag** mit einem (meist um zehn Prozentpunkte) größeren *Headroom* versehen als im Senior-Kreditvertrag. Darum werden zunächst nur die *Financial Covenants* im Senior-Kreditvertrag verletzt und 36

[23] Siehe zur Definition der Finanzkennzahlen ausführlich Diem/Jahn/*Jahn*, II.26 Rn. 9 ff.

nicht gleichzeitig auch diejenigen im Mezzanine-Kreditvertrag.[24] Das erlaubt den Senior-Kreditgebern bei einer Verletzung der *Financial Covenants* des Senior-Kreditvertrags alleine mit dem Kreditnehmer zu verhandeln, ohne die Mezzanine-Kreditgeber beteiligen zu müssen. Aus Sicht der Mezzanine-Kreditgeber ist dieser zusätzliche *Headroom* unerwünscht, da ein Kündigungsgrund nach dem Mezzanine-Kreditvertrag dann erst bei einer erheblichen Planabweichung vorliegt.

5. Berechnung und Vergleichbarkeit

37 **Berechnung und Mitteilung.** Teilweise wird vereinbart, dass die *Financial Covenants* während der gesamten Laufzeit des Kredits einzuhalten sind. Allerdings werden die Finanzkennzahlen nicht fortlaufend, sondern nur zu bestimmten **Stichtagen** berechnet. Der Kreditnehmer hat die Finanzkennzahlen und Bilanzrelationen vierteljährlich auf der Basis seiner Quartalsabschlüsse zu berechnen und der Bank zu übermitteln. Die Bank erhält nur diese Berechnungen und kann deshalb die Einhaltung der Finanzkennzahlen nur zu diesen Terminen überprüfen. Besteht aber der Verdacht, dass die *Financial Covenants* kurz nach einem Stichtag verletzt worden sind, kann die Bank auch schon vor dem nächsten Stichtag Informationen verlangen.[25] Das LMA Leveraged Finance Facilities Agreement enthält allerdings nur eine Pflicht zur Einhaltung der *Financial Covenants* an den Stichtagen.[26]

38 **Vergleichbarkeit.** Um eine Vergleichbarkeit der Finanzkennzahlen zu gewährleisten, sind die Kreditnehmer verpflichtet, die Banken über eine Änderung ihrer Bilanzierungs- und Bewertungsmethoden und deren Auswirkungen zu informieren. Die Kreditnehmer müssen außerdem Überleitungsrechnungen vorlegen, aus denen sich die Auswirkungen der neuen Bilanzierungs- und Bewertungsmethoden auf die vereinbarten *Financial Covenants* erkennen lässt.[27] In der Praxis werden sich die Parteien auf eine Anpassung der *Financial Covenants* im Kreditvertrag verständigen.

6. Rechtsfolgen der Verletzung

39 **Kündigungsrecht.** Bei einer Verletzung eines *Financial Covenants* haben die Kreditgeber in der Regel das Recht, die Kredite zu kündigen.[28] Wird dagegen eine sog **Mulligan-Klausel** vereinbart, ist die Kündigung nur zulässig, wenn derselbe *Financial Covenant* an zwei aufeinander folgenden Prüfungsstichtagen verletzt wurde. *Mulligan*-Klauseln können von Finanzinvestoren in Boomzeiten durchgesetzt werden.

40 **Margenanpassung.** Regelmäßig wird im Kreditvertrag vereinbart, dass sich die Marge bei einer Verschlechterung des *Leverage Ratio* erhöht und bei dessen Verbesserung reduziert (Margenskala oder *Margin Ratchet*).[29] Dadurch werden die Kreditkonditionen dem höheren oder niedrigeren Ausfallrisiko der Kreditgeber und den damit korrespondierenden Standardrisikokosten angepasst.[30]

---

[24] Es ist darauf zu achten, dass die *Cross-default*-Klausel im Mezzanine-Kreditvertrag eine Ausnahme für die Verletzung der *Financial Covenants* im Senior-Kreditvertrag enthält. Denn sonst würde jede Verletzung der *Financial Covenants* im Senior-Kreditvertrag automatisch einen Kündigungsgrund nach dem Mezzanine-Kreditvertrag darstellen.

[25] *Wittig* WM 1996, 1381, 1384.

[26] Beispielsklausel. Ziff. 27.2 (*Financial condition*) LMA Leveraged Finance Facilities Agreement; siehe zur Berechnung auch Diem/Jahn/*Jahn*, II.26 Rn. 60 ff.

[27] Beispielsklausel: Ziff. 26.3(b)(iii) (*Requirements as to financial statements*) LMA Leveraged Finance Facilities Agreement.

[28] SBL BankR-HdB/*Merkel*/*Tetzlaff* § 98 Rn. 175; *Wittig* WM 1996, 1381, 1385; Schmidt/Uhlenbruck/*Wittig*, Die GmbH in Krise, Sanierung und Insolvenz Rn. 1.239.

[29] → § 15 Rn. 23.

[30] Die Standardrisikokosten errechnen sich aus der Ausfallwahrscheinlichkeit multipliziert mit dem Kreditbetrag.

7. Risiken von Financial Covenants

Financial Covenants haben den Vorteil, dass klar erkennbar ist, wann ein Kündigungsrecht gegeben ist. Andererseits bedeutet das aber auch, dass die *Financial Covenants* den allgemeiner formulierten Rechten der Kreditgeber zur Kündigung aus wichtigem Grund (sonstige vertragliche Kündigungsgründe, § 490 Abs. 1 BGB, Nr. 19 Abs. 3 AGB-Banken) als speziellere Regelung vorgehen könnten. Wenn also ein bestimmter Sachverhalt von einem *Financial Covenant* erfasst wird, der *Financial Covenant* aber noch nicht verletzt ist, besteht die Gefahr, dass das Kündigungsrecht der Kreditgeber auf Grund der allgemeineren Bestimmungen ausgeschlossen sein könnte.[31] Dies könnte durch eine klarstellende Vertragsbestimmung verhindert werden, wonach die Anwendbarkeit der sonstigen Kündigungsgründe, gleich aus welchem Rechtsgrund, durch die Einhaltung oder Nichteinhaltung der *Financial Covenants* nicht berührt werden soll. **41**

V. Allgemeine Verhaltenspflichten

Die Kreditgeber möchten sicherstellen, dass sich die tatsächlichen und, soweit beeinflussbar, rechtlichen Umstände, auf deren Grundlage sie ihre Kreditentscheidung getroffen haben, nicht nachteilig verändern. Insbesondere sollen die Liquidität, das Vermögen und die wirtschaftliche Identität der Gruppengesellschaften erhalten bleiben. Dazu müssen sich die Kreditnehmer und Garanten im Kreditvertrag verpflichten, bestimmte Maßnahmen zu ergreifen oder zu unterlassen.[32] **42**

1. Betriebsgenehmigungen und Rechtstreue

Der Kreditnehmer hat regelmäßig dafür zu sorgen, dass **43**
- alle erforderlichen Betriebsgenehmigungen der Gruppengesellschaften vorliegen und
- keine der Gruppengesellschaften gegen Rechtsvorschriften verstößt. Sie müssen die Umweltvorschriften beachten, den Arbeitgeberanteil der Sozialbeiträge bezahlen, ihre Steuerpflichten erfüllen, keine gewerblichen Schutzrechte verletzen, etc.

2. Erhaltung der Liquidität

Die Liquidität des Kreditnehmers soll, soweit möglich, für den Schuldendienst zur Verfügung stehen. **44**

a) Dividenden und andere Leistungen an Gesellschafter

Regelmäßig wird die Ausschüttung von Dividenden an die Gesellschafter des Kreditnehmers beschränkt.[33] Der *Cashflow* soll für die Rückzahlung der Kredite und die Zahlung der Zinsen verwendet werden. **45**

Neben der Ausschüttung von Dividenden sind auch andere Leistungen an die Gesellschafter des Kreditnehmers beschränkt oder untersagt. Der Kreditnehmer und die Gruppengesellschaften dürfen den Gesellschaftern des Kreditnehmers grundsätzlich keine Kredite gewähren oder Zinsen und Tilgungen auf Gesellschafterdarlehen leisten. **46**

---

[31] *Wittig* WM 1996, 1381, 1389.
[32] Beispielsklausel: Ziff. 28 (*General Undertakings*) LMA Leveraged Finance Facilities Agreement. Eine detaillierte Kommentierung der allgemeinen Verhaltenspflichten enthält Diem/Jahn/*Diem*, II. 27.
[33] Dazu aber → § 22 Rn. 73.

b) Verschuldung

47 Die Kreditnehmer dürfen grundsätzlich keine anderen zinstragenden Verbindlichkeiten haben, als die nach den Finanzierungsverträgen erlaubten. Die Gruppengesellschaften dürfen ohne ausdrückliche Erlaubnis der Kreditgeber auch keine Geschäfte vornehmen, die einen ähnlichen wirtschaftlichen Effekt haben, wie zB Finanzierungsleasinggeschäfte oder unechtes Factoring. Dieselben Beschränkungen werden auch den Garanten auferlegt. Dadurch soll sichergestellt werden, dass die Konsortialbanken alleine über die Fälligstellung von Finanzverbindlichkeiten, die zum wirtschaftlichen Zusammenbruch der Gruppe führen werden, entscheiden können.

c) Kreditvergabe und Garantien

48 Die Vergabe von Krediten sowie die Übernahme von Garantien, Bürgschaften oder ähnlichen Haftungen sind grundsätzlich nicht erlaubt. Ausgenommen sind ua die Stundung von Forderungen oder Abgabe von Garantien im gewöhnlichen Geschäftsverkehr sowie Darlehen an andere Kreditnehmer oder Garanten.

d) Termingeschäfte

49 Der Kreditnehmer soll grundsätzlich keine (spekulativen, dh auf zusätzlichen Gewinn gerichteten) Termingeschäfte vornehmen. Darunter fallen nicht **Hedging-Geschäfte** zur Absicherung eines Zinsänderungs- oder Währungsrisikos. Der Kreditnehmer wird sogar regelmäßig verpflichtet, für eine bestimmte Zeit Geschäfte zur Absicherung des Zinsänderungsrisikos zumindest eines Teils der Terminkredite abzuschließen. Hedging-Geschäfte beziehen sich immer auf eine feste Kredithöhe. Da die Betriebsmittelkredite in ihrer Höhe schwanken, werden sie nicht in das Hedging einbezogen.

3. Erhaltung des Vermögens

a) Veräußerung von Vermögen

50 Die Gruppengesellschaften sollen Vermögensgegenstände nur veräußern, wenn ihnen im Gegenzug ein entsprechender Wert zufließt. Darum besteht ein grundsätzliches Verbot der Veräußerung von Vermögensgegenständen, von dem gewöhnlich aber die folgenden Ausnahmen gemacht werden:

– Verkäufe von Waren und Erzeugnissen im gewöhnlichen Geschäftsgang,
– Verkäufe an einen Kreditnehmer oder Garanten,
– der Verkauf von Finanzanlagen (zB Wertpapiere),
– Veräußerungen im Austausch gegen ähnliche Gegenstände und
– der Verkauf von nicht betriebsnotwendigem Vermögen.

51 Die zulässige Veräußerung von Vermögen löst unter bestimmten Bedingungen eine Pflicht zur Sondertilgung aus,[34] da den Krediten nach der Veräußerung der Vermögensgegenstände (und Verbrauch des Verkaufserlöses) sonst eine im Verhältnis geringere Haftungsmasse gegenüberstünde.

52 Soweit sich der Eigentümer eines **Grundstücks** gegenüber dem Kreditgeber in seiner Funktion als Grundpfandgläubiger[35] verpflichtet, sein Grundstück nicht zu veräußern, ist diese Vereinbarung gemäß § 1136 BGB nichtig. Daher sollte bei grundpfandrechtlich besicherten Darlehen die Veräßerung dieser Grundstücke nicht verboten werden. Zulässig ist dagegen nach überwiegender Meinung eine Vereinbarung, die an eine Veräußerung von Grundstücken Folgen, zB ein Kündigungsrecht, knüpft.[36]

[34] Dazu → § 13 Rn. 3.
[35] Baumbach/Hopt/*Hopt,* HGB, BankGesch Rn. H/1; *Mucke* WM 2006, 1804, 1806.
[36] BGH v. 27.2.1980, NJW 1980, 1625, 1626; Palandt/*Herrler* § 1136 Rn. 1; aA *Baur/Stürner,* Sachenrecht, § 40 Rn. 15; *Lopau* BlGBW 80, 167 f.

b) Dingliche Sicherheiten

Das nicht mit Sicherheiten belastete Vermögen des Kreditnehmers soll den Kreditgebern neben den ungesicherten Gläubigern als Haftungsmasse zur Verfügung stehen. Die Kreditgeber wollen daher ausschließen, dass der Kreditnehmer einem Dritten Sicherheiten bestellt, die diesem einen vorrangigen Zugriff auf die Haftungsmasse gewähren. Kreditverträge enthalten daher regelmäßig eine Negativerklärung (sog **Negative Pledge-Klausel**).[37] **53**

Inhalt. Durch die *Negative Pledge*-Klausel verpflichtet sich der Kreditnehmer, bis zur vollständigen Erfüllung aller Ansprüche der Kreditgeber aus der Kreditvereinbarung keine neuen Sicherheiten zu bestellen oder den Fortbestand nicht erlaubter Sicherheiten zu dulden. Die *Negative Pledge*-Klausel betrifft nicht, wie ihr Name nahelegt, nur Pfandrechte, sondern alle Arten von Sicherheiten, die anderen Gläubigern ein Vorrecht gegenüber den Forderungen der Banken gewähren.[38] Das ist grundsätzlich nur bei den **dinglich** wirkenden Realsicherheiten (Grundschuld, Pfandrecht, Sicherungsübereignung etc.) der Fall, nicht aber bei den nur schuldrechtlich wirkenden Personalsicherheiten (Bürgschaft, Garantie). Das Verbot, den Fortbestand nicht erlaubter Sicherheiten zu dulden, verpflichtet den Kreditnehmer, bestehende dingliche Sicherheiten, die nicht ausdrücklich erlaubt sind, aufzuheben. Außerdem muss er dafür sorgen, dass Sicherheiten, die ohne Mitwirkung einer Gruppengesellschaft entstanden sind, zB ein Pfändungspfandrecht, unverzüglich erlöschen. Der Kreditnehmer verpflichtet sich auch, dafür zu sorgen, dass die übrigen Gruppengesellschaften entgegen des Kreditvertrags keine neuen dinglichen Sicherheiten bestellen und den Fortbestand dinglicher Sicherheiten nicht dulden. **54**

Ausnahmen. Soweit sich der Eigentümer eines **Grundstücks** gegenüber dem Kreditgeber in seiner Funktion als Grundpfandgläubiger[39] verpflichtet, sein Grundstück nicht oder nicht zusätzlich zu belasten, ist diese Vereinbarung gemäß § 1136 BGB nichtig. Daher sollte die Bestellung von Sicherheiten an zugunsten des Kreditgebers belasteten Grundstücken aus der Negativerklärung ausgenommen werden.[40] Zulässig ist dagegen nach überwiegender Meinung eine Vereinbarung, die an eine Verfügung über das Grundstück Folgen, zB ein Kündigungsrecht, knüpft.[41] **55**

Regelmäßig erlaubt die Kreditvereinbarung Sicherheiten (*Permitted Security*), die zugunsten der Kreditgeber bestellt werden oder auf deren Entstehung der Kreditnehmer keinen Einfluss hat, wie zB **gesetzliche Pfandrechte** (zB Vermieterpfandrecht, Werkunternehmerpfandrecht) und teilweise das **AGB-Pfandrecht** der Banken.[42] Darüber hinaus können bestimmte Sicherheiten, die für das derzeitige und geplante Geschäft der Gruppe typisch sind, generell vom Anwendungsbereich der *Negative Pledge*-Klausel ausgenommen werden. Das geschieht häufig in Bezug auf **branchenübliche Eigentumsvorbehalte.** Üblich ist auch die allgemeine Gestattung von geschäftlich notwendigen Sicherheiten bis zu einem bestimmten Höchstbetrag. **56**

Wirkung. Die dingliche Bestellung von Sicherheiten kann durch die *Negative Pledge*-Klausel nicht verhindert werden (§ 137 S. 1 BGB).[43] Der Kreditnehmer würde dadurch aber seine Vertragspflichten verletzen, so dass die Kreditgeber zur Kündigung der Kredite berechtigt wären. **57**

---

[37] Beispielsklausel: Ziff. 28.16(a) (*Negative pledge*) LMA Leveraged Finance Facilities Agreement.

[38] *Buchheit,* How to Negotiate Eurocurrency Loan Agreements, S. 88.

[39] Baumbach/Hopt/*Hopt,* HGB, BankGesch Rn. H/1; *Mucke* WM 2006, 1804, 1806.

[40] BuB/*Wittig* Rn. 4/3040; *Mucke* WM 2006, 1804, 1806.

[41] BGH v. 27.2.1980, NJW 1980, 1625, 1626; OLG Frankfurt v. 26.5.1977, WM 1977, 1291, 1293; *Mucke* WM 2006, 1804, 1807 f. (der auch die Vereinbarkeit einer solchen Vereinbarung mit AGB-Recht bejaht); BuB/*Wittig* Rn. 4/3049; aA *Baur/Stürner,* Sachenrecht, § 40 Rn. 15; *Lopau* BlGBW 80, 167 f.

[42] Aus Sicht der Kreditgeber ist es wünschenswert, dass die kontoführende Bank auf ihr AGB-Pfandrecht verzichtet. Regelmäßig wird das AGB-Pfandrecht früher entstanden sein als das rechtsgeschäftliche Pfandrecht zugunsten der Finanzparteien und geht daher diesem Pfandrecht im Rang vor. Dies hat zur Folge, dass grundsätzlich nur die kontoführende Bank zur Einziehung des Kontoguthabens berechtigt ist (§ 1290 BGB).

[43] *Mucke* WM 2006, 1804, 1805.

58 Bei einer Verletzung der *Negative Pledge*-Klausel steht den Kreditgebern auch ein Schadensersatzanspruch gegen den Kreditnehmer wegen Pflichtverletzung zu (§ 280 Abs. 1 BGB). Dieser Anspruch spielt in der Praxis jedoch keine Rolle. Vor der Verwertung der Sicherheiten ist der Schaden, der den Kreditgebern durch die Bestellung von Sicherheiten an Dritte entstanden ist, nur schwer zu beziffern. Nach der Verwertung der Sicherheiten wird der Kreditnehmer zur Leistung von Schadensersatz in der Regel nicht mehr imstande sein.[44]

c) Pari Passu-Verpflichtung

59 Die *Pari Passu*-Klausel verpflichtet die Verpflichteten, sicherzustellen, dass ihre Zahlungspflichten gegenüber den Banken mindestens gleichen Rang haben (*pari passu*) wie ihre Zahlungspflichten gegenüber ihren anderen ungesicherten und nicht nachrangigen Gläubigern.[45] Die Beschränkung der Auflage auf den Vergleich mit anderen ungesicherten Gläubigern ist erforderlich, weil dinglich gesicherte Gläubiger ein Recht auf Vorwegbefriedigung haben.[46] Außerdem ist der Rangvergleich mit den Zahlungspflichten gegenüber anderen nicht nachrangigen Gläubigern vorzunehmen. Dadurch soll gewährleistet werden, dass es keine anderen ungesicherten Gläubiger gibt, deren Forderungen gegenüber den Forderungen der Kreditgeber vorrangig sind.

60 **Praktische Bedeutung.** Die Klausel kann nur im Fall von Liquiditätsproblemen eines Verpflichteten Bedeutung erlangen. Ein Rangverhältnis kommt nur dann zum Tragen, wenn der Schuldner nicht mehr alle Forderungen vollständig erfüllen kann. Praktische Bedeutung hat die *Pari Passu*-Klausel vor allem dann, wenn der Schuldner, wie zB in den USA und einigen anderen Ländern, einer Gruppe von Gläubigern für den Fall seiner Insolvenz den Vorrang ihrer Forderungen einräumen kann.[47] Nach deutschem Recht ist das jedoch nicht möglich.[48]

61 Forderungen, für die eine **dingliche Sicherheit** (zB Grundschuld, Pfandrecht, Sicherungsübereignung, Sicherungsabtretung) bestellt wurde, gehen ungesicherten Forderungen nicht allgemein im Rang vor. Der Gläubiger einer solchen Forderung kann aber abgesonderte Befriedigung gemäß §§ 49 ff. InsO verlangen. Das bedeutet, dass er aus dem Verwertungserlös der betreffenden Sicherheit vor den übrigen Insolvenzgläubigern zu befriedigen ist (§ 170 Abs. 1 InsO). Deckt der Verwertungserlös die Forderung nicht vollständig ab, so ist die verbleibende Forderung als einfache Insolvenzforderung zur Tabelle anzumelden. Der Vorrang einer gesicherten Forderung reicht also nur so weit, als der Verwertungserlös die Forderung deckt.[49] Übersteigt umgekehrt der Verwertungserlös die Forderung, so ist der für die Befriedigung des Gläubigers nicht benötigte Teil des Erlöses an die Masse herauszugeben und dient der Befriedigung der übrigen Insolvenzgläubiger.

62 Soweit nach deutschem Recht jedoch Forderungen **kraft Gesetzes** vorweg zu befriedigen sind, können die Verpflichteten die *Pari Passu*-Verpflichtung nicht erfüllen. In der Insolvenz des Schuldners sind die Kosten des Insolvenzverfahrens und die sog **Masseverbindlichkeiten** vorweg zu befriedigen (§ 53 InsO). Masseverbindlichkeiten sind gemäß § 55 InsO insbesondere Verbindlichkeiten, (a) die vom Insolvenzverwalter begründet werden, (b) aus beiderseits nicht vollständig erfüllten gegenseitigen Verträgen, soweit der Insolvenzverwalter gemäß § 103 InsO deren Erfüllung gewählt hat oder (c) aus einer ungerechtfertigten Bereicherung der Masse, zB nach einer Insolvenzanfechtung. Masseverbindlichkeiten entstehen also erst nach Eröffnung des Insolvenzverfahrens durch Hand-

---

[44] *Hinsch/Horn,* Das Vertragsrecht der internationalen Konsortialkredite und Projektfinanzierungen, S. 105.
[45] Beispielsklausel: Ziff. 28.14 (*Pari passu ranking*) LMA Leveraged Finance Facilities Agreement.
[46] → § 22 Rn. 61.
[47] *Hinsch/Horn,* Das Vertragsrecht der internationalen Konsortialkredite und Projektfinanzierungen, S. 106; *Buchheit,* How to Negotiate Eurocurrency Loan Agreements, S. 83.
[48] Braun/*Bäuerle,* InsO § 39 Rn. 3.
[49] *Buchheit,* How to Negotiate Eurocurrency Loan Agreements, S. 83.

lungen des Insolvenzverwalters oder kraft Gesetzes. Der Schuldner (Kreditnehmer oder Garant) hat auf die Begründung von Masseverbindlichkeiten keinen Einfluss.

Eine *Pari Passu*-Klausel in einem Kreditvertrag, der deutschem Recht unterliegt, ist **63** deshalb nur dann sinnvoll, wenn auf die Insolvenz eines Verpflichteten **ausländisches Insolvenzrecht** Anwendung finden kann.[50] Wird eine *Pari Passu*-Klausel dennoch in den Kreditvertrag aufgenommen, sollte sie **Ausnahmen** hinsichtlich des gesetzlichen Vorrangs von Masseverbindlichkeiten und bezüglich Forderungen, die durch eine dingliche Sicherheit besichert sind, enthalten.[51]

d) Beschränkung sonstiger Risiken

Gewöhnlicher Geschäftsverkehr. Die Gruppengesellschaften sollen Geschäfte grund- **64** sätzlich nur zu marktüblichen Bedingungen und im gewöhnlichen Geschäftsverkehr eingehen.

Versicherungsschutz. Der Kreditnehmer muss dafür sorgen, dass sein Vermögen und **65** sein Geschäft (wie auch das der Gruppengesellschaften) zumindest im branchenüblichen Umfang gegen Verlust und Schäden versichert sind.

4. Erhaltung der wirtschaftlichen Identität des Kreditnehmers

a) Verschmelzung

Durch eine Verschmelzung geht das Vermögen des übertragenden Rechtsträgers einschließ- **66** lich der Verbindlichkeiten auf den übernehmenden Rechtsträger über (§ 20 Abs. 1 Nr. 1 UmwG). Der übernehmende Rechtsträger erwirbt also kraft Gesetzes die Rechte und Pflichten des übertragenden Rechtsträgers aus den Kredit- und Sicherheitenverträgen. Daher ist gegen eine Verschmelzung eines Kreditnehmers oder Garanten auf eine andere Gesellschaft grundsätzlich nichts einzuwenden. Allerdings kann die Verschmelzung auf ein wirtschaftlich schwächeres Unternehmen die wirtschaftliche Leistungsfähigkeit des Kreditnehmers oder Garanten verwässern. Auch Verschmelzungen innerhalb der Gruppe sind nicht immer im Interesse der Kreditgeber. Wurden zB durch eine doppelstöckige Holding-Struktur die Gläubiger einer hochverzinslichen Anleihe in den strukturellen Nachrang gebracht, so würde dieser Nachrang durch eine Verschmelzung der beiden Holding-Gesellschaften aufgehoben. Außerdem erlöschen bei einem *Upstream Merger* die Pfandrechte an den Anteilen des übertragenden Rechtsträgers.[52]

b) Spaltung

Eine Spaltung kann als Aufspaltung, Abspaltung oder Ausgliederung erfolgen (§ 123 **67** UmwG). In allen Fällen gehen das Vermögen und die Verbindlichkeiten des übertragenden Rechtsträgers, bei Abspaltung und Ausgliederung der abgespaltene oder ausgegliederte Teil des Vermögens, im Wege der Gesamtrechtsnachfolge auf die übernehmenden Rechtsträger über (§ 131 Abs. 1 Nr. 1 UmwG). Die übernehmenden Rechtsträger erwerben also kraft Gesetzes die Rechte und Pflichten des übertragenden Rechtsträgers aus den Kredit- und Sicherheitenverträgen. Daher sind Spaltungen eines Kreditnehmers oder einer Zielgesellschaft grundsätzlich nicht zu beanstanden. Bei der Spaltung zur Aufnahme kann es aber zur Vereinigung mit einem wirtschaftlich schwächeren Unternehmen kommen. Dadurch kann die wirtschaftliche Leistungsfähigkeit des abgespaltenen Unternehmensteils geschwächt werden.

---

[50] So *Köndgen, Financial Covenants*, S. 127, 153.
[51] *Buchheit,* How to Negotiate Eurocurrency Loan Agreements, S. 85.
[52] Dazu → § 48 Rn. 10.

c) Beteiligungserwerb

68 Der Erwerb von Beteiligungen an anderen Unternehmen birgt Risiken für die Kreditgeber. Erfolgt der Erwerb gegen einen Kaufpreis in Geld, so führt er zu einem Abfluss von Liquidität. Erfolgt er gegen einen Kaufpreis in Form von Anteilen, so führt er zu einer Erschwerung der Verwertung des Pfandrechts, wenn den Kreditgebern vorher alle Anteile an der Gesellschaft verpfändet waren und die Anteile des neuen Gesellschafters nicht an die Kreditgeber verpfändet sind. Außerdem kann der Beteiligungserwerb zu einer Belastung der Bilanz des Erwerbers führen, wenn das Beteiligungsunternehmen in wirtschaftliche Schwierigkeiten gerät. Daher wird eine aggressive Übernahmestrategie von Kreditgebern nicht gerne gesehen.

d) Geschäftstätigkeit

69 Die Geschäftstätigkeit der Gruppengesellschaften ist die Basis für die Erwirtschaftung ihres *Cashflows*, der die Grundlage für die Kreditvergabe bildet. Eine Änderung der Geschäftstätigkeit birgt das Risiko des unternehmerischen Misserfolgs. Andererseits müssen die Gruppengesellschaften auf Veränderungen der Märkte flexibel reagieren können. Die Kreditgeber haben daher nur ein Interesse daran, dass wesentliche Änderungen der Geschäftstätigkeit unterbleiben.

5. Beibehaltung der rechtlichen Rahmenbedingungen

70 Die Kreditnehmer und Garanten werden verpflichtet, den Mittelpunkt ihrer hauptsächlichen Interessen im Sinne der Europäischen Insolvenzverordnung (EuInsVO)[53] nicht zu verlagern.[54] Für die Eröffnung des Insolvenzverfahrens sind die Gerichte des Mitgliedstaats zuständig, in dessen Gebiet der Schuldner den Mittelpunkt seiner hauptsächlichen Interessen hat (Art. 3 Abs. 1 EuInsVO). Das Bestreben, das Insolvenzforum zu verlagern, kann unterschiedlichste Gründe haben. So kann ein anderes Insolvenzrecht bestimmten Gläubigerinteressen nützen, zB wenn ein *debt/equity swap* angestrebt wird,[55] den das deutsche Insolvenzrecht nur unter Schwierigkeiten ermöglicht.[56] Ein anderes Insolvenzrecht kann die Sanierung der Gesellschaft erleichtern, oder die Dauer oder Kosten eines Insolvenzverfahrens in einem anderen Staat sind geringer. Daher könnten die Gesellschafter eines Krisenunternehmens aus eigenem Interesse oder auf Druck bestimmter Gläubigergruppen versucht sein, den Sitz der Gesellschaft in einen anderen Staat zu verlegen. Durch die Verlagerung des Insolvenzstatuts wandeln sich die rechtlichen Rahmenbedingungen der Gläubiger unter Umständen erheblich. Dies kann eine Veränderung des Kreditrisikos zur Folge haben, gegen das sich die Kreditgeber *ex ante* nicht geschützt haben.[57]

VI. Verstoß gegen Auflagen

71 Durch die Auflagen verpflichtet sich der Kreditnehmer zu einem bestimmten Tun oder Unterlassen. Viele Auflagen können nicht vom Kreditnehmer selbst, sondern müssen von

---

[53] Verordnung (EU) Nr. 2015/848 des Europäischen Parlaments und Rates vom 20. Mai 2015 über Insolvenzverfahren.

[54] Das LMA Leveraged Finance Facilities Agreement enthält in Ziff. 24.28 (*Centre of main interests and establishments*) eine entsprechende Zusicherung, die zu bestimmten Zeitpunkten zu wiederholen ist, und auf diese Weise faktisch dazu verpflichtet, den Mittelpunkt der hauptsächlichen Interessen nicht in eine andere Jurisdiktion zu verlegen.

[55] So geschehen bei der Schefenacker Aktiengesellschaft, die auf Betreiben der Kreditgeber vor Insolvenzeröffnung in eine englische plc umgewandelt wurde, *Eidenmüller* ZIP 2007, 1729, 1730.

[56] Vgl. dazu *Eidenmüller* ZIP 2007, 1729, 1736 f.

[57] *Eidenmüller* ZIP 2007, 1729, 1730, Fn. 19.

einem Dritten, zB von dessen Gesellschaftern oder einer Tochtergesellschaft, erfüllt werden.

Zuständigkeit der Gesellschafter. Kreditnehmer und Garanten haben grundsätzlich die Zuständigkeit ihrer Gesellschafter für bestimmte Maßnahmen zu beachten. So obliegen die Entscheidungen über Umwandlungen, Dividenden, Kapitalerhöhungen oder Satzungsänderungen nicht der Gesellschaft. Diese Maßnahmen erfordern vielmehr einen Beschluss der Gesellschafter. Eine im Kreditvertrag enthaltene Verpflichtung der Gesellschaft, entsprechende **Beschlüsse zu fassen oder zu unterlassen** (zB keine Dividende zu beschließen[58]), ist auf eine unmögliche Leistung gerichtet. Dennoch ist auch eine solche Verpflichtung wirksam und der Schuldner ist bei Nichterfüllung grundsätzlich zum Schadens- oder Aufwendungsersatz verpflichtet (§§ 311a, 275 Abs. 1 BGB). Die Geschäftsführer oder der Vorstand, welche die Gesellschaft bei der Eingehung einer auf eine unmögliche Leistung gerichteten Verpflichtung vertreten haben, machen sich schadensersatzpflichtig. 72

Verpflichtet sich eine Gesellschaft im Kreditvertrag, eine von ihren Gesellschaftern beschlossene Maßnahme **nicht auszuführen** (zB die beschlossene Dividende nicht an die Aktionäre auszuzahlen[59]), so steht dies im Widerspruch zu der Pflicht der Geschäftsführung, die Beschlüsse der Gesellschafter umzusetzen (vgl. nur § 83 Abs. 2 AktG).[60] Verletzen sie diese Pflicht, machen sich die Geschäftsführer bzw. der Vorstand schadensersatzpflichtig.[61] Darum sollte von den Kreditnehmern und Garanten nicht verlangt werden, dass sie Verpflichtungen eingehen, die sie unmöglich erfüllen können, weil sie in die Kompetenz der Gesellschafter- oder Hauptversammlung fallen oder dass sie sich verpflichten, von den Gesellschaftern beschlossene Maßnahmen nicht auszuführen. In der Praxis stellt sich das Problem dann nicht, wenn die jeweiligen Gesellschafter bzw. Aktionäre selbst Partei des Kreditvertrages sind. In diesem Fall können die Gesellschafter bzw. Aktionäre verpflichtet werden, für die Einhaltung solcher Auflagen Sorge zu tragen, die in die Kompetenz der Gesellschafter- oder Hauptversammlung fallen. Im Hinblick auf die Zielgesellschaft ist das unproblematisch möglich, da deren Alleingesellschafter bzw. Alleinaktionär – die Erwerbsgesellschaft – Partei des Kreditvertrages ist. Gleiches gilt für den Gesellschafter der Erwerbsgesellschaft, der den Kreditvertrag in aller Regel als Garant unterzeichnet. Deren Gesellschafter wiederrum ist regelmäßig nicht Kreditvertragspartei. Ist eine vertragliche Verpflichtung der Gesellschafter nicht möglich, werden sich die Kreditgeber das **Recht zur Kündigung** vorbehalten, wenn die Gesellschafter Beschlüsse fassen, die gegen die (im Kreditvertrag bestimmten) Interessen der Kreditgeber verstoßen. 73

Tochtergesellschaften. Anders liegt es bei Auflagen, die durch eine Tochtergesellschaft des Kreditnehmers zu erfüllen sind. Soweit die Tochtergesellschaft weisungsgebunden ist, kann vom Kreditnehmer ohne Weiteres verlangt werden, dass er für die Erfüllung der Auflage einsteht. Grundsätzlich sind die Geschäftsführer von Gesellschaften aller Rechtsformen gegenüber den Gesellschaftern weisungsgebunden, mit Ausnahme der Vorstände von Aktiengesellschaften, die nicht als beherrschte Gesellschaft einen Beherrschungsvertrag abgeschlossen haben. Die Durchsetzung einer Auflage, die durch eine solche Aktiengesellschaft erfüllt werden muss, ist für den Kreditnehmer unmöglich. Trotzdem kann er sich wirksam dazu verpflichten, für die Erfüllung der Auflage durch seine Tochter-AG einzustehen.[62] Die Kreditgeber haben in beiden Fällen keinen durchsetzbaren Anspruch gegen den Dritten, sondern nur einen Erfüllungsanspruch gegen den Kreditnehmer. In der Praxis 74

---

[58] Vgl. „declare… any dividend", Ziff. 28.21(a)(i) (*Dividends and share redemption*) LMA Leveraged Finance Facilities Agreement.

[59] Vgl. „pay any dividend", Ziff. 28.21(a)(i) (*Dividends and share redemption*) LMA Leveraged Finance Facilities Agreement.

[60] Obwohl die Folgepflicht der Geschäftsführer gegenüber Weisungen der Gesellschafterversammlung im GmbHG nicht ausdrücklich normiert ist, ist sie doch unbestritten, vgl. nur Baumbach/Hueck/*Zöllner/Noack,* GmbHG § 37 Rn. 20.

[61] Für die Geschäftsführer einer GmbH vgl. Baumbach/Hueck/*Zöllner/Noack,* GmbHG § 43 Rn. 22, für den Vorstand einer AG vgl. *Hüffer,* AktG § 83 Rn. 6.

[62] Dazu → § 22 Rn. 72.

spielt dieser Erfüllungsanspruch aber keine Rolle. Die einzige, praktisch relevante Rechtsfolge eines Verstoßes gegen Auflagen ist das Vorliegen eines Kündigungsgrunds nach dem Kreditvertrag.

75 Verstößt der Kreditnehmer gegen eine Auflage, so sind die Kreditgeber grundsätzlich zur **Kündigung** der Kredite berechtigt. Häufig hat der Kreditnehmer das Recht, die Auflage innerhalb einer Nachfrist zu erfüllen, bevor die Banken kündigen können. In der Praxis machen die Banken von ihrem Kündigungsrecht nur selten Gebrauch. Regelmäßig nutzen sie ihr Kündigungsrecht nur als Druckmittel, um den Kreditnehmer zu einem bestimmten Verhalten zu veranlassen. Verhalten Sie sich dabei ähnlich wie ein Gesellschafter, können ihre Kredite in der Insolvenz des Kreditnehmers nachrangig sein.[63] An das Vorliegen eines Kündigungsgrunds können weitere vertragliche Rechtsfolgen anknüpfen, wie zB eine Erhöhung der Marge. Neben dem Recht zur Kündigung können die Kreditgeber bei einem Auflagenverstoß gesetzliche Schadensersatzansprüche auf Grund der Verletzung vertraglicher Pflichten geltend machen.

VII. Durchsetzung der Auflagen

76 Die Kreditgeber haben im Wesentlichen zwei Gestaltungsmöglichkeiten, um das Verhalten des Kreditnehmers zu beeinflussen. Sie können dem Kreditnehmer auferlegen, (i) sie vor der Entscheidung über bestimmte Maßnahmen zu informieren und anzuhören (Informations- und Anhörungspflicht) oder (ii) bestimmte Maßnahmen nur mit ihrer vorherigen Zustimmung zu ergreifen (Zustimmungsvorbehalt).

77 Informations- und Anhörungspflichten sind grundsätzlich unbedenklich. Zustimmungsvorbehalte greifen dagegen in die Freiheit des Kreditnehmers zur eigenverantwortlichen Führung seiner Geschäfte, unter Umständen auch in die Rechte der Gesellschafter, ein. Dies kann dazu führen, dass die Kredite der Kreditgeber in der Insolvenz des Kreditnehmers nachrangig werden oder dass sich die Kreditgeber wegen sittenwidriger vorsätzlicher Schädigung nach § 826 BGB schadensersatzpflichtig machen.

1. Nachrang der Kredite in der Insolvenz

78 Enthält der Kreditvertrag Verbote mit Zustimmungsvorbehalt, insbesondere hinsichtlich solcher Maßnahmen, die in die Zuständigkeit der Gesellschafter fallen, so besteht die Gefahr, dass die Kredite der Banken in der Insolvenz des Kreditnehmers nachrangig werden.[64] Daher wird teilweise stattdessen eine bloße Informationspflicht des Kreditnehmers vereinbart, gegebenenfalls verbunden mit einem Kündigungsrecht der Kreditgeber.[65]

2. Sittenwidrige vorsätzliche Schädigung

79 Wenn eine Bank in erheblicher Weise in die Geschäftsführung des Kreditnehmers eingreift und dabei zum eigenen Vorteil die Schädigung anderer Gläubiger in Kauf nimmt, haftet sie den anderen Gläubigern wegen sittenwidriger vorsätzlicher Schädigung durch **Knebelung** in der Form der **stillen Geschäftsinhaberschaft** aus § 826 BGB auf Schadensersatz, wenn es trotz (oder wegen) der Einflussnahme der Bank zur Insolvenz des Kreditnehmers kommt.[66]

[63] Siehe dazu § 51.
[64] Siehe dazu § 52.
[65] Dazu → § 52 Rn. 28.
[66] *Wittig* WM 1996, 1381, 1390; Palandt/*Sprau* § 826 Rn. 44.

a) Tatbestandsvoraussetzungen. Eingriff in die Geschäftsführung

Ein solcher Eingriff in die Geschäftsführung kann ua dadurch erfolgen, dass die Bank die Geschäftsführung des Kreditnehmers praktisch entmachtet und den Betrieb durch eine Person ihres Vertrauens fortführen lässt, die ihren Weisungen Folge leistet.[67] Dafür ist es ausreichend, dass die Bank den Kreditnehmer durch **Drohung mit einer Kündigung** der Kreditverträge dazu bewegt, seine Geschäftsführung durch einen Vertrauensmann der Bank überwachen zu lassen, und jede Verfügung über Vermögenswerte an ihre vorherige **Zustimmung** knüpft.[68] 80

Erheblichkeit. Sittenwidrigkeit kommt nur dann in Betracht, wenn die Maßnahme der Bank zu einer erheblichen Einflussnahme auf den Kreditnehmer führt.[69] Dem Kreditnehmer ist eine gewisse Kontrolle der Geschäftsführung durch die Bank zuzumuten, solange ihm noch ausreichender wirtschaftlicher Bewegungsspielraum bleibt.[70] 81

Eigener Vorteil. Die Bank handelt zum eigenen Vorteil, wenn sie in dem Bestreben handelt, bei einem späteren Eintritt des als unvermeidlich erkannten Zusammenbruchs günstiger abzuschneiden.[71] 82

Schädigungsabsicht. Die erforderliche Schädigungsabsicht liegt bereits vor, wenn die Bank die Schädigung anderer Gläubiger als möglich erkannt und gebilligt hat.[72] 83

b) Rechtsfolgen

Erfüllt die Bank den Tatbestand des § 826 BGB durch eine sittenwidrige vorsätzliche Benachteiligung anderer Gläubiger des Kreditnehmers, so ist sie diesen Gläubigern zum Schadensersatz verpflichtet. 84

c) Bedeutung für Financial Covenants

Die Vereinbarung von *Financial Covenants* gewährt nicht die Möglichkeit zu einem erheblichen Eingriff in die Geschäftsführung. Kennzeichen eines solchen Eingriffs ist die faktische Entmachtung der bisherigen Geschäftsführung und die Ausübung eigener Geschäftsleitungsmacht durch die Bank. Erforderlich ist also die Durchsetzung eigenen geschäftsführerischen Ermessens der Bank im konkreten Einzelfall. 85

Einen solchen Einfluss gewährt die Vereinbarung von *Financial Covenants* nicht. Diese werden vor Vertragsschluss ausgehandelt und für die ganze Laufzeit des Darlehens festgelegt. Die Banken haben nicht die Befugnis, der Geschäftsführung nach Vertragsschluss einseitig neue Beschränkungen aufzuerlegen oder Beschränkungen allgemeiner Art später zu konkretisieren. Sie können auch nicht im konkreten Einzelfall ihr Ermessen an die Stelle des Ermessens der Geschäftsführung setzen.[73] Der Kreditnehmer weiß ab dem Zeitpunkt des Abschlusses des Kreditvertrags, innerhalb welcher Grenzen sich seine Maßnahmen bewegen müssen, um nicht gegen die *Financial Covenants* zu verstoßen. Im Übrigen bleibt er in seinen unternehmerischen Entscheidungen frei. Allein die Vereinbarung von *Financial Covenants* kann daher nicht zu einer Haftung wegen sittenwidriger vorsätzlicher Schädigung führen.[74] 86

Anders liegt der Fall, wenn die *Financial Covenants* nicht eingehalten wurden. Dann verleiht das Recht der Kreditgeber zur sofortigen Kündigung diesen faktisch einen erheb- 87

[67] BGH v. 9.2.1965, WM 1965, 475, 476.
[68] BGH v. 14.4.1964, WM 1964, 671, 673; *Obermüller,* Insolvenzrecht in der Bankpraxis Rn. 5.106ff., 5.217.
[69] BGH v. 29.5.2001, WM 2001, 1458, 1460.
[70] BGH v. 20.12.1957, WM 1958, 249, 250; *Wittig* WM 1996, 1381, 1390.
[71] BGH v. 9.2.1965, WM 1965, 475, 476.
[72] BGH v. 9.2.1965, WM 1965, 475, 476.
[73] *Diem* BKR 2002, 1034, 1038.
[74] So auch *Wittig* WM 1996, 1381, 1390.

lichen Einfluss auf die Geschäftsführung des Kreditnehmers.[75] Die Banken dürfen diese Einflussmöglichkeit nicht zu einer faktischen Entmachtung der Geschäftsführer zum Nachteil anderer Gläubiger des Kreditnehmers nutzen.

88 **Bedeutung für Verbote mit Zustimmungsvorbehalt.** Enthält der Kreditvertrag Verbote mit Zustimmungsvorbehalt, so üben die Banken zwangsläufig einen erheblichen Einfluss auf die Geschäftsführung des Kreditnehmers aus. Die Geschäftsführung darf auf Grund des Verbots mit Zustimmungsvorbehalt bestimmte Maßnahmen nur mit vorheriger Zustimmung der Banken ergreifen. Der Zustimmungsvorbehalt erfasst meist grundsätzliche und wichtige Entscheidungen. Kann ein Gläubiger den Kreditgebern nachweisen, dass sie bei der Ausübung ihres Zustimmungsermessens zu ihrem eigenen Vorteil gehandelt haben, so kommt eine Haftung der Kreditgeber wegen sittenwidriger vorsätzlicher Schädigung grundsätzlich in Betracht.

§ 23. Kündigung durch den Kreditgeber

I. Gesetzliche Regelung

1. Einzelkreditvertrag

1 Ist im Darlehensvertrag für die Rückerstattung eines Darlehens eine Zeit bestimmt, ist das Darlehen also befristet gewährt worden, so endet mit dem Ablauf der vereinbarten Zeit die Überlassungspflicht des Kreditgebers automatisch, und die Darlehensvaluta wird zur Rückzahlung fällig (§ 488 Abs. 3 S. 1 BGB). Eine Kündigung des Darlehens ist nicht erforderlich. Handelt es sich dagegen um ein verzinsliches Darlehen ohne bestimmte Laufzeit (sog „b. a. w.-Darlehen"[1]), so muss die Fälligkeit des Rückerstattungsanspruchs durch eine Kündigung des Darlehens herbeigeführt werden.

a) Ordentliche Kündigung

2 **Darlehen** mit **unbestimmter Laufzeit** können, unabhängig davon, ob ein gebundener oder veränderlicher Sollzinssatz vereinbart ist,[2] vom Kreditgeber jederzeit ordentlich, dh ohne besonderen Kündigungsgrund, gekündigt werden. Das ordentliche Kündigungsrecht besteht auch schon vor der Auszahlung der Kredite.[3]

3 Die **Kündigungsfrist** beträgt einheitlich drei Monate (§ 488 Abs. 3 S. 2 BGB). Diese Kündigungsfrist ist dispositiv und kann zugunsten des Kreditgebers verkürzt werden.[4]

4 Die Bank hat dagegen kein Recht zur ordentlichen Kündigung eines **Darlehens** mit einer **bestimmten Laufzeit.** Alle im Rahmen von Akquisitionsfinanzierungen ausbezahlten Einzelkredite haben eine feste Laufzeit, so dass eine ordentliche Kündigung der Kreditgeber nach § 488 Abs. 3 BGB in der Regel **ausgeschlossen** ist.[5]

5 Ein **Avalkredit** kann als Geschäftsbesorgungsvertrag[6] von der Avalausstellenden Bank als Beauftragter jederzeit ohne Kündigungsgrund gekündigt werden (§§ 675, 671 BGB).

---

[75] Nach *Thießen* besteht der wichtigste Vorteil von *Financial Covenants* darin, „suboptimale Managementstrategien" zu verhindern, vgl. *Thießen* ZBB 1996, 19, 25.

[1] „b. a. w." steht für „bis auf weiteres".

[2] *Freitag* WM 2001, 2370; Palandt/*Weidenkaff* § 488 Rn. 22.

[3] So wohl auch *Mülbert* WM 2002, 465, 469; Palandt/*Weidenkaff* § 488 Rn. 23. Eine Kündigung vor dem Abruf des Kredits ist beim Einzelkreditvertrag, der auf der Basis eines Krediteröffnungsvertrags geschlossen wird, dagegen nicht denkbar, da der Einzelkreditvertrag erst durch den Abruf der Darlehensvaluta zustande kommt.

[4] Palandt/*Weidenkaff* § 488 Rn. 24; *Wittig/Wittig* WM 2002, 145, 147.

[5] *Canaris,* Bankvertragsrecht, 2. Aufl. Rn. 1242.

[6] Dazu → § 5 Rn. 24.

b) Außerordentliche Kündigung

Der Kreditgeber kann den Kreditvertrag auch vor Auszahlung des Darlehens aus wichtigem Grund kündigen.[7] 6

(i) Gefährdung der Rückzahlung. Der Kreditgeber kann das Darlehen ohne Einhaltung einer Kündigungsfrist gemäß § 490 Abs. 1 BGB kündigen, wenn „in den Vermögensverhältnissen des Darlehensnehmers oder in der Werthaltigkeit einer für das Darlehen gestellten Sicherheit eine wesentliche Verschlechterung eintritt oder einzutreten droht, durch die die Rückzahlung des Darlehens, auch unter Verwertung der Sicherheit, gefährdet wird".[8] 7

Drohender Vermögensverfall. Auch ein (drohender) Vermögensverfall berechtigt zur Kündigung. Der Kreditgeber muss den Eintritt einer solchen Situation (in der Regel die Insolvenz des Kreditnehmers) also nicht abwarten. Erforderlich ist aber, dass sich die aus dem Vermögensverfall folgende Gefährdung der Rückzahlung „sichtbar abzeichnet",[9] wofür objektiv verifizierbare Kriterien vorliegen müssen.[10] Die unmittelbar drohende Zahlungsunfähigkeit des Kreditnehmers berechtigt, wegen gleichzeitig drohender wesentlicher Verschlechterung der Vermögenslage des Kreditnehmers, zur Kündigung des Kredits aus wichtigem Grund.[11] 8

Drohender Wertverfall der Sicherheit. Auch die (drohende) wesentliche Verschlechterung der Werthaltigkeit einer gestellten Sicherheit berechtigt zur Kündigung des Kredits.[12] Dabei ist es unerheblich, ob die Sicherheit vom Kreditnehmer selbst oder von einem **Dritten** gestellt wurde. Es kann sich um Real- oder Personalsicherheiten handeln. Bei einer Personalsicherheit, zB der Bürgschaft, kommt es auf die Vermögensverhältnisse des Verpflichteten (dh des Bürgen) an.[13] 9

Gefährdung der Rückzahlung. Die Kündigung setzt voraus, dass die Rückzahlung des Darlehens wegen der Vermögensverschlechterung „auch unter Verwertung der Sicherheit" gefährdet ist. Bei der Feststellung einer Gefährdung des Rückzahlungsanspruchs ist auch die Möglichkeit einer Befriedigung des Anspruchs durch Inanspruchnahme der bestellten Sicherheit einzubeziehen. Eine Kündigung ist also dann nicht zulässig, wenn der Kreditnehmer zwar nicht mehr vollständig leistungsfähig ist, aber die Rückzahlung des Darlehens unter Berücksichtigung des zu erwartenden Verwertungserlöses der Sicherheit wahrscheinlich ist.[14] Dies entspricht der bisherigen Rechtsprechung, die für eine Kündigung aus wichtigem Grund die Mitberücksichtigung der Sicherheiten verlangt.[15] In der Praxis ist die Werthaltigkeit einer Sicherheit, insbesondere einer Personalsicherheit, aber häufig schwer festzustellen.[16] Ist ein Insolvenzantrag gestellt worden, kann aber auch eine ausreichend besicherte Bank fristlos kündigen.[17] 10

---

[7] Palandt/*Weidenkaff* § 490 Rn. 1.

[8] Annähernd wortgleich Nr. 19 Abs. 3 S. 2 zweiter Spiegelstrich AGB-Banken.

[9] Regierungsentwurf eines Gesetzes zur Modernisierung des Schuldrechts vom 9.5.2001 und seine Begründung, S. 598; wortgleich der Entwurf der Regierungsfraktionen eines Gesetzes zur Modernisierung des Schuldrechts vom 14.5.2001, BT-Drucks 14/6040, S. 254.

[10] BGH v. 21.2.1985, WM 1985, 604, 605.

[11] Zu Nr. 19 Abs. 3 AGB-Banken, BGH v. 20.5.2003, ZIP 2003, 1336, 1337; BGH v. 21.9.1989, NJW-RR 1990, 110, 111.

[12] *Ringstmeier/Homann* ZIP 2002, 505, 510.

[13] Palandt/*Weidenkaff* § 490 Rn. 3; *Köndgen* WM 2001, 1637, 1642.

[14] Kritisch *Freitag* WM 2001, 2370, 2374, der dem Gesetzgeber ein falsches Verständnis des Kreditgeschäfts vorwirft. Die Sicherheiten seien nur für den Ausfall des Kreditnehmers gedacht. Wäre bei der Kreditvergabe klar gewesen, dass der Kreditnehmer das Darlehen nur unter Inanspruchnahme der Sicherheit werde zurückzahlen können, hätte die Bank den Kredit nicht gewährt. Es sei deshalb nicht einzusehen, warum die Bank mit der Kündigung des Kredits warten solle, bis die Leistungsfähigkeit des Kreditnehmers so weit gesunken sei, dass die Rückzahlung des Kredits selbst unter Inanspruchnahme der Sicherheit gefährdet ist. Ähnlich *Sonnenhol* WM 2002, 1259, 1264.

[15] BGH v. 21.1.1960, WM 1960, 576, 578; OLG München v. 5.5.1995, WM 1996, 1623; *Mülbert* WM 2002, 465, 474; aA *Sonnenhol* WM 2002, 1259, 1264.

[16] *Sonnenhol* WM 2002, 1259, 1265.

[17] *Sonnenhol* WM 2002, 1259, 1265.

11 **Kündigung.** Das Kündigungsrecht steht dem Kreditgeber vor der Auszahlung des Darlehens stets, danach nur „in der Regel" zu. Die Gesetzesbegründung nennt zwei Beispiele, in denen das Kündigungsrecht nach Auszahlung der Valuta eingeschränkt sein soll[18]: Die Bank soll den Kreditnehmer nicht durch sofortige Rückforderung des ganzen Darlehensbetrags in die Insolvenz treiben dürfen, sondern ist gegebenenfalls zu einer **ratenweisen Rückführung** verpflichtet.[19] Außerdem kann der Kreditgeber im Einzelfall zur **Belassung** des Darlehens verpflichtet sein, wenn lediglich eine vorübergehende Vermögensverschlechterung vorliegt.[20] Erforderlich sei eine Gesamtwürdigung der jeweiligen Kündigungssituation.[21]

12 **Abdingbarkeit.** Das Kündigungsrecht ist jedenfalls durch Individualvereinbarung abdingbar.[22]

13 **(ii) Kündigung aus wichtigem Grund.** Nach § 490 Abs. 3 BGB besteht für beide Vertragsteile das allgemeine Recht zur Kündigung von Dauerschuldverhältnissen aus wichtigem Grund, das seit der Schuldrechtsreform in § 314 BGB gesetzlich verankert ist. Ein **wichtiger Grund** ist nach der Legaldefinition gegeben, wenn dem kündigenden Teil unter Berücksichtigung aller Umstände des Einzelfalls und unter Abwägung der beiderseitigen Interessen die Fortsetzung des Vertragsverhältnisses bis zur vereinbarten Beendigung oder bis zum Ablauf einer Kündigungsfrist nicht zugemutet werden kann (§ 314 Abs. 1 S. 2 BGB).

14 Ein wichtiger Grund kann zB vorliegen, wenn der Kreditnehmer den Wert einer von ihm bestellten (Real-)Sicherheit schuldhaft verschlechtert[23] oder seine Zahlungsunfähigkeit unmittelbar droht.[24] Das Kündigungsrecht besteht bei Vorliegen eines wichtigen Grunds unabhängig davon, ob die Rückzahlung des Kredits auch unter Verwertung der Sicherheiten gefährdet ist.[25]

15 **Fristsetzung und Abmahnung.** Besteht der wichtige Grund in der Verletzung einer vertraglichen Pflicht, so ist die Kündigung erst nach erfolglosem Ablauf einer zur Abhilfe bestimmten **Frist** oder nach erfolgloser **Abmahnung** zulässig (§ 490 Abs. 3, 314 Abs. 2 iVm § 323 Abs. 2 und 3 BGB).[26] Eine Fristsetzung oder Abmahnung ist gemäß § 323 Abs. 2 BGB entbehrlich (i) bei einer ernsthaften und endgültigen Erfüllungsverweigerung, (ii) wenn der Kreditnehmer die Leistung nicht zu einem im Vertrag bestimmten Termin oder innerhalb einer bestimmten Frist bewirkt und der Gläubiger, dh hier der Kreditgeber, im Vertrag den Fortbestand seines Leistungsinteresses an die Rechtzeitigkeit der Leistung gebunden hat oder (iii) wenn besondere Umstände vorliegen, die unter Abwägung der beiderseitigen Interessen die sofortige Kündigung rechtfertigen.

16 **Ausschlussfrist.** Nach Kenntnis vom Kündigungsgrund obliegt es dem Berechtigten, die Kündigung innerhalb angemessener Frist auszusprechen (§ 314 Abs. 3 BGB). Die Dauer der Frist hängt von den Umständen ab. Die Zweiwochenfrist des § 626 Abs. 2 BGB ist nicht entsprechend anwendbar.[27] Zwei Monate sind aber zu lang.[28] Die Frist beginnt mit der positiven Kenntnis des Berechtigten von den kündigungsrelevanten Umständen.[29] Lässt der Berechtigte die angemessene Frist verstreichen, so erlischt sein Kündigungsrecht.

---

[18] Kritisch zu diesen Beispielen *Mülbert* WM 2002, 465, 474.

[19] Entwurf der Regierungsfraktionen eines Gesetzes zur Modernisierung des Schuldrechts vom 14.5.2001, BT-Drucks 14/6040, S. 253.

[20] Entwurf der Regierungsfraktionen eines Gesetzes zur Modernisierung des Schuldrechts vom 14.5.2001, BT-Drucks 14/6040, S. 253; siehe auch *Ringstmeier/Homann* ZIP 2002, 505, 510; *Berger,* Kreditvertragsrecht und Schuldrechtsreform, S. 19.

[21] Diskussionsentwurf des Bundesministeriums für Justiz vom 4.8.2000, S. 599.

[22] Palandt/*Weidenkaff* § 490 Rn. 1.

[23] Staudinger/ *Mülbert* § 490 Rn. 136; *Mülbert* WM 2002, 465, 473.

[24] BGH v. 20.5.2003, DB 2003, 2701.

[25] *Becher/Gößmann* BKR 2002, 519, 524.

[26] Siehe auch BGH v. 2.3.2004, WM 2004, 828, 829.

[27] BGH v. 26.9.1996, BGHZ 133, 331.

[28] OLG Karlsruhe v. 25.6.2001, NJW-RR 2001, 1492.

[29] Palandt/*Grüneberg* § 314 Rn. 10.

Abdingbarkeit. Das Recht zur Kündigung aus wichtigem Grund gemäß § 314 BGB kann zwar durch Individualvereinbarung vertraglich eingeschränkt, aber nicht völlig ausgeschlossen werden.[30] 17

(iii) Kündigung wegen Störung der Geschäftsgrundlage. Nach § 490 Abs. 3 BGB bleibt das Rechtsinstitut der Störung der Geschäftsgrundlage gemäß § 313 BGB neben den Kündigungsrechten aus § 490 Abs. 1 BGB und § 314 BGB uneingeschränkt anwendbar. Allerdings geht § 490 BGB den §§ 313 und 314 BGB als Sonderreglung vor.[31] 18

Bei einer nachträglichen unverschuldeten Verschlechterung einer Sicherheit wurde schon bisher angenommen, dass die Grundsätze über die Störung der Geschäftsgrundlage zur Anpassung der Rückzahlungskonditionen (Tilgung und Zeitraum) und uU sogar der übrigen Darlehensbedingungen führen können.[32] 19

2. Krediteröffnungsvertrag

a) Ordentliche Kündigung

Ein **unbefristeter** Krediteröffnungsvertrag kann vom Kreditgeber grundsätzlich nach § 488 Abs. 3 BGB jederzeit ordentlich gekündigt werden.[33] Die bis zu der Schuldrechtsreform hM ging davon aus, dass eine Kündigung des Krediteröffnungsvertrags nach § 488 Abs. 3 BGB (entsprechend den Regeln zum Einzelkreditvertrag[34]) erst **nach** vollständiger Auszahlung der Darlehensvaluten zulässig sei.[35] Eine vollständige Auszahlung sollte bereits mit dem vollständigen Erhalt des zuletzt abgerufenen Betrages vorliegen, da eine Pflicht zum Abruf der Einzelkredite nicht bestehe.[36] Im Hinblick auf die nunmehr gesetzlich verankerte Konsensualvertragstheorie ist diese Voraussetzung jedoch nicht mehr sinnvoll. Das ordentliche Kündigungsrecht besteht daher auch schon vor dem Abruf der Kredite.[37] Die Kündigungsfrist beträgt gemäß § 488 Abs. 3 S. 2 BGB drei Monate. 20

Bei einem **befristeten** Krediteröffnungsvertrag ist eine Kündigung durch den Kreditgeber nach § 488 Abs. 3 BGB ausgeschlossen.[38] Die banküblichen Senior-Kreditverträge haben regelmäßig eine feste Laufzeit.[39] 21

b) Außerordentliche Kündigung

Die Grundsätze über die außerordentliche Kündigung des Einzelkreditvertrags gelten entsprechend für den Krediteröffnungsvertrag.[40] 22

3. Ausübung der Kündigung

Einheitliche Ausübung. Die Kündigung zur Beendigung eines Kreditvertrags kann gegenüber mehreren Kreditnehmern nur einheitlich ausgeübt werden, wenn sie Gesamtschuldner sind.[41] Ist die gesamtschuldnerische Haftung der Kreditnehmer dagegen vertrag- 23

---

30 Palandt/*Grüneberg* § 314 Rn. 3.
31 Palandt/*Grüneberg* § 314 Rn. 4; *Freitag* WM 2001, 2370, 2377.
32 Staudinger/*Hopt/Mülbert* (Vorauflage) § 610 Rn. 13; *Mülbert* WM 2002, 465, 473; aA Staudinger/*Mülbert* § 490 Rn. 219.
33 Staudinger/*Mülbert* § 488 Rn. 434 ff.
34 BGH v. 24.2.1983, WM 1983, 358; Staudinger/*Hopt/Mülbert* (Vorauflage) § 609 Rn. 16.
35 *Canaris,* Bankvertragsrecht, 2. Aufl. Rn. 1243, da § 609 (nunmehr § 488 Abs. 3 BGB nF) ein gewährtes Darlehen voraussetze; Staudinger/*Hopt/Mülbert,* (Vorauflage) Vorbem. §§ 607 ff. Rn. 263.
36 Staudinger/*Hopt/Mülbert,* (Vorauflage) Vorbem. §§ 607 ff. Rn. 263.
37 *Mülbert* WM 2002, 465, 469; Palandt/*Weidenkaff* § 488 Rn. 23.
38 *Canaris,* Bankvertragsrecht, 2. Aufl. Rn. 1242.
39 *Canaris,* Bankvertragsrecht, 2. Aufl. Rn. 1242.
40 Staudinger/*Mülbert,* § 488 Rn. 438.
41 Entgegen des Wortlauts von § 425 Abs. 2 BGB, der nur Fälligkeitskündigungen, nicht aber ordentliche und außerordentliche Kündigungen erfasst, vgl. BGH v. 9.7.2002, NJW 2002, 2866, 2867.

lich ausgeschlossen, so sind sie Teilschuldner (§ 420 BGB). Teilschuldnern gegenüber kann das Kündigungsrecht getrennt ausgeübt werden.[42] § 351 BGB, wonach das Rücktrittsrecht auch Teilschuldnern gegenüber nur einheitlich ausgeübt werden kann, findet keine analoge Anwendung auf die Kündigung.[43] Getrennte Kündigungen gegenüber einzelnen Kreditnehmern sind jedoch regelmäßig nicht gewollt.[44]

24 **Erklärung.** Die Kündigungserklärung bedarf nicht der Schriftform.[45] Bei mehreren Kreditnehmern muss die Kündigungserklärung jedem zugehen.[46] Die gegenseitige Bevollmächtigung der Kreditnehmer zum Empfang der Kündigungserklärung in vorformulierten Kreditverträgen verstößt gegen § 307 Abs. 1 BGB.[47]

25 **Angabe von Gründen.** Bei einer ordentlichen Kündigung muss der Kreditgeber weder einen richtigen noch überhaupt einen Kündigungsgrund angeben.[48] Bei einer außerordentlichen Kündigung muss der Kündigungsgrund nicht genau bezeichnet werden. Es genügt die Aussage, dass die Kündigung aus wichtigem Grund erfolge.[49] Das Nachschieben von Kündigungsgründen ist zulässig, soweit die Gründe im Zeitpunkt der Kündigung bereits vorgelegen haben.[50]

4. Beschränkungen der Ausübung des Kündigungsrechts

26 Die Ausübung des Kündigungsrechts der Kreditgeber ist durch das **Gebot der Rücksichtnahme** eingeschränkt. Das Gebot der Rücksichtnahme folgt aus dem Grundsatz von Treu und Glauben (§ 242 BGB) und bedeutet, dass ein Kreditgeber (a) einen Kredit nicht zur Unzeit kündigen, (b) sich nicht widersprüchlich verhalten und (c) ein zuvor in zurechenbarer Weise geschaffenes Vertrauen des Kunden nicht enttäuschen darf.[51]

27 **Kündigung zur Unzeit.** Das Verbot der Kündigung zur Unzeit findet sich im Gesetz an verschiedenen Stellen, vgl. nur § 627 Abs. 2 S. 2 BGB (fristlose Kündigung eines Dienstverhältnisses durch den Dienstverpflichteten bei Vertrauensstellung), § 671 Abs. 2 S. 1 BGB (fristlose Kündigung des Auftrags durch den Beauftragten), § 675 Abs. 1 Hs. 2 BGB (fristlose Kündigung des Beauftragten bei Geschäftsbesorgung) und § 723 Abs. 2 BGB (Kündigung des Gesellschafters einer BGB-Gesellschaft). Die Kündigung eines Kreditvertrags kann zur Unzeit erfolgen, wenn dem Kreditnehmer keine Möglichkeit bleibt, sich das benötigte Kapital, zB durch Umschuldung, anderweitig zu beschaffen[52] oder wenn der Kreditnehmer ein Sanierungskonzept verfolgt, das durch die Kündigung vereitelt würde.[53]

28 **Widersprüchliches Verhalten.** Eine Kündigung aus wichtigem Grund kann unwirksam sein, wenn sich der Kreditgeber widersprüchlich verhalten hat. Ein widersprüchliches Verhalten des Kreditgebers kann insbesondere darin liegen, dass er einen vertragswidrigen Zustand über längere Zeit hingenommen hat, statt sein Kündigungsrecht innerhalb angemessener Frist auszuüben.[54] Wenn der Kreditgeber also zB bei der Verletzung einer Auflage einschließlich der Nichteinhaltung von *Financial Covenants* einen (zeitlich befristeten) Verzicht (*Waiver*) erklärt, kann dies zur Folge haben, dass er bei ähnlich gelagerten Verstößen sein Kündigungsrecht verliert.[55] Zu weit ginge es indessen, aus der Vereinbarung

---

[42] RG v. 19.7.1917, RGZ 90, 328, 330; Soergel/*Wolf*, § 420 Rn. 12.
[43] RG v. 19.7.1917, RGZ 90, 328, 330; Palandt/*Grüneberg* § 351 Rn. 2.
[44] → § 23 Rn. 60.
[45] BGH v. 25.3.1965, WM 1965, 767.
[46] SBL BankR-HdB/*Bruchner/Krepold* § 79 Rn. 243.
[47] BGH v. 22.6.1989, WM 1989, 1086.
[48] BGH v. 21.1.1960, WM 1960, 576.
[49] SBL BankR-HdB/*Bruchner/Krepold* § 79 Rn. 246; BGH v. 6.3.1986, WM 1986, 605, 606.
[50] BGH v. 6.3.1986, WM 1986, 605, 606.
[51] OLG Hamm v. 12.9.1990, WM 1991, 402, 403.
[52] OLG Düsseldorf v. 9.2.1989, WM 1989, 1838, 1841.
[53] OLG Hamm v. 12.9.1990, WM 1991, 402, 403.
[54] BGH v. 12.7.1984, WM 1984, 1273.
[55] *Wittig* WM 1996, 1381, 1388.

einer Margenerhöhung in Abhängigkeit von bestimmten Bilanzrelationen oder Finanzkennzahlen (Margenskala) einen Ausschluss des Kündigungsrechts zu erblicken.[56] Sicherheitshalber kann vertraglich klargestellt werden, dass die automatische Margenanpassung das Recht der Kreditgeber zur Kündigung unberührt lässt.

Kenntnis. Ein Grund zur Kündigung des Kredits besteht auch dann nicht, wenn die 29 Umstände, die zur Kündigung herangezogen werden, dem Kreditgeber bereits im Zeitpunkt der Kreditgewährung **bekannt** waren.[57]

Kein schutzwürdiges Interesse. Eine Kündigung des Kreditgebers kann nach § 242 30 BGB weiterhin unzulässig sein, wenn sie allein den Kreditnehmer schädigen würde, während dem Kreditgeber bei einem Stillhalten **keine Nachteile** entstehen können.[58] Das kann zB der Fall sein, wenn dem Kreditgeber zweifelsfrei werthaltige und von keinem Wertverlust bedrohte Sicherheiten zur Verfügung stehen, die die Hauptforderung und künftige Zinsen decken.[59]

5. Rechtsfolgen der Kündigung

Einzelkreditvertrag. Die Kündigung des **Darlehensvertrags** hat zur Folge, dass die 31 Darlehensvaluta zur Rückzahlung sowie alle bis zum Fälligkeitstag aufgelaufenen und noch nicht bezahlten Zinsen und Gebühren zur Zahlung fällig werden. Handelt es sich um eine ordentliche Kündigung, so tritt die Fälligkeit mit Ablauf der Kündigungsfrist ein.

Die Kündigung des **Geschäftsbesorgungsvertrags** in Bezug auf ein **Aval** bewirkt, dass 32 der Avalausstellenden Bank als Beauftragter gegen den Kreditnehmer ein Aufwendungsersatzanspruch gemäß § 670 BGB zusteht. Ist das Aval im Zeitpunkt der Kündigung nicht in Anspruch genommen, so hat die Avalausstellende Bank gegen den Kreditnehmer einen Anspruch auf Befreiung von ihrer Verpflichtung aus dem Aval (§ 257 S. 1 BGB). Das kann durch Rückgabe der Avalurkunde erfolgen. Ist die Verpflichtung der Avalausstellenden Bank gegenüber dem Avalempfänger aus dem Aval noch nicht fällig, weil dieser noch keine Zahlung aus dem Aval verlangt hat und ist die Befreiung der Avalausstellenden Bank nicht möglich, weil der Avalempfänger nicht zur Rückgabe der Avalurkunde bereit ist, so kann der Kreditnehmer, statt die Avalausstellende Bank von ihrer Verpflichtung aus dem Aval zu befreien, **Sicherheit** leisten (§ 257 S. 2 BGB). Die Sicherheitsleistung muss die Ersatzansprüche abdecken, welche die Avalausstellende Bank gegen den Kreditnehmer hat, wenn das Aval in Anspruch genommen wird.[60] Die Sicherheitsleistung erfolgt gemäß §§ 232 ff. BGB,[61] d h. nicht notwendig durch Barunterlegung.

Krediteröffnungsvertrag. Die Kündigung des Krediteröffnungsvertrags hat zur Folge, 33 dass der Kreditgeber ab dem Zugang der Kündigung zu weiteren Auszahlungen nicht mehr verpflichtet ist.[62] Handelt es sich um eine ordentliche Kündigung, so tritt diese Rechtswirkung mit Ablauf der Kündigungsfrist ein.

Verhältnis von Krediteröffnungs- und Einzelkreditvertrag. Nach der **Trennungstheorie** beendet die Kündigung des Krediteröffnungsvertrags nur die Pflicht des Kreditgebers zur weiteren Kreditgewährung. Dagegen lässt sie den Bestand bereits getätigter Einzelkreditgeschäfte unberührt.[63] Grundsätzlich bleibt eine Bank trotz Kündigung des zugrunde liegenden Krediteröffnungsvertrags aus einer Bürgschaft weiterhin gemäß den Bedingungen der Bürgschaft gegenüber dem Dritten verpflichtet. Dann muss aber auch der 34

---

[56] So aber offenbar *Mülbert* WM 2004, 1205, 1210; *Wand* WM 2005, 1969, 1974.

[57] BGH v. 7.5.2002, BKR 2002, 631, 632.

[58] *Wittig* WM 1996, 1381, 1388.

[59] BGH v. 18.12.1980, WM 1981, 150, 151.

[60] Ähnlich MüKoBGB/*Krüger* § 257 Rn. 16.

[61] MüKoBGB/*Krüger* § 257 Rn. 15.

[62] Staudinger/*Mülbert,* § 488 Rn. 447; *Hinsch/Horn,* Das Vertragsrecht der internationalen Konsortialkredite und Projektfinanzierungen, S. 93.

[63] Staudinger/*Mülbert* § 488 Rn. 441; *Canaris,* Bankvertragsrecht, 2. Aufl. Rn. 1244.

Einzelvertrag des Avalkredits weiterhin Gültigkeit haben.[64] Doch kann durch Parteivereinbarung eine anderweitige Regelung getroffen werden.[65]

35 Nicht einmal eine außerordentliche Kündigung des Krediteröffnungsvertrags beendet automatisch die Einzelkreditverträge. Wird aber der Krediteröffnungsvertrag aus wichtigem Grund fristlos gekündigt, so entfällt im Regelfall auch die Vertrauensbasis für die einzelnen bereits gewährten Kredite. Dies hat zur Folge, dass die Einzelkreditverträge aus wichtigem Grund gekündigt werden können.[66]

II. Vertragliche Regelung

36 Gründe, die eine vorzeitige Kündigung des Kredits erlauben, können sich aus dem Gesetz, AGB und dem Kreditvertrag ergeben. Die sehr umfangreichen individuell ausgehandelten Kreditverträge bei Eurokrediten sind als abschließende Regelung zu betrachten, die dispositivem Gesetzesrecht vorgehen.

37 Von der Vereinbarung der ergänzenden **Geltung von AGB** ist abzuraten. Bei einem Konsortialkredit stellt sich zunächst die Frage, welche der AGB der Kreditgeber gelten sollen. Außerdem enthalten die AGB regelmäßig keine weitergehenden Kündigungsrechte als der Kreditvertrag, können aber durch abweichende Regelungen Auslegungsfragen aufwerfen.

1. Kündigungsgründe

38 Eurokredite können als befristete Kredite von der Bank nicht ordentlich gekündigt werden. In Betracht kommt nur eine außerordentliche Kündigung. Die Vertragsparteien können neben den gesetzlichen Gründen für eine außerordentliche Kündigung (§§ 490 Abs. 1, 314, 313 Abs. 3 BGB) durch AGB und Individualvertrag weitere Gründe für eine außerordentliche Kündigung vereinbaren.[67]

39 Eurokreditverträge enthalten regelmäßig einen ganzen Katalog von Kündigungsgründen (*Events of Default*), die die Kreditgeber zur Kündigung der Kredite berechtigen. Dazu gehören (ohne Anspruch auf Vollständigkeit) regelmäßig die folgenden Gründe:[68]

40 – **Verletzung einer Zahlungspflicht.** Ein Kreditnehmer oder Garant leistet eine nach dem Kreditvertrag geschuldete Zahlung am Fälligkeitstag nicht. Anders als beim Verzug (§ 286 Abs. 4 BGB) ist ein Verschulden nicht erforderlich.[69] Ausgenommen ist meist die Nichtzahlung auf Grund einer technischen Verzögerung, wenn die Zahlung innerhalb weniger Tage nachgeholt wird.

41 – **Nichterfüllung einer Auflage, Pflichtverletzung.** Ein Kreditnehmer oder Garant **erfüllt** einen *Financial Covenant* nicht oder verletzt eine sonstige Vertragspflicht (außer einer Zahlungspflicht). Die Verletzung einer sonstigen Vertragspflicht führt meist erst dann zum Kündigungsgrund, wenn der Kreditnehmer oder Garant eine Nachfrist verstreichen lässt, innerhalb derer er die Erfüllung der Pflicht nachholen kann.[70] Gelegentlich wird das Kündigungsrecht auf die Verletzung „wesentlicher“ Vertragspflichten be-

---

[64] Staudinger/*Mülbert* § 488 Rn. 441.

[65] Staudinger/*Mülbert* § 488 Rn. 441; *Canaris,* Bankvertragsrecht Rn. 1249 f.; SBL BankR-HdB/*Wunderlich* § 77 Rn. 27, 62.

[66] Staudinger/*Mülbert* § 488 Rn. 449; *Canaris,* Bankvertragsrecht Rn. 1250; SBL BankR-HdB/*Wunderlich* § 77 Rn. 63.

[67] Die gesetzlichen Kündigungsgründe sind nicht abschließend, *Freitag* WM 2001, 2370, 2376; die Vereinbarung zusätzlicher Gründe für eine außerordentliche Kündigung wird von der Rechtsprechung anerkannt, BGH v. 6.3.1986, WM 1986, 605, 606; *Wittig* WM 1996, 1381, 1387.

[68] Beispielsklausel: Ziff. 29 (*Events of Default*) LMA Leveraged Finance Facilities Agreement.

[69] *Hinsch/Horn,* Das Vertragsrecht der internationalen Konsortialkredite und Projektfinanzierungen, S. 93; *Gooch/Klein,* Loan Documentation, S. 63.

[70] *Gooch/Klein,* Loan Documentation, S. 64; Beispielsklausel: Ziff. 29.3 (*Other obligations*) LMA Leveraged Finance Facilities Agreement.

schränkt. Dann besteht aber die Gefahr eines Streits über die Wesentlichkeit einer Pflicht und damit die Unsicherheit, ob den Kreditgebern ein Kündigungsrecht zusteht. Außerdem bleibt ein Verstoß gegen nicht wesentliche Vertragspflichten sanktionslos.

- **Unrichtigkeit einer Zusicherung.** Eine von einem Kreditnehmer oder Garanten abgegebene Zusicherung ist (in einem wesentlichen Punkt) unrichtig. Teilweise wird vereinbart, dass auch eine irreführende Zusicherung einen Kündigungsgrund auslöst.[71] **42**
- **Cross Default.** Eine gegenüber einem Dritten bestehende Zahlungspflicht einer Gruppengesellschaft wird bei ihrer Fälligkeit (oder innerhalb einer vereinbarten Heilungsperiode) nicht bezahlt oder vor ihrer vereinbarten Fälligkeit fällig gestellt,[72] eine einer Gruppengesellschaft eingeräumte Kreditlinie wird gekündigt, oder ein Gläubiger einer Gruppengesellschaft ist berechtigt, eine Zahlung vor ihrem vereinbarten Fälligkeitstermin fällig zu stellen.[73] Mit diesem Kündigungsrecht soll erreicht werden, dass die Forderungen der Kreditgeber zur gleichen Zeit wie Forderungen anderer Gläubiger fällig werden, so dass nicht andere Gläubiger vor den Kreditgebern ihre Forderungen durchsetzen können.[74] **43**

Zu beachten ist, dass die Kündigung schon dann zulässig ist, wenn eine Gruppengesellschaft eine Zahlungspflicht nicht erfüllt oder wenn ein Drittgläubiger **berechtigt** ist, seine Forderung vor der vereinbarten Fälligkeit fällig zu stellen.[75] Soll ein Kündigungsgrund nur gegeben sein, wenn der Gläubiger seine Forderung tatsächlich vorzeitig fällig stellt, spricht man von einer *Cross-Acceleration*-Klausel.[76] **44**

- **Insolvenz.** Eine Gruppengesellschaft wird zahlungsunfähig, stellt ihre Zahlungen ein, verhandelt mit ihren Gläubigern über einen Zahlungsaufschub oder Vergleich oder das Insolvenzgericht ordnet Sicherungsmaßnahmen gemäß § 21 InsO an. **45**
- **Insolvenzverfahren.** Eine Gruppengesellschaft, ein Gericht, eine Behörde oder ein Dritter leiten ein Verfahren ein oder ergreifen Maßnahmen, um in Bezug auf eine Gruppengesellschaft ein Zahlungsverbot zu erlassen, einen Insolvenzantrag zu stellen, eine Gruppengesellschaft aufzulösen, einen Vergleich mit den Gläubigern einer Gruppengesellschaft zu schließen, einen (vorläufigen) Insolvenz- oder Zwangsverwalter einzusetzen oder eine Sicherheit zu verwerten.[77] **46**
- **Zwangsvollstreckung.** In einen Vermögensgegenstand einer Gruppengesellschaft wird die Zwangsvollstreckung betrieben. **47**
- **Unwirksame Verträge.** Eine Verpflichtung aus den Finanzierungsverträgen, einschließlich der Kreditverträge, Intercreditor-Vereinbarung und Sicherheitenverträge, ist unwirksam oder nicht durchsetzbar, oder eine Sicherheit ist nicht wirksam bestellt worden. Die Wirksamkeit und Durchsetzbarkeit der Verträge ist regelmäßig auch Gegenstand einer Zusicherung. **48**
- **Intercreditor-Vereinbarung.** Eine Partei der Intercreditor-Vereinbarung (außer den Vertragsparteien des Kreditvertrags) verletzt die Bestimmungen der Intercreditor-Vereinbarung. Die Kreditnehmer übernehmen dadurch das Risiko, dass zB ein Mezzanine-Kreditgeber gegen die Intercreditor-Vereinbarung verstößt. Die Senior-Kreditgeber haben zwar eigene Ansprüche gegen die Mezzanine-Kreditgeber aus der Intercreditor-Vereinbarung. Allerdings könnte es zu lange dauern, diese Ansprüche gerichtlich durchzusetzen. Das Kündigungsrecht der Senior-Kreditgeber ist dagegen ein schneller und für die (nachrangigen) Mezzanine-Kreditgeber uU gefährlicher Rechtsbehelf. **49**

---

[71] Beispielsklausel: Ziff. 29.4 (*Misrepresentation*) LMA Leveraged Finance Facilities Agreement.
[72] ZB Kündigung eines dem Kreditnehmer von einem Dritten gewährten Darlehens.
[73] Beispielsklausel: Ziff. 29.5 (*Cross default*) LMA Leveraged Finance Facilities Agreement; *Buchheit,* How to negotiate Eurocurrency Loan Agreements, S. 107.
[74] *Hinsch/Horn,* Das Vertragsrecht der internationalen Konsortialkredite und Projektfinanzierungen, S. 96.
[75] *Hinsch/Horn,* Das Vertragsrecht der internationalen Konsortialkredite und Projektfinanzierungen, S. 96; *Buchheit,* How to Negotiate Eurocurrency Loan Agreements, S. 102 f.
[76] *Buchheit,* How to Negotiate Eurocurrency Loan Agreements, S. 105.
[77] Beispielsklausel: Ziff. 29.7 (*Insolvency proceedings*) LMA Leveraged Finance Facilities Agreement.

50 – **Änderung der Geschäftstätigkeit.** Eine Gruppengesellschaft stellt ihre Geschäftstätigkeit ein oder verändert sie wesentlich.

51 – **Änderung der Beteiligungsverhältnisse.** Die Erwerbsgesellschaft hält nach dem Closing nicht mehr direkt oder indirekt 100% der Anteile an allen Kreditnehmern und Garanten, oder ein Kreditnehmer oder Garant hält eine geringere Beteiligung an einer wesentlichen Gruppengesellschaft als am Closing.[78] Verliert dagegen der Finanzinvestor die gesellschaftsrechtliche Kontrolle über die Erwerbsgesellschaft (*Change of Control*) oder erfolgt ein Verkauf des im Wesentlichen gesamten Vermögens der Gruppengesellschaften (*Sale*), so führt dies in der Regel nicht zu einem Kündigungsgrund, sondern löst die Pflicht zur vollständigen Sondertilgung aller Kredite und die Kündigung der Kreditlinien aus.

52 – **Testat.** Der Wirtschaftsprüfer zieht sein Testat zurück oder schränkt es nachträglich (erheblich) ein.

53 – **Rechtsstreitigkeiten.** Ein Gerichts-, Schiedsgerichts- oder behördliches Verfahren wird gegen eine Gruppengesellschaft eingeleitet, das wahrscheinlich eine wesentliche nachteilige Auswirkung haben wird. [79]

54 – **Veräußerung/Belastung von Grundstücken**. Eine Vereinbarung durch die sich der Eigentümer dem Gläubiger gegenüber verpflichtet, das Grundstück nicht zu veräußern oder nicht weiter zu belasten, ist nichtig (§ 1136 BGB). Die Grundschuldgläubiger haben ein Interesse daran, diese Verfügungen über das belastete Grundtsück zu verhindern. Bei Veräußerung des belasteten Grundstücks bleibt die Grundschuld bestehen. Aber etwaige vertragliche Abreden zwischen Eigentümer und Grundschuldgläubiger gehen nicht automatisch auf den neuen Eigentümer über. Da auch ein nachrangiger Gläubiger die Zwangsvollstreckung in das belastete Grundstück betreiben kann, haben die Sicherungsnehmer ein Interesse daran, dass keine weiteren Grundschulden bestellt werden. Ein vertragliches Verfügungsverbot ist nach § 1136 BGB nichtig.[80] Allerdings ist ein an eine solche Verfügung anknüpfendes Kündigungsrecht wirksam.[81]

55 – **Ausschüttung von Dividenden**. Soweit einem Verpflichteten nicht verboten werden sollte, Dividenden auszuschütten,[82] kann vereinbart werden, dass die Ausschüttung von Dividenden und ähnliche Zuwendungen an Gesellschafter, wie der Rückkauf von Gesellschaftsanteilen durch die Gesellschaft, einen Kündigungsgrund darstellt.

56 – **Wesentliche nachteilige Veränderung.** Ein Ereignis tritt ein, das wahrscheinlich eine wesentliche nachteilige Auswirkung (*Material Adverse Effect*) haben wird. Dies wird in der Regel angenommen, wenn (a) die Vermögens-, Ertrags- oder Liquiditätslage (oder die Geschäftsaussichten) der Gruppe, (b) die Fähigkeit eines Kreditnehmers oder Garanten, seine Zahlungsverpflichtungen aus den Finanzierungsdokumenten zu erfüllen oder die Fähigkeit der Gruppe, die *Financial Covenants* einzuhalten oder (c) die Wirksamkeit oder Durchsetzbarkeit oder der Rang einer Sicherheit, die nach den Finanzierungsdokumenten bestellt wurde oder zu bestellen gewesen wäre, oder die Rechte oder Rechtsbehelfe einer Finanzpartei aus einem Finanzierungsdokument wesentlich nachteilig betroffen sind.

57 Bei dieser Klausel ist aus Sicht der Kreditnehmer zu beachten, dass die Definition von *Material Adverse Effect* im Kreditvertrag, wenn keine *Certain Funds*[83] vereinbart sind, nicht weiter sein darf als in der entsprechenden Klausel im **Unternehmenskaufvertrag,** die

---

[78] Beispielsklausel: Ziff. 29.12 (*Change of ownership*) LMA Leveraged Finance Facilities Agreement.

[79] Dazu → § 23 Rn. 56.

[80] Vgl. → § 22 Rn. 55.

[81] BGH v. 27.2.1980, NJW 1980, 1625, 1626; OLG Frankfurt v. 26.5.1977, WM 1977, 1291, 1293; *Mucke* WM 2006, 1804, 1807 f. (der auch die Vereinbarkeit einer solchen Vereinbarung mit AGB-Recht bejaht); BuB/*Wittig* Rn. 4/3049; aA *Baur/Stürner*, Sachenrecht, § 40 Rn. 15; *Lopau* BlGBW 80, 167 f.

[82] Dazu → § 22 Rn. 73.

[83] Dazu → § 11 Rn. 25 ff.

zum Rücktritt vom Kaufvertrag berechtigt.[84] Sonst besteht die Gefahr, dass ein Ereignis vor Vollzug des Unternehmenskaufvertrags zwar einen *Material Adverse Change* iSd Kreditvertrags darstellt, nicht aber iSd Unternehmenskaufvertrags. Kündigt der Kreditgeber den Kreditvertrag aus diesem Grund, kann das dazu führen, dass der Kreditnehmer verpflichtet bleibt, den Kaufpreis zu bezahlen, ohne über die erforderliche Finanzierung zu verfügen.

Wirksamkeit von Kündigungsgründen. Die Vereinbarkeit bestimmter Kündigungs- 58
gründe mit § 307 BGB wird von *Ballo* mit beachtlichen Argumenten angegriffen.[85] Darum ist es aus Bankensicht wichtig, dass die Kündigungsgründe mit dem Kreditnehmer im Einzelnen verhandelt werden, so dass sie Individalvereinbarungen und keine AGB darstellen. Hilfsweise ist zu erwägen, das Kündigungsrecht in Anlehnung an §§ 490 Abs. 1 bzw. 314 Abs. 1 und 2 BGB einzuschränken.

2. Kündigungsrecht

Umfang. Üblicherweise wird in den Kreditverträgen vereinbart, dass die Kreditgeber bei 59
Vorliegen eines Kündigungsgrundes das Recht haben, (i) alle Kreditlinien des Krediteröffnungsvertrags sowie die Unterkreditlinien[86] gegenüber allen Kreditnehmern zu kündigen, (ii) alle Kredite unter den Einzelkreditverträgen sowie die Unterkredite samt Zinsen sofort fällig zu stellen und (iii) die Barunterlegung aller Avale (*Cash Cover*), dh die Stellung von Barsicherheiten zur Deckung der potentiellen Haftung der Kreditgeber aus den Avalen,[87] zu verlangen.

Mehrheitsbeschluss der Kreditgeber. Die Entscheidung über die Kündigung gehört 60
nicht zu den Aufgaben, die dem Agenten von den Konsortialbanken übertragen werden. Entscheidungen von solcher Tragweite behalten sich die Konsortialbanken selbst vor. Allerdings soll nicht jeder Kreditgeber das Recht haben, seinen Konsortialanteil unabhängig von den anderen Kreditgebern zu kündigen. Darum wird vereinbart, dass die Kündigung einen Beschluss der Kreditgeber voraussetzt, der regelmäßig mit qualifizierter Mehrheit zu fassen ist.[88]

Kündigungserklärung. Nach Vorliegen des Beschlusses der Kreditgeber gibt der Agent 61
die Kündigungserklärungen im Namen der Konsortialbanken ab. Eine entsprechende Vollmacht kann entweder bereits in die Kreditvereinbarung aufgenommen oder später erteilt werden. Wegen des Trennungsprinzips muss der Agent sowohl die Kündigung der Kreditlinien unter dem Krediteröffnungsvertrag als auch der Kredite unter den Einzelkreditverträgen erklären. Verlangen die Kreditgeber eine Barunterlegung der Avale, so hat der Agent den Kreditnehmern eine entsprechende Aufforderung zu übermitteln. Die Kündigung sollte jedem Kreditnehmer gegenüber erklärt werden, nicht nur deren gemeinsamem Vertreter.[89]

3. Clean-up

Vertragliche Beschränkungen. Bei Akquisitionsfinanzierungen gibt die Erwerbsgesell- 62
schaft im Kreditvertrag Zusicherungen und unterwirft sich Auflagen auch im Hinblick auf die zu erwerbende Zielgesellschaft und deren Tochtergesellschaften. Die Erwerbsgesellschaft erlangt aber erst nach dem Übergang der Gesellschaftsanteile (*Closing*) unbeschränkten Zugang zu den Büchern der Zielgesellschaft. Insbesondere, wenn die Zielge-

[84] Zu den sog MAC-Klauseln in Unternehmenskaufverträgen vgl. *Picot/Duggal* DB 2003, 2635 ff.
[85] *Ballo*, S. 276 ff.; siehe dazu aber Diem/Jahn/*Diem* II.28 Rn. 90 ff. und speziell zu den Kündigungsgründen Rn. 106 ff.
[86] Dazu → § 5 Rn. 29 ff.
[87] Dazu → § 12 Rn. 9.
[88] *Hinsch/Horn,* Das Vertragsrecht der internationalen Konsortialkredite und Projektfinanzierungen, S. 94.
[89] Dazu → § 23 Rn. 24.

sellschaft vor dem Closing nicht kooperativ war, kann es sich nach dem Closing herausstellen, dass einzelne Zusicherungen in Bezug auf die Zielgruppe nicht richtig sind, einzelne Auflagen von diesen nicht eingehalten werden oder aus sonstigen Gründen auf Grund von Umständen, die mit der Zielgruppe zusammenhängen, ein Kündigungsgrund vorliegt. Um zu vermeiden, dass die Kreditgeber sofort zur Kündigung berechtigt sind, dürfen die Kreditnehmer während einer „Aufräumfrist" (Clean-up Period) die Gesellschaften der Zielgruppe in Übereinstimmung mit den Vertragsbestimmungen bringen. Während dieser Aufräumfrist, die meist nur wenige Monate dauert, berechtigt die Unrichtigkeit bestimmter Zusicherungen, die Verletzung bestimmter Auflagen oder das Vorliegen bestimmter Kündigungsgründe in Bezug auf die Zielgesellschaften die Kreditgeber nicht zur Kündigung.

4. Rechtsfolgen der Kündigung

63 **Verhältnis Krediteröffnungsvertrag und Einzelkreditverträge.** Ob die Beendigung des Krediteröffnungsvertrags auf die Einzelkredite durchschlägt, hängt von der Parteivereinbarung ab.[90] Aus einer solchen Vereinbarung kann sich ergeben, dass einzelne Kredite nicht über die Laufzeit des Krediteröffnungsvertrags hinausreichen sollen, so regelmäßig beim Kontokorrentkredit. Vereinbarte Beendigungsgründe, wie Befristung oder Bedingung, sowie die ordentliche Kündigung des Krediteröffnungsvertrags, wirken dann auch für die Einzelkredite. Diese werden dann mit Ablauf des Krediteröffnungsvertrags fällig.[91]

64 Nach den üblichen Vereinbarungen führt die Kündigung des Krediteröffnungsvertrags aber nicht automatisch auch zur Kündigung der Einzelkredite. Es ist durchaus denkbar, dass die Kreditgeber dem Kreditnehmer die bereits ausgezahlten Kredite belassen, ihm aber keine zusätzlichen Kredite zur Verfügung stellen wollen. Daher sind die Einzelkredite getrennt zu kündigen. Jedoch wird man im umgekehrten Fall bei einer Kündigung aller Einzelkredite davon auszugehen haben, dass auch der Abruf weiterer Einzelkredite ausgeschlossen sein soll, so dass diese Kündigung bei verständiger Würdigung auch den Krediteröffnungsvertrag mit erfasst.

65 Die Kündigung der **Kreditlinien** unter dem Krediteröffnungsvertrag hat zur Folge, dass der Kreditnehmer keine weiteren Kredite und gegebenenfalls keine weiteren Avale abrufen kann, aber auch nicht mehr zur Zahlung der Bereitstellungsprovision verpflichtet ist. Die Kündigung der **Kredite** unter den Einzelkreditverträgen führt zur Fälligkeit der Ansprüche auf Rückzahlung der Darlehensvaluten sowie der Ansprüche auf Zahlung der aufgelaufenen Zinsen und der Gebühren und Kosten.[92] Die Pflicht zur Zahlung der Vertragszinsen endet mit der Fälligkeit des Rückzahlungsanspruchs, dh im Regelfall mit der Wirksamkeit der Kündigung.[93] Verlangen die Kreditgeber eine **Barunterlegung** der Avale, so ist jeder Kreditnehmer, für dessen Zahlungspflichten ein Aval ausgestellt wurde, verpflichtet, einen Geldbetrag in Höhe des Gesamtbetrags der möglichen Haftung der Kreditgeber auf Grund aller für ihn ausgestellten Avale auf ein Konto des Agenten bzw. der Unterkreditbank einzuzahlen.

66 Diese Rechtswirkungen treten grundsätzlich sofort mit dem Zugang der Kündigungserklärungen beim jeweiligen Kreditnehmer ein, da die Kreditgeber (fristlose) Kündigungen aus wichtigem Grund aussprechen.

---

[90] Staudinger/*Mülbert* § 488 Rn. 441; *Canaris,* Bankvertragsrecht Rn. 1249 f.; SBL BankR-HdB/*Wunderlich* § 77 Rn. 62.

[91] Staudinger/*Mülbert* § 488 Rn. 441.

[92] Beispielsklausel: Ziff. 29.20 (*Acceleration*) LMA Leveraged Finance Facilities Agreement.

[93] Dazu → § 15 Rn. 5.

§ 24. Kündigung durch den Kreditnehmer

I. Gesetzliche Regelung

1 Hinsichtlich der Kündigung ist zwischen Einzelkreditvertrag und Krediteröffnungsvertrag zu unterscheiden.[1] Das Gesetz regelt nur die Kündigung des Einzelkreditvertrags. Allerdings sind diese Vorschriften auf die Kündigung des Krediteröffnungsvertrags entsprechend anwendbar.[2]

1. Einzelkreditvertrag

2 Der auf der Grundlage eines Krediteröffnungsvertrags geschlossene Einzelkreditvertrag kommt durch den Abruf der Darlehensvaluta beim Kreditgeber zustande[3] und endet gewöhnlich durch Zeitablauf oder durch ordentliche oder außerordentliche Kündigung.

a) Ordentliche Kündigung

3 Eine ordentliche Kündigung kann von bestimmten Kündigungsvoraussetzungen und der Einhaltung einer Kündigungsfrist abhängen. Anders als eine außerordentliche Kündigung setzt sie aber keinen besonderen Kündigungsgrund (z.B eine Pflichtverletzung des anderen Vertragsteils) voraus.

4 Die Zulässigkeit einer ordentlichen Kündigung nach den §§ 488, 489 BGB hängt davon ab, (i) ob für die Rückzahlung des Darlehens eine Zeit bestimmt ist (befristetes Darlehen oder Terminkredit) oder das Darlehen auf unbestimmte Zeit gewährt wurde (unbefristetes oder „b. a. w.-Darlehen"[4]) und (ii) ob das Darlehen verzinslich oder unverzinslich ist.

5 **(i) Befristet und unverzinslich. Vorzeitige Rückzahlung.** Die Kündigung von verzinslichen Darlehen durch den Kreditnehmer ist zugunsten des Kreditgebers eingeschränkt, weil dessen Vertrauen auf den Erhalt der vereinbarten Zinszahlungen grundsätzlich schutzwürdig ist. Dieser Schutzzweck entfällt bei unverzinslichen Darlehen. Deshalb sind unverzinsliche Darlehen auch ohne Kündigung gemäß § 271 Abs. 2 BGB **jederzeit rückzahlbar.**[5]

6 **Ordentliches Kündigungsrecht.** Ist im Darlehensvertrag für die Rückerstattung eines Darlehens eine Zeit bestimmt, ist das Darlehen also befristet gewährt worden, so endet die Überlassungspflicht des Kreditgebers automatisch mit dem Ablauf der vereinbarten Zeit. Eine Kündigung ist nur erforderlich, wenn der Kreditnehmer den Darlehensvertrag **vorzeitig** beenden will. Das jederzeitige Kündigungsrecht mit dreimonatiger Frist gemäß § 488 Abs. 3 BGB gilt nach der Stellung der Vorschrift im Gesetz grundsätzlich nur für unbefristete Darlehensverträge. Eine ordentliche Kündigung gemäß § 489 BGB ist nur bei verzinslichen Darlehen möglich. Das Gesetz enthält also **keine Kündigungsmöglichkeit** für ein befristetes unverzinsliches Darlehen.[6]

7 **(ii) Befristet und verzinslich. Vorzeitige Rückzahlung.** Ein Recht zur vorzeitigen Rückzahlung ohne Kündigung von verzinslichen Darlehen kann nach hL nicht auf § 271 Abs. 2 BGB gestützt werden. Denn diese Vorschrift ist nicht anwendbar, wenn die Zeit-

---

[1] Zu den Begriffen → § 8 Rn. 1 ff.
[2] Staudinger/*Mülbert* § 488 Rn. 441.
[3] Dazu → § 11 Rn. 6.
[4] „b. a. w." steht für „bis auf weiteres".
[5] Erman/*Saenger* § 488 Rn. 73.
[6] „Eine … Zeitbestimmung schließt die ordentliche Kündigung aus." MüKoBGB/*Berger* § 488 Rn. 224.

bestimmung auch im Interesse des Gläubigers besteht.[7] Bei verzinslichen Darlehen wirkt die Befristung zugunsten des Gläubigers, da sie seine Zinserwartung für die gesamte Laufzeit des Darlehens schützt.[8] Auch § 488 Abs. 3 S. 3 BGB gewährt das Recht zur vorzeitigen Rückzahlung nur für unverzinsliche Darlehen.[9] Die vorzeitige Rückzahlung setzt also eine Kündigung des Darlehensvertrags voraus. Jedoch kann auf eine ausdrückliche Kündigungserklärung verzichtet werden.[10]

8 **Ordentliches Kündigungsrecht.** Ein befristetes Darlehen kann vom Kreditnehmer nicht gemäß § 488 Abs. 3 BGB jederzeit gekündigt werden. Es kommt aber eine ordentliche Kündigung des Kreditnehmers nach § 489 BGB in Betracht. Das Kündigungsrecht ist für Darlehen mit gebundenem und veränderlichem Sollzinssatz unterschiedlich ausgestaltet.

9 **Gebundener Sollzinssatz.** Grundsätzlich kann ein befristeter Kredit mit einem gebundenen Sollzinssatz nicht ordentlich gekündigt werden.

10 Eine Ausnahme besteht dann, wenn der gebundene Sollzinssatz für einen kürzeren Zeitraum als die Laufzeit des Darlehens vereinbart wurde und keine neue Vereinbarung über einen gebundenen Sollzinssatz getroffen ist, dh der Zins danach veränderlich ist (**anfängliche Sollzinsbindung,** § 489 Abs. 1 Nr. 1 Alt. 1 BGB). Diese Bestimmung ist Ausdruck des Grundsatzes der Kongruenz zwischen der Vertragsbindung des Kreditnehmers und dem Zeitraum der Zinsbindung des Kreditgebers und dient damit dem Schutz des Schuldners.[11] Der Kreditnehmer soll vor der Oktroyierung nicht marktüblicher Zinssätze durch den Kreditgeber geschützt werden.[12] Das Kündigungsrecht besteht auch, wenn zwar nach Vertragsschluss eine neue Zinsabrede getroffen wurde, diese aber nicht bis zum Zeitpunkt der Fälligkeit des Rückzahlungsanspruchs der Valuta Gültigkeit hat.[13] Die Kündigung muss mit einer Frist von einem Monat vor dem Ende der Sollzinsbindung erfolgen (§ 489 Abs. 1 Nr. 1 BGB). Sie muss aber nicht zum Ende der Sollzinsbindung, sondern kann auch für einen späteren Termin erklärt werden.[14] Eine Kündigung zu einem Termin vor dem Ende der Sollzinsbindung ist ausgeschlossen.[15] Das Kündigungsrecht erlischt, sobald ein neuer gebundener Sollzins vereinbart wurde und lebt erst mit dem erneuten Ablauf der Bindungsperiode wieder auf.

11 Ein Kredit, bei dem eine Anpassung des Zinssatzes in **bestimmten Zeiträumen** bis zu einem Jahr vereinbart ist, kann vom Kreditnehmer gemäß § 489 Abs. 1 Nr. 1 Alt. 2 BGB gekündigt werden. Als gebundener Sollzinssatz gilt auch die Zinsvariabilität nach vereinbarten begrenzten Zeiträumen.[16] Typisches Beispiel eines solchen Kredits ist der **Eurokredit,** der in Zinsperioden mit gebundenem Sollzinssatz unterteilt ist.[17] Nach Ablauf einer Zinsperiode wird der Zinssatz jeweils an den veränderten Referenzzinssatz angepasst. Die Kündigung während der Zinsbindungsfrist ist ausgeschlossen. Sie kann nur zum Ende einer Zinsperiode erklärt werden.[18] Nach allg. M. ist auch dafür die Kündigungsfrist von einem Monat einzuhalten.[19] Bei einem Eurokredit, für den auch Zinsperioden unter einem Monat

---

[7] MüKoBGB/*Krüger* § 271 Rn. 35; Jauernig/*Stadler* § 271 Rn. 15; Palandt/*Grüneberg* § 271 Rn. 11; Palandt/*Weidenkaff* § 488 Rn. 26; Soergel/*Wolf,* § 271 Rn. 25; Erman/*Artz* § 271 Rn. 16; dies verkennen *Wittig/Wittig* WM 2002, 145, 148 und FrankHdBSchuldR/*Ungeheuer* E II Rn. 14.

[8] MüKoBGB/*Krüger* § 271 Rn. 35; Jauernig/*Stadler* § 271 Rn. 15; Palandt/*Grüneberg* § 271 Rn. 11; Soergel/*Wolf,* § 271 Rn. 25; Erman/*Artz* § 271 Rn. 16.

[9] Die Bestimmung ist auf verzinsliche Darlehen nicht anwendbar, Staudinger/*Mülbert* § 488 Rn. 338.

[10] Dazu → § 13 Rn. 18.

[11] BegRegE BT-Drucks. 10/4741 22; MüKoBGB/*Berger* § 489 Rn. 9; *Ohletz* BKR 2007, 129, 139.

[12] Staudinger/*Mülbert* § 489 Rn. 32.

[13] Staudinger/*Mülbert* § 489 Rn. 32.

[14] Palandt/*Weidenkaff* § 489 Rn. 7.

[15] SBL BankR-HdB/*Krepold* § 79 Rn. 21.

[16] Palandt/*Weidenkaff* § 489 Rn. 3.

[17] MüKoBGB/*Berger* § 489 Rn. 9.

[18] Palandt/*Weidenkaff* § 489 Rn. 6; SBL BankR-HdB/*Bruchner/Krepold* § 79 Rn. 23.

[19] Palandt/*Weidenkaff* § 489 Rn. 7; MüKoBGB/*Berger* § 489 Rn. 10; SBL BankR-HdB/*Bruchner/Krepold* § 79 Rn. 23; Soergel/*Häuser,* § 489 Rn. 14; Erman/*Saenger* § 489 Rn. 8; Staudinger/*Mülbert* § 489 Rn. 38.

angeboten werden,[20] wird dadurch das Kündigungsrecht des Kreditnehmers eingeschränkt. Wählt der Kreditnehmer Zinsperioden von einer Woche, kann er mangels anderweitiger Vereinbarung bei Anwendung der einmonatigen Kündigungsfrist unter Umständen erst zum Ablauf der fünften Zinsperiode nach der Auszahlung kündigen.

Fraglich ist, ob durch die Vereinbarung einer **Margenskala** (*Margin Ratchet*), dh einer vertraglich vereinbarten Anpassung der Marge in Abhängigkeit von der Einhaltung definierter *Financial Covenants,* noch ein Darlehen mit gebundenem Sollzinssatz im Sinne des § 489 Abs. 1 Nr. 1 BGB oder stattdessen ein Darlehen mit **veränderlichem Zins** im Sinne des § 489 Abs. 2 BGB vorliegt. Eine Margenanpassung ist nicht jederzeit möglich. Vielmehr erfolgt sie auf der Grundlage eines *Compliance Certificate,* das Auskunft über die Einhaltung der *Financial Covenants* gibt. Der Kreditnehmer muss alle drei Monate ein *Compliance Certificate* abgeben. Regelmäßig wird vereinbart, dass die Marge innerhalb einer bestimmten Frist (zB fünf Werktage) nach Abgabe des *Compliance Certificate* oder zu Beginn der darauf folgenden Zinsperiode angepasst werden soll. Aber selbst wenn die Margenanpassung rückwirkend, zB zum Beginn der laufenden Zinsperiode, erfolgen soll, ist sie nicht jederzeit möglich, sondern nur zu bestimmten Zeitpunkten und in dreimonatigen Intervallen. Trotz Margenanpassung handelt es sich also nicht um einen variablen Zins, sondern um einen für bestimmte Zeiträume **gebundenen Sollzins.**[21] Das Kündigungsrecht richtet sich deshalb nach § 489 Abs. 1 BGB und nicht nach dessen Abs. 2.[22] 12

Nach den üblichen Vereinbarungen wird die Margenanpassung innerhalb einer bestimmten Frist nach Eingang des *Compliance Certificate* oder zu Beginn der nächsten Zinsperiode wirksam. Auch wenn die Margenanpassung während einer laufenden Zinsperiode wirksam wird, hat der Kreditnehmer ein gesetzliches Kündigungsrecht zu diesem Termin. Die **Zinsbindung** iSd § 489 Abs. 1 Nr. 1 Alt. 2 BGB **endet** bei Vereinbarung einer Margenanpassung nicht nur am letzten Tag einer Zinsperiode, sondern auch am Tag, bevor die **Margenanpassung wirksam** wird.[23] Der Kreditnehmer kann den Kredit somit zum Ablauf jedes dieser Tage (unter Wahrung der Kündigungsfrist von einem Monat) kündigen.[24] 13

Die Vereinbarung einer **Kostenerhöhungsklausel** (*Increased Costs Clause*)[25] führt dazu, dass der grundsätzlich für die jeweilige Zinsperiode als gebunden vereinbarte Zins in Wirklichkeit einen variablen Zins iSd § 489 Abs. 2 BGB darstellt. Zins im Rechtssinne ist jede laufzeitabhängige Vergütung.[26] Soweit dem Kreditnehmer durch eine Kostenerhöhungsklausel laufzeitabhängige Kosten, wie zB erhöhte Eigenkapitalkosten, aufgebürdet werden, stellen diese Kosten Zinsen im Rechtssinne dar. Soweit eine Kostenerhöhungsklausel vorsieht, dass der Kreditnehmer solche erhöhten Kosten ab einem jederzeit zulässigen Verlangen des Agenten (und damit auch während einer Zinsperiode) zu bezahlen hat,[27] bewirkt sie die Anwendbarkeit des § 489 Abs. 2 BGB.[28] Um dies zu vermeiden, müsste zB vereinbart werden, dass der Kreditnehmer erst ab Beginn der Zinsperiode, die auf eine entsprechende Mitteilung des Agenten an den Kreditnehmer folgt, zur Zahlung der erhöhten Kosten verpflichtet ist. Damit wäre der Zins nicht jederzeit veränderlich, und es läge kein veränderlicher Zins iSd des § 489 Abs. 2 BGB vor. 14

---

[20] Der EURIBOR wird unter anderem auch für einwöchige Gelder errechnet, → § 15 Rn. 12.
[21] *Mülbert/Schmitz* FS Horn, S. 777, 793.
[22] Siehe dazu auch → § 15 Rn. 24.
[23] *Langenbucher* BKR 2005, 134, 141; *Stupp/Mucke* BKR 2005, 20, 21.
[24] *Langenbucher* erwägt im Anschluss an *Mülbert* WM 2004, 1205, 1211 für Klauseln, welche an die Stelle eines Bestimmungsrechts der Bank einen Automatismus setzen, zB bei einer automatischen Zinsgleitklausel auf der Basis eines externen Ratings oder einer Veränderung von Bilanzkennzahlen, eine teleologische Reduktion des § 489 Abs. 4 S. 1 BGB mit der Folge, dass in diesen Fällen eine Kündigung ausgeschlossen wäre, *Langenbucher* BKR 2005, 134, 141.
[25] Siehe dazu § 20.
[26] MüKoBGB/*Berger* § 489 Rn. 6; SBL BankR-HdB/*Bruchner/Krepold* § 78 Rn. 1.
[27] So Ziff. 20.1(a) (*Increased costs*) LMA Leveraged Finance Facilities Agreement.
[28] MüKoBGB/*Berger* § 489 Rn. 6; *Langenbucher* BKR 2005, 134, 141; *Jungmann* WM 2001, 1401, 1404; *Rösler/Lang* ZIP 2006, 214, 220.

15 Ist vereinbart, dass die Marge auf Grund eines **geänderten Ratings** des Kreditnehmers **(Basel II)** angepasst wird, so kommt es ebenfalls zu einer Änderung des Zinssatzes. Der neue Zinssatz ist allerdings nicht veränderlich iSd § 489 Abs. 2 BGB, da er nicht jederzeit geändert werden kann. Die Überprüfung des *Ratings* erfolgt in regelmäßigen Zeitabständen. Nach der Anpassung der Marge auf Grund eines geänderten *Ratings* gilt diese bis zu dessen nächster regelmäßiger Überprüfung. Erfolgt die Margenanpassung während einer laufenden Zinsperiode, so kann der Kreditnehmer den Kredit am Tag, bevor die Margenanpassung wirksam wird, kündigen.[29]

16 Ein Darlehen mit gebundenem Sollzinssatz kann in jedem Fall **zehn Jahre** nach dem vollständigen Empfang der Darlehensvaluta mit einer Frist von sechs Monaten gekündigt werden (§ 489 Abs. 1 Nr. 2 BGB). Treffen die Vertragsparteien nach der Auszahlung eine abweichende Vereinbarung über die Laufzeit des Darlehens oder den Zinssatz, so beginnt die Zehn-Jahres-Frist ab dem Zeitpunkt dieser Vereinbarung neu zu laufen (§ 489 Abs. 1 Nr. 2 BGB).[30]

17 **Veränderlicher Sollzinssatz.** Ein Darlehen mit veränderlichem Sollzinssatz kann vom Kreditnehmer jederzeit mit einer Kündigungsfrist von drei Monaten gekündigt werden (§ 489 Abs. 2 BGB). Dies gilt für alle Darlehen, bei denen die Änderung des Zinssatzes jederzeit eintreten kann, gleichgültig aus welchem Grund.[31] Daher liegt kein veränderlicher, sondern ein gebundener Sollzins vor, wenn der Zinssatz zumindest für einen Teil der Laufzeit fest vereinbart ist.[32] Auf die Dauer der Zinsbindung kommt es nicht an. Das Kündigungsrecht besteht nicht erst nach mindestens teilweiser Valutierung des Kreditvertrags, sondern bereits ab Vertragsabschluss.[33]

18 **Rückzahlungsfrist.** Der Kreditnehmer muss den Darlehensbetrag innerhalb von **zwei Wochen** nach Wirksamwerden der ordentlichen Kündigung vollständig zurückbezahlen (§ 489 Abs. 3 BGB). Eine Kündigung wird wirksam, wenn sie dem Kreditgeber zugegangen und die Frist abgelaufen ist. Zahlt der Kreditnehmer den Darlehensbetrag nicht innerhalb der Zweiwochenfrist zurück, gilt seine Kündigung als nicht erfolgt, und er hat weiterhin Zinsen zu zahlen (§ 489 Abs. 3 BGB).

19 **Abdingbarkeit.** § 489 Abs. 1 Nr. 1 und 3 sowie § 489 Abs. 2 BGB sind zwingendes Recht (§ 489 Abs. 4 S. 1 BGB). Allerdings handelt es sich nicht um international zwingende Normen iSd Art. 9 Rom I-VO, so dass die Parteien des Kreditvertrags die Kündigungsvorschriften durch eine Teilrechtswahl gemäß Art. 9 Abs. 1 S. 3 Rom I-VO einem fremden Statut unterwerfen könnten, es sei denn, es handelt sich um einen rein deutschen Sachverhalt iSd Art. 9 Abs. 3 Rom I-VO.

20 Ein **Avalkredit** kann als Geschäftsbesorgungsvertrag[34] vom Kreditnehmer als Auftraggeber jederzeit ohne Grund widerrufen werden (§§ 675, 671 BGB).

21 **(iii) Unbefristet und unverzinslich. Vorzeitige Rückzahlung.** Bei einem Darlehen mit unbestimmter Laufzeit ist der Kreditnehmer grundsätzlich erst nach der Kündigung zur Rückzahlung berechtigt.[35] Für unverzinsliche Darlehen besteht aber eine gesetzliche Ausnahme. Ist das Darlehen unbefristet und unverzinslich, so ist der Kreditnehmer auch ohne Kündigung jederzeit zur Rückzahlung des Darlehens berechtigt (§ 488 Abs. 3 S. 3 BGB).

22 **Ordentliches Kündigungsrecht.** Unbeschadet dessen ist der Kreditnehmer eines Darlehens ohne bestimmte Laufzeit auch berechtigt, das Darlehen jederzeit ohne weitere Voraussetzungen zu kündigen (§ 488 Abs. 3 S. 1 BGB). Bei einem unverzinslichen Darlehen kann die wegen § 488 Abs. 3 S. 3 BGB unnötige Kündigung fristlos erfolgen.[36]

[29] Dazu → § 24 Rn. 12.
[30] Kritisch zur Beibehaltung der 10-Jahres-Grenze *Köndgen* WM 2001, 1637, 1642.
[31] Palandt/*Weidenkaff* § 489 Rn. 10.
[32] Palandt/*Weidenkaff* § 489 Rn. 3, 10; ebenso, aber kritisch Staudinger/*Mülbert* § 489 Rn. 21.
[33] *Mülbert* WM 2002, 465, 469; Palandt/*Weidenkaff* § 489 Rn. 11.
[34] Dazu → § 5 Rn. 24.
[35] Erman/*Saenger* § 488 Rn. 63.
[36] Palandt/*Weidenkaff* § 488 Rn. 24.

(iv) Unbefristet und verzinslich. Vorzeitige Rückzahlung. Bei verzinslichen Darlehen besteht grundsätzlich kein Recht zur Rückzahlung vor Fälligkeit gemäß § 271 BGB (Umkehrschluss aus § 488 Abs. 3 S. 3 BGB).[37] Dadurch soll die Zinserwartung des Kreditgebers geschützt werden. Die Rückzahlung setzt also eine Kündigung des Darlehensvertrags voraus. 23

Ordentliches Kündigungsrecht. Ein unbefristetes Darlehen kann vom Kreditnehmer gemäß § 488 Abs. 3 BGB jederzeit mit dreimonatiger Frist gekündigt werden. 24

Der Kreditnehmer kann ein unbefristetes verzinsliches Darlehen auch nach § 489 Abs. 1 Nr. 1 BGB kündigen. Der Wortlaut der Vorschrift („…vor der für die Rückzahlung bestimmten Zeit…") scheint darauf hinzudeuten, dass sie nur auf befristete Darlehen Anwendung findet. Wegen ihres Normzwecks gilt die Vorschrift aber auch für unbefristete Darlehen. Der Gesetzgeber wollte mit der Formulierung wohl nur die Voraussetzung aufstellen, dass die Zinsbindung jedenfalls kürzer sein muss als die Darlehenslaufzeit. Das ist bei einem unbefristeten Darlehen immer der Fall. Durch die Formulierung sollte nicht die Anwendbarkeit der Bestimmung auf unbefristete Darlehen ausgeschlossen werden.[38] 25

b) Außerordentliche Kündigung

(i) Kündigung wegen berechtigter Interessen. Der Kreditnehmer kann ein Darlehen, bei dem für einen bestimmten Zeitraum ein gebundener Sollzinssatz vereinbart wurde und das durch ein Grund- oder Schiffspfandrecht gesichert ist, vorzeitig kündigen, wenn seine berechtigten Interessen dies gebieten (§ 490 Abs. 2 BGB). Das Kündigungsrecht besteht bei befristeten und unbefristeten Darlehen. 26

Tatbestand. Vorzeitig bedeutet vor dem Ende der rechtlich geschützten Zinserwartung. Die rechtlich geschützte Zinserwartung der Bank endet mit der ersten Möglichkeit des Kreditnehmers zur ordentlichen Kündigung, spätestens mit der Fälligkeit des Darlehens.[39] 27

Ein **berechtigtes Interesse** des Kreditnehmers an einer vorzeitigen Kündigung liegt insbesondere vor, wenn er ein Bedürfnis nach einer **anderweitigen Verwertung** der zur Sicherung beliehenen Sache, dh des Grundstücks oder Schiffes, hat (§ 490 Abs. 2 S. 2 BGB). Diese durch das Schuldrechtsmodernisierungsgesetz in das BGB eingefügte Bestimmung soll die Rechtsprechung des **BGH** kodifizieren, wonach dem Kreditnehmer nach § 242 BGB ein Recht auf vorzeitige Ablösung des Darlehens zuerkannt wurde, wenn er (i) ein Bedürfnis nach anderweitiger Verwertung des beliehenen Objekts (zB Grundstück) hatte[40] oder (ii) das beliehene Objekt zur Absicherung eines erheblich umfangreicheren, beim Kreditgeber nicht erhältlichen Darlehens verwenden wollte.[41] Der BGH sah darin keinen Anspruch auf Vertragsaufhebung oder -auflösung, sondern nur eine Modifizierung des Leistungsinhalts ohne Reduzierung des Leistungsumfangs („Vertragsmodifizierungstheorie").[42] 28

Obwohl der Gesetzgeber den § 490 Abs. 2 BGB im Sinne der bisherigen Rechtsprechung verstanden wissen möchte,[43] weicht die Neuregelung in wesentlichen Punkten von der Rechtsprechung des BGH ab.[44] Zum einen wird klargestellt, dass es sich um eine vorzeitige **Kündigung** des Darlehens handelt und nicht etwa nur um eine „Modifizierung des Leistungsinhalts ohne Reduzierung des Leistungsumfangs", wie vom BGH behauptet. 29

---

37 MüKoBGB/*Krüger* § 271 Rn. 35; Jauernig/*Stadler* § 271 Rn. 15; Palandt/*Grüneberg* § 271 Rn. 11; Soergel/*Wolf*, § 271 Rn. 25; Erman/*Artz* § 271 Rn. 16; Staudinger/*Mülbert* § 488 Rn. 338.

38 Vgl. sinngemäß MüKoBGB/*Berger* § 489 Rn. 6; Staudinger/*Mülbert* § 489 Rn. 28.

39 *Rösler/Wimmer* WM 2000, 164.

40 BGH v. 1.7.1997, WM 1997, 1747, 1748; BGH v. 1.7.1997, WM 1997, 1799, 1800.

41 BGH v. 1.7.1997, WM 1997, 1799, 1800; kritisch zu dieser Rspr. *Köndgen* WM 2001, 1637, 1643.

42 BGH v. 1.7.1997, WM 1997, 1747, 1748; vgl. zu dieser Rechtsprechung SBL BankR-HdB/*Krepold* § 79 Rn. 65.

43 BT-Drucks. 14/6040, S. 255; *Freitag* WM 2001, 2370, 2376.

44 Nach aA „nimmt die Regelung Ergebnisse der Rechtsprechung des BGH auf, ohne sie darauf beschränken zu wollen", Palandt/*Weidenkaff* § 490 Rn. 5 unter Hinweis auf *Freitag* WM 2001, 2370.

Zum anderen berechtigt allein ein Bedürfnis zur anderweitigen Verwertung von verpfändeten oder sicherungsübereigneten beweglichen Sachen oder von verpfändeten oder sicherungshalber abgetretenen Forderungen nicht zur vorzeitigen Ablösung des Darlehens. Das Kündigungsrecht ist vielmehr auf Darlehen beschränkt, die durch ein **Grund- oder Schiffspfandrecht** gesichert sind.[45]

30 Der Wortlaut des § 490 Abs. 2 S. 2 BGB greift nicht alle Fallgruppen auf, in denen der BGH ein **berechtigtes Interesse** des Kreditnehmers an einer vorzeitigen Darlehensablösung anerkannt hatte. Der in § 490 Abs. 2 S. 2 BGB genannte Fall ist jedoch nur als Beispiel gedacht. Auch andere berechtigte Interessen können eine Kündigung rechtfertigen.[46] So sollte nach dem BGH ein berechtigtes Interesse auch dann vorliegen, wenn der Kreditnehmer zwar eine **gleichartige Verwertung** der zur Sicherung beliehenen Sache, aber bei einer anderen Bank anstrebte, wenn er damit ein erheblich umfangreicheres, bei der Kreditgeberin nicht erhältliches Darlehen besichern wollte. Auch diese Fallkonstellation fällt unter § 490 Abs. 2 BGB.[47] Dagegen fehlt ein berechtigtes Interesse, wenn der Kreditnehmer die Ablösung des Darlehens nur deshalb beansprucht, weil er bei einer anderen Bank günstigere Konditionen erhält.[48] Hier kommt nur ein **Aufhebungsvertrag** in Betracht.[49] Ändern sich jedoch die Einkommensverhältnisse des Kreditnehmers so gravierend, dass er die Immobilie nur durch eine Umschuldung halten kann, so rechtfertigt dies nach dem OLG Naumburg eine Kündigung nach § 490 Abs. 2 BGB.[50]

31 **Rechtsfolge.** Besondere Rechtsfolge der außerordentlichen Kündigung gemäß § 490 Abs. 2 BGB ist die Verpflichtung des Kreditnehmers zur Zahlung einer **Vorfälligkeitsentschädigung** (§ 490 Abs. 2 S. 3 BGB).[51]

32 **Abdingbarkeit.** Das Kündigungsrecht nach § 490 Abs. 2 BGB ist durch individualvertragliche Vereinbarung abdingbar.[52]

33 **Verhältnis zu anderen Kündigungsgründen.** Soweit der Anwendungsbereich des § 490 Abs. 2 BGB reicht, geht er als *lex specialis* den §§ 313, 314 BGB vor (§ 490 Abs. 3 BGB).[53]

34 **(ii) Kündigung aus wichtigem Grund.** Nach § 490 Abs. 3 BGB besteht für beide Vertragsteile das allgemeine Recht zur Kündigung von Dauerschuldverhältnissen aus wichtigem Grund, das seit der Schuldrechtsreform in § 314 BGB gesetzlich verankert ist.[54] Der Kreditnehmer kann den Kreditvertrag aber nicht aus wichtigem Grund kündigen, wenn der Kündigungsgrund in seinem Risikobereich liegt.[55]

35 **(iii) Kündigung wegen Störung der Geschäftsgrundlage.** Nach § 490 Abs. 3 BGB bleibt das Rechtsinstitut der Störung der Geschäftsgrundlage neben den Kündigungsrechten nach § 490 Abs. 2 BGB und § 314 BGB uneingeschränkt anwendbar, wobei § 490 BGB als Sonderregelung in seinem spezifischen Anwendungsbereich Vorrang hat.[56] Al-

---

45 Palandt/*Weidenkaff* § 490 Rn. 6.
46 Palandt/*Weidenkaff* § 490 Rn. 6.
47 Palandt/*Weidenkaff* § 490 Rn. 6.
48 *Lang/Beyer* WM 1998, 897, 903 mwN; wohl auch BGH v. 6.5.2003, WM 2003, 1261, 1262.
49 Ist der Kreditgeber nicht nach den Grundsätzen des BGH zur Einwilligung in die vorzeitige Darlehensablösung verpflichtet (vgl. BGH v. 1.7.1997, BGHZ 136, 161 ff.), sondern schließen die Parteien stattdessen einen Aufhebungsvertrag, so unterliegt die vereinbarte Vorfälligkeitsentschädigung nicht der Angemessenheitskontrolle. Sie ist, solange die Grenzen des § 138 BGB gewahrt sind, grundsätzlich rechtswirksam; BGH v. 6.5.2003, WM 2003, 1261, 1262.
50 OLG Naumburg v. 15.2.2007, EWiR § 490 BGB 1/07 mit ablehnendem Kurzkommentar von *Schelske* EWiR 2007, 519.
51 Einige Autoren weisen auf die Anomalie hin, dass der Kreditnehmer nach § 490 Abs. 2 S. 3 BGB Schadensersatz schulde, obwohl ihm kein pflichtwidriges Verhalten vorgeworfen werde, vgl. *Mülbert* WM 2002, 465, 475; *Köndgen* WM 2001, 1637, 1643.
52 *Mülbert* WM 2002, 465, 475 f.
53 BT-Drucks. 14/6040, S. 177; *Freitag* WM 2001, 2370, 2377.
54 Dazu → § 23 Rn. 13.
55 BGH v. 12.3.1991, WM 1991, 760, 761; BGH v. 1.7.1997, WM 1997, 1799, 1800.
56 Palandt/*Weidenkaff* § 490 Rn. 1; *Freitag* WM 2001, 2370, 2377.

lerdings kann der Kreditnehmer eine Kündigung regelmäßig nicht auf die Störung der Geschäftsgrundlage (§ 313 Abs. 3 S. 2 BGB) stützen, da die (weitere) Verwendbarkeit des Darlehens in den Risikobereich des Kreditnehmers fällt.[57]

2. Krediteröffnungsvertrag

a) Ordentliche Kündigung

Zur ordentlichen Kündigung des Krediteröffnungsvertrags durch den Kreditnehmer gilt das zur Kündigung durch den Kreditgeber Ausgeführte grundsätzlich entsprechend.[58] **36**

b) Außerordentliche Kündigung

Die außerordentliche Kündigung kann auf § 490 Abs. 2 BGB oder § 490 Abs. 3 iVm § 314 BGB gestützt werden. Bei einer Kündigung nach § 490 Abs. 2 BGB gilt die Kündigungsfrist des § 488 Abs. 3 S. 2 BGB, wobei die Frist erst beginnen kann, wenn das Darlehen seit sechs Monaten vollständig ausbezahlt ist.[59] **37**

3. Kündigung des Konsortialkredits

Die Konsortialbanken sind Teilschuldner. Eine gesamtschuldnerische Haftung wird regelmäßig ausgeschlossen.[60] Gegenüber Teilschuldnern kann das Kündigungsrecht getrennt ausgeübt werden.[61] In den bankühlichen Verträgen wird jedoch vereinbart, dass eine Kündigung nur einheitlich gegenüber allen Konsorten erfolgen kann bzw. die Kredite ohne Kündigung nur an alle Konsorten vorzeitig zurückgezahlt werden dürfen.[62] Davon werden meist nur wenige Ausnahmen zugelassen.[63] **38**

4. Rechtsfolgen der Kündigung

Die Kündigung beendet das Schuldverhältnis für die Zukunft.[64] **39**

Einzelkreditvertrag. Durch die Kündigung eines Darlehensvertrags wird die Darlehensvaluta sofort zur Rückzahlung und alle bis dahin aufgelaufenen Zinsen und Gebühren zur Zahlung fällig.[65] Handelt es sich um eine ordentliche Kündigung, so tritt die Fälligkeit erst mit Ablauf der Kündigungsfrist ein. Durch den Widerruf eines **Geschäftsbesorgungsvertrags** in Bezug auf ein **Aval** entsteht für den Kreditnehmer die Pflicht, der Avalausstellenden Bank alle Aufwendungen zu ersetzen, sie von ihren Verpflichtungen aus dem Aval zu befreien und ihr gegebenenfalls Sicherheit zu leisten.[66] **40**

Krediteröffnungsvertrag. Die Kündigung des Krediteröffnungsvertrags beendet das Recht des Kreditnehmers, durch Abruf die Auszahlung weiterer Kreditbeträge zu verlangen und seine Pflicht, für die nicht abgerufenen Kreditbeträge eine **Bereitstellungsprovision** zu bezahlen. Handelt es sich um eine ordentliche Kündigung, so treten diese Rechtsfolgen erst mit Ablauf der dreimonatigen Kündigungsfrist ein. **41**

---

57 BGH v. 2.11.1989, WM 1990, 8, 9; BGH v. 12.3.1991, WM 1991, 760, 761.
58 → § 23 Rn. 20 f.
59 Palandt/*Weidenkaff* § 490 Rn. 7.
60 → § 30 Rn. 17 ff.
61 RG v. 19.7.1917, RGZ 90, 328, 330; Soergel/*Wolf* § 420 Rn. 12.
62 → § 24 Rn. 51.
63 → § 14 Rn. 1 (Rechtswidrigkeit), → § 19 Rn. 10 (Steuerausgleich) und → § 20 Rn. 14 (Kostenerhöhung).
64 Palandt/*Grüneberg*, Einf. § 346 Rn. 9.
65 Palandt/*Weidenkaff* § 488 Rn. 8, 10.
66 Dazu → § 23 Rn. 32.

42 Im Übrigen entsprechen die Rechtsfolgen einer Kündigung durch den Kreditnehmer denen der Kündigung durch die Kreditgeber.[67]

II. Vertragliche Regelung

43 Es ist zwischen der Kündigung der Einzelkreditverträge und des Krediteröffnungsvertrags zu unterscheiden.

1. Einzelkreditvertrag

44 Die banküblichen Eurokreditverträge erlauben dem Kreditnehmer, bereits ausbezahlte Kredite jederzeit vor ihrer Fälligkeit zurückzuzahlen (*Voluntary Prepayment*).[68] Eine Kündigungserklärung wird nicht verlangt. Die vorzeitige Tilgung eines verzinslichen Darlehens setzt gemäß § 488 Abs. 3 S. 3 BGB und § 489 Abs. 1 BGB grundsätzlich die **Kündigung** des Kreditvertrags durch den Kreditnehmer voraus. Diese Regelung ist aber abdingbar.[69] Die Parteien können also vereinbaren, dass der Kreditnehmer die Kredite jederzeit vorzeitig tilgen kann, ohne dass dies einer Kündigung bedarf.

45 Die freiwillige vorzeitige Rückzahlung ist einige Bankarbeitstage im Voraus **anzukündigen.** Meist wird verlangt, dass die Zahlungen bestimmte **Mindestbeträge** nicht unterschreiten dürfen. Soweit der Kreditnehmer die Rückzahlung zu einem Zeitpunkt leistet, zu dem er auf Grund seines gesetzlichen Kündigungsrechts, das Darlehen auch kündigen könnte und hat er fristgerecht gekündigt, ist die Verpflichtung zur Einhaltung von Mindestbeträgen unwirksam (§ 489 Abs. 4 S. 1 BGB).[70]

46 **Rückzahlung während der Zinsperiode.** Erfolgt eine freiwillige vorzeitige Rückzahlung während einer Zinsperiode, so ist der Kreditnehmer grundsätzlich zur Zahlung einer **Vorfälligkeitsentschädigung** verpflichtet.[71] Bei einem Eurokredit refinanziert sich die Bank am Interbankenmarkt, indem sie ein kurzfristiges Darlehen in Höhe des vom Kreditnehmer gewünschten Betrags, in der gewünschten Währung und für die gewählte Dauer der Zinsperiode aufnimmt. Prolongiert der Kreditnehmer sein Darlehen, dh will er das Kapital auch während der folgenden Zinsperiode nutzen, so prolongiert die Bank in gleicher Weise ihr Refinanzierungsdarlehen, bis der Kreditnehmer das Darlehen zurückzahlt.[72] Wenn der Kreditnehmer sein Darlehen vor dem Ende einer Zinsperiode zurückzahlt, ist das Refinanzierungsdarlehen noch nicht zur Rückzahlung fällig. Die Bank erhält von dem Kreditnehmer keine Zinszahlungen mehr, ist aber ihrerseits verpflichtet, bis zum Ende der Zinsperiode Zinsen zu zahlen. Sie wird daher versuchen, den Betrag anderweitig verzinslich anzulegen. Das kann schwierig sein, wenn zB die verbleibende Zeit bis zum Ende der Zinsperiode kurz ist oder es sich um einen sehr kleinen Betrag handelt. Erleidet die Bank durch die anderweitige Verwendung der Darlehensmittel gegenüber der regulären Abwicklung des Kredits einen Verlust, kann sie vom Kreditnehmer Entschädigung verlangen.[73]

47 **Rückzahlung am Ende der Zinsperiode.** Erfolgt die freiwillige vorzeitige Rückzahlung am Ende einer Zinsperiode, hat die Bank keinen Schaden, da sie den Betrag sofort zur Tilgung ihres dann ebenfalls fälligen Refinanzierungsdarlehens verwenden kann.

---

67 Dazu → § 23 Rn. 63 ff.

68 Beispielsklauseln: Ziff. 12.4 (*Voluntary prepayment of Term Loans*), 12.5 (*Voluntary prepayment of Revolving Facility Utilisations*) LMA Leveraged Finance Facilities Agreement.

69 Palandt/*Weidenkaff* § 488 Rn. 1.

70 Dazu → § 23 Rn. 19.

71 Eine Ausnahme gilt bei einer Margenanpassung während einer laufenden Zinsperiode, dazu → § 24 Rn. 13.

72 *Buchheit,* How to Negotiate Eurocurrency Loan Agreements, S. 64.

73 Zur Berechnung der Vorfälligkeitsentschädigung → § 25 Rn. 4 ff.

Ausübung der Kündigung. Die Kündigung ist eine empfangsbedürftige Willenserklärung, die wirksam wird, wenn sie dem Erklärungsempfänger zugeht (§ 130 Abs. 1 BGB). Bei mehreren Kreditgebern muss die Kündigung grundsätzlich jedem Kreditgeber zugehen. Regelmäßig wird aber im Kreditvertrag vereinbart, dass Erklärungen des Kreditnehmers gegenüber den Kreditgebern durch Mitteilung an den Agenten erfolgen können und müssen. Das stellt eine Bevollmächtigung des Agenten durch die Kreditgeber zum Empfang aller Willenserklärungen einschließlich der Kündigung dar (§ 164 Abs. 3 BGB). **48**

2. Krediteröffnungsvertrag

Nach den bankübüblichen Krediteröffnungsverträgen ist der Kreditnehmer jederzeit und ohne besondere Voraussetzungen sowohl zur ordentlichen Kündigung der Terminkreditlinien als auch der Betriebsmittelkreditlinie (*Voluntary Cancellation*) berechtigt.[74] **49**

Ein Recht zur Kündigung der **Terminkreditlinien** ist weniger bedeutsam, wenn sie nur für kurze Zeit (zB vom Abschluss des Kreditvertrags bis zum *Closing* des Unternehmenskaufs) zur Verfügung stehen. Werden sie nicht innerhalb der Verfügbarkeitsdauer vom Kreditnehmer abgerufen, so endet die Pflicht des Kreditgebers, die Kreditlinie zur Verfügung zu stellen insoweit automatisch, und die Pflicht des Kreditnehmers zur Zahlung der Bereitstellungsprovision erlischt. Dagegen bleibt die **Betriebsmittelkreditlinie** in der Regel mehrere Jahre verfügbar. Benötigt der Kreditnehmer den Betriebsmittelkredit (nachweislich) nur noch teilweise oder gar nicht mehr, so hat er jederzeit das Recht, den Krediteröffnungsvertrag in Bezug auf die Betriebsmittelkreditlinie ganz oder teilweise ordentlich mit einer kurzen Kündigungsfrist zu kündigen.[75] Unterlässt er die Kündigung, bleibt er zur Zahlung der Bereitstellungsprovision verpflichtet. **50**

3. Kündigung des Konsortialkredits

Die bei Akquisitionsfinanzierungen üblichen Konsortialkreditverträge sehen grundsätzlich vor, dass die Kredite nur allen Konsorten gegenüber einheitlich gekündigt bzw. vorzeitig zurückgezahlt werden können. Nur in Ausnahmefällen dürfen die Kreditnehmer die Kredite einer einzigen Konsortialbank kündigen, während die Kredite der Übrigen bestehen bleiben. Dies wird insbesondere für den Fall vereinbart, dass es für eine Bank rechtswidrig wird, den Kredit auszureichen, es zu einem Steuerausgleich oder einer Kostenerhöhung in Bezug auf eine Bank kommt.[76] Wenn ein Kreditgeber (sog **„Ausfallender Kreditgeber"**)[77] seinen Anteil an einem abgerufenen Kredit nicht bereitstellt, die Rechtswirksamkeit eines Finanzierungsdokuments in Frage stellt oder zahlungsunfähig oder überschuldet ist, kann der Kreditnehmer die Kreditzusagen dieses Kreditgebers kündigen.[78] Dann ist der Kreditnehmer zur Kündigung des Krediteröffnungsvertrags mit diesem Kreditgeber berechtigt, während die Krediteröffnungsverträge mit den anderen Kreditgebern fortbestehen.[79] **51**

Durch die Kündigung erlöschen die Kreditzusagen des betroffenen Kreditgebers und die entsprechenden Kreditlinien werden reduziert. Um das insgesamt zur Verfügung stehende **52**

---

[74] Beispielsklausel: Ziff. 12.3 (*Voluntary cancellation*) LMA Leveraged Finance Facilities Agreement.

[75] Beispielsklausel: Ziff. 12.3(c) (*Voluntary cancellation*) LMA Leveraged Finance Facilities Agreement.

[76] Beispielsklausel: Ziff. 12.1 (*Illegality*), 12.6 (*Right of cancellation and repayment in relation to a single Lender or Issuing Bank*) LMA Leveraged Finance Facilities Agreement.

[77] Siehe Definition „*Defaulting Lender*" in Ziff. 1.1 (*Definitions*) LMA Leveraged Finance Facilities Agreement.

[78] Beispielsklausel: Ziff. 12.7 (*Right of cancellation in relation to a Defaulting Lender*) LMA Leveraged Finance Facilities Agreement. Alternativ kommt auch die Übertragung von dessen Rechten und Pflichten als Kreditgeber auf einen Dritten in Betracht, vgl. Ziff. 42.10 (*Replacement of Defaulting Lender*) LMA Leveraged Finance Facilities Agreement.

[79] MHdBGesRI/*Schaffelhuber/Sölch* § 31 Rn. 70; *Hinsch/Horn,* Das Vertragsrecht der internationalen Konsortialkredite und Projektfinanzierungen, S. 90.

Kreditvolumen zu erhalten, kann der Kreditnehmer verlangen, dass die Kreditzusagen in Bezug auf eine Kreditlinie bis zur Höhe der gekündigten Kreditzusagen aufgestockt und auf einen anderen Kreditgeber oder einen vom Kreditnehmer ausgesuchten Dritten übertragen werden, der zur Übernahme bereit ist (*Increase*).[80]

4. Rechtsfolgen der Kündigung

53 Die Rechtsfolgen der Kündigung des Krediteröffnungsvertrags durch den Kreditnehmer entsprechen den Rechtsfolgen bei einer Kündigung durch die Kreditgeber.[81]

§ 25. Vorfälligkeitsentschädigung

1 Wird ein Kredit vor der Fälligkeit zurückgezahlt, ist der Kreditnehmer unter bestimmten Voraussetzungen zur Zahlung einer Vorfälligkeitsentschädigung verpflichtet. Sie soll den Schaden des Kreditgebers ausgleichen, den dieser durch die vorzeitige Rückzahlung des Kreditbetrags erleidet.

I. Gesetzliche Regelung

1. Anspruch auf Vorfälligkeitsentschädigung

2 Übt der Kreditnehmer sein gesetzliches Recht zur ordentlichen oder außerordentlichen Kündigung des Kreditvertrags aus, hat der Kreditgeber grundsätzlich keinen Anspruch auf eine Vorfälligkeitsentschädigung.[1]

3 Eine **Ausnahme** gilt kraft Gesetzes für die (fristgebundene) außerordentliche Kündigung nach § 490 Abs. 2 BGB. Nach dieser Vorschrift hat der Kreditnehmer dem Kreditgeber denjenigen Schaden zu ersetzen, der diesem aus der vorzeitigen außerordentlichen Kündigung gemäß § 490 Abs. 2 BGB entsteht. Diese Bestimmung nimmt die Rechtsprechung des BGH zum Anspruch des Kreditnehmers auf Einwilligung in die vorzeitige Darlehensablösung auf.[2] Schon nach dieser Rechtsprechung hatte der Kreditgeber einen Anspruch auf Vorfälligkeitsentschädigung. Die Höhe der Vorfälligkeitsentschädigung unterliegt der gerichtlichen Angemessenheitskontrolle.

2. Angemessenheitskontrolle

a) Schaden

4 Der Kreditnehmer hat dem Kreditgeber den Schaden zu ersetzen, der dem Kreditgeber aus der vorzeitigen Rückzahlung des Darlehens entsteht.[3]

5 **Zinsmargenschaden.** Dem Kreditgeber entsteht durch die vorzeitige Rückzahlung des Darlehens ein Schaden, weil er für die restliche Dauer seiner geschützten Zinserwartung die vereinbarte Marge nicht erhält **(Zinsmargenschaden).**

6 **Zinsverschlechterungsschaden.** Ihm entsteht ein zusätzlicher Schaden, wenn er seine am Interbankenmarkt aufgenommenen Refinanzierungsmittel nur zu schlechteren Konditionen oder gar nicht anlegen kann **(Zinsverschlechterungsschaden).**

---

[80] Beispielsklausel: Ziff. 2.3 (*Increase*) LMA Leveraged Finance Facilities Agreement.

[81] → § 23 Rn. 63 ff.

[1] Zur Vorfälligkeitsentschädigung bei Kündigung aus wichtigem Grund, Palandt/*Weidenkaff* § 490 Rn. 9; OLG Karlsruhe v. 25.6.2001, NJW-RR 2001, 1492.

[2] Vgl. insbesondere BGH v. 6.5.2003, WM 2003, 1261; BGH v. 1.7.1997, BGHZ 136, 161 ff. und → § 24 Rn. 26 ff.

[3] Vgl. zum Ganzen *Rösler/Wimmer* WM 2000, 164 ff. und *Rösler/Wimmer* WM 2005, 1873 ff.

b) Berechnungsgrundsätze der Rechtsprechung

Der BGH hat mehrere Urteile zur Berechnung der Vorfälligkeitsentschädigung erlassen.[4] 7

Nach dem BGH soll der Kreditgeber durch die vorzeitige Rückzahlung des Darlehens- 8
kapitals und die Zahlung einer Vorfälligkeitsentschädigung im Ergebnis so gestellt werden wie er stünde, wenn das Darlehen für den ursprünglich vereinbarten Festschreibungszeitraum fortgeführt und mit Zinsen bedient worden wäre (Erfüllungsinteresse).[5]

Die vertraglich geschuldeten Zinsen setzen sich zusammen aus den Refinanzierungs- 9
kosten zuzüglich einer Marge. Der Kreditgeber kann sowohl die entgangene Marge (Zinsmargenschaden) als auch seinen (auf die Refinanzierungskosten bezogenen) Zinsverschlechterungsschaden geltend machen.[6]

Die Höhe der Entschädigung kann auf drei unterschiedliche Arten berechnet werden. 10
Zulässig ist sowohl eine Berechnung des Schadens nach der Aktiv-Aktiv-Methode in der abstrakten oder konkreten Variante als auch nach der Aktiv-Passiv-Methode.[7]

(i) Aktiv-Aktiv-Methode (konkrete Variante). Zinsmargenschaden. Der Schadens- 11
ersatz statt der Leistung umfasst zunächst die konkret entgangene **Nettomarge** (Zinsmargenschaden) für die Dauer der rechtlich geschützten Zinserwartung. Die Nettomarge ist die Differenz aus dem vertraglich vereinbarten Darlehenszins (Vertragszins) und den ursprünglichen Refinanzierungskosten.

Der Kreditgeber hat eine **rechtlich geschützte Zinserwartung** bis zur ersten Kündi- 12
gungsmöglichkeit (oder falls eine Rückzahlung ohne Kündigung zulässig ist, bis zur ersten Rückzahlungsmöglichkeit) des Kreditnehmers, längstens aber bis zum Ende der vereinbarten Restlaufzeit des Darlehens.[8] Bei Krediten, die in Zinsperioden mit gebundenem Sollzinssatz unterteilt sind, wie dem Eurokredit, ist die Kündigung jeweils zum Ende der Zinsbindung, dh in der Regel zum Ende der laufenden Zinsperiode, zulässig.[9] Dieses Kündigungsrecht ergibt sich aus § 489 Abs. 1 S. 1 Nr. 1 Alt. 2 BGB.

Nach dem BGH ist bei der Berechnung des Zinsmargenschadens auf den **Nominalzins,** 13
nicht auf den Effektivzins abzustellen.[10] In anderem Zusammenhang betonte der BGH, dass der Effektivzins nur das rechnerische Ergebnis aus dem vereinbarten Nominalzins in Verbindung mit sonstigen vertraglichen Abmachungen, insbesondere den Aus- und Rückzahlungsmodalitäten, darstellt, nicht dagegen selbst Vertragsgegenstand sei.[11] Die Schadensberechnung muss von den konkreten vertraglichen Vereinbarungen ausgehen, aus denen sich die Ansprüche des Kreditgebers ergeben, dh vom Nominalzins. Doch sind die übrigen vertraglichen Regelungen, die sich auf den Zinsmargenschaden auswirken können (zB Tilgungsvereinbarung, Disagio, etc.), ebenfalls zu beachten.[12]

Zinsverschlechterungsschaden. Der Schadensersatz statt der Leistung umfasst außer- 14
dem den Schaden, der dadurch entsteht, dass der Kreditgeber höhere Refinanzierungskosten hat, als er durch **Wiederausleihe** der vorzeitig zurückgezahlten Darlehensmittel im Wege eines gleichartigen laufzeitkongruenten Darlehens von einem anderen Kreditnehmer verlangen kann. Dieser Schaden entsteht dann, wenn das allgemeine Zinsniveau im Zeitpunkt der vorzeitigen Rückzahlung niedriger ist als bei Aufnahme des Refinanzierungsdarlehens. Der BGH geht von folgenden Annahmen aus[13]: (a) Die Refinanzierungskosten

---

[4] BGH v. 1.7.1997, WM 1997, 1747 ff.; BGH v. 1.7.1997, WM 1997, 1799 ff.
[5] BGH v. 1.7.1997, WM 1997, 1747, 1748; SBL BankR-HdB/*Krepold* § 79 Rn. 74.
[6] BGH v. 1.7.1997, WM 1997, 1799, 1801.
[7] Eingehend dazu *Rösler/Wimmer* WM 2000, 164, 169; SBL BankR-HdB/*Krepold* § 79 Rn. 79 ff.
[8] *Rösler/Wimmer* WM 2000, 164.
[9] → § 24 Rn. 10 und zum Kündigungsrecht bei Margenanpassung → § 24 Rn. 12 f.
[10] BGH v. 7.11.2000, ZIP 2001, 20, 23.
[11] BGH v. 27.1.1998, WM 1998, 495, 496.
[12] Bei korrekter Berechnung kommt man auf das gleiche Ergebnis, egal ob Nominal- oder Effektivzinssätze zugrunde gelegt werden, *Rösler/Wimmer/Lang,* Vorzeitige Beendigung von Darlehensverträgen, Teil D Rn. 65.
[13] *Rösler/Wimmer* WM 2000, 164, 171.

des Kreditgebers sind bis zum Ende der rechtlich geschützten Zinserwartung fixiert, (b) bei der Wiederausleihe wird der Kreditgeber dieselbe Marge verlangen wie beim alten Darlehen. Ist der neue Vertragszins niedriger als der alte, bedeutet das, dass die Refinanzierungskosten für das alte Darlehen nicht mehr voll gedeckt sind. Die Differenz zwischen den alten Refinanzierungskosten und dem Refinanzierungskostenanteil des neuen Darlehens (neuer Vertragszins minus Marge = Refinanzierungskostenanteil des neuen Darlehens) bezogen auf den Zeitraum bis zum Ende der rechtlich geschützten Zinserwartung ist der Zinsverschlechterungsschaden.

15 Der Zinsverschlechterungsschaden kann auf Grund dieser Annahmen einfach **berechnet** werden aus Vertragszins abzüglich Wiederausleihezins.[14] Da die Marge konstant bleibt und in beiden Beträgen enthalten ist, wirkt sie sich auf das Ergebnis nicht aus. Beim Vergleich der Zinsen ist auf den Nominalzins abzustellen.[15]

16 **(ii) Aktiv-Aktiv-Methode (abstrakte Variante).** Die abstrakte Aktiv-Aktiv-Methode weicht gegenüber der konkreten Variante nur hinsichtlich der Berechnung des Zinsmargenschadens ab. Statt ihre Kalkulation offenzulegen, kann eine Bank der Berechnung ihres Zinsmargenschadens auch die bei Banken gleichen Typs **üblichen Durchschnittsgewinne** (Netto-Zinsspanne pro Jahr) zugrunde legen.[16] Eine solche Pauschalierung des Schadens ist gemäß § 252 BGB grundsätzlich zulässig.[17] Eine Pauschalierung in AGB verstößt aber gegen § 307 Abs. 2 Nr. 1 BGB, wenn die Höhe des zu zahlenden Zinsmargenschadens über der Nettozinsmarge p. a. dieses Bankentyps liegt.[18]

17 **(iii) Aktiv-Passiv-Methode.** Statt die vorzeitig zurückgezahlten Darlehensmittel erneut als Darlehen auszureichen, kann der Kreditgeber diese Mittel auch am **Kapitalmarkt** anlegen.[19]

18 Bei der Aktiv-Passiv-Methode wird der Zinsmargen- und Zinsverschlechterungsschaden errechnet als Differenz aus (a) den vom Kreditnehmer geschuldeten Vertragszinsen für die Dauer der rechtlich geschützten Zinserwartung[20] und (b) den Erträgen, die sich aus einer **laufzeitkongruenten Wiederanlage** des zurückbezahlten Betrags in sicheren Kapitalmarkttiteln ergibt.[21] Die Erträge einer laufzeitkongruenten Wiederanlage sind anhand der Nominalzinsen zu berechnen.[22]

19 Eine tatsächliche Wiederanlage der zurückerhaltenen Kreditmittel durch die Bank ist nicht erforderlich. Der Schaden kann auf der Grundlage einer fiktiven Wiederanlage errechnet werden.[23] Bei der Ermittlung der Rendite aus einer Wiederanlage ist von einer Wiederanlage in **Hypothekenpfandbriefen** auszugehen.[24] Deren Zinssätze sind der Kapitalmarktstatistik der Deutschen Bundesbank zu entnehmen.[25] Soweit bei der Wieder-

[14] So auch BGH v. 1.7.1997, WM 1997, 1747, 1749 f.; BGH v. 1.7.1997, WM 1997, 1799, 1801; im Erg. ebenso *Rösler/Wimmer* WM 2000, 164, 170.

[15] → Rn. 13.

[16] Dabei können die maßgebenden Berechnungsfaktoren gemäß § 287 ZPO im Wege der Schätzung ermittelt werden, zB auf der Grundlage statistischer Angaben in den Monatsberichten der Deutschen Bundesbank, vgl. BGH v. 1.7.1997, WM 1997, 1747, 1749; *Kümpel,* Bank- und Kapitalmarktrecht Rn. 5.42.

[17] BGH v. 1.7.1997, WM 1997, 1747, 1749.

[18] BGH v. 11.11.1997, WM 1998, 70.

[19] BGH v. 1.7.1997, WM 1997, 1747, 1750.

[20] Dabei ist auf die Nominalzinsen abzustellen, BGH v. 7.11.2000, WM 2001, 20, 23.

[21] BGH v. 1.7.1997, WM 1997, 1747, 1750.

[22] BGH v. 7.11.2000, WM 2001, 20, 23; anders noch BGH v. 1.7.1997, WM 1997, 1747, 1750 (wonach auf die „Rendite" abzustellen sei).

[23] BGH v. 7.11.2000, WM 2001, 20, 22.

[24] Hielt der BGH ursprünglich nur eine Anlage in Kapitalmarkttiteln öffentlicher Schuldner für zumutbar (BGH v. 1.7.1997, WM 1997, 1747, 1750), verweist er die Banken nun ausschließlich auf die höherverzinslichen Bankschuldverschreibungen in der Form der Hypothekenpfandbriefe, da dies in der Praxis die bevorzugte Anlageform der Hypothekenbanken sei, vgl. BGH v. 7.11.2000, WM 2001, 20, 22 f.; anders noch OLG Köln v. 12.8.1998, WuB I E 3.-5.99 m. Anm. *Rösler.*

[25] BGH v. 30.11.2004, NJW 2005, 751; kritisch dazu *Wimmer/Rösler* WM 2005, 1873, 1875.

anlage von Tilgungsraten, die bei vertragsgemäßer Abwicklung in wenigen Tagen oder Wochen fällig geworden wären, wegen der längeren Laufzeiten nicht auf Hypothekenpfandbriefe zurückgegriffen werden kann, kann für diese Zeiträume auch eine Wiederanlage in Monats- oder Tagegeldern zugrunde gelegt werden.[26] Der so ermittelte Schaden erfasst sowohl den Zinsmargenschaden als auch den Zinsverschlechterungsschaden in einer Position.[27]

(iv) Weitere Berechnungsfaktoren. Unabhängig von der Berechnungsmethode sind beim Zinsmargenschaden und beim Zinsverschlechterungsschaden die folgenden schadenserhöhenden und -mindernden Faktoren zu berücksichtigen: **20**

Verwaltungsaufwand. Der Kreditgeber ist berechtigt, ein angemessenes Entgelt für den mit der vorzeitigen Kündigung verbundenen Verwaltungsaufwand zu verlangen.[28] Der Verwaltungsaufwand darf aber nicht einfach als Prozentsatz des Darlehensbetrags ausgedrückt werden, sondern hat sich am Aufwand im Einzelfall zu orientieren.[29] Seine Höhe kann nach § 287 ZPO geschätzt werden.[30] **21**

Disagio. Das Disagio ist ein laufzeitabhängiger Ausgleich für einen niedrigeren Nominalzinssatz.[31] Kündigt der Kreditnehmer (zB nach § 490 Abs. 2 BGB), so hat die Bank das noch nicht verbrauchte[32] Disagio zurückzuerstatten.[33] Kündigt dagegen der Kreditgeber aus wichtigem Grund und hat der Kreditnehmer die Kündigung zu vertreten, so verbleibt das Disagio in vollem Umfang bei dem Kreditgeber.[34] Das Disagio ist Teil der rechtlich geschützten Zinserwartung der Bank.[35] **22**

Einmalzahlungen. Einmalige Zahlungen, die vom Kreditgeber bei Abschluss des Darlehensvertrags verlangt werden (zB Arrangierungsgebühr, Bearbeitungsgebühr), verbleiben – soweit sie noch wirksam vereinbart weden können[36] – beim Kreditgeber.[37] Auch ein Disagio kann als einmalige Zahlung anzusehen sein, wenn es die übliche Höhe der Bearbeitungsgebühr (1–2 % des Darlehensbetrags) nicht übersteigt.[38] **23**

Abzinsung. Die Zinseinbußen, die sich bis zum Ende der rechtlich geschützten Zinserwartung ergeben, sind auf den Tag der Zahlung der Vorfälligkeitsentschädigung (dh des Schadensersatzes) abzuzinsen.[39] Dabei ist je nach Berechnungsmethode der herangezogene Vergleichszins, bei der Aktiv-Passiv-Methode also ein Zinssatz in gleicher Höhe wie der aktive Wiederanlagezins, zugrunde zu legen.[40] **24**

Risikoprämie und Verwaltungskosten. Der Schaden ist um die ersparte Risikoprämie und die ersparten Verwaltungskosten zu vermindern.[41] Die **Risikoprämie** ist in einem Prozentsatz vom Darlehen anzugeben.[42] In der instanzgerichtlichen Rechtsprechung wer- **25**

[26] BGH v. 7.11.2000, WM 2001, 20, 23.
[27] BGH v. 7.11.2000, WM 2001, 20, 22.
[28] BGH v. 1.7.1997, WM 1997, 1747, 1750.
[29] BGH v. 1.7.1997, WM 1997, 1747, 1750; siehe dazu SBL BankR-HdB/*Krepold* § 79 Rn. 119.
[30] BGH v. 1.7.1997, WM 1997, 1799, 1801; ca. EUR> 50,– vom OLG Frankfurt nicht beanstandet, OLG Frankfurt v. 18.10.2001, WM 2002, 1387, 1389.
[31] BGH v. 8.10.1996, WM 1996, 2047, 2048; BGH v. 27.1.1998, WM 1998, 495, 496; BGH v. 9.11.1999, NJW 2000, 352.
[32] Dabei ist der Disagioverbrauch proportional zum Anfall der Nominalzinsen (nicht der Effektivzinsen) des betrachteten Zeitraums zu ermitteln (sog „nominalzinskonstante Berechnung"), BGH v. 27.1.1998, WM 1998, 495, 496; nach aA ist auf die Effektivzinsen abzustellen, vgl. *Rösler/Wimmer* WM 2000, 164, 168.
[33] *Lang/Beyer* WM 1998, 897, 906, 907; *Rösler/Wimmer* WM 2000, 164, 168; SBL BankR-HdB/*Krepold* § 78 Rn. 54.
[34] *Rösler/Wimmer* WM 2000, 164, 168; SBL BankR-HdB/*Krepold* § 78 Rn. 56.
[35] BGH v. 8.10.1996, WM 1996, 2047, 2049; SBL BankR-HdB/*Krepold* § 78 Rn. 45.
[36] Dazu → § 18 Rn. 3 ff., 23 ff.
[37] SBL BankR-HdB/*Krepold* § 78 Rn. 116; *Rösler/Wimmer* WM 2000, 164, 166.
[38] *Rösler/Wimmer* WM 2000, 164, 166.
[39] Berechnungsformel bei *Reifner* NJW 1995, 2945, 2949.
[40] BGH v. 1.7.1997, WM 1997, 1747, 1750.
[41] BGH v. 1.7.1997, BGHZ 136, 161, 171.
[42] SBL BankR-HdB/*Krepold* § 79 Rn. 114; siehe auch *Rösler/Wimmer* WM 2005, 1873, 1878, die von einer Diversifizierung der Höhe der Risikoprämie im Gefolge von Basel II ausgehen.

den Sätze zwischen 0,014 % und 0,06 % erwähnt.[43] Die **Verwaltungskosten** des Darlehens können nach § 287 ZPO geschätzt werden. Da sie unabhängig von der Darlehenshöhe sind, ist deren Bemessung als Prozentsatz der Darlehensumme nicht sachgerecht.[44]

26 **Vorteilsausgleichung.** Ein Anspruch auf Vorfälligkeitsentschädigung besteht nur, soweit der Kreditgeber durch die Ablösung des Kredits tatsächlich einen **konkreten Schaden** erlitten hat.[45] Der Kreditgeber muss sich die Vorteile anrechnen lassen, die er durch die vorzeitige Beendigung des Darlehensvertrags erlangt hat. Ein solcher Vorteil kann dadurch entstehen, dass der Kreditnehmer gleichzeitig mit der Kündigung des bisherigen Darlehensvertrags beim selben Kreditgeber einen höheren Neukredit zu gleichen oder besseren Konditionen aufnimmt (Ausgleich des Zinsmargenschadens).[46] Der Kreditgeber muss sich jedoch nichts anrechnen lassen, wenn dem Kreditnehmer kein Anspruch auf vorzeitige Kreditablösung zusteht.[47] Ein Vorfälligkeitsnutzen kann auch dadurch entstehen, dass das allgemeine Zinsniveau gestiegen ist und der Kreditgeber die aufgenommenen Refinanzierungsmittel zu einem höheren Zins anlegen kann, dh die gegenteilige Situation wie beim Zinsverschlechterungsschaden vorliegt.[48] Ein Ersatzgeschäft mit einem Dritten muss sich der Kreditgeber aber grundsätzlich nicht schadensmindernd anrechnen lassen.[49]

27 **Unabdingbarkeit.** Ist der Kreditnehmer gemäß § 490 Abs. 2 BGB zur Kündigung berechtigt, so gelten die von der Rechtsprechung entwickelten Grundsätze zur Berechnung der Vorfälligkeitsentschädigung **zwingend.**[50] Macht der Kreditnehmer dagegen von anderen gesetzlichen Kündigungsrechten Gebrauch, so ist er nicht zur Zahlung einer Vorfälligkeitsentschädigung verpflichtet. Eine abweichende vertragliche Regelung dürfte unwirksam sein. In Bezug auf das Kündigungsrecht des Kreditnehmers aus § 489 Abs. 1 und 2 BGB folgt dies aus § 489 Abs. 4 BGB.[51] Eine zu viel bezahlte Entschädigung kann der Kreditnehmer nach den Vorschriften über die Herausgabe einer ungerechtfertigten Bereicherung gemäß §§ 812 ff. BGB zurückverlangen.[52]

II. Vertragliche Regelung

28 Ein Kreditnehmer, der wirksam kündigt, schuldet nach dem Gesetz außer im Fall des § 490 Abs. 2 BGB keine Vorfälligkeitsentschädigung. Häufig wird in Kreditverträgen aber eine Pflicht zur Zahlung einer Vorfälligkeitsentschädigung vereinbart.[53]

1. Vereinbarung einer Vorfälligkeitsentschädigung

29 Grundsätzlich kann der Kreditnehmer den Kredit vorzeitig kündigen oder ohne Kündigung vorzeitig zurückzahlen, wenn ein gesetzlich anerkannter Grund dafür vorliegt oder dies vertraglich vereinbart ist. Außerdem kommt eine Beendigung des Kreditvertrags durch Aufhebungsvertrag in Betracht.

[43] SBL BankR-HdB/*Krepold* § 79 Rn. 114; 0,03 % vom OLG Frankfurt nicht beanstandet, OLG Frankfurt v. 18.10.2001, WM 2002, 1387, 1389.

[44] BGH v. 1.7.1997, WM 1997, 1747, 1750; sie wurden vom OLG Schleswig auf ca. EUR> 20 pro Jahr geschätzt, OLG Schleswig v. 8.1.1998, WM 1998, 861, 863; ca. EUR> 160,– vom OLG Frankfurt nicht beanstandet, OLG Frankfurt v. 18.10.2001, WM 2002, 1387, 1389; *Wimmer/Rösler* WM 2005, 1873, 1879.

[45] OLG Zweibrücken v. 27.5.2002, ZIP 2002, 1680, 1681.

[46] OLG Zweibrücken v. 27.5.2002, ZIP 2002, 1680, 1681.

[47] BGH v. 6.5.2003, WM 2003, 1261, 1262.

[48] *Rösler/Wimmer* WM 2000, 164, 167; SBL BankR-HdB/*Krepold* § 79 Rn. 127.

[49] BGH v. 1.7.1997, WM 1997, 1747, 1749.

[50] Dazu → § 25 Rn. 3.

[51] Dazu → § 24 Rn. 19.

[52] BGH v. 1.7.1997, WM 1997, 1747, 1749; SBL BankR-HdB/*Krepold* § 79 Rn. 161.

[53] Beispielsklausel: Ziff. 17.6 (*Break Costs*) und Definition von „Break Costs" im LMA Leveraged Finance Facilities Agreement. N. B., dass die Definition von „Break Costs" nur den Zinsverschlechterungsschaden, berechnet nach der Aktiv-Aktiv-Methode (konkrete Variante), erfasst, nicht aber den Zinsmargenschaden.

30 **Gesetzliches Kündigungsrecht.** Eine Pflicht zur Zahlung einer Vorfälligkeitsentschädigung kann nicht wirksam für den Fall vereinbart werden, dass der Kreditnehmer den Kreditvertrag **ordentlich** nach § 489 Abs. 1 oder 2 BGB kündigt.[54] Das ergibt sich aus § 489 Abs. 4 BGB, der jede Vereinbarung verbietet, durch die das Kündigungsrecht des Kreditnehmers erschwert wird.[55] Dasselbe muss auch bei einer berechtigten **außerordentlichen** Kündigung des Kreditvertrags durch den Kreditnehmer gelten. Liegen allerdings die Voraussetzungen für eine außerordentliche Kündigung gemäß § 490 Abs. 2 BGB vor, hat der Kreditnehmer kraft gesetzlicher Anordnung eine angemessene Entschädigung zu zahlen.

31 Übersteigt die vom Kreditnehmer gemäß § 490 Abs. 2 BGB bezahlte Entschädigung die nach den Rechtsprechungsregeln zu ermittelnde **angemessene** Entschädigung, kann er das zu viel Bezahlte von der Bank nach den Vorschriften über die Herausgabe einer ungerechtfertigten Bereicherung gemäß §§ 812 ff. BGB zurückverlangen.[56] Daran ändert auch eine vorherige **Vereinbarung** der Parteien über eine höhere Entschädigung nichts.[57] Der BGH sah in einer solchen Vereinbarung einen Verstoß des Kreditgebers gegen seine Vertragspflicht zur Einwilligung in die Kreditablösung gegen angemessene Entschädigung. Auf eine solche Vereinbarung könne sich der Kreditgeber nicht berufen.[58] Steht dem Kreditnehmer ein gesetzliches Kündigungsrecht zur Verfügung, so ist nur die Wahl der Berechnungsmethode (abstrakte oder konkrete Aktiv-Aktiv- Methode oder Aktiv-Passiv-Methode) einer vertraglichen Regelung zugänglich.

32 **Vertragliches Kündigungsrecht.** Dagegen kann eine Pflicht zur Zahlung einer Vorfälligkeitsentschädigung wirksam für den Fall vereinbart werden, dass dem Kreditnehmer kein gesetzliches Kündigungsrecht zusteht und er seine Kündigung nur auf ein vertragliches Kündigungsrecht stützen kann oder eine freiwillige vorzeitige Rückzahlung leistet. Dann stellt das vom Kreditnehmer zu zahlende **Vorfälligkeitsentgelt** keinen Schadensersatz, sondern einen **Preis** für die vorzeitige Rückzahlung dar. Dieser Preis unterliegt nicht der Angemessenheitskontrolle und kann zwischen den Vertragsparteien in den Grenzen des § 138 BGB frei vereinbart werden.[59] Die Grenze der Sittenwidrigkeit ist überschritten, wenn das Vorfälligkeitsentgelt den anhand der Kriterien der Rechtsprechung berechneten Schaden um 90–100 % übersteigt.[60]

33 **Aufhebungsvertrag.** Steht dem Kreditnehmer kein Kündigungsrecht zu, so kann der Kreditgeber als Bedingung für den Abschluss eines Aufhebungsvertrags ein Aufhebungsentgelt verlangen, dessen Höhe allein an § 138 BGB zu messen ist.[61]

2. Einzelfragen

34 **Eurokreditverträge.** In Eurokreditverträgen mit Zinsbindungsfristen (Zinsperioden) zwischen einer Woche und zwölf Monaten hat der Kreditnehmer ein gesetzliches Recht zur vorzeitigen Kündigung jeweils zum Ende einer Zinsperiode oder anderweitigen Ende der Zinsbindungsfrist zB bei einer Margenanpassung[62] (§ 489 Abs. 1 S. 1 Nr. 1 Alt. 2 BGB). Die Vereinbarung einer Vorfälligkeitsentschädigung für den Fall der Rückzahlung von

---

[54] BGH v. 29.5.1990, NJW 1990, 2250, 2251; MüKoBGB/Berger § 489 Rn. 20; SBL BankR-HdB/*Krepold* § 79 Rn. 56; Staudinger/*Mülbert* § 488 Rn. 71; Palandt/*Weidenkaff* § 489 Rn. 13.
[55] Ebenso Palandt/*Weidenkaff* § 489 Rn. 13 (str.).
[56] BGH v. 1.7.1997, WM 1997, 1747, 1749; SBL BankR-HdB/*Krepold* § 79 Rn. 161.
[57] Palandt/*Weidenkaff* § 490 Rn. 8; *Mülbert* WM 2002, 465, 476.
[58] BGH v. 1.7.1997, WM 1997, 1747, 1749.
[59] Im Erg. ebenso BGH v. 6.5.2003, WM 2003, 1261, 1262; BGH v. 6.5.2003, EWiR § 138 BGB 6/03, 747, 748; SBL BankR-HdB/*Krepold* § 79 Rn. 69.
[60] BGH v. 6.5.2003, EWiR § 138 BGB 6/03, 747, 748; bei Vorliegen subjektiver Merkmale kann bereits bei 20–30 % die Sittenwidrigkeit zu bejahen sein, vgl. *Rösler/Wimmer* WM 2000, 164, 167.
[61] AG Köln v. 26.11.1998, WM 1999, 1460; SBL BankR-HdB/*Krepold* § 79 Rn. 69; *Rösler* WuB I E 3.-5.99; genauer hierzu *Wimmer/Rösler* WM 2005, 1873, 1880.
[62] Dazu → § 24 Rn. 12 ff.

Darlehensbeträgen auf Grund dieser Kündigungsrechte wäre wegen Verstoßes gegen § 489 Abs. 4 S. 1 BGB nichtig.[63]

35 **Pflichtsondertilgungen**. Nach den üblichen Kreditverträgen ist eine Vorfälligkeitsentschädigung nicht nur dann zu zahlen, wenn die vorzeitige Rückzahlung freiwillig erfolgt, sondern auch dann, wenn der Kreditnehmer dazu verpflichtet ist.[64] Dies soll selbst dann gelten, wenn der Eintritt des Umstands, der die Pflichtsondertilgung ausgelöst hat, vom Kreditnehmer nicht zu vertreten ist (zB Rechtswidrigkeit, Versicherungsfall). Die Wirksamkeit einer Pflicht zur Zahlung einer Vorfälligkeitsentschädigung auch in Fällen, die der Kreditnehmer nicht zu vertreten hat, weicht vom gesetzlichen Leitbild des § 280 BGB ab und könnte daher gemäß § 307 BGB in AGB unwirksam sein.[65]

36 **Unterbeteiligung.** Hat ein Dritter eine Unterbeteiligung an einem Darlehen übernommen und wird das Darlehen vorzeitig zurückbezahlt, hat der Unterbeteiligte mangels eigener Vertragsbeziehung zum Kreditnehmer zwar einen Schaden, aber keinen eigenen Anspruch und der Hauptbeteiligte insoweit keinen eigenen Schaden. Die Gläubigerstellung und das geschützte Interesse fallen auseinander. Der Kreditnehmer soll aus dieser Konstellation keinen Vorteil ziehen. Eine Liquidation des Drittschadens durch den Hauptbeteiligten kommt aber nicht in Betracht, da das Instrument der Drittschadensliquidation nur ausnahmsweise heranzuziehen ist. Die Rechtsprechung lässt eine Drittschadensliquidation grundsätzlich nur in Fällen der mittelbaren Stellvertretung, der Obhutspflichtverletzung und der obligatorischen Gefahrentlastung zu.[66] Daher sollte im Kreditvertrag vereinbart werden, dass der Hauptbeteiligte auch den Schaden des Unterbeteiligten geltend machen kann.[67]

§ 26. Mitteilungen

1 **Mitteilungen.** Der Kreditvertrag enthält verschiedene Regelungen zur Kommunikation zwischen den Vertragsparteien, von der klassischen Kommunikation per Brief oder Fax, über die in der Praxis gängigste Kommunikation per E-Mail und bei größeren Konsortien die Möglichkeit der Kommunikation über Websites und digitale Plattformen wie Debt Domain.[1] Die immer weiter fortschreitende Blockchain Technologie wird hier weitere Entwicklungen bringen.[2]

2 **Zugang.** Eine Willenserklärung ist nach den Vorschriften des BGB gemäß § 130 Abs. 1 S. 1 BGB erst dann wirksam, wenn sie zugegangen ist. Ein Zugang ist dann erfolgt, wenn die Willenserklärung so in den Machtbereich des Empfängers gelangt ist, dass dieser unter normalen Verhältnissen vom Inhalt der Erklärung Kenntnis nehmen kann (sog *Machtbereichstheorie*). Vollendet ist der Zugang dann, wenn die Kenntnisnahme durch den Empfänger möglich und nach der Verkehrsanschauung zu erwarten ist.[3]

---

[63] Dazu → § 25 Rn. 27.

[64] Beispielsklausel: Ziff. 14.2 (*Interest and other amounts*) LMA Leveraged Finance Facilities Agreement; zu den Pflichtsondertilgungstatbeständen → § 13 Rn. 2 ff.

[65] Beachte, dass die Klausel im LMA Leveraged Finance Facilities Agreement alle Tatbestände einer vorzeitigen Rückzahlung erfasst und aufgrund des Verbots der geltungserhaltenden Reduktion (vgl. BGH v. 17.5.1991, BGHZ 114, 338, 342 f.) in AGB daher insgesamt unwirksam wäre.

[66] Vgl. dazu Palandt/*Grüneberg*, Vorbem. § 249 Rn. 108–110.

[67] Nach dem LMA Leveraged Finance Facilities Agreement ist der Nachweis eines eigenen Schadens des Hauptbeteiligten nicht erforderlich. Vielmehr kann jeder Kreditgeber als Vorfälligkeitsentschädigung die Differenz zwischen den ohne die vorzeitige Rückzahlung bis zum Ende der laufenden Zinsperiode vertraglich geschuldeten Zinsen und dem bei einer Wiederanlage des zurückbezahlten Betrags bei einer führenden Bank im relevanten Interbankenmarkt bis zum Ende der laufenden Zinsperiode erzielbaren Erlös verlangen, vgl. Definition „*Break Costs*" in Ziff. 1.1 (*Definitions*) des LMA Leveraged Finance Facilities Agreement.

[1] Siehe zu den üblichen vertraglichen Regelungen ausführlich Diem/Jahn/*Jahn*, II.37 Rn. 1 ff.

[2] Siehe dazu erste Überlegungen bei *Hüther/Danzmann* BB 2017, 834 ff.

[3] Palandt/*Ellenberger* § 130 Rn. 5.

Fiktion des Zugangs. Unter dem Kreditvertrag werden diese allgemeinen Zugangsregeln etwas modifiziert. Wenn die Kommunikation unter dem Kreditvertrag per **Fax** geführt wird, so gilt grundsätzlich das jeweilige Dokument in dem Moment als zugegangen, in dem es in lesbarer Form dem Empfänger zugeht. **Briefe** gehen entweder in dem Zeitpunkt zu, in dem sie an der bestimmten Adresse abgeliefert werden oder innerhalb von fünf Bankarbeitstagen **ab Absendung** des Briefes in ausreichender Frankierung und mit korrekter Adresse. 3

Solche Klauseln sind wirksam. **§ 130 BGB ist dispositiv.**[4] In AGB ist allerdings § 308 Nr. 6 BGB zu beachten, wonach die Fiktion des Zugangs für Erklärungen von besonderer Bedeutung unwirksam ist. Die Wertung des § 308 Nr. 6 BGB ist auch bei einer Verwendung der Klausel gegenüber Unternehmern im Rahmen der §§ 310, 307 Abs. 1 BGB zu berücksichtigen. Erklärungen von besonderer Bedeutung sind solche, die für den Empfänger mit nachteiligen Rechtsfolgen verbunden sind, dh ua auch Fristsetzungen, Kündigungen oder Vollstreckungsandrohungen.[5] Schon um eventuelle Streitigkeiten zu vermeiden, werden die Kreditgeber in diesen Fällen immer einen tatsächlichen Zugang sicherstellen und sich nicht auf die Fiktion verlassen. 4

§ 27. Anwendbares Recht

Sind nicht alle Kreditgeber, Kreditnehmer und Sicherungsgeber im selben Staat ansässig, so stellen sich Fragen nach dem anwendbaren Recht. Dabei ist zwischen den verschiedenen Rechtsbeziehungen zu unterscheiden. Für das (schuldvertragliche) Kreditverhältnis gelten andere Regeln des internationalen Privatrechts als für das (gesellschaftsrechtliche) Rechtverhältnis der Konsortialbanken untereinander. Erfolgt eine Übertragung eines Konsortialanteils auf eine beitretende Bank, so ist zu prüfen, welchem Recht der Übernahmevertrag unterliegt. 1

Ausgangspunkt jeder Prüfung ist das am jeweiligen Gerichtsstand anwendbare internationale Privatrecht (*lex fori*), bei der Zuständigkeit deutscher Gerichte also das deutsche IPR. 2

I. Kreditverhältnis

1. Vorvertragliche Rechtsbeziehungen

Term Sheet. Wird im *Term Sheet* eine Pflicht des Kreditnehmers zur Erstattung der Kosten der Kreditgeber auch für den Fall vereinbart, dass es nicht zum Abschluss eines Kreditvertrags kommt, so handelt es sich dabei nicht um eine vorvertragliche, sondern um eine vertragliche Pflicht. Nach dem Parteiwillen soll die Kostenerstattungspflicht bindend vereinbart sein, auch wenn das *Term Sheet* im Übrigen als nicht bindend angesehen wird. Dasselbe gilt ua für eventuelle Geheimhaltungspflichten, eine Gerichtsstandsvereinbarung sowie die Vereinbarung des anwendbaren Rechts. 3

Culpa in contrahendo. Der europäische Gesetzgeber hat die Pflichten aus vorvertraglichen Schuldverhältnissen dem Anwendungsbereich der Verordnung über außervertragliche Schuldverhältnisse (Rom II-VO) unterstellt.[1] Nach Art. 12 Abs. 1 Rom II-VO bestimmt sich das Recht für vorvertragliche Schuldverhältnisse nach dem Recht des zukünf- 4

[4] Palandt/*Ellenberger* § 130 Rn. 19.
[5] Palandt/*Grüneberg* § 308 Rn. 37.
[1] Art. 1 Abs. 2 lit. i) Rom I-VO schließt die Anwendbarkeit der Rom I-VO für Schuldverhältnisse aus Verhandlungen vor Abschluss eines Vertrages aus.

tigen Vertrages, unabhängig davon ob es zum Vertragsschluss kommt oder nicht.[2] Kann das hypothetische Vertragsstatut nicht bestimmt werden, knüpft Art. 12 Abs. 2 Rom II-VO an den gemeinsamen gewöhnlichen Aufenthalt und hilfsweise das Recht des Erfolgsortes an.[3] Art. 12 Abs. 2 lit. c) Rom II-VO enthält eine Ausweichklausel zugunsten einer engeren Verbindung zu einem anderen Staat. Art. 12 Rom II-VO deckt nicht sämtliche Fallgruppen ab, die nach deutscher Dogmatik unter *culpa in contrahendo* gefasst werden. Der Anwendungsbereich erstreckt sich nur auf Pflichtverletzungen, die in **unmittelbarem Zusammenhang mit den Verhandlungen** stehen, wie die Verletzung von Offenlegungspflichten oder der Abbruch von Vertragsverhandlungen.[4] Für die Verletzung des Integritätsinteresses ist demgegenüber das Deliktsstatut gemäß Art. 4 Rom II-VO heranzuziehen.[5] Diese Systematik entspricht im Ergebnis der Differenzierung der hL zum deutschen Kollisionsrecht vor Inkrafttreten der Rom II-VO. [6]

2. Kreditvertrag

5 Das auf den Kreditvertrag anwendbare Recht entscheidet gemäß Art. 12 Rom I-VO über seine Auslegung, die Erfüllung der durch ihn begründeten Verbindlichkeiten, die Folgen der vollständigen oder teilweisen Nichterfüllung dieser Verpflichtungen, die Arten des Erlöschens der Verpflichtungen, die Verjährung und die Rechtsverluste, die sich aus dem Ablauf einer Frist ergeben, sowie die Nichtigkeit des Vertrags. Das Vertragsstatut umfasst nicht etwaige Formfragen. Die Form wird nach Art. 11 Rom I-VO gesondert angeknüpft.

a) Rechtswahl. Grundsatz der Wahlfreiheit

6 Das anwendbare Recht kann von den Vertragsparteien grundsätzlich frei gewählt werden (Art. 3 Abs. 1 Rom I-VO).[7] Die Rechtswahl führt nur zur Anwendung der Sachnormen des gewählten Rechts, nicht auch von dessen IPR (Art. 20 Rom I-VO). Eine Rück- oder Weiterverweisung des gewählten Rechts ist ausgeschlossen, ohne dass es des häufig anzutreffenden Zusatzes „unter Ausschluss von dessen internationalen Privatrechts“ bedürfte.[8]

7 **Zwingende Vorschriften.** Die Parteien können auch ein **reines Inlandsgeschäft** dem Recht eines ausländischen Staates unterstellen.[9] Dann gelten aber die zwingenden Vorschriften des deutschen Rechts (Art. 3 Abs. 3 Rom I-VO) und, falls nicht das Recht eines Mitgliedstaates der Europäischen Union gewählt wird, des Rechts der Europäischen Union (Art. 3 Abs. 4 Rom I-VO) fort.

8 **Eingriffsnormen.** Darüber hinaus gelten ohne Rücksicht auf das anwendbare Recht die zwingenden Vorschriften wirtschafts- oder sozialpolitischen Gehalts[10] des deutschen

[2] Das Vertragsstatut bestimmt sich nach Art. 3 ff. Rom I-VO; siehe dazu MüKoBGB/*Junker* Art. 12 Rom II-VO Rn. 6.

[3] Zum Rangverhältnis der Anknüpfungen innerhalb des Art. 12 Rom II-VO, Palandt/*Thorn* Art. 12 Rom II-VO Rn. 4.

[4] Erwägungsgrund 30 zur Rom II-VO.

[5] Siehe Erwägungsgrund 30 zur Rom II-VO; Palandt/*Thorn* Art. 12 Rom II-VO Rn. 2; MüKoBGB/*Junker* Art. 12 Rom II-VO Rn. 13.

[6] MüKoBGB/*Spellenberg,* 4. Aufl. Art. 32 EGBGB Rn. 59; Soergel/*Lüderitz,* 12. Aufl., Art. 38 EGBGB Rn. 85; Staudinger/*Magnus,* 13. Bearbeitung 2002, Art. 32 EGBGB Rn. 116 ff; anders die Rechtsprechung zum deutschen IPR, wonach auch die Verletzung von Integritätsinteressen dem Vertragsstatut unterstellt wurde: BGH v. 9.10.1986, NJW 1987, 1141; OLG Frankfurt v. 11.7.1985, IPRax 1986, 373, 377.

[7] Zu der in Akquisitionskreditverträgen üblichen Rechtswahl siehe auch Diem/Jahn/*Moroni*, II.45 Rn. 1 ff.

[8] Palandt/*Thorn,* Rom I Art. 20 Rn. 1.

[9] Palandt/*Thorn,* Rom I Art. 3 Rn. 4; SBL BankR-HdB/*Welter* § 118 Rn. 9. Das ist keineswegs selbstverständlich. Das Recht des Staates New York verlangt grundsätzlich eine „reasonable relation“ zwischen dem Geschäft und dem Staat, dessen Recht gewählt werden soll. Eine Gesetzesreform im Jahr 1984 hat diese Voraussetzung für die Wahl des Rechts von New York aber bei Krediten über US$ 250.000 abgeschafft, vgl. *Buchheit,* How to Negotiate Eurocurrency Loan Agreements, S. 128 f.

[10] Eine Legaldefinition des Begriffs „Eingriffsnorm“ findet sich in Art. 9 Abs. 1 Rom-I VO.

Rechts (sog „Eingriffsnormen“).[11] Eine solche Eingriffsnorm des deutschen Rechts ist von deutschen Gerichten anzuwenden, auch wenn der Vertrag im Übrigen dem Recht eines anderen Staates unterliegt (Art. 9 Abs. 2 Rom I-VO). Nicht jede zwingende Vorschrift des deutschen Rechts ist auch eine Eingriffsnorm. Eingriffsnormen sind vielmehr die Ausnahme. Im überwiegend dispositiven Recht der Kreditverhältnisse sind sie sehr selten.

Deutsches öffentliches Recht. Die Geltung der Vorschriften des deutschen öffentlichen Rechts wird von der Rechtswahl nicht berührt. Daher finden ua die Vorschriften des deutschen Bankaufsichtsrechts entsprechend ihrem territorialen Anwendungsbereich[12] auch dann Anwendung, wenn die Vertragsparteien im Kreditvertrag ein ausländisches Recht als Vertragsstatut gewählt haben. Die Eigenkapital- und Liquiditätsvorschriften des KWG gelten somit ua für alle Kreditinstitute, die in Deutschland ihren Sitz haben, sowie für Zweigniederlassungen ausländischer Kreditinstitute.[13] In der Europäischen Union wurde durch die 2. Bankaufsichtsrichtlinie das Sitzlandprinzip eingeführt, wonach sich auch das auf **Zweigniederlassungen** anwendbare Aufsichtsrecht nach dem Sitz des Kreditinstituts bestimmt (mit Ausnahme der Überwachung der Liquidität der Zweigniederlassung).[14] 9

Ausländisches öffentliches Recht. Die Bestimmungen des öffentlichen Rechts wirken grundsätzlich nicht über die Landesgrenzen des rechtsetzenden Staates hinaus. Eine öffentlich-rechtliche Norm eines fremden Staates ist allerdings dann zu beachten, wenn und soweit die Behörden des Erlassstaates in der Lage sind, ihre Bestimmungen durchzusetzen.[15] Das hängt bei Forderungen davon ab, ob diese im Erlassstaat „belegen“ sind. Da Forderungen am Wohnsitz des Schuldners belegen sind,[16] kommen grundsätzlich die öffentlich-rechtlichen Normen im **Heimatstaat des Schuldners** zur Anwendung.[17] Das könnte zB dazu führen, dass der ausländische Kreditnehmer auf Grund von Devisenbestimmungen seines Sitzstaates die Verpflichtungen aus dem Kreditvertrag mit einer deutschen Bank nicht erfüllen darf. 10

Wahl des englischen Rechts? Konsortialkreditverträge über großvolumige Kredite werden in Europa häufig **englischem Recht** unterworfen. Das wird ua damit begründet, dass sich wegen der großen Bedeutung Londons als internationalem Bank- und Finanzplatz englisches Recht eingebürgert habe, bei internationalen Syndizierungen Banken aus unterschiedlichen Ländern beteiligt und diese mit dem englischen Recht vertraut seien. Die Anwendung englischen Rechts hat aber je nach Interessenlage Vor- und Nachteile. Das englische Recht ist in einigen Punkten flexibler, was sich zu Gunsten der Kreditgeber auswirken kann. So sind zB Zustimmungsvorbehalte der Bank für bestimmte Geschäftsführungsmaßnahmen nach englischem Recht zulässig, wogegen sie nach deutschem Recht uU zum Nachrang der Darlehen führen können,[18] Die Kapitalisierung von Zinsen kann nach englischem Recht wirksam vereinbart werden. Nach deutschem Recht wäre eine solche Vereinbarung, die im Voraus getroffen wird, unwirksam.[19] Nach englischem Recht besteht auch keine Gefahr, dass Vertragsbestimmungen, die gleichlautend in mehreren Verträgen verwendet werden, in AGB umqualifiziert werden.[20] Andererseits sind auch Verträge, die englischem Recht unterliegen, im Kontext des englischen *Case Law* zu interpretieren. Sind die Vertragsparteien mit dem englischen Recht nicht vertraut, kann es zu Überraschungen kommen. 11

[11] Dazu → § 14 Rn. 5 ff.
[12] Vgl. dazu ua § 53 KWG.
[13] §§ 10, 10a, 11 iVm §§ 53 Abs. 1 S. 1, 1 Abs. 1b KWG.
[14] Art. 26, 27 der Richtlinie 2000/12/EG des Europäischen Parlaments und des Rates vom 20.3.2000 über die Aufnahme und Ausübung der Tätigkeit der Kreditinstitute, ABl. L 126/1 vom 26.5.2000.
[15] BGH v. 17.12.1959, BGHZ 31, 367, 372; BGH v. 16.4.1975, BGHZ 64, 183, 190.
[16] BGH v. 29.5.1951, BGHZ 2, 218, 222 f.
[17] *Hinsch/Horn,* Das Vertragsrecht der internationalen Konsortialkredite und Projektfinanzierungen, S. 120.
[18] Dazu → § 22 Rn. 78; § 51.
[19] Dazu → § 38 Rn. 17 ff.
[20] Dazu → § 28 Rn. 1 ff.

b) Fehlende Rechtswahl

12 Das mangels Rechtswahl anzuwendende Recht bestimmt sich nach Art. 4 Rom I-VO. Ein Kreditvertrag kann nicht einem in Art. 4 Abs. 1, Art. 5 bis 8 Rom I-VO aufgeführten Vertragstyp zugeordent werden. Daher unterliegt ein Kreditvertrag ohne Rechtswahl dem Recht des Staates, in dem die Partei, welche die für den Vertrag charakteristische Leistung zu erbringen hat, ihren gewöhnlichen Aufenthalt hat (Art. 4 Abs. 2 Rom-I VO). Bei einem Kreditvertrag erbringt der Kreditgeber die charakteristische Leistung.[21] Bei Bankdarlehen (ausgenommen Verbraucherkredite, siehe Art. 6 Abs. 1 Rom I-VO) ist der Ort der Hauptverwaltung der Bank maßgebend oder, wenn das Darlehen von einer **Zweigniederlassung** vergeben wurde, deren Ort (Art. 19 Abs. 2 Rom I-VO). Bei einem **internationalen Konsortialkredit** unter Beteiligung von Banken aus mehreren Staaten ist mangels Rechtswahl auf das Recht des Staates abzustellen, in dem sich die zuständige Niederlassung des Konsortialführers befindet.[22] Als Konsortialführer ist grundsätzlich der Arrangeur anzusehen. Bei mehreren Arrangeuren gilt als Konsortialführer diejenige Bank, welche die wesentlichen Funktionen ausübt, in der Regel diejenige, die selbst oder durch eine Tochtergesellschaft die Agentenfunktion übernimmt.

13 Welches Recht mangels Rechtswahl auf einen **grundpfandrechtlich gesicherten Kredit** anzuwenden ist, ist umstritten. Grundsätzlich unterliegen Verträge, die ein dingliches Recht an unbeweglichen Sachen zum Gegenstand haben, dem Recht des Staates, in dem die unbewegliche Sache belegen ist (Art. 4 Abs. 1 lit. c) Rom I-VO). Da der Kreditvertrag selbst das Grundpfandrecht aber nicht zum Gegenstand hat, kommt diese Regelung für Realkredite nicht zur Anwendung.[23] Teilweise wird jedoch die Anknüpfung an das Recht des Belegenheitsortes über Art. 4 Abs. 3 Rom I-VO in Betracht gezogen, wenn eine engere Verbindung zu diesem Recht besteht.[24] Eine solche ist bei größeren Krediten jedenfalls dann auszuschließen, wenn – wie meist – die Grundpfandrechte nur einen Teil des Sicherheitenpakets ausmachen.

3. Sicherheitenverträge

14 Rechte an einer Sache unterliegen gemäß Art. 43 EGBGB zwingend[25] dem Recht des Staates, in dem sich die Sache befindet (*lex rei sitae*). Nach dem Recht des Lageorts beurteilen sich ua die Voraussetzungen von Entstehung und Untergang dinglicher Rechte sowie deren Übertragung.[26] Auf Verträge über die Bestellung dinglicher Sicherheiten an einer Sache findet daher das Recht des Staates Anwendung, in dem sich die Sache befindet.

II. Konsortium

1. Vorvertragliche Rechtsbeziehungen

15 Die vorvertraglichen Rechtsbeziehungen zwischen dem Arrangeur und den Konsortialbanken unterliegen dem Recht des Staates, dessen Recht nach dem Einladungsschreiben bzw. dem beigefügten *Term Sheet* auch auf den Kreditvertrag Anwendung finden soll.[27]

---

[21] So die hM, Palandt/*Thorn,* Art. 4 Rom I-VO Rn. 26; MüKoBGB/*Martiny,* Art. 4 Rom I-VO Rn. 213.
[22] MüKoBGB/*Martiny,* Art. 4 Rom I-VO Rn. 216; Staudinger/*Magnus,* Art. 4 Rom I-VO Rn. 285; SBL BankR-HdB/*Welter* § 118 Rn. 19; MHdB GesR I/*Schaffelhuber/Sölch* § 31 Rn. 78.
[23] Staudinger/*Magnus,* Art. 4 Rom I-VO Rn. 284.
[24] Palandt/*Thorn* Art. 4 Rom I-VO Rn. 26; MüKoBGB/*Martiny,* Art. 4 Rom I-VO Rn. 215.
[25] Palandt/*Thorn* Art. 43 EGBGB Rn. 2.
[26] Palandt/*Thorn* Art. 43 EGBGB Rn. 3.
[27] Das folge aus dem hypothetischen Parteiwillen, wonach vor Vertragsschluss nur das Recht Anwendung finden soll, das nach dem Vertragsschluss kraft Rechtswahl der Parteien gilt, *Hinsch/Horn,* Das Vertragsrecht der internationalen Konsortialkredite und Projektfinanzierungen, S. 59.

2. Konsortialvertrag

a) Rechtswahl

Der das Innenverhältnis der Konsortialbanken regelnde Konsortialvertrag (im Unterschied zum Kreditvertrag) führt nach hM zur Gründung einer **(Innen-)Gesellschaft bürgerlichen Rechts** durch die Banken.[28] Nach Art. 1 Abs. 2 lit. f) Rom I-VO ist die Rom I-VO nicht anwendbar auf Fragen betreffend das Gesellschaftsrecht, wie zB die Errichtung, die Rechts- und Handlungsfähigkeit, die innere Verfassung und die Auflösung von Gesellschaften. Diese Fragen werden gesondert nach dem Gesellschaftsstatut angeknüpft. Art. 1 Abs. 2 lit. f) Rom I-VO erfasst aber nur Gesellschaften in der Form einer juristischen Person oder Handelsgesellschaft. Ein Teil der Literatur vertritt die Ansicht, dass Eurokreditkonsortien körperschaftsähnlich strukturiert seien. Daher könne das auf das Konsortium anwendbare Recht nicht frei gewählt werden, sondern unterliege den Kollisionsregeln, die für juristische Personen gälten. Danach komme es auf den Sitz der Gesellschaft an, bei internationalen Konsortialkrediten auf den Sitz der Hauptverwaltung des Agenten.[29] Nach hM ist das Kreditkonsortium dagegen eine **Gelegenheitsgesellschaft** ohne körperschaftliche Organisation.[30] Gelegenheitsgesellschaften wurden bereits unter deutschem Kollisionsrecht nicht dem Gesellschaftsstatut sondern internationalem Vertragsrecht unterstellt.[31] Auch nach Inkrafttreten der Rom I-VO wird diese jedenfalls analog auf Gelegenheitsgesellschaften angewendet.[32] Im Ergebnis ist eine **Rechtswahl** daher **zulässig.**[33] 16

Rayermann vertritt die Ansicht, dass alle Außengesellschaften zwingend dem Sitzrecht unterworfen sind, während bei Innengesellschaften eine Rechtswahl möglich sei.[34] Da ein Kreditkonsortium richtiger Ansicht nach eine Innengesellschaft des bürgerlichen Rechts darstellt,[35] wäre auch nach dieser Auffassung eine Rechtswahl möglich. 17

b) Fehlende Rechtswahl

Fehlt – wie meist – eine ausdrückliche Rechtswahl für die Rechtsbeziehungen der Konsortialbanken untereinander, so ist das Recht des Staates anwendbar, mit dem der Konsortialvertrag die engsten Verbindungen aufweist (Art. 4 Abs. 4 Rom I-VO). Das ist wegen der engen Verbindung des Konsortialvertrags mit dem Kreditvertrag wiederum das für den Kreditvertrag gewählte oder nach Art. 4 Rom I-VO bestimmte Recht.[36] 18

III. Übertragung eines Konsortialanteils

Soll bei einem Konsortialkreditvertrag ein Konsortialanteil auf eine andere Bank übertragen werden, so ist dafür eine (teilweise) Vertragsübernahme erforderlich. Die Vertragsübernahme erfolgt ihrerseits durch Vertrag. Das auf diesen Vertrag anwendbare Recht kann 19

---

[28] Dazu → § 31 Rn. 2 ff.
[29] Vgl. Nachweise bei MHdB GesR I/*Schaffelhuber/Sölch* § 31 Rn. 78.
[30] Dazu → § 31 Rn. 7.
[31] Palandt/*Heldrich*, 66. Aufl. Art. 28 EGBGB Rn. 20.
[32] Palandt/*Thorn*, Art. 1 Rom I-VO Rn. 12.
[33] MüKoBGB/*Martiny* Art. 1 Rom I-VO Rn. 71; OLG Hamburg v. 18.5.2001, NJW-RR 2001, 1012, 1013; *Hinsch/Horn*, Das Vertragsrecht der internationalen Konsortialkredite und Projektfinanzierungen, S. 175 f.; MHdB GesR I/*Schaffelhuber/Sölch* § 31 Rn. 78.
[34] *Rayermann*, Der internationale Konsortialvertrag, S. 46 ff.
[35] Dazu → § 31 Rn. 8 f.
[36] MüKoBGB/*Martiny* Art. 4 Rom I-VO Rn. 216; Staudinger/*Magnus* Art. 4 Rom I-VO Rn. 285; *Hinsch/Horn*, Das Vertragsrecht der internationalen Konsortialkredite und Projektfinanzierungen, S. 176 f.; MHdB GesR I/*Schaffelhuber/Sölch* § 31 Rn. 77.

grundsätzlich frei gewählt werden (Art. 3 Rom I-VO).[37] Mangels Rechtswahl unterliegt die Vertragsübernahme grundsätzlich dem Recht des übernommenen Vertrags.[38]

§ 28. Allgemeine Geschäftsbedingungen

I. Verwendung von Standardklauseln

1 Bei größeren Finanzierungen ist ein einzelner Senior-Kreditvertrag mit Anlagen nicht selten 250 Seiten lang. Die Banken (bzw. ihre Rechtsanwälte) schreiben diese langen Verträge nicht jedes Mal neu, sondern benutzen als Vorlage eine Mustervereinbarung, die auf den konkreten Sachverhalt angepasst wird. Bei Konsortial-Akquisitionsfinanzierungen setzen sie meist auf dem LMA Leveraged Finance Facilities Agreement auf, das Mitglieder der LMA von deren Homepage herunterladen können. Diese Verträge könnten allgemeine Geschäftsbedingungen iSd § 305 Abs. 1 BGB („AGB") darstellen.

2 Vertragsbedingungen sind nach der Rechtsprechung „für eine Vielzahl von Verträgen **vorformuliert**", wenn sie für mindestens drei bis fünf Verwendungen entworfen wurden.[1] Dies gilt auch dann, wenn sie nicht gegenüber verschiedenen Vertragsparteien verwendet werden sollen.[2]

3 Die AGB-Vorschriften gelten nicht für im Einzelnen zwischen den Vertragsparteien ausgehandelte Vertragsbedingungen (§ 305 Abs. 1 S. 3 BGB). Die auf dem LMA Leveraged Finance Facilities Agreement beruhenden Vertragsentwürfe werden im Zuge der Verhandlungen zwischen Arrangeur und Kreditnehmer abgeändert. Allerdings sprechen die Verhandlungspartner nicht immer über alle Klauseln dieser Mustervereinbarung. Viele Bestimmungen werden als Standardklauseln akzeptiert. Eine **Individualvereinbarung** liegt nur vor, wenn es zu einem wirklichen Aushandeln gekommen ist. Dazu muss der Vertragstext inhaltlich ernsthaft zur Disposition gestellt worden sein. Ein Indiz für das Aushandeln ist eine Veränderung des Vertragstextes. Auch wenn der Text unverändert bleibt, kann eine Individualvereinbarung vorliegen, wenn der andere Teil nach gründlicher Erörterung von der Sachgerechtigkeit der Regelung überzeugt wird.[3]

4 Eine Individualvereinbarung liegt nur vor, *soweit* die Klauseln im Einzelnen ausgehandelt wurden. Ein Aushandeln einzelner Vertragsbestimmungen ändert darum grundsätzlich nichts daran, dass die anderen Bestimmungen AGB bleiben.[4] Das Aushandeln kann sich auch auf einen Teil einer Klausel beschränken.[5] AGB können auch vorliegen, wenn die Klauseln in den Vertragstext eingearbeitet sind oder wenn es sich nur um **einzelne** Klauseln, zB Haftungsausschluss, Eigentumsvorbehalt, Gerichtsstandsklausel oder Übernahme der Mithaftung, handelt (§ 305 Abs. 2 S. 2 BGB). Möglich ist auch, dass in einem individuell gestalteten Vertrag eine einzige Klausel AGB ist.[6]

5 Die §§ 305 Abs. 2 und 3 sowie die §§ 308 und 309 BGB finden keine Anwendung auf AGB, die gegenüber einem **Unternehmer** verwendet werden (§ 310 Abs. 1 S. 1 BGB). Allerdings gilt die Generalklausel des § 307 Abs. 1 BGB auch für AGB, die einen Unternehmer binden sollen.

---

[37] MüKoBGB/*Martiny* Art. 15 Rom I-VO Rn. 28.
[38] MüKoBGB/*Martiny* Art. 15 Rom I-VO Rn. 28.
[1] BGH v. 29.6.1981, NJW 1981, 2344, 2345; BGH v. 15.4.1998, NJW 1998, 2286, 2287; BGH v. 27.9.2001, NJW 2002, 138, 139.
[2] BGH v. 11.12.2003, ZIP 2004, 315.
[3] BGH v. 17.5.1982, BGHZ 84, 109, 111; BGH v. 27.3.1991, NJW 1991, 1678, 1679.
[4] BGH v. 6.3.1986, BGHZ 97, 212, 215.
[5] BGH v. 18.5.1983, NJW 1983, 1603.
[6] BGH v. 8.6.1979, BGHZ 75, 15, 21.

Die Verfasser vertreten die Ansicht, dass Konsortialverträge über hohe Kreditbeträge, die auf der Basis des LMA Leveraged Finance Facilities Agreement entworfen werden, keine AGB darstellen.[7] 6

II. Ergänzende Geltung von AGB

Den Kredit- oder Sicherheitenverträgen werden gelegentlich die AGB der Konsortialführerin angehängt, mit der Bestimmung, dass sie „ergänzend" zu den individuell ausgehandelten Vertragsbestimmungen gelten sollen. Ohne eine solche vertragliche Einbeziehung wären sie nicht anwendbar.[8] 7

Nach § 305b BGB hat die Individualabrede Vorrang vor den AGB. AGB, die in einem direkten Widerspruch zur Individualabrede stehen, sind daher unwirksam. Das gilt auch bei einem nur mittelbaren Widerspruch. Hat eine Bank einen Kredit zB durch Übereignung eines Kfz besichern lassen, kann sie nicht auf Grund einer formularmäßigen Klausel ein Pfandrecht am Konto ihres Kunden beanspruchen.[9] 8

§ 29. Unterzeichnung und KYC

I. Unterzeichnung

Die Vertragsverhandlungen über die Finanzierungsverträge werden regelmäßig intensiv bis zur letzten Minute geführt. Entsprechend werden die Verträge laufend angepasst. Die Vertragsparteien sind dabei meist nicht in einem Raum versammelt, sondern führen die Verhandlungen über E-Mail und Telefon von ihren jeweiligen Büros aus. Die Unterzeichnung einer Vertragsurkunde bei gleichzeitiger Anwesenheit aller Vertragsparteien ist die große Ausnahme. Daher wird häufig (mündlich) vereinbart, dass nach Freigabe des Vertragsentwurfs durch alle Parteien eine sog *Execution Version* als pdf-Datei per E-Mail an alle Parteien verschickt wird, jede Partei die Unterschriftenseiten ausdruckt, unterzeichnet und die gescannten Unterschriftenseiten an den Versender der E-Mail zurückschickt. Der Versender sammelt die unterzeichneten Unterschriftenseiten und fügt sie der *Execution Version* bei. Nach der Vorstellung der Vertragsparteien ist der Vertrag damit unterzeichnet und wirksam geworden.[1] 1

Finanzierungsverträge enthalten regelmäßig **Schriftformklauseln.** Das bedeutet grundsätzlich, dass Verträge von allen Vertragsparteien auf derselben Urkunde unterzeichnet werden müssen (§ 126 Abs. 2 S. 1 BGB). Meist wird zusätzlich vereinbart, dass die Schriftformklausel ihrerseits nur schriftlich geändert werden kann (sog **doppelte Schriftformklausel**). Durch eine Schriftformklausel unterwerfen sich die Parteien selbst dem Formzwang (§§ 127, 126 BGB). Dieser Formzwang kann aber grundsätzlich durch einen mündlichen oder konkludenten Aufhebungsvertrag abbedungen werden.[2] Das gilt jedoch nicht für doppelte Schriftformklauseln, da deren Verwendung deutlich macht, dass die Parteien auf Sicherheit in ihren rechtgeschäftlichen Beziehungen zueinander entscheidenden Wert legen.[3] Eine solche doppelte Schriftformklausel ist zumindest in Individualvereinbarungen zwischen Kaufleuten wirksam.[4] Allerdings gelten bei gewillkürter Schriftform die Schriftformerfordernisse des § 126 BGB nur „im Zweifel" (§ 127 Abs. 1 BGB). Die 2

[7] Ausführlich dazu Diem/Jahn/*Diem*, II.28 Rn. 90 ff.
[8] Baumbach/*Hopt*, HGB, AGB-Banken 1 Rn. 1; *Kümpel*, Bank- und Kapitalmarktrecht Rn. 2.31 f.
[9] Palandt/*Grüneberg* § 305b Rn. 4; aA OLG München v. 22.12.1981, WM 1982, 550.
[1] Vgl. zu den hierzu gebräuchlichen Vertragsklauseln Diem/Jahn/*Zesch*, II.49 Rn. 1 ff.
[2] BGH v. 2.6.1976, BGHZ 66, 378, 380 f.; BAG v. 24.6.2003, DB 2003, 2339, 2340.
[3] BGH v. 2.6.1976, BGHZ 66, 378, 382; BAG v. 24.6.2003, DB 2003, 2339, 2340.
[4] Staudinger/*Hertel*, § 127 Rn. 62 ff.; Diem/Jahn/*Jahn*, II.41 Rn. 4.

Parteien können deshalb vereinbaren, dass der Vertrag zwar schriftlich zu schließen ist, der Abschluss aber in der oben beschriebenen Weise wirksam sein soll.

II. KYC-Pflichten

1. Begründung einer Geschäftsbeziehung/Durchführung einer Transaktion

3 **Feststellung und Überprüfung der Identität.** Ein Kreditgeber ist grundsätzlich verpflichtet, vor Begründung einer **Geschäftsbeziehung**[5] als auch bei Durchführung einer **Transaktion**[6] außerhalb einer bestehenden Geschäftsbeziehung im Wert von mindestens EUR 15.000 die **Identität** seines Kunden festzustellen (§ 10 Abs. 3 S. 1 Nr. 1 und 2 GeldwäscheG[7]). Dies wird auch als „Know Your Customer-„ oder *„KYC"*-Pflicht bezeichnet.

4 Diese Pflicht trifft aber nicht jeden Kreditgeber, sondern im Wesentlichen nur (a) **Kreditinstitute,** Finanzdienstleistungsinstitute und Finanzunternehmen mit Sitz im Inland oder (b) im Inland gelegene Zweigstellen und Zweigniederlassungen von Kreditinstituten, Finanzdienstleistungsinstituten und Finanzunternehmen mit Sitz im Ausland (§ 2 Abs. 1 Nr. 1 bis 3 GeldwäscheG).

5 Der Kreditgeber muss den **Vertragspartner** und gegebenenfalls die für ihn auftretende Person **identifizieren** (§ 10 Abs. 1 Nr. 1 GeldwäscheG). Ist der Vertragspartner eine juristische Person oder eine Personengesellschaft, so sind folgende Angaben zu erheben: Firma, Rechtsform, Registernummer, Anschrift des Sitzes oder der Hauptniederlassung und die Namen der Mitglieder des Vertretungsorgans oder der gesetzlichen Vertreter (§ 11 Abs. 4 Nr. 2 GeldwäscheG). Die **Überprüfung** der Identität einer juristischen Person oder Personengesellschaft hat durch Vorlage eines Auszugs aus dem Handelsregister oder einem vergleichbaren Register oder Verzeichnis, der Gründungsdokumente oder gleichwertiger beweiskräftiger Dokumente oder durch Einsichtnahme in die Register- oder Verzeichnisdaten zu erfolgen (§ 12 Abs. 2 Nr. 1 bis 3 GeldwäscheG). Nur wenn der Vertragspartner eine natürliche Person ist, hat sich der Kreditgeber einen gültigen amtlichen Ausweis mit Lichtbild vorlegen zu lassen (§ 12 Abs. 1 S. 1 Nr. 1 GeldwäscheG).

6 **Feststellung des wirtschaftlich Berechtigten.** Der Kreditgeber muss den Vertragspartner außerdem fragen, ob er für einen **„wirtschaftlich Berechtigten"** handelt (§ 10 Abs. 1 Nr. 2 GeldwäscheG). Wirtschaftlich Berechtigter ist die **natürliche Person**, in deren Eigentum oder unter deren Kontrolle der Vertragspartner letztlich steht, oder die natürliche Person, auf deren Veranlassung eine Transaktion letztlich durchgeführt oder eine Geschäftsbeziehung letztlich begründet wird. Ist der Vertragspartner eine juristische Person; so ist die „Kette" der wirtschaftlich Berechtigten zu ermitteln, an deren Ende eine natürliche Person stehen muss.[8] Das ist bei nicht börsennotierten Gesellschaften jede natürliche Person, die unmittelbar oder mittelbar mehr als 25 % der Kapitalanteile hält oder mehr als 25 % der Stimmrechte kontrolliert (§ 3 Abs. 2 iVm Abs. 1 GeldwäscheG).[9] Bei

[5] Zur Legaldefinition des Begriffs „Geschäftsbeziehung" siehe § 1 Abs. 4 GeldwäscheG.

[6] Zur Legaldefinition des Begriffs „Transaktion" siehe § 1 Abs. 5 GeldwäscheG.

[7] Gesetz über das Aufspüren von Gewinnen aus schweren Straftaten (Geldwäschegesetz), vom 23.6.2017, BGBl. I S. 1822, in Kraft getreten am 26.6.2017. Dieses Gesetz setzt die Richtlinie (EU) 2015/849 des Europäischen Parlaments und des Rates vom 20.5.2015 zur Verhinderung der Nutzung des Finanzsystems zum Zwecke der Geldwäsche und der Terrorismusfinanzierung, ABl. EU L 141/73 vom 5.6.2015 (vierte EU-Anti-Geldwäsche-Richtlinie) in deutsches Recht um und ersetzt das Geldwäschegesetz vom 13.8.2008.

[8] *Ackmann/Reder* WM 2009, 158, 162.

[9] Nach der vierten EU-Anti-Geldwäsche-Richtlinie bleibt es grundsätzlich bei dem aus der dritten EU-Anti-Geldwäsche-Richtlinie stammenden Schwellenwert von 25 %, jedoch dürfen die Mitgliedstaaten auch einen niedrigeren Schwellenwert bestimmen. Bei Gesellschaften, deren direkter oder indirekter Eigentümer iSd Richtlinie nicht ermittelt werden kann, sind die natürlichen Personen der Führungsebene als wirtschaftliche Eigentümer anzusehen (Art. 3 Nr. 6 lit. a) ii) vierte EU-Anti-Geldwäsche-Richtlinie). Dazu insgesamt *Spoerr/Roberts* WM 2017, 1142 ff.

börsennotierten Unternehmen besteht keine Pflicht zur Identifizierung des wirtschaftlich Berechtigten (Art. 3 Nr. 6 lit. a) i) EU-Anti-Geldwäsche-Richtlinie). Handelt der Vertragspartner für einen wirtschaftlich Berechtigten, so hat der Kreditgeber auch dessen Identität festzustellen. Dabei genügt es grundsätzlich, den Namen des wirtschaftlich Berechtigten zu erheben (§ 11 Abs. 5 GeldwäscheG).

Ob jemand 25 % der Stimmrechte kontrolliert, ist häufig nur schwer festzustellen. Eine Gesellschaft hat regelmäßig keinen Anspruch gegen ihre Gesellschafter auf Offenlegung, in welchem Umfang sie Stimmrechte kontrollieren. Auch kann dies rechtlich kompliziert sein, etwa bei Bestehen von Stimmbindungsvereinbarungen.[10] 7

Akquisitionsfinanzierungen erfolgen regelmäßig durch unechte Konsortialkredite, bei denen rechtlich jeder Konsorte einen eigenen Kreditvertrag mit dem Kreditnehmer abschließt.[11] Daher ist grundsätzlich jeder Konsorte unabhängig von den anderen zur Identifizierung verpflichtet.[12] Er kann sich dabei aber bestimmter **zuverlässiger Dritter,** zB eines in Deutschland ansässigen[13] Kreditinstituts, **bedienen.**[14] Als „per-se" zuverlässiger Dritter gilt auch jedes in einem Mitgliedstaat der EU ansässige Kreditinstitut (Art. 26 Abs. 1 EU-Anti-Geldwäsche-Richtlinie). Der Agent kann die Identifizierungspflichten für die (meist erst später beitretenden) Konsorten erfüllen und diese dürfen sich darauf verlassen.[15] In der Praxis nimmt allerdings jede Bank ihre eigene KYC-Prüfung vor.[16] 8

2. Kontoeröffnung

Die kontoführende Bank muss sich vor der Eröffnung eines Kontos Gewissheit über die Person und Anschrift des Verfügungsberechtigten verschaffen (§ 154 Abs. 2 AO). Das sind neben den gesetzlichen Vertretern auch die Personen, denen Kontovollmacht eingeräumt wird.[17] 9

[10] So auch *Köhling* WM 2007, 1780, 1784 f.
[11] Dazu → § 30 Rn. 13.
[12] *Köhling* WM 2007, 1780, 1782.
[13] Kreditinstitute sind Unternehmen im Sinne des § 1 Abs. 1 S. 1 KWG (§ 2 Abs. 1 GeldwäscheG).
[14] Ziff. 10 Abs. 1 der Verlautbarung des Bundesaufsichtsamtes für das Kreditwesen über Maßnahmen der Kreditinstitute zur Bekämpfung und Verhinderung der Geldwäsche vom 30. März 1998; *Köhling* WM 2007, 1780, 1782.
[15] *Köhling* WM 2007, 1780, 1782.
[16] Siehe zu den in Akquistionskreditverträgen üblichen Regelungen Diem/Jahn/*Jahn*, II.25, Rn. 35; Diem/Jahn/*Aschenbrenner*, II.32. Rn. 96.
[17] *Köhling* WM 2007, 1780, 1781.

Teil C. Konsortialkredit und Kreditkonsortium

Teil C behandelt die gesetzlichen Grundlagen und die üblichen vertraglichen Regelungen 1
in Bezug auf Konsortialkredite, Kreditkonsortien, den Agenten, die Syndizierung, Übertragung von Konsortialanteilen und den Beitritt von Kreditgeber zum Kreditkonsortium, Zahlungen sowie den Saldenausgleich.

§ 30. Konsortialkredit

I. Einführung

Begriff. Der Konsortialkredit ist keine eigene Kreditart, wie zB Kontokorrent- oder Aval- 1
kredit, Unternehmens- oder Verbraucherkredit, sondern eine besondere Form der Kreditgewährung, bei der auf Kreditgeberseite mehrere Banken zusammenwirken.[1] Konsortialkredite können ua als Zahlungskredite (Konsortialbarkredite) oder Avalkredite zur Verfügung gestellt werden.[2]

Gründe für Konsortialkredite. Akquisitionsfinanzierungen erfordern oft Fremdkapital 2
in beträchtlicher Höhe. Um das **Kreditrisiko zu streuen,** ist deshalb von vornherein geplant, dass die Mittel nicht von einem einzigen, sondern von mehreren Kreditgebern aufgebracht werden. Bereits das **Bankaufsichtsrecht** enthält bestimmte Vorgaben, die dem Ziel der Risikostreuung dienen. So gibt es Grenzen bei **Großkreditengagements.** Ein Großkredit ist ein Kredit, der insgesamt 10 % des haftenden Eigenkapitals eines Kreditinstituts beträgt oder übersteigt (§ 13 Abs. 1 KWG). Auch unabhängig vom Bankaufsichtsrecht versuchen die Banken, die Risiken in ihrem Kreditportfolio möglichst stark zu diversifizieren.[3] Das betrifft die Risiken aus bestimmten **Branchen** (zB Immobilienfinanzierung) wie auch die Risiken einzelner **Schuldner.**

Deshalb strebt der Underwriter in der Regel eine **Syndizierung** der Kredite an. Er 3
überträgt einen Teil seiner Rechte und Pflichten aus dem Kreditvertrag in Bezug auf eine oder mehrere Kreditlinien und/oder an einem oder mehreren Krediten (**„Konsortialanteil"** oder „Konsortialquote") auf einen beitretenden Kreditgeber, der dadurch einen entsprechenden Teil des Risikos übernimmt. Nach der Syndizierung bilden die Kreditgeber ein Konsortium. Schließen sich dagegen von Anfang an einige Kreditgeber zusammen und haben sie nicht die Absicht, die Kredite zu syndizieren, so spricht man von einem **„Club-Deal"**.

Um einen möglichst großen Kreis **potentieller Kreditgeber** ansprechen zu können, 4
wird der Konsortialkredit in eine **Mehrzahl verschiedener Kredite** aufgeteilt. Die Kredite werden mit **unterschiedlichen Konditionen,** insbesondere hinsichtlich Laufzeit, Tilgung und Verzinsung, ausgestattet. Dadurch unterscheiden sie sich auch in ihrem Risiko. Ein Kredit mit kürzerer Laufzeit, der in regelmäßigen Tilgungsraten zurückzuzahlen ist, ist weniger riskant als ein endfälliger Kredit mit längerer Laufzeit. Für einen risikoreicheren Kredit wird eine höhere Marge verlangt. Die unterschiedlich ausgestalteten Kredite sind für unterschiedliche potentielle Kreditgeber interessant. **Banken** sind meist risikoscheuer. Sie übernehmen typischerweise Konsortialanteile an den Krediten mit der kürzesten Laufzeit, dh dem Senior-Darlehen A und dem Betriebsmittelkredit. Die Beteiligung am Betriebs-

1 SBL BankR-HdB/*Wunderlich* § 76 Rn. 147.
2 SBL BankR-HdB/*Hadding/Häuser,* 3. Aufl., § 87 Rn. 6.
3 SBL BankR-HdB/*Hadding/Häuser,* 3. Aufl., § 87 Rn. 4.

mittelkredit ermöglicht ihnen auch auf bilateraler Basis Unterkredite zu vergeben und so ihre Geschäftsbeziehung zum Kreditnehmer zu stärken. Andere Kreditgeber, zB **institutionelle Investoren** (ua Pensionskassen, Versicherungen) oder Hedgefonds, beteiligen sich nur an nachrangigen Krediten (zB Senior-Darlehen B, Mezzanine- oder Second Lien-Darlehen). Diese nachrangigen Kredite sind weniger arbeitsaufwendig, da sie nicht in regelmäßigen Raten, sondern am Ende ihrer Laufzeit in einem Betrag getilgt werden. Wegen ihres höheren Risikos sind sie mit einer höheren Marge versehen.

5 **Rechtsbeziehungen.** Beim Konsortialkredit sind die Rechtsverhältnisse zwischen Kreditgebern und dem Kreditnehmer vom Rechtsverhältnis der Kreditgeber untereinander zu trennen. Die Kreditverhältnisse zwischen Kreditgebern und Kreditnehmer werden in den **Kreditverträgen** geregelt, die Rechtsbeziehungen der Kreditgeber untereinander im **Konsortialvertrag.**[4] Diese Verträge werden bei Eurokrediten aber regelmäßig in einer Urkunde, dem Konsortialkreditvertrag, verbunden.

II. Grundformen der Konsortialkredite

6 Es gibt keine allgemein akzeptierte rechtliche Gestaltung der Konsortialkredite. Sie variiert je nach den Vorstellungen der beteiligten Parteien. Bei der Vertragsgestaltung ist darauf zu achten, dass die einmal gewählte rechtliche Ausgestaltung deutlich gemacht und in allen Verträgen konsequent umgesetzt wird. Der Konsortialkredit existiert in zwei Grundformen: dem „echten" und dem „unechten" Konsortialkredit. Bei internationalen Konsortialkrediten ist der unechte Konsortialkredit gebräuchlich.

1. Echter Konsortialkredit

7 Der echte Konsortialkredit (auch zentralisierter Konsortialkredit genannt[5]) existiert in zwei Varianten:

a) Innengesellschaft

8 In der ersten Variante stellt die Konsortialführerin dem Kreditnehmer den gesamten Kreditbetrag zur Verfügung.[6] Im Innenverhältnis fordert sie den in Anspruch genommenen Betrag von den einzelnen Konsorten im Verhältnis ihrer Konsortialanteile ein. Die Konsortialbanken bilden eine GbR in der Form der **Innengesellschaft.**[7]

9 Als Beitragsleistung (§§ 705, 706 BGB) schulden die Konsorten die Bereitstellung des Kreditanteils.[8] Unterbleibt die Beitragsleistung, gelten die allgemeinen Vorschriften der §§ 280 ff. BGB.[9] Eine Ausfallhaftung der übrigen Konsorten kommt nicht in Betracht.

10 Der Kreditnehmer unterhält nur Rechtsbeziehungen mit der Konsortialführerin. Zwischen Kreditnehmer und den übrigen Konsortialbanken bestehen keine direkten vertraglichen Beziehungen. Die Zahlung von Tilgungen, Zinsen und Provisionen durch den Kreditnehmer erfolgt zentral an die Konsortialführerin, die diese Zahlungen im Innenverhältnis anteilig an die Konsorten weiterleitet.[10]

---

4 So auch *De Meo,* Bankenkonsortien, S. 35 f.
5 SBL BankR-HdB/*Hadding/Häuser,* 3. Aufl., § 87 Rn. 9.
6 SBL BankR-HdB/*Hadding/Häuser,* 3. Aufl., § 87 Rn. 7; *De Meo,* Bankenkonsortien, S. 13; MüKoBGB/*Schäfer,* Vorbem. § 705 Rn. 59.
7 SBL BankR-HdB/*Hadding/Häuser,* 3. Aufl., § 87 Rn. 27.
8 So SBL BankR-HdB/*Hadding/Häuser,* 3. Aufl., § 87 Rn. 25; *De Meo,* Bankenkonsortien, S. 42.
9 MüKoBGB/*Ulmer* § 705 Rn. 170 und § 706 Rn. 23.
10 MüKoBGB/*Schäfer,* Vorbem. § 705 Rn. 59; *De Meo,* Bankenkonsortien, S. 13; SBL BankR-HdB/*Hadding/Häuser,* 3. Aufl., § 87 Rn. 7.

b) Außengesellschaft

In der zweiten Variante treten die Konsorten gemeinsam mit dem Kreditnehmer in Rechtsbeziehungen und begründen dadurch eine GbR in der Form der **Außengesellschaft.**[11] Die Außen-GbR ist selbst Trägerin von Rechten und Pflichten[12] und nach außen das Zuordnungsobjekt des Gesellschaftsvermögens.[13] Das hat zur Folge, dass die GbR und nicht die einzelnen Konsorten Vertragspartnerin des Kreditnehmers wird. Gegenüber dem Kreditnehmer wäre die GbR zur Auszahlung des gesamten Kredits verpflichtet. Die GbR wäre Inhaberin der Forderungen gegen den Kreditnehmer (zB auf Rückzahlung des Darlehens und Zahlung der Zinsen) und selbst aus den akzessorischen Sicherheiten berechtigt.[14] Die Konsortialbanken wären der GbR nach §§ 705, 706 BGB zur Bereitstellung der Kreditmittel in Höhe ihrer Konsortialanteile verpflichtet. 11

Die Gesellschafter einer GbR haften den Gläubigern der Gesellschaft für die Verbindlichkeiten der GbR grundsätzlich unbeschränkt persönlich (gesamtschuldnerähnliche **akzessorische Haftung** analog § 128 HGB).[15] Der Kreditnehmer könnte daher auch von jedem Kreditgeber Auszahlung des gesamten Kreditbetrags verlangen. Im Innenverhältnis wären die übrigen Kreditgeber gemäß § 426 Abs. 1 BGB zum Ausgleich verpflichtet. 12

2. Unechter Konsortialkredit

Beim unechten Konsortialkredit (auch dezentralisierter Konsortialkredit genannt[16]) stellt jede Konsortialbank dem Kreditnehmer einen Kredit bis zur Höhe ihrer jeweiligen Konsortialquote zur Verfügung. Dabei handelt es sich im Gegensatz zum echten Konsortialkredit nicht um einen einheitlichen Kreditvertrag, sondern um ein **Bündel** rechtlich selbständiger Kreditverträge.[17] Der Kreditnehmer hat gegen jede Konsortialbank einen Anspruch auf Auszahlung der von ihr gewährten Kredite. Die Banken verpflichten sich nicht gemeinschaftlich zu einer Leistung, sondern getrennt zu mehreren Leistungen. Sie haften daher nicht als Gesamtschuldner (§§ 427, 421 BGB). Der Kreditnehmer ist jedem einzelnen Kreditgeber gegenüber zur Rückzahlung seiner Darlehen, zur Zahlung der darauf entfallenden Zinsen sowie der Provisionen, Gebühren etc. verpflichtet. 13

Die Kreditverhältnisse der Kreditgeber mit dem Kreditnehmer bestehen aber nicht völlig unabhängig voneinander, sondern sind durch die Konsortialbestimmungen verknüpft. So erfolgen die beiderseitigen Zahlungen regelmäßig nicht unmittelbar an die Anspruchsberechtigten, sondern in beiden Richtungen über den Agenten als gemeinsame Zahlstelle.[18] Der Agent hat im Wesentlichen nur Kontroll- und Koordinierungsfunktion.[19] Er hat 14

---

[11] So wohl MHdB GesR I/*Schaffelhuber/Sölch* § 31 Rn. 13.

[12] BGH v. 29.1.2001, NJW 2001, 1056; Palandt/*Sprau* § 705 Rn. 24.

[13] Palandt/*Sprau* § 718 Rn. 1.

[14] Dieses Modell ist in der Schweiz verbreitet, vgl. *Kohler,* Das Konsortium im schweizerischen Kreditgeschäft, S. 55.

[15] BGH v. 29.1.2001, BGHZ 146, 341, 358; das schließt auch die Haftung für gesetzliche Verbindlichkeiten (ua aus Delikt) ein, BGH v. 24.2.2003, NJW 2003, 1445, 1446; *Ulmer* ZIP 2001, 585, 597 mwN; aA *Altmeppen* NJW 1996, 1017, 1021 f.

[16] SBL BankR-HdB/*Hadding/Häuser,* 3. Aufl., § 87 Rn. 8; nach *de Meo* sei der unechte Konsortialkredit vom Parallelkredit zu unterscheiden, da unter Parallelkredit gelegentlich ein bloßes Nebeneinander von „verhältnismäßig unabhängigen Kreditbeziehungen" verstanden werde, was auf den unechten Konsortialkredit nicht zutreffe, *De Meo,* Bankenkonsortien, S. 14, Fn. 32. Auch *Hinsch* unterscheidet zwischen Konsortialkredit (GbR) und Parallelkredit (keine GbR), *Hinsch/Horn,* Das Vertragsrecht der internationalen Konsortialkredite und Projektfinanzierungen, S. 156, Fn. 3.

[17] SBL BankR-HdB/*Hadding/Häuser,* 3. Aufl., § 87 Rn. 46; in diesem Sinne auch Staudinger/*Freitag,* § 488 Rn. 79 und MüKoBGB/*Schäfer,* Vorbem. § 705 Rn. 59, die diese Art des Konsortialkredits aber als Parallelkredit bezeichnen; aA *May,* Bankenpool, S. 26 f.

[18] Nach *Hadding* und *Häuser* stellt beim unechten Konsortialkredit jede Konsortialbank ihre Konsortialquote dem Kreditnehmer unmittelbar zur Verfügung und erhält hierfür unmittelbar Zinsen und Kreditprovision, SBL BankR-HdB/*Hadding/Häuser,* 3. Aufl., § 87 Rn. 8.

[19] Ähnlich MüKoBGB/*Schäfer,* Vorbem. § 705 Rn. 59; *De Meo,* Bankenkonsortien, S. 14.

grundsätzlich keine Befugnis, die Konsortialbanken gegenüber dem Kreditnehmer zu vertreten. Diese bleiben Inhaber der Ansprüche. Aufgrund der Konsortialbestimmungen dürfen sie ihre Ansprüche aber regelmäßig nur gemeinsam, gleichzeitig und durch den Agenten geltend machen.

3. Unterscheidung

15 Es ist mitunter nicht leicht festzustellen, ob ein echter oder unechter Konsortialkredit vereinbart wurde. Äußerlich unterscheiden sich echter und unechter Konsortialkredit kaum. Die Ausgestaltung des Kredits als echter oder unechter Konsortialkredit oder auch eine Mischform aus beiden hat jedoch weit reichende Rechtsfolgen ua für die Haftung der Kreditgeber sowie die Inhaberschaft der Forderungen und der akzessorischen Sicherheiten.

III. Konsortialkredite bei Akquisitionsfinanzierungen

16 Ob der echte oder der unechte Konsortialkredit die Anforderungen von Akquisitionsfinanzierungen besser erfüllen, ist anhand der Prämissen zu beurteilen, die dieser Finanzierungsform zugrunde liegen.

1. Prämissen und Eignung der verschiedenen Modelle

a) Erste Prämisse: Keine akzessorische oder gesamtschuldnerische Haftung

17 Keine Bank ist bereit, akzessorisch für die Verbindlichkeiten des Konsortiums oder gesamtschuldnerisch für die Verpflichtungen einer anderen Bank zu haften. Jede Bank hat vor Unterzeichnung des Kreditvertrags festgelegt, mit welchem Kreditbetrag sie sich an dem Konsortialkredit beteiligen will. Diese Festlegung ist von einer Vielzahl von Faktoren abhängig (ua von ihrem bestehenden Kreditportfolio, der Eigenkapitalausstattung, der Risikoneigung, etc.) und wurde in einem bestimmten Verfahren unter Beteiligung der zuständigen Gremien der Bank getroffen. Sie kann daher nicht ohne weiteres geändert werden.

18 **Echter Konsortialkredit – Innengesellschaft.** Beim echten Konsortialkredit, der von einem Konsortium in der Form der Innengesellschaft zur Verfügung gestellt wird, haftet nur die Konsortialführerin gegenüber dem Kreditnehmer. Dagegen haften die Konsorten im Außenverhältnis gegenüber dem Kreditnehmer nicht. Im Innenverhältnis besteht keine gesamtschuldnerische Ausfallhaftung der übrigen Konsorten bei Nichterbringung der Beitragsleistung durch einen Konsorten.[20] Der echte Konsortialkredit in dieser Variante erfüllt somit die Anforderungen einer Akquisitionsfinanzierung im Verhältnis der Kreditgeber untereinander. Allerdings will auch die Konsortialführerin nicht für die Leistungsfähigkeit der übrigen Kreditgeber einstehen. Die Konsortialführerin der Akquisitionsfinanzierung übernimmt als sog Agent lediglich die Aufgaben einer Verwaltungsstelle.[21] Sie kann, muss aber nicht selbst Kreditgeber sein und verspricht daher dem Kreditnehmer auch nicht die Auszahlung des Kredits als eigene Verpflichtung.

19 **Echter Konsortialkredit – Außengesellschaft.** Wegen der akzessorischen Haftung der Konsorten für die Verbindlichkeiten der GbR und der gesamtschuldnerischen Haftung der Konsorten untereinander, erfüllt der echte Konsortialkredit, der von einer Außengesellschaft[22] gewährt wird, die Anforderungen von Akquisitionsfinanzierungen grundsätzlich nicht.

---

[20] → § 30 Rn. 9.
[21] Zu Rechtsstellung und Aufgaben des Agenten in Akquisitionsfinanzierungen siehe unten § 32.
[22] Dazu → § 30 Rn. 11 f.

20 Die akzessorische Haftung der Gesellschafter einer GbR kann zwar durch individualvertragliche Vereinbarung mit dem Vertragspartner **ausgeschlossen** werden.[23] Auch der Gesamtschuldnerausgleich der Kreditgeber untereinander gemäß § 426 Abs. 1 S. 2 BGB ist abdingbar.[24] Um die akzessorische Haftung der Kreditgeber und den Gesamtschuldnerausgleich auszuschließen, müsste im Kreditvertrag vereinbart werden, dass der Kreditnehmer gegen das Konsortium einen Anspruch auf Auszahlung des Kredits nur in der Höhe hat, in der die Kreditgeber tatsächlich Kreditmittel bereitgestellt haben, und der Kreditnehmer müsste auf direkte Ansprüche gegen die Kreditgeber verzichten. Im Innenverhältnis müssten die Banken vereinbaren, dass der Gesamtschuldnerausgleich ausgeschlossen ist. Eine solche individualvertragliche Haftungsbeschränkung ist jedoch nur gegenüber der Partei wirksam, mit der sie vereinbart wurde. Tritt die GbR als solche im Rechtsverkehr gegenüber Dritten auf, so kann sie nicht nur vertragliche, sondern auch außervertragliche Ansprüche, zB aus Delikt, begründen. Es besteht deshalb das Risiko, dass außenstehende Dritte außervertragliche Ansprüche gegen die GbR geltend machen, für welche die Gesellschafter akzessorisch und untereinander als Gesamtschuldner haften.

21 **Unechter Konsortialkredit.** Dagegen wird der unechte Konsortialkredit den Anforderungen der Kreditgeber besser gerecht. Jede Bank verpflichtet sich einzeln und getrennt von den anderen Banken, dem Kreditnehmer einen bestimmten Kreditbetrag in Höhe des von ihr übernommenen Konsortialanteils zur Verfügung zu stellen.[25] Der Kreditnehmer hat also keinen Anspruch auf Auszahlung des gesamten Darlehens gegen einen Konsortialführer oder das Konsortium als GbR, sondern nur anteilig gegen den jeweiligen Kreditgeber. Erfüllt eine Bank ihre Pflicht zur Auszahlung des Konsortialanteils nicht, so sind die anderen Konsortialbanken nicht verpflichtet, deren Anteil zu übernehmen.[26]

b) Zweite Prämisse: Forderungsinhaberschaft

22 Jede Bank will selbst und unabhängig von den anderen Banken **Inhaber ihrer jeweiligen Forderungen** gegen den Kreditnehmer sein. Sie will zB nach einer Kündigung selbst entscheiden, wann und auf welche Weise sie ihre Forderung gegen den Kreditnehmer geltend macht.

23 **Echter Konsortialkredit – Innengesellschaft.** Beim echten Konsortialkredit, der von einer Konsortialführerin gewährt wird, die mit den anderen Konsorten eine Innengesellschaft bildet, bestehen vertragliche Beziehungen nur zwischen dem Kreditnehmer und der Konsortialführerin, nicht jedoch mit den übrigen Konsortialbanken. Daher erfüllt der echte Konsortialkredit in dieser Variante nicht die Anforderungen der Praxis.

24 **Echter Konsortialkredit – Außengesellschaft.** Würde beim echten Konsortialkredit das Konsortium in der Form der Außengesellschaft den Kredit für eigene Rechnung auszahlen, so würde die GbR auch Inhaberin der Forderungen gegen den Kreditnehmer. Dies widerspricht dem erklärten Willen der Kreditgeber eigenständige Kreditforderungen gegen den Kreditnehmer zu halten. Daher genügt auch der echte Konsortialkredit in dieser Variante den Anforderungen der Kreditgeber nicht.

25 **Unechter Konsortialkredit.** Beim unechten Konsortialkredit stehen die Forderungen gegen den Kreditnehmer, zB auf Rückzahlung des Darlehens und Zinszahlung, jeweils den einzelnen Konsortialbanken und nicht dem Konsortium zu.[27]

---

[23] BGH v. 27.9.1999, BGHZ 142, 315, 318.

[24] MüKoBGB/*Bydlinski* § 426 Rn. 15; Staudinger/*Looschelders,* § 426 Rn. 52.

[25] MHdB GesR I/*Schaffelhuber/Sölch* § 31 Rn. 61.

[26] Die Konsortialbanken sind nicht Gesamtgläubiger iSd § 428 BGB, vgl. MHdB GesR I/*Schaffelhuber/Sölch* § 31 Rn. 10.

[27] SBL BankR-HdB/*Hadding/Häuser,* 3. Aufl., § 87 Rn. 38; MHdB GesR I/*Schaffelhuber/Sölch* § 31 Rn. 13.

c) Dritte Prämisse: Mehrheitsentscheidungen

26 Eine **Kündigung** soll nicht schon dann erfolgen, wenn es die Bank „mit den schwächsten Nerven" für richtig hält, sondern wenn nach Ansicht einer qualifizierten Mehrheit eine Kündigung erforderlich ist. Daher wird regelmäßig vereinbart, dass eine Kündigung des Kredits nur auf Grund eines **Beschlusses** der Kreditgeber erfolgen kann, der in der Regel eine Zweidrittelmehrheit der Konsortialanteile erfordert.

27 Diese Anforderungen können unabhängig von der rechtlichen Ausgestaltung des Konsortiums und den Rechtsbeziehungen mit dem Kreditnehmer durch schuldrechtliche Vereinbarung zwischen den Konsortialbanken erfüllt werden.

d) Vierte Prämisse: Saldenausgleich

28 Die **Zahlungen** des Kreditnehmers erfolgen zentral an den Agenten und werden von diesem **anteilig auf die Banken verteilt.** Die Zentralisierung der Zahlungen erhöht die Transparenz und erleichtert die Kontrolle. Hat eine Bank mehr als ihren Anteil erhalten, so hat sie den Überschuss an die anderen herauszugeben.

29 Ein Saldenausgleich kann unabhängig von der rechtlichen Ausgestaltung des Konsortiums und den Rechtsbeziehungen mit dem Kreditnehmer durch schuldrechtliche Vereinbarung zwischen den Konsortialbanken vereinbart werden.

e) Fünfte Prämisse: Sicherheitenpool

30 Die **Verwertung der Sicherheiten** erfolgt zentral durch den Sicherheiten-Treuhänder für Rechnung aller Kreditgeber. Der Erlös wird anteilig auf die Kreditgeber verteilt.[28]

31 Auch diese Anforderungen können unabhängig von den kreditrechtlichen Rechtsbeziehungen mit dem Kreditnehmer durch Abschluss entsprechender Vereinbarungen zwischen den Konsortialmitgliedern erfüllt werden.

2. Ergebnis

32 Der **unechte Konsortialkredit** wird den Anforderungen der Kreditgeber am besten gerecht. Daher hat er sich in der Praxis der internationalen Akquisitionsfinanzierungen durchgesetzt.[29] Nicht zuletzt auf Grund der zunehmenden Standardisierung der Vertragsdokumentation gilt dies mittlerweile auch in rein deutschen Akquisitionsfinanzierungen. Im Folgenden wird daher nur noch der unechte Konsortialkredit behandelt.

§ 31. Kreditkonsortium

I. Rechtsform

1 **Definition.** Konsortien von Banken sind zeitweilige Vereinigungen selbständig bleibender Banken zur Durchführung von Einzelgeschäften auf gemeinsame Rechnung, häufig mit dem Zweck, Risiko und Kapitalinanspruchnahme für den einzelnen Konsorten zu vermindern.[1]

2 **Gesellschaft bürgerlichen Rechts.** Nach herrschender Meinung bilden die an einem Konsortialkredit beteiligten Kreditgeber eine **Gesellschaft bürgerlichen Rechts** gemäß

[28] Dazu → § 52 Rn. 29.
[29] *Buchheit,* How to Negotiate Eurocurrency Loan Agreements, S. 13.
[1] *Scholze,* Das Konsortialgeschäft der deutschen Banken, S. 3.

§§ 705 ff. BGB („GbR").[2] Eine GbR liegt vor, wenn mehrere Gesellschafter einen Vertrag zu einem gemeinsamen Zweck schließen, in dem sie sich zu Zweckförderungsleistungen (Beiträgen) verpflichten und es sich nicht um eine Körperschaft oder Personenhandelsgesellschaft handelt.[3]

Der **gemeinsame Zweck** des Konsortiums ist die Aufbringung des Kreditbetrages und die Verwaltung und Einziehung der Kreditforderungen für gemeinsame Rechnung.[4] Gemeinsame Rechnung heißt in diesem Zusammenhang, dass die Erlöse und Ausfälle aus dem Kreditverhältnis unter den Kreditgebern anteilig entsprechend ihrer jeweiligen Konsortialquoten aufgeteilt bzw. getragen werden sollen.[5] Die Aufteilung des Kreditbetrags dient außerdem der Begrenzung des Risikos der einzelnen Konsortialbanken.[6] 3

Die Leistung von **Beiträgen** der Gesellschafter ist wesensnotwendiges Merkmal der GbR (§§ 705, 706 BGB). Als Beitrag kommt die Bereitstellung des Kreditanteils oder dessen direkte Auszahlung an den Kreditnehmer in Betracht.[7] Ein Teil der Literatur ist der Ansicht, dass die Konsorten der GbR als Beitrag nicht die Bereitstellung oder Auszahlung des Kreditbetrags an den Kreditnehmer schulden. Für die Erfüllung der Beitragspflicht sollen auch ideelle Beitragsleistungen und die Erfüllung allgemeiner Zweckförderungspflichten den Anforderungen des § 706 BGB genügen.[8] Andererseits hat jeder Konsorte ein eigenes Interesse daran, dass die anderen Konsorten ihre Konsortialanteile bereitstellen oder auszahlen. Wird von einem Konsorten sein Kreditanteil nicht ausgezahlt und übernehmen die übrigen Konsorten nicht den Fehlbetrag, so kann die gesamte Finanzierung scheitern. Dann wird dem Kreditnehmer zumindest erlaubt werden müssen, in Höhe des Fehlbetrags bei einer dritten Bank Kredit aufzunehmen. Tritt diese Bank aber nicht dem Konsortium bei, so wird der Zweck des Konsortiums gefährdet. Gemeinsame Entscheidungen aller Kreditgeber über die Kündigung der Kredite und die Verwertung der Sicherheiten sowie ein Saldenausgleich sind dann nicht mehr möglich. Jeder Konsorte schuldet daher als Beitragsleistung (dh als Verpflichtung gegenüber den anderen Konsorten) die Bereitstellung seines Konsortialanteils oder dessen direkte Auszahlung an den Kreditnehmer.[9] 4

Die Gesellschaft ist **keine offene Handelsgesellschaft** iSd § 105 HGB. Ihr Zweck ist nicht auf den Betrieb eines Handelsgewerbes gerichtet, da wegen der Beschränkung auf ein einzelnes Geschäft kein auf Dauer angelegter in kaufmännischer Weise eingerichteter Geschäftsbetrieb erforderlich ist (§ 105 Abs. 1 iVm § 1 Abs. 2 HGB).[10] 5

---

[2] MüKoBGB/*Schäfer,* Vorbem. § 705 Rn. 51, 58; Palandt/*Sprau* § 705 Rn. 44; SBL BankR-HdB/*Hadding/Häuser,* 3. Aufl., § 87 Rn. 23; MHdB GesR I/*Schaffelhuber/Sölch* § 31 Rn. 1; *Hinsch/Horn,* Das Vertragsrecht der internationalen Konsortialkredite und Projektfinanzierungen, S. 156; Staub/*Renner,* HGB Band 10/2 Viertel Teil Rn. 334 ff.; Diem/Jahn/*Jahn,* II.48 Rn. 1 ff.; *Baums,* Recht der Unternehmensfinanzierung, § 30 Rn. 60. Dagegen ist das Kreditkonsortium nach englischem und amerikanischem Recht keine „partnership", weil dies (a) eine gesamtschuldnerische Haftung der „partners" voraussetzen würde und die Banken dies regelmäßig ausschließen und (b) steuerliche Nachteile hätte, vgl. *Hinsch/Horn,* Das Vertragsrecht der internationalen Konsortialkredite und Projektfinanzierungen, S. 157 ff.

[3] *K. Schmidt,* Gesellschaftsrecht § 59 Abs. 1.

[4] So MHdB GesR I/*Schaffelhuber/Sölch* § 31 Rn. 9; nach *De Meo* verfolgen die Konsorten den Zweck, die vereinbarte Kreditgewährung gemeinsam zu finanzieren, *De Meo,* Bankenkonsortien, S. 38; dasselbe meinen wohl SBL BankR-HdB/*Hadding/Häuser,* 3. Aufl., § 87 Rn. 25 und *Hinsch/Horn,* Das Vertragsrecht der internationalen Konsortialkredite und Projektfinanzierungen, S. 156, wenn sie den gemeinsamen Zweck der GbR in der Gewährung eines Kredits auf gemeinsame Rechnung an den Kreditnehmer sehen.

[5] Vgl. dazu auch SBL BankR-HdB/*Hadding/Häuser,* 3. Aufl., § 87 Rn. 30; *De Meo,* Bankenkonsortien, S. 63.

[6] MüKoBGB/*Schäfer,* Vorbem. § 705 Rn. 58.

[7] So SBL BankR-HdB/*Hadding/Häuser,* 3. Aufl., § 87 Rn. 25; *De Meo,* Bankenkonsortien, S. 42 (in Bezug auf den echten Konsortialkredit, vgl. S. 32, 61).

[8] MHdB GesR I/*Schaffelhuber/Sölch* § 31 Rn. 21; *Hinsch/Horn,* Das Vertragsrecht der internationalen Konsortialkredite und Projektfinanzierungen, S. 159.

[9] Im Erg. ebenso *De Meo,* Bankenkonsortien, S. 42.

[10] MüKoBGB/*Schäfer,* Vorbem. § 705 Rn. 51; *De Meo,* Bankenkonsortien, S. 45.

6 Die wesensnotwendigen Merkmale einer GbR liegen beim Kreditkonsortium somit vor. Allerdings sind in der Praxis der Konsortialfinanzierungen nahezu sämtliche Bestimmungen des Rechts der GbR durch anderweitige Vereinbarungen vertraglich abbedungen.[11]

7 **Gelegenheitsgesellschaft.** Das Konsortium ist **Gelegenheitsgesellschaft,** da es auf die Durchführung eines einzigen Geschäfts gerichtet ist.[12]

8 **Außen- oder Innengesellschaft.** Es ist weiterhin zu prüfen, ob das Kreditkonsortium eine GbR in der Form der Außen- oder Innengesellschaft darstellt. Bei einer Außengesellschaft soll die GbR als Gesellschaft durch ihre Vertreter am Rechtsverkehr teilnehmen.[13] Nach einer etwas engeren Ansicht liegt eine rechts- und parteifähige (Außen-)GbR nur dann vor, wenn die Gesellschaft, die über einen Sitz verfügt, unter eigenem Namen und mit eigenen Geschäftsführern gegenüber Dritten rechtsgeschäftlich tätig wird und dadurch Gesamthandsvermögen begründet (§ 718 Abs. 1 Hs. 2 BGB).[14] Allein die Existenz oder das Fehlen eines gesamthänderisch gebundenen Vermögens **(Gesellschaftsvermögen)** ist kein ausreichendes Kriterium für eine Außengesellschaft,[15] da diese zwar über ein Gesellschaftsvermögen verfügen kann, dies aber nicht muss.[16]

9 Es wird die Auffassung vertreten, dass beim Konsortialkredit in aller Regel das Konsortium aus mehreren Banken, dh die GbR als solche, vertreten durch den Konsortialführer (Agenten) gegenüber dem Kreditnehmer auftrete. Daher handele es sich meistens um eine **Außengesellschaft.**[17] Der Agent soll jedoch gerade keine Rechte und Pflichten der GbR gegenüber dem Kreditnehmer begründen, für welche die Konsorten gegebenenfalls gesamtschuldnerisch haften müssten.[18] Er vertritt bei der Verwaltung des Kredits nicht das Konsortium, sondern allenfalls die einzelnen Kreditgeber. Beim unechten Konsortialkredit stellt das Kreditkonsortium daher eine **Innengesellschaft** dar.[19]

10 **Abweichende Ansichten**. Gegen die Einordnung des Kreditkonsortiums als Innengesellschaft bürgerlichen Rechts haben sich kürzlich *Walgenbach* und *Rauch/Kaufmann* gewandt. Da viele der gesetzestypischen Regelungen einer GbR beim Kreditkonsortium abbedungen werden,[20] bezweifeln die Autoren, dass der Wille der Beteiligten tatsächlich auf die Begründung einer GbR gerichtet sei.[21] Auch die Wahl deutschen oder englischen Rechts sei eher zufällig und jedenfalls nicht von gesellschaftsrechtlichen Erwägungen zur Rechtsform des Konsortiums geleitet. Da nach englischem Recht zumindest keine *partnership* englischen Rechts begründet wird, sei daher auch nicht anzunehmen, dass bei Wahl deutschen Rechts eine gesellschaftsrechtliche Verbundenheit der Gesellschafter untereinander gewünscht sei.[22] *Walgenbach* nimmt mangels gesetzestypischer Alternativen stattdessen einen Vertrag *sui generis* an.[23] *Rauch/Kaufmann* sehen „allein schuldrechtliche Beziehungen, die aus der Vertragsdokumentation folgen".[24]

11 Die Einordnung des Konsortialvertrags als Vertrag *sui generis* beinhaltet zunächst nur die Feststellung, dass der Konsortialvertrag als solcher im Gesetz nicht ausdrücklich geregelt ist. Das ist richtig, dogmatisch ist hieraus allerdings noch nicht viel gewonnen. Die lediglich

---

[11] SBL BankR-HdB/*Hadding/Häuser,* 3. Aufl., § 87 Rn. 23; *De Meo,* Bankenkonsortien, S. 54.

[12] MüKoBGB/*Schäfer,* Vorbem. § 705 Rn. 51, 87; MHdB GesR I/*Schaffelhuber/Sölch* § 31 Rn. 9; *Hinsch/Horn,* Das Vertragsrecht der internationalen Konsortialkredite und Projektfinanzierungen, S. 157; *De Meo,* Bankenkonsortien, S. 48.

[13] Palandt/*Sprau* § 705 Rn. 33.

[14] *Ulmer* ZIP 2001, 585, 593 f.

[15] SBL BankR-HdB/*Hadding/Häuser,* 3. Aufl., § 87 Rn. 26; *Ulmer* ZIP 2001, 585, 592 f.

[16] MüKoBGB/*Schäfer,* Vorbem. § 705 Rn. 8; Staudinger/*Habermeier* § 705 Rn. 58.

[17] SBL BankR-HdB/*Hadding/Häuser,* 3. Aufl., § 87 Rn. 27.

[18] Dazu → § 30 Rn. 17 ff.

[19] Ebenso MüKoBGB/*Schäfer,* Vorbem. § 705 Rn. 58; Staudinger/*Freitag,* § 488 Rn. 79.

[20] Siehe dazu sogleich.

[21] LBS/*Walgenbach,* 16. Kap. Rn. 6a; *Rauch/Kaufmann* WM 2018, 652, 653. Kritisch zur Qualifizierung von Konsortien als GbR, jedoch ohne Alternativvorschlag schon *Assmann* ZHR 152 (1988), 371, 377.

[22] LBS/*Walgenbach,* 16. Kap. Rn. 6a; *Rauch/Kaufmann* WM 2018, 652, 654.

[23] LBS/*Walgenbach,* 16. Kap. Rn. 6a.

[24] *Rauch/Kaufmann* WM 2018, 652, 656.

negative Abgrenzung zu den gesetzestypischen Regelungen der Gesellschaft bürgerlichen Rechts beantwortet nicht die Frage, welche Regelungen stattdessen auf den Konsortialvertrag anzuwenden sein sollen. Sind es nicht die zur GbR, bleiben die Regelungen des allgemeinen Schuldrechts, in deren Rahmen die Parteien im Rahmen des dispositiven Rechts ihre Rechtsverhältnisse privatautonom regeln können. Dies ist die Position von *Rauch/Kaufmann*.

Streng genommen handelt es sich bei allen Innengesellschaften bürgerlichen Rechts um **12**
solche *sui generis*, denn das BGB geht in den §§ 705 ff. von einer Außengesellschaft aus.[25] Bei sämtlichen in der Praxis anerkannten Innengesellschaften werden dagegen mal mehr, mal weniger Vorschriften des BGB zur GbR oft stillschweigend abbedungen. *Freitag* bezeichnet das Kreditkonsortium daher zurecht auch als „atypische BGB-Gesellschaft".[26] Die Negation gesellschaftsrechtlicher Verbundenheit der Kreditgeber und stattdessen eine bloße Anwendung des allgemeinen Schuldrechts wirft dagegen weitere Fragen auf. So diskutieren *Rauch/Kaufmann* zwar ausführlich, ob die bei Einordnung des Kreditkonsortiums als GbR bestehende Treuepflicht der Kreditgeber untereinander nicht auch durch eine Anwendung von § 242 BGB hinreichend erreicht werden könne, was sie mit Blick auf Mehrheitsentscheidungen des Konsortiums bejahen.[27] Sie beantworten aber nicht die eigentlich vorgelagerte Frage, weshalb bei grundsätzlich nebeneinander bestehenden Kreditverhältnissen ohne gesellschaftsrechtliche Verbundenheit Kreditgeber ihren eigenen Kreditvertrag nicht eigenständig kündigen können oder bei vielen Verzichtserklärungen oder Änderungen des Vertrages eine Mehrheitsentscheidung der Kreditgeber ausreichend ist. Bei Anwendung lediglich des allgemeinen Schuldrechts fällt eine Antwort nicht leicht. Gegenüber dem Kreditnehmer ließe sich hinsichtlich der Kündigung möglicherweise auf § 242 BGB in Form eines *pactum de non petendo* zurückgreifen, hinsichtlich der Wirksamkeit einer Vertragsänderung oder Verzichtserklärung auf die hierzu dem Agenten erteilte Vollmacht. Was aber passiert, wenn ein Kreditgeber vor Ausübung der Vollmacht dieser widerspricht? Ist er dann erst auf Zustimmung zu verklagen oder kann der Vertrag auch mit Wirkung gegen ihn mit den Stimmen der übrigen Kreditgeber geändert werden? Was passiert mit einer erteilten Zustimmung zu einer Verzichtserklärung, wenn ein Konsorte nach ihrer Erteilung seinen Konsortialanteil auf einen neuen Kreditgeber überträgt, bevor die entsprechende Maßnahme vollzogen wurde? Ist der neue Kreditgeber hieran gebunden? Bei Anwendung der Regelungen zur Innengesellschaft ist die Antwort stets klar. Die konsortiale Verbundenheit der Kreditgeber untereinander bewirkt, dass die im Konsortialvertrag getroffenen Regelungen zu Mehrheitsentscheidungen die Kreditgeber unmittelbar binden. Die Zulässigkeit von Mehrheitsentscheidungen misst sich an § 709 BGB.[28]

Sofern *Walgenbach* und *Rauch/Kaufmann* damit argumentieren, die Wahl deutschen **13**
Rechts mit der Folge der Einordnung des Konsortiums als Innengesellschaft bürgerlichen Rechts sei eher zufällig,[29] der Wille der Beteiligten gehe eher dahin, durch den Kreditvertrag eine abschließende Regelung zu treffen, die grundsätzlich dem entspreche, was gälte, wenn der Kreditvertrag einem anderen, zB englischen, Recht unterläge,[30] ist dies zumindest für deutsche Banken und Kreditnehmer eine überraschende Feststellung. Dies unterstellt nämlich, die Beteiligten wüssten, wie zB das englische Recht die Rechte und Pflichten der Kreditgeber untereinander beurteilt, und dass die Beteiligten diese rechtliche Beurteilung auch wünschten, wenn sie explizit deutsches Recht als anwendbares Recht wählen. Aber auch bei Beteiligung ausländischer Banken oder Kreditnehmer im Rahmen eines deutsch-rechtlichen Kreditvertrages ist festzustellen, dass mit jeder Wahl einer Rechtsordnung die Parteien Regelungen bewusst oder unbewusst akzeptieren, mit denen sie in

---

[25] Palandt/*Sprau*, § 705 Rn. 33; Staudinger/*Habermeier*, § 705 Rn. 58.
[26] Staudinger/*Freitag*, § 488 Rn. 79.
[27] *Rauch/Kaufmann* WM 2018, 652, 654 f.
[28] Dazu → § 31 Rn. 23.
[29] LBS/*Walgenbach*, 16. Kap. Rn. 6a; *Rauch/Kaufmann* WM 2018, 652, 654.
[30] *Rauch/Kaufmann* WM 218, 652, 654, 657.

ihrer eigenen Rechtsordnung nicht vertraut sind. So hat die Wahl deutschen Rechts zB auch zur Folge, dass Zinseszinsvereinbarungen oder die Verpflichtung zur Zahlung einer Vorfälligkeitsprämie unwirksam sind, Kredite unter Berücksichtigung von Treu und Glauben trotz Bestehen eines Kündigungsgrundes nicht gekündigt werden können oder möglicherweise auf bestimmte Vertragsklauseln oder gar das gesamte Vertragswerk deutsches AGB-Recht Anwendung findet. Sofern es sich nicht um dispositives Recht handelt, gelten diese Regelungen unabhängig davon, ob die Parteien dies bei Abschluss des Vertrages gewünscht oder bedacht haben. Interessanterweise wenden ja auch *Rauch/Kaufmann* anstelle der Regelungen zur gesellschaftsrechtlichen Treuepflicht § 242 BGB und damit eine typisch deutsch-rechtliche Regelung an.

14 In der Praxis spielt die dogmatisch interessante Frage keine Rolle. Die Gerichte sind, soweit ersichtlich, hiermit bisher nicht befasst gewesen, was vermutlich auch daran liegt, dass im Ergebnis weitgehend Einigkeit über die Rechtsfolgen der Rechtsbeziehungen der Konsortialbanken untereinander herrscht[31] und gerichtliche Streitigkeiten der Konsortialbanken untereinander äußerst selten sind.

II. Gründung

15 **Gesellschafter.** Das Konsortium wird von den ursprünglichen Kreditgebern als Gesellschafter der GbR gegründet. Existiert nur ein ursprünglicher Kreditgeber, so entsteht das Konsortium mit dem Beitritt der ersten Konsortialbank im Rahmen der Syndizierung. Jeder später beitretende Kreditgeber wird ebenfalls Gesellschafter des Konsortiums. Doch ist der Kreditnehmer, da er nicht denselben Zweck verfolgt wie die Konsorten, selbst dann nicht Mitglied der GbR, wenn der von ihm mitunterzeichnete Konsortialkreditvertrag auch die Konsortialbestimmungen enthält.[32]

16 **Konsortialvertrag.** Das Konsortium wird durch Abschluss eines Gesellschaftsvertrags zwischen den Konsortialbanken **(„Konsortialvertrag")** gegründet. Der Konsortialvertrag ist vom Kreditvertrag, der zwischen den Konsortialbanken und dem Kreditnehmer abgeschlossen wird, rechtlich zu trennen. Allerdings sind die Grenzen zwischen beiden Verträgen fließend. So ist zB der Saldenausgleich auf die anteilige Befriedigung der Kreditgeber gerichtet. Er kann aber, je nach Ausgestaltung, auch in die Rechtsstellung des Kreditnehmers eingreifen.[33] Daher wird der Konsortialvertrag nicht nur zwischen den Konsorten geschlossen, sondern der Kreditnehmer wird ebenfalls Vertragspartei. Der Kreditnehmer hat auch ein eigenes Interesse an den Bestimmungen des Konsortialvertrags (zB Erfordernis einer Zweidrittelmehrheit für die Kündigung). Diese Verzahnung von Konsortialvertrag und Kreditvertrag ist auch der Grund dafür, dass beide Verträge meist in einer Urkunde verbunden werden.[34]

17 **Form.** Der Konsortialvertrag muss nicht schriftlich abgefasst sein. Der Vertragsabschluss kann auch durch schlüssiges Verhalten erfolgen.[35] Dabei muss der Wille der Konsorten zur Gründung des Konsortiums zum Ausdruck gebracht werden. Der Konsortialvertrag kann

---

[31] *Rauch/Kaufmann* schreiben einleitend zwar, das Thema sei keineswegs rein akademisch (WM 2018, 652, 652), kommen aber bei der von ihnen als praktisch relevant erkannten Frage der Treubindung der Konsorten zu dem Ergebnis, der Grundsatz der Treuepflicht gelte unabhängig davon, ob man das Kreditkonsortium als Innengesellschaft qualifiziere oder ob man sich auf § 242 BGB berufe (WM 2018, 652, 656).

[32] SBL BankR-HdB/*Hadding/Häuser,* 3. Aufl., § 87 Rn. 24; *De Meo,* Bankenkonsortien, S. 43.

[33] Wenn zB die Tilgungszweckbestimmung einer Zahlung des Kreditnehmers geändert wird, vgl. dazu → § 35 Rn. 14 f.

[34] SBL BankR-HdB/*Hadding/Häuser,* 3. Aufl., § 87 Rn. 40. Da Sicherungsgeber und Kreditnehmer/Garanten nicht immer personengleich sind, wird die Verwaltung der Sicherheiten durch den Sicherheiten-Treuhänder separat in einer Intercreditor-Vereinbarung oder einem Sicherheiten-Treuhandvertrag (oder Sicherheiten-Poolvertrag) geregelt. Inhaltlich handelt es sich um Konsortialbestimmungen.

[35] Palandt/*Sprau* § 705 Rn. 11.

konkludent durch den gemeinsamen Abschluss der Kreditvereinbarung durch die Konsortialbanken einerseits und den Kreditnehmer andererseits geschlossen werden.

Vertragsinhalt. Durch den Abschluss des Konsortialvertrags drücken die Konsorten untereinander nicht nur ihren gleichgerichteten Willen aus, dem Kreditnehmer Kredite zur Verfügung zustellen, sondern auch ihre Einigung, dies auf gemeinsame Rechnung zu tun. Der Konsortialvertrag enthält Regeln über das Innenverhältnis der Konsortialbanken. Dazu gehören im Wesentlichen:[36] 18

- Die Festlegung der Quoten, mit denen sich die einzelnen Konsorten an den Kreditlinien und Krediten beteiligen,
- die Verpflichtung der Konsorten, bestimmte Maßnahmen nur auf Grund eines gemeinsamen Beschlusses zu ergreifen (zB die Kündigung der Kredite oder die Freigabe von Sicherheiten),
- die Mehrheitsanforderungen für Beschlüsse der Konsortialmitglieder,
- die Verpflichtung der Konsorten, alle Einnahmen im Zusammenhang mit dem Kreditverhältnis im Verhältnis ihrer Konsortialanteile zu teilen (Saldenausgleich),[37]
- das Verfahren des Beitritts weiterer Kreditgeber zum Konsortium und der Übertragung von Konsortialanteilen auf diese,
- die Beauftragung des Agenten, die Festlegung des Umfangs seiner Aufgaben sowie seiner Haftung und
- der Widerruf des Auftrags gegenüber dem Agenten und dessen Kündigungsrecht.

III. Gesellschaftsvermögen

In der Literatur besteht keine einheitliche Auffassung darüber, ob ein Kreditkonsortium über ein Gesellschaftsvermögen verfügt und was gegebenenfalls Gegenstand des Gesellschaftsvermögens ist. Ein Teil der Literatur bejaht die Bildung eines Gesellschaftsvermögens, wenn die Konsorten ihre Konsortialquote als Beitrag an die Gesellschaft schulden. Dann bestehe das Gesellschaftsvermögen aus diesen Forderungen gegen die Konsorten.[38] Es besteht aber Einigkeit, dass der Kreditnehmer die Rückzahlung des Darlehens, die Zahlung der Zinsen, Kosten und Gebühren jeder Konsortialbank direkt und individuell schuldet.[39] Forderungen gegen den Kreditnehmer gehören daher nicht zum Gesellschaftsvermögen.[40] Nach überwiegender und zutreffender Ansicht bildet ein Kreditkonsortium, bei dem die Kreditforderungen den Konsortialbanken jeweils einzeln und unter ausdrücklichem Ausschluss einer gesamthänderischen Bindung zustehen, kein Gesellschaftsvermögen.[41] 19

Kreditkonsortien nach englischem oder New Yorker Recht verfügen über kein Gesellschaftsvermögen, da die Banken nach diesen Rechtsordnungen gar keine Gesellschaft bilden.[42] 20

[36] Teilweise abweichend *De Meo,* Bankenkonsortien, S. 61 ff.; SBL BankR-HdB/*Hadding/Häuser,* 3. Aufl., § 87 Rn. 29.
[37] Dazu → § 35 Rn. 10 ff.
[38] *Hinsch/Horn,* Das Vertragsrecht der internationalen Konsortialkredite und Projektfinanzierungen, S. 173.
[39] SBL BankR-HdB/*Hadding/Häuser,* 3. Aufl., § 87 Rn. 38; *De Meo,* Bankenkonsortien, S. 102 f.; MHdB GesR I/*Schaffelhuber/Sölch* § 31 Rn. 38; *Hinsch/Horn,* Das Vertragsrecht der internationalen Konsortialkredite und Projektfinanzierungen, S. 173; davon geht auch das LMA Leveraged Finance Facilities Agreement in Ziff. 2.4(b) (*Finance Parties' rights and obligations*) aus.
[40] SBL BankR-HdB/*Hadding/Häuser,* 3. Aufl., § 87 Rn. 38; *Hinsch/Horn,* Das Vertragsrecht der internationalen Konsortialkredite und Projektfinanzierungen, S. 173.
[41] MHdB GesR I/*Schücking* § 3 Rn. 33; MHdB GesR I/*Schaffelhuber/Sölch* § 31 Rn. 38; *Rayermann,* Der internationale Konsortialvertrag, S. 68 f.
[42] *Hinsch/Horn,* Das Vertragsrecht der internationalen Konsortialkredite und Projektfinanzierungen, S. 174.

IV. Geschäftsführung und Vertretung

21 Nach dem gesetzlichen Leitbild der GbR steht die Geschäftsführung allen Gesellschaftern zu (§ 709 Abs. 1 BGB).[43] Die Konsortialbanken beauftragen aber regelmäßig eine Bank (den **Agenten**) mit der Erledigung bestimmter Aufgaben und der Ausübung im Einzelnen bestimmter Rechte.[44] Es wird die Ansicht vertreten, dass dem Agenten insoweit die Alleingeschäftsführung übertragen sei (§ 710 BGB).[45] Dem ist nicht zuzustimmen. Die Innengesellschaft ist nicht dazu bestimmt, als solche nach außen aufzutreten. Sie regelt nur die schuldrechtlichen Innenbeziehungen der Gesellschafter untereinander. Die Aufgabe des Agenten besteht deshalb nicht darin, „den Willen der Gesellschaft zu bilden und in die Tat umzusetzen".[46]

1. Gesamtgeschäftsführung der Konsorten

22 Nach hier vertretener Ansicht wird die Geschäftsführung nicht auf den Agenten übertragen. Sie verbleibt vielmehr als Gesamtgeschäftsführung bei den Konsortialbanken (§ 709 Abs. 1 BGB).[47]

23 **Mehrheitserfordernisse.** Soweit nichts anderes vereinbart ist, müssen Entscheidungen einstimmig beschlossen werden (§ 709 Abs. 1 Hs. 2 BGB). In den Konsortialverträgen wird aber regelmäßig vereinbart, dass die Konsorten Beschlüsse grundsätzlich mit **qualifizierter Mehrheit** (in der Regel 66 2/3 %) fassen.[48] Abweichend von § 709 Abs. 2 BGB wird die Mehrheit nicht nach „Köpfen", dh nach der Anzahl der Konsortialbanken, bestimmt, sondern nach den gewichteten **Konsortialanteilen.**[49] Einige Entscheidungen bedürfen nach den üblichen Kreditverträgen allerdings der Einstimmigkeit.[50] Teilweise wird für bestimmte Entscheidungen statt Einstimmigkeit eine erhöhte Zustimmungsrate (zB 85 oder 90 %, sog *„Super Majority Lenders"*) vereinbart.

---

[43] Nach *Ulmer* steht die Geschäftsführungsbefugnis bei der Innengesellschaft ohne Gesellschaftsvermögen zwingend dem Hauptgesellschafter zu und sie kann ihm auch nicht durch Beschluss der Gesellschafter entzogen werden, MüKoBGB/*Ulmer* § 705 Rn. 285; ähnlich Staudinger/*Habermeier* § 705 Rn. 60. *Ulmer* denkt dabei aber wohl nicht an Kreditkonsortien mit mehreren Gesellschaftern, sondern an typischerweise zweigliedrige Gesellschaften nach Art der stillen Gesellschaft des HGB.

[44] SBL BankR-HdB/*Hadding/Häuser,* 3. Aufl., § 87 Rn. 31.

[45] SBL BankR-HdB/*Hadding/Häuser,* 3. Aufl., § 87 Rn. 31; *Hinsch/Horn,* Das Vertragsrecht der internationalen Konsortialkredite und Projektfinanzierungen, S. 161.

[46] Vgl. MüKoBGB/*Ulmer* § 705 Rn. 256; vgl. auch Ziff. 33.3 (*Duties of the Agent*) LMA Leveraged Finance Facilities Agreement, „the Agent's duties under the Finance Documents are solely mechanical and administrative in nature".

[47] Vgl. auch Diem/Jahn/*Aschenbrenner,* II.32 Rn. 6 ff. Nach anderer Ansicht wird der Agent im oben (siehe → § 31 Rn. 21) beschriebenen Umfang mit der Alleingeschäftsführung betraut (Derleder/Knops/Bamberger/*Hoffmann* § 22 Rn. 73; BeckFormB ZivilR-*Reppenthien* Rn. 4). Im Ergebnis dürften sich aber keine wesentlichen Unterschiede ergeben, da sich die Rechtsstellung des Geschäftsführers grundsätzlich ebenfalls nach dem Auftragsrecht richtet (§ 713 BGB). In Bezug auf außergewöhnliche Geschäfte bleibt die Gesamtgeschäftsführung der Konsorten in jedem Fall erhalten, vgl. SBL BankR-HdB/*Hadding/Häuser,* 3. Aufl., § 87 Rn. 32. Außergewöhnlich sind Geschäfte von grundlegender Bedeutung und Geschäfte, durch die sich das Risiko der beteiligten Banken erhöht. Bei der häufigen Übertragung der Agententätigkeit auf eine Tochtergesellschaft eines Konsorten wäre eine vollständige Übertragung der Geschäftsführungsaufgaben auf den Agenten wegen des Grundsatzes der Selbstorganschaft nicht zulässig (siehe Palandt/*Sprau,* Vorbem. v. § 709 Rn. 3a). Ein Dritter kann jedoch in weitem Umfang mit Geschäftsführungsaufgaben betraut und mit umfassenden Vollmachten ausgestattet werden, sofern die Gesellschafter selbst die organschaftliche Geschäftsführungs- und Vertretungsbefugnis behalten, BGH v. 22.1.1962, BGHZ 36, 292; BGH v. 20.9.1993, NJW-RR 1994, 98.

[48] Beispielsklausel: Ziff. 31.7(a) iVm Definition von *„Majority Lenders"* in Ziff. 1.1 (*Definitions*) LMA Leveraged Finance Facilities Agreement.

[49] *Hinsch/Horn,* Das Vertragsrecht der internationalen Konsortialkredite und Projektfinanzierungen, S. 162.

[50] Dazu → § 36 Rn. 3.

Stimmverbote. Der Agent ist, wenn er der GbR gleichzeitig als Konsorte angehört, bei diesen Beschlüssen entsprechend seinem Konsortialanteils stimmberechtigt, ausgenommen in Fällen der Interessenkollision (zB Beschluss über Widerruf des Auftrags des Agenten).[51] 24

Blockadeverbot/Zustimmungspflicht? Jede Konsortialbank hat eine allgemeine Pflicht, den Gesellschaftszweck zu fördern. Daraus wird geschlossen, dass eine Konsortialbank wirtschaftlich notwendige, allen Konsortialbanken dienliche Entscheidungen nicht durch eigennütziges Abstimmungsverhalten auf Grund einer qualifizierten Minderheitsquote blockieren dürfe.[52] Spätestens seit der *Girmes*-Entscheidung[53] des Bundesgerichtshofs ist anerkannt, dass auch dem Minderheitsgesellschafter Treuepflichten obliegen. Daraus lässt sich jedoch nicht allgemein ableiten, dass eine Konsortialbank grundsätzlich einer allen Konsortialbanken dienlichen Entscheidung zuzustimmen habe.[54] Eine absolute Pflicht zB einer Umschuldung zuzustimmen, gibt es nicht.[55] Kontrovers diskutiert wird jedoch die Frage, ob eine Pflicht zur zusätzlichen Kreditgewährung in der Krise gegenüber dem Kreditnehmer besteht.[56] 25

2. Alleingeschäftsführung der Konsorten

Eine Konsortialbank ist nach den üblichen Verträgen ausnahmsweise auch **allein** zur Geschäftsführung berechtigt, ohne die Zustimmung der anderen Konsorten einholen zu müssen. Das gilt insbesondere 26

- bei der Geltendmachung eines fälligen Zahlungsanspruchs im Rahmen ihrer Konsortialquote[57] und
- bei der Geltendmachung von Ansprüchen auf Ausgleich von Steuern (zB wegen einer Quellensteuer) oder von Kostenerhöhungen.[58]

Eine Verwertung der Sicherheiten setzt nach der Intercreditor-Vereinbarung bzw. dem Sicherheiten-Treuhandvertrag aber regelmäßig einen Beschluss der Konsortialbanken voraus. 27

3. Vertretung

Wie oben bereits dargelegt, sind Kreditkonsortien als Innengesellschaften zu qualifizieren, die als solche nicht nach außen auftreten.[59] Schon aus diesem Grund ist weder der Agent noch eine andere Finanzpartei befugt, die GbR gegenüber Dritten zu vertreten. Nur die einzelnen Kreditgeber können sich vertreten lassen.[60] 28

V. Haftung

Während Gesellschafter einer Außen-GbR für die Verbindlichkeiten der GbR **akzessorisch** haften[61] und die zu § 128 HGB entwickelten Grundsätze Anwendung finden, stellt sich die Frage einer „Haftung im Außenverhältnis" für eine Innengesellschaft grundsätzlich 29

[51] Palandt/*Sprau,* Vorbem. § 709 Rn. 15.
[52] MHdB GesR I/*Schaffelhuber/Sölch* § 31 Rn. 21 mwN.
[53] BGH v. 20.3.1995, BGHZ 129, 136.
[54] Es kommt dabei auf eine Abwägung mitgliedschaftlicher Interessen und Befugnisse an, vgl. *K. Schmidt,* Gesellschaftsrecht § 20 IV 2.
[55] Damit sympathisieren aber *Hinsch/Horn,* Das Vertragsrecht der internationalen Konsortialkredite und Projektfinanzierungen, S. 165 f.
[56] Vgl. ausführlich *Eidenmüller,* Unternehmenssanierung zwischen Markt und Gesetz, Kap. 6 C (S. 584 ff.) mwN.
[57] *Hinsch/Horn,* Das Vertragsrecht der internationalen Konsortialkredite und Projektfinanzierungen, S. 161.
[58] Siehe dazu §§ 19 und 20.
[59] Dazu → § 31 Rn. 8 f.
[60] Dazu → § 32 Rn. 8.
[61] BGH v. 29.1.2001, BGHZ 146, 341, 358; *K. Schmidt,* Gesellschaftsrecht § 60 III 2.

nicht. Die Innengesellschaft tritt als solche nicht im Rechtsverkehr als Rechtsträger in Erscheinung. Treten alle Gesellschafter einer Innengesellschaft (wie beim Konsortium der Fall) im Rechtsverkehr auf, haften diese daher unmittelbar.[62] Eine „Außenhaftung" der Innengesellschaft kommt nicht in Betracht.

30 Die Konsorten haften für ihre eigenen Verbindlichkeiten aus dem Kreditvertrag nicht gemäß § 421 BGB als Gesamtschuldner, sondern als Teilschuldner. Eine gesamtschuldnerische Haftung der Kreditgeber gegenüber dem Kreditnehmer ist regelmäßig vertraglich ausgeschlossen;[63] die Zweifelsregel des § 427 BGB findet keine Anwendung.[64]

VI. Gesellschafterwechsel

31 **Ausscheiden.** Das Ausscheiden eines Gesellschafters aus der GbR kann ua durch **Vereinbarung** mit den übrigen Gesellschaftern erfolgen.[65] Scheidet ein Gesellschafter aus der GbR aus, so wächst grundsätzlich sein Anteil am Gesellschaftsvermögen den übrigen Gesellschaftern zu (§ 738 Abs. 1 BGB), und der ausscheidende Gesellschafter erhält gegen die übrigen einen Anspruch auf Abrechnung und Abfindung.[66] Da das Konsortium jedoch über kein Gesellschaftsvermögen verfügt, kommt es nicht zu einer Anwachsung bei den übrigen Konsortialmitgliedern, und der ausscheidende Konsorte erwirbt keinen Abfindungsanspruch. Er hat jedoch einen bilateralen Zahlungsanspruch gegen den Kreditgeber, der den Konsortialanteil von ihm erwirbt, als Gegenleistung für die abgetretenen Kreditforderungen.

32 **Eintritt.** Der Eintritt eines Gesellschafters erfolgt durch Vereinbarung mit den übrigen Gesellschaftern.[67] Tritt ein neuer Gesellschafter in die GbR ein, so wächst ihm grundsätzlich ein Anteil am Gesellschaftsvermögen zu, und den übrigen wächst ein entsprechender Anteil ab.[68] Mangels Gesellschaftsvermögens erfolgt beim neu eintretenden Konsortialmitglied aber keine Anwachsung. Der eintretende Konsorte muss auch keine Einlage in die GbR leisten. Er schuldet jedoch dem Kreditgeber, von dem er einen Konsortialanteil erwirbt, eine Gegenleistung für die abgetretenen Kreditforderungen.

33 **Übertragung der Mitgliedschaft.** Ein Wechsel in der Mitgliedschaft des Konsortiums kann auch durch vollständige oder teilweise[69] Übertragung der Mitgliedschaft auf einen Dritten erfolgen (§§ 413, 398 BGB). Dafür ist ein Vertrag zwischen Übertragendem und Erwerber sowie die Zustimmung der übrigen Gesellschafter erforderlich. Sie kann schon im Gesellschaftsvertrag enthalten sein oder nachträglich erklärt werden.[70] Da das Kreditkonsortium über kein Gesellschaftsvermögen verfügt, wird kein Vermögensanteil übertragen. Die Kreditverträge sehen die Möglichkeit der Übertragung von Konsortialanteilen vor.[71] Die Parteien haben somit bereits bei Abschluss der Kreditverträge stillschweigend auch der Übertragung einer Mitgliedschaft im Konsortium zugestimmt und gehen vom Fortbestand des Konsortiums (§ 736 BGB) aus. Die GbR wird deshalb durch die Übertragung von Mitgliedschaften nicht aufgelöst.[72]

---

62 *K. Schmidt,* Gesellschaftsrecht § 60 I 2.

63 Beispielsklausel: Ziff. 2.4(a) (*Finance Parties' rights and obligations*) LMA Leveraged Finance Facilities Agreement.

64 SBL BankR-HdB/*Hadding/Häuser,* 3. Aufl., § 87 Rn. 47.

65 MüKoBGB/*Ulmer* § 719 Rn. 17.

66 Palandt/*Sprau* § 738 Rn. 1a.

67 MüKoBGB/*Ulmer* § 719 Rn. 17.

68 MüKoBGB/*Ulmer* § 718 Rn. 8.

69 OLG Frankfurt v. 15.4.1996, NJW-RR 1996, 1123; Palandt/*Sprau* § 719 Rn. 6.

70 Staudinger/*Habermeier* § 719 Rn. 8; Palandt/*Sprau* § 736 Rn. 1.

71 Beispielsklausel: Ziff. 30 (*Changes to the Lenders*) LMA Leveraged Finance Facilities Agreement.

72 Palandt/*Sprau*, Vorbem § 723 Rn. 1.

VII. Beendigung und Kündigung

Beendigung. Die GbR endet mit der **Erreichung des Gesellschaftszwecks** oder dann, wenn die Erreichung des Gesellschaftszwecks unmöglich geworden ist (§ 726 BGB).[73] Da der gemeinsame Zweck in der Aufbringung des Kreditbetrages und der Verwaltung und Einziehung der Kreditforderungen für gemeinsame Rechnung besteht, ist dieser Zweck mit der vollständigen Rückzahlung der Kredite und Befriedigung aller sonstigen Ansprüche der Kreditgeber erreicht.[74] Das ist zugleich der Zeitpunkt, an dem auch der Kreditvertrag vollständig abgewickelt ist.[75] **34**

Ein weiterer (ungeschriebener) Auflösungsgrund ist der Ablauf der vertraglich vereinbarten **Zeitdauer.**[76] Ein kalendermäßig bestimmter Endzeitpunkt ist dafür nicht erforderlich. Es genügt, dass die Zeitdauer objektiv bestimmbar ist, zB wenn die Gesellschaft auf die Dauer eines anderen befristeten Rechtsverhältnisses eingegangen ist oder der Endtermin sich nach dem Eintritt eines künftigen, bestimmten Ereignisses richten soll.[77] Dieses Ereignis ist die vollständige Rückzahlung der Kredite und Befriedigung aller sonstigen Ansprüche der Kreditgeber. **35**

Kündigung. Das Konsortium ist für eine bestimmte Zeit eingegangen. Eine ordentliche Kündigung nach § 723 Abs. 1 S. 1 BGB ist deshalb ausgeschlossen.[78] Die Gesellschaft kann daher grundsätzlich nur aus **wichtigem Grund** gekündigt werden (§ 723 Abs. 1 S. 2 BGB). Dieses Kündigungsrecht ist nicht abdingbar (§ 723 Abs. 3 BGB). Ein wichtiger Grund liegt vor, wenn einem Gesellschafter das Verbleiben in der Gesellschaft bei Abwägung aller Umstände nach Treu und Glauben nicht länger zugemutet werden kann.[79] An das Vorliegen eines wichtigen Grundes sind hohe Anforderungen zu stellen.[80] **36**

Andere Auflösungsgründe, wie zB Eröffnung des Insolvenzverfahrens über das Vermögen eines Konsorten (§ 728 BGB), kommen in der Praxis fast nie vor.[81] **37**

VIII. Insolvenz des Konsortiums

In einer Außen-GbR tragen die Konsortialbanken grundsätzlich das Risiko der Insolvenz der GbR. Eine Außen-GbR ist nach der gesetzgeberischen Entscheidung insolvenzfähig (§ 11 Abs. 2 Nr. 1 InsO). Die Insolvenz einer Außen-GbR kommt jedoch nur wegen Zahlungsunfähigkeit oder drohender Zahlungsunfähigkeit in Betracht (§§ 17, 18 InsO). Der Insolvenzgrund der Überschuldung findet nur auf juristische Personen Anwendung (§ 19 Abs. 1 InsO). Ein Kreditkonsortium bildet jedoch eine reine Innengesellschaft, die nicht nach außen als GbR in Erscheinung tritt. Eine Innen-GbR ist weder rechtsfähig noch **38**

---

[73] SBL BankR-HdB/*Hadding/Häuser,* 3. Aufl., § 87 Rn. 23.

[74] *Hinsch/Horn,* Das Vertragsrecht der internationalen Konsortialkredite und Projektfinanzierungen, S. 189.

[75] SBL BankR-HdB/*Hadding/Häuser,* 3. Aufl., § 87 Rn. 39; *De Meo,* Bankenkonsortien, S. 126; MHdB GesR I/*Schaffelhuber/Sölch* § 31 Rn. 69.

[76] MüKoBGB/*Schäfer,* Vorbem. § 723 Rn. 14.

[77] MüKoBGB/*Schäfer,* Vorbem. § 723 Rn. 16.

[78] Ein Teil der Literatur will auf Innengesellschaften ohne Gesellschaftsvermögen die Vorschriften über die stille Gesellschaft (§§ 230 ff. HGB) entsprechend anwenden, insbesondere § 234 HGB, wonach auf die Kündigung der Gesellschaft durch einen Gesellschafter die §§ 132, 134 und 135 HGB entsprechende Anwendung finden, vgl. Staudinger/*Habermeier* § 705 Rn. 60; bezogen auf die „stille Gesellschaft des bürgerlichen Rechts" auch MüKoBGB/*Ulmer* § 705 Rn. 288. Relevant ist hier allenfalls die Einhaltung der sechsmonatigen Kündigungsfrist des § 132 HGB. Diese Bestimmung gilt jedoch nur für Gesellschaften, die auf unbestimmte Zeit eingegangen wurden. Das ist bei Kreditkonsortien gerade nicht der Fall.

[79] BGH v. 12.7.1982, BGHZ 84, 379, 382 f.

[80] Vgl. MHdB GesR I/*Schaffelhuber/Sölch* § 31 Rn. 66; eingehend zu den möglichen Kündigungsgründen *Preissler,* Eigenkapitalersetzende Gesellschafterdarlehen und konsortiale Kreditvergabe durch Banken, S. 68 ff.

[81] Ebenso SBL BankR-HdB/*Hadding/Häuser,* 3. Aufl., § 87 Rn. 39.

insolvenzfähig. Da sie auch nicht selbst im Rechtsverkehr verpflichtet wird, könnte der Insolvenzgrund der Zahlungsunfähigkeit auch tatsächlich niemals vorliegen.

§ 32. Agent

1 Die Konsortialbanken beauftragen zur Verwaltung der Kredite und einheitlichen Kommunikation mit dem Kreditnehmer einen Konsortialführer oder Agenten. Die Funktion des Agenten kann, muss aber nicht, von einer Konsortialbank ausgeübt werden. Einige Banken haben die Agency Funktion in eine Tochtergesellschaft ausgelagert. Auch gibt es professionelle Service Provider, die Agency Leistungen sowohl zur Verwaltung der Kredite als auch zur Sicherheitenverwaltung anbieten.

I. Rechtsstellung des Agenten

2 Der Agent handelt nicht als Organ, insbesondere nicht als Alleingeschäftsführer,[1] der GbR, sondern als **Beauftragter** der Kreditgeber.[2] Er übt eine selbständige Tätigkeit wirtschaftlicher Art in fremdem Interesse aus. Es handelt sich also um eine Geschäftsbesorgung,[3] die einen Dienstvertrag zum Inhalt hat. Sie ist entgeltlich, da der Agent regelmäßig eine Vergütung erhält, die – wie alle Kosten der Finanzierung – vom Kreditnehmer bezahlt wird. Das Rechtsverhältnis zwischen Kreditgeber und Agent ist somit als **entgeltliche Geschäftsbesorgung** zu qualifizieren, auf die weitgehend Auftragsrecht Anwendung findet (§ 675 BGB), soweit vertraglich nichts Abweichendes vereinbart ist.[4]

II. Aufgaben und Vergütung des Agenten

3 **Aufgaben.** Der Agent hat die Aufgabe, den Konsortialkredit zu verwalten. Sie umfasst insbesondere:

- Entgegennahme des Auszahlungsgesuchs und, falls so vereinbart, abschließende[5] Prüfung der Auszahlungsvoraussetzungen,
- Information der Konsorten über den abgerufenen Kreditbetrag, den jeweils auf sie entfallenden Anteil, den Zeitpunkt, an dem die Beträge zur Verfügung gestellt werden müssen, und die Auszahlung des Betrags an den Kreditnehmer,
- Feststellung des anwendbaren EURIBOR oder anderen Referenzzinssatzes und Berechnung des Zinssatzes zu Beginn jeder Zinsperiode,
- Entgegennahme der Tilgungsraten, Zins- und sonstigen Zahlungen, deren Prüfung und anteilige Weiterleitung an die Konsortialbanken,
- Bündelung des Informationsflusses zwischen Kreditnehmer und Konsortialbanken,
- Überwachung der Einhaltung der Auflagen, zB der *Financial Covenants,*
- Unterrichtung der Konsorten über Vertragsverletzungen und das Vorliegen eines Kündigungsgrunds,
- Herbeiführung von Beschlüssen der Konsorten, zB ob eine Kündigung ausgesprochen oder ein Waiver *erteilt werden soll,*

1 Dazu → § 31 Rn. 22 ff.

2 Nach *Ulmer* wird der für gemeinsame Rechnung der Gesellschafter Handelnde „in einer Art Treuhandfunktion" tätig, MüKoBGB/*Schäfer,* Vorbem. § 705 Rn. 8. Allerdings legt der Agent in der Praxis Wert darauf, keine allgemeinen Vermögensbetreuungspflichten gegenüber den Konsortialbanken zu übernehmen, vgl. Ziff. 33.5(a) (*No fiduciary duties*) LMA Leveraged Finance Facilities Agreement.

3 Palandt/*Sprau* § 675 Rn. 2.

4 Diem/Jahn/*Aschenbrenner,* II.32 Rn. 7.

5 So *Hinsch/Horn,* Das Vertragsrecht der internationalen Konsortialkredite und Projektfinanzierungen, S. 181.

- Ausführung der Beschlüsse der Konsorten und
- Verhandlungen mit dem Kreditnehmer im Namen der Konsorten, zB bei einer Marktstörung.

Mangels besonderer Vereinbarung gehört es nicht zu den Aufgaben des Agenten, die Ansprüche der Kreditgeber **gerichtlich** geltend zu machen.[6] 4

Der Agent hat, soweit ihm unter den Finanzierungsdokumenten nicht ausdrücklich eingeräumt, grundsätzlich **kein eigenes Ermessen,** sondern ist auf die technische Abwicklung beschränkt.[7] 5

Weisungsgebundenheit. Der Agent ist gegenüber den Kreditgebern weisungsgebunden (§ 665 BGB).[8] Die Kreditgeber entscheiden über die Weisungen durch Beschluss.[9] 6

Vergütung. Der Agent erhält einen festen jährlichen Betrag als Agentengebühr, der jedes Jahr im Voraus zu zahlen ist. Die Agentengebühr wird, wie grundsätzlich alle Kosten der Finanzierung, vom Kreditnehmer bezahlt.[10] 7

III. Vertretungsbefugnis

Der Agent wird von den Kreditgebern regelmäßig bevollmächtigt, die zur Ausführung seiner Aufgaben (zB Kündigung des Kredits oder Änderung der Kreditvereinbarung nach Beschluss der Kreditgeber) erforderlichen Erklärungen abzugeben.[11] Der Agent handelt dabei nicht im Namen der GbR, sondern im Namen jedes einzelnen Kreditgebers. Die gerichtliche Durchsetzung fälliger Zahlungsansprüche behalten sich die Kreditgeber regelmäßig selbst vor.[12] 8

IV. Haftung

Haftung des Agenten gegenüber den Kreditgebern. Der Beauftragte haftet dem Auftraggeber grundsätzlich nach § 276 BGB, dh er hat Vorsatz und jede Fahrlässigkeit zu vertreten.[13] Wäre der Agent als Geschäftsführer des Konsortiums anzusehen, so hätte er nach dem gesetzlichen Leitbild der GbR gegenüber den Konsortialbanken für die Sorgfalt einzustehen, die er in eigenen Angelegenheiten anzuwenden pflegt (§ 708 BGB). Er hätte dann grobe Fahrlässigkeit in jedem Fall zu vertreten (§ 277 BGB). Teilweise wird sogar dafür plädiert, die Haftungsbeschränkung des § 708 BGB vertraglich abzubedingen und den Agenten für die bankübliche Sorgfalt (§ 347 Abs. 1 HGB analog) einstehen zu lassen.[14] 9

Diese Haftung erscheint aber als zu streng. Insbesondere, wenn der Agent als Kreditgeber selbst mit einem bedeutenden Konsortialanteil am Kredit beteiligt ist, hat er ein starkes eigenes Interesse an der sorgfältigen Erfüllung seiner Aufgaben. Kommt es dennoch zu einer Pflichtverletzung und hat der Agent fahrlässig gehandelt oder die eigenübliche Sorg- 10

[6] Vgl. Ziff. 33.2(f) (*Instructions*) LMA Leveraged Finance Facilities Agreement; *Hinsch/Horn,* Das Vertragsrecht der internationalen Konsortialkredite und Projektfinanzierungen, S. 184; Diem/Jahn/*Aschenbrenner*, II.32 Rn. 14.

[7] Vgl. Ziff. 33.3(a) (*Duties of the Agent*) LMA Leveraged Finance Facilities Agreement: „The Agent's duties under the Finance Documents are solely mechanical and administrative in nature."; *Hinsch/Horn,* Das Vertragsrecht der internationalen Konsortialkredite und Projektfinanzierungen, S. 182; Diem/Jahn/*Aschenbrenner*, II.32 Rn. 17.

[8] Beispielsklausel: Ziff. 33.2(a) (*Instructions*) LMA Leveraged Finance Facilities Agreement. Diem/Jahn/*Aschenbrenner*, II.32 Rn. 11.

[9] Zu den Mehrheitsanforderungen → § 31 Rn. 23.

[10] Zur Agentengebühr bereits → § 18 Rn. 35 ff.

[11] Beispielsklausel: Ziff. 33.1 (*Appointment of the Agent*) LMA Leveraged Finance Facilities Agreement.

[12] Ziff. 33.2(f) (*Instructions*) LMA Leveraged Finance Facilities Agreement. Diem/Jahn/*Aschenbrenner*, II.32 Rn. 14.

[13] BGH v. 7.10.1963, BB 1964, 100; Palandt/*Sprau* § 662 Rn. 11; MüKoBGB/*Schäfer* § 662 Rn. 68.

[14] SBL BankR-HdB/*Hadding/Häuser*, 3. Aufl., § 87 Rn. 36; *De Meo,* Bankenkonsortien, S. 86 geht sogar davon aus, dass die Haftungsbeschränkung des § 708 BGB stillschweigend abbedungen sei.

falt nicht angewendet, ist nicht einzusehen, warum er neben der Gefährdung seiner eigenen Forderung auch einen eventuellen Schaden der anderen Kreditgeber ausgleichen soll. In den üblichen Kreditverträgen ist die Haftung des Agenten daher regelmäßig auf Vorsatz und grobe Fahrlässigkeit beschränkt.[15]

11 Eine Haftung für die Wirksamkeit der Vertragsdokumentation, die Bonität des Kreditnehmers oder die Richtigkeit der Zusicherungen des Kreditnehmers ist regelmäßig ausgeschlossen.[16] Soweit die Aufgaben des Agenten eine eigene Einschätzung erfordern, wie zB die Prüfung der Auszahlungsvoraussetzungen, ist der Agent meist berechtigt, diese Aufgabe einem professionellen Berater (zB einem Rechtsanwalt) zu übertragen.[17] Soweit keine abweichende Vereinbarung getroffen wird, haftet der Agent für seine Erfüllungsgehilfen nach § 278 BGB.

12 **Aufwendungsersatz.** Entstehen dem Agenten bei der Erledigung des ihm erteilten Auftrags Aufwendungen, so hat er gemäß §§ 675, 670 BGB einen Erstattungsanspruch gegen die Auftraggeber. Nach den üblichen Verträgen richtet sich dieser Anspruch direkt gegen die Kreditgeber als Teilschuldner im Verhältnis ihrer Konsortialanteile.[18] Die (anderen[19]) Kreditgeber haften anteilig für die Erfüllung des Erstattungsanspruchs. Der Anspruch entsteht allerdings grundsätzlich erst mit der Ausführung des Auftrags bzw. der Geschäftsbesorgung oder der anderweitigen Beendigung des Vertragsverhältnisses.[20] Insoweit sollte in einem Kreditvertrag, der deutschem Recht unterliegt, eine abweichende Regelung getroffen werden.[21]

13 **Haftung des Agenten gegenüber Kreditnehmern und Garanten.** Auch gegenüber den Kreditnehmern und Garanten haftet der Agent nur für Vorsatz und grobe Fahrlässigkeit.[22]

V. Auftragsende, Wechsel des Agenten

14 **Gesetzliche Regelung.** Der Auftrag des Agenten endet nach den allgemeinen Regeln ua durch Zeitablauf, Zweckerreichung oder mit der Erledigung seiner Aufgaben.[23] Im vorliegenden Fall endet die Tätigkeit des Agenten spätestens mit vollständiger Erfüllung aller Ansprüche der Kreditgeber (und anderen Finanzparteien) aus dem Kreditvertrag. Die Tätigkeit des Agenten endet schon früher, wenn die Kreditgeber den Auftrag widerrufen oder der Agent kündigt (§ 671 BGB).

[15] Beispielsklausel: Ziff. 33.10 (*Exclusion of liability*) LMA Leveraged Finance Facilities Agreement; eingehend zum Haftungsausschluss und seinen Grenzen Diem/Jahn/*Aschenbrenner*, II.32 Rn. 50 ff., 58 ff.

[16] Beispielsklauseln: Ziff. 33.8 (*Responsibility for documentation*), 33.16 (*Credit appraisal by the Lenders, Issuing Bank and Ancillary Lenders*) LMA Leveraged Finance Facilities Agreement; *Gooch/Klein,* Loan Documentation, S. 154; Diem/Jahn/*Aschenbrenner*, II.32 Rn. 50 ff.

[17] Beispielsklausel: Ziff. 33.7(c) und (d) (*Rights and discretions*) LMA Leveraged Finance Facilities Agreement; *Hinsch/Horn,* Das Vertragsrecht der internationalen Konsortialkredite und Projektfinanzierungen, S. 185; Diem/Jahn/*Aschenbrenner*, II.32 Rn. 43 f.

[18] Beispielsklausel: Ziff. 33.11 (*Lenders' indemnity to the Agent*) LMA Leveraged Finance Facilities Agreement; Diem/Jahn/*Aschenbrenner*, II.32 Rn. 65 ff.

[19] Ist der Agent selbst Konsortialbank, entsteht der Anspruch in seiner Eigenschaft als Agent gegen ihn als Gesellschafter der GbR auf anteilige Erstattung seiner Aufwendungen nicht. Ein Schuldverhältnis setzt voraus, dass Gläubiger und Schuldner verschiedene Personen sind, BGH v. 4.7.1991, BGHZ 115, 116, 122.

[20] Staudinger/*Martinek/Omlor* § 670 Rn. 35; *Mülbert* ZGR 1995, 578, 583. Der Erstattungsanspruch des Geschäftsführers entstünde sogar erst nach dem Ende der GbR (§ 735 BGB). Dies folgt aus dem Zweck des Gesellschaftsvermögens und der Begrenzung der Beitragspflicht gemäß § 707 BGB; Palandt/*Sprau* § 714 Rn. 21.

[21] Beispielsklausel: Ziff. 33.11 (*Lenders' indemnity to the Agent*) LMA Leveraged Finance Facilities Agreement: „within three Business Days of demand". Diem/Jahn/*Aschenbrenner*, II.32 Rn. 66.

[22] Beispielsklausel: Ziff. 33.10 (*Exclusion of liability*) LMA Leveraged Finance Facilities Agreement. Eingehend Diem/Jahn/*Aschenbrenner*, II.32 Rn. 58 ff.

[23] Palandt/*Sprau* § 671 Rn. 4.

Der Auftraggeber kann den Auftrag grundsätzlich jederzeit **widerrufen,** ohne dass ein besonderer Grund erforderlich wäre (§ 671 Abs. 1 BGB). Der Beauftragte kann den Auftrag grundsätzlich jederzeit **kündigen,** ohne dass ein besonderer Grund erforderlich wäre (§ 671 Abs. 1 BGB). 15

Vertragliche Regelung. Auch nach den üblichen Kreditverträgen kann der Agent den Auftrag jederzeit ohne Angabe von Gründen kündigen. Die Kündigung wird sofort wirksam, wenn der Agent ein mit ihm verbundenes Unternehmen als Nachfolger ernennt. Andernfalls wird die Kündigung des Agenten erst wirksam, wenn die Kreditgeber mit Zweidrittelmehrheit einen Nachfolger ernannt haben oder, falls diese innerhalb einer bestimmten Frist keinen Nachfolger ernannt haben, wenn der Agent, nach Anhörung der Kreditnehmerseite, einen Nachfolger ernannt hat.[24] 16

In den üblichen Kreditverträgen wird regelmäßig vereinbart, dass eine Zweidrittelmehrheit der Kreditgeber den Agenten jederzeit ohne Angabe von Gründen zum Rücktritt zwingen kann.[25] 17

§ 33. Syndizierung, Übertragung eines Konsortialanteils, Beitritt zum Konsortium

I. Syndizierung

Begriff. Unter Syndizierung versteht man die teilweise oder vollständige **Übertragung der Konsortialanteile** des ursprünglichen Kreditgebers (meist identisch mit dem Underwriter) auf andere Kreditgeber zur Begründung oder Erweiterung eines Kreditkonsortiums. 1

Syndizierungsverfahren. Das Verfahren der Syndizierung wurde bereits oben beschrieben.[1] Die Übertragung eines Teils der Rechte und Pflichten des ursprünglichen Kreditgebers aus dem Kreditvertrag und den Sicherheitenverträgen auf einen neuen Kreditgeber erfolgt durch Vereinbarung einer teilweisen Vertragsübernahme und Beitritt des neuen Kreditgebers zum Kreditkonsortium.[2] 2

Syndizierungszeitpunkt. Die Syndizierung erfolgt meist nach Unterzeichnung des Kreditvertrags, der von den potentiellen Konsortialbanken regelmäßig in der unterschriebenen Form akzeptiert werden muss. Weicht der unterzeichnete Kreditvertrag stark vom Marktstandard oder den Vorstellungen der eingeladenen Kreditgeber ab, haben sie meist nur die Möglichkeit, sich nicht an der Syndizierung zu beteiligen. Um die spätere Syndizierung nicht zu gefährden, legt der Arrangeur deshalb bei der Verhandlung der Verträge Wert darauf, sich nicht zu weit vom Marktüblichen zu entfernen. Außerdem wird er frühzeitig ein *Market Sounding* durchführen.[3] 3

II. Übertragung eines Konsortialanteils

1. Übertragung auf Dritten oder auf Konsortialbank

a) Übertragung auf Dritten

Im Rahmen der Primärsyndizierung (*Primary Syndication*) bietet der Arrangeur Kreditinstituten, Fonds und sonstigen Investoren, die bisher nicht am Kreditverhältnis beteiligt 4

[24] Beispielsklausel: Ziff. 33.12(a) bis (h) (*Resignation of the Agent*) LMA Leveraged Finance Facilities Agreement. Eingehend Diem/Jahn/*Aschenbrenner*, II.32 Rn. 69 ff.

[25] Beispielsklausel: Ziff. 33.13 (*Replacement of the Agent*) LMA Leveraged Finance Facilities Agreement. Diem/Jahn/*Aschenbrenner*, II.32 Rn. 80 ff.

[1] → § 2 Rn. 59 ff.

[2] Dazu → § 33 Rn. 4 ff.

[3] Dazu → § 2 Rn. 59.

sind, an, sich als Kreditgeber an dem Konsortialkredit zu beteiligen. Ist eine Person dazu bereit, so (i) übernimmt sie einen Teil der vertraglichen Rechte und Pflichten des ursprünglichen Kreditgebers aus dessen Kreditverhältnis mit dem Kreditnehmer (sog **„Konsortialanteil"**) und (ii) tritt dem Kreditkonsortium als weiterer Gesellschafter bei.

5 Bestehen zwischen dem ursprünglichen Kreditgeber und dem Kreditnehmer mehrere Kreditlinien (zB aus mehreren Terminkreditlinien und der Betriebsmittelkreditlinie), so kann der neue Kreditgeber Konsortialanteile an einer oder mehreren Kreditlinien (und den auf ihrer Grundlage ausbezahlten Krediten) übernehmen. Die Beteiligung an einzelnen Krediten einer Kreditlinie ist nicht vorgesehen. Mit dem Konsortialanteil werden auch alle damit zusammenhängenden Rechte und Pflichten des Kreditgebers aus der Intercreditor-Vereinbarung und den Sicherheitenverträgen übertragen.

6 Durch den Erwerb eines Konsortialanteils durch einen neuen Kreditgeber entstehen vielfältige **neue Rechtsverhältnisse:** Zwischen dem neuen Kreditgeber und dem Kreditnehmer entstehen bilaterale Kreditverhältnisse. Der neue Kreditgeber wird Vertragspartei der Kredit-, Intercreditor- und Sicherheitenverträge, und er tritt dem Kreditkonsortium als neuer Gesellschafter bei.

7 Sobald im von Arrangeur gewünschten Umfang Konsortialanteile auf andere Kreditgeber übertragen wurden, ist die Primärsyndizierung abgeschlossen. Danach kann jeder Kreditgeber im Rahmen der vertraglichen Bestimmungen[4] seine Konsortialanteile ganz oder teilweise auf Dritte übertragen (sog *Secondary Syndication*).

8 **Rechtliche Einordnung.** Durch die Übertragung eines Konsortialanteils tritt der übernehmende Kreditgeber bezogen auf einen bestimmten Kreditbetrag in die vertragliche Stellung des übertragenden Kreditgebers als Kreditgeber iSd Kreditvertrags ein. Rechtlich handelt es sich dabei nicht um einen Vertragsbeitritt, sondern um eine vollständige oder teilweise **Vertragsübernahme.**[5] Die Vertragsübernahme ist nach hM ein einheitliches Rechtsgeschäft,[6] nicht eine Kombination aus Abtretung und Schuldübernahme.[7] Denn neben der Abtretung von Forderungen und der Übernahme von Schulden sollen auch alle sonstigen vertraglichen Rechte und Pflichten, zB Gestaltungsrechte, übergehen.

9 Keine Vertragsübernahme, sondern eine **Novation** (Schuldersetzung) liegt vor, wenn die Parteien das alte Schuldverhältnis durch ein neues Schuldverhältnis unter Beteiligung des beitretenden Kreditgebers ersetzen.[8] Die Novation führt zum vollständigen Untergang des alten Schuldverhältnisses. Keiner der Beteiligten kann mehr auf das alte Schuldverhältnis zurückgreifen, Vorzugsrechte des Gläubigers und Einreden des Schuldners fallen weg.[9] Eine Novation lässt grundsätzlich Bürgschaft, Pfandrecht und alle anderen akzessorischen Rechte erlöschen.[10]

10 **Zustandekommen.** Die Vertragsübernahme kann durch **zweiseitigen Vertrag** zwischen übertragender und übernehmender Partei mit Zustimmung der anderen Vertragspartei oder durch Abschluss eines **dreiseitigen Vertrags** erfolgen.[11] Im Fall des zweiseitigen Vertrags kann die **Zustimmung** der dritten Partei (im Gegensatz zur – hier nicht einschlägigen – Schuldübernahme gemäß § 415 Abs. 1 S. 2 BGB) schon **im Voraus** erklärt werden.[12] Bei der Übertragung eines Konsortialanteils ist die dritte Partei der Kreditneh-

[4] Beispielsklausel: Ziff. 30 (*Changes to the Lenders*) LMA Leveraged Finance Facilities Agreement.

[5] Diem/Jahn/*Kügemann*, II.29 Rn. 7.

[6] BGH v. 29.10.1957, LM § 581 Nr. 16; BAG v. 24.10.1972, DB 1973, 924, 925; Palandt/*Grüneberg* § 398 Rn. 42.

[7] So aber noch BGH v. 10.11.1960, NJW 1961, 453, 454.

[8] Gesetzliches Beispiel für eine Novation ist die Anerkennung des Kontokorrentsaldos (§ 355 Abs. 1 HGB), allerdings mit der Besonderheit, dass Sicherheiten, die für einzelne Forderungen bestellt wurden, gemäß § 356 Abs. 1 HGB nicht erlöschen. Die Übersendung von Tagesauszügen im Sparkassenkontokorrent ist dagegen keine Novation, vgl. BGH v. 28.6.1968, BGHZ 50, 277, 279 ff.; BGH v. 29.1.1979, BGHZ 73, 207, 210.

[9] RG v. 12.11.1931, RGZ 134, 154, 155.

[10] RG v. 22.12.1939, RGZ 162, 245, 246.

[11] BGH v. 27.11.1985, BGHZ 96, 302, 308; Palandt/*Grüneberg* § 398 Rn. 42.

[12] BGH v. 18.10.1995, LM 1996 § 127 BGB Nr. 9 Bl. 3.

mer. Da der Kreditnehmer Partei des Konsortialkreditvertrags ist und darin die Übertragung von Konsortialanteilen unter bestimmten Voraussetzungen erlaubt ist, ist eine weitere Zustimmung des Kreditnehmers grundsätzlich nicht erforderlich.

Zulässigkeit. Die Übertragung vertraglicher Rechte und Pflichten auf Dritte könnte vereitelt werden, wenn die **Abtretung von Forderungen** aus dem Kreditverhältnis wegen Verstoßes gegen das Bankgeheimnis oder gegen das Bundesdatenschutzgesetz unzulässig wäre. Das ist jedoch nicht der Fall.[13] **11**

Vertragliche Bestimmungen in Kauf-, Dienst- oder Werkverträgen, die es einer Vertragspartei erlauben, ihre vertraglichen Rechte und Pflichten ohne Zustimmung der anderen Vertragspartei auf einen Dritten zu übertragen, sind in **allgemeinen Geschäftsbedingungen** grundsätzlich unwirksam, es sei denn, der Dritte ist namentlich bezeichnet oder die andere Vertragspartei hat das Recht, sich vom Vertrag zu lösen (§ 309 S. 1 Nr. 10 BGB). Das gilt seit dem **RisikoBegrG** auch für Darlehensverträge.[14] Selbst wenn man die Übertragungsbestimmungen der Kreditverträge als AGB ansehen wollte, wäre § 309 S. 1 Nr. 10 BGB bei LBO-Finanzierungen aber nicht direkt anwendbar, da die Kreditnehmer regelmäßig Unternehmer iSd § 310 Abs. 1 BGB sind. Die Übertragungsbestimmungen sind daher an § 307 Abs. 1 und 2 BGB zu messen. Nach diesen Bestimmungen wären sie unwirksam, wenn sie den Kreditnehmer unangemessen benachteiligten. Das ist nach hier vertretener Ansicht nicht der Fall, denn die Syndizierbarkeit ist bei Konsortialkrediten zentrales Wesensmerkmal und auch Geschäftsgrundlage. Ohne die Möglichkeit, die Kredite zu syndizieren, gäbe es kein *Underwriting*. **12**

Vertragliche Regelung. Die Übertragungsbestimmungen im Kreditvertrag sind häufig **umstritten.** Der Kreditnehmer möchte die Übertragung von Konsortialanteilen an Dritte möglichst stark kontrollieren. Arrangeur, Underwriter und ursprünglicher Kreditgeber sind an einer möglichst freien Übertragbarkeit interessiert. Soweit Konsortialanteile an noch nicht vollständig abgerufenen Kreditlinien (zB Betriebsmittelkreditlinie, *Capex*-Kreditlinie) übertragen werden, möchte der Kreditnehmer sicherstellen, dass das Konsortium aus Kreditgebern mit guter Bonität besteht. Soweit Konsortialanteile an bereits ausbezahlten Terminkrediten syndiziert werden sollen, kommt es auf die Bonität der Kreditgeber nicht (mehr) an. Allerdings wird der Kreditnehmer Wert darauf legen, dass dem Konsortium nur Kreditgeber angehören, die ihm „wohlgesonnen“ sind. Gelegentlich kaufen Investoren, insbesondere in Krisensituationen, Konsortialanteile mit einem Abschlag und versuchen, durch eine Blockadetaktik, sich zu par wieder auskaufen zu lassen, oder sie versuchen, einen *Debt-Equity-Swap* zu erreichen und so günstig Anteile am Kreditnehmer zu erwerben. Solche Kreditgeber möchte der Kreditnehmer aus dem Konsortium heraushalten. Um dies zu erreichen, versuchen Kreditnehmer, die Übertragung von Konsortialanteilen von ihrer vorherigen Zustimmung abhängig zu machen oder eine Liste von Institutionen zu vereinbaren, an die syndiziert werden darf („White List“ oder nach neuerer LMA-Definition etwas sperrig „Pre-Approved New Lender List“) oder an die nicht syndiziert werden darf („Black List“). Die White List ist gängiger Bestandteil heutiger LBO-Finanzierungen. Darüber hinaus wird oft die Übertragung an Wettbewerber des Kreditnehmers oder mit diesem verbundener Unternehmen untersagt oder eine Übertragung auf sog *Distressed Debt Funds* vom Vorliegen wesentlicher Kündigungsgründe abhängig gemacht. **13**

Die Konsortialbanken möchten dagegen in der Auswahl der möglichen Käufer eines Konsortialanteils frei sein. Jede Beschränkung der freien Übertragbarkeit reduziert den Kreis der möglichen Nachfrager und dadurch möglicherweise den Preis der Konsortialanteile. Außerdem ist jede Beschränkung für den übertragenden Kreditgeber und den Agenten mit Verwaltungsaufwand verbunden. Selbst wenn ein Zustimmungsvorbehalt des Kreditnehmers oder eine White List vereinbart wird, sind die Kreditgeber regelmäßig berechtigt, jedenfalls bei Vorliegen eines Kündigungsgrunds, vorbehatlich einer Sonderege- **14**

[13] Siehe dazu BGH v. 27.2.2007, BKR 2007, 194, 195 ff.
[14] Art. 6 Nr. 2 RisikoBegrG, BGBl. 2008 I S. 1666, 1669.

lung für Wettbewerber oder *Distressed Debt Funds* ihre Konsortialanteile frei zu übertragen.[15]

15 Die Übertragung von Konsortialanteilen soll für den Kreditnehmer nicht zu **höheren Kosten** führen. Eurokreditverträge enthalten üblicherweise Klauseln, die einen Kreditgeber berechtigen, aufgrund gesetzlicher oder regulatorischer Regelungen entstehender erhöhter Kosten vom Kreditnehmer ersetzt zu verlangen.[16] Entstehen die erhöhten Kosten als Folge der Übertragung eines Konsortialanteils, so kann der übernehmende Kreditgeber diese Kosten ausnahmsweise nicht ersetzt verlangen.[17] Dies gilt nicht bei einer Übertragung während der Primärsyndizierung.[18]

16 Die Zulässigkeit der Übertragung eines Konsortialanteils wird regelmäßig von der Bereitschaft zur Übernahme eines bestimmten **Mindestbetrags** abhängig gemacht, um den Verwaltungsaufwand in angemessenem Umfang zu halten.

17 Der Übernahmevertrag bedarf der **Form** des übernommenen Vertrags.[19] Die Zustimmung der nicht am Übernahmevertrag beteiligten Partei ist formfrei.[20]

18 Rechtsfolgen. Der übernehmende Kreditgeber kann gegen den Kreditnehmer alle **Einwendungen** aus dem Kreditvertrag geltend machen. Sie kann sich außerdem auf Mängel der Vertragsübernahme berufen, nicht aber auf Mängel des Verpflichtungsgeschäfts mit der übertragenden Bank, da die Vertragsübernahme als Verfügungsgeschäft abstrakt ist.[21]

19 Die Vertragsübernahme bewirkt eine **Sonderrechtsnachfolge.**[22] Abgesehen vom Wechsel der Personen, bleibt der Inhalt des Vertragsverhältnisses unverändert.[23] Die §§ 398 ff. und 414 ff. BGB sind, wenn auch mit gewissen Einschränkungen,[24] entsprechend anwendbar. Daher gehen nach § 401 Abs. 1 BGB die akzessorischen Sicherungsrechte zusammen mit den abgetretenen Forderungen auf den übernehmenden Kreditgeber über, obwohl dieser nicht Partei der Verträge über die Bestellung der akzessorischen Sicherheiten war.

20 Ein Erlöschen von Sicherungsrechten gemäß § 418 Abs. 1 BGB ist nicht zu befürchten. Zwar findet § 418 BGB auch auf die Vertragsübernahme analoge Anwendung.[25] Bei der Übertragung eines Konsortialanteils gehen die Pflichten und Schulden eines Kreditgebers (vollständig oder teilweise) auf einen anderen Kreditgeber über. Diese Pflichten und Schulden gegenüber den Kreditnehmern sind aber nicht besichert. Eine Besicherung findet nur in umgekehrter Richtung statt.

b) Übertragung auf Konsortialbank

21 Neben der Übertragung eines Konsortialanteils auf einen unbeteiligten Dritten kommt auch die Übertragung auf einen Kreditgeber in Betracht, der bereits dem Konsortium angehört und der dadurch seinen Konsortialanteil erhöhen möchte. Überträgt eine Konsortialbank ihren Konsortialanteil auf eine andere Konsortialbank, so liegt rechtlich keine

---

[15] Beispielsklausel: Ziff. 30.2(c) (*Parent consultation*) bzw. alternativ Ziff. 30.2(a)(iv) (*Parent consent*) LMA Leveraged Finance Facilities Agreement. Siehe zu den vertraglichen Regelungen auch Diem/Jahn/*Kügemann*, II.29 Rn. 14 ff.

[16] Siehe dazu § 20.

[17] Beispielsklausel: Ziff. 30.3(e) (*Other conditions of assignment or transfer*) LMA Leveraged Finance Facilities Agreement. Diem/Jahn/*Kügemann*, II.29 Rn. 24.

[18] Beispielsklausel: Ziff. 30.3(e) S. 2 (*Other conditions of assignment or transfer*) LMA Leveraged Finance Facilities Agreement.

[19] BGH v. 29.11.1978, BGHZ 72, 394, 396; lediglich soweit dies im Sinne der Formvorschrift ist, vgl. *Nörr/Scheyhing/Pöggeler*, Sukzessionen, S. 197.

[20] BGH v. 18.10.1995, LM 1996 § 127 BGB Nr. 9 Bl. 3; Palandt/*Grüneberg § 398 Rn. 43.*

[21] Palandt/*Grüneberg* § 398 Rn. 44.

[22] *Pieper*, Vertragsübernahme und Vertragsbeitritt, S. 120; für den Fall des Eintritts in eine Personengesellschaft auch BGH v. 28.4.1954, BGHZ 13, 179, 185 f.

[23] BAG v. 24.10.1972, NJW 1973, 822, 823; Staudinger/*Rosch,* § 398 Rn. 133; *Nörr/Scheyhing/Pöggeler,* Sukzessionen, S. 184.

[24] Vgl. dazu Palandt/*Grüneberg* § 398 Rn. 44.

[25] OLG Hamm v. 30.8.1989, NJW-RR 1991, 48, 49; Palandt/*Grüneberg* § 418 Rn. 1.

Vertragsübernahme, sondern eine **Vertragsänderung** vor, die grundsätzlich der Zustimmung aller Vertragsparteien bedarf. Da die Übertragung von Konsortialanteilen an ein Konsortialmitglied im Kreditvertrag regelmäßig bereits vorgesehen ist,[26] ist eine Zustimmung der übrigen Vertragsparteien nicht erforderlich.

2. Übertragung vor oder nach erster Auszahlung

Übertragung nach Entstehen der Forderung. Erfolgt die Übertragung des Konsortialanteils nach der ersten Auszahlung zumindest eines Teils eines Kredits und besteht deshalb eine Forderung des übertragenden Kreditgebers gegen den Kreditnehmer, so erwirbt der übernehmende Kreditgeber neben den sonstigen Rechten und Pflichten eines Kreditgebers auch einen Teil der Forderung samt aller Nebenrechte (§ 401 BGB), insbesondere auch der dafür bestellten akzessorischen Sicherungsrechte. Um in den Genuss der nicht-akzessorischen Sicherungsrechte zu kommen, die regelmäßig einem Sicherheiten-Treuhänder bestellt werden, muss der übernehmende Kreditgeber der Intercreditor-Vereinbarung oder dem Sicherheiten-Treuhandvertrag beitreten.[27] 22

Der übernehmende Kreditgeber kauft dem übertragenden Kreditgeber den Konsortialanteil einschließlich der Forderung ab. Der Kaufpreis entspricht grundsätzlich dem Nennbetrag der übernommenen Forderung sowie der bis zum Übertragungsstichtag angefallenen Zinsen, Provisionen und Gebühren. Bestehen Zweifel an der Bonität des Kreditnehmers oder besteht nur eine schwache Nachfrage nach *Leveraged Loans,* werden Konsortialanteile mit einem Abschlag (sog *„Original Issue Discount"* oder *„OID"*) verkauft. 23

Bei der erstmaligen Syndizierung erhält die beitretende Konsortialbank vom Arrangeur eine Abschluss- oder Teilnahmegebühr (*Participation Fee*), die je nach der Rolle (oder dem Titel), welche der beitretende Konsorte erhält (zB Joint Lead Arranger), in der Höhe variiert. Bei jeder späteren Übertragung eines Konsortialanteils ist die beitretende Bank verpflichtet, dem Agenten eine Bearbeitungsgebühr (*Assignment Fee* oder *Transfer Fee*) zu zahlen.[28] 24

Übertragung vor Entstehen der Forderung. Erfolgt die Übertragung des Konsortialanteils dagegen vor der ersten Auszahlung des Kredits, so besteht noch keine Forderung. Es könnte daher allenfalls eine künftige Forderung übertragen werden. Man wird aber nicht annehmen können, dass die Parteien den Verkauf und die Abtretung einer künftigen Forderung des übertragenden Kreditgebers an den übernehmenden Kreditgeber vereinbaren wollen. Dies entspräche nicht dem mutmaßlichen Parteiwillen, da der übertragende Kreditgeber dem übernehmenden Kreditgeber gegenüber nicht für Rechtsmängel haften will.[29] Der übernehmende Kreditgeber leistet auch keine (Kaufpreis-)Zahlung an den übertragenden Kreditgeber. Vielmehr zahlt er nach Abruf der ersten Auszahlung durch den Kreditnehmer den auf ihn entfallenden Kreditbetrag unmittelbar an den Kreditnehmer aus. Die Übernahme eines Konsortialanteils durch einen übernehmenden Kreditgeber vor Auszahlung des Kredits bewirkt nur eine (vollständige oder teilweise) Übertragung der zu diesem Zeitpunkt bestehenden vertraglichen Rechte und Pflichten des übertragenden Kreditgebers aus dessen Kreditvertrag mit dem Kreditnehmer, einschließlich des Rechts und der Pflicht, bei Abruf einen Kreditbetrag bis zur Höhe des übernommenen Konsortialanteils an den Kreditnehmer auszuzahlen, mit der Folge, dass dieser zur Verzinsung und Rückzahlung nach den Bedingungen des Kreditvertrags verpflichtet wird. Der übernehmende Kreditgeber erwirbt seine Forderung gegen den Kreditnehmer also **originär** durch Auszahlung des Kreditbetrags an diesen. 25

---

[26] Beispielsklausel: Ziff. 30.2(a) (*Parent consultation*) bzw. alternativ Ziff. 30.2(a)(ii) (*Parent consent*) LMA Leveraged Finance Facilities Agreement: „to another Lender".

[27] Dazu → § 54 Rn. 2.

[28] Dazu → § 18 Rn. 39.

[29] Zur Haftung des Verkäufers bei Rechtsmängeln vgl. Palandt/*Weidenkaff* § 453 Rn. 17 ff.

26 Da keine Forderung übertragen wird, können auch keine **akzessorischen Sicherungsrechte** auf den übernehmenden Kreditgeber übergehen. Da er nicht ohne weiteres Partei der Sicherheitenverträge ist, erwirbt er mit dem Entstehen der Forderung auch keine Sicherungsrechte. Der übernehmende Kreditgeber muss daher durch geeignete Vereinbarungen in die Verträge über die Bestellung akzessorischer Sicherheiten einbezogen werden.[30] An den nicht-akzessorischen Sicherheiten kann er partizipieren, indem er der Intercreditor-Vereinbarung oder dem Sicherheiten-Treuhandvertrag beitritt.[31]

III. Beitritt zum Konsortium

27 **Beitritt.** Jeder Kreditgeber, der einen Konsortialanteil übernimmt, muss dem Kreditkonsortium beitreten. Auf diese Weise wird er durch die Konsortialbestimmungen berechtigt und verpflichtet. Die Aufnahme in das Konsortium erfolgt durch Aufnahmevertrag (sog **Beitrittsvereinbarung**). Der Aufnahmevertrag ist ein Gesellschaftsvertrag zwischen dem beitretenden und den bisherigen Gesellschaftern.[32] Da das Konsortium über kein Gesellschaftsvermögen verfügt, kommt es durch den Beitritt nicht zur Anwachsung von Vermögen beim Beitretenden und zur Abwachsung bei den übrigen Gesellschaftern.[33]

28 **Übertragung der Mitgliedschaft.** Ein Wechsel in der Mitgliedschaft des Konsortiums kann auch durch vollständige oder teilweise[34] Übertragung der Mitgliedschaft auf einen Dritten erfolgen (§§ 413, 398 BGB). Dafür ist ein Vertrag zwischen Übertragendem und Erwerber[35] sowie die Zustimmung der übrigen Gesellschafter erforderlich. Sie kann schon im Gesellschaftsvertrag enthalten sein oder nachträglich erklärt werden. Der Erwerber tritt als Rechtsnachfolger des Übertragenden in dessen Rechtsstellung als Gesellschafter der GbR ein.[36] Da das Kreditkonsortium über kein Gesellschaftsvermögen verfügt, wird kein Vermögensanteil übertragen.

29 **Haftung des neuen Gesellschafters.** Nach der hier vertretenen Ansicht ist das Kreditkonsortium eine reine **Innengesellschaft,** die keine eigenen Verbindlichkeiten begründet. Daher scheidet eine Haftung des beitretenden Konsorten für Verbindlichkeiten des Konsortiums aus.

IV. Beitritt weiterer Finanzparteien

30 Kreditgeber können bestimmte Rechte und Pflichten aus den Finanzierungsdokumenten auf mit ihnen **verbundene Unternehmen** übertragen. So werden teilweise **Unterkreditlinien** durch verbundene Unternehmen zur Verfügung gestellt und das **Zins-Hedging** mit einem verbundenen Unternehmen abgewickelt. Damit die Forderungen des verbundenen Unternehmens von der im Kreditvertrag enthaltenen Garantie garantiert werden, muss das verbundene Unternehmen dem Kreditvertrag als weitere Finanzpartei beitreten.[37] Um in den Genuss der nicht-akzessorischen Sicherheiten zu kommen, ist ein Beitritt zur Intercreditor-Vereinbarung oder zum Sicherheiten-Treuhandvertrag erforderlich. Rechte aus den akzessorischen Sicherheiten erwirbt das verbundene Unternehmen in der Regel durch ein offenes Geschäft für den, den es angeht.[38]

---

[30] Dazu → § 54 Rn. 9 ff.
[31] Dazu → § 54 Rn. 3 f.
[32] Dazu → § 31 Rn. 32; RG v. 4.3.1930, RGZ 128, 172, 176; MHdB GesR I/*Piehler/Schulte* § 10 Rn. 2.
[33] Dazu → § 31 Rn. 32.
[34] OLG Frankfurt v. 15.4.1996, NJW-RR 1996, 1123; Palandt/*Sprau* § 719 Rn. 6.
[35] Palandt/*Sprau* § 719 Rn. 6; § 736 Rn. 7.
[36] Palandt/*Sprau* § 719 Rn. 6; § 736 Rn. 7.
[37] Beispielsklauseln: Ziff. 9.8(c) (*Affiliates of Lenders as Ancillary Lenders*) und Ziff. 30.9 (*Accession of Hedge Counterparties*) LMA Leveraged Finance Facilities Agreement.
[38] Dazu → § 54 Rn. 17 ff.

V. Kreditunterbeteiligung

Begriff. Eine Kreditunterbeteiligung (*Sub-Participation*) ist eine schuldrechtliche Vereinbarung zwischen einem Kreditgeber (Hauptbeteiligter) und einem Dritten (Unterbeteiligter), den Unterbeteiligten in bestimmtem Umfang am wirtschaftlichen Ergebnis des Kredits des Hauptbeteiligten zu beteiligen.[39] Dies erfolgt in der Regel dadurch, dass sich der Hauptbeteiligte beim Unterbeteiligten teilweise **refinanziert.** Dazu stellt der Unterbeteiligte dem Hauptbeteiligten für dessen Kredit an den Kreditnehmer einen bestimmten Betrag darlehensweise zur Verfügung. Die Valutierung erfolgt am Beginn der nächsten Zinsperiode. Bei einem Avalkredit übernimmt der Unterbeteiligte nur eine Risikounterbeteiligung.[40] 31

Zweck. Der Hauptbeteiligte bezweckt mit der Unterbeteiligung, ebenso wie bei der Syndizierung, eine Risikoverminderung. Aus Sicht des Unterbeteiligten können bankinterne Beschränkungen der Kreditvergabe an ein bestimmtes Unternehmen, eine bestimmte Branche etc. eine Unterbeteiligung erforderlich machen. Die Unterbeteiligung muss, im Gegensatz zur Übertragung eines Konsortialanteils, den Kreditnehmern nicht offengelegt werden (stille Unterbeteiligung). 32

Die Unterbeteiligung ist bei syndizierten Eurokrediten häufig. Unterbeteiligungen werden auch auf dem Sekundärmarkt für Kreditforderungen gehandelt.[41] 33

Rechtsnatur der Unterbeteiligung. Die Unterbeteiligung hat nach hM wie das Kreditkonsortium die Rechtsform einer **Innengesellschaft des bürgerlichen Rechts.**[42] Daher handelt der Hauptbeteiligte stets nur im eigenen Namen.[43] Bei der Unterbeteiligung besteht keine Beitragspflicht, und es wird kein Gesellschaftsvermögen gebildet.[44] Der Unterbeteiligte ist verpflichtet, dem Hauptbeteiligten (nicht der GbR) den vereinbarten Unterbeteiligungsbetrag als Darlehen zu überlassen (sog Gegenkredit oder *Back-to-Back Loan*). Der Unterbeteiligte hat einen schuldrechtlichen Anspruch gegen den Hauptbeteiligten, im Rahmen des rechtlich Möglichen so gestellt zu werden, als ob er in Höhe seiner Unterbeteiligungsquote gesamthänderisch an dem zum Gegenstand der Innengesellschaft gehörenden Vermögen des Hauptbeteiligten beteiligt wäre.[45] Regelmäßig wird vereinbart, dass der Unterbeteiligte vom Hauptbeteiligten Rückzahlung seines Darlehens und Zahlung von Zinsen nur verlangen kann, wenn der Hauptbeteiligte seinerseits entsprechende Zahlungen vom Kreditnehmer erhalten hat. Der Unterbeteiligte trägt also das **Kreditrisiko** des Hauptbeteiligten entsprechend seiner Unterbeteiligungsquote mit. Der Hauptbeteiligte übernimmt keine Haftung für die Bonität des Kreditnehmers. Der Unterbeteiligte sollte die Kreditunterlagen also selbst prüfen. 34

Obwohl die Unterbeteiligung keine stille Gesellschaft iSd § 230 HGB darstellt,[46] sind die §§ 230 bis 236 HGB unter teleologischer Reduktion abweichender Regelungen der §§ 705 ff. BGB analog anzuwenden.[47] 35

Rechtsverhältnisse. Es sind zwei Rechtsverhältnisse auseinanderzuhalten: einerseits das **Kreditverhältnis** zwischen dem Kreditnehmer und dem Kreditgeber und andererseits das 36

---

[39] Ebenso BGH v. 11.7.1968, WM 1968, 1083, 1084 (zur gesellschaftsrechtlichen Unterbeteiligung).

[40] Dazu → § 33 Rn. 45 ff.

[41] *Sittmann* WM 1996, 469, 470.

[42] Ebenso BGH v. 11.7.1968, WM 1968, 1083, 1084 (zur gesellschaftsrechtlichen Unterbeteiligung); SBL BankR-HdB/*Hadding/Häuser,* 3. Aufl., § 87 Rn. 15; *Sittmann* WM 1996, 469; MüKoBGB/*Schäfer,* Vorbem. § 705 Rn. 92; *Preissler,* Eigenkapitalersetzende Gesellschafterdarlehen und konsortiale Kreditvergabe durch Banken, S. 22 mwN; aA mit der Einordnung der Unterbeteiligung als Vertrag *sui generis,* LBS/*Walgenbach,* 16. Kap. Rn. 204.

[43] Allg. zur Innengesellschaft siehe Palandt/*Sprau* § 705 Rn. 33.

[44] SBL BankR-HdB/*Hadding/Häuser,* 3. Aufl., § 87 Rn. 15.

[45] BGH v. 21.12.1972, WM 1973, 296, 297.

[46] MüKoBGB/*Schäfer,* Vorbem. § 705 Rn. 92.

[47] Ganz überw. Meinung, vgl. MüKoBGB/*Schäfer,* Vorbem. § 705 Rn. 92 mwN.

Unterbeteiligungsverhältnis zwischen dem Kreditgeber (Hauptbeteiligter) und dem Unterbeteiligten.

37 Die Unterbeteiligung ist ein reines Innenverhältnis zwischen Hauptbeteiligtem und Unterbeteiligtem. Zwischen dem Unterbeteiligten und dem Kreditnehmer bestehen keine Rechtsbeziehungen.[48] Daher ist für die Begründung eines Unterbeteiligungsverhältnisses weder die **Zustimmung** des Kreditnehmers noch der übrigen Konsortialbanken erforderlich.[49]

38 Allerdings können Haupt- und Unterbeteiligter Vereinbarungen treffen, welche den Kreditgeber (Hauptbeteiligten) in seiner Entscheidungsfreiheit gegenüber dem Kreditnehmer beschränken. So kann sich der Hauptbeteiligte gegenüber dem Unterbeteiligten zB verpflichten, einer Änderung des Kreditvertrags, die Auswirkungen auf die Zahlungspflichten des Kreditnehmers hat, nur nach vorheriger Zustimmung des Unterbeteiligten zuzustimmen.[50] In einem solchen Fall hat die Unterbeteiligung indirekte Auswirkungen auf den Kreditnehmer. In der Praxis finden sich daher für diese Fälle teilweise dieselben oder ähnliche Beschränkungen wie für die Übertragung eines Konsortialanteils an einen neuen Kreditgeber.[51]

39 **Wirkung einer Änderung der Kreditvereinbarung.** Der Handlungsspielraum des Hauptbeteiligten in Bezug auf die Kreditvereinbarung wird durch die Unterbeteiligung grundsätzlich nicht beschränkt. Er bleibt im Rahmen des Kreditverhältnisses trotz Unterbeteiligung berechtigt, den Kredit bei Bedarf zu prolongieren, den Kreditbetrag zu erhöhen, Sicherheiten freizugeben[52] etc. Durch eine Änderung der Kreditvereinbarung können für den Unterbeteiligten keine zusätzlichen Pflichten begründet werden. Verträge zu Lasten Dritter sind unwirksam. Eine Erhöhung des Kreditbetrags führt daher nicht zu einer Nachschusspflicht des Unterbeteiligten.[53]

40 Andererseits kann sich durch eine Absprache zwischen Hauptbeteiligtem und Kreditnehmer die Rechtsposition des Unterbeteiligten verändern. Vereinbaren Hauptbeteiligter und Kreditnehmer zB eine Prolongation des Kredits, so erhält der Unterbeteiligte Tilgung und Zinsen erst zu einem späteren Zeitpunkt. Da die Unterbeteiligung eine Innengesellschaft des bürgerlichen Rechts ist, ist der Hauptbeteiligte mangels anderweitiger Vereinbarung **nicht allein geschäftsführungsbefugt** (§ 709 Abs. 1 BGB). Das gilt auch für die Prolongation des Kredits und jede andere Änderung der Kreditvereinbarung. Stimmt der Hauptbeteiligte einer Änderung der Kreditvereinbarung zu, die sich für den Unterbeteiligten nachteilig auswirkt, so verstößt er im Innenverhältnis gegen seine Pflichten als Gesellschafter der GbR und ist darum dem Unterbeteiligten gegenüber schadensersatzpflichtig. Der Unterbeteiligte hat einen Anspruch, so gestellt zu werden, als ob die ursprüngliche Kreditvereinbarung nicht geändert worden wäre. Jegliche Änderung der Kreditvereinbarung geht mangels anderweitiger Vereinbarung im Unterbeteiligungsvertrag wirtschaftlich also allein zu Lasten des Hauptbeteiligten.

41 **Unterbeteiligungsvertrag.** Im Unterbeteiligungsvertrag sollten mindestens folgende Punkte geregelt werden: Höhe der Quote der Unterbeteiligung, Höhe der Beteiligungsprovision, evtl. Nachschusspflicht, Mitentscheidungsrechte des Unterbeteiligten, Geschäftsführung, Informationsrechte des Unterbeteiligten, Kündigungsrechte und -frist, Haftung, Dauer der Gesellschaft, Auseinandersetzung der GbR.[54]

42 Das Recht des Unterbeteiligten zur ordentlichen **Kündigung** wird regelmäßig ausgeschlossen. Er bleibt aber zur Kündigung aus wichtigem Grund berechtigt. Die Parteien

---

48 SBL BankR-HdB/*Hadding/Häuser,* 3. Aufl., § 87 Rn. 15.
49 SBL BankR-HdB/*Hadding/Häuser,* 3. Aufl., § 87 Rn. 15.
50 *Buchheit,* How to Negotiate Eurocurrency Loan Agreements, S. 125.
51 Siehe zu einer entsprechenden marktüblichen Klausel Diem/Jahn/*Kügemann,* II.29 Rn. 36 ff.
52 Häufig wird jedoch im Unterbeteiligungsvertrag vereinbart, dass die Freigabe von Sicherheiten der Zustimmung des Unterbeteiligten bedarf.
53 Im Erg. ebenso *Sittmann* WM 1996, 469, 472 f.
54 Siehe dazu auch *Sittmann* WM 1996, 469, 473.

vereinbaren jedoch als Rechtsfolge einer Kündigung des Unterbeteiligungsvertrags durch den Unterbeteiligten meist, dass der Hauptbeteiligte verpflichtet ist, die Unterbeteiligung in einen Konsortialanteil am Kreditverhältnis überzuleiten. Das erfolgt durch eine offene Übertragung des entsprechenden Konsortialanteils durch den Hauptbeteiligten auf den Unterbeteiligten, wodurch dieser Mitglied des Kreditkonsortiums wird.

Der Unterbeteiligte erhält für seine Forderungen gegen den Hauptbeteiligten von diesem idR keine **Sicherheiten.** Allerdings wird vereinbart, dass der Hauptbeteiligte Sicherheiten, die ihm vom Kreditnehmer im Rahmen des Kreditverhältnisses bestellt wurden, in Höhe der Beteiligungsquote treuhänderisch für den Unterbeteiligten hält. Ist ein Sicherheiten-Treuhänder bestellt, so kommt der Unterbeteiligte nur indirekt – durch den Hauptbeteiligten – in den Genuss der Sicherheiten. **43**

Mehrere Unterbeteiligungen. Beteiligen sich mehrere Unterbeteiligte am Kredit des Hauptbeteiligten, stehen diese Unterbeteiligungsverhältnisse mangels anderweitiger Vereinbarung unabhängig nebeneinander.[55] **44**

VI. Risikounterbeteiligung

Die Konsortialbanken leisten ihren Beitrag zum Konsortialkredit in der Regel durch anteilige Bereitstellung von Kapital (sog„**Bareinschuss**"). Es kann aber auch sinnvoll sein, dass die Zahlungen durch eine Bank (sog **„Fronting Bank"**) abgewickelt werden und sich die übrigen Konsortialmitglieder nur am Risiko der *Fronting Bank* in Höhe ihrer Konsortialquoten beteiligen (**„Konsortialkredit ohne Bareinschuss"**).[56] Ein Konsortialkredit ohne Bareinschuss kann zB gewählt werden, **45**

- beim Avalkredit im Rahmen des Fronting-Modells[57]. Bei einem Avalkredit ist ein Bareinschuss so lange nicht erforderlich, wie der Avalempfänger keine Zahlung auf Grund des Avals verlangt. Statt einen Bareinschuss zu leisten, übernehmen die Konsortialmitglieder eine Risikounterbeteiligung an den Verpflichtungen der Avalausstellenden Bank aus dem Aval.
- wenn eine Kontokorrentlinie bei einer Konsortialbank eingerichtet werden soll, deren Höhe die verfügbare Kreditzusage dieser Konsortialbank übersteigt und sie daher keine Unterkreditlinie zur Verfügung stellen kann[58] oder
- wenn eine besondere Währung abgerufen wird, in der sich nicht alle Kreditgeber refinanzieren können.

Im Gegensatz zur Kreditunterbeteiligung fließt bei der Risikounterbeteiligung grundsätzlich kein Geld. Ist aber eine Zahlung zu leisten, so erfolgt sie durch die *Fronting Bank* (beim Avalkredit durch die Avalausstellende Bank). **46**

Im **Innenverhältnis** der Konsorten steht der *Fronting Bank* der zurückbezahlte Darlehensbetrag sowie der Referenzzins[59] alleine zu. Dagegen werden die **Marge** und die **Avalprovision** anteilig auf alle beteiligten Konsortialbanken verteilt.[60] Soweit der Kreditnehmer seine vertraglichen Pflichten zur Rückzahlung des Darlehens und der Zahlung von Zinsen oder Provisionen nicht erfüllt oder entstehen der *Fronting Bank* durch diesen Kredit Schäden oder Kosten, so hat die *Fronting Bank* das Recht, von den Risikounterbeteiligten Bareinschüsse im Verhältnis ihrer Konsortialquoten zu verlangen.[61] **47**

---

[55] Ebenso BGH v. 11.7.1968, WM 1968, 1083, 1084; BGH v. 22.6.1981, NJW 1982, 99, 100 (jeweils zur gesellschaftsrechtlichen Unterbeteiligung).
[56] SBL BankR-HdB/*Hadding/Häuser,* 3. Aufl., § 87 Rn. 7.
[57] Dazu → § 8 Rn. 3.
[58] Dazu → § 5 Rn. 32.
[59] Dazu → § 15 Rn. 11.
[60] SBL BankR-HdB/*Hadding/Häuser,* 3. Aufl., § 87 Rn. 7 nennt dies „Risikoprämie".
[61] SBL BankR-HdB/*Hadding/Häuser,* 3. Aufl., § 87 Rn. 7; MHdB GesR I/*Schaffelhuber/Sölch* § 31 Rn. 14.

48 In der **Bilanz** weisen die Konsortialbanken beim Konsortialkredit mit Bareinschuss nur ihre anteiligen Kreditforderungen aus, beim Konsortialkredit ohne Bareinschuss bilanziert der auszahlende Kreditgeber die gesamte Kreditforderung, die übrigen Konsorten nur Eventualverbindlichkeiten entsprechend ihrer Konsortialquote unter dem Bilanzstrich.[62]

VII. Abtretung von Kreditforderungen

49 Bei der Übertragung eines Konsortialanteils werden sowohl Rechte als auch Pflichten eines Kreditgebers auf einen anderen (neuen oder bestehenden) Kreditgeber übertragen. Von der Übertragung eines Konsortialanteils ist die **Abtretung von Forderungen** aus dem Kreditverhältnis zu unterscheiden, bei der vom neuen Kreditgeber keine Pflichten aus dem Kreditverhältnis übernommen werden. Die Abtretung von Kreditforderungen ist unter anderem für Verbriefungen von Krediten von Bedeutung. Der wirksamen Abtretung von Kreditforderungen stehen auch weder das Bankgeheimnis[63] noch das Bundesdatenschutzgesetz entgegenstehen.[64]

50 Im Gegensatz zur Übertragung eines Konsortialanteils erfordert die Abtretung von Kreditforderungen nicht die Zustimmung oder Mitwirkung des Kreditnehmers. Kreditforderungen können durch zweiseitigen Abtretungsvertrag zwischen Zedent und Zessionar abgetreten werden. Ein zwischen Schuldner und Gläubiger vereinbartes **Abtretungsverbot** gemäß § 399 Alt. 2 BGB ist zwischen Kaufleuten grundsätzlich **unwirksam** (§ 354a Abs. 1 HGB), wenn der Kreditvertrag für den Kreditnehmer und den Kreditgeber ein Handelsgeschäft ist (§§ 343 f. HGB). Durch das RisikoBegrG wurde aber auch für Kaufleute die Möglichkeit geschaffen, beim Abschluss eines Darlehensvertrags mit einem Kreditinstitut iSd KWG ein **wirksames Abtretungsverbot** zu vereinbaren (§ 354a Abs. 2 HGB).[65]

§ 34. Schuldenrückkauf

1 In der Hochphase des *Leveraged Buy-out* Marktes in der ersten Jahreshälfte 2007 stellten die Kreditgeber zum Teil riskante LBO-Finanzierungen zur Verfügung, die sie in der Folgezeit nur mit einem erheblichen Abschlag auf den Nennwert (*Original Issue Discount* oder „*OID*") syndizieren konnten. Den Kreditnehmern bieten solche Abschläge die Chance, sich durch Ankauf von Kreditforderungen billig von ihren eigenen Schulden zu befreien.

2 Für den Kreditnehmer (und den Finanzinvestor als dessen Gesellschafter) sowie für die Kreditgeber stellt sich die Frage nach der Zulässigkeit solcher Schuldenrückkaufprogramme und ihren rechtlichen Folgen. Dazu gibt es unterschiedliche Auffassungen.

3 **Durchführung des Schuldenrückkaufs.** Der „Schuldenrückkauf"[1] erfolgt rechtlich betrachtet durch Erwerb eines Konsortialanteils von einem Kreditgeber. Dieser enthält auch Kreditforderungen in bestimmter Höhe gegen den Kreditnehmer.

4 Erwirbt der Kreditnehmer gegen ihn gerichtete Kreditforderungen, so erlöschen diese mit dem Erwerb (sog „Konfusion"). Erwirbt stattdessen ein Dritter, zB der Finanzinvestor oder eine Gruppengesellschaft, solche Kreditforderungen, so bleiben sie bestehen. Der Erwerber kann sie (soweit nach den Finanzierungsverträgen erlaubt) entweder weiterver-

---

62 MHdB GesR I/*Schaffelhuber/Sölch* § 31 Rn. 14.

63 HM vgl. nur BGH v. 27.2.2007, NJW 2007, 2106, 2107 mwN; anders noch OLG Frankfurt v. 25.5.2004, WM 2004, 1386, 1387.

64 Ebenso BGH v. 27.2.2007, NJW 2007, 2106, 2108 f.

65 Art. 10 RisikoBegrG.

1 Darunter wird hier nur der Rückkauf von Kreditforderungen verstanden. Der Rückkauf von Forderungen aus Anleihen unterliegt anderen Voraussetzungen, die sich nach den jeweiligen Anleihebedingungen (*Indenture*) und dem anwendbaren Recht richten.

kaufen oder als Einlage in den Kreditnehmer einbringen,[2] wodurch sie wiederum erlöschen.

5 Der Kreditnehmer kann den Schuldenrückkauf entweder aus eigenen Mitteln finanzieren oder aus Kapital, das ihm der Finanzinvestor zur Verfügung gestellt hat. Regelmäßig wird der Kreditnehmer nicht über ausreichend eigene Mittel verfügen, um in erheblichem Umfang Kreditforderungen zurückkaufen zu können. Daher wird das Kapital meist vom Finanzinvestor stammen, der den Erwerb uU zu einem erheblichen Teil durch Kredite fremdfinanziert und so erneut den Leverage-Effekt[3] nutzen kann.

6 Die üblichen Finanzierungsverträge enthalten mögliche Beschränkungen des Schuldenrückkaufs. Allerdings zeigte sich in der Finanzkrise, dass der Erwerb von Kreditforderungen durch den Finanzinvestor, den Kreditnehmer oder eine andere Gruppengesellschaft zumeist zulässig war. In den gängigen Finanzierungsverträgen fehlten regelmäßig notwendige Bestimmungen, um den wechselseitigen Interessen gerecht zu werden. Die *Loan Market Association* hat das Problem erkannt und hat ihr LMA Leveraged Finance Facilities Agreement im September 2008 ergänzt.[4] Inzwischen sind Regelungen zum Schuldenrückkauf in Akquisitionsfinanzierungen standardmäßig enthalten.

I. Schuldenrückkauf ohne vertragliche Regelung

7 **Übertragung von Konsortialanteilen**. Ohne vertragliche Regelungen ist ein Schuldenrückkauf in aller Regel zulässig: Es gelten die oben[5] dargestellten, gerade im Interesse der Kreditgeber sehr **weiten Übertragungsmöglichkeiten** auf Kreditgeberseite. Die darin festgelegten Kriterien für einen möglichen Kreditgeber werden Finanzinvestoren in der Regel erfüllen. Doch auch der Kreditnehmer ist, wenn es sich um eine eigens für den Erwerb der Zielgesellschaft gegründete Zweckgesellschaft handelt, gerade zum Zweck des Erwerbs von Finanzanlagen gegründet worden und erfüllt damit die Voraussetzungen eines möglichen Kreditgebers. Auch andere Gruppengesellschaften können die Kriterien erfüllen, wenn sie speziell zum Zweck des Erwerbs von Kreditforderungen gegründet werden.

8 **Keine freiwillige Sondertilgung**. Obwohl der Rückkauf von Kreditforderungen durch den Kreditnehmer selbst auf Grund ihres Erlöschens durch Konfusion im Ergebnis einer freiwilligen Sondertilgung des zurückgekauften Kredits nahekommt, handelt es sich dabei rechtlich nicht um dessen vorzeitige Erfüllung. Dass der Rückkauf der Kreditforderungen und die vorzeitige Rückzahlung des Kredits rechtlich nicht gleichbedeutend sind, lässt sich auch daran erkennen, dass beim Erwerb durch einen Dritten (zB den Finanzinvestor oder eine andere Gruppengesellschaft) die Kreditforderungen nicht erlöschen, sondern bestehen bleiben. Die für freiwillige Sondertilgungen bestehenden Regeln gelten daher nicht für den Schuldenrückkauf. Erfolgt der Ankauf durch den Kreditnehmer oder eine andere Gruppengesellschaft fließt Liquidität zugunsten eines Kreditgebers ab. Eine vorzeitige Rückzahlung eines Kreditgebers ist ansonsten nur in den speziell geregelten Ausnahmen der Rechtswidrigkeit (*Illegality*),[6] erhöhten Kosten (*Increased Costs*) oder des Ausgleichs für einbehaltene Quellensteuer (*Tax Gross-up*)[7] vorgesehen oder teilweise in dem Fall, im dem ein Kreditgeber einem beantragten *Waiver*, der nur einstimmig erteilt werden kann, nicht zugestimmt hat, obwohl die große Mehrzahl der Kreditgeber ihre Zustimmung erteilt haben (*Non-Consenting Lender*).[8] Die jederzeitige Möglichkeit der

---

[2] Entweder im Rahmen einer Kapitalerhöhung als Sacheinlage oder als andere Zuzahlung in die Kapitalrücklagen gemäß § 272 Abs. 2 Nr. 4 HGB.

[3] Dazu → § 1 Rn. 14 ff.

[4] Ziff. 31 (*Restriction on Debt Purchase Transactions*) LMA Leveraged Finance Facilities Agreement.

[5] → § 33 Rn. 4 ff.

[6] Ziff. 12.1 (*Illegality*) LMA Leveraged Finance Facilities Agreement.

[7] Ziff. 12.6 (*Right of cancellation and repayment in relation to a single Lender or Issuing Bank*) LMA Leveraged Finance Facilities Agreement.

[8] Ziff. 42.8 (*Replacement of Lender*) LMA Leveraged Finance Facilities Agreement.

Rückzahlung eines Kreditgebers ohne *pro-rata* Befriedigung der übrigen Konsortialmitglieder widerspricht dagegen dem Prinzip der konsortialen Gleichbehandlung.

9 **Keine Beschränkungen auf Grund allgemeiner Auflagen.** Die Kreditverträge enthalten üblicherweise eine Reihe von allgemeinen Auflagen (*General Undertakings*), die jedoch allein das Verhalten des Kreditnehmers und der übrigen Gruppengesellschaften betreffen, nicht das des Finanzinvestors. Der Erwerb von Krediten durch den Finanzinvestor ist daher durch die allgemeinen Auflagen nicht eingeschränkt. Auch aus Sicht des Kreditnehmers werden die gegenüber den Kreditgebern bestehenden erlaubten Finanzverbindlichkeiten aus den Finanzierungsverträgen (*Permitted Financial Indebtedness*) nicht dadurch zu verbotenen Finanzverbindlichkeiten, dass sie an den Finanzinvestor übertragen werden.

10 Ebenso wenig enthalten die allgemeinen Auflagen Beschränkungen für den Erwerb der Kreditforderungen durch den Kreditnehmer oder eine andere Gruppengesellschaft. Zwar darf eine Gruppengesellschaft nur in beschränktem Maße Gläubigerin einer Kreditforderung (*Permitted Loan*) sein. Kredite an einen Kreditnehmer oder Garanten sind jedoch regelmäßig ohne Einschränkung zulässig. Erwirbt der Kreditnehmer gegen ihn selbst gerichtete Kreditforderungen, so erlöschen diese ohnehin durch Konfusion.

11 Eine wichtige Einschränkung enthalten die Kreditverträge jedoch regelmäßig im Hinblick auf Forderungen aus **nachrangigen Krediten** wie Mezzanine-Krediten oder Schuldverschreibungen. Hier wird ein Erwerb von nachrangigen Forderungen zumeist explizit verboten.[9] Eine inhaltsgleiche Einschränkung ist regelmäßig in den entsprechenden Intercreditor-Vereinbarungen enthalten. Doch betreffen diese Einschränkungen jeweils nur den Kreditnehmer und andere Gruppengesellschaften, nicht aber den Finanzinvestor, dem es grundsätzlich freisteht, auch Forderungen aus nachrangigen Krediten zu erwerben und gegebenenfalls anschließend in das Eigenkapital des Kreditnehmers mit der Folge ihres Erlöschens einzubringen.

12 Soll eine Gruppengesellschaft, die weder Kreditnehmer noch Garant ist, die Kreditforderungen erwerben und stellt der Finanzinvestor die Mittel dafür darlehensweise zur Verfügung, kann es erforderlich sein, dass der Finanzinvestor der Gruppengesellschaft das Darlehen direkt gewährt und nicht über eine andere Gruppengesellschaft. Denn die Kreditverträge beschränken regelmäßig die Beträge, die ein Kreditnehmer oder Garant einer anderen Gruppengesellschaft, die weder Kreditnehmer noch Garant ist, zur Verfügung stellen darf.

13 Kreditforderungen, die durch eine Gruppengesellschaft erworben werden, können nicht ohne weiteres weiterverkauft werden, wenn dies nicht ausdrücklich erlaubt ist (*Permitted Disposal*). Auch wenn der Weiterverkauf im Einzelfall zulässig ist, muss der Nettoerlös wahrscheinlich zur Pflichtsondertilgung verwendet werden.

14 **Auswirkung auf Finanzkennzahlen**. Kauft eine Gruppengesellschaft die Kredite an, sinkt die konsolidierte Verschuldung der Gruppe und damit ein eventueller Bruttoverschuldungsgrad. Erfolgt der Ankauf, wie üblich, unter par, so sinkt auch der Netto-Verschuldungsgrad um das Delta zwischen Kreditforderung und Barkaufpreis. Dies sind allerdings nicht alle möglichen Auswirkungen. Während der Finanzkrise begnügten sich einige der Kreditnehmer nicht nur mit dem günstigen Ankauf ihrer Darlehen, sondern trieben dies aus Sicht der zurück gebliebenen Kreditgeber auf die Spitze, indem sie den Gewinn aus dem Darlehensankauf als Ergebnis ihrer gewöhnlichen Geschäftstätigkeit deklarierten, weil Zweck der für den Ankauf der Darlehen neu gegründeten Tochtergesellschaft der Ankauf dieser Darlehen gewesen war.[10]

15 **Auswirkungen auf Excess Cash Sweep.** Die üblichen Kreditverträge verpflichten den Kreditnehmer in Höhe eines bestimmten Anteils des *Excess Cashflow* zur Pflichtsondertil-

---

[9] Ziff. 28.23 (*Mezzanine Facility and Structural Intra-Group Loans*) LMA Leveraged Finance Facilities Agreement.

[10] Siehe dazu Diem/Jahn/*Jahn*, II.26 Rn. 36.

gung der Kredite (sog *Excess Cash Sweep*).[11] Soweit ein Kreditnehmer Kreditforderungen zurückkauft, handelt es sich dabei um außerordentliche Aufwendungen, die bei der Berechnung des *Cashflow* abgezogen werden. Aufwendungen für den Rückkauf von Kreditforderungen mindern somit seinen *Excess Cashflow,* und er muss eine geringere Pflichtsondertilgung leisten.

Stimmrechte im Konsortium. Kreditforderungen gewähren grundsätzlich volles Stimmrecht bei der Beschlussfassung im Konsortium. Werden Kreditforderungen von der Kreditnehmerseite gehalten, so kann eine Interessenkollision entstehen. Erwirbt der Kreditnehmer gegen ihn selbst gerichtete Kreditforderungen, so erlöschen diese durch Konfusion und gewähren daher keine Stimmrechte mehr. Erwirbt dagegen ein mit dem Kreditnehmer verbundenes Unternehmen einschließlich des Finanzinvestors einen Konsortialanteil, so bleiben die Forderungen bestehen. Die Konsortialbestimmungen in den Kreditverträgen enthalten regelmäßig keine Stimmverbote für den Fall einer Interessenkollision. Allerdings könnte ein solches Stimmverbot aus gesetzlichen Bestimmungen folgen.[12] Ob ein Stimmverbot besteht, muss im Einzelfall geprüft werden und wird sich häufig nicht eindeutig beantworten lassen. Das Bestehen eines Stimmverbots ist von den Konsortialmitgliedern zu beweisen, die sich auf die Wirksamkeit des Beschlusses berufen. Der Finanzinvestor oder die Gruppengesellschaft, welche die Kreditforderungen erworben hat, kann grundsätzlich davon ausgehen, dass er wie jeder andere Kreditgeber in vollem Umfang stimmberechtigt ist und kann uU die Beschlussfassung der Mitglieder des Konsortiums entscheidend beeinflussen. Die weitaus meisten Entscheidungen werden mit einer Mehrheit von 66 2/3 der Kreditzusagen (*Commitments*) getroffen.[13] Durch den Erwerb eines Konsortialanteils gehen auf den Erwerber nicht nur die Forderungen in Bezug auf die ausgereichten Kredite über, sondern auch die zugrunde liegenden Kreditzusagen. Erwirbt der Finanzinvestor mehr als ein Drittel der Kreditzusagen, so hält er eine Sperrminorität und kann alle Entscheidungen blockieren. Das gilt auch für den Beschluss, die Kredite zu kündigen. 16

Behandlung in der Insolvenz und Auswirkung auf Konsortium. Die vom Finanzinvestor oder einem von diesem kontrollierten Unternehmen erworbenen Forderungen haben grundsätzlich den gleichen Rang wie die der übrigen Kreditgeber. In der Insolvenz eines deutschen Kreditnehmers sind allerdings Gesellschafterdarlehen sowie Darlehen, die einem solchen wirtschaftlich entsprechen, nachrangig (§ 39 Abs. 1 Nr. 5 InsO), sofern nicht das Kleinbeteiligtenprivileg oder das Sanierungsprivileg einschlägig sind. Sicherheitenbestellungen sind anfechtbar, wenn sie in den letzten zehn Jahren vor Antrag auf Eröffnung des Insolvenzverfahrens vorgeommen wurden (§ 135 Abs. 1 Nr. 1 InsO), Befriedigungen, wenn sie im letzten Jahr vor dem Eröffnungsantrag vorgenommen wurden (§ 135 Abs. 1 Nr. 2 InsO). 17

Dies hat in der Praxis zu der Folgefrage geführt, ob der Nachrang eines Darlehens auf alle Darlehen der Konsortialbanken „durchschlägt" und wie sich der Nachrang eines solchen Darlehens auf die Sicherheiten der Konsorten auswirkt. Solche **Auswirkungen gibt es richtiger Ansicht nach nicht**. Wie beschrieben, handelt es sich bei Konsortialkrediten für Akquisitionsfinanzierungen um unechte Konsortialkredite,[14] dh jeder Kreditgeber gibt an den Kreditnehmer ein eigenes Darlehen und jedes dieser Darlehen hat folglich sein eigenes rechtliches, auch insolvenzrechtliches Schicksal.[15] Hält, wie regelmäßig, ein Sicherheitentreuhänder die Sicherheiten treuhänderisch für das Konsortium, werden auch die 18

[11] Ziff. 13.2(b)(iv) (*Disposal, Insurance and Acquisition Proceeds and Excess Cashflow*) LMA Leveraged Finance Facilities Agreement.

[12] Die Mitglieder des Konsortiums bilden eine Gesellschaft bürgerlichen Rechts in der Form der Innengesellschaft, siehe dazu § 31 Rn. 9. Ein Gesellschafter kann von der Stimmabgabe ausgeschlossen sein, wenn dies zur Verhinderung des Einflusses gesellschaftsfremder Sonderinteressen eines Gesellschafters auf die Handlungen der Gesellschaft erforderlich ist, vgl. Palandt/*Sprau,* Vorb. § 709 Rn. 15.

[13] Vgl. Definition von *„Majority Lenders"* Ziff. 1.1 (*Definitions*) LMA Leveraged Finance Facilities Agreement.

[14] → § 30 Rn. 16 ff.

[15] So iE auch *Obermüller*, Insolvenzrecht in der Bankpraxis Rn. 6.257 f.; *Ganter* ZIP 2017, 2277, 2280.

Sicherheiten nicht aufgrund der Beteiligung eines Gesellschafters oder einer diesem nahestenden Person anfechtbar. Der Sicherheitentreuhänder darf nur den auf den Gesellschafter entfallenden Verwertungserlös nicht an diesen auskehren.[16]

II. Schuldenrückkauf mit vertraglicher Regelung

19 Soweit vertraglich geregelt, ist zu unterscheiden zwischen einem Ankauf durch den Kreditnehmer selbst, durch eine andere Gruppengesellschaft und durch den Finanzinvestor.

20 **Übertragung auf Kreditnehmer**. Bei einer Übertragung von Kreditforderungen auf einen Kreditnehmer erlöschen diese aufgrund von Konfusion. Das LMA Leveraged Finance Facilities Agreement sieht als Optionen das vollständige **Verbot solcher Schuldenrückkäufe**[17] vor sowie die Möglichkeit des Schuldenrückkaufs durch den Kreditnehmer **im Wege eines geordneten Prozesses**, der jedem Kreditgeber die Möglichkeit gibt, sich unter den gleichen Bedingungen daran zu beteiligen.[18] Der Kreditnehmer kann danach wählen zwischen einem „*Solicitation Process*", bei dem die Kreditgeber gefragt werden, ob und zu welchen Bedingungen sie Konsortialanteile zur Veräußerung anbieten möchten, und einem „*Open Order Process*", bei dem der Kreditnehmer ein verbindliches Angebot abgibt, Konsortialanteile in bestimmter Höhe zu einem bestimmten Preis zu erwerben. Beim *Solicitation Process* ist der Kreditnehmer in der entscheidung frei, ob er die Kredite zu dem angebotenen Preis ankaufen will. Kauft er sie an, erfolgt die Zuteilung zunächst an die Kreditgeber mit den günstigsten Angeboten. Haben mehrere Kreditgeber gleiche Angebote abgegeben, erfolgt die Zuteilung bei diesen pro rata. Ähnliches gilt beim *Open Order Process*. Nehmen hier mehr Kreditgeber das Angebot des Kreditnehmers an, als dieser bereit war, Konsortialanteile anzukaufen, erfolgt die Zuteilung *pro rata*. Durch diese Verfahren wird eine Ungleichbehandlung der Konsortialmitglieder vermieden.

21 **Weitere Bedingungen**. Die Möglichkeit zum Rückkauf ist beschränkt auf bereits ausgezahlte Terminkredite. Bei revolvierenden Krediten müsste im Interesse des Kreditgebers zusätzlich eine Kündigung der Kreditlinie in entsprechender Höhe erfolgen. Weitere Bedingungen sind der Ankauf unter par (ansonsten könnte ja auch eine echte Rückzahlung erfolgen), das Nichtbestehen eines Kündigungstatbestandes und die Bezahlung des Kaufpreises aus Excess Cashflow, der nicht zur Sondertilgung zu verwenden ist, oder neuen Eigenmitteln (Eigenkapital oder nachrangige Gesellschafterdarlehen).

22 **Auswirkung auf Finanzkennzahlen**. Die Regelungen zu den Finanzkennzahlen sehen bei der Berechnung des EBITDA vor, dass Gewinne aus dem Schuldenrückkauf unter par das für die Berechnung des Netto-Verschuldungsgrads relevante EBITDA nicht erhöhen.[19]

23 **Übertragung auf andere Gruppengesellschaft**. Werden Kreditforderungen auf eine andere Gruppengesellschaft als den Kreditnehmer übertragen, bleiben diese zunächst bestehen. Das LMA Leveraged Finance Facilities Agreement sieht diese Möglichkeit nicht vor. Soll sie vorgesehen werden, ist zu regeln, wie mit den Darlehen nach Ankauf verfahren werden soll. Gibt es eine Pflicht, diese nach Erwerb in das Eigenkapital des Kreditnehmers einzulegen? Wenn nicht, wie ist mit Stimmrechten und Informationszugang umzugehen? Sind die Forderungen für Zwecke des Intercreditor Agreement zu behandeln wie Senior-Kreditforderungen oder wie grundsätzliche nachrangige Konzernforderungen? Was passiert mit den Sicherheiten? Die Fragen, die sich in diesem Zusammenhang stellen, sind ähnliche wie beim Erwerb durch den Finanzinvestor.

24 **Übertragung auf Finanzinvestor**. Die Übertragung auf den Finanzinvestor hat keinen Abfluss von Liquidität aud der Gruppe zufolge, ist daher grundsätzlich unter den allgemei-

[16] So auch *Obermüller*, Insolvenzrecht in der Bankpraxis Rn. 6.257 f.; *Ganter* ZIP 2017, 2277, 2280.

[17] Ziff. 31.1 (*Prohibition on Debt Purchase Transactions*) LMA Leveraged Finance Facilities Agreement.

[18] Ziff. 31.1 (*Permitted Debt Purchase Transactions*) LMA Leveraged Finance Facilities Agreement. Siehe dazu auch Diem/Jahn/*Kügemann*, II.30 Rn. 7 f.

[19] Siehe dazu Diem/Jahn/*Jahn*, II.26 Rn. 36.

nen Voraussetzungen der Übertragbarkeit von Konsortialanteilen gestattet. Allerdings stellen sich auch hier Probleme im Hinblick auf Mitwirkungsrechte an Konsortialentscheidungen. Aufgrund der offensichtlichen Interessengegensätze sieht das LMA Leveraged Finance Facilities Agreement vor, dass der Investor sowie von der ihn verwaltenden Management-Gesellschaft kontrollierte Fronds, Treuhandgesellschaften oder sonstigen Gesellschaften mit Ausnahme von unabhängig betriebenen CDOs (sog „*Sponsor Affiliates*") bei Abstimmungen im Konsortium kein Stimmrecht haben und von Telefonkonferenzen und anderen Versammlungen der Kreditgeber ausgeschlossen werden können.[20]

Wie oben beschrieben, hat die Beteiligung eines *Sponsor Affiliate* an den Akquisitions- 25 darlehen auch bei einem deutschen Kreditnehmer **keine Auswirkung auf die insolvenzrechtliche Behandlung** der Darlehen der übrigen Konsorten und der hierfür bestellten Sicherheiten.[21] Um Zweifel hierzu auszuräumen, ist die Praxis dennoch dazu übergegangen diese gewollte Rechtsfolge explizit in den Kreditvertrag oder ein Intercreditor Agreement aufzunehmen. Die hierfür übliche Regelung besagt, dass, wenn die Beteiligung eines *Sponsor Affiliate* oder sonstigen in der Insolvenz nachrangigen Konsorten dazu führen sollte, dass die übrigen Konsorten in der Insolvenz einen geringeren Erlös bekämen, soll der jeweilige nachrangige Konsorte nicht besichert sein. Einen dennoch erlangten Verwertungserlös muss er wieder herausgeben. Von einem Verlust- oder Saldenausgleich der Konsorten untereinander[22] wird er ausgeschlossen.

III. Steuerliche Folgen und Strukturierung

Soweit der **Kreditnehmer** selbst Kreditforderungen zurückkauft, entsteht auf dessen 26 Ebene handelsbilanziell und steuerlich ein außerordentlicher Ertrag in Höhe des Kaufpreisabschlags (*OID*), der mit Erwerb voll der Besteuerung unterliegt. Ein Aufschub der Besteuerung des Kaufpreisabschlags kann dadurch erreicht werden, dass die Kreditforderungen nicht durch den Kreditnehmer, sondern durch eine **Tochtergesellschaft,** mit der eine ertragsteuerliche Organschaft besteht („Organgesellschaft"), erworben wird. In diesem Fall kommt es zur Besteuerung des Kaufpreisabschlags erst mit Tilgung der Kreditforderung bzw. beim Verzicht auf die Rückzahlung der Kreditforderung. Im Falle des Erwerbs der Kreditforderung durch die Organgesellschaft entstehen keine – verglichen mit einem Erwerb durch den Organträger – körperschaftsteuerlichen oder gewerbesteuerlichen Mehrbelastungen des Organträgers. Insbesondere kommt es nicht zu einer Anwendung der gewerbesteuerlichen Zurechnung des § 8 Nr. 1 GewStG auf die vom Organträger an die Organgesellschaft als Gläubigerin der Forderung gezahlten Zinsen.

Verzichtet die Organgesellschaft auf ihre Kreditforderung gegenüber dem Organträger, 27 liegt eine verdeckte Gewinnausschüttung vor, die das steuerliche Einkommen der Organgesellschaft um den Verkehrswert der Forderung erhöht. Das entsprechend erhöhte Einkommen wird dem Organträger unter der Organschaft steuerlich zugerechnet.[23] Denkbar ist, die positiven Einkünfte aus dem Verzicht auf die Kreditforderung mit negativen Einkünften im Organkreis zu verrechnen.

Der Erwerb von Kreditforderungen durch den **Finanzinvestor** hat auf die steuerliche 28 Behandlung des Kreditnehmers keine Auswirkung, solange die Kreditforderungen nicht durch Einlage in ihn eingebracht werden. Im Rahmen der Einlage kommt es zu einem außerordentlichen Gewinn in Höhe des Unterschiedsbetrags zwischen dem Restbuchwert

20 Siehe dazu auch Diem/Jahn/*Kügemann*, II.30 Rn. 9 ff.
21 → Rn. 18.
22 Siehe dazu noch → § 35 Rn. 10 ff.
23 Zur Vermeidung einer doppelten Erfassung des Gewinns aus dem Verzicht auf die Kreditforderung ist das Einkommen des Organträgers um den Betrag der verdeckten Gewinnausschüttung zu kürzen, vgl. R62 Abs. 2 KStR.

der Verbindlichkeit beim Kreditnehmer und dem Verkehrswert der eingebrachten Forderungen. Die durch den Finanzinvestor erworbenen Kreditforderungen werden unter der Voraussetzung § 8b Abs. 3 KStG für steuerliche Zwecke eigenkapitalersetzend. Eine steuerlich wirksame Teilwertabschreibung auf die Kreditforderungen ist in diesem Fall für den Finanzinvestor nicht möglich, soweit er eine in Deutschland unbeschränkt steuerpflichtige Kapitalgesellschaft ist. Gleiches gilt, wenn die die Kreditforderungen erwerbende Person eine nahestehende Person des Finanzinvestors ist, die in Deutschland unbeschränkt steuerpflichtig ist.

29 Soweit der Finanzinvestor die Kreditforderungen erwirbt und der Kreditnehmer die Escape Clause 3 unter den Neuregelungen des Schuldzinsenabzuges im Rahmen der sog Zinsschranke (§ 4h EStG) zur Anwendung bringen will, sind die Auswirkungen auf die Anwendung des § 8a KStG zu beachten.

§ 35. Zahlungen, Tilgungsreihenfolge und Saldenausgleich

I. Zahlungen

1 **Mehrere Schuldverhältnisse.** Regelmäßig beteiligen sich mehrere Kreditgeber mit einem Konsortialanteil an einer Kreditlinie. Ruft der Kreditnehmer ein Darlehen ab, so zahlt jeder beteiligte Kreditgeber (über den Agenten) einen Kreditbetrag an den Kreditnehmer aus. Mit jeder Auszahlung eines Darlehens durch einen Kreditgeber entsteht ein neuer selbständiger Einzelkreditvertrag zwischen diesem Kreditgeber und dem Kreditnehmer, der eigenständige Rückzahlungsansprüche und Ansprüche auf Zinsen begründet. Außerdem kann der Kreditnehmer dem Kreditgeber Provisionen, Gebühren etc. schulden. Der Kreditnehmer ist dann jedem einzelnen Kreditgeber aus mehreren Schuldverhältnissen verpflichtet.[1]

2 **Zentrale Abwicklung.** Zahlungen im Rahmen eines Konsortialkredits werden grundsätzlich über den Agenten abgewickelt. Existiert ein Senior- und ein Mezzanine-Agent, werden die Zahlungen jeweils an den zuständigen Agenten geleistet. Ausgenommen sind Zahlungen auf Grund von Unterkrediten, die bis zu einer Kündigung unmittelbar zwischen Unterkreditbank und Kreditnehmer erfolgen[2] sowie Zahlungen auf Grund von Hedging-Verträgen, die bis zu einer Kündigung unmittelbar zwischen Kreditnehmer und Hedging-Bank abgewickelt werden.

3 **Zahlungen der Kreditgeber.** Zahlungen der Kreditgeber erfolgen in der im Auszahlungsgesuch genannten **Währung** zunächst auf ein Konto des Agenten.[3] Der Agent stellt die erhaltenen Beträge unverzüglich dem Kreditnehmer auf dessen Konto zur Verfügung.[4] Erst mit der Gutschrift des Betrags auf dem Konto des Kreditnehmers haben die Kreditgeber ihre Zahlungspflichten erfüllt.

4 **Zahlungen von Kreditnehmer und Garanten.** Die Kreditnehmer und Garanten haben grundsätzlich alle Zahlungen[5] im Rahmen des Kreditverhältnisses in der vereinbarten Währung ausschließlich an den Agenten zu leisten, der empfangszuständig ist.[6] Der Agent leitet den eingegangenen Betrag entsprechend den Bestimmungen des Kreditvertrags unverzüglich an die jeweils berechtigten Kreditgeber weiter.[7] Der Agent handelt dabei nicht im Auftrag des Kreditnehmers oder Garanten, sondern im Auftrag jedes einzelnen Kredit-

---

[1] Dazu bereits → § 30 Rn. 13.

[2] Beispielsklausel: Ziff. 36.1 (*Payments to the Agent*) LMA Leveraged Finance Facilities Agreement: „excluding a payment under the terms of an Ancillary Document“.

[3] Beispielsklausel: Ziff. 36.1 (*Payments to the Agent*) LMA Leveraged Finance Facilities Agreement.

[4] Beispielsklausel: Ziff. 36.2 (*Distributions by the Agent*) LMA Leveraged Finance Facilities Agreement.

[5] Zu den Ausnahmen → § 35 Rn. 2.

[6] Siehe dazu Palandt/*Grüneberg* § 362 Rn. 4.

[7] Beispielsklausel: Ziff. 36.2 (*Distributions by the Agent*) LMA Leveraged Finance Facilities Agreement.

gebers (nicht des Konsortiums). Der Kreditnehmer oder Garant hat seine Zahlungspflicht erfüllt, sobald der geschuldete Betrag auf dem Konto des Agenten gutgeschrieben wird (§§ 362 Abs. 2, 185 Abs. 1 BGB).[8]

II. Tilgungsreihenfolge

1. Gesetzliche Regelung

Soweit zwischen Schuldner und Gläubiger keine Vereinbarung darüber getroffen wurde, welche von **mehreren Schulden** getilgt werden soll, kann grundsätzlich der Schuldner bestimmen, welche Schuld er mit seiner Zahlung erfüllen will (§ 366 BGB Abs. 1 BGB). Als Schuld iSd Vorschrift gilt jede einzelne Hauptforderung, auch wenn die Forderungen auf demselben Schuldverhältnis beruhen, zB mehrere Kredite im Rahmen eines Kreditvertrags.[9] Die Tilgungsbestimmung muss bei der Leistung erfolgen (§ 366 Abs. 1 BGB). Eine später erfolgende Tilgungsbestimmung ist unwirksam.[10] **5**

Wenn der Schuldner keine Tilgungsbestimmung trifft oder diese unwirksam ist, so wird grundsätzlich zunächst die fällige Schuld, bei mehreren fälligen Schulden diejenige, welche dem Gläubiger geringere Sicherheit bietet, unter mehreren gleich sicheren die dem Schuldner lästigere, unter mehreren gleich lästigen die ältere und bei gleichem Alter jede Schuld verhältnismäßig getilgt (§ 366 Abs. 2 BGB). Eine höher verzinsliche Forderung gilt als dem Schuldner lästiger.[11] Dabei ist zu beachten, dass nach einer Kündigung nicht mehr der (dann nicht mehr geschuldete) Vertragszins, sondern die im Zweifel einheitliche Höhe des Verzugszinses ausschlaggebend ist.[12] **6**

Ist die zu tilgende Schuld bestimmt und reicht die Zahlung nicht aus, um Hauptforderung, Zinsen und Kosten **dieser Schuld** zu tilgen, so richtet sich die Tilgungsreihenfolge nach § 367 Abs. 1 BGB. Mangels anderweitiger Vereinbarung werden zunächst die Kosten, dann die Zinsen und zuletzt die Hauptforderung getilgt.[13] **7**

2. Vertragliche Regelung

Reicht eine Zahlung des Kreditnehmers nicht aus, um alle fälligen Forderungen zu begleichen, so ist eine Vertragsbestimmung erforderlich, die die Anrechnung der Leistung auf die verschiedenen Forderungen regelt. Nach den einschlägigen Bestimmungen gilt – in Abweichung von der gesetzlichen Regelung – die folgende Tilgungsreihenfolge: (a) Gebühren, Provisionen, Kosten und Auslagen des Agenten, der avalausstellenden Bank und des Sicherheiten-Treuhänders, (b) Gebühren, Provisionen, Kosten und Auslagen der Kreditgeber, (c) Zinsen, (d) Kapital der Termindarlehen und der Betriebsmittelkredite, einschließlich Barunterlegung der Avale, und (e) sonstige Forderungen aus den Finanzierungsverträgen.[14] Bei einem Konsortialkredit wird die Zahlung auf die (gleichrangigen[15]) Forderungen der einzelnen Konsortialbanken anteilig angerechnet.[16] Die Second Lien- und **8**

[8] Zu den Zahlungsmodalitäten ausführlich Diem/Jahn/*Jahn*, II.35 Rn. 1 ff.
[9] BGH v. 25.1.1982, WM 1982, 329 f.; Palandt/*Weidenkaff* § 366 Rn. 2.
[10] BGH v. 25.11.2003, WM 2004, 121, 122.
[11] BGH v. 25.11.2003, WM 2004, 121, 122.
[12] Dazu → § 16 Rn. 7; BGH v. 25.11.2003, WM 2004, 121, 123.
[13] Beachte die abweichende Tilgungsreihenfolge bei Verbraucherkreditverträgen gemäß § 497 Abs. 3 BGB.
[14] Beispielsklausel: Ziff. 36.6 (*Partial payments*) LMA Leveraged Finance Facilities Agreement. Siehe zu den üblichen Tilgungsabreden eingehend auch Diem/Jahn/*Jahn*, II.35 Rn. 16 ff.; LBS/*Castor*, 16. Kap. Rn. 39.
[15] BGH v. 7.5.1991, NJW 1991, 2619, 2630.
[16] Die zwischen Gläubiger und Schuldner vereinbarte Tilgungsreihenfolge ist auch für den Bürgen maßgeblich, vgl. BGH v. 6.4.2000, NJW 2000, 2580, 2583.

Mezzanine-Kredite dürfen grundsätzlich erst nach vollständiger Tilgung der Senior-Kredite zurückbezahlt werden.[17]

9 Die vertragliche Regelung der Tilgungsreihenfolge betrifft den Fall, dass der Kreditnehmer an den Agenten leistet, die Höhe der Zahlung zur Erfüllung aller fälligen Forderungen der Finanzparteien aber nicht ausreichend ist. Sie betrifft dagegen nicht den Fall, dass der Agent an einen falschen Gläubiger, zB direkt an eine Konsortialbank, zahlt. Dann ist ein Saldenausgleich durchzuführen.

III. Saldenausgleich

1. Bedeutung und Funktion

10 **Bedeutung.** Durch den Saldenausgleich (*Sharing Clause*) sollen alle Finanzparteien im Verhältnis ihrer Forderungen an den Zahlungen des Kreditnehmers oder Garanten beteiligt werden. Dies liegt vor allem im Interesse derjenigen Banken, die außer dem Kredit keine sonstigen Geschäftsbeziehungen mit dem Kreditnehmer unterhalten. Der Kreditnehmer könnte versucht sein, diese Kreditgeber bei Zahlungsschwierigkeiten zu diskriminieren. Ohne Saldenausgleichsklausel wäre ein Konsortialkredit nicht syndizierbar.

11 **Funktion.** Leistet ein Kreditnehmer oder Garant, aus welchem Grund auch immer, statt an den Agenten zur Verteilung an die Konsorten, direkt an eine der Konsortialbanken und erhält diese einen höheren Betrag als den, den sie bei einer vertragsgemäßen Verteilung des Betrags durch den Agenten erhalten hätte, so ist dieser Kreditgeber gegenüber den anderen Konsorten zum Saldenausgleich verpflichtet. Das bedeutet, dass der Empfänger so viel von dem erhaltenen Betrag an den Agenten herausgeben muss, dass die Forderungen der anderen berechtigten Kreditgeber anteilig befriedigt werden können.[18]

2. Gesetzliche Regelung

12 Nach § 366 Abs. 1 BGB darf der Schuldner grundsätzlich bestimmen, welche von mehreren Schulden, die er gegenüber einem Gläubiger hat, er mit einer Zahlung tilgen möchte. Trifft er keine Tilgungszweckbestimmung, so gilt die Tilgungsreihenfolge des § 366 Abs. 2 BGB. Ist der Schuldner aber gegenüber mehreren Gläubigern aus verschiedenen Rechtsgründen zur Leistung verpflichtet, so ist § 366 BGB jedenfalls dann nicht anwendbar, wenn die Leistung an einen von ihnen keine befreiende Wirkung gegenüber den anderen hat.[19] So liegt der Fall, wenn der Kreditnehmer an eine Konsortialbank statt an den Agenten zahlt. Eine solche Zahlung hat gegenüber den anderen Konsortialbanken keine befreiende Wirkung. Die Kreditgeber sind keine Gesamtgläubiger.

13 Der Kreditnehmer könnte die Zahlung an die Konsortialbank als Leistung ohne Rechtsgrund nach § 812 BGB zurückverlangen, wenn der Empfänger keine fällige Forderung in Höhe der Zahlung hatte. Falls ihm jedoch fällige Forderungen in dieser Höhe gegen den Kreditnehmer zustanden, könnten diese Forderungen durch Erfüllung erloschen sein, und die übrigen Konsorten gingen leer aus. Die Erfüllung der Forderungen des Empfängers wäre ausgeschlossen, wenn die Parteien eine anderweitige **Tilgungszweckvereinbarung** geschlossen hätten. Eine solche Tilgungszweckvereinbarung ist auch dann verbindlich, wenn der Schuldner bei der Leistung einseitig eine abweichende Bestimmung trifft.[20] Es ist aber zweifelhaft, ob die in den banküblichen Kreditverträgen enthaltene Bestimmung über

[17] Zum Verhältnis der Forderungen der Senior-Kreditgeber zu den Forderungen der nachrangigen Gläubiger einschließlich der Mezzanine-Kreditgeber siehe § 40.

[18] Ähnlich MHdB GesR I/*Schaffelhuber/Sölch* § 31 Rn. 42.

[19] Palandt/*Grüneberg* § 366 Rn. 4.

[20] BGH v. 20.6.1984, BGHZ 91, 375, 379; MüKoBGB/*Fetzer* § 366 Rn. 7; Palandt/*Grüneberg* § 366 Rn. 8 (da § 366 BGB dispositiv ist).

die Tilgungsreihenfolge[21] als eine solche Tilgungszweckvereinbarung anzusehen ist. Ihrem Wortlaut nach enthält die Klausel nur die Anweisung an den Agenten, in welcher Reihenfolge die Forderungen der Finanzparteien zu erfüllen sind, wenn eine Zahlung an ihn (!) nicht ausreicht, alle fälligen Forderungen der Finanzparteien zu erfüllen. Mangels einer ausreichenden gesetzlichen Regelung sollte daher vertraglich geregelt werden, wie Zahlungen des Kreditnehmers an eine Konsortialbank auf die übrigen Konsortialbanken umzuverteilen sind.

3. Vertragliche Regelung

Umverteilung. Viele Kreditvereinbarungen sehen vor, dass der Zahlungsempfänger den erhaltenen Betrag (abzüglich des eigenen Anteils) an den Agenten herausgeben muss und dieser ihn im Verhältnis der Konsortialquoten auf die Konsorten (mit Ausnahme des Zahlungsempfängers) zu verteilen hat.[22] Deren Forderungen sollen in Höhe der von ihnen empfangenen Beträge als vom Kreditnehmer getilgt gelten. Dagegen soll die Forderung des Zahlungsempfängers nur in Höhe des bei ihm verbliebenen Teils als getilgt anzusehen sein. Dieses Modell ist in Kreditverträgen, die englischem Recht unterliegen, üblich.[23] Für Kreditverträge, die deutschem Recht unterliegen, ist diese Klausel nicht zu empfehlen. Nach den üblichen Vertragsbestimmungen kann nicht ausgeschlossen werden, dass die (fälligen[24]) Forderungen des Zahlungsempfängers in Höhe der erhaltenen Zahlung getilgt wurden[25] und die dafür bestellten akzessorischen Sicherheiten deshalb erloschen sind. Unterliegt der Kreditvertrag deutschem Recht, sollte darum eine **ausdrückliche Tilgungszweckvereinbarung** getroffen werden.[26] Dann werden die Forderungen des Zahlungsempfängers nur anteilig getilgt. 14

Kauf von Forderungen. Eine Umverteilung des vom Zahlungsempfänger erhaltenen Betrags kann auch dadurch erfolgen, dass er den anderen Konsorten deren Forderungen in Bezug auf **gleichartige** Kredite abkauft und sich abtreten lässt. Wird zB ein Senior-Darlehen B des Zahlungsempfängers überproportional getilgt, so muss er Forderungen in Bezug auf das Senior-Darlehen B von den anderen Konsorten erwerben. Der Zahlungsempfänger erhält also zusätzliche gleichartige Forderungen gegen den Kreditnehmer, und durch die von ihm an die anderen Konsorten zu zahlenden Kaufpreise wird der vom Zahlungsempfänger erhaltene Betrag auf diese verteilt. Der Kauf der Forderungen muss in dem **Umfang** erfolgen, dass nach ihrer Abtretung an den Zahlungsempfänger die Forderungen aller Konsorten in Bezug auf den betreffenden Kredit ihren jeweiligen Konsortialquoten entsprechen. Danach stehen Zahlungsempfänger und die anderen Konsorten so, als wäre der Betrag von vornherein anteilig auf die Konsorten verteilt worden. 15

Diese Art des Saldenausgleichs ist insbesondere in Kreditverträgen, die New Yorker Recht unterliegen, üblich[27] und hat auch nach deutschem Recht Vorteile. Es muss nicht uU wie bei der oben beschriebenen Umverteilung ein Wiederaufleben der Forderung des Zahlungsempfängers fingiert werden, mit ungewissen Folgen für die akzessorischen Sicherheiten. Vielmehr bleiben die nicht getilgten Forderungen der anderen Konsorten bestehen 16

[21] Beispielsklausel: Ziff. 36.6 (*Partial payments*) LMA Leveraged Finance Facilities Agreement.

[22] Beispielsklausel: Ziff. 35.1 (*Payments to Finance Parties*) und 35.2 (*Redistribution of payments*) LMA Leveraged Finance Facilities Agreement. Siehe ausführlich Diem/Jahn/*Aschenbrenner*, II.34 Rn. 1 ff.

[23] Beispielsklausel: Ziff. 35 (*Sharing among the Finance Parties*) LMA Leveraged Finance Facilities Agreement; *Buchheit*, How to Negotiate Eurocurrency Loan Agreements, S. 81.

[24] Ist die Forderung nicht fällig, so tritt schon nach § 366 Abs. 1 BGB keine Tilgung ein.

[25] Dazu → § 35 Rn. 13.

[26] So könnte vereinbart werden, dass Zahlungen in Abweichung von der vertraglich bestimmten Tilgungsreihenfolge keine Tilgungswirkung zukommen soll und bei einer Umverteilung von Zahlungen durch den Agenten in Übereinstimmung mit der vertraglichen Tilgungsreihenfolge die zu erfüllenden Forderungen getilgt werden sollen; siehe Diem/Jahn/*Aschenbrenner*, II.34 Rn. 13.

[27] Beispielsklauseln bei *Gooch/Klein*, Loan Documentation, S. 152; *Buchheit*, How to Negotiate Eurocurrency Loan Agreements, S. 81.

und werden zusammen mit den dafür bestellten akzessorischen Sicherheiten (§ 401 BGB) an den Zahlungsempfänger abgetreten.

17 Kauf und Abtretung von Forderungen kann insbesondere bei größeren Konsortien umständlich sein, da eine Vielzahl von Abtretungsverträgen geschlossen werden muss.[28]

4. Ausgleichspflichtige Leistungen

18 Dem Saldenausgleich unterliegen Geldzahlungen sowie andere geldwerte Vorteile, durch die Forderungen aus dem Kreditvertrag getilgt werden. Zu den anderen geldwerten Vorteilen gehören ua die Befreiung von einer Forderung durch **Aufrechnung** eines Konsorten mit Guthaben des Kreditnehmers.[29] Eine ausgleichspflichtige Leistung liegt dagegen nicht vor, wenn sie nicht zur Tilgung der Forderungen aus dem Kreditvertrag verwendet wird. Eine Konsortialbank kann daher mit Forderungen gegen den Kreditnehmer aus einem anderen Rechtsgrund als dem konkreten Kreditverhältnis, zB gegen dessen Forderung auf Rückzahlung von Einlagen aufrechnen, ohne den anderen Konsorten zur Herausgabe verpflichtet zu sein.[30] Der aufrechnende Kreditgeber bestimmt die Forderungen, die gegeneinander aufgerechnet werden sollen (§ 396 Abs. 1 BGB). Wird nach der Leistungszweckbestimmung der Aufrechnung dagegen eine Schuld aus dem konkreten Kreditverhältnis getilgt, unterfällt der Aufrechnungsbetrag der Ausgleichspflicht.

5. Ausnahmen

19 Erstreitet ein Kreditgeber in einem **Gerichts- oder Schiedsverfahren** eine Zahlung, muss diese Zahlung nach den banküblichen Kreditvereinbarungen nicht mit den anderen Konsorten geteilt werden, soweit diese von dem Verfahren Kenntnis hatten und dem Verfahren beitreten konnten, dies aber nicht getan und auch kein eigenes Gerichts- oder Schiedsverfahren angestrengt haben.[31] Die klagende Konsortialbank wäre bei einer Ausgleichspflicht benachteiligt. Ein Kreditgeber kann grundsätzlich nur seinen Konsortialanteil einklagen, da er nur Inhaber dieser Forderung ist. Bei einer Ausgleichspflicht würde der ihm verbleibende Betrag selbst im Fall seines vollständigen Obsiegens nur einen Teil seiner Forderungen befriedigen. Außerdem sollen diejenigen Kreditgeber, die sich dem Gerichts- oder Schiedsverfahren nicht angeschlossen haben und daher auch kein Kostenrisiko zu tragen hatten, nicht vom Erfolg des klagenden Kreditgebers profitieren. Wenn vereinbart ist, dass die Zahlung mit anderen Konsorten geteilt werden muss, darf der Empfänger zunächst seine Rechtsverfolgungskosten abziehen.[32]

20 Eine **vorzeitige Rückzahlung** des Konsortialanteils eines einzelnen Kreditgebers führt nicht zur Umverteilung auf alle Konsorten.[33] Sie ist dem Kreditnehmer nur ausnahmsweise gestattet, zB wenn ein Kreditgeber auf Grund der Rechtswidrigkeitsklausel[34] den Kredit nicht länger gewähren darf oder wenn er vom Kreditnehmer den Ausgleich von höheren Kosten (zB wegen einer Änderung der Vorschriften über die Eigenkapitalunterlegung) verlangt.[35]

---

[28] Ähnlich *Buchheit,* How to Negotiate Eurocurrency Loan Agreements, S. 79.

[29] Die für eine Aufrechnung erforderliche Gleichartigkeit der Forderungen fehlt bei Geldschulden in verschiedenen Währungen, vgl. KG v. 29.6.1988, NJW 1988, 2181; OLG Hamm v. 9.10.1998, NJW-RR 1999, 1736.

[30] *Hinsch/Horn,* Das Vertragsrecht der internationalen Konsortialkredite und Projektfinanzierungen, S. 169; *Buchheit,* How to Negotiate Eurocurrency Loan Agreements, S. 78 f.

[31] Beispielsklausel: Ziff. 35.5(b) (*Exceptions*) LMA Leveraged Finance Facilities Agreement. Diem/Jahn/*Aschenbrenner,* II.34 Rn. 17.

[32] In diesem Sinne MHdB GesR I/*Schaffelhuber/Sölch* § 31 Rn. 42.

[33] *Buchheit,* How to Negotiate Eurocurrency Loan Agreements, S. 55.

[34] Vgl. § 14.

[35] Siehe dazu § 20.

Die Saldenausgleichsklausel regelt **nicht** die gleichmäßige Verteilung des Erlöses aus der Verwertung von **Sicherheiten.** Dies ist regelmäßig Gegenstand eines separaten Sicherheiten-Treuhandvertrags oder der Intercreditor-Vereinbarung.[36] 21

§ 36. Vertragsänderungen und Waiver

Vertragsänderung. Ein Vertrag kann grundsätzlich nur mit Zustimmung aller Vertragsparteien geändert werden. Das ist dann unproblematisch, wenn es nur wenige Vertragsparteien gibt und Änderungen selten sind. An Konsortialkreditverträgen sind uU sehr viele Vertragsparteien beteiligt, und es kann öfter Änderungsbedarf geben. Bei großen Konsortien kann es einzelne Kreditgeber geben, die uU auch aus sachfremden Motiven einer Änderung nicht zustimmen wollen oder auf ein Änderungsverlangen des Kreditnehmers gar nicht reagieren, weil sie nur einen sehr kleinen Konsortialanteil an dem Kredit halten und daher an der Änderung kein Interesse haben. Um das Konsortium handlungsfähig zu erhalten, sind Bestimmungen erforderlich, die Änderungen auch dann ermöglichen, wenn einzelne Kreditgeber mit kleinen Konsortialanteilen dies ablehnen oder nicht mitwirken.[1] 1

Waiver. Das Vorliegen eines Kündigungsgrundes hat vielfältige Nachteile für den Kreditnehmer zur Folge. Außer dem Recht der Kreditgeber, alle Kredite jederzeit zu kündigen, löst ein Kündigungsgrund regelmäßig auch einen Anstieg der Margen auf die höchste Stufe der Margenskala aus[2] und kann dazu führen, dass Finanzierungsverträge, die mit Dritten abgeschlossen wurden, gekündigt werden können (*Cross- Default*).[3] Um diese Situation zu beseitigen, muss der Kreditnehmer beantragen, dass die Kreditgeber auf ihr Kündigungsrecht verzichten, indem sie einen sog *Waiver* erteilen.[4] Bei der Beschlussfassung über die Erteilung eines *Waivers* stellen sich dieselben Probleme wie bei einer Vertragsänderung. 2

Mehrheitserfordernisse. Abweichend von der gesetzlichen Regelung[5] wird in den Konsortialverträgen regelmäßig vereinbart, dass die Konsorten Beschlüsse mit **qualifizierter Mehrheit** (in der Regel 66 2/3%) fassen.[6] Die Mehrheit wird nicht nach „Köpfen" bestimmt, dh nach der Anzahl der Konsortialbanken, sondern nach dem Verhältnis der Konsortialanteile.[7] Entscheidungen über folgende Inhalte müssen aber in der Regel **einstimmig** gefasst werden:[8] 3

- Änderung der zur Beschlussfassung erforderlichen Mehrheiten,
- Stundung von Zahlungen oder Verlängerung von Zahlungsfristen,
- Reduzierung der Marge, der Höhe von Gebühren oder eines anderen zahlbaren Betrags,
- Änderung der Währung, in der Tilgungs-, Zins- oder sonstige Zahlungen an die Kreditgeber zu leisten sind,
- Erhöhung einer Kreditlinie oder des Gesamtbetrags aller Kreditlnien, die Verlängerung des Inanspruchnahmezeitraums oder die pro-ratarischen Kündigung von Kreditzusagen,
- Änderung eines Kreditnehmers oder Garanten, soweit nicht im Kreditvertrag vorgesehen,
- Änderung einer Bestimmung über Pflichtsondertilgungen,
- Änderung der Art oder des Umfangs der Sicherheiten oder der Tilgungsreihenfolge,

[36] Dazu → § 53 Rn. 13.
[1] Siehe dazu eingehend Diem/Jahn/*Jahn*, II.41 Rn. 1 ff.
[2] Dazu → § 15 Rn. 23.
[3] Dazu → § 23 Rn. 43.
[4] Zur Rechtsnatur des *Waiver: Diem/Grell/Schormair*, Kapitel 11 Rn. 30.
[5] Zur Beschlussfassung in der GbR → § 31 Rn. 23.
[6] Beispielsklausel: Ziff. 42.2(a) (*Required consents*) iVm Definition von *Majority Lenders* in Ziff. 1.1 (*Definitions*) LMA Leveraged Finance Facilities Agreement.
[7] *Hinsch/Horn,* Das Vertragsrecht der internationalen Konsortialkredite und Projektfinanzierungen, S. 162.
[8] Beispielsklausel: Ziff. 42.3 (*All Lender matters*) LMA Leveraged Finance Facilities Agreement. Siehe dazu und zu vertraglichen Abweichungen in der Praxis ausführlich Diem/Jahn/*Jahn*, II.41 Rn. 7 ff.

- Freigabe von Sicherheiten, ausgenommen im Fall nachträglicher Übersicherung, und
- Änderung einer Bestimmung, welche einen einstimmigen Beschluss der Kreditgeber verlangt. Dies betrifft im Wesentlichen (a) die Möglichkeit, eine Kreditlinie in einer vertraglich nicht vorgesehenen Fremdwährung in Anspruch zu nehmen,[9] (b) die Inanspruchnahme eines Kredits für eine vertraglich nicht vorgesehene Zinsperiode,[10] (c) die für alle Kreditgeber verbindliche Vereinbarung einer alternativen Berechnung des Refinanzierungszinses bei einer Marktstörung,[11] (d) den Beitritt eines Kreditnehmers, der seinen Sitz nicht im selben Land wie einer der anderen Kreditnehmer hat,[12] und (e) das Ausscheiden eines Kreditnehmers oder Garanten, es sei denn im Wege eines erlaubten Verkaufs.[13]
- Änderung des anwendbaren Rechts und des Gerichtsstands. Die Aufnahme dieser Bestimmungen in den Katalog der einstimmigen Entscheidungen ist relativ neueren Datums.[14] Zuvor waren mit *Re Rodenstock* und *Re Primacom Holding GmbH* vom englischen *High Court of Justice* Fälle entschieden wurden, die ein *Scheme of Arrangement* nach englischem Recht trotz Mittelpunkts der hauptsächlichen Interessen *(COMI)* des Schuldners in Deutschland allein wegen der Wahl englischen Rechts und Gerichtsstands in den betreffenden Verträgen als zulässig erachtet hatten.[15] Die Änderung des Mehrheitserfordernisses von einer 2/3-Mehrheit zu Einstimmigkeit beruhte auf der Sorge, dass der Kreditnehmer gemeinsam mit der Mehrheit der Kreditgeber allein durch die Änderung der Rechtswahl und des Gerichtsstands ein anderes Insolvenzregime zur Anwendung bringen könnte.[16]

4 Während der langen Laufzeit der Kreditvereinbarung kann es vorkommen, dass der Kreditnehmer auch Vertragsänderungen oder *Waiver* anfragt, die grundlegende Elemente des Kreditvertrages betreffen, die grundsätzlich eine Zustimmung aller Kreditgeber erforderten. Hierzu gehören ua die Erhöhung einer Kreditlinie oder die Einrichtung einer neuen Kreditlinie, aber auch die Änderung der Währung einer Kreditlinie oder die Reduzierung von Zinsen und Gebühren. Um zu vermeiden, dass einzelne Kreditgeber solche wesentlichen Änderungen durch ihr Vetorecht verhindern können, hat sich in der Praxis gerade in breiter syndizierten Finanzierungen ein Katalog solcher strukturellen Anpassungen (sog „***structural adjustments***") der Finanzierungsverträge herausgebildet, bei denen abweichend von dem Grundsatz der einstimmigen Entscheidung nur die Zustimmung einer qualifizierten Mehrheit (je nach Verhandlung 66 2/3 % oder höher) und der unmittelbar betroffenen Kreditgeber erforderlich ist.[17]

5 **Einstimmigkeit** ist gegeben, wenn sämtliche, nicht nur die erschienenen oder vertretenen Kreditgeber einem Beschluss zustimmen. Es kann jedoch vereinbart werden, dass Enthaltungen einzelner Kreditgeber das Zustandekommen eines einstimmigen Beschlusses nicht verhindern sollen. Einstimmigkeit ist insbesondere erforderlich, wenn den Banken durch die Änderung ein wirtschaftlicher Nachteil entstehen könnte (zB Stundung, Reduzierung von Margen oder Gebühren, Änderungen bei Pflichtsondertilgung), wenn die

9 Beispielsklausel: Ziff. 4.3(a) (*Conditions relating to Optional Currencies*) LMA Leveraged Finance Facilities Agreement.

10 Beispielsklausel: Ziff. 15.1(d) (*Selection of Interest Periods and Terms*) LMA Leveraged Finance Facilities Agreement.

11 Beispielsklausel: Ziff. 17.4(b) (*Cost of Funds*) LMA Leveraged Finance Facilities Agreement.

12 Beispielsklausel: Ziff. 32.2(a) (*Additional Borrowers*) LMA Leveraged Finance Facilities Agreement.

13 Beispielsklauseln: Ziff. 32.3(b) (*Resignation of a Borrower*) und 31.5(a) (*Resignation of a Guarantor*) LMA Leveraged Finance Facilities Agreement.

14 Im LMA Leveraged Finance Facilities Agreement seit September 2012. Siehe dazu auch Diem/Jahn/*Jahn*, II.41 Rn. 15.

15 Siehe zu *Re Rodenstock* High Court of Justice (Chancery Division) London (Justice Briggs) v. 6.5.2011, ZIP 2011, 1017 ff. (hierzu ua *Freund*, Sanierung, S. 179 ff.); zu *Re Primacom Holding GmbH* High Court of Justice (Chancery Division) London (Justice Hildyard) v. 20.1.2012, ZIP 2012, 440 ff.

16 Siehe zu dem hierzu praktischen Fall von *Apcoa* High Court of Justice (Chancery Division) London (Justice Hildyard) v. 26.3.2014, IILR 2014, 516 ff., dazu *Schulz* ZIP 2015, 1912 ff.

17 Siehe dazu ausführlich Diem/Jahn/*Jahn*, II.41 Rn. 22 ff.

Änderung eine neue Kreditgenehmigung erfordern könnte (zB Erhöhung oder Verlängerung einer Kreditlinie, Änderung oder Freigabe von Sicherheiten), eine vorherige KYC-Prüfung[18] vorzunehmen wäre (zB Änderung eines Kreditnehmers) oder einen Kreditgeber zu einer für ihn gar nicht oder nur schwer zu erbringenden Leistung verpflichten würde (zB Änderung der Währung oder der vertraglich vorgesehenen Zinsperioden).

Snooze-you-lose. Regelmäßig wird in Kreditverträgen für Akquisitionfinanzierungen 6
geregelt, dass der Konsortialanteil eines Kreditgebers bei Beschlussfassungen nicht berücksichtigt wird, wenn der Kreditgeber eine schriftliche Aufforderung des Agenten, innerhalb einer bestimmten Frist seine Stimme abzugeben, nicht fristgerecht beantwortet (sog *„Snooze-you-lose“*-Klausel).[19]

Yank-the-Bank. Die Kreditverträge enthalten regelmäßig eine Bestimmung, die es dem 7
Kreditnehmer erlaubt, einen Kreditgeber zu zwingen, alle seine Konsortialanteile auf einen bereits dem Konsortium angehörenden oder einen neuen Kreditgeber zu übertragen. Dieses Recht steht dem Kreditnehmer in der Regel zu, wenn (a) der Kreditnehmer die Kreditforderungen eines Kreditgebers vorzeitig tilgen muss, weil die Kreditvergabe durch diesen Kreditgeber rechtwidrig geworden ist (*Illegality*), (b) ein Kreditgeber auf Grund der Kostenerhöhungsklausel[20] höhere Kosten geltend macht oder (c) ein Kreditgeber seine Zustimmung zu einem einstimmig zu fassenden Beschluss verweigert hat, obwohl eine qualifizierte Mehrheit der anderen Kreditgeber dem Beschluss zugestimmt hat.[21] Die hierfür in der Praxis vereinbarte Schwelle liegt zwischen 66 2/3 % der Konsortialanteile (*Majority Lenders*) und 85–90 % der Konsortialanteile (*Super Majority Lenders*). Der Kreditnehmer kann dann einen Kreditgeber vorschlagen, der bereit ist, die Konsortialanteile des ablehnenden Kreditgebers zu übernehmen. Ist der Agent mit dem vorgeschlagenen Kreditgeber einverstanden, so ist der ablehnende Kreditgeber verpflichtet, seine Konsortialanteile auf den neuen Kreditgeber zum Nennwert zu übertragen (*„Yank the Bank“*). In der Praxis findet sich darüber hinaus in kreditnehmerfreundlichen Verträgen auch die Möglichkeit, den nichtzustimmenden Kreditgeber vorzeitig zurückzuzahlen. Die Möglichkeit der Rückzahlung ist in diesem Fall häufig beschränkt auf neuen Eigenmittel (Eigenkapital oder Gesellschafterdarlehen) des Finanzinvestors oder Excess Cashflow, der nicht zur Pflichtsondertilgung verwendet werden muss.

---

18 Dazu → § 29 Rn. 3 ff.

19 Beispielsklausel: Ziff. 41.7 (*Excluded Commitments*) LMA Leveraged Finance Facilities Agreement. Siehe dazu Diem/Jahn/*Jahn*, II.41 Rn. 26.

20 Siehe dazu § 20.

21 Beispielsklausel: Ziff. 41.8 (*Replacement of Lender*) LMA Leveraged Finance Facilities Agreement. Siehe dazu eingehend Diem/Jahn/*Jahn*, II.41 Rn. 27 ff.

Teil D. Nachrangige Kredite

1 Teil D behandelt die gesetzlichen Grundlagen von und die üblichen Vereinbarungen in Verträgen über nachrangige Kreditlinien.[1] Dargestellt werden Second Lien-Kredite, Mezzanine-Kredite und PIK-Kredite.

§ 37. Second Lien-Kredite

1 **Begriff.** Der aus den USA stammende Begriff des Second Lien-Kredits bezeichnet in seiner Reinform einen Kredit, bei dem die Forderungen der Kreditgeber zwar im Grundsatz gleichrangig neben den Forderungen der Senior-Kreditgeber stehen. Im Vergleich zu Letzteren werden sie jedoch nachrangig besichert. In der Rangordnung der Fremdkapitalgeber ist die Rechtsstellung von Second Lien-Kreditgebern (und damit das Risiko eines Second Lien-Kredits) daher zwischen den Senior-Kreditgebern (sog **„First Lien-Kreditgeber"**) und Mezzanine-Kreditgebern anzusiedeln.

2 **Wirtschaftliche Konditionen.** Die Forderungen der Second Lien-Kreditgeber sind zeitlich nach denen der Senior-Kreditgeber und vor denen der Mezzanine-Kreditgeber zu befriedigen. Das gegenüber dem Mezzanine-Kredit geringere Risiko hat eine niedrigere Marge zur Folge. Second Lien-Kredite können auch vorzeitig zurückgezahlt werden. In diesem Fall wird regelmäßig eine *Prepayment Fee* verlangt.[1]

3 **Gründe für Second Lien-Kredite.** Ein Second Lien-Kredit kann zB dann erforderlich werden, wenn vertraglich vereinbart ist, dass gegenüber Gläubigern von High Yield-Anleihen keine vorrangigen Forderungen begründet werden dürfen. Eine solche Regelung ist häufig in den Anleihebedingungen von High Yield-Anleihen oder in der Intercreditor-Vereinbarung mit Anleihegläubigern vorgesehen (sog *Anti-layering Covenant*). Da die Forderungen der Second Lien-Kreditgeber und die Forderungen der First Lien-Kreditgeber gleichrangig sind, kann ein Second Lien-Kredit bestellt werden, ohne gegen eine solche Auflage zu verstoßen. Ein Second Lien-Kredit kann auch – wie ein Mezzanine-Kredit – dazu verwendet werden, eine Finanzierungslücke zu füllen, wenn auf Grund des Leverage keine First Lien-Kredite mehr zur Verfügung gestellt werden können.

4 **Dokumentation.** Die Second Lien-Kreditlinie wurde früher meist als zusätzliche Kreditlinie in den Senior-Kreditvertrag aufgenommen. Das hatte aus Sicht der Second Lien-Keditgeber den Nachteil, dass sie von den Senior-Kreditgebern bei Beschlussfassungen überstimmt werden konnten, weil die First Lien-Kreditlinien regelmäßig erheblich höher sind als die Second Lien-Kreditlinie. Das größere Stimmgewicht der Senior-Kreditgeber hatte auch zur Folge, dass die Second Lien-Kreditgeber ihren Kredit grundsätzlich nicht ohne Zustimmung der Senior-Kreditgeber **kündigen** konnten. Meist wurde den Second Lien-Kreditgebern aber ein eigenes **Kündigungsrecht** hinsichtlich des Second Lien-Darlehens eingeräumt. Es konnte ausgeübt werden, wenn der Kreditnehmer des Second Lien-Kredits überschuldet oder insolvent wird, die First Lien-Kreditgeber gekündigt oder Verwertungsmaßnahmen ergriffen haben oder wenn eine Stillhalteperiode (von meist 90 Tagen) abgelaufen ist. Alle Zahlungen, die den Second Lien-Kreditgebern zufließen, bevor die Forderungen der First Lien-Kreditgeber vollständig erfüllt sind, mussten jedoch an den Sicherheiten-Treuhänder herausgegeben werden, der sie entsprechend der fest-

---

[1] Nicht behandelt werden Bilanz- und Steuerrechtsfragen der einzelnen Finanzierungsarten, vgl. dazu *Breuninger/Prinz* DStR 2006, 1345.

[1] Zu den rechtlichen Fragen einer *Prepayment Fee* → § 38 Rn. 9 f.

gelegten Rangfolge[2] verteilt. Heute werden Second Lien-Keditlinien in der Regel in einem separaten Kreditvertrag dokumentiert.. Typischerweise wird diese Kreditlinie im Rahmen der Syndizierung einem anderen Investorenkreis angeboten. Diese Investoren sollen nicht bei Beschlussfassungen der Senior-Kreditgeber mitwirken dürfen.

5 Der Second Lien-Kreditvertrag wird auf der Grundlage des Senior-Kreditvertrags entworfen. **Die** vertraglichen Bestimungen (ua Zusicherungen, Auflagen, Kündigungsgründe) des Second Lien-Kredits entsprechen denen des Senior-Kreditvertrags. Allerdings ist der Second Lien-Kredit in der Regel in einem Betrag erst sechs oder zwölf Monate nach Rückzahlung des letzten First Lien-Kredits zurückzuzahlen. Insofern besteht ein **zeitlicher Nachrang**. Freiwillige Tilgungen und Pflichtsondertilgungen sind zunächst auf die First Lien-Kredite und erst danach auf die Second Lien-Kredite zu leisten.[3] Auch sind die Financial Covenants regelmäßig für die First Lien-Kredite enger angelegt als für den Second Lien-Kredit.[4]

6 **Sicherheiten.** Der Second Lien-Kredit ist garantiert und besichert. Im Verhältnis zu den First Lien-Krediten sind die Sicherheiten allerdings nachrangig. Ein dinglicher Nachrang ist dabei nur bei Pfand- und Grundpfandrechten denkbar. Im Übrigen wird vertraglich vereinbart, dass der Erlös aus der Verwertung der Sicherheiten zunächst den First Lien-Kreditgebern und erst danach den Second Lien-Kreditgebern zusteht. In der Intercreditor-Vereinbarung zwischen Senior- und Second Lien-Kreditgebern wird den Second Lien-Kreditgebern das Recht eingeräumt, ihre Sicherheiten nach Ablauf einer Stillhalteperiode zu verwerten, wenn die First Lien-Kreditgeber nicht vorher der Verwertung zustimmen. Als Folge ihrer nachrangigen Besicherung haben die Second Lien-Kreditgeber Verwertungserlöse, die ihnen vor der vollständigen Befriedigung der First Lien-Kreditgeber zufließen, an den Sicherheiten-Treuhänder zur Verteilung gemäß der festgelegten Rangfolge herauszugeben.

§ 38. Mezzanine-Kredite

I. Begriff

1 Die Bezeichnung Mezzanine-Kapital ist kein fest definierter Begriff. Es werden darunter unterschiedliche Arten von Finanzierungsinstrumenten zusammengefasst. Mezzanine-Kapital wird als eine Mischform aus Eigen- und Fremdkapital angesehen, da es Elemente beider Kapitalformen aufweist.[1] Wird das Finanzierungsinstrument sehr eigenkapitalnah ausgestaltet, wie zB bei einer stillen Beteiligung mit Gewinn- und Verlustbeteiligung, so hat sich der Begriff *Equity Mezzanine* eingebürgert. Im Folgenden soll jedoch nur der fremdkapitalnah ausgestaltete **Mezzanine-Kredit** (sog *Debt Mezzanine*) erörtert werden.

2 Charakteristikum eines Mezzanine-Kredits ist, dass die Forderungen der Mezzanine-Kreditgeber gegenüber denen der Senior-Kreditgeber nachrangig sind. Dies wird zwischen den Senior- und Mezzanine-Kreditgebern in einer eigenen schuldrechtlichen Vereinbarung, der sog Intercreditor-Vereinbarung,[2] festgelegt. Das Risiko des Mezzanine-Kredits nähert sich aus diesem Grund dem des Eigenkapitals an. Es handelt sich aber immer noch um Fremdkapital, da das Kapital nur für eine bestimmte Zeit zur Verfügung gestellt wird und in der Insolvenz vor dem Eigenkapital zurückgezahlt werden muss.

---

[2] Dazu → § 40 Rn. 39.
[3] Zur Wirksamkeit solcher Tilgungsvereinbarungen → § 40 Rn. 41 ff.
[4] Zu den Gründen → § 22 Rn. 36.
[1] Der Begriff Mezzanine geht auf das italienische „Mezzanino" zurück, das in der Baukunst ein Zwischen- oder Halbgeschoss, meist zwischen Erd- und erstem Obergeschoss bezeichnet, vgl. Brockhaus, Band 3, S. 3035.
[2] Dazu → § 40 Rn. 17 ff.

Kreditgeber. Die Mezzanine-Kredite könnenzunächst von demselben Kreditinstitut bereitgestellt werden, das auch die Senior-Kredite zur Verfügung stellt (sog Banken-Mezzanine). Wegen ihres höheren Risikos werden sie jedoch meist an andere Kreditgeber syndiziert als die Senior-Kredite. Daneben werden Mezzanine-Kredite auch von spezialisierten „Mezzanine Providern" angeboten. 3

Funktion. Mit einem Mezzanine-Kredit werden meist Finanzierungslücken geschlossen, die zwischen dem vorhandenen Eigenkapital und den Senior-Krediten verbleiben.[3] 4

II. Vertragsdokumentation

Für die Mezzanine-Kredite wird ein **eigenständiger Kreditvertrag** erstellt. Dies ermöglicht die in der Praxis häufige Übertragung aller Mezzanine-Kredite auf andere Kreditgeber als die Senior-Kreditgeber. Der Mezzanine-Kreditvertrag ist aber in weiten Teilen identisch mit dem Senior-Kreditvertrag. Abweichungen ergeben sich auf Grund der Nachrangigkeit, insbesondere hinsichtlich der längeren Laufzeit des Mezzanine-Kredits und der anderen Verzinsung. Außerdem kann es Abweichungen bei *Financial Covenants* geben. Die Mezzanine-Kreditgeber stellen auch keinen Betriebsmittelkredit und keine Unterkredite[4] zur Verfügung. 5

III. Laufzeit und Rückzahlung

Der Mezzanine-Kredit zeichnet sich durch große Flexibilität hinsichtlich seiner Laufzeit und Tilgung aus. Die **Laufzeit** des Mezzanine-Kredits übersteigt diejenige der vorrangigen Senior-Kredite in der Regel um ein Jahr. Der Mezzanine-Kredit wird am Ende seiner Laufzeit in einem Betrag (sog *Bullet Repayment*) oder in zwei Raten zurückbezahlt. 6

Tilgungen, einschließlich freiwilliger vorzeitiger Tilgungen und Pflichtsondertilgungen, sind nach den üblichen Intercreditor-Vereinbarungen vor der vollständigen Rückzahlung der vorrangigen Senior-Kredite einschließlich der Betriebsmittelkredite grundsätzlich nicht zulässig.[5] 7

IV. Non-call Period und Prepayment Fee

Non-call Period. Selbst wenn eine vorzeitige Rückzahlung des Mezzanine-Kredits nach der Intercreditor-Vereinbarung ausnahmsweise erlaubt sein sollte, enthalten die Mezzanine-Kreditverträge häufig ein Verbot der Rückzahlung des Mezzanine-Kredits in den ersten ein- bis drei Jahren nach der Auszahlung (sog „Non-call Period"). Ein zwischen Kreditnehmer und Kreditgeber vereinbartes absolutes Rückzahlungsverbot wäre nach § 489 Abs. 4 S. 1 BGB unzulässig. Stattdessen wird der Kreditnehmer in der Praxis häufig verpflichtet, den Kreditgebern eine **„Rückzahlungsprämie"** zu bezahlen. Diese Prämie besteht im Wesentlichen aus dem Barwert der im Jahr nach dem Ende der *Non-call Period* zahlbaren *Prepayment Fee*[6] und dem Zinsmargenschaden bis zum Ende der *Non-call Period,* dh nicht nur bis zum Ende der rechtlich geschützten Zinserwartung.[7] Auch diese Vereinbarung verletzt natürlich § 489 Abs. 4 S. 1 BGB und kann daher nach deutschem Recht nicht wirksam vereinbart werden. 8

Prepayment Fee. Häufig enthalten Mezzanine-Kreditverträge eine Verpflichtung des Kreditnehmers zur Zahlung einer Gebühr, wenn der Kredit innerhalb eines bestimmten 9

[3] Dazu → § 4 Rn. 7.
[4] Zum Unterkredit → § 5 Rn. 29 ff.
[5] Zur Wirksamkeit dieser Beschränkungen → § 40 Rn. 41 ff.
[6] Dazu → § 38 Rn. 9.
[7] Dazu → § 25 Rn. 12.

Zeitraums (zB ein oder zwei Jahre) nach seiner Auszahlung zurückbezahlt wird (sog *„Prepayment Fee“*). Dies ist unwirksam, soweit dem Kreditnehmer ein gesetzliches Kündigungsrecht, zB zum Ende einer Zinsperiode, zusteht.[8]

10 Durch eine **Teilrechtswahl** können die Rückzahlungsprämie während der *Non-call Period* und die *Prepayment Fee* einem ausländischen Recht, zB englischem Recht, unterstellt werden, das solche Zahlungen für wirksam erachtet. Eine Teilrechtswahl ist nach Art. 3 Abs. 1 S. 3 Rom I-VO möglich. Nach einhelliger Auffassung erlaubt die Vorschrift auch unterschiedliche Teile eines einheitlichen Vertrages, unterschiedlichen Rechtsordnungen zu unterstellen.[9]

11 In materieller Hinsicht schränkt Art. 9 Rom I-VO die kollisionsrechtliche Freiheit der Parteien ein. Bei deutschem Gerichtsstand sind nach Abs. 2 die vertraglich nicht abdingbaren Normen des deutschen Rechts anzuwenden, die den Sachverhalt unabhängig von dem auf den Vertrag anzuwendenden Recht international zwingend regeln (sog **„Eingriffsnormen“**).[10] Allerdings führt die bloße Unabdingbarkeit nach deutschem materiellem Recht noch nicht dazu, dass eine deutsche Norm gemäß Art. 9 Rom I-VO anzuwenden ist.[11] Es genügt nicht, dass sich eine Norm im Ausgleich widerstreitender Interessen erschöpft. Sie muss vielmehr primär **Gemeinwohlinteressen** dienen.[12] Dies wird überwiegend sogar für das zwingende deutsche Verbraucherschutzrecht abgelehnt.[13] Es gilt erst recht für die Kündigungsrechte nach § 489 BGB. Diese dienen ausschließlich dem Ausgleich widerstreitender Interessen und verfolgen keine Gemeinwohlbelange.

12 Bei Vorliegen eines reinen Inlandssachverhaltes wird die freie Rechtswahl ferner durch Art. 3 Abs. 3 Rom I-VO eingeschränkt.[14] Danach sind die unabdingbaren Vorschriften einer Rechtsordnung anwendbar, wenn sämtliche anderen Elemente eines Sachverhalts in einem anderen als demjenigen Staat belegen sind, dessen Recht gewählt wurde.[15] § 489 BGB zählt zu diesen zwingenden Vorschriften der deutschen Rechtsordnung.[16] Allerdings wird es sich im Rahmen von Akquisitionsfinanzierungen häufig um keinen **reinen Inlandssachverhalt** handeln. Von einem solchen ist nur auszugehen, wenn – bis auf die Rechtswahl – alle Teile des Sachverhalts in nur einem Staat belegen sind.[17] Es müssen daher Anknüpfungspunkte zu einer anderen Rechtsordnung bestehen. Ob sich hinreichende Anknüpfungspunkte zu einer anderen Rechtsordnung schon aus einer Syndizierung in einem internationalen Konsortium ergeben oder daraus, dass sich eine der Zielgesellschaften im Ausland befindet, ist unklar[18], denn es müssen Anknüpfungspunkte von einigem Gewicht sein.[19] Das bloße Führen von Verhandlungen im Ausland soll hierfür noch nicht ausreichen.[20] Ein ausländischer Abschlussort bietet einen hinreichenden Anknüpfungspunkt, wenn der vertragliche Leistungsaustausch nicht lediglich Inlandsbezüge aufweist.[21]

---

8 Dazu → § 24 Rn. 22 und *Wimmer/Rösler* WM 2005, 1873, 1880.
9 Vgl. Staudinger/*Magnus,* Art. 3 Rom I-VO Rn. 104.
10 Vgl. Palandt/*Thorn,* Art. 3 Rom I-VO Rn. 5.
11 Zur Rechtslage vor Inkrafttreten der Rom I-VO LAG Düsseldorf v. 7.12.1990, RiW 92, 402; LAG Köln v. 6.4.1992, RiW 92, 933.
12 Vgl. Staudinger/*Magnus,* Art. 9 Rom I-VO Rn. 14, 57, 60 mwN.
13 BGH v. 19.3.1997, RiW 1997, 875, 879; in der Regel stellen Verbraucherschutzregime keine Eingriffsnormen da, erlangen jedoch nunmehr über Art. 6 Rom I-VO Bedeutung, vgl. Staudinger/*Magnus,* Art. 9 Rn. 21, 158.
14 Trotz Änderung des Wortlauts entspricht die Regelung inhaltlich Art. 27 Abs. 3 EGBGB aF vgl. Staudinger/*Magnus,* Art. 3 Rom I-VO Rn. 130.
15 Vgl. Palandt/*Thorn,* Art. 3 Rom I-VO Rn. 5.
16 Staudinger/*Mülbert* § 489 BGB Rn. 7.
17 Staudinger/*Magnus,* Art. 3 Rom I-VO Rn. 137.
18 So wohl Soergel/*v. Hoffmann,* Art. 27 EGBGB Rn. 94; aA Staudinger/*Magnus,* Art. 3 Rom I-VO Rn. 138.
19 Staudinger/*Magnus,* Art. 3 Rom I-VO Rn. 138.
20 MüKoBGB/*Martiny,* Art. 3 Rom I-VO Rn. 90.
21 MüKoBGB/*Martiny,* Art. 3 Rom I-VO Rn. 90; Soergel/*v. Hoffmann,* Art. 27 EGBGB Rn. 88.

Stets ausreichend sind die Niederlassung einer Partei im Ausland[22] oder ein ausländischer Erfüllungsort.[23]

Die Wirksamkeit der Teilrechtswahl setzt schließlich voraus, dass der hiervon betroffene Vertragsgegenstand abspaltbar ist. Die **Abspaltbarkeit** erfordert eine gewisse Selbständigkeit.[24] Die einzelnen Teile dürfen nur unterschiedlichen Rechtsordnungen unterstellt werden, wenn dabei keine widersprüchlichen Ergebnisse entstehen.[25] Nicht wirksam ist beispielsweise eine Teilrechtswahl für Angebot und Annahme beim Vertragsschluss.[26] Hingegen soll die Wahl unterschiedlicher Rechte für die jeweiligen Ansprüche der Vertragsparteien zulässig sein, soweit eine solche Teilrechtswahl nicht zu unvereinbaren Lösungen gelangt.[27] Die Vereinbarung über die Zahlung einer Prämie während der *Non-call Period* und einer *Prepayment Fee* besitzt die erforderliche Selbständigkeit und ist daher abspaltbar. Denn eine solche Pflicht steht nicht im Synallagma des Kreditvertrages, und es handelt sich um eine eigenständige Vereinbarung, bezüglich derer eine Teilrechtswahl nicht zu widersprüchlichen Ergebnissen führt. 13

V. Zinsen

Aufgrund seines Nachrangs wird der Mezzanine-Kredit höher verzinst als die vorrangigen Kredite. Die Verzinsung setzt sich aus mehreren Elementen zusammen. 14

1. Referenzzinssatz und Bar-Marge

Der Mezzanine-Kredit ist ein Eurokredit[28] und daher regelmäßig mit dem anwendbaren **Referenzzinssatz** (EURIBOR, LIBOR etc.) zuzüglich einer bar zu zahlenden Marge (**„Bar-Marge"**, englisch *„Cash Margin"*) zu verzinsen. Diese Zinsen sind jeweils spätestens am Ende einer Zinsperiode fällig und werden – trotz des Nachrangs – grundsätzlich auch ausbezahlt. 15

2. PIK-Marge

Zusätzlich zu den bar zu zahlenden Zinsen hat der Kreditnehmer eine zu kapitalisierende Marge (**„PIK-Marge"**, englisch *„PIK Margin"* oder *„Rolled-up Margin"*) zu bezahlen. „PIK" steht für *„Payment in kind"*, dh für die Ersetzung der Barzahlung durch die Erhöhung des Darlehenskapitals um die aufgelaufenen Zinsen. Stattdessen kann es auch heißen, dass die Marge „thesauriert" werden soll. Alle Bezeichnungen bedeuten, dass dieser Teil der Zinsen während der Laufzeit des Kredits nicht an den Agenten ausbezahlt wird, sondern jeweils am Ende einer Zinsperiode oder einem anderweitig vereinbarten Zeitraum dem Kreditbetrag hinzugerechnet wird. Ab diesem Zeitpunkt werden regelmäßig die Zinsen insgesamt (dh die bar zu zahlenden Zinsen bestehend aus Referenzzinssatz und Bar-Marge sowie die PIK-Marge) auf der Basis der erhöhten Darlehensvaluta berechnet. Da sich die von den Kreditgebern am Interbankenmarkt aufgenommenen Refinanzierungsdarlehen durch die Kapitalisierung der PIK-Marge nicht erhöht haben, ist die Berechnung des Referenzzinssatzes auf die erhöhte Darlehensvaluta wirtschaftlich als zusätzliche Marge zu betrachten. 16

---

[22] BGH v. 26.10.1993, BGHZ 123, 380, 384.
[23] BGH v. 19.3.1997, BGHZ 135, 124, 130.
[24] MüKoBGB/*Martiny,* Art. 3 Rn. 68.
[25] MüKoBGB/*Martiny,* Art. 3 Rn. 68; ebenso bereits zu Art. 27 EGBGB aF Soergel/*v. Hoffmann,* Art. 27 EGBGB Rn. 57.
[26] Staudinger/*Magnus,* Art. 3 Rom I-VO Rn. 109.
[27] Vgl. Staudinger/*Magnus,* Art. 3 Rom I-VO Rn. 109.
[28] Zum Begriff des „Eurokredits" → § 6 Rn. 1 ff.

a) Zinseszinsverbot

17 Die Vereinbarung einer zu kapitalisierenden PIK-Marge stellt grundsätzlich eine Zinseszinsvereinbarung dar, die unter das im deutschen Recht geltende Zinseszinsverbot fällt.[29] Der dem Kreditbetrag hinzugerechnete Betrag besteht aus Zinsen und kann darum nicht wieder Zinsen tragen.[30]

b) Alternative Gestaltungen

18 Unterliegt der Kreditvertrag deutschem Recht, so ist nach alternativen Gestaltungen zu suchen, die dem Kreditgeber ohne Verstoß gegen das Zinseszinsverbot die von ihm angestrebte Verzinsung ermöglichen.

19 **Wahlrecht.** Nur eine **im Voraus** getroffene Zinseszinsabrede verstößt gegen § 248 Abs. 1 BGB. Dem Kreditnehmer kann daher das Recht eingeräumt werden, nach Fälligkeit der Zinsen zu wählen, ob er die angefallenen Zinsen bezahlen oder kapitalisieren will. Der Kreditnehmer ist dann nicht verpflichtet, die Zinsen zu kapitalisieren und somit Zinseszinsen zu bezahlen.

20 Allerdings darf die freie Wahl des Schuldners nicht durch eine wirtschaftlich deutlich nachteiligere Ausgestaltung der Zinszahlung oder durch sonstige Vereinbarungen eingeschränkt oder unmöglich gemacht werden. Sonst handelt es sich um eine Gesetzesumgehung. Grundsätzlich sind nach der Intercreditor-Vereinbarung Zahlungen zur Erfüllung der Forderungen aus der Mezzanine-Kreditvereinbarung (mit Ausnahme der bar zu zahlenden Regelverzinsung) so lange unzulässig, bis die Forderungen aus der Senior-Kreditvereinbarung vollständig erfüllt wurden. Die Bezahlung einer PIK-Marge über die bar zu zahlende Regelverzinsung hinaus wäre deshalb ohne eine entsprechende Ausnahme unzulässig. Der Schuldner hätte dann nicht wirklich die Wahl, ob er die PIK-Marge zahlen oder kapitalisieren will. Daher verstieße eine solche Gestaltung gegen das Zinseszinsverbot.

21 **Nachträgliches Schuldanerkenntnis.** Das Zinseszinsverbot kann nicht durch eine Vereinbarung umgangen werden, dass der Schuldner am Ende einer Zinsperiode ein **abstraktes Schuldanerkenntnis** in Höhe der Zinsschuld abzugeben hat und dieser Betrag als weiteres Darlehen geschuldet sein soll.[31] Nur wenn der Kreditnehmer das nachträgliche Schuldanerkenntnis freiwillig, dh ohne vertraglich dazu verpflichtet zu sein, abgeben würde, wäre es nicht als eine Umgehung anzusehen.

22 **Festbeträge.** Es kann jedoch vereinbart werden, dass in regelmäßigen Zeitabständen bestimmte Festbeträge geschuldet sind oder am Ende der Laufzeit des Kredits ein Festbetrag geschuldet ist. Die Kapitalisierung der PIK-Marge fällt unter das Zinseszinsverbot, da die PIK-Marge ein Zinsbestandteil ist. Statt die PIK-Marge zu kapitalisieren, kann der Kreditgeber ausrechnen, welche zusätzlichen Beträge er durch eine solche Kapitalisierung zB jedes Jahr erwirtschaften würde und mit dem Kreditnehmer von vornherein vereinbaren, dass diese festen Beträge (gegebenenfalls aufgezinst auf den Fälligkeitszeitpunkt) jeweils nach Ablauf bestimmter Zeiträume geschuldet sind. Denkbar ist auch die Vereinbarung der Zahlung eines einzigen so errechneten Betrages am Ende der Laufzeit des Kredits. Dadurch erzielt der Kreditgeber wirtschaftlich dasselbe Ergebnis wie bei einer Kapitalisierung der PIK-Marge. Probleme ergeben sich, wenn Kredite nur teilweise in Anspruch genommen oder vorzeitig getilgt werden. Dann müssen die Festbeträge angepasst werden. Es ist unklar, ob ein Gericht darin eine Umgehung des § 248 BGB sehen würde.

23 **Ansteigende Zusatzmarge.** Statt die aufgelaufenen Zinsen jeweils dem Darlehensbetrag zuzuschlagen, kann auch eine über die Laufzeit des Kredits ansteigende Zusatzmarge vereinbart werden. Schuldet zB der Kreditnehmer im ersten Jahr nur eine Zusatzmarge von 200 Basispunkten, so kann sich diese im zweiten Jahr auf 210 Basispunkte erhöhen etc. Der

---

[29] *Bezzenberger* WM 2002, 1617, 1618; dazu → § 16 Rn. 21 ff.
[30] Soergel/*Teichmann*, 12. Aufl. § 248 Rn. 3.
[31] OLG Kiel v. 16.1.1917, OLGZ 35, 321 f.

als Zusatzmarge geschuldete Betrag wird jeweils auf der Basis des ausstehenden Darlehensbetrags berechnet. Eine Kapitalisierung von Zinsen findet nicht statt. Es spricht viel dafür, dass eine solche Gestaltung nicht unter das Verbot des § 248 BGB fallen würde.

Höhere konstante Zusatzmarge. Ein Verstoß gegen das Zinseszinsverbot kann dadurch vermieden werden, dass der insgesamt bei einer Kapitalisierung der Zinsen anfallende und am Ende der Laufzeit des Mezzanine-Darlehens fällige Betrag **auf die laufende Verzinsung umgelegt** wird. Das erfolgt dadurch, dass der bei einer Kapitalisierung der PIK-Marge insgesamt anfallende Zinseszinsbetrag ausgerechnet wird. Dann wird ermittelt, mit welchem Prozentsatz der Kreditbetrag verzinst werden müsste, um am Ende der Laufzeit denselben Betrag zu erhalten. Der Mezzanine-Kreditnehmer schuldet dann diesen höheren Zins. Bei nicht vollständiger Auszahlung oder vorzeitiger Tilgung des Kredits reduziert sich auch der Zins. Die Zinskurve verläuft bei dieser Variante linear. Bei einer Kapitalisierung der Zusatzmarge steigt die Zinskurve dagegen exponentiell an. Um wirtschaftlich dasselbe Ergebnis zu erzielen wie bei einer Kapitalisierung der PIK-Marge, müsste der Kapitalisierungseffekt in die Berechnung der Marge einbezogen werden. 24

Grenzen. Die im Voraus getroffene Vereinbarung, dass ein zusätzlicher Festbetrag, eine ansteigende oder eine höhere Zusatzmarge geschuldet ist, ist in den Grenzen des § 138 BGB zulässig. 25

VI. Financial Covenants

Regelmäßig werden für den Mezzanine-Kredit weniger strenge *Financial Covenants* als für die vorrangigen Kredite vereinbart. Dadurch ist eine Kündigung des Mezzanine-Kredits wegen Verletzung der *Financial Covenants* erst möglich, nachdem die vorrangigen Kreditgeber bereits eine Kündigungsmöglichkeit hatten.[32] 26

VII. Besicherung

Mezzanine-Kredite werden grundsätzlich durch dieselben Sicherheiten wie die vorrangigen Kredite besichert. Teilweise werden die Pfandrechte für die Mezzanine-Kreditgeber später als für die vorrangigen Kreditgeber und damit dinglich nachrangig bestellt. In jedem Fall wird in der Intercreditor-Vereinbarung mit schuldrechtlicher Wirkung bestimmt, dass die Mezzanine-Kreditgeber bei einer Verwertung der Sicherheiten aus dem Verwertungserlös erst nach den vorrangigen Kreditgebern befriedigt werden. 27

§ 39. PIK-Kredite

Begriff. PIK steht für *Payment in kind,* dh für die Erfüllung eines Anspruchs durch Sachleistung. Beim PIK-Darlehen werden während der Laufzeit keinerlei Zinsen ausbezahlt (im Gegensatz zum Mezzanine-Kredit, bei dem nur die PIK-Marge nicht ausbezahlt wird[1]). Alle angefallenen Zinsen werden kapitalisiert und erst am Ende der Laufzeit des Darlehens zur Zahlung fällig. Der übliche Anspruch auf Zahlung der Zinsen wird also durch eine Forderung auf Zahlung eines zusätzlichen Kreditbetrags in Höhe der aufgelaufenen Zinsen am Laufzeitende und damit durch eine Sachleistung ersetzt. 1

Nachrang. Der PIK-Kredit ist gegenüber den Senior-, Second Lien- und Mezzanine-Krediten nachrangig. Im Gegensatz zum Mezzanine-Kredit, der meist nur schuldrechtlich nachrangig gestellt wird, ist der PIK-Kredit regelmäßig strukturell nachrangig. Der PIK- 2

[32] Dazu → § 22 Rn. 36.
[1] Dazu → § 38 Rn. 16.

Kredit wird also nicht demselben Kreditnehmer zur Verfügung gestellt wie der Senior- oder Mezzanine-Kredit, sondern einer oberhalb des Senior-Kreditnehmers angesiedelten Holding.[2]

3 **Laufzeit und Rückzahlung.** Ebenso wie alle anderen nachrangigen Kredite wird auch der PIK-Kredit erst am Ende seiner Laufzeit in einer oder zwei Tilgungsraten zurückbezahlt. Die Laufzeit des PIK-Kredits endet nach der Laufzeit aller vorrangigen Kredite.

4 **Zinsen.** Der PIK-Kredit kann, ebenso wie die Senior-, Second Lien- oder Mezzanine-Kredite, auf der Basis eines Referenzzinssatzes (EURIBOR, LIBOR, etc.) plus Marge verzinst werden. Allerdings werden die angefallenen Zinsen am Ende einer Zinsperiode nicht wie beim Senior-Kredit in bar ausbezahlt (*„payment in cash"*) oder wie beim Mezzanine-Kredit teilweise ausbezahlt und teilweise kapitalisiert. Vielmehr werden die angefallenen Zinsen beim PIK-Kredit vollständig kapitalisiert, dh die Zinsen werden jeweils am Ende einer Zinsperiode insgesamt dem Kreditbetrag hinzugerechnet. Wegen des Zinseszinsverbots entstehen dieselben Rechtsfragen wie beim Mezzanine-Kredit.[3]

5 Ist der PIK-Kredit als Eurokredit[4] ausgestaltet, so sind die Kreditgeber jeweils am Ende einer Zinsperiode verpflichtet, ihrerseits Zinsen für die Kredite zu bezahlen, mit denen sie sich am Interbankenmarkt refinanzieren. Das bedeutet, dass die Kreditgeber während der Laufzeit des Kredits nicht nur auf die laufende Bezahlung ihres Gewinns (dh der Marge) verzichten. Vielmehr entstehen ihnen durch die Refinanzierungszinsen laufend zusätzliche Kosten, deren Erstattung sie dem Kreditnehmer bis zum Ende der Laufzeit des Kredits (verzinslich) stunden. Insoweit geben sie ein zusätzliches Darlehen.

6 **Besicherung.** Für PIK-Kredite werden als tief nachrangige Kreditform meist keine dinglichen Sicherheiten bestellt. Garantien des Kreditnehmers und seiner Tochtergesellschaften sind dagegen häufig anzutreffen. Jedoch sind diese Garantien schuldrechtlich nachrangig gestellt.

[2] Dazu gleich → § 40 Rn. 8.
[3] Dazu → § 38 Rn. 16 ff.
[4] Zum Begriff des „Eurokredits" → § 6 Rn. 1 ff.

Teil E. Rangverhältnisse und Intercreditor-Vereinbarung

Teil E behandelt die Rangverhältnisse von Forderungen sowie die gesetzlichen Grundlagen und üblichen vertraglichen Regelungen einer Intercreditor-Vereinbarung sowie einer Rangrücktritts- und Belassungsvereinbarung. 1

§ 40. Rangverhältnisse

Begriff des Vor- und Nachrangs. Wer sein Geld (außerhalb der Krise) früher und (nach Eintritt der Krise) sicherer zurückbekommt als andere, trägt ein geringeres Risiko und kann deshalb günstigere Kreditkonditionen anbieten. Forderungen sind also vorrangig, wenn sie früher oder sicherer zu erfüllen sind als andere (nachrangige) Forderungen. 1

Rangverhältnisse vor Kündigung/Insolvenz. Ob die Forderung eines Gläubigers gegenüber den Forderungen anderer Gläubiger vorrangig zu erfüllen ist, richtet sich „in guten Zeiten" ausschließlich nach der **Fälligkeit** der jeweiligen Forderungen. Bei einer typischen Akquisitionsfinanzierung werden die Kredite in folgender Reihenfolge zur endgültigen und vollständigen **Rückzahlung** fällig: zunächst das Senior-Darlehen A (laufende Ratentilgung) und die Betriebsmittelkredite (Betriebsmitteldarlehen sind auch am Ende einer jeden Zinsperiode zurückzuzahlen, dürfen dann aber wieder in Anspruch genommen werden) mit einer Laufzeit von sechs Jahren, danach das Senior-Darlehen B (endfällig, in der Regel ein Jahr nach letzter Tilgungsrate des Senior-Darlehens A, dh nach sieben Jahren), danach das Second Lien-Darlehen und/oder das Mezzanine-Darlehen (endfällig; falls sowohl Second Lien- als auch Mezzanine-Darlehen gewährt wurden, erst das Second Lien-Darlehen, danach mit zeitlichem Abstand das Mezzanine-Darlehen). Erst danach sind die strukturell nachrangigen High Yield-Anleihen (Senior Notes) oder PIK-Darlehen zurückzuzahlen. Gesellschafterdarlehen werden nach allen übrigen Fremdkapitalinstrumenten getilgt. 2

Wegen des Gleichlaufs von Senior- und Second Lien-/Mezzanine-Kreditverträgen löst ein Ereignis, das eine Pflicht zur Sondertilgung auslöst, eine Rückzahlungspflicht gemäß den Regelungen beider Kreditverträge aus. Dennoch sind auch **Pflichtsondertilgungen** zur Rückführung der verschiedenen Fremdkapitalinstrumente in der oben beschriebenen Reihenfolge zu verwenden. Bei **freiwilligen Sondertilgungen** wird dem Kreditgeber häufig ein Wahlrecht eingeräumt, welche der Senior-Darlehen er tilgen möchte. Eine Tilgung des Second Lien-Darlehens oder Mezzanine-Darlehens vor vollständiger Rückführung der Senior-Darlehen ist aber auch bei einer freiwilligen Sondertilgung ausgeschlossen. 3

Bei vorrangigen Darlehen sind die aufgelaufenen Zinsen am Ende jeder Zinsperiode zu bezahlen (zB Senior-Darlehen, Senior Secured Notes, aber auch Senior Notes). Je nachrangiger ein Fremdkapitalinstrument ausgestaltet ist, desto mehr wird die Zinszahlung auf das Ende seiner Laufzeit verlagert. Dies geschieht durch **Kapitalisierung** (oder „Thesaurierung") **der Zinsen,** dh durch die Vereinbarung, dass die aufgelaufenen Zinsen (ganz oder teilweise) der Valuta zugeschlagen werden und insoweit erst am Ende der Laufzeit des Fremdkapitalinstruments zur Zahlung fällig sind. Bei Mezzanine-Darlehen wird ein Teil der Zinsen am Ende jeder Zinsperiode bar bezahlt und der andere Teil thesauriert. Bei PIK-Darlehen oder Gesellschafterdarlehen werden alle Zinsen thesauriert. 4

Rangverhältnisse nach Kündigung/Insolvenz. Bei einer vorzeitigen Kündigung der Kreditverträge oder in der Insolvenz des Kreditnehmers werden die Forderungen aller Kreditgeber **gleichzeitig fällig** (§ 41 Abs. 1 InsO). Dann stellt sich die Frage, welche 5 dieser Forderungen der Kreditnehmer zuerst zu erfüllen hat. Die Reihenfolge der Erfüllung der einzelnen Forderungen richtet sich nach deren Rangverhältnis. Verfügt der Schuldner nicht über ausreichende Mittel zur Befriedigung aller Gläubiger, so wird nur der vorrangige Gläubiger mit einer Erfüllung seiner Forderungen rechnen können, während die übrigen Gläubiger ganz oder teilweise ausfallen. Daher hat der Rang einer Forderung in der Insolvenz des Schuldners eine erhebliche Bedeutung.

6 **Rechtsgrund des Nachrangs.** Der Nachrang einer Forderung kann sich aus einem strukturellen Nachrang, gesetzlichen Vorschriften oder einer schuldrechtlichen Vereinbarung ergeben.

I. Struktureller Nachrang

7 **Begriff.** Bei einer typischen Akquisitionsfinanzierung wird ein großer Teil der Kredite von einer neu gegründeten Erwerbsgesellschaft aufgenommen, die über kein eigenes operatives Geschäft verfügt. Die Mittel zur Erfüllung ihrer Kreditverbindlichkeiten stammen ausschließlich von der erworbenen operativ tätigen Zielgesellschaft. Die Erwerbsgesellschaft als Gesellschafterin der Zielgesellschaft darf dieser aber nur so viele Mittel entziehen, dass der Zielgesellschaft mindestens Eigenkapital in Höhe ihrer Stammkapitalziffer verbleibt und sie über genügend Liquidität zur Befriedigung ihrer Gläubiger verfügt.[1] Denn das Vermögen der Zielgesellschaft dient zunächst der Befriedigung der Forderungen ihrer eigenen Gläubiger und erst in zweiter Linie der Erfüllung von Ansprüchen ihrer Gesellschafter. Die Gläubiger der Erwerbsgesellschaft als Gesellschafterin der Zielgesellschaft sind deshalb gegenüber den unmittelbaren Gläubigern der Zielgesellschaft im **„strukturellen Nachrang"**. Wird über die Erwerbsgesellschaft eine weitere nicht-operative Gesellschaft geschaltet, so sind deren Gläubiger gegenüber den Gläubigern der Erwerbsgesellschaft und der Zielgesellschaft im strukturellen Nachrang.

8 **Herbeiführung des strukturellen Nachrangs.** Um die Aussichten bestimmter Gläubiger (zB der Senior-Banken) auf Erfüllung ihrer Forderungen zu erhöhen, können andere Gläubiger in einen strukturellen Nachrang gebracht werden. Das kann dadurch geschehen, dass bestimmte Kreditgeber veranlasst werden, ihre Mittel nicht direkt in die Erwerbsgesellschaft, sondern in eine **darüber geschaltete Holding** einzubringen, die die Mittel als Eigenkapital oder nachrangiges Gesellschafterdarlehen[2] an die Erwerbsgesellschaft weiterleitet. Während die Senior-Kreditgeber direkte Ansprüche gegen die Erwerbsgesellschaft oder, zB in Bezug auf Betriebsmittelkredite oder *Capex*-Kredite, direkt gegen die operativen Gesellschaften haben, richten sich die Ansprüche der strukturell nachrangigen Kreditgeber gegen die darüber geschaltete Holding. Sie sind somit eine Stufe weiter vom *Cashflow* entfernt, der von den operativen Gesellschaften in Form von Dividenden zunächst an die Erwerbsgesellschaft und, soweit nach Befriedigung ihrer eigenen Gläubiger noch etwas übrig bleibt, von dieser an die Holding ausgeschüttet wird. Je weiter ein Gläubiger vom *Cashflow* der operativen Gesellschaften entfernt ist, desto tiefer ist sein struktureller Nachrang. Durch eine **mehrstufige Akquisitionsstruktur** entstehen so mehrere Schuldner, deren korrespondierende Gläubiger in einem strukturellen Rangverhältnis stehen.

9 Bestimmte Gläubigergruppen können nur strukturell nachrangig gestellt werden. Das gilt für alle Gläubiger von Fremdkapitalinstrumenten, die (potentiell) an eine Vielzahl von Investoren weitergereicht werden, zB Gläubiger einer hochverzinslichen Anleihe (*High Yield Bond*) oder auch eines handelbaren Genussscheins. Es ist nicht möglich, alle künftigen Anleihegläubiger und Genussscheininhaber zu verpflichten, mit den vorrangigen Kreditgebern einen schuldrechtlichen Nachrang durch Abschluss einer Intercreditor-Vereinbarung zu vereinbaren.

---

[1] Siehe dazu Teil G.
[2] Dazu → § 40 Rn. 12.

Der strukturelle Nachrang kann auch durch einen sog **Debt Push-up** herbeigeführt werden. Dabei übernimmt die Muttergesellschaft bestimmte vertragliche (Rechte und) Pflichten ihrer Tochtergesellschaft (zB die (Rechte und) Pflichten des Schuldners eines Gesellschafterdarlehens) mit befreiender Wirkung. Die **Vertragsübernahme** ist nur mit Zustimmung der Gläubiger der betroffenen Forderungen wirksam.[3] Sie führt zum Erlöschen aller akzessorischen und nach hM auch der nicht- akzessorischen[4] Sicherungsrechte, es sei denn, der Sicherungsgeber erklärt seine vorherige[5] **Einwilligung** in die Vertragsübernahme (§ 418 Abs. 1 BGB analog).[6] Die Einwilligung bedarf grundsätzlich nicht der für das Rechtsgeschäft vorgeschriebenen Form (§ 182 Abs. 2 BGB). Allerdings wird bei der Übernahme einer Schuld, für die eine Bürgschaft bestellt wurde, die Einwilligung des Bürgen in der Form des § 766 BGB verlangt. Denn das Einstehenmüssen für einen neuen Schuldner sei vom Risiko her mit einer neuen Bürgenverpflichtung vergleichbar.[7] Die mit einem *Debt Push-up* verbundene Reduzierung der Verbindlichkeiten hat auch die bessere Verwertbarkeit der Anteile an der Tochtergesellschaft zur Folge, wenn vereinbart ist, dass die Muttergesellschaft der Tochtergesellschaft bei einer Verwertung von deren Geschäftsanteilen alle Forderungen erlässt.[8] 10

Überwindung des strukturellen Nachrangs. Umgekehrt wird der strukturelle Nachrang dadurch **überwunden,** dass die Zielgesellschaft sich für die Verbindlichkeiten der Erwerbsgesellschaft oder der Holding, zB durch Schuldbeitritt schuldrechtlich mitverpflichtet, durch Übernahme einer Garantie oder Bürgschaft mithaftet oder für deren Erfüllung dingliche Sicherheiten an ihrem Vermögen bestellt. Durch den Schuldbeitritt oder die Bürgschaftserklärung der Zielgesellschaft wird ein Gläubiger der Erwerbsgesellschaft oder der Holding zum unmittelbaren Gläubiger der Zielgesellschaft. Durch die Stellung dinglicher Sicherheiten erwirbt er gegenüber den ungesicherten Gläubigern der Zielgesellschaft in deren Insolvenz sogar eine vorrangige Stellung.[9] Ein struktureller Nachrang kann auch durch einen Debt Push-down überwunden werden. Dabei übernimmt die Zielgesellschaft Verbindlichkeiten der Erwerbsgesellschaft mit befreiender Wirkung.[10] 11

II. Gesetzlicher Nachrang

Der Nachrang einer Forderung kann auch gesetzlich angeordnet sein. Nach § 39 InsO werden bestimmte Forderungen von Insolvenzgläubigern erst nach den übrigen Forderungen der Insolvenzgläubiger befriedigt. Nachrangige Insolvenzgläubiger können nach § 174 Abs. 3 Satz 1 InsO ihre Forderungen nur **nach Aufforderung** durch das Insolvenzgericht zur Tabelle **anmelden.**[11] Zu den nachrangigen Forderungen gehören nach § 39 Abs. 1 Nr. 1 InsO die seit Eröffnung des Insolvenzverfahrens auf die Forderungen angefallenen Zinsen. Dies gilt sowohl für gesetzliche als auch für vertraglich geschuldete Zinsen.[12] Nachrangig sind Forderungen auf Rückzahlung und Verzinsung von **Gesellschafterdarle-** 12

---

3 BGH v. 27.11.1985, BGHZ 96, 302, 307 ff.

4 § 418 BGB ist auf die Sicherungsgrundschuld analog anzuwenden; BGH v. 3.2.1966, WM 1966, 577, 579; BGH v. 1.10.1991, BGHZ 115, 241, 244; MüKoBGB/*Bydlinski* § 418 Rn. 5; ablehnend Staudinger/*Rieble* § 418 Rn. 14. Das muss dann ebenso auch für die anderen nicht-akzessorischen Sicherheiten gelten, MüKoBGB/*Bydlinski* § 418 Rn. 2; Staudinger/*Rieble* § 418 Rn. 16.

5 Eine (nachträgliche) Genehmigung genügt nicht, RG v. 11.3.1933, HRR 33, 1742; Palandt/*Grüneberg* § 418 Rn. 1.

6 OLG Hamm v. 30.8.1989, WM 1990, 1152, 1154 f.

7 MüKoBGB/*Bydlinski* § 418 Rn. 6; im Erg. ebenso OLG Hamm v. 30.8.1989, WM 1990, 1152, 1154 f.; Palandt/*Grüneberg* § 418 Rn. 1; ablehnend Staudinger/*Rieble* § 418 Rn. 23 mwN, da es mit Blick auf § 182 Abs. 2 BGB an jeder Regelungslücke fehle.

8 Dazu → § 40 Rn. 36.

9 *Schön* ZHR 159 (1995), 351, 353.

10 Zu den rechtlichen Grenzen eines Debt Push-down → § 48 Rn. 57 ff.

11 Nach altem Recht waren diese Forderungen von der Verfahrensteilnahme ausgeschlossen, vgl. § 63 KO, HK-InsO/*Ries* § 39 Rn. 1.

12 Braun/*Bäuerle,* InsO § 39 Rn. 5; HK-InsO/*Ries* § 39 Rn. 7.

hen (§ 39 I Nr. 5 InsO).[13] Nach den Gesellschafterdarlehen werden im Zweifel solche Forderungen erfüllt, für die Gläubiger und Schuldner den **Nachrang** im Insolvenzverfahren **vereinbart** haben (§ 39 Abs. 2 InsO).[14]

13 **Vorrangig** aus der Insolvenzmasse zu befriedigen sind dagegen sog Masseverbindlichkeiten nach § 53 InsO. Dazu zählen nicht nur die Kosten des Insolvenzverfahrens, sondern ua auch alle Verbindlichkeiten, die durch Handlungen des Insolvenzverwalters begründet werden (§ 55 Abs. 1 InsO).

III. Vereinbarter Nachrang

1. Allgemeines

14 **Inhalt und Zweck.** Durch die Vereinbarung eines Rangrücktritts räumt ein Gläubiger einem anderen Gläubiger das Recht ein, ungechtet der **Fälligkeit** der Forderungen vorrangig befriedigt zu werden. In der Regel haben die vorrangigen Kredite eine kürzere Laufzeit als die nachrangigen und sind deshalb früher zur Rückzahlung fällig. Die Kredite können jedoch gleichzeitig fällig werden, wenn die Voraussetzungen einer **Pflichtsondertilgung** sowohl nach dem Senior- als auch dem Mezzanine-Kreditvertrag vorliegen. Dann verbietet die Intercreditor-Vereinbarung die vorzeitige Tilgung nachrangiger Forderungen, solange nicht die vorrangigen Forderungen vollständig befriedigt sind. Deshalb dürfen die zur Pflichtsondertilgung bestimmten Beträge so lange nicht zur Rückzahlung der nachrangigen Kredite verwendet werden, bis alle Senior-Kredite vollständig zurückgeführt sind. Auch in der **Insolvenz** des Schuldners werden die Forderungen aller Kreditgeber gleichzeitig fällig (§ 41 Abs. 1 InsO). Die Bestimmungen der Intercreditor-Vereinbarung zielen darauf ab, den vorrangigen Kreditgebern in der Insolvenz des Schuldners eine bessere Quote zu verschaffen.

15 **Vertragsfreiheit.** Für eine Vereinbarung über den Nachrang von Forderungen gilt die Vertragsfreiheit. Ihr Inhalt kann von den Parteien frei gestaltet werden. Sie können den Rangrücktritt insbesondere aufschiebend oder auflösend bedingt vereinbaren.[15] Die zurücktretende Forderung muss jedoch hinreichend bestimmbar sein.[16] In der Praxis gibt es vor allem die Intercreditor-Vereinbarung und, teilweise davon getrennt, die Rangrücktritts- und Belassungsvereinbarung. Die Intercreditor-Vereinbarung regelt den Rang der Forderungen der verschiedenen Fremdkapitalgeber untereinander. In der Rangrücktritts- und Belassungsvereinbarung wird der Rangrücktritt der Forderungen der Eigenkapitalgeber, dh insbesondere der Eigenkapitalinvestoren, im Verhältnis zu den Forderungen der Fremdkapitalgeber festgeschrieben.

16 **Rechtliche Einordnung.** Die Rangrücktrittsvereinbarung stellt rechtlich ein *pactum de non petendo dar.*[17]

2. Intercreditor-Vereinbarung

a) Vertragsinhalt

17 Die folgenden Ausführungen behandeln eine Intercreditor-Vereinbarung in ihrer einfachsten Form, wie sie zB bei einer Finanzierung durch Senior- und Mezzanine-Kredite abgeschlossen würde. Besteht eine Finanzierung darüber hinaus aus weiteren Fremdkapitalarten (zB PIK-Kredite, Genussscheine), werden die Bestimmungen der Intercreditor-Verein-

---

[13] Siehe dazu § 50.

[14] Dazu → § 40 Rn. 50.

[15] *Habersack* ZGR 2000, 384, 401.

[16] *Peters* WM 1988, 641, 642.

[17] *K. Schmidt* GmbHR 1999, 9, 13; wogegen der insolvenzrechtliche Rangrücktritt iSd § 39 Abs. 2 InsO, der die Umqualifizierung der Forderung in Risikokapital bewirken soll, als Schuldänderungsvertrag anzusehen ist, *Habersack* ZGR 2000, 384, 403 mwN.

barung sehr viel komplizierter. Seit 2009 gibt es ein von der LMA herausgegebenes Intercreditor Agreement for Leveraged Finance Transactions (Senior/Mezzanine), das englischem Recht unterliegt (im Text zitiert als „**LMA Intercreditor Agreement**“).[18]

Die Intercreditor-Vereinbarung regelt die Rangverhältnisse der Forderungen verschiedener Gläubigergruppen zueinander. Der Rang von Forderungen Dritter, die nicht Parteien der Intercreditor-Vereinbarung sind, bleibt davon unberührt. **18**

Vertragsparteien. Parteien einer Intercreditor-Vereinbarung sind unter anderem die Senior-Kreditgeber,[19] die Mezzanine-Kreditgeber sowie sonstige nachrangige Gläubiger, zB die Holding der Erwerbsgesellschaft (sog *Parent*) oder Gruppengesellschaften, die den Kreditnehmern oder Garanten Darlehen gewährt haben. Darüber hinaus sind auch die Kreditnehmer und die Garanten selbst Parteien der Intercreditor-Vereinbarung. Deren Einbeziehung ist erforderlich, da sie sich zur Beachtung der Rangverhältnisse verpflichten müssen und bestimmte Handlungspflichten haben.[20] **19**

Der Nachrang der Forderungen der Eigenkapitalinvestoren ist häufig nicht Gegenstand der Intercreditor-Vereinbarung, sondern wird in einer separaten Rangrücktritts- und Belassungsvereinbarung („*Subordination Agreement*“) festgeschrieben. **20**

Wesentlicher Inhalt. Eine Intercreditor-Vereinbarung enthält typischerweise folgende wesentliche Vereinbarungen: **21**

- **Rangrücktritt** der nachrangigen Gläubiger mit ihren Forderungen und ihren Rechten aus den Sicherheiten.
- Beschränkung von **Änderungen der Finanzierungsverträge** zum Nachteil anderer Gläubiger.
- **Beschränkung von Zahlungen** und der Bestellung von Sicherheiten an nachrangige Gläubiger.
- Befristete **Suspendierung von Rechten** der nachrangigen Gläubiger, zB Kündigungsrecht, Aufrechnung, Verwertung von Sicherheiten und Stellung eines Insolvenzantrags.
- Gewährung besonderer Rechte an die vorrangigen Gläubiger und Pflichten der nachrangigen Gläubiger in der **Insolvenz** eines Kreditnehmers oder Garanten.
- Pflicht der nachrangigen Gläubiger zur **Auskehrung** von zu Unrecht empfangenen Zahlungen oder Verwertungserlösen.
- Alleinige **Verwertungsbefugnis** des Sicherheiten-Treuhänders, dessen Ermächtigung zum Erlass von Forderungen gegen Gruppengesellschaften und zur Freigabe von Sicherheiten.
- **Verwendung von Erlösen** durch den Sicherheiten-Treuhänder (sog „Wasserfall“).

Rangrücktritt. Die zentrale Bestimmung der Intercreditor-Vereinbarung ist die Erklärung bestimmter Gläubiger, mit ihren Forderungen aus den Kredit- und Sicherheitenverträgen im Rang hinter die Forderungen anderer Gläubiger zurückzutreten. Die den Rangrücktritt erklärenden Gläubiger werden dadurch zu nachrangigen Gläubigern, die anderen zu vorrangigen Gläubigern. Regelmäßig wird folgendes Rangverhältnis der Forderungen vereinbart: (1) Forderungen aus Senior-Krediten[21] und Hedging-Verträgen, (2) Forderungen aus Mezzanine-Krediten, (3) sonstige nachrangige Forderungen, zB aus Genussscheinen, Konzerndarlehen (sog *Intra-group Loans*) oder Gesellschafterdarlehen.[22] Dieser Rangrücktritt zeitigt alleine noch keine Rechtsfolgen. Die damit verbundenen Wirkungen **22**

---

[18] Das LMA Intercreditor Agreement ist mit derzeit 152 Seiten leider recht umfangreich.

[19] Auch den Senior-Kreditgebern werden durch die Intercreditor-Vereinbarung Pflichten auferlegt, zB die Pflicht, die Kreditzusagen der Senior-Kreditgeber oder die nach der Senior-Kreditvereinbarung geschuldeten Zinsen nicht über einen vereinbarten Höchstbetrag hinaus zu erhöhen, dazu → § 40 Rn. 23.

[20] Gewährt zB eine Gruppengesellschaft, die nicht Partei der Intercreditor-Vereinbarung ist, einem Kreditnehmer oder Garanten ein Darlehen, so sind die Kreditnehmer und Garanten verpflichtet, den Beitritt des Darlehensgebers zur Intercreditor-Vereinbarung zu bewirken.

[21] Einschließlich Second Lien-Kredite, da die Second Lien-Kreditgeber nur hinsichtlich der Verteilung von Sicherheitenerlösen nachrangig gestellt sind, dazu → § 5 Rn. 11 f. und → § 37 Rn. 1 ff.

[22] Beispielsklausel: Ziff. 2.1 (*Primary Creditor Liabilities*) und 2.3 (*Subordinated, Intra-Group and Parent Liabilities*) des LMA Intercreditor Agreement.

müssen darum im Einzelnen in der Intercreditor-Vereinbarung konkretisiert werden. Das geschieht durch die im Folgenden dargestellten Bestimmungen.

23 **Vertragsänderungen.** Die nachrangigen Gläubiger dürfen ihre Finanzierungsverträge mit dem Kreditnehmer nicht zum Nachteil der Senior-Kreditgeber ändern. Deshalb ist zB die Erhöhung der den Mezzanine-Kreditgebern geschuldeten und bar zu zahlenden laufenden Zinsen, die einen vermehrten Abfluss von Liquidität an die Mezzanine-Kreditgeber zur Folge hätte, unzulässig. Die nachrangigen Gläubiger dürfen dem Kreditnehmer auch keine Verbindlichkeiten erlassen, da die vorrangigen Gläubiger nach den Bestimmungen der Intercreditor-Vereinbarung ermächtigt sind, die entsprechenden Forderungen in der Insolvenz des Schuldners geltend zu machen.[23] Soweit nicht ausdrücklich erlaubt, dürfen umgekehrt auch die Verträge des Kreditnehmers mit den Senior-Kreditgebern nicht zum Nachteil der nachrangigen Gläubiger geändert werden.

24 **Beschränkung von Zahlungen.** Die nachrangigen Gläubiger erklären sich damit einverstanden, dass ihre Forderungen grundsätzlich so lange nicht befriedigt werden, bis die Forderungen der Senior-Kreditgeber vollständig erfüllt sind. Deshalb dürfen Kreditnehmer und Garanten bis zur vollständigen Erfüllung aller Forderungen der Senior-Kreditgeber grundsätzlich keine Zahlungen an nachrangige Gläubiger leisten, und diese dürfen solche Zahlungen nicht entgegennehmen. Der Zahlung stehen anderweitige Erfüllungshandlungen gleich, wie zB Konfusion durch Ankauf der Forderung oder Erlöschen durch Aufrechnung.

25 Vom Zahlungsverbot ausgenommen ist die Entrichtung von **laufenden Zinsen.**[24] Falls der Kreditnehmer beim Mezzanine-Kredit oder PIK-Kredit am Ende der Zinsperiode nicht die Kapitalisierung der PIK-Marge wählt, sondern diese bar bezahlen möchte, muss deren Zahlung auch erlaubt sein.[25] Auch die Erstattung von **Kosten** oder Steuern der nachrangigen Gläubiger ist zulässig. **Freiwillige** und **Pflichtsondertilgungen** dürfen grundsätzlich nicht an die nachrangigen Kreditgeber geleistet werden. Sollte aus irgendwelchen Gründen die Kreditvergabe durch einen nachrangigen Kreditgeber **rechtswidrig** werden,[26] so muss die vorzeitige Rückzahlung der Kredite dieses Kreditgebers allerdings zulässig sein. Die Erfüllung von Zahlungspflichten aus Konzerndarlehen ist grundsätzlich zulässig, da die Liquidität in der Gruppe bleibt, ebenso wie Zahlungen an andere Gruppenmitglieder auf Grund von Austauschverträgen, die dem Drittvergleich standhalten.

26 Kommt ein Kreditnehmer in Zahlungsverzug oder liegt sonst ein Kündigungsgrund iSd Senior-Kreditvertrags vor, so sind die Senior-Kreditgeber berechtigt, die ansonsten erlaubten Zahlungen an nachrangige Gläubiger zu suspendieren. Dies geschieht durch Abgabe einer **Zahlungsstopp**-Nachricht („*Stop Notice*") an die nachrangigen Gläubiger oder deren Agenten.[27] Die Zahlungsstopp-Nachricht setzt im Fall des Zahlungsverzugs ein unbefristetes und bei Vorliegen eines anderen Kündigungsgrundes ein meist auf 120 Tage befristetes Zahlungsverbot der Kreditnehmer und Garanten im Hinblick auf ihre Zahlungsverpflichtungen gegenüber nachrangigen Gläubigern in Kraft.

27 **Bestellung von Sicherheiten.** Den nachrangigen Gläubigern dürfen zusätzliche **Sicherheiten** nur bestellt werden, wenn dieselben Sicherheiten (zumindest schuldrechtlich vorrangig) auch den Senior-Kreditgebern bestellt werden.[28]

28 **Suspendierung von Rechten nachrangiger Gläubiger.** Bestimmte vertragliche Rechte der nachrangigen Gläubiger sind bis zur vollständigen Erfüllung aller Forderungen

---

[23] Dazu → § 40 Rn. 30f.

[24] Dagegen ist die Zahlung von Verzugszinsen gelegentlich verboten. Das ist nicht ratsam, da der Zahlungsverzug nach dem Mezzanine-Kreditvertrag einen Kündigungsgrund darstellt, mit der Folge, dass die Mezzanine-Kreditgeber ein Verwertungsverlangen stellen können (dazu → § 40 Rn. 28). Die Stillhalteperiode kann auslaufen, ohne dass die Senior-Kreditgeber zur Kündigung berechtigt sind, da ein *Cross Default* üblicherweise erst ab einem nicht unerheblichen Mindestbetrag vorliegt.

[25] Sonst könnte ein Verstoß gegen § 248 Abs. 1 BGB vorliegen, dazu → § 38 Rn. 17.

[26] Dazu → § 14 Rn. 1ff.

[27] Beispielsklausel: Ziff. 5.3 (*Issue of Mezzanine Payment Stop Notice*) des LMA Intercreditor Agreement.

[28] Beispielsklausel: Ziff. 5.10(a) (*Security: Mezzanine Lenders*) des LMA Intercreditor Agreement.

der Senior-Kreditgeber eingeschränkt. Bis zu diesem Zeitpunkt dürfen nachrangige Gläubiger grundsätzlich nicht (a) die Kündigung ihrer Kredite erklären, (b) gegen Forderungen des Schuldners aufrechnen, (c) ihre Sicherheiten verwerten, (d) einen Vergleich mit dem Schuldner schließen oder (e) einen Antrag auf Insolvenzeröffnung über das Vermögen des Schuldners stellen (gemeinsam die **„Verwertungsmaßnahmen"**, englisch *„Enforcement Action"*).[29] Bis zur vollständigen Erfüllung aller Forderungen der Senior-Kreditgeber sind die Senior-Kreditgeber die alleinigen „Herren des Verfahrens".

Allerdings können die nachrangigen Kreditgeber (nicht jedoch die anderen Gruppengesellschaften oder die Gesellschafter) die Senior-Kreditgeber unter Zugzwang setzen. Liegt ein Kündigungsgrund vor, der die nachrangigen Kreditgeber zur Kündigung ihrer Kredite berechtigt, so können sie gegenüber den Senior-Kreditgebern ein schriftliches **Verwertungsverlangen** (*„Mezzanine Enforcement Notice"*) abgeben. Nach Abgabe des Verwertungsverlangens beginnt ein **Stillhaltezeitraum** (*„Mezzanine Standstill Period"*) zu laufen, der je nach Kündigungsgrund idR zwischen 90 und 150 Tagen beträgt. Während des Stillhaltezeitraums dürfen die nachrangigen Kreditgeber keine Verwertungsmaßnahmen ergreifen.[30] Der Stillhaltezeitraum soll es den Senior-Kreditgebern ermöglichen, erforderliche Maßnahmen zu ergreifen, ohne durch Verwertungsmaßnahmen der nachrangigen Gläubiger (zB einen Insolvenzantrag) behindert zu werden. Sie können zB den Verkauf des Unternehmens oder wesentlicher Vermögensgegenstände anregen, einen Sanierungskredit zur Verfügung stellen oder andere Maßnahmen in die Wege leiten, um den Kündigungsgrund zu beseitigen. Besteht der Kündigungsgrund nach Ablauf des Stillhaltezeitraums noch fort, so sind die nachrangigen Kreditgeber berechtigt, selbst Verwertungsmaßnahmen zu ergreifen. Die alleinige Verfahrensherrschaft der Senior-Kreditgeber endet. Dasselbe gilt, wenn ein Senior-Kreditgeber oder ein Dritter einen Antrag auf Insolvenzeröffnung über das Vermögen des Kreditnehmers oder Garanten gestellt hat.[31] **29**

Insolvenz. Mit der Eröffnung des Insolvenzverfahrens über das Vermögen des Schuldners gelten alle nicht fälligen Forderungen der Gläubiger als fällig (§ 41 Abs. 1 InsO).[32] Der zeitliche Vorrang der vor den nachrangigen Krediten zu tilgenden Senior-Kredite wird dadurch aufgehoben. Die Intercreditor-Vereinbarung bindet den Insolvenzverwalter nicht,[33] denn sie stellt keine Vereinbarung des Nachrangs iSd § 39 Abs. 2 InsO dar. In der Intercreditor-Vereinbarung wird der Nachrang der Forderungen der nachrangigen Gläubiger nicht mit Wirkung gegenüber allen Gläubigern des Schuldners vereinbart, sondern nur mit Wirkung gegenüber den vorrangigen Gläubigern, die Vertragsparteien der Intercreditor-Vereinbarung sind.[34] Die vorrangigen Gläubiger sind daran interessiert, dass die nachrangigen Gläubiger ihre Forderungen im Insolvenzverfahren zur Tabelle anmelden können.[35] Das wäre bei nachrangigen Forderungen iSd § 39 Abs. 2 InsO ohne besondere Aufforderung des Insolvenzgerichts nicht möglich (§ 174 Abs. 3 InsO). **30**

Da der Insolvenzverwalter nicht an die in der Intercreditor-Vereinbarung festgelegte Rangordnung gebunden ist, wird er grundsätzlich die Forderungen aller Gläubiger, dh auch der nach der Intercreditor-Vereinbarung nachrangigen Gläubiger, in Höhe der Insolvenzquote erfüllen. Die Intercreditor-Vereinbarung gewährt den Senior-Kreditgebern jedoch in der Insolvenz des Schuldners Rechte gegenüber den nachrangigen Gläubigern. Nach dem Grundsatz „keine Befriedigung der nachrangigen Gläubiger vor vollständiger Befriedigung der Senior-Kreditgeber" steht ihnen auch die auf die Nachrangforderungen entfallende **31**

[29] Beispielsklausel: Ziff. 5.11 (*Restriction on Enforcement: Mezzanine Lenders*) des LMA Intercreditor Agreement.

[30] Beispielsklausel: Ziff. 5.12(a) (*Permitted Enforcement: Mezzanine Lenders*) des LMA Intercreditor Agreement.

[31] Beispielsklausel: Ziff. 5.12(b) (*Permitted Enforcement: Mezzanine Lenders*) des LMA Intercreditor Agreement.

[32] Vgl. HK-InsO/*Keller* § 41 Rn. 2.

[33] AA *Schrell/Kirchner* BKR 2004, 212, 216.

[34] AA *Schrell/Kirchner* BKR 2004, 212, 216 f.

[35] Dazu → § 40 Rn. 31.

Quote zu. Den nachrangigen Gläubigern ist es nach der Intercreditor-Vereinbarung gestattet, ihre Forderungen in der Insolvenz des Schuldners geltend zu machen. Im Innenverhältnis sind die nachrangigen Gläubiger aber zur Auskehrung der vom Insolvenzverwalter erhaltenen Zahlungen an die Senior-Kreditgeber verpflichtet.[36] Dadurch erhöht sich die Quote der Senior-Kreditgeber, nicht jedoch die der übrigen Insolvenzgläubiger. Sollten die Nachranggläubiger ihre Forderungen nicht selbst zur Tabelle anmelden, so enthält die Intercreditor-Vereinbarung eine Vollmacht für den Sicherheiten-Treuhänder, Forderungen der nachrangigen Gläubiger in deren Namen anzumelden und einzuziehen.[37] Der Sicherheiten-Treuhänder wird alle erhaltenen Zahlungen entsprechend der Rangordnung der Forderungen an die Gläubiger verteilen.[38]

32 Die Senior-Kreditgeber können ihre Insolvenzquote auf diese Weise nur dann erhöhen, wenn die nachrangigen Gläubiger bei Eintritt der Insolvenz noch über ihre Forderungen gegen den Schuldner in voller Höhe verfügen. Deshalb bestimmt die Intercreditor-Vereinbarung, dass die nachrangigen Gläubiger ihre Forderungen nicht **abtreten** (außer durch Übertragung auf eine andere Vertragspartei der Intercreditor-Vereinbarung) oder **erlassen** dürfen.[39] Häufig ist den nachrangigen Gläubigern nach Insolvenzeröffnung eine **Aufrechnung** ihrer Forderungen gegen Forderungen des Schuldners erlaubt. Allerdings ist dann der Gegenwert der durch die Aufrechnung erloschenen Verbindlichkeit des nachrangigen Gläubigers an die Senior-Kreditgeber zu zahlen.[40]

33 **Auskehrung von Zahlungen und Vorteilen.** Die Intercreditor-Vereinbarung kann vorsehen, dass eine Zahlung, die unter Verstoß gegen die Rangordnung der Forderungen an einen nachrangigen Gläubiger geleistet wird, **keine Erfüllungswirkung** haben soll. Gleichzeitig wird der Empfänger der Zahlung verpflichtet, den erhaltenen Betrag an den Sicherheiten-Treuhänder **herauszugegeben.**[41] Verteilt der Sicherheiten-Treuhänder diesen Betrag entsprechend der Rangordnung der Forderungen, so führt diese Zahlung zum Erlöschen der Senior-Forderung.[42] Eine solche **Tilgungszweckvereinbarung** ist auch dann verbindlich, wenn der Kreditnehmer oder Garant bei der Zahlung einseitig eine abweichende Bestimmung trifft.[43] Soweit die Zahlung einen nachrangigen Gläubiger erreicht, hat sie dann grundsätzlich keine Erfüllungswirkung.[44] Die Erfüllungswirkung tritt erst ein, wenn die Zahlung bei ihrem vertragsgemäßen Empfänger eingeht.

34 Stattdessen kann auch vereinbart werden, dass die Forderung des nachrangigen Kreditgebers erfüllt werden soll. Der nachrangige Kreditgeber wird dann aber dazu verpflichtet, den Senior-Kreditgebern Forderungen in Höhe des erhaltenen Betrages **abzukaufen.** Die Senior-Kreditgeber müssen dem nachrangigen Kreditgeber Forderungen in entsprechender Höhe abtreten, und dieser muss den Senior-Kreditgebern einen Kaufpreis für die abgetretenden Forderungen bezahlen.[45] Auf diese Weise fließt der zu Unrecht an den nachrangigen Kreditgeber bezahlte Betrag den Senior-Kreditgebern zu. Allerdings muss ebenfalls vereinbart sein, dass die Konditionen der abgetretenen Senior-Forderungen sich so verändern, dass sie den Konditionen der getilgten Forderung des nachrangigen Kreditgebers entsprechen.

35 Wird eine Forderung eines nachrangigen Gläubigers auf andere Weise als durch Zahlung, zB durch Aufrechnung, erfüllt, so hat der nachrangige Gläubiger einen entsprechenden

---

[36] Dazu → § 40 Rn. 33.
[37] Beispielsklausel: Ziff. 9.5 (*Filing of claims*) des LMA Intercreditor Agreement.
[38] Beispielsklausel: Ziff. 18.1 (*Order of application*) des LMA Intercreditor Agreement.
[39] *Peters* WM 1988, 641, 643 f.
[40] Beispielsklausel: Ziff. 10.2(b) (*Turnover by the Creditors*) des LMA Intercreditor Agreement; dazu → § 40 Rn. 35.
[41] Beispielsklausel: Ziff. 10.2(a) (Turnover by the Creditors) des LMA Intercreditor Agreement.
[42] Dazu → § 35 Rn. 14.
[43] BGH v. 20.6.1984, BGHZ 91, 375, 379; Palandt/*Grüneberg* § 366 Rn. 8 (da § 366 BGB dispositiv ist).
[44] Der Mezzanine-Agent oder ein sonstiger Dritter, dem die Zahlung zunächst zufließt, gilt insoweit nicht als empfangsermächtigt, vgl. § 362 Abs. 2 iVm § 185 BGB.
[45] Dazu → § 35 Rn. 15 f.

Betrag an den Sicherheiten-Treuhänder zu bezahlen. Statt der Insolvenzquote erhalten die Senior-Kreditgeber so den gesamten Forderungsbetrag.

Verwertung und Freigabe von Sicherheiten, Erlass. Die **Verwertung** der den Gläubigern bestellten Sicherheiten erfolgt ausschließlich durch den Sicherheiten-Treuhänder. Der Sicherheiten-Treuhänder wird auf Weisung des Senior-Agenten tätig. Sind die nachrangigen Kreditgeber zur Verwertung ihrer Sicherheiten berechtigt, so wird der Sicherheiten-Treuhänder auf Weisung des Mezzanine-Agenten tätig. Um bei der Verwertung verpfändeter **Gesellschaftsanteile** einen möglichst hohen Erlös zu erzielen, wird der Sicherheiten-Treuhänder von den Gläubigern ermächtigt, deren Forderungen (auch aus der Garantie) gegen die betreffende Gesellschaft und deren Tochtergesellschaften zu **erlassen** und an den Vermögensgegenständen dieser Gesellschaften bestellte Sicherheiten freizugeben.[46] 36

Der **Erlass von Forderungen**, die deutschem Recht unterliegen, erfolgt gemäß § 397 BGB durch Vertrag zwischen Gläubiger und Schuldner. Der Vertrag kann auch durch eine vom Gläubiger dazu gemäß § 185 BGB[47] ermächtigte Person geschlossen werden. Einen einseitigen Verzicht auf eine Forderung sieht das Gesetz dagegen nicht vor.[48] Zwar liegen bei einem Angebot des Gläubigers idR die Vorausetzungen des § 151 BGB vor, so dass die Annahme nicht empfangsbedürftig ist.[49] Aber eine unzweideutige Betätigung des Annahmewillens ist dennoch erforderlich.[50] Daher sollte die Klausel in Bezug auf Forderungen, die deutschem Recht unterliegen, modifiziert werden: Die Finanzparteien als Gläubiger der Forderungen geben ein Angebot auf Erlass ihrer Forderungen ab, aufschiebend bedingt auf die Übertragung der Gesellschaftsanteile am Schuldner oder an dessen Holdinggesellschaft, die im Rahmen der Verwertung des Anteilspfandrechts erfolgt. Die Kreditnehmer und Garanten nehmen dieses Angebot an. Soweit die Schuldner der Forderungen nicht selbst Parteien der Intercreditor-Vereinbarung sind (zB eine Tochtergesellschaft eines Garanten, die keine Sicherheiten bestellt und keine Konzerndarlehen an andere Gruppengesellschaften gegeben hat), verpflichten sich die Kreditnehmer und Garanten, die Annahme des Erlassangebots dieser Schuldner einzuholen. Es kann für die Finanzparteien vorteilhaft sein, bestimmte oder alle Forderungen nicht zu erlassen. Den aufschiebend bedingten Erlassvertrag könnten sie aber nicht mehr einseitig ändern. Daher sollte der Sicherheiten-Treuhänder ermächtigt werden, bestimmte oder alle Forderungen der Finanzparteien von dem Erlassvertrag auszunehmen. 37

Die **Freigabe von Sicherheiten** richtet sich nach der Art der Sicherheit. Zur Aufhebung eines **Pfandrechts** genügt die Erklärung des Pandgläubigers gegenüber dem Verpfänder oder dem Eigentümer, dass er das Pfandrecht aufgebe (§ 1255 Abs. 1 BGB). Dagegen müssen **sicherungsübereignete Sachen** zurückübereignet und **sicherungsabgetretene Forderungen** und Rechte zurückabgetreten werden. Dafür sind dingliche Verfügungsverträge erforderlich. Eine einseitige Erklärung des Sicherheiten-Treuhänders reicht dafür nicht aus. Daher sollte die Regelung des LMA Intercreditor Agreement für in Deutschland belegene Sicherheiten ergänzt werden: Der Sicherheiten-Treuhänder, an den das Sicherungsgut übereignet wurde und die Forderungen abgetreten wurden, gibt ein Angebot auf Rückübereignung und Rückabtretung ab, aufschiebend bedingt auf die Übertragung der Gesellschaftsanteile am Sicherungsgeber oder an dessen Holdinggesellschaft, die im Rahmen der Verwertung des Anteilspfandrechts erfolgt. Die Sicherungsgeber nehmen dieses Angebot an. 38

Verwendung von Erlösen. Zahlungen und Vorteile, die an den Sicherheiten-Treuhänder auszukehren sind sowie Erlöse aus der Verwertung von Sicherheiten, verteilt der 39

[46] Beispielsklausel: Ziff. 14.1(b) und (c) (*Facilitation of Distressed Disposals and Appropriation*) des LMA Intercreditor Agreement.
[47] Der Erlassvertrag ist ein verfügender Vertrag, für den § 185 BGB gilt, vgl. Palandt/*Grüneberg* § 397 Rn. 2.
[48] Palandt/*Grüneberg* § 397 Rn. 4.
[49] Palandt/*Grüneberg* § 397 Rn. 5.
[50] Palandt/*Ellenberger* § 151 Rn. 1.

Sicherheiten-Treuhänder nach einer bestimmten Rangfolge, dem sog **„Wasserfall“**.[51] Zunächst werden die Gebühren und Kosten des Sicherheiten-Treuhänders, zB im Zusammenhang mit der Verwertung von Sicherheiten, bezahlt. Sodann werden die Forderungen der Kreditgeber befriedigt, zunächst die der First Lien-Kreditgeber, dann die der Second Lien-Kreditgeber und dann die der Mezzanine-Kreditgeber. Ein etwa verbleibender Rest steht anderen nachrangigen Gläubigern (Konzerngläubiger, Eigenkapitalinvestoren) oder dem Kreditnehmer oder Garanten zu.

40 **Wechsel der Parteien.** Ändern sich die Vertragsparteien der Kreditverträge auf Kreditgeberseite (zB durch Übertragung von Konsortialanteilen) oder gewährt eine Gruppengesellschaft einem Kreditnehmer oder Garanten ein Darlehen, so müssen diese der Intercreditor-Vereinbarung beitreten.[52] Denn die Bestimmungen der Intercreditor-Vereinbarung gelten nur zwischen den Vertragsparteien.

b) Wirksamkeit

41 Die Intercreditor-Vereinbarung **verbietet die Tilgung**[53] oder suspendiert das Recht zur **Kündigung**[54] der nachrangigen Kredite, bevor nicht alle Forderungen der Senior-Kreditgeber vollständig erfüllt worden sind. Der Kreditnehmer verpflichtet sich, keine solchen Zahlungen an die nachrangigen Kreditgeber zu leisten, und die nachrangigen Kreditgeber verpflichten sich, keine solchen Zahlungen vom Kreditnehmer entgegenzunehmen. Sollte dennoch vor vollständiger Erfüllung aller Senior-Forderungen eine Zahlung zur Tilgung eines nachrangigen Kredits, zB beim Mezzanine-Agenten oder den Mezzanine-Kreditgebern, eingehen, so kann die Intercreditor-Vereinbarung bestimmen, dass diese Zahlung keine Erfüllungswirkung haben soll und die nachrangigen Gläubiger den zu Unrecht erhaltenen Betrag an den Sicherheiten-Treuhänder (zugunsten der Senior-Kreditgeber) **herauszugeben** haben.[55] Alternativ kann die Intercreditor-Vereinbarung eine Verpflichtung der Mezzanine-Kreditgeber enthalten, den Senior-Kreditgebern Forderungen in entsprechender Höhe **abzukaufen.**[56] Diese Vertragsbestimmungen könnten gegen § 489 Abs. 4 S. 1 BGB verstoßen und daher nichtig sein. Nach § 489 Abs. 4 S. 1 BGB kann das Kündigungsrecht des Kreditnehmers nach § 489 Abs. 1 und 2 BGB durch Vertrag nicht ausgeschlossen oder erschwert werden.

42 Hier ist zu differenzieren. Ensteht die Pflicht zur Tilgung eines nachrangigen Kredits durch eine **Kündigung der Kreditgeber** oder eine vertragliche **Sondertilgungsbestimmung,** so ist der Anwendungsbereich des § 489 Abs. 4 BGB von vornherein nicht eröffnet. Diese Vorschrift betrifft nur Tilgungen auf Initiative des Kreditnehmers, nicht auf Grund einer Kündigung durch die Kreditgeber oder einer Rückzahlungspflicht bei Eintritt bestimmter Bedingungen. Möchte dagegen der Kreditnehmer eine **freiwillige Sondertilgung** leisten, so fällt dies grundsätzlich in den Anwendungsbereich des § 489 Abs. 4 BGB. Die freiwillige Sondertilgung von Kreditbeträgen durch den Kreditnehmer stellt rechtlich eine Kündigung des Kredits dar, auch wenn die Vertragsparteien auf eine ausdrückliche Kündigungserklärung verzichtet haben.[57] Eine Beschränkung des Rechts zur vorzeitigen Rückzahlung eines Kredits schränkt daher auch das Recht des Kreditnehmers zur Kreditkündigung ein.

43 § 489 Abs. 4 S. 1 BGB regelt nur das Kündigungsrecht des Kreditnehmers innerhalb eines einzigen Kreditverhältnisses. Dagegen steht die Vorschrift nach hier vertretener Ansicht der Wirksamkeit von Tilgungsvereinbarungen in Bezug auf **verschiedene Kreditverhältnisse** (zB Senior- und Mezzanine-Kredite) nicht entgegen. Der Kreditnehmer kann

[51] Beispielsklausel: Ziff. 18.1 (*Order of application*) des LMA Intercreditor Agreement.
[52] Beispielsklausel: Ziff. 22 (*Changes to the Parties*) des LMA Intercreditor Agreement.
[53] Dazu → § 40 Rn. 24 f.
[54] Dazu → § 40 Rn. 28 f.
[55] Dazu → § 40 Rn. 33.
[56] Dazu → § 40 Rn. 34.
[57] Dazu → § 13 Rn. 18.

sich insoweit nicht auf § 489 Abs. 1 oder 2 BGB berufen.[58] Hielte man dagegen § 489 Abs. 4 S. 1 BGB auch auf Vereinbarungen über die Tilgungsreihenfolge verschiedener Konsortialkredite für anwendbar, so wären die Tilgungsvereinbarungen in den meisten Fällen im Ergebnis dennoch wirksam.

Die §§ 488 ff. BGB regeln ausschließlich das Vertragsverhältnis zwischen Kreditgeber und Kreditnehmer.[59] § 489 Abs. 4 BGB hindert den Kreditnehmer daher grundsätzlich nicht, im Hinblick auf den Kredit beliebigen **Dritten gegenüber** Verpflichtungen einzugehen, die über seine Kreditverpflichtungen gegenüber dem Kreditgeber hinausgehen.[60] Die Intercreditor-Vereinbarung ist zwar eine dreiseitige Vereinbarung ua zwischen Kreditnehmer, Senior-Kreditgebern und Mezzanine-Kreditgebern. Gleichwohl ist zwischen den einzelnen Vertragsbeziehungen zu unterscheiden: 44

Die in der Intercreditor-Vereinbarung enthaltene Pflicht des Kreditnehmers, die nachrangigen Kredite **erst zu tilgen,** wenn alle Forderungen der Senior-Kreditgeber vollständig erfüllt worden sind, besteht ausschließlich im Interesse der Senior-Kreditgeber und könnte daher auch in einem separaten Vertrag zwischen dem Kreditnehmer und den Senior-Kreditgebern geregelt werden. Diese Verpflichtung übernimmt der Kreditnehmer nicht gegenüber dem Kreditgeber des betroffenen nachrangigen Kredits, sondern gegenüber einem Dritten. Sie ist somit grundsätzlich zulässig und wirksam. Die Vereinbarung wäre jedoch als eine unzulässige Umgehung des § 489 Abs. 4 S. 1 BGB anzusehen, wenn der Dritte **„im Lager des Kreditgebers"** stünde.[61] Der Dritte wäre als im Lager des Kreditgebers stehend anzusehen, wenn er die Interessen des Kreditgebers an der Aufrechterhaltung des Darlehens wahrnehmen würde.[62] Dies ist hier aber nicht der Fall. Der Mezzanine-Kreditgeber hat kein eigenes Interesse daran, die Rückzahlung des Mezzanine-Kredits zu verhindern. Deshalb ist die freiwillige vorzeitige Rückzahlung des Mezzanine-Kredits nach dem Mezzanine-Kreditvertrag grundsätzlich jederzeit zulässig.[63] Das Tilgungsverbot des Mezzanine-Kredits entsteht durch die Intercreditor-Vereinbarung und dient nur dem Interesse der Senior-Kreditgeber an einer vorrangigen Erfüllung ihrer Forderungen. Da die Senior-Kreditgeber und Mezzannine-Kreditgeber insoweit gegenläufige Interessen haben, sind die Senior-Kreditgeber nicht als im Lager der Mezzanine-Kreditgeber stehend anzusehen. Die Pflicht des Kreditnehmers zur vorrangigen Tilgung der Senior-Forderungen ist somit wirksam. 45

Die Intercreditor-Vereinbarung kann vorsehen, dass eine Zahlung, die zu Unrecht an den Mezzanine-Agenten oder die Mezzanine-Kreditgeber geleistet wird, **keine Tilgungswirkung** haben soll und an den Sicherheiten-Treuhänder (zugunsten der Senior-Kreditgeber) **herauszugeben** ist. Die Herausgabepflicht besteht im Verhältnis zwischen Mezzanine-Kreditgebern und Senior-Kreditgebern. Dagegen wird die Tilgungszweckvereinbarung zwischen Schuldner und Gläubiger der Forderung abgeschlossen, dh zwischen Kreditnehmer und Mezzanine-Kreditgebern. Sie dürfte darum als Umgehungsgeschäft gegen § 489 Abs. 4 S. 1 BGB verstoßen.[64] Im Gegensatz dazu wird die Verpflichtung der Mezzanine-Kreditgeber, bei Erhalt von Zahlungen vor vollständiger Erfüllung der Senior-Forderungen, den Senior-Kreditgebern in Höhe des erhaltenen Betrages deren Forderungen gegen den Kreditnehmer **abzukaufen,** nur im Verhältnis zwischen Senior-Kreditgebern und Mezzanine-Kreditgebern vereinbart. Die erforderliche Anpassung der Konditionen der abgetretenen Forderungen an die Konditionen des nachrangigen Kredits kann zwar nur mit Zustimmung des Kreditnehmers erfolgen. Der Kreditnehmer kann seine Zustimmung jedoch 46

---

[58] Dazu → § 40 Rn. 41 ff.
[59] OLG Karlsruhe v. 3.6.2008, WM 2008, 1551, 1552.
[60] OLG Karlsruhe v. 3.6.2008, WM 2008, 1551, 1552.
[61] OLG Karlsruhe v. 3.6.2008, WM 2008, 1551, 1552.
[62] OLG Karlsruhe v. 3.6.2008, WM 2008, 1551, 1552.
[63] Allerdings ist häufig vereinbart, dass bei vorzeitiger Rückzahlung während einer *Non-call Period* eine Rückzahlungsprämie bzw. eine *Prepayment Fee* zu zahlen ist, dazu → § 38 Rn. 8 f.
[64] Vgl. dazu *Köndgen* WM 2001, 1637, 1642.

bereits vor Abtretung der Forderungen gegenüber den Senior-Kreditgebern erklären. Diese Gestaltung erfasst somit nicht das Rechtsverhältnis zwischen Kreditnehmer und Mezzanine-Kreditgeber und verstößt nach hier vertretener Ansicht nicht gegen § 489 Abs. 4 S. 1 BGB.

47 Die Begründung der Wirksamkeit von Tilgungsverboten unter Hinweis auf die von § 489 Abs. 4 BGB nicht erfassten Verpflichtungen gegenüber Dritten läuft jedoch dann ins Leere, wenn es keinen Dritten gibt. Das ist der Fall, wenn und soweit die Senior-Kredite und das Mezzanine-Darlehen vom selben Kreditgeber gewährt werden. Es könnte argumentiert werden, dass dieser Kreditgeber nicht schutzwürdig ist, solange er die Kredite nicht syndiziert. Bei **Personenidentität** des Senior- und Mezzanine-Kreditgebers spielt die Tilgungsreihenfolge in der Tat keine Rolle. Allerdings gilt dies nicht mehr, sobald sich weitere Kreditgeber durch Übernahme von Konsortialanteilen an den Krediten beteiligen. Kommt es vor der Syndizierung zu einer Sondertilgung eines nachrangigen Kredits, ist das Ranggefüge der Konsortialkredite bereits durcheinander gebracht, und die vereinbarten Margen sind nicht mehr risikogerecht. Daher ist entsprechend der hier vertretenen Auffassung dem Kreditnehmer in Bezug auf freiwillige Sondertilgungen nachrangiger Konsortialkredite die Berufung auf § 489 Abs. 4 S. 1 BGB zu versagen.[65]

3. Rangrücktritts- und Belassungsvereinbarung

48 **Regelungsgegenstand.** Gegenstand der Rangrücktritts- und Belassungsvereinbarung (*Subordination Agreement*) ist der Rangrücktritt der Forderungen der Eigenkapitalinvestoren hinter die Forderungen sämtlicher anderer Fremdkapitalgeber. Außerdem verpflichten sich die Eigenkapitalinvestoren, der Erwerbsgesellschaft oder deren Holdingggesellschaft (der *Parent*) die von ihnen gewährten Darlehen während der Laufzeit der Akquisitionskredite zu belassen. Eine solche Vereinbarung ist nur erforderlich, wenn die Eigenkapitalinvestoren direkt an der Erwerbsgesellschaft beteiligt sind. Regelmäßig werden die Anteile an der Erwerbsgesellschaft aber von einer Holdingggesellschaft gehalten, die nicht Kreditnehmer ist und deren Gesellschaftsanteile nicht an die Finanzparteien verpfändet werden. Aus Sicht der Kreditgeber ist es ausreichend, wenn diese Holdinggesellschaft der Intercreditor-Vereinbarung als Sicherungsgeber und meist auch Darlehensgeber eines Darlehens an die Erwerbsgesellschaft beitritt.[66] An der Holdinggesellschaft sind häufig eine Vielzahl von Eigenkapitalinvestoren beteiligt (Finanzinvestoren, Co-Investoren, beteiligte Manager), die oft mit den recht komplexen Bestimmungen einer Intercreditor-Vereinbarung nicht vertraut oder der englischen Vertragssprache nicht hinreichend mächtig sind. Es erleichtert den Prozess ungemein, wenn diese Personen keine Intercreditor-Vereinbarung unterzeichnen müssen. Eine Rangrücktritts- und Belassungsvereinbarung ist im Vergleich dazu sehr einfach und kurz.

49 **Vertragsparteien.** Parteien der Rangrücktritts- und Belassungsvereinbarung sind der Sicherheiten-Treuhänder, die vorrangigen Gläubiger und die Eigenkapitalinvestoren.

50 **Rangrücktritt.** Die Eigenkapitalinvestoren treten mit allen ihren Forderungen im Rang hinter die Forderungen der vorrangigen Gläubiger zurück. Vorrangig sind alle an der Finanzierung beteiligten Fremdkapitalgeber (ua Kreditgeber, Anleihegläubiger, Genussscheininhaber, etc.). Der Nachrang der Forderungen der Eigenkapitalinvestoren ist umfassender als der Nachrang der Kreditgebergruppen untereinander. Die Eigenkapitalinvestoren dürfen ihre Forderungen grundsätzlich erst geltend machen, wenn alle Forderungen der vorrangigen Gläubiger vollständig erfüllt sind. Ein Recht der Eigenkapitalinvestoren, die eigenen Ansprüche schon früher, zB bei Vorliegen eines Kündigungsgrundes, geltend zu machen, besteht nicht.

[65] Dazu → § 13 Rn. 21.
[66] Zur typischen Struktur einer Akquisitionsfinanzierung → § 1 Rn. 10 ff.

Der Nachrang erfasst grundsätzlich alle Forderungen der Eigenkapitalinvestoren, die aus ihrer Gesellschafterstellung erwachsen, zB Forderungen auf Dividenden, Abfindung bei Ausscheiden, Liquidationserlös, sowie alle Forderungen aus oder im Zusammenhang mit Gesellschafterdarlehen. Ausgenommen sind Forderungen aus Drittgeschäften, zB Kaufverträge, die einem Drittvergleich standhalten, oder die Vergütung eines Gesellschafter-Geschäftsführers. Häufig wird auch die Zahlung einer „Monitoring Fee" oder Ähnliches an die Finanzinvestoren erlaubt, jedoch nur, wenn im Zeitpunkt der Zahlung keiner der vorrangigen Gläubiger zur Kündigung seiner Kredite berechtigt wäre. 51

Darlehensbelassung. Die Verpflichtung der Eigenkapitalinvestoren zur Belassung der von ihnen gewährten Darlehen bedeutet insbesondere, dass das Darlehen auch bei Vorliegen eines Kündigungsgrundes vor vollständiger Erfüllung aller Forderungen der vorrangigen Gläubiger nicht gekündigt werden darf. 52

4. Abgrenzung zu ähnlichen Rechtsfiguren

a) Rangrücktritt zur Beseitigung der Überschuldung

Der in einer Intercreditor-Vereinbarung oder einer Rangrücktritts- und Belassungsvereinbarung vereinbarte Nachrang ist nicht gleichzusetzen mit der in **§ 39 Abs. 2 InsO** erwähnten (zweiseitigen) Vereinbarung des Nachrangs zwischen Gläubiger und Schuldner im **Insolvenzverfahren.** Mit diesem insolvenzrechtlichen Rangrücktritt soll die Überschuldung des Kreditnehmers oder Garanten beseitigt werden.[67] Dazu ist es gemäß § 19 Abs. 2 InsO erforderlich, dass der Gläubiger mit seinen Forderungen im Rang hinter die in § 39 Abs. 1 Nr. 1 bis 5 InsO bezeichneten Forderungen zurücktritt. Damit tritt er aber gleichzeitig auch hinter *alle* nicht nachrangigen Insolvenzgläubiger zurück. Dieser Rangrücktritt ist für Zwecke der Akquisitionsfinanzierung einerseits zu weit und andererseits zu eng. 53

Zu einem so weitreichenden Rangrücktritt gegenüber allen Gläubigern besteht, außer um den Eintritt der Überschuldung zu verhindern oder eine bestehende Überschuldung zu beseitigen, regelmäßig kein Anlass. Die Vereinbarung eines gegenüber allen anderen Gläubigern wirkenden Rangrücktritts iSd § 39 Abs. 2 InsO sollte nach Möglichkeit vermieden werden. Durch einen solchen Rangrücktritt würden die nachrangigen Darlehensgeber zu nachrangigen Gläubigern iSd § 174 Abs. 3 InsO und dürften ihre Forderungen in der Insolvenz des Kreditnehmers oder Garanten nicht mehr ohne Aufforderung durch das Insolvenzgericht zur Tabelle anmelden. Die Senior-Kreditgeber verlören dadurch die Möglichkeit, ihre Insolvenzquote zu erhöhen.[68] Der insolvenzrechtliche Rangrücktritt ist andererseits zu eng, da der Rangrücktritt nur im Insolvenzverfahren gilt, nicht aber außerhalb der Insolvenz, zB bei einer Dividendenzahlung an den Gesellschafter. 54

Der insolvenzrechtliche Rangrücktritt kann durch zweiseitige Vereinbarung zwischen Gläubiger und Schuldner erfolgen, denn die übrigen Gläubiger erfahren dadurch keinen Rechtsnachteil, sondern nur eine Stärkung ihrer Rechtsposition. Nach hM kann eine Rangrücktrittsvereinbarung bis zur Eröffnung des Insolvenzverfahrens (§ 80 Abs. 1 InsO) ohne weiteres durch zweiseitigen Vertrag der Parteien wieder aufgehoben werden.[69] Dies wird jedoch von *Habersack* mit Blick auf das Schutzbedürfnis derjenigen Gläubiger, die im Vertrauen auf den Rangrücktritt neuen Kredit gewährt haben oder von der Geltendmachung ihrer bereits zuvor begründeten Forderung abgesehen haben, zu Recht bezweifelt.[70] 55

Nebenabreden. Der Zurücktretende verpflichtet sich regelmäßig, über seine Forderungen nicht zu verfügen, insbesondere sie nicht abzutreten, besichern zu lassen, zu verpfänden oder durch Wechselziehung zu mobilisieren, solange die Gesellschaft überschuldet ist.[71] 56

---

[67] *Kümpel,* Bank- und Kapitalmarktrecht Rn. 6.610.
[68] Dazu → § 40 Rn. 31.
[69] *K. Schmidt* ZIP 1999, 1241, 1247; MüKoInsO/*Ehricke* § 39 Rn. 63; Uhlenbruck/*Hirte* § 39 Rn. 56.
[70] *Habersack* ZGR 2000, 384, 406 f.
[71] *Peters* WM 1988, 685.

57 **Bilanzierung.** Grundsätzlich sind auch nachrangige Forderungen im **Überschuldungsstatus** zu passivieren. Eine gesetzliche Ausnahme gilt für „Forderungen auf Rückgewähr von Gesellschafterdarlehen oder aus Rechtshandlungen, die einem solchen Darlehen wirtschaftlich entsprechen, für die gemäß § 39 Abs. 2 InsO zwischen Gläubiger und Schuldner der Nachrang im Insolvenzverfahren hinter den in § 39 Abs. 1 Nr. 1 bis 5 InsO bezeichneten Forderungen vereinbart worden ist" (§ 19 Abs. 2 S. 2 InsO). Der Geschäftsführer der insolventen Gesellschaft darf also bei der Aufstellung der Überschuldungsbilanz nur Forderungen außer Betracht lassen, die mit einem **ausdrücklichen Rangrücktritt** versehen sind.[72] In dem Rangrücktritt ist ausdrücklich der Rücktritt hinter die gesetzlich subordinierten Ansprüche (§ 39 Abs. 1 Nr. 1 bis 5 InsO) zu erklären.[73]

58 In der **Handelsbilanz** sind qualifiziert nachrangige Forderungen als Teil des haftenden Kapitals auszuweisen (str.).[74]

b) Forderungsverzicht gegen Besserungsschein

59 Der Forderungsverzicht gegen Besserungsschein ist ein auflösend bedingter Erlass der Forderung (§§ 397, 158 Abs. 2 BGB).[75] Häufig wird die Forderung gegen den Schuldner auflösend bedingt in Eigenkapital umgewandelt.[76] Auflösende Bedingung ist die Besserung der wirtschaftlichen und finanziellen Situation des Schuldners. Bei Eintritt der Bedingung entfällt der Forderungsverzicht, und die Forderung des Gläubigers lebt wieder auf. Beim Forderungsverzicht gegen Besserungsschein ist die Forderung bis zum Eintritt der auflösenden Bedingung nicht zu verzinsen. Die akzessorischen Sicherheiten erlöschen und nicht-akzessorische sind zurückzugewähren. Mangels ausdrücklicher Vereinbarung besteht die Gefahr, dass die akzessorischen Sicherheiten mit Wiederentstehen der Forderung nicht ebenfalls wieder entstehen. Die erlassene Forderung ist bis zum Eintritt der auflösenden Bedingung nicht zu passivieren.

60 Beim vertraglichen Rangrücktritt bleibt die Forderung dagegen als solche bestehen. Das Erlöschen der akzessorischen Sicherheiten und das Entstehen eines Anspruchs auf Rückgewähr der nicht-akzessorischen Sicherheiten sind regelmäßig von den Kreditgebern nicht gewünscht.[77]

---

[72] Beschlussempfehlung und Bericht des Rechtsausschusses (MoMiG), BT Drucks. 16/9737, S. 104 f.
[73] Beschlussempfehlung und Bericht des Rechtsausschusses (MoMiG), BT Drucks. 16/9737, S. 105.
[74] *Habersack* ZGR 2000, 384, 409; nach aA ist für sie ein besonderer Passivposten zwischen Eigenkapital und den normalen Fremdmitteln anzusetzen, vgl. *Peters* WM 1988, 685, 692.
[75] BGH v. 13.6.1984, NJW 1984, 2762, 2763; Palandt/*Grüneberg* § 397 Rn. 5.
[76] BFH v. 30.5.1990, DB 1990, 1998.
[77] *Peters* WM 1988, 685, 688; *Habersack* ZGR 2000, 384, 403.

Teil F. Rechtsfragen der Besicherung

1 Teil F behandelt ausgewählte Rechtsfragen der Besicherung von Akquisitionsfinanzierungen, insbesondere die üblicherweise bestellten Sicherheiten, den Zeitpunkt der Bestellung der Sicherheiten und die sog *Parallel Debt*-Konstruktion.

§ 41. Besicherung von Akquisitionsfinanzierungen

1 Obwohl eine Akquisitionsfinanzierung vor allem auf der Grundlage der *Cashflow*-Planungen der Zielgesellschaft zur Verfügung gestellt wird, sind die Kreditgeber auch an einer umfänglichen Besicherung der Kredite interessiert.

I. Typische Sicherheiten

2 Sicherheiten werden meist nur von der Erwerbsgesellschaft (NewCo) und der Zielgesellschaft, in der Regel aber nicht von den Finanzinvestoren (dh den Gesellschaftern der Erwerbsgesellschaft) bestellt.

3 **Personalsicherheiten,** wie Garantien oder die Übernahme der **gesamtschuldnerischen Haftung** durch die Kreditnehmer und die wesentlichen Gruppengesellschaften für die Erfüllung der Verbindlichkeiten der Kreditnehmer gegenüber den Kreditgebern, sind häufig bereits in den Kreditverträgen enthalten. **Dingliche Sicherheiten** werden durch separate Sicherheitenverträge bestellt.[1]

1. Sicherheiten der Erwerbsgesellschaft

4 Die Erwerbsgesellschaft verfügt als reine Zweckgesellschaft über kein nennenswertes Vermögen mit Ausnahme der Anteile an der Zielgesellschaft und Ansprüchen im Zusammenhang mit dem Unternehmenskauf. Daher beschränken sich die von der Erwerbsgesellschaft bestellten Sicherheiten regelmäßig auf die:

- Verpfändung der Gesellschaftsanteile an der Zielgesellschaft,
- Sicherungsabtretung der Ansprüche der Erwerbsgesellschaft gegen den Verkäufer aus dem Unternehmenskaufvertrag und
- Sicherungsabtretung der Ansprüche der Erwerbsgesellschaft gegen die Ersteller der *Due Diligence*-Berichte (ua *Financial*, *Legal*, *Tax* und *Environmental Due Diligence*-Berichte).

5 Darüber hinaus werden zumeist die Anteile an der Erwerbsgesellschaft verpfändet sowie die an sie gewährten Gesellschafterdarlehen abgetreten.

6 Die Verpfändung der Anteile an der Erwerbsgesellschaft und der Zielgesellschaft ist die für die Kreditgeber wesentliche Sicherheit. Zwar lassen sich wirtschaftliche Schwierigkeiten in einem Konzern oft nicht isolieren und wenn der Kreditnehmer in Zahlungsschwierigkeiten gerät, hat er meist bereits auf das Kapital seiner Tochtergesellschaften. Allerdings ist ein solcher Zugriff aus rechtlichen Gründen nicht immer möglich. Aus denselben Gründen

---

[1] Der ohnehin recht umfangreiche Kreditvertrag soll nicht noch weiter befrachtet werden. Außerdem können Personalsicherheiten und dingliche Sicherheiten einem anderen Recht unterliegen. Für Personalsicherheiten als schuldrechtliche Verpflichtungen kann das anwendbare Recht vereinbart werden. Regelmäßig werden sie dem Statut des Kreditvertrags unterstellt und deshalb in den Kreditvertrag mit aufgenommen. Dagegen gilt für dingliche Sicherheiten das Recht des Staates, in dem sich die Sache befindet, dazu → § 27 Rn. 14.

können die von den Tochtergesellschaften bestellten Sicherheiten Verwertungsbeschränkungen unterliegen.[2] Die Verpfändung der Anteile an der Erwerbsgesellschaft bzw. der Zielgesellschaft ermöglicht den Kreditgebern allerdings die gesamte Gruppe durch Verwertung der Anteile als Ganzes an einen Erwerber zu veräußern (sog „*single point of enforcement*"). Bei der Strukturierung achten die Kreditgeber daher genau darauf, dass zumindest neben der Erwerbsgesellschaft keine weiteren Gruppengesellschaften gegründet oder erworben werden können. Darüber hinaus ist eine Verpfändung oder Abtretung der in die jeweilige verpfändete Gesellschaft gewährten Gesellschafterdarlehen sinnvoll, denn ein Erwerber würde die Verpflichtungen aus diesen bei einem Ankauf der Anteile miterwerben und entsprechend vom Kaufpreis abziehen. Oft wird auch zusätzlich im Rahmen einer Intercreditor Vereinbarung geregelt, dass Gesellschafter- und Konzerndarlehen, die an eine verpfändete Gesellschaft gewährt wurden, im Rahmen der Verwertung der Anteilsverpfändung an dieser Gesellschaft mit übertragen werden dürfen oder auf der Sicherheitentreuhänder im Namen der Gesellschafter oder Konzerngesellschaften auf diese verzichten darf.[3]

2. Sicherheiten der Zielgesellschaft

7 Von der Zielgesellschaft und gegebenenfalls ihren Tochtergesellschaften werden regelmäßig folgende Sicherheiten bestellt:

- Verpfändung der Gesellschaftsanteile der wesentlichen Gruppengesellschaften.
- Grundschulden,
- Sicherungsübereignung des beweglichen Anlage- und des Vorratsvermögens,
- Globalzession aller Forderungen aus Lieferungen und Leistungen, der Forderungen gegen Versicherungen sowie der Darlehensforderungen gegenüber anderen Gruppengesellschaften (*Intra-group Loans*),
- Verpfändung von Forderungen auf Auszahlung von Bankguthaben und
- Sicherungsabtretung oder -verpfändung der Marken-, Patent- und sonstigen gewerblichen Schutzrechte.

8 Auch wenn alle wesentlichen Vermögensgegenstände der Zielgesellschaft den Kreditgebern als Sicherheit dient, wird der Verwertungserlös bei einem Verkauf der einzelnen Vermögensgegenstände regelmäßig weit hinter dem für die Zielgesellschaft bezahlten Kaufpreis zurückbleiben und meist selbst die Höhe der Kreditbeträge nicht erreichen. Die bei der Einzelverwertung des Vermögens eines Unternehmens erzielten Zerschlagungswerte sind regelmäßig sehr viel niedriger als die Verwertung des Unternehmens als Ganzes zu Fortführungswerten. Daher ist der Rang einer Forderung von erheblicher Bedeutung. Denn der Verwertungserlös wird zunächst zur Befriedigung der Forderungen der vorrangigen Gläubiger verwendet.[4]

3. Sicherungszweck

9 Aus Sicht der Kreditgeber sollten die Sicherheiten alle ihre Forderungen aus und im Zusammenhang mit den Krediten besichern. Das bedeutet, dass jeder Sicherungsgeber nicht nur eigene, sondern auch fremde Verbindlichkeiten besichert. Dies kann gegen gesellschaftsrechtliche, zivilrechtliche, ja selbst strafrechtliche Bestimmungen verstoßen und steuerliche Nachteile haben. Der Sicherungsumfang jeder einzelnen Sicherheit sollte deshalb

---

[2] Zur sog Limitation Language → § 43 Rn. 95 ff. für die GmbH und → § 45 Rn. 89 ff. für die AG.

[3] Ein Verzicht hat allerdings möglicherweise negative steuerliche Auswirkungen. Wird auf ein Darlehen ohne Gegenleistung verzichtet, entsteht bei der Schuldnergesellschaft ein Bilanzgewinn, der je nach anwendbarem Steuerrecht zu versteuern ist. Zu dem aktuellen Stand der Gesetzgebung zur Besteuerung von Sanierungsgewinnen in Deutschland, siehe ua *Desens* NZG 2018, 87 ff.

[4] Dazu → § 40 Rn. 39.

nur auf der Grundlage einer sorgfältigen Analyse aller rechtlichen und steuerlichen Aspekte festgelegt werden.

II. Zeitpunkt der Sicherheitenbestellung

Eine Bank zahlt einen Kredit grundsätzlich erst dann aus, wenn alle Sicherheiten wirksam bestellt worden sind. Während die Erwerbsgesellschaft schon vor dem Closing der Akquisition die (künftig zu erwerbenden) Gesellschaftsanteile der Zielgesellschaft an die Kreditgeber verpfänden und ihnen ihre Gewährleistungsansprüche aus dem Unternehmenskaufvertrag abtreten kann, darf die Zielgesellschaft Sicherheiten an ihren Vermögensgegenständen erst (zumindest eine logische Sekunde) nach dem Closing bestellen. Denn die Bestellung der Sicherheiten für die Akquisitionskredite erfolgt nicht im Interesse der Zielgesellschaft, sondern im Interesse des Erwerbers. Bis zum Closing ist aber der Erwerber nicht Gesellschafter der Zielgesellschaft. Die Geschäftsführung der Zielgesellschaft verletzte ihre Pflichten, wenn sie zugunsten eines Dritten ohne Gegenleistung Sicherheiten bestellte. Dies ändert sich erst dann, wenn der Erwerber als neuer Allein- oder Mehrheitsgesellschafter der Geschäftsführung der Zielgesellschaft eine entsprechende Weisung erteilt. Eine solche Weisung ist aber nur gegenüber der Geschäftsführung einer GmbH möglich, gegenüber dem weisungsunabhängigen Vorstand einer AG dagegen grundsätzlich nicht. Wird eine AG erworben, so ist die Bestellung von Sicherheiten für Aktionärsverbindlichkeiten grundsätzlich erst nach einer Umstrukturierung möglich.[5] **10**

Bei einer freundlichen Übernahme könnte die Zielgesellschaft die Sicherheitenverträge aufschiebend bedingt durch den dinglichen Erwerb ihrer Anteile durch die Erwerbsgesellschaft abschließen. Steht die Geschäftsführung der Zielgesellschaft der Übertragung der Anteile auf den Erwerber dagegen ablehnend gegenüber oder handelt es sich um eine AG, scheidet dieser Weg aus. **11**

§ 42. Abstraktes Schuldversprechen und Gesamtgläubigerschaft

Die Einbeziehung einer später dem Konsortium beitretenden Konsortialbank in die akzessorischen Sicherheiten ist rechtlich schwierig. Tritt zB ein Kreditgeber vor der ersten Auszahlung eines Kredits dem Konsortium bei, so erwirbt er keine Forderung und deshalb auch nicht gemäß § 401 BGB die dafür bestellten akzessorischen Sicherheiten. Vielmehr erwirbt er nur das Recht und die Pflicht, einen Kredit zur Verfügung zu stellen.[1] Es besteht natürlich die Möglichkeit, die akzessorischen Sicherheiten bei jedem Wechsel im Kreditkonsortium an alle Konsorten **neu zu bestellen.** Das neu bestellte Pfandrecht wäre aber nachrangig gegenüber allen zeitlich vorher bestellten Pfandrechten, und die Neubestellung wäre mit erheblichem Aufwand und Kosten verbunden, insbesondere dann, wenn, wie bei der Grundschuld mit Unterwerfung unter die sofortige Zwangsvollstreckung oder der Verpfändung von GmbH-Geschäftsanteilen, die notarielle Beurkundung des Sicherheiten-Vertrags erforderlich ist.[2] Daher ist regelmäßig vorgesehen, dass der beitretende Kreditgeber der Intercreditor-Vereinbarung bzw. dem Sicherheiten-Treuhandvertrag und den Verträgen **1**

---

[5] Dazu → § 6 Rn. 15.

[1] Dazu → § 33 Rn. 25 f.

[2] Oft wird auch die nach englischem Recht gebräuchliche Novation als rechtlicher Weg der Übertragung von Konsortialanteilen als Problem genannt (siehe zB Staudinger/*Freitag*, § 488 Rn. 177). Richtig ist, dass mit Novation die zu übertragende Forderung untergeht und als rechtlich neue Forderung entsteht. Für die zu übertragende Forderung bestellte akzessorische Sicherheiten gehen daher grundsätzlich mit der zu übertragenden Forderung unter. Allerdings kann eine akzessorische Sicherheit rangwahrend auch für zukünftige Forderungen bestellt werden. Um eine solche zukünftige Forderung handelt es sich bei der durch Novation entstehenden Kreditforderung des neuen Kreditgebers.

über die Bestellung akzessorischer Sicherheiten als weitere Vertragspartei beitritt.[3] Auch dabei bestehen rechtliche Risiken. Um sicherzustellen, dass die akzessorischen Sicherheiten auch die Forderungen des beitretenden Kreditgebers besichern, hat die Praxis folgende Lösungen entwickelt:

I. Abstraktes Schuldversprechen

2 Jeder Kreditnehmer oder Garant gibt gegenüber dem Sicherheiten-Treuhänder ein abstraktes Schuldversprechen gemäß §§ 780, 781 BGB in Höhe der Summe aller jeweils gegen ihn ausstehenden Forderungen der derzeitigen und künftig beitretenden Kreditgeber aus dem Kreditvertrag (und den übrigen Finanzierungsverträgen) ab. Die Verbindlichkeiten des jeweiligen Kreditnehmers oder Garanten werden gleichsam gespiegelt.[4] Die Bezugnahme auf die Höhe der Verbindlichkeiten aus den Finanzierungsdokumenten in der Vereinbarung dieses abstrakten Schuldversprechens soll einen Gleichlauf zwischen Hauptforderung und abstraktem Schuldversprechen herstellen. Die Vertragspraxis spricht insoweit von einer Parallelschuld oder *Parallel Debt.*

3 **Rechtliche Qualifikation**. Die Wirksamkeit solcher abstrakter Schuldversprechen ist vereinzelt angezweifelt worden, da mit ihr gegen das Akzessorietätsprinzip verstoßen werde, das voraussetzt, dass Inhaber eines akzessorischen Sicherungsrechts auch Inhaber der zu besichernden Forderung ist.[5] Zu Recht hat hiergegen zB *Freitag* eingewandt, dass dieses Prinzip bei der *Parallel Debt* nicht aufgehoben wird und im Übrigen akzessorische Sicherungsrechte auch für abstrakte Forderungen wie bei der Bürgschaft für Verbindlichkeiten aus einem Wechsel schon lange anerkannt sind.[6] Die ganz herrschende Meinung hält daher die Vereinbarung einer *Parallel Debt* für wirksam.[7] Umstritten ist jedoch die rechtliche Begründung.

4 Die Literatur steht vor der Schwierigkeit, dass es die *eine* Formulierung der *Parallel Debt* nicht gibt. Die wohl gängigste Klausel sieht eine Verknüpfung der Höhe der *Parallel Debt* mit der Höhe der durch sie abzusichernden Darlehensverbindlichkeiten vor, dh die *Parallel Debt* reduziert und erhöht sich mit der Reduzierung bzw. Erhöhung der jeweiligen Darlehensverbindlichkeiten.[8] Nach anderen Formulierungen verpflichtet sich der Sicherheiten-Treuhänder, seine Forderung aus dem abstrakten Schuldversprechen soweit nicht geltend zu machen, als die Forderungen der Kreditgeber aus dem Kreditvertrag erfüllt worden sind. Schließlich gibt es Klauseln, die beides, eine automatische Reduzierung bzw. Erhöhung und eine Einrede des Kreditnehmers oder Garanten bei Tilgung der Hauptforderung vorsehen.

5 Angesichts der unterschiedlichen Ausprägungen überrascht es nicht, dass auch über die Dogmatik Uneinigkeit herrscht. So lehnt beispielsweise *Willer* die herrschende Auslegung als abstraktes Schuldversprechen gemäß § 780 BGB gänzlich ab.[9] Die Parteien wollten gerade kein vom Darlehensverhältnis unabhängiges abstraktes Schuldversprechen. Die Ab-

---

[3] Zu dem sog *Future Pledgee*-Konzept als Geschäft für den, den es angeht, → § 54 Rn. 9.

[4] *Willer* AcP 209 (2009), 807, 824; *Hoffmann* WM 2009, 1452, 1455.

[5] So *Harpering*, Die Übertragung akzessorisch besicherter Forderungen im Rahmen von Syndicated Loans, 2003, S. 135 ff.

[6] Staudinger/*Freitag*, § 488 Rn. 177.

[7] *Wenzel*, Rechtsfragen internationaler Konsortialverträge, 2006, S. 392 f.; *Hoffmann* WM 2009, 1452, 1455; *Danielewsky/Dettmar* WM 2008, 713, 717; *Förl* RNotZ 2007, 433, 452; *Willer* AcP 209 (2009), 807, 818 ff; *Schnauder* NJOZ 2010, 1663, 1667 ff.; Staudinger/*Freitag*, § 488 Rn. 179 (mwN); *Josenhans/Danzmann* WM 2017, 1588, 1592 ff.

[8] Oft wird der nur die Reduzierung der *Parallel Debt* bei Zahlung auf die Haupforderung erwähnt, nicht aber ihre Erhöhung bei entsprechender Erhöhung der Hauptforderung. Dies greift zu kurz. So soll die *Parallel Debt* zB auch Forderungen aus zum Tag des Abschlusses oder erster Auszahlung der Kredite noch nicht ausgezahlten Betriebsmittelkrediten oder etwaigen erst zukünftig zuzusagenden oder zu valutierenden Akquisitions- oder Investitionskreditlinien erfassen.

[9] *Willer* AcP 209 (2009), 807 ff.; vorher ähnlich bereit *Förl* RNotZ 2007, 433, 452 f.

hängigkeit der *Parallel Debt* vom Schicksal der Darlehensforderung und die Möglichkeit zur Erhebung von Einwendungen aus dem Darlehensverhältnis gegen die *Parallel Debt*, ihre „gewillkürte Akzessorietät" [10] sei gänzlich untypisch für abstrakte Schuldversprechen und spreche damit gegen ein solche rechtliche Einordnung. Es handele sich vielmehr um ein sog „kausales Erfüllungsversprechen", eine „kausale Reproduktion" [11] der bestehenden Darlehensansprüche, die rechtlich zur Folge habe, dass sämtliche Entstehungsgründe, aber auch Einreden und Einwendungen unmittelbar auf das Erfüllungsversprechen durchschlügen. Die Situation entspräche der einer Bürgschaft, bei der aber nicht die Haftungsmasse durch die Verbürgung eines Dritten erweitert werde, sondern der Schuldner sich für sich selbst verbürge.[12]

Die Analyse der Interessenlage durch *Willer* verkennt, dass die *Parallel Debt* gerade nicht **6**
von dem Bestand der Hauptforderung abhängig sein soll. Augenfälliges Beispiel ist der Fall der Novation. Wird die Kreditforderung zB in England mittels *novation* übertragen, erlischt nach unserem Rechtsverständnis die Hauptforderung und wird durch Novation neu begründet. Hier wollen die Parteien gerade nicht, dass in gleichem Maße auch die *Parallel Debt* erlischt, da in diesem Umfang auch die dafür bestellten Pfandrechte erlöschen. Interessanterweise erkennt dies auch *Willer*, bezeichnet es aber als gerade als Vorzug seiner Lösung, dass man das kausale Erfüllungsversprechen, ebenso wie eine Globalbürgschaft dahingehend auslegen könne, dass es auch zukünftige novierte Forderungen umfassen solle.[13] Das ist zwar richtig, wäre aber auch bei der Sicherungszweckabrede für das Pfandrecht so, so dass man insoweit gar keine *Parallel Debt* benötigte.

Auch *Schnauder* lehnt daher die Einordnung als kausales Erfüllungsversprechen ab.[14] Er **7**
sieht es aber als perplex an, dass die Parteien einerseits von einem abstrakten Schuldversprechen sprächen, andererseits dagegen eine automatische Reduktion der Verbindlichkeiten vornähmen.[15] Die Rechtsfolgen der Schaffung eines abstrakten Schuldversprechens bei gleichzeitiger inhaltlicher Verknüpfung zwischen Parallel- und Primärverpflichtung seien miteinander unvereinbar. Trotzdem führe dieser Widerspruch nicht zu einer Unwirksamkeit der Klausel, sondern sei durch Auslegung zu beseitigen. Gewollt sei tatsächlich ein abstraktes Schuldversprechen, dem bei Zahlung auf die Hauptforderung lediglich peremptorisch die Erfüllung der Hauptforderung entgegengehalten werden könne, ohne dass die *Parallel Debt* selbst erloschen sei.[16] Die *Parallel Debt* könne zudem nicht nennbetragslos vereinbart werden. Gewollt sei eine Zahlungsverpflichtung in Höhe der Summe aller Kredite, wie im Kosortialkreditvertrag aufgeführt. Ihr Rechtsgrund sei die Erreichung des zwischen Sicherungsgeber und Sicherungsnehmer vereinbarten Sicherungszwecks. Werde dieser Zweck verfehlt, könne der Sicherungsgeber das abstrakte Schuldversprechen kondizieren.[17]

In der Tat zeigen *Parallel Debt*-Klauseln zuweilen ein gewisses Maß an Perplexität, **8**
nämlich dann, wenn sie am Ende beide Konzepte umfassen, nämlich einerseits einleitend besagen, die *Parallel Debt* bestehe immer nur in Höhe der Hauptforderung, um im nächsten Satz zu sagen, der Sicherheitentreuhäder werde den Anspruch aus der *Parallel Debt* bei Erfüllung der Hauptforderung nicht geltend machen. Anders als nach *Schnauder* ist diese Perplexität aber nicht durch Streichung der betraglichen Verknüpfung aufzulösen, sondern die betragliche Verknüpfung ist die gewollte Rechtsfolge, die Verpflichtung des Sicherheitentreuhänders die Forderung bei Erfüllung der Hauptforderung nicht geltend zu machen,

---

[10] *Willer* AcP 209 (2009), 807, 824.

[11] *Willer* AcP 209 (2009), 807, 826; die Terminolgie des kauslaen Erfüllungsversprechens ist angelehnt an *Ehmann*, Schuldanerkenntnis und Vergleich, S. 60 f.

[12] *Willer* AcP 209 (2009), 807, 827.

[13] *Willer* AcP 209 (2009), 807, 827.

[14] *Schnauder* NJOZ 2010, 1663, 1668; zustimmend Staudinger/*Freitag*, § 488 Rn. 179.

[15] *Schnauder* NJOZ 2010, 1663, 1667.

[16] *Schnauder* NJOZ 2010, 1663, 1168, 1670; ihm folgend LBS/*Castor*, 16. Kap. Rn. 102; ähnlich Staudinger/*Freitag*, § 488 Rn. 179.

[17] *Schnauder* NJOZ 2010, 1663, 1168.

die (an sich unnötige) Absicherung des Kreditnehmers für den Fall, dass dies nicht anerkannt werde.

9 Die *Parallel Debt* ist nach dem Willen der Parteien ein abstraktes Schuldversprechen. Für ihren Rechtsgrund muss man nicht *Schnauders* Lehre von der Zweckerreichung als Rechtsgrund folgen.[18] Rechtsgrund zur Bestellung der *Parallel Debt* ist auf dem Boden der herrschenden objektiven Rechtsgrundlehre die Sicherungsabrede der Parteien, nämlich die Vereinbarung, eine von der Darlehensschuld in Entstehung und Fortbestand unabhängige Forderung zugunsten des Sicherheitentreuhänders zu begründen, welche in ihrem Bestand unveränderlich bei diesem bestehen bleiben und besichert werden soll.[19] Dies verkennen *Schnauder* und die ihm folgenden Kommentatoren, wenn sie schreiben, die *Parallel Debt* solle nach Vorstellung der Kautelarjuristen in ihrem Bestand von der Hauptforderung abhängig sein.[20] Dies wäre in der Tat – wie oben dargestellt[21] – mit der Rechtsfigur des abtrakten Schuldversprechens unvereinbar.

10 Der Inhalt der *Parallel Debt* als abstraktes Schuldversprechen unterliegt der Privatautonomie der Parteien. Dieser Inhalt ist die Verpflichtung des jeweiligen Kreditnehmers oder Garanten zur Zahlung eines Betrages an den Sicherheitentreuhänder in genau der Höhe der nach dem Kreditvertrag von ihnen jeweils geschuldeten und fälligen Beträge. Die Spiegelung des geschuldeten Betrages geht dabei keineswegs nur in eine Richtung, sondern schwankt je nach Ausnutzung des Kredites, kann daher insbesondere bei einem Betriebsmittelkredit mal höher mal niedriger sein.

11 Dies hat nichts zu tun mit einer „Aufweichung"[22] der Abstraktheit oder einer wie auch immer ausgestalteten Vermischung von Abstraktheit und Akzessorietät.[23] Vielmehr verhält es sich bei der *Parallel Debt* wie bei der Garantie. Auch diese wird abstrakt bestellt, auch sie ist nicht-akzessorisch, aber in ihrer Höhe selbstverständlich von der Höhe der mit ihr garantierten Hauptforderung abhängig. Einziger Unterschied ist, dass die Garantie von einem Dritten gegenüber dem Gläubiger abgegeben wird, während die *Parallel Debt* als eine Art „Eigengarantie" gegenüber einem Dritten abgegeben wird.[24]

12 Sämtliche in der Praxis zu findende Ausführungen, der Sicherheitentreuhänder werde die *Parallel Debt* bei Tilgung der Hauptforderung nicht in Anspruch nehmen oder die *Parallel Debt* erlösche in Höhe der Tilgung der Hauptforderung sind daher unnötig, wenn nicht gar missverständlich, wie die Diskussion in der Literatur zeigt.

13 **Form.** Die Erteilung eines abstrakten Schuldversprechens bedarf der Schriftform. Die Erteilung des Versprechens in elektronischer Form (§ 126a BGB) ist ausdrücklich ausgeschlossen (§§ 780, 126 Abs. 3 BGB). Erforderlich ist somit die eigenhändige Unterschrift des Versprechenden auf der Urkunde. Das abstrakte Schuldversprechen ist ein einseitig

---

18 Siehe zu den verschiedenen Rechtsgrundlehren ausführlich *Jahn*, Der Bereicherungsausgleich im Mehrpersonenverhältnis, Teil 2 D., S. 178 ff.

19 Nicht das „Konsortialverhältnis und die darin angelegten Zahlungverpflichtungen" (so missverständlich *Hoffmann* WM 2009, 1452, 1455, dagegen zurecht *Schnauder* NJOZ 2010, 1663, 1668; richtig dagegen *Hoffmann* WM 2009, 1452, 1457: „Bereicherungsrechtlich wird heute jedoch überwiegend richtigerweise der Rechtsgrund für die Abgabe eines abstrakten Schuldversprechens/-anerkenntnisses nicht in der zugrundeliegenden Primärverbindlichkeit gesehen, sondern in der hiervon zu unterscheidenden Kausalabrede zur Erteilung des Schuldversprechens/-anerkenntnisses").

20 Siehe die Kritik bei *Schnauder* NJOZ 2010, 1663, 1664 ff.; Staudinger/*Freitag*, § 488 Rn. 179.

21 → § 42 Rn. 3 ff.

22 *Hoffmann* WM 2009, 1452, 1455, 1458.

23 Ohnehin sind Abstraktheit und Akzessorietät keine Gegensätze. Abstraktheit bedeutet die Unabhängigkeit der Entstehung eines Rechts (der Sicherheit) und seines Fortbestands von seinem Rechtsgrund (der Sicherungsabrede). Ihr Gegenteil ist die Kausalität. Akzessorietät bedeutet die Abhängigkeit eines Rechts (der Sicherheit) von einem anderen Recht (der besicherten Forderung). Ihr Gegenteil ist die Nichtakzessorietät. So werden zB auch akzessorische Sicherungsrechte, wie die Bürgschaft oder Hypothek, abstrakt bestellt und können daher als solche kondiziert werden (siehe *Wilhelm*, Sachenrecht, Rn. 1479 ff.).

24 Insoweit völlig richtig die Gedanken von *Willer* AcP 209 (2009), 807, 827, wenn er von einer Art Selbstverbürgung spricht. Nur soll diese Art der Selbstbesicherung nach dem Willen der Parteien bei der *Parallel Debt* im Hinblick auf ihren Rechtsgrund eben nicht kausal, sondern abstrakt ausgestaltet sein.

verpflichtender abstrakter Vertrag.[25] Es stellt also eine empfangsbedürftige Willenserklärung dar. Empfangsbedürftige Willenserklärungen, die der **Schriftform** bedürfen, werden nur wirksam, wenn die formgerecht errichtete Erklärung dem Erklärungsempfänger zugeht.[26] Es muss also die eigenhändig unterschriebene Urkunde im Original zugegangen sein. Eine Übermittlung durch Telefax[27] oder pdf-Datei ist nicht ausreichend. Etwas anderes gilt aber, wenn die Erteilung des abstrakten Schuldversprechens auf Seiten des Kreditnehmers ein **Handelsgeschäft** ist. Die Formvorschrift des § 780 BGB findet dann keine Anwendung (§ 350 HGB). Handelsgeschäfte sind alle Geschäfte eines Kaufmanns, die zum Betrieb seines Handelsgewerbes gehören (§ 343 HGB). Ist der Kreditnehmer ein Kaufmann, bedarf die Erteilung des abstrakten Schuldversprechens also nicht der Schriftform.

Es wird vereinbart, dass die bestellten Sicherheiten auch die Forderung des Sicherheiten- **14**
Treuhänders aus dem abstrakten Schuldversprechen besichern. Der Sicherheiten-Treuhänder bleibt auch bei einer Änderung der Zusammensetzung des Konsortiums berechtigt, seine Forderungen in Höhe der Forderungen aller Konsortialbanken geltend zu machen, und diese Forderungen sind von Anfang an auch durch die akzessorischen Sicherheiten mit ihrem ursprünglichen Rang besichert. Der Sicherheiten-Treuhänder ist auf Grund des Sicherheiten-Treuhandvertrags verpflichtet, den Erlös aus der Geltendmachung seiner Forderung aus dem abstrakten Schuldversprechen an die Konsortialbanken im Verhältnis ihrer Forderungen zu verteilen. Der Kreditnehmer wird nicht benachteiligt, denn er muss trotz der Verdoppelung seiner Verbindlichkeiten nur einmal leisten.

II. Gesamtgläubigerschaft

Ein ähnliches Ergebnis ließe sich auch durch die Vereinbarung einer (atypischen) Gesamt- **15**
gläubigerschaft von Kreditgebern und Sicherheiten-Treuhänder erreichen. Die vertragliche Vereinbarung einer Gesamtgläubigerschaft unter Einbeziehung des Schuldners ist zulässig.[28] Grundsätzlich ist jede Konsortialbank berechtigt, nur ihre eigenen Forderungen aus ihrem Konsortialanteil gegenüber dem Kreditnehmer geltend zu machen. Im Kreditvertrag kann aber vereinbart werden, dass daneben auch der Sicherheiten-Treuhänder berechtigt sein soll, die Forderungen jedes derzeitigen und künftigen Kreditgebers aus den Kreditverträgen (und den anderen Finanzierungsverträgen) geltend zu machen. Im Gegensatz zur typischen Gesamtgläubigerschaft, wo jeder Gläubiger berechtigt ist, die ganze Leistung zu fordern (§ 428 BGB), wird also vereinbart, dass nur der Sicherheiten-Treuhänder dazu berechtigt sein soll. Der Kreditnehmer muss auch nur einmal leisten. Die Erfüllung seiner Schuld gegenüber den Konsortialbanken tilgt zugleich die Forderung des Sicherheiten-Treuhänders und umgekehrt.

In der Praxis ist die Vereinbarung einer atypischen Gesamtgläubigerschaft dennoch nur **16**
sehr selten zu finden[29] und wenn, dann teilweise neben der Vereinbarung einer *Parallel Debt.* Grund hierfür dürfte zum einen sein, dass die Kreditgeber ihre eigene Forderungszuständigkeit behalten wollen. Zum anderen müssten auch bei der Gesamtgläubigerschaft alle Einzelforderungen der Konsortialbanken besichert werden. Es existiert keine selbständige Gesamtforderung des Sicherheitentreuhänders, die zu Beginn der Transaktion rangwahrend auch für zukünftige Erhöhungen besichert werden könnte.[30] Die Gesamtgläubigerschaft löst daher nicht das Problem der Besicherung zukünftiger Kreditgeber von zu Beginn nicht valutierten Forderungen. Schließlich hat sich das Institut der *Parallel Debt* inzwischen auch in anderen Jursidiktionen mit gleich gelagerten Problemen bei der Bestellung von akzesso-

[25] Palandt/*Sprau* § 780 Rn. 1a.
[26] Palandt/*Ellenberger* § 126 Rn. 12.
[27] BGH v. 28.1.1993, BGHZ 121, 224; Palandt/*Ellenberger* § 126 Rn. 12.
[28] BGH v. 5.3.1975, BGHZ 64, 67, 70.
[29] Vgl. auch *Hoffmann* WM 2009, 1452, 1453 Fn. 6; *Josenhans/Danzmann* WM 2017, 1588 Fn. 6.
[30] So zu Recht *Willer* AcP 209 (2009), 807, 821.

rischen Sicherheiten etabliert, so dass gerade in internationalen Finanzierungen auf ein einheitliches Konzept zurückgegriffen wird.

17 Bislang nicht geklärt ist die Behandlung der *Parallel Debt* in der Insolvenz des Kreditnehmers. Für Insolvenzverwalter ist die beim abstrakten Schuldversprechen stattfindende Verdoppelung der Forderungen in der Praxis schwierig zu handhaben. Jede Forderung kann nur einmal zur Tabelle angemeldet werden, und die Verträge regeln meist nicht, ob die Kreditgeber oder der Sicherheiten-Treuhänder zur Anmeldung der Forderungen berechtigt sein soll.

Teil G. Besicherung von Gesellschafterverbindlichkeiten

Teil G behandelt die Probleme der Kapitalerhaltung bei der Besicherung von Verbindlichkeiten der Erwerbsgesellschaft („Gesellschafter") durch die Zielgesellschaft („Gesellschaft"). 1

Bei der Besicherung von Gesellschafterverbindlichkeiten sind **drei verschiedene Rechtsverhältnisse** zu unterscheiden: Das gesellschaftsrechtliche, das konzernrechtliche und das zivilrechtliche Rechtsverhältnis.[1] Sie bestehen alle unabhängig voneinander und sind jedes für sich zu betrachten. 2

Gesellschaftsrecht. Die Bestellung einer Sicherheit durch eine Gesellschaft zur Besicherung der Verbindlichkeiten ihres Gesellschafters unterliegt vielfältigen Beschränkungen des Gesellschaftsrechts, die je nach Rechtsform der Gesellschaft variieren. Sie kann gegen die Vorschriften der Kapitalerhaltung (§ 30 Abs. 1 GmbHG, § 57 Abs. 1 AktG) oder das Verbot der finanziellen Unterstützung des Erwerbs eigener Aktien (§§ 71a, 71d AktG) verstoßen. Außerdem können Gesellschafter und Geschäftsführer ihre gesellschaftsrechtlichen Pflichten gegenüber Minderheitsgesellschaftern oder der Gesellschaft verletzen. Verstöße können gravierende Rechtsfolgen für die Gesellschaft, die Geschäftsführung, die Gesellschafter oder die Sicherungsnehmer haben. Die gesellschaftsrechtlichen Aspekte der Besicherung von Gesellschafterverbindlichkeiten werden für die in der Praxis drei wichtigsten Gesellschaftsformen in § 43 (GmbH), § 44 (GmbH & Co. KG) und in § 45 (AG) behandelt. 3

Konzernrecht. Haben Gesellschafter und Gesellschaft einen Beherrschungs- oder Gewinnabführungsvertrag geschlossen (Vertragskonzern) oder kann der Gesellschafter auf Grund eines Abhängigkeitsverhältnisses auf die Gesellschaft einen beherrschenden Einfluss ausüben, so gelten manche der gesellschaftsrechtlichen Schranken nicht oder in modifizierter Form. Beim LBO liegt zwischen Erwerbsgesellschaft und Zielgesellschaft regelmäßig zumindest ein Abhängigkeitsverhältnis vor, da in der Regel mehr als die Hälfte, meist sogar alle Anteile an der Zielgesellschaft erworben werden (§§ 17 iVm 16 Abs. 1 AktG). Die konzernrechtlichen Aspekte der Besicherung von Gesellschafterverbindlichkeiten werden in § 46 erörtert. 4

Zivilrecht. Der Auftrag des Gesellschafters an die Gesellschaft, Sicherheiten für seine Verbindlichkeiten zu bestellen, kann aus zivilrechtlichen Gründen, zB wegen Sittenwidrigkeit, **nichtig** sein. Außerdem können sich sowohl der Auftraggeber, der Beauftragte und auch der Dritte, dem die Sicherheit bestellt wird, nach allgemeinen zivilrechtlichen Grundsätzen einschließlich der Regeln zum existenzvernichtenden Eingriff **schadensersatzpflichtig** machen. Die zivilrechtlichen Aspekte der Besicherung von Gesellschafterverbindlichkeiten werden in § 47 erörtert. 5

§ 43. Kapitalerhaltung in der GmbH

Die Besicherung einer Verbindlichkeit des Gesellschafters durch eine Gesellschaft in der Rechtsform der GmbH kann zu einem Verstoß gegen die Kapitalerhaltungsvorschrift des § 30 GmbHG führen. Dagegen fehlt eine dem § 71a Abs. 1 AktG entsprechende Vorschrift im GmbH-Recht. 1

---

[1] *Schön* ZHR 159 (1995), 351, 354.

I. §§ 30, 31 GmbHG

1. Tatbestand des § 30 Abs. 1 GmbHG

2 § 30 Abs. 1 GmbHG verbietet die Auszahlung des zur Erhaltung des Stammkapitals erforderlichen Vermögens an die Gesellschafter.

a) Auszahlung

3 **(i) Begriff.** Eine Auszahlung ist eine Leistung jeder Art, der keine vollwertige Gegenleistung gegenübersteht und die wirtschaftlich das zur Erhaltung des Stammkapitals erforderliche Gesellschaftsvermögen verringert.[1]

4 § 30 Abs. 1 GmbHG erfasst nicht jede Minderung des Gesellschaftsvermögens. Erforderlich ist vielmehr eine Auszahlung an Gesellschafter.[2] Der Begriff der Auszahlung ist weit zu verstehen. Dazu zählen offene und verdeckte, unmittelbare und mittelbare **Zuwendungen** an Gesellschafter sowie Umgehungsgeschäfte.[3] Auch die Bestellung von Sicherheiten aus dem Gesellschaftsvermögen für Forderungen Dritter gegen die Gesellschafter kann eine Zuwendung sein.[4]

5 **(ii) Gegenstand der Auszahlung.** Häufig ist von der Auszahlung von „Stammkapital" die Rede. Ausgezahlt wird aber nicht das Stammkapital, das nur eine im Gesellschaftsvertrag festgelegte Ziffer ist und den Maßstab der rechnerischen Bindung des Gesellschaftsvermögens darstellt.[5] Auch das Eigenkapital kann als solches nicht ausgezahlt werden, da es sich hierbei lediglich um die Differenz zwischen Aktiva und Passiva handelt. Gegenstand der Auszahlung kann aber das **Aktivvermögen** sein.[6] Wird ein Gegenstand des Aktivvermögens auf einen Gesellschafter übertragen, ohne dass der Gesellschaft eine buchwertmäßig mindestens entsprechende Gegenleistung zufließt, sinkt das Aktivvermögen und damit das Eigenkapital der Gesellschaft.

6 Teilweise wird vertreten, dass eine „Auszahlung" iSd § 30 Abs. 1 S. 1 GmbHG eine Verminderung des Aktivvermögens voraussetze. Bei **Übernahme einer Verbindlichkeit** erfolge die Auszahlung also erst, wenn die Verbindlichkeit beglichen werde.[7] Nach der Rechtsprechung und einem Teil der Literatur kann eine Auszahlung dagegen auch bereits durch die Übernahme oder Eingehung einer Verbindlichkeit erfolgen.[8] Das ist grundsätzlich richtig. Wird zB auf Grund einer befreienden Schuldübernahme, eine Verbindlichkeit passiviert, ohne dass die Gesellschaft im Gegenzug einen buchwertmäßig entsprechenden Vermögensgegenstand (zB einen voll werthaltigen Freistellungsanspruch) erwirbt, erhöhen sich die Passiva, nicht aber (in gleichem Maße) die Aktiva, so dass das Eigenkapital sinkt. Schließlich kann auch die Begründung einer **bedingten Verbindlichkeit** bei der Gesellschaft eine Auszahlung darstellen, allerdings erst dann, wenn sie sich bilanziell auswirkt, weil zB eine **Rückstellung** zu passivieren ist.

7 Allerdings ist zu beachten, dass § 30 Abs. 1 GmbHG nicht jede (zu einer Unterbilanz oder Überschuldung führende) Minderung des Gesellschaftsvermögens erfasst, sondern nur

---

1 BGH v. 14.12.1959, BGHZ 31, 258, 276; Lutter/*Hommelhoff*, GmbHG § 30 Rn. 8.

2 BGH v. 31.1.2000, NJW 2000, 1571.

3 Baumbach/Hueck/*Fastrich*, GmbHG § 30 Rn. 33.

4 Allg. M., vgl. nur KG v. 11.1.2000, NZG 2000, 479, 480; Baumbach/Hueck/*Fastrich*, GmbHG § 30 Rn. 61; Lutter/*Hommelhoff*, GmbHG § 30 Rn. 8; MHLS/*Heidinger*, GmbHG § 30 Rn. 89.

5 *Joost* ZHR 148 (1984), 27, 28.

6 *Joost* ZHR 148 (1984), 27, 29.

7 Hachenburg/*Goerdeler/Müller*, GmbHG § 30 Rn. 57; Ulmer/*Habersack*, GmbHG § 30 Rn. 52; MüKo GmbHG/*Ekkenga* § 30 Rn. 128, 131.

8 OLG Rostock v. 3.9.1997, GmbHR 1998, 329, 330 („wenn die GmbH lediglich im Interesse ihres Gesellschafters eine Verbindlichkeit eingeht, die dessen Interessen dient"); KG Berlin v. 7.12.2000, NZG 2001, 989, 990 (Eingehung einer Verbindlichkeit gegenüber dem Gesellschafter); Lutter/*Hommelhoff*, GmbHG § 30 Rn. 8; *Goette* DStR 1997, 1495, 1498; *Joost* ZHR 148 (1984), 27, 31.

„Auszahlungen“ an Gesellschafter. Darunter fällt die bloße Belastung des Gesellschaftsvermögens mit Ansprüchen Dritter nicht.[9] Es ist erforderlich, dass dem Gesellschafter (oder einem gleichgestellten Dritten[10]) etwas aus dem zur Deckung des Stammkapitals erforderlichen Gesellschaftsvermögen **zugeflossen** ist[11] oder ihm ein sonstiger Vorteil daraus erwächst. Das dürfte zB bei der befreienden Übernahme einer Verbindlichkeit des Gesellschafters durch die GmbH häufig zu bejahen sein.

(iii) Abgrenzung zum zulässigen Drittgeschäft. Eine Auszahlung iSd § 30 GmbHG ist nicht gegeben, wenn zwischen Gesellschaft und Gesellschafter ein normales Austauschgeschäft (sog **„Drittgeschäft“**) geschlossen wird. Ein solches Drittgeschäft ist dem Anwendungsbereich des § 30 Abs. 1 GmbHG grundsätzlich entzogen.[12] Die Einordnung einer Leistung als Drittgeschäft und damit die Abgrenzung zu einem sog **„Gesellschaftergeschäft“** richtet sich danach, ob ein gewissenhafter, nach kaufmännischen Grundsätzen handelnder Geschäftsführer das Geschäft unter sonst gleichen Umständen zu gleichen Bedingungen auch mit einem Nichtgesellschafter abgeschlossen hätte. Es kommt also darauf an, ob die Leistung durch **betriebliche Gründe** gerechtfertigt war[13] (dann „Drittgeschäft“, andernfalls „Gesellschaftergeschäft“). Dies ist objektiv zu beurteilen. Auf subjektive Erwägungen, die dazu führen, dass die Geschäftsführung Leistung und Gegenleistung für ausgeglichen gehalten hat, kommt es nicht an.[14] 8

Soweit es um die Vergütung für **Dienstleistungen von Gesellschaftern** (zB an den Sponsor zahlbare „Monitoring Fee“ oder „Management Fee“) oder ihnen gleichstehende Personen geht, ist bei der Prüfung des Drittgeschäfts **besondere Vorsicht** geboten. Nach herrschender Meinung ist eine dem Drittvergleich standhaltende Vergütung für Dienstleistungen des Gesellschafters zwar zulässig. Dies gilt insbesondere dann, wenn die Dienstleistung einen quantifizierbaren Wert hatte und auch von Dritten hätte erbracht werden können.[15] Die Beweislast hierfür trägt allerdings der Gesellschafter.[16] Das KG Berlin geht hierüber noch hinaus. Da der Einkauf von Dienstleistungen nicht zu einem aktivierbaren Vermögenszuwachs führe, könne schon der Natur der Sache nach kein bilanziell ausgeglichenes Austauschverhältnis vorliegen. Dienstleistungen von Gesellschaftern könnten daher nur dann als gleichwertige Gegenleistung für Zahlungen zu Lasten des Stammkapitals anerkannt werden, wenn die Gesellschaft **ohne sie nicht bestehen könne**, wenn das Stammkapital belastende Ausgaben also schlechterdings nicht vermeidbar seien. Das ist etwa bei Diensten von Geschäftsführern der Fall, auf die eine GmbH nicht verzichten kann. In diesen Fällen stelle sich nur die Frage, ob die dem Gesellschafter-Geschäftsführer gewährte Vergütung marktüblichen Konditionen entspreche, was erforderlichenfalls durch Befragung von Sachverständigen überprüft werden könne.[17] 9

Die Besicherung eigener Verbindlichkeiten sowie der Verbindlichkeiten von Tochtergesellschaften ist idR ein Drittgeschäft. Ob die **Bestellung einer Sicherheit** für Verbindlichkeiten des Gesellschafters (sog **„aufsteigende Sicherheit“** oder *Upstream Security*) jemals ein Drittgeschäft sein kann, ist umstritten. Nach einer Ansicht ist sie ein Drittgeschäft, wenn der Gesellschaft ein wirtschaftlich vollwertiger Rückgriffsanspruch gegen den Gesellschafter zusteht[18] und ihr vom Gesellschafter auch die für solche Geschäfte übliche Ver- 10

[9] BGH v. 31.1.2000, NJW 2000, 1571; aA wohl *Enneking/Heckschen* DB 2006, 1099, 1101.

[10] Dazu → § 43 Rn. 18.

[11] OLG Dresden v. 6.6.2002, GmbHR 2003, 356, 358; *Mülbert* ZGR 1995, 578, 594.

[12] Dazu, dass auch nach dem MoMiG ungeschriebenes Tatbestandsmerkmal des § 30 GmbHG ist, dass die Leistung an den Gesellschafter *causa societatis* erfolgt sein muss, siehe Scholz/*Verse*, GmbHG § 30 Rn. 30 mwN; Baumbach/Hueck/*Fastrich*, GmbHG § 30 Rn. 29; MHLS/*Heidinger*, GmbHG § 30 Rn. 66 (jeweils auch mit Nachweisen zur Gegenansicht).

[13] BGH v. 1.12.1986, NJW 1987, 1194, 1195.

[14] BGH v. 1.12.1986, NJW 1987, 1194, 1195.

[15] Vgl. *Drygala/Kremer* ZIP 2007, 1289, 1294 f.; *Wicke*, GmbHG § 30 Rn. 13.

[16] Vgl. Scholz/*Verse*, GmbHG § 30 Rn. 30, Rn. 115 mwN.

[17] KG v. 3.4.2000, 23 U 866/98 Rn. 31 (= KGR Berlin 2002, 153, 155).

[18] *Mülbert* ZGR 1995, 578, 593.

gütung („Avalprovision") bezahlt wird.[19] Geht es um die Besicherung einer Gesellschafterverbindlichkeit, so wird der Rückgriffsanspruch der Gesellschaft gegen den Gesellschafter aber regelmäßig nicht werthaltig sein, weil die Inanspruchnahme der Sicherheit gerade dann erfolgen wird, wenn der Gesellschafter seine Verpflichtungen gegenüber dem Gläubiger nicht mehr erfüllen kann.[20] Ein Drittgeschäft liegt außerdem nur dann vor, wenn ein Dritter in Kenntnis der wirtschaftlichen Situation des Gesellschafters die Besicherung ebenfalls übernommen hätte.[21] In der typischen Fallkonstellation einer Akquisitionsfinanzierung ist der Kreditnehmer eine NewCo, die über kein operatives Geschäft verfügt. Sie ist daher allein nicht in der Lage, die Kredite zurückzuzahlen und zu verzinsen. Für den Schuldendienst ist die NewCo auf die Ausschüttungen der Zielgesellschaft angewiesen, die dafür regelmäßig ihre gesamte freie Liquidität einsetzen muss. Reserven können meist kaum gebildet werden. Kommt es zu einem unvorhergesehenen Auftragsrückgang oder einer sonstigen Verschlechterung des Geschäfts, besteht die Gefahr, dass die Zielgesellschaft nicht ausreichend Liquidität generiert, damit die NewCo ihren Schuldendienst erfüllen kann. Vor diesem Hintergrund würde ein außenstehender Dritter der NewCo für eine solche Finanzierung wohl keine Sicherheiten bestellen.

11 Nach zutreffender Ansicht ist die Besicherung von Gesellschafterverbindlichkeiten **regelmäßig kein Drittgeschäft**. Denn die Sicherheit wird, wenn nicht sogar auf Grund einer Weisung, jedenfalls mit Rücksicht auf das Gesellschaftsverhältnis gewährt.[22] Außerdem kann die GmbH sich ihren Schuldner nicht aussuchen, wie das ein Kreditinstitut kann.[23] Auch eine ggf. **risikoangemessene Avalprovision ändert daran nichts**.[24] Eine Bank eröffnet ein Aval nur, wenn die Bonität des Kunden außer Zweifel steht oder ihr **ausreichende Sicherheiten** bestellt wurden. Wird das Aval in Anspruch genommen, so erleidet die Bank deshalb im Normalfall keinen Verlust. Dagegen wird bei einer Akquisitionsfinanzierung der Erstattungsanspruch der Ziel-AG gegen ihren Aktionär (dh die Erwerbsgesellschaft) regelmäßig nicht werthaltig sein. Schließlich kann eine Bank, die eine Vielzahl von Avalen abgibt, ihr Risiko aus dem Avalgeschäft auf viele Einzelgeschäfte verteilen. Wird dagegen nur die Schuld eines Einzelnen garantiert, so fehlt eine Risikostreuung.[25] **Fehlt eine angemessene Avalprovision** kann allerdings darin auch bei grundsätzlicher Vollwertigkeit des Rückgriffsanspruchs eine eigenständig an § 30 Abs. 1 GmbHG zu messende Auszahlung liegen.[26]

12 In Ausnahmefällen kann die Besicherung von Gesellschafterverbindlichkeiten ein Drittgeschäft sein, wenn die Gesellschaft die Risikoübernahme auch gegenüber einem Dritten hätte erklären müssen, weil sie daran ein **eigenes Interesse** hat. Das ist ua dann der Fall, wenn die Gesellschaft wirtschaftlich den ihr selbst gewährten Kredit besichert, wie zB bei **weitergeleiteten Krediten** im Rahmen einer zentralen Konzernfinanzierung, wenn der Tochtergesellschaft die von der Muttergesellschaft aufgenommenen Kreditmittel zufließen.[27] Dasselbe gilt in Akquisitionsfinanzierungen, wenn die Erwerbsgesellschaft mit den von ihr aufgenommenen Krediten solche der Zielgesellschaft ablöst und den hieraus entstehenden Rückgriffsanspruch gegen die Zielgesellschaft als Darlehen stehen lässt.

13 Weitergehend hat das OLG Frankfurt a. M. entschieden, dass nicht nur weitergeleitete, sondern sämtliche vom Gesellschafter an die GmbH gewährten Darlehen eine verbots-

---

19 *Mülbert* ZGR 1995, 578, 600; *Meister* WM 1980, 390, 391.

20 *Sonnenhol/Stützle* DB 1979, 925, 927.

21 Dieser Aspekt wird in Rechtsprechung und Literatur häufig vernachlässigt, *Mülbert* ZGR 1995, 578, 581.

22 KG v. 11.1.2000, NZG 2000, 479, 480 f.; *Fischer/Gasteyer* NZG 2003, 517, 518.

23 *Reemann* MittRhNotK 1996, 113, 125.

24 *Schön* ZHR 159 (1995), 351, 367; zur vergleichbaren Situation bei der AG → § 45 Rn. 6.

25 Siehe auch *Schön* ZHR 159 (1995), 351, 367.

26 Siehe Scholz/*Verse*, GmbHG § 30 Rn. 100; Roth/*Altmeppen*, GmbHG § 30 Rn. 126; aA Baumbach/Hueck/*Fastrich*, GmbHG § 30 Rn. 34a; zur vergleichbaren Situation bei der AG → § 45 Rn. 6.

27 BGH v. 19.3.1998, ZIP 1998, 793, 796; *Schön* ZHR 159 (1995), 351, 368; Diem/Jahn/*Beyersdorfer*, II.23 Rn. 68; für die AG Spindler/Stilz/*Cahn/v. Spannenberg*, AktG § 57 Rn. 38; MüKoAktG/*Bayer* § 57 Rn. 184 mwN.

widrige Auszahlung durch Garantiebestellung im Sinne des § 30 Abs. 1 GmbHG ausschließen können.[28] Aus Gläubiger- wie aus Geschäftsführersicht hätte dies den unbestreitbaren Vorteil, dass nicht nachgewiesen werden müsste, aus welchen Mitteln die an die GmbH ausgereichten Kredite stammten. Zurecht wird dem aber entgegengehalten, dass dies mit der Begründung Ausschlusses des § 30 Abs. 1 GmbHG im Fall weitergeleiteter Kredite nichts mehr zu tun hat.[29] Die Besicherung weitergeleiteter Kredite ist deshalb der Anwendung der § 30 Abs. 1 GmbHG entzogen, wenn und weil die GmbH ihrerseits einen von ihr selbst zu besichernden Kredit bei der Bank hätte aufnehmen können. Wirtschaftlich betrachtet handelt es sich also um ein Geschäft in ihrem eigenen Interesse und nicht um ein solches *societatis causa.* Die Berücksichtigung sonstiger Kredite des Gesellschafters kann nur im Rahmen der bilanziellen Betrachtung bei der Prüfung der Einhaltung des Stammkapitals eine Rolle spielen, wenn es um die Frage geht, ob ein Rückgriffsanspruch der GmbH gegen ihren Gesellschafter möglicherweise deshalb werthaltig ist, weil die GmbH zu seiner Befriedigung gegen Darlehensrückzahlungsansprüche ihres Gesellschafters aufrechnen kann.[30] Dies ist aber eine Frage der Vollwertigkeit des Rückgriffsanspruchs gemäß § 30 Abs. 1 S. 2 GmbHG und damit eine konzeptionell andere als die Frage nach der Festellung einer Auszahlung als Zuwendung an den Gesellschafter „in seiner Eigenschaft als solcher“[31].

Maßgeblicher Beurteilungszeitpunkt. Maßgeblicher Zeitpunkt für die Einordnung einer Leistung als Drittgeschäft oder Gesellschaftergeschäft ist grundsätzlich der Zeitpunkt der **schuldrechtlichen Verpflichtung,** nicht der Erfüllung.[32] Ein Drittgeschäft ist demnach gegeben, wenn im Zeitpunkt der schuldrechtlichen Verpflichtung zur Bestellung der Sicherheit die Gesellschaft einen Anspruch gegen den Gesellschafter auf eine vollwertige Gegenleistung erhält, der spätestens im Fall ihrer Inanspruchnahme durch den Sicherungsnehmer zu erfüllen ist. Ferner ist Voraussetzung, dass die mit dem Gesellschafter vereinbarten Konditionen auch im Übrigen dem entsprechen, was mit Dritten üblicherweise vereinbart wird.[33] **14**

Liegt ein Drittgeschäft vor, so ist es endgültig dem Anwendungsbereich des § 30 GmbHG entzogen. Tritt später eine Unterbilanz aus anderen Gründen ein, so darf das Drittgeschäft grundsätzlich dennoch erfüllt werden.[34] **15**

b) Leistungsempfänger. Gesellschafter

Empfänger der Leistung muss grundsätzlich ein Gesellschafter sein. Gesellschafter iSd § 30 GmbHG ist jeder unmittelbare Gesellschafter, auch wenn er nur einen kleinen Geschäftsanteil hält. Nach hM muss die Gesellschaftereigenschaft grundsätzlich nur im **Zeitpunkt** der **schuldrechtlichen Verpflichtung** zur Leistung vorliegen, nicht mehr bei Vollzug der Leistung.[35] Eine Ausnahme gilt nach dem BGH für die Leistung an ein verbundenes Unternehmen. Hier verlangt der BGH die Gesellschaftereigenschaft im Zeitpunkt der Leistung.[36] **16**

Ein **künftiger** Gesellschafter ist möglicher Empfänger einer Auszahlung, wenn ihm Zusagen im Hinblick auf seinen in Aussicht genommenen Eintritt in die Gesellschaft **17**

---

[28] OLG Frankfurt a. M., Urt. V. 8.11.2013, NZI 2014, 363, 364 (m. zust. Anm. *Friese* NZI 2014, 365, 366).

[29] Kritisch zur Rechtsprechung des OLG Frankfurt a. M. daher ua Diem/Jahn/*Beyersdorfer*, II.23 Rn. 72; *Undritz/Degenhardt* NZI 2015, 348, 352.

[30] Dies kann aus insolvenzrechtlichen Gründen ausgeschlossen oder anfechtbar sein (siehe Roth/*Altmeppen*, GmbHG Anh § 30 Rn. 181), ist aber oft auch vertraglich abbedungen oder bis zur vollständigen Befriedigung der Banken suspendiert (siehe Beispielsklausel Ziff. 24.8 (*Deferral of Guarantors' rights*) LMA Leveraged Finance Facilities Agreement). Zur Suspendierung der Geltendmachung des Rückgriffsanspruchs noch → § 43 Rn. 97.

[31] Scholz/*Verse*, GmbHG § 30 Rn. 30.

[32] *Meister* WM 1980, 390, 392.

[33] *Meister* WM 1980, 390, 392.

[34] OLG Brandenburg v. 23.9.1998, GmbHR 1999, 297, 298; Scholz/*Verse,* GmbHG § 30 Rn. 28.

[35] Roth/*Altmeppen*, GmbHG § 30 Rn. 25 mwN.

[36] BGH v. 13.11.1995, NJW 1996, 589, 590; aA Roth/*Altmeppen*, GmbHG § 30 Rn. 28f. mwN.

gemacht werden.[37] Auch der Erwerber eines Geschäftsanteils kann Adressat des Auszahlungsverbots gemäß § 30 GmbHG sein, wenn er Empfänger der verbotenen Auszahlung ist.[38]

18 Von § 30 Abs. 1 S. 1 GmbHG direkt erfasst werden auch Leistungen an einen Dritten, die **mittelbar** dem Gesellschafter **zugute kommen.**[39] Dies ist zB der Fall, wenn die Gesellschaft einem Dritten für dessen Forderung gegen den Gesellschafter eine **Sicherheit** verspricht oder bestellt,[40] weil der Gesellschafter ohne die Sicherheit keinen Kredit, jedenfalls aber nicht zu den günstigeren Konditionen eines besicherten Kredits, erhalten würde.[41] Darunter fällt auch die Erfüllung oder Übernahme einer **Verbindlichkeit** des Gesellschafters gegenüber einem Dritten,[42] die Eingehung einer schuldrechtlichen Verpflichtung zugunsten des Gesellschafters[43] oder die Erfüllung einer Verbindlichkeit einer GbR, deren Mitgesellschafter zugleich Alleingesellschafter der leistenden GmbH ist.[44] In diesen Fällen empfängt bei wirtschaftlicher Betrachtung der Gesellschafter die Leistung aus dem Gesellschaftsvermögen.[45]

19 **Leistung an Dritten.** Erfolgt die Leistung an einen Dritten (und kommt sie nicht dem Gesellschafter zugute[46]), so ist § 30 GmbHG grundsätzlich nicht anzuwenden.[47] Ausnahmen gelten aber, wenn die Leistung an den Dritten wegen dessen Nähe zum Gesellschafter diesem **zugerechnet** werden muss.[48] Eine Zurechnung erfolgt ua, (i) wenn die Gesellschaft **für Rechnung** des Gesellschafters zur Erfüllung einer diesen treffenden Verbindlichkeit leistet[49] und (ii) bei Leistungen an **verbundene Unternehmen** iSd § 15 AktG.[50] Ein beherrschender Einfluss iSd § 17 Abs. 1 AktG kann schon bei einer Minderheitsbeteiligung vorliegen, wenn sie tatsächlich wie eine Mehrheit wirkt, besonders auf Grund der Zusammensetzung des Aktionärskreises und der Präsenz in der Hauptversammlung.[51] Leistungen an **Schwestergesellschaften,** die von der gemeinsamen Muttergesellschaft veranlasst wurden, sind nach (bestrittener[52]) Ansicht des BGH eine Leistung an die Muttergesellschaft.[53] Dagegen sind Leistungen an eine (hundertprozentige) Tochtergesellschaft auch dann keine Auszahlung iSd § 30 Abs. 1 GmbHG, wenn diese Leistung von der Muttergesellschaft der leistenden Gesellschaft veranlasst wurde.[54]

---

[37] Lutter/*Hommelhoff,* GmbHG § 30 Rn. 19.
[38] BGH v. 18.6.2007, DB 2007, 1969, 1970.
[39] Roth/*Altmeppen,* GmbHG § 30 Rn. 30.
[40] Ohne Nennung des Zurechnungsgrundes RG v. 15.12.1941, RGZ 168, 292, 297; ferner KG v. 11.1.2000, NZG 2000, 479, 480; Lutter/*Hommelhoff,* GmbHG § 30 Rn. 20; Baumbach/Hueck/*Fastrich,* GmbHG § 30 Rn. 25, 58 ff.; Hachenburg/*Goerdeler/Müller,* GmbHG § 30 Rn. 35, 53; Ulmer/*Habersack,* GmbHG § 30 Rn. 66.
[41] *Mülbert* ZGR 1995, 578, 580.
[42] Ulmer/*Habersack,* GmbHG § 30 Rn. 66; Roth/*Altmeppen,* GmbHG § 30 Rn. 30.
[43] OLG Rostock v. 3.9.1997, GmbHR 1998, 329, 330; Roth/*Altmeppen,* GmbHG § 30 Rn. 30.
[44] OLG Köln v. 6.3.1996, GmbHR 1996, 367.
[45] Roth/*Altmeppen,* GmbHG § 30 Rn. 30.
[46] Dazu → § 43 Rn. 16.
[47] Ganz hM, vgl. nur Baumbach/Hueck/*Fastrich,* GmbHG § 30 Rn. 24; Ulmer/*Habersack,* GmbHG § 30 Rn. 65.
[48] Lutter/*Hommelhoff,* GmbHG § 30 Rn. 22.
[49] BGH v. 29.3.1973, BGHZ 60, 324, 330 f.; Baumbach/Hueck/*Fastrich,* GmbHG § 30 Rn. 25.
[50] BGH v. 21.9.1981, BGHZ 81, 311, 315 („HeLaBa-Sonnenring"); BGH v. 22.10.1990, ZIP 1990, 1593, 1594 f.; BGH v. 18.2.1991, GmbHR 1991, 155; Baumbach/Hueck/*Fastrich,* GmbHG § 30 Rn. 27.
[51] BGH v. 13.10.1977, BGHZ 69, 334, 347; *Hüffer/Koch,* AktG § 17 Rn. 9; bei der Volkswagen AG reichte dafür schon eine Beteiligung von 20% bei 37% Präsenz im mehrjährigen Durchschnitt, BGH v. 17.3.1997, BGHZ 135, 107, 114 f.
[52] *Sonnenhol/Groß* ZHR 159 (1995), 389, 402 wollen § 30 GmbHG auf diesen Fall nur bei Bestehen einer wirtschaftlichen Einheit zwischen Kreditnehmer und Sicherungsgeber anwenden.
[53] BGH v. 22.10.1990, NJW 1991, 1057, 1059; zustimmend Baumbach/Hueck/*Fastrich,* GmbHG § 30 Rn. 26a: ebenso zu § 57 AktG, BGH v. 11.10.1956, WM 1957, 61.
[54] AA aber *Burgard* AG 2006, 527, 530, der verkennt, dass die Leistung im Vermögen der leistenden Gesellschaft verbleibt, da sich regelmäßig der Beteiligungswert der Tochtergesellschaft entsprechend erhöht.

c) Unterbilanz oder Überschuldung

20 Liegt eine Auszahlung an den Gesellschafter (also ein Gesellschaftergeschäft) vor, so ist als Nächstes zu prüfen, ob es sich um eine nach § 30 GmbHG unzulässige Auszahlung von Vermögen handelt, „das zur Erhaltung des Stammkapitals erforderlich ist".

21 Eine Auszahlung von Vermögen, das zur Erhaltung des Stammkapitals erforderlich ist, ist gegeben, wenn dadurch eine Unterbilanz entstehen oder vertieft würde oder gar eine Überschuldung herbeigeführt oder vertieft würde.[55]

22 **Unterbilanz.** Eine Unterbilanz ist nach allgemeiner Meinung gegeben, wenn das **Netto-Gesellschaftsvermögen** (auch „ungebundenes Vermögen" genannt) unter die satzungsmäßig bestimmte Stammkapitalziffer absinkt. Das Netto-Gesellschaftsvermögen umfasst das Reinvermögen, bestehend aus den Aktiva, vermindert um die Verbindlichkeiten einschließlich der Rückstellungen für ungewisse Verbindlichkeiten, jedoch ohne die Rücklagen.[56] Anders gewendet umfasst das Netto-Gesellschaftsvermögen die Rücklagen, den Gewinnvortrag und den Jahresüberschuss.

23 Das Netto-Gesellschaftsvermögen ist auf Grund einer den Anforderungen des § 42 GmbHG entsprechenden, für den Zeitpunkt der Auszahlung aufzustellenden **Handelsbilanz** zu fortgeführten Buchwerten zu ermitteln[57] (sog **„bilanzielle Betrachtungsweise"**). Es sind also die für die Aufstellung des Jahresabschlusses geltenden Bilanzierungsgrundsätze des HGB unter Fortführung der bisherigen Bewertungsmethoden heranzuziehen.[58] Die Vermögensgegenstände sind zu Buchwerten ohne Berücksichtigung der stillen Reserven[59] zu bewerten, es sei denn, deren Auflösung entspricht ordnungsmäßiger Buchführung.[60] Zu den Verbindlichkeiten gehören auch Darlehen, die nach § 39 Abs. 1 Nr. 5 InsO nachrangig zu befriedigen sind.[61]

24 Bestehen Zweifel, ob eine Unterbilanz vorliegt, so haben die Geschäftsführer einen Zwischenabschluss aufzustellen.[62]

25 **Überschuldung.** Ob für Zwecke des § 30 GmbHG eine Überschuldung vorliegt, ist nicht anhand eines Überschuldungsstatus gemäß § 19 Abs. 2 InsO festzustellen, sondern wie die Unterbilanz anhand einer Bilanz zu fortgeführten Buchwerten.[63]

26 **Maßgeblicher Beurteilungszeitpunkt.** Nach hM ist der maßgebliche Beurteilungszeitpunkt für das Entstehen oder die Vertiefung einer Unterbilanz oder Überschuldung der Zeitpunkt der **Leistung,**[64] dh des dinglichen Erfüllungsgeschäfts.[65] Besteht die Leistung in der Bestellung einer Sicherheit, so ist umstritten, ob schon die **Bestellung** oder erst die tatsächliche **Inanspruchnahme** der Sicherheit bzw. die Bildung von Rückstellungen bei einer drohenden Inanspruchnahme die maßgebliche Leistung darstellt. Noch früher stellen einige Autoren auf den Zeitpunkt der **Verpflichtung zur Sicherheiten-**

---

55 BGH v. 5.2.1990, ZIP 1990, 451, 453; BGH v. 1.12.1986, NJW 1987, 1194, 1195.

56 Baumbach/Hueck/*Fastrich,* GmbHG § 30 Rn. 15f.; Lutter/*Hommelhoff,* GmbHG § 30 Rn. 3; *Peltzer/Bell* ZIP 1993, 1757, 1758.

57 BGH v. 7.11.1988, BGHZ 106, 7, 12.

58 BGH v. 11.5.1987, WM 1987, 1040; Scholz/*Verse,* GmbHG § 30 Rn. 58ff.; Lutter/*Hommelhoff,* GmbHG § 30 Rn. 12.

59 BGH v. 11.12.1989, BGHZ 109, 334, 337ff.; dagegen sind nach *Stimpel* Auszahlungen auch dann zulässig, wenn die Gesellschaft über beträchtliche stille Reserven verfügt und bei deren Auflösung der Wert des Gesellschaftsvermögens höher wäre als die Stammkapitalziffer, vgl. *Stimpel* FS 100 Jahre GmbHG, S. 335, 337; ähnlich *Sonnenhol/Stützle* DB 1979, 925, 928.

60 BGH v. 7.11.1988, GmbHR 1989, 152, 154.

61 Dagegen sind sie im Überschuldungsstatus nicht zu berücksichtigen, dazu → § 40 Rn. 57.

62 Scholz/*Verse,* GmbHG § 30 Rn. 61; Hachenburg/*Goerdeler/Müller,* GmbHG § 30 Rn. 43; *Steinbeck* WM 1999, 885, 886.

63 BGH v. 3.12.1990, WM 1991, 454, 457 mwN; *Henze* WM 2005, 717, 718.

64 BGH v. 22.9.2003, NJW 2003, 3629, 3631; BGH v. 1.12.1986, NJW 1987, 1194, 1195; Lutter/*Hommelhoff,* GmbHG § 30 Rn. 17.

65 MüKoGmbHG/*Ekkenga* § 30 Rn. 88; *Reemann* MittRhNotK 1996, 113, 117.

bestellung ab.[66] In der Praxis der Akquisitionsfinanzierung fallen allerdings Kausalabrede und dingliche Sicherheitenbestellung meist zusammen.[67]

27 Der maßgebliche Beurteilungszeitpunkt ist wesentlich für die Frage, ob man die Zulässigkeit einer aufsteigenden Sicherheit allein an ihren bilanziellen Auswirkungen messen kann.[68] Denn im Zeitpunkt der Bestellung der Sicherheit oder gar nur der Verpflichtung zu ihrer Bestellung **fehlt** es regelmäßig an einer **bilanziellen Auswirkung.** Die Bestellung einer Bürgschaft oder Sicherheit für fremde Verbindlichkeiten wird grundsätzlich nur „unter der Bilanz" vermerkt (§ 251 HGB) und ist damit nicht bilanzwirksam. Eine Sicherheit wirkt sich erst dann bilanziell aus, wenn die Inanspruchnahme durch den Sicherungsnehmer objektiv wahrscheinlich ist und daher bei gewissenhafter kaufmännischer Beurteilung gemäß § 249 HGB eine Rückstellung zu bilden wäre. Dies gilt sowohl für Personalsicherheiten, wie zB die Bürgschaft, wenn im Innenverhältnis weiterhin der Hauptschuldner primär haftet, als auch für dingliche Sicherheiten. Denn auch bei dinglichen Sicherheiten ändert sich an der Bilanz zunächst nichts, da die Gesellschaft das wirtschaftliche Eigentum an den zur Sicherheit übertragenen Gegenständen behält.

28 *Literatur.* Vor Inkrafttreten des MoMiG wurde in der Literatur überwiegend vertreten, dass die Bestellung einer Sicherheit grundsätzlich erst dann eine Auszahlung iSd § 30 Abs. 1 S. 1 GmbHG begründe, wenn die Sicherheit zu bilanzieren sei. Das ist erst dann der Fall, wenn die Sicherheit **in Anspruch genommen** wird und der belastete Vermögensgegenstand auszubuchen oder die Inanspruchnahme droht und deshalb gem. § 249 Abs. 1 HGB eine Rückstellung zu bilden ist.[69] Nach dem MoMiG hat sich dagegen die Ansicht durchgesetzt, dass der maßgebliche Zeitpunkt für das Entstehen oder die Vertiefung einer Unterbilanz oder Überschuldung bereits der Zeitpunkt der **Bestellung** einer dinglichen Sicherheit ist.[70]

29 *Rechtsprechung.* Der BGH hat es lange Zeit ausdrücklich offen gelassen, ob bereits die Bestellung einer dinglichen Sicherheit oder erst deren (drohende) Verwertung einen Verstoß gegen § 30 Abs. 1 S. 1 GmbHG begründen kann.[71] In der betreffenden Entscheidung aus dem Jahr 2007 hielt es der BGH in einem *obiter dictum* im Fall der Bestellung einer Bürgschaft für gerechtfertigt, auf den **Zeitpunkt der Inanspruchnahme** abzustellen. Bei Eingehung der entsprechenden Verbindlichkeit handele es sich allenfalls um eine **Vermögensgefährdung**, nicht aber um eine Auszahlung im Sinne des § 30 GmbHG.[72] Anders lässt sich eine Entscheidung des BGH aus dem Jahr 2011 interpretieren, wonach in der Übernahme eines Prospekthaftungsrisikos durch eine AG bereits in der Haftungsübernahme selbst eine Einlagenrückgewähr gesehen wurde. Dies gelte insbesondere dann, wenn sie – wie im gegeben Fall – ohne Freistellungsanspruch geschehe.[73] In einer Entscheidung aus dem Jahr 1975 zum Parallelfall der Rückgewähr der Hafteinlage durch eine Kommanditgesellschaft an einen Kommanditisten hatte der BGH bereits erklärt, dass nicht erst die Verwertung, sondern bereits die **Bestellung** einer dinglichen Sicherheit für die Verbindlichkeiten eines Kommanditisten gegenüber einer Bank eine Rückgewähr der Hafteinlage iSd § 172 Abs. 4 HGB begründe. Nach Ansicht des BGH schränkt schon die Bestellung der Sicherheit die Zugriffsmöglichkeit der übrigen Gesellschaftsgläubiger auf das Vermögen

[66] So zB Lutter/*Hommelhoff*, § 30 Rn. 8; Ulmer/Habersack/Löbbe/*Habersack*, § 30 Rn. 96, 110; Scholz/*Verse*, GmbHG § 30 Rn. 97; *Altmeppen* ZIP 2017, 1977, 1979, der aber zusätzlich auch auf den Zeitpunkt der Verfügung abstellt.

[67] So zurecht auch *Verse* GmbHR 2018, 113, 117.

[68] Dazu → § 43 Rn. 47 ff.

[69] Diese Ansicht haben auch nach dem MoMiG noch *Sutter/Masseli* WM 2010, 1064, 1068 vertreten; vgl. nun aber *Sutter* WM 2018, 360, 364.

[70] MüKoGmbHG/*Ekkenga* § 30 Rn. 130 (Zuwendung des Beleihungswertes), 140; Scholz/*Verse*, GmbHG § 30 Rn. 97; Roth/*Altmeppen*, GmbHG § 30 Rn. 137; Baumbach/Hueck/*Fastrich*, GmbHG § 30 Rn. 61; *Gehrlein*, Der Konzern 2007, 771, 785; *Wand/Tillmann/Heckenthaler* AG 2009, 148, 152; für die AG: MüKoAktG/*Bayer* § 57 Rn. 186; Hölters/*Laubert*, AktG § 57 Rn. 23.

[71] BGH v. 18.6.2007, BGHZ 173, 1, 10 Rn. 25; BGH v. 19.3.1998, ZIP 1998, 793, 795.

[72] BGH v. 18.6.2007, BGHZ 173, 1, 10 Rn. 24.

[73] BGH v. 31.5.2011, BGHZ 190, 7, 15 Rn. 21 („Dritter Börsengang").

der Gesellschaft derart ein, dass diese in Höhe der Belastung die Fähigkeit eingebüßt habe, ihre Gläubiger zu befriedigen.[74]

30 Zu dieser Rechtsprechung ist der BGH nun im Ergebnis zurückgekehrt. Im Jahr 2017 hat der BGH entschieden, dass zumindest bei bestimmten dinglichen Sicherheiten der **maßgebliche Zeitpunkt** für die Beurteilung eines Verstoßes gegen § 30 Abs. 1 S. 1 GmbHG bei der GmbH der der **Bestellung der Sicherheit** ist.[75] Dass sich die Bestellung der Sicherheit wegen § 251 HGB nicht direkt auf die Bilanz auswirke, stehe dem nicht entgegen. Die Rückkehr zum „bilanziellen Denken" sei eher wirtschaftlich zu verstehen.[76] Bereits mit der Bestellung scheide die Sicherheit aus dem Vermögen des Sicherheitenbestellers aus. Damit handele es sich auch nicht um eine bloße Vermögensgefährdung, sondern die Sicherheitenbestellung sei die fragliche Leistung selbst.[77]

31 Offen geblieben ist nach den Entscheidungen des BGH, ob sie auch auf die Bestellung von Personalsicherheiten wir Bürgschaften oder Garantien[78] und die Bestellung von Sachsicherheiten, die auf revolvierender Basis gewährt werden (zB Globalzession, Sicherungsübereignung eines Warenlagers oder Verpfändung eines Bankkontos), übertragen werden kann. *In casu* war nur über die Bestellung bestimmter, aus dem Vermögen des Sicherheitenbestellers isoliert abgrenzbarer Vermögensgegenstände zu entscheiden gewesen.[79]

32 *Eigene Ansicht.* Das Abstellen des BGH auf den Zeitpunkt der Sicherheitenbestellung überzeugt. Richtigerweise gilt sie für **jede Art der Leistung** an den Gesellschafter. Allerdings trägt hierfür das Argument des BGH nicht, der Vermögensgegenstand habe wirtschaftlich bereits zum Zeitpunkt der Sicherheitenbestellung das Vermögen des Sicherheitengebers verlassen. Ist die **Personalsicherheit** nicht betraglich begrenzt, haftet der Bürge oder Garant mit seinem gesamten Vermögen. Er begibt sich aber auch wirtschaftlich nicht seines gesamten Vermögens zugunsten seines Gesellschafters, wenn er eine Bürgschaft oder Garantie abschließt, sondern geht lediglich eine schuldrechtliche Verpflichtung zur Begleichung der besicherten Schulden im Sicherungsfall ab, aus welchen Vermögensgegenständen auch immer. Eine unterstellte Verwertung im Zeitpunkt der Gewährung der Bürgschaft oder Garantie würde in Akquisitionsfinanzierungen in jedem Fall zur Unterbilanz führen, wenn und weil die besicherten Verbindlichkeiten höher sind als das Vermögen der Bürgen oder Garanten. Bei dinglichen **Sicherheiten auf revolvierender Basis** wie Globalzession, Sicherungsübereignung von Warenlagern oder der Verpfändung von (auch künftigen) Kontoguthaben auf einem laufenden Konto entsteht das jeweiligen Sicherungsrecht erst mit dem Entstehen der Forderung, dem Erwerb des Eigentums bzw. Gutschrift auf dem Konto, nicht bereits im Zeitpunkt der Bestellung. Solange der Sicherheitengeber den Sicherungsgegenstand selbst nicht erworben hat, kann dieser auch wirtschaftlich nicht sein Vermögen zugunsten seines Gesellschafters verlassen.

33 Dennoch leistet die Gesellschaft auch in diesen Fällen bereits mit Bestellung der jeweiligen Personal- oder Sachsicherheit an ihren Gesellschafter. Mit der Bestellung der Bürgschaft oder Garantie oder einer revolvierenden Sachsicherheit **übernimmt** die Gesellschaft ein **Risiko** und hat einen **Vermögensnachteil**. Die Gesellschaft kann eine mögliche Ianspruchnahme aus der Bürgschaft oder Garantie oder das Entstehen des Sicherungsrechts auch bei Eintreten einer Unterbilanz nicht mehr verhindern. Für den Gesellschafter ist die Garantie oder Sachsicherheit dagegen von wirtschaftlichem Vorteil. Sie schafft die Voraus-

---

[74] BGH v. 20.10.1975, NJW 1976, 751, 752.

[75] BGH v. 21.3.2017, WM 2017, 945, 947 Rn. 20; zuvor bereits zur vergleichbaren Situation bei der AG, BGH v. 10.1.2017, WM 2017, 479, 480 Rn. 15.

[76] BGH v. 21.3.2017, WM 2017, 945, 946 f. Rn. 16.

[77] BGH v. 21.3.2017, WM 2017, 945, 947 Rn. 27.

[78] Dies thematisieren und bejahen im Ergebnis ua *Verse* GmbHR 2018, 113, 116; *Freitag* WM 2017, 1633, 1635.

[79] Bei BGH v. 10.1.2017, WM 2017, 479 ging es um die Verpfändung eines bestimmten Kontoguthabens der AG; bei BGH v. 21.3.2017, WM 2017, 945 ging es um die Bestellung einer Grundschuld durch eine GmbH.

setzung dafür, dass ein Dritter dem Gesellschafter ein Darlehen gewährt oder zu geringerem Zins gewährt.

d) Gesetzliche Ausnahmetatbestände

34 Durch das MoMiG wurde § 30 Abs. 1 GmbHG durch zwei Ausnahmetatbestände ergänzt. Nach Satz 2 des § 30 Abs. 1 GmbHG soll keine Auszahlung des zur Erhaltung des Stammkapitals erforderlichen Vermögens an die Gesellschafter anzunehmen sein „bei Leistungen, die bei Bestehen eines Beherrschungs- oder Gewinnabführungsvertrags (§ 291 des Aktiengesetzes) erfolgen, oder durch einen vollwertigen Gegenleistungs- oder Rückgewähranspruch gegen den Gesellschafter gedeckt sind".

35 **(i) Beherrschungs- oder Gewinnabführungsvertrag.** Zu Inhalt und Rechtsfolgen dieses Ausnahmetatbestands siehe § 46 Rn. 6 ff.

36 **(ii) Deckung durch vollwertigen Gegenleistungs- oder Rückgewähranspruch.** Bei einer Leistung an den Gesellschafter, die durch einen vollwertigen Gegenleistungs- oder Rückgewähranspruch gedeckt ist, wird ein Aktivtausch vorgenommen. § 30 Abs. 1 S. 1 GmbHG soll nach dem Willen des Gesetzgebers auf einen reinen Aktivtausch keine Anwendung finden.[80] Dies ist bei Anwendung der bilanziellen Betrachtungsweise selbstverständlich und bedürfte eigentlich nicht der (klarstellenden) Neuregelung des § 30 Abs. 1 S. 2 Alt. 2 GmbHG.

37 Es muss sich um einen **Gegenleistungs- oder Rückgewähranspruch** gegen den Gesellschafter handeln. Von einem Gegenleistungsanspruch spricht man bei einem Austauschvertrag. Ein Rückgewähranspruch wird zB bei einem Darlehen an den Gesellschafter relevant. Die Formulierung dürfte nicht abschließend gemeint sein. Denn es sind auch Leistungen an den Gesellschafter denkbar, denen weder ein Gegenleistungs- noch ein Rückgewähranspruch gegenüberstehen, die aber dennoch einen Aktivtausch oder eine Bilanzverlängerung zur Folge haben, die sich nicht auf das Eigenkapital auswirkt. Letzteres ist ua bei der Bestellung von Sicherheiten für Gesellschafterverbindlichkeiten der Fall. Droht die Verwertung der Sicherheit, so entsteht ein Anspruch auf Befreiung von der Verpflichtung aus der Sicherheit der Gesellschaft gegen den Gesellschafter gemäß §§ 670, 257 BGB bzw. nach Verwertung der Sicherheit ein Schadensersatzanspruch.[81]

38 Nach § 30 Abs. 1 S. 2 Alt. 2 GmbHG muss der zu aktivierende Anspruch gegen den Gesellschafter vollwertig sein und die Leistung „decken". **Vollwertigkeit** ist dann anzunehmen, wenn die Forderung bei „vernünftiger kaufmännischer Betrachtung" als einbringlich anzusehen ist,[82] bzw. ein Ausfall unwahrscheinlich scheint.[83] Dem Geschäftsführer wird bei der Feststellung der Vollwertigkeit ein **Beurteilungsspielraum** verbleiben.[84] Maßgeblicher Beurteilungszeitpunkt für die Vollwertigkeit des Anspruchs ist der **Zeitpunkt der Leistung.** Im Zeitpunkt der Leistung muss der Geschäftsführer auf der Grundlage der ihm bekannten Tatsachen eine Prognose treffen, ob er den Rückzahlungsanspruch bei Fälligkeit wird durchsetzen können. Dabei sind die nach § 253 Abs. 3 HGB üblichen Maßstäbe anzulegen. **Spätere,** nicht vorhersehbare negative **Entwicklungen** der Forderung gegen den Gesellschafter und bilanzielle Abwertungen führen nicht nachträglich zu einer verbotenen Auszahlung.[85] Deshalb führt auch eine spätere Verschlechterung der Bonität des Gesellschafters nicht nachträglich zur Anwendung des § 30 Abs. 1 S. 1 GmbHG, jedenfalls sofern die dazu führenden Umstände nicht schon bei Kreditgewährung vorhanden und erkennbar waren.[86] Allerdings sind die Geschäftsführer verpflichtet, die

[80] RegE MoMiG, BT-Drucks. 16/6140, S. 41.
[81] Dazu → § 47 Rn. 5.
[82] BGH v. 1.12.2008, BGHZ 179, 71, 78.
[83] Scholz/*Verse*, GmbHG § 30 Rn. 85.
[84] *Drygala/Kremer* ZIP 2007, 1289, 1293.
[85] RegE MoMiG, BT-Drucks. 16/6140, S. 41.
[86] *Drygala/Kremer* ZIP 2007, 1289, 1293.

Bonität des Gesellschafters laufend zu überwachen und gegebenenfalls Rückzahlungs- oder Befreiungsansprüche geltend zu machen.[87]

Das **Deckungsgebot** soll eine „Ausschüttung" stiller Reserven an den Gesellschafter verhindern. Es bedeutet, dass bei einem Austauschvertrag der Zahlungsanspruch gegen den Gesellschafter nicht nur vollwertig sein muss, sondern wertmäßig auch den **Marktwert** und nicht nur den abgeschriebenen Buchwert des geleisteten Gegenstandes decken muss.[88] Verkauft die Gesellschaft zB ein (nicht aktivierungsfähiges[89]) selbst geschaffenes immaterielles Wirtschaftsgut oder einen Gegenstand, der bereits unter seinen Marktwert abgeschrieben wurde, so ist die Weggabe des Gegenstands nur durch einen Gegenleistungsanspruch „gedeckt", der mindestens dem Marktwert des Gegenstands entspricht und nicht nur dessen Bilanzansatz. Insoweit weicht die Neuregelung von der rein bilanziellen Betrachtungsweise ab.[90] Denn ist der Buchwert des Gegenstandes geringer als der Marktwert, so führt das Deckungsgebot nicht zu einem (erfolgsneutralen) Aktivtausch, sondern zu einem Ertrag.[91] Dennoch ist die Neuregelung sachgerecht, denn der GmbH werden durch einen Verkauf unterhalb des Marktwertes real Vermögensgegenstände entzogen,[92] und die Gesellschafter werden „ein ganzes Stück" aus dem übernommenen Risiko entlassen.[93] Um eine verdeckte Auflösung stiller Reserven zu verhindern, muss der sog Drittvergleich durchgeführt werden.[94] Gleiches gilt umgekehrt, wenn die Gesellschaft nicht bilanzierungsfähiges Vermögen (zB einen Anspruch auf Nutzungsüberlassung eines Betriebsgrundstücks) vom Gesellschafter erwirbt.[95] Die Deckung durch einen vollwertigen Gegenleistungsanspruch kann hier nur wirtschaftlich, nicht bilanziell bestimmt werden.[96] **39**

Die Regelung enthält keine Einschränkung für Fälle, in denen die GmbH im Zeitpunkt der Leistung bereits eine **Unterbilanz aufweist,** sondern beansprucht allgemeine Geltung.[97] Die bilanzielle Betrachtungsweise ist also auch dann anzuwenden, wenn im Zeitpunkt der Leistung bereits eine Unterbilanz besteht.[98] **40**

e) Einzelfragen

(i) Aufsteigendes Darlehen. Das Darlehen einer Gesellschaft an ihren Gesellschafter nennt man ein **„aufsteigendes Darlehen"** (*Upstream Loan*). Auch ein **unbesicherter** Darlehensrückzahlungsanspruch kann vollwertig sein.[99] Eine Regel, dass eine Forderung nur bei Stellung banküblicher Sicherheiten bilanziell vollwertig sei, gibt es nicht.[100] **41**

Grundsätzlich fallen auch **unverzinsliche** Darlehen unter die Ausnahme. § 30 Abs. 1 S. 2 GmbHG stellt nur auf die Werthaltigkeit der Hauptforderung ab und hat die Forderung nach einem Konditionenvergleich nicht übernommen.[101] Allerdings sind unverzinsliche und niedrig verzinsliche Forderungen in der Handelsbilanz nur mit dem niedrigeren **42**

---

87 Dazu → § 43 Rn. 59, 84.

88 RegE MoMiG, BT-Drucks. 16/6140, S. 41.

89 § 248 Abs. 2 HGB.

90 *Michael Winter* DStR 2007, 1484, 1486.

91 So auch *Michael Winter* DStR 2007, 1484, 1487.

92 *Grunewald* WM 2006, 2333, 2334, „was in Fällen, in denen keine stillen Reserven aufgelöst werden, bei einem vollwertigen Anspruch gegen den Erwerber nicht der Fall ist".

93 *Drygala/Kremer* ZIP 2007, 1289, 1292.

94 *Grunewald* WM 2006, 2333, 2334 mwN; *Drygala/Kremer* ZIP 2007, 1289, 1294.

95 *Drygala/Kremer* ZIP 2007, 1289, 1294.

96 *Drygala/Kremer* ZIP 2007, 1289, 1294.

97 *Michael Winter* DStR 2007, 1484, 1487; *Wicke* GmbHG § 30 Rn. 8 f.

98 *Drygala/Kremer* ZIP 2007, 1289, 1295.

99 *Drygala/Kremer* ZIP 2007, 1289, 1293; daher ist die Entscheidung des OLG Jena v. 25.4.2007 (ZIP 2007, 1314 ff.), das noch die Vergabe ungesicherter Darlehen der abhängigen AG an das herrschende Unternehmen als verbotene Einlagenrückgewähr angesehen hat, durch das MoMiG überholt.

100 *Drygala/Kremer* ZIP 2007, 1289, 1293 mwN; *Michael Winter* DStR 2007, 1484, 1487.

101 *Drygala/Kremer* ZIP 2007, 1289, 1293.

Barwert anzusetzen.[102] Wenn die Laufzeit weniger als ein Jahr beträgt, kann die Abzinsung aus Vereinfachungsgründen unterbleiben.[103] Der bilanzielle Wert des Rückgewähranspruchs bliebe dann hinter dem Bilanzwert des ausgereichten Darlehens zurück, dh er wäre nicht vollwertig.[104]

43 **(ii) Aufsteigende Sicherheiten.** Die Bestellung aufsteigender Sicherheiten ist dann zulässig, wenn sie durch einen vollwertigen Gegenleistungs- oder Rückgewähranspruch gedeckt ist. Vor der neuen Rechtsprechung des BGH wurden hierzu in der Literatur im Wesentlichen drei Ansichten vertreten.

44 Nach der **ersten Ansicht** sollte in jedem Fall die Inanspruchnahme der Sicherheit zu unterstellen sein. Die Ausnahmeregel des § 30 Abs. 1 S. 2 GmbHG gelte für Sicherheitsleistungen zugunsten eines Gesellschafters nicht. Sicherheitsleistungen wären nach dieser Ansicht somit nur bis zur Höhe des ungebundenen Vermögens zulässig.[105]

45 Nach einer **zweiten Ansicht** sollte die Übernahme von Risiken für den Gesellschafter ohne entsprechende Gegenleistung **stets als Auszahlung** zu qualifizieren sein.[106] Das solle auch dann gelten, wenn im Zeitpunkt der Bestellung die Inanspruchnahme der Sicherheit nicht wahrscheinlich sei.[107] Eine Sicherheitenbestellung, die die Höhe des ungebundenen Vermögen übersteigt, wäre nach dieser Ansicht also nur zulässig, wenn der Befreiungs- oder Schadensersatzanspruch gegen den Gesellschafter (§ 30 Abs. 1 S. 2 GmbHG) im Zeitpunkt der Bestellung[108] **vollwertig** wäre.[109] Nur wenn der Geschäftsführer der GmbH im Zeitpunkt der Bestellung der Sicherheit damit rechnen dürfte, dass bei einer späteren Verwertung der Sicherheit der (dann entstehende[110]) Befreiungs- oder Schadensersatzanspruch gegen den Gesellschafter vollwertig ist, dürfte er danach die Sicherheit bestellen.

46 Nach einer **dritten Ansicht** ist die Zulässigkeit der Sicherheitenbestellung in zwei Schritten zu prüfen. Im **ersten Schritt** ist festzustellen, ob im Zeitpunkt der Sicherheitenbestellung **mit einer Inanspruchnahme** der Sicherheit **zu rechnen** ist.[111] Den meisten Autoren genügt hierfür, dass eine Inanspruchnahme der Sicherheit nicht hinreichend wahrscheinlich erscheint.[112] Gemäß § 249 HGB ist erst dann eine Rückstellung für ungewisse Verbindlichkeiten zu bilden, wenn mit einer Inanspruchnahme ernsthaft zu rechnen ist.[113] Ist danach mit der Inanspruchnahme der Sicherheit nicht zu rechnen, so ist die Sicherheitenbestellung zulässig. Ist dagegen mit der Inanspruchnahme zu rechnen und übersteigt das Risiko für die Aktiva das ungebundene Vermögen der GmbH, so ist in einem **zweiten Schritt** zu prüfen, ob der Befreiungs- oder Schadensersatzanspruch der GmbH gegen ihren Gesellschafter **vollwertig** ist.

102 *Adler/Düring/Schmaltz* § 253 Rn. 532; GKBilanzR/*Kleindiek* § 253 Rn. 73; für eine gewisse Flexibilisierung, KölnKommAktG/*Drygala* § 57 Rn. 71.
103 *Adler/Düring/Schmaltz* § 253 Rn. 532.
104 *Michael Winter* DStR 2007, 1484, 1487; *Drygala/Kremer* ZIP 2007, 1289, 1293; *Altmeppen* ZIP 2009, 49, 52 (6 Monate sind schon zu lange).
105 Lutter/*Hommelhoff*, GmbHG § 30 Rn. 36.
106 Baumbach/Hueck/*Fastrich*, GmbHG § 30 Rn. 62; MüKoGmbHG/*Ekkenga* § 30 Rn. 130.
107 *Schmolke*, Kapitalerhaltung in der GmbH nach dem MoMiG, § 30 Rn. 105; Hölters/*Laubert*, AktG § 57 Rn. 23.
108 *Spliedt* ZIP 2009, 149, 152; *Wand/Tillmann/Heckenthaler* AG 2009, 148, 152.
109 Baumbach/Hueck/*Fastrich*, GmbHG § 30 Rn. 62.
110 Dazu → § 47 Rn. 5.
111 *Drygala/Kremer* ZIP 2007, 1289, 1295; KölnKommAktG/*Drygala* § 57 Rn. 79; *Kiefner/Theusinger* NZG 2008, 801, 805; Spindler/Stilz/*Cahn/v. Spannenberg*, AktG § 57 Rn. 39; Hölters/*Laubert*, AktG § 57 Rn. 23. *Theusinger/Kapteina* NZG 2011, 881, 882; *Orthmann/Weber* BB 2012, 1039, 1041.
112 *Kiefner/Theusinger* NZG 2008, 801, 805; *Theusinger/Kapteina* NZG 2011, 881, 883; *Drygala/Kremer* ZIP 2007, 1289, 1295; *Habersack* ZGR 2009, 347, 354; *Scholz/Verse*, GmbHG § 30 Rn. 97a; Bork/Schäfer/*Thiessen*, GmbHG § 30 Rn. 82; strenger Roth/*Altmeppen*, GmbHG § 30 Rn. 137, wonach der Geschäftsführer bei sorgfältiger Prüfung zu der ex ante unangreifbaren Prognose gelangen müsse, dass das Stammkapital nicht tangiert werde.
113 Dazu noch → § 43 Rn. 27.

47 *Rechtsprechung.* Der BGH folgt in seiner neuen Rechtsprechung im Wesentlichen der dritten Ansicht. Bei der Bestellung einer dinglichen Sicherheit sei regelmäßig auf **den Zeitpunkt der Bestellung** der Sicherheit abzustellen. Die Rechtslage entspreche der bei Gewährung eines Darlehens an den Gesellschafter. In dem Fall läge die Auszahlung im Sinne des § 30 GmbHG in der Auszahlung des Darlehens. Dies gelte dann auch, wenn anstelle der unmittelbaren Auszahlung eines dingliche Sicherheit für die Auszahlung eines Darlehens eines Dritten an den Gesellschafter gestellt werde.[114] Bei Leistungen, die durch einen vollwertigen Gegenleistungs- oder Rückgewähranspruch gedeckt sind, liege nach § 30 Abs. 1 S. 2 GmbHG aber keine Auszahlung vor. Der Gegenleistungs- oder Rückgewähranspruch sei bei Bestellung einer dinglichen Sicherheit der Anspruch auf Freistellung von der Sicherheit bei drohender Inanspruchnahme. Dieser Freistellungsanspruch sei dann vollwertig, wenn ein Ausfall des besicherten Darlehensrückzahlungsanspruchs aus Ex-ante-Prespektive unwahrscheinlich erscheine. In diesem Falle handele es sich bei der Bestellung der Sicherheit um einen nach § 30 Abs. 1 S. 2 GmbHG zulässigen „Aktiventausch".[115]

48 Ist der Freistellungsanspruch bei Bestellung der Sicherheit nicht werthaltig, so ist nach dem BGH die Bestellung dennoch zulässig, wenn bei unterstellter Verwertung im Zeitpunkt der Bestellung keine Unterbilanz eintritt oder eine bestehende Unterbilanz nicht vertieft wird. Nachfolgende Verschlechterungen der Werthaltigkeit des Freistellungsanspruchs oder das spätere Entstehen einer Unterbilanz seien dann ohne Bedeutung.[116]

49 Mit der Erlaubnis, die Sicherheit zu bestellen, geht in der Folge aber wie bei der Gewährung des *Upstream*-Darlehens die Verpflichtung des Geschäftsführers einher, die Vermögensverhältnisse des Gesellschafters fortlaufend zu beobachten und bei einer Bonitätsverschlechterung seinerseits Sicherheiten oder die Freistellung von der von ihm gewährten Sicherheit zu verlangen.[117] Tut er dies nicht, so liegt hierin nach Ansicht des BGH anders als beim Verzicht zwar kein eigener Verstoß gegen § 30 Abs. 1 GmbHG.[118] Der Geschäftsführer mach sich seiner Gesellschaft gegenüber aber ggf. gemäß § 43 Abs. 2 GmbHG schadensersatzpflichtig.[119]

50 *Eigene Ansicht.* Die neuere Rechtsprechung des BGH **überzeugt** in ihrem **Vergleich** zur Rechtslage bei der **Gewährung aufsteigender Darlehen**. Sie entspricht damit in weiten Teilen der Auffassung, die in diesem Buch bereits in der Vorauflage ausführlich dargestellt und begründet wurde.[120] Leider bleibt sie aber eine Aussage schuldig, woran die Wahrscheinlichkeit der Inanspruchnahme der bestellten Sicherheit zu messen ist. Grund hierfür ist die Abkehr von der vom Gesetzgeber gewollten bilanziellen Betrachtung hin zu einer, nicht weiter konkretisierten wirtschaftlichen Betrachtungsweise.

51 Die Bestellung von aufsteigenden Sicherheiten unterscheidet sich kapitalersatzrechtlich nicht von der eines aufsteigenden Darlehens. Schon vor dem MoMiG war unstreitig, dass bei der Vergabe eines aufsteigenden Darlehens der maßgebliche Beurteilungszeitpunkt für das Entstehen einer Unterbilanz die Auszahlung der Darlehensvaluta an den Gesellschafter ist. Durch das MoMiG wurde klargestellt, dass diese Auszahlung zulässig ist, wenn der Gesellschaft nach Einschätzung ihrer Geschäftsführer ein vollwertiger Rückzahlungsanspruch

[114] BGH v. 21.3.2017, WM 2017, 945, 946 Rn. 15.

[115] BGH v. 21.3.2017, WM 2017, 945, 947 Rn. 18f. *Becker* ZIP 2017, 1599, 1600 weist zurecht darauf hin, dass dieser „Aktiventausch" mangels tatsächlicher bilanzieller Auswirkung der Sicherheitenbestellung rein fiktiv ist. Das ist natürlich auch dem BGH bewusst. *Kiefner/Bochum* NZG 2017, 1292, 1296 weisen noch darauf hin, dass bereits das Risiko der Inanspruchnahme zu passivieren sei, es daher allenfalls zu einer Bilanzverlängerung komme. Das ist zwar richtig. Der BGH unterstellt aber nicht nur das Risiko der Inanspruchnahme, sondern die Inanspruchnahme selbst, in deren Fall es in Folge der Verwertung der Sicherheit tatsächlich zu einem Abfluss von Aktiva käme. Dieser würde dann – ebenfalls hypothetisch – durch den zu aktivierenden Freistellungsanspruch kompensiert.

[116] BGH v. 21.3.2017, WM 2017, 945, 947 Rn. 20.

[117] BGH v. 21.3.2017, WM 2017, 945, 947 Rn. 22.

[118] BGH v. 21.3.2017, WM 2017, 945, 947f. Rn. 23.

[119] BGH v. 21.3.2017, WM 2017, 945, 947 Rn. 22.

[120] *Diem*, Akquisitionsfinanzierungen, 3. Aufl., § 43 Rn. 46ff.

gegen ihren Gesellschafter zusteht. Dann handelt es sich um einen bilanzneutralen Aktivtausch, der nach dem klaren Willen des Gesetzgebers des MoMiG aus Sicht der Kapitalerhaltung nicht zu beanstanden ist. Stellt sich später heraus, dass der Rückzahlungsanspruch der Gesellschaft auf Grund nicht vorhersehbarer Entwicklungen, die nach Auszahlung des Darlehens stattgefunden haben, nicht mehr werthaltig und deshalb bilanziell abzuwerten ist, so soll dies nach dem Willen des Gesetzgebers nicht nachträglich zu einer verbotenen Auszahlung führen. Die Gesellschaft kann also zum Nachteil der Gläubiger der Gesellschaft aufsteigende Darlehen vergeben, solange nur im Zeitpunkt der Auszahlung mit der Durchsetzbarkeit des Rückzahlungsanspruchs zu rechnen ist. Eine später eintretende Bonitätsverschlechterung des Gesellschafters ist dann aus Kapitalerhaltungssicht unbeachtlich.

52 Weder aus Sicht der Gesellschaft noch aus der der Gesellschaftsgläubiger besteht ein Unterschied zwischen einem aufsteigenden Darlehen und einer aufsteigenden Sicherheit. In beiden Fällen erbringt die Gesellschaft eine Leistung zugunsten ihres Gesellschafters. Es ist für sie gleichgültig, ob sie ein Darlehen an ihre Gesellschafter vergeben hat und damit ausfällt oder ob sie die Darlehensaufnahme des Gesellschafters bei einem Dritten besichert hat, von diesem in Anspruch genommen wird und mit ihrem Regressanspruch gegen den Gesellschafter ausfällt.[121] Die Rechtsstellung eines Sicherungsgebers ist im Vergleich zur Rechtsstellung eines Darlehensgebers auch **nicht nachteiliger**. Beim Darlehen fließt das Kapital sofort ab, bei der Bestellung einer Sicherheit besteht dagegen die Chance, dass es niemals abfließen wird. Der Darlehensgeber kann das Darlehen bei einer eingetretenen oder drohenden wesentlichen Verschlechterung der Vermögensverhältnisse des Darlehensnehmers, durch die die Rückerstattung des Darlehens, auch unter Verwertung der Sicherheit, gefährdet wird, kündigen (§ 490 Abs. 1 BGB). Der Sicherungsgeber kann bei einer wesentlichen Verschlechterung der Vermögensverhältnisse seines Auftraggebers (hier des Gesellschafters) gemäß §§ 670, 257 BGB Befreiung von seinen Verpflichtungen aus der Sicherheit verlangen.[122] Ob diese Ansprüche im Zeitpunkt ihrer Fälligkeit werthaltig sind, kann in beiden Fällen nicht sicher vorhergesagt werden.

53 Die Parallele zum aufsteigenden Darlehen gilt nicht nur bei den vom BGH entschiedenen Fällen der Bestellung dinglicher Sicherheit an bestehenden Vermögensgegenständen. Sie gilt auch bei Personalsicherheiten und revolvierenden Sachsicherheiten. Der Bürge, Garant oder Sicherheitengeber muss im Zeitpunkt der Bestellung der jeweiligen Sicherheit prüfen, ob eine Inanspruchnahme wahrscheinlich ist. Sollte eine **Inanspruchnahme wahrscheinlich** erscheinen, wäre der Anspruch der Gesellschaft gegen den Gesellschafter auf Befreiung von den Verpflichtungen aus der Sicherheit zu aktivieren. Ist dieser erwartbar nicht werthaltig, müsste die Bürgschaft oder Garantie betraglich auf das zum Zeitpunkt der Bestellung ausschüttbare Vermögen beschränkt werden. Zukünftiges Vermögen dürfte nur haften, soweit durch einen Inanspruchnahme keine Unterbilanz eintritt. Ist im Zeitpunkt der Bestellung **nicht** mit der Inanspruchnahme der Sicherheit **zu rechnen**,[123] so darf die jeweilige Bürgschaft, Garantie oder Sicherheit bestellt werden. Kommt es wider Erwarten später doch zu einer Inanspruchnahme, so ist darin keine erneute Leistung der Gesellschaft an ihren Gesellschafter zu sehen.

54 Auch für Akquisitionsfinanzierungen ist hervon keine Ausnahme zu machen. Auch wenn der Gesellschafter, wie häufig bei Akquisitionsfinanzierungen, eine reine **Zweckgesellschaft** ohne eigenes operatives Geschäft ist, ist daraus nicht etwa zu schließen, dass der Anspruch auf Befreiung von der Sicherheiten gegen den Gesellschafter regelmäßig nicht vollwertig ist, wie das die Begründung zum MoMiG nahezulegen scheint.[124] Bei Akquisiti-

---

[121] Eingehend dazu *Freitag*, Der Konzern 2011, 330, 331 ff.; *Drygala/Kremer* ZIP 2007, 1289, 1295.

[122] Nach aA ergibt sich dieser Anspruch aus § 775 Abs. 1 Nr. 1 BGB analog. Dazu → § 47 Rn. 8.

[123] Zu Anforderungen an die Sorgfalt des Geschäftsführers bei der Beurteilung der Inanspruchnahmewahrscheinlichkeit → § 43 Rn. 46 ff.

[124] Nach dem RegE MoMiG, BT-Drucks. 16/6140, S. 41 dürfte im Fall eines Upstream-Darlehens an eine mit geringen Mitteln ausgestatteten Erwerbsgesellschaft die Vollwertigkeit regelmäßig zu verneinen sein. Vgl. dazu auch Scholz/*Verse*, § 30 Rn. 87.

onsfinanzierungen wird die Erwerbsgesellschaft durch den *Cashflow* der erworbenen Zielgesellschaft in die Lage versetzt, ihre Verbindlichkeiten gegenüber den Kreditgebern, aber auch gegenüber Gruppengesellschaften, zu erfüllen. Dann ist nicht die Kapitalausstattung der Erwerbsgesellschaft für die Vollwertigkeit des Rückgewähranspruchs entscheidend, sondern der *Cashflow* der Zielgesellschaft.[125]

Unklar ist, welchen Maßstab der BGH an die **Wahrscheinlichkeit der Inanspruchnahme** knüpft. Dies ist für die Geschäftsführer äußerst misslich, immerhin knüpft der BGH an eine Fehleinschätzung der Geschäftsführung eine persönliche Haftung gemäß § 43 Abs. 2 GmbHG. Die fehlende Konkretisierung des erforderlichen Prüfungsumfangs ist daher auch der Grund, weshalb in der Literatur auch nach der neuen Rechtsprechung weiterhin die Aufnahme einer *Limitation Language* zum Schutz der Geschäftsführer empfohlen wird.[126] Bemerkenswert ist weiter, dass der BGH eine bilanzielle Betrachtungsweise gleich zu Beginn seiner Entscheidungen zugunsten einer „wirtschaftlichen" Betrachtungsweise verwirft, ohne auf die gesetzlichen Grundlagen und in der Literatur bereits ausführlich dargestellten Anforderungen an eine Bilanzierung von Sicherheiten vor und nach drohender Inanspruchnahme einzugehen.[127] Wie dargestellt,[128] wird die Bestellung einer Personal- oder Sachsicherheit für fremde Verbindlichkeiten gemäß § 251 HGB grundsätzlich „unter der Bilanz" vermerkt und ist damit nicht bilanzwirksam. Wird die Inanspruchnahme durch den Sicherungsnehmer objektiv wahrscheinlich, so ist nach § 249 S. 1 HGB eine Rückstellung hierfür zu bilden. Dann hätte die Sicherheitenbestellung aber auch die vom BGH verneinte bilanzielle Auswirkung. Wenn der BGH die Vorschrift des § 249 S. 1 HGB und die dazu veröffentlichte Literatur nicht übersehen hat, kann seine Aussage daher nur dahingehend interpretiert werden, dass der Geschäftsführer ggf. bereits zu einem Zeitpunkt Freistellung von der Sicherheit verlangen müsste, zu dem er nach bilanziellen Grundsätzen zur Bildung einer Rückstellung nach § 249 S. 1 HGB noch nicht verpflichtet gewesen wäre. 55

Zu einer Aufgabe der bilanziellen Betrachtungsweise unter Ausblendung des § 249 S. 1 HGB besteht kein Anlass. In der Sache wäre man bei dem vom BGH zu entscheidenden Fällen wohl auch zum selben Ergebnis gekommen.[129] Allerdings ist zu konstatieren, dass es auch im Rahmen des § 249 S. 1 HGB keine gefestigte Rechtsprechung oder Praxis gibt, welcher Maßstab an die Beurteilung der Wahrscheinlichkeit zu legen ist. Es finden sich Versuche der Quantifizierung der Eintrittswahrscheinlichkeit zwischen 25 % und über 50 %.[130] Im Rahmen der Bilanzierungspflichten mag mit der Unsicherheit gelebt werden können, soweit der BGH aber eine mögliche persönliche Haftung der Geschäftsführer hieran knüpft, wäre eine weitere Konkretisierung durch den BGH wünschenswert. Für die Frage der Haftung eines GmbH-Geschäftsführers ist dabei auch zu beachten, ob er aufgrund einer Weisung seines Gesellschafters gehandelt hat und unter welchen Voraussetzungen eine solche Weisung befolgt werden muss oder nicht befolgt werden darf.[131] 56

---

[125] So auch *Freitag* WM 2017, 1633, 1634 f.

[126] Siehe hierzu die Nachweise bei → § 43 Rn. 95.

[127] Völlig gerechtfertigt daher auch die entsprechende Kritik bei *Becker* ZIP 2017, 1599, 1600 ff.; *Kiefner/Bochum* NZG 2017, 1292, 1296; *Verse* GmbHR 2018, 113, 119 ff.

[128] → § 43 Rn. 27.

[129] *Verse*, GmbHR 2018, 113, 119 sieht einen möglichen Unterschied in einer abweichenden Beweislastverteilung. Während der Gesellschafter die Beweislast für die Vollwertigkeit des Freistellungsanspruchs iSd § 30 Abs. 1 S. 2 Alt. 2 GmbHG trage, trage die GmbH die Beweislast für das Bestehen einer Unterbilanz nach § 30 Abs. 1 S. 1 GmbHG. Indem der BGH die Verwertung der Sicherheit im Zeitpunkt der Bestellung unterstellt, verlagere er die Beweislast auf den Gesellschafter. In dem für den Geschäftsführer relevanten Fall der Haftung aus § 43 Abs. 2 GmbHG macht dies allerdings keinen Unterschied. Hier trägt in jedem Fall die Gesellschaft die Beweislast. Nur besteht dort, wie *Freitag* WM 2017, 1633, 1635 zurecht feststellt, die Gefahr, dass ein Gericht oder der Insolvenzverwalter einem „*hindsight bias*" erliegen. Immerhin kommt es zu einem Prozess ja nur dann, wenn die Sicherheit tatsächlich in Anspruch genommen wurde.

[130] Siehe zB MüKoHGB/*Ballwieser*, § 249 Rn. 13 (25 %), *Becker* ZIP 2017, 1599, 1603 (mehr als 50 %); MüKoBilanzR/*Hennrichs*, § 249 Rn. 62 („mehr Gründe für als gegen eine Inanspruchnahme", „51 %"); siehe auch den Überblick bei *Kiefner/Bochum* NZG 2017, 1292, 1296; *Verse* GmbHR 2018, 113, 118.

[131] Dazu → § 43 Rn. 58 f.

57 Der Geschäftsführer muss in jedem Fall im Zeitpunkt der Bestellung der Sicherheiten zunächst eine **Prognose** anstellen, ob mit deren Inanspruchnahme während der Laufzeit der Verbindlichkeiten des Gesellschafters zu rechnen ist. Dies hängt davon ab, ob der Gesellschafter die besicherte Verbindlichkeit erfüllen kann. Dabei hat er alle verfügbaren Tatsachen (zB Erträge des Gesellschafters in den vergangenen Jahren) und Planungen (Investitionsplan, *Cashflow*-Rechnung, Budget etc. des Gesellschafters) zu berücksichtigen. Vor allem in größeren **Konzernen** wird der Geschäftsführer einer abhängigen GmbH dies häufig nicht beurteilen können, da er die wirtschaftliche und finanzielle Situation der Muttergesellschaft nicht ausreichend kennt. Ist der Gesellschafter dagegen, wie häufig bei Akquisitionsfinanzierungen, eine reine Zweckgesellschaft ohne eigenes operatives Geschäft, die ihre Einkünfte ausschließlich aus den Ausschüttungen der Zielgesellschaft bezieht, kann der Geschäftsführer der Ziel-GmbH auf die Finanzdaten und Planungen seiner eigenen Gesellschaft zurückgreifen.[132] Unter normalen Umständen dürfte die Planung die **dauerhafte Zahlungsfähigkeit** der Gruppe vorsehen, so dass mit einer Inanspruchnahme der Sicherheiten nicht zu rechnen ist. Dann verstößt die Bestellung der Sicherheiten nicht gegen § 30 Abs. 1 S. 1 GmbHG und auf die Vollwertigkeit eines Befreiungs- oder Schadensersatzanspruchs kommt es nicht mehr an.

58 Nur im unwahrscheinlichen Fall, dass der Geschäftsführer zu der Einschätzung käme, dass mit einer Verwertung der Sicherheiten und einer dadurch entstehenden Unterbilanz (nach hier vertretener Ansicht überwiegend wahrscheinlich) zu rechnen ist, kommt es auf die Vollwertigkeit eines etwaigen Befreiungsanspruchs an. Einen solchen Anspruch hat die Gesellschaft gegen ihren Gesellschafter, dessen Verbindlichkeiten sie besichert hat, aus §§ 670, 257 BGB. Dieser Anspruch ist bei drohender Inanspruchnahme der Sicherheit zu aktivieren.[133] Darauf, dass dieser Anspruch zivilrechtlich erst mit der Inanspruchnahme der Sicherheit entsteht, kommt es im Rahmen der Bewertung des Gesamtgeschäfts nicht an. Rechnet der Geschäftsführer mit der Verwertung der Sicherheiten, so muss die GmbH eine **Rückstellung** in Höhe des Wertes der belasteten Vermögenswerte bilden. Hat die Bildung der Rückstellung eine Unterbilanz zur Folge, weil sie nicht durch Aktivierung eines vollwertigen Befreiungsanspruchs gegen den Gesellschafter kompensiert werden kann und die Differenz das ungebundene Vermögen der GmbH übersteigt, darf der Geschäftsführer die Sicherheit nicht bestellen und muss auch eine entsprechende Weisung verweigern.

59 Soweit der Geschäftsführer aber auf Grund einer wirksamen Weisung der Gesellschafter handelt, ist er von der Haftung gegenüber der Gesellschaft nach § 43 GmbHG **freigestellt.**[134] Dies kann die Einrichtung eines geeigneten Informations- oder Frühwarnsystems in Bezug auf die Bonität des Gesellschafters erfordern.[135] Verletzt er diese Überwachungspflicht oder unterlässt er die Geltendmachung bestehender Ansprüche, kann dies zu einer Haftung nach § 43 Abs. 2 GmbHG führen.

2. Rechtsfolgen aus §§ 30, 31 GmbHG

a) Wirksamkeit der Sicherheit

60 Trotz eines Verstoßes gegen § 30 Abs. 1 S. 1 GmbHG ist die Bestellung der Sicherheit grundsätzlich wirksam. § 30 Abs. 1 S. 1 GmbHG ist nach hM kein Verbotsgesetz iSd § 134

---

132 *Freitag* WM 2007, 1681, 1685 Fn. 36.

133 So auch schon *Spindler* ZHR 171 (2007), 245, 279; dagegen darf der Anspruch aus § 31 Abs. 1 GmbHG nicht aktiviert werden, vgl. Ulmer/Habersack/Löbbe/*Habersack*, GmbHG § 30 Rn. 38; *Spindler* ZHR 171 (2007), 245, 255.

134 Siehe dazu und zur darüberhinausgehenden Verpflichtung der Überwachung der Bonität des Gesellschafters → § 43 Rn. 83 ff.

135 So für die Beobachtungspflicht des Geschäftsführers nach aufsteigenden Darlehen BGH v. 1.12.2008, ZIP 2009, 70, 73 („MPS"); *Verse* GmbHR 2018, 113, 121.

BGB.[136] Daher führt ein Verstoß gegen § 30 GmbHG weder zur Nichtigkeit des Verpflichtungs- noch des Erfüllungsgeschäfts. Für die Anwendung der §§ 134, 812 ff. BGB ist neben §§ 30, 31 GmbHG kein Raum.[137] Das ergibt sich schon aus § 31 GmbHG.[138] Allerdings könnte die Sicherheit aus anderen Gründen, zB wegen Sittenwidrigkeit gemäß § 138 BGB oder Missbrauchs der Vertretungsmacht, unwirksam oder nicht durchsetzbar sein.[139]

b) Verwertungsbefugnis

Der Gläubiger, der die Sicherheit einredefrei erworben hat, kann sie als außenstehender **61**
Dritter ohne Rücksicht auf den Eintritt einer Unterbilanz bei der Gesellschaft durchsetzen.[140] Er handelt nicht sittenwidrig, selbst wenn er erkennt, dass die Gefahr eines Verstoßes gegen das Kapitalerhaltungsgebot besteht.[141]

c) Leistungsverweigerungsrecht

Die Bestellung der Sicherheit steht unter dem Vorbehalt der Vereinbarkeit der Leistung mit **62**
§ 30 Abs. 1 GmbHG im Erfüllungszeitpunkt. Leistungsversprechen der GmbH werden dahin gehend interpretiert, dass die Verpflichtung nur in den von § 30 GmbHG gezogenen Grenzen gelten soll, dh nur insoweit als durch die Erfüllung der versprochenen Leistung keine Verkürzung des Stammkapitals eintritt.[142] Die Gesellschaft hat also grundsätzlich ein Leistungsverweigerungsrecht gegen die Inanspruchnahme aus der bestellten Sicherheit,[143] soweit das Stammkapital beeinträchtigt wird und für die Zeit, in der das über das Stammkapital hinausgehende Vermögen der GmbH für die Auszahlung nicht ausreicht.[144]

Es ist umstritten, ob dieses Leistungsverweigerungsrecht nur gegenüber dem Gesellschaf- **63**
ter oder auch gegenüber Dritten besteht. Vereinzelt wird die Ansicht vertreten, dass ein Leistungsverweigerungsrecht auch gegenüber dritten Sicherungsnehmern gelten soll, wenn sie im Zeitpunkt der Bestellung der Sicherheit bösgläubig sind.[145] Für die Bösgläubigkeit des Dritten soll schon leichte Fahrlässigkeit ausreichen.[146] Die Bösgläubigkeit sei nur dann zu verneinen, wenn der Dritte bei Anwendung der in seinem eigenen Interesse gebotenen Sorgfalt zum Zeitpunkt der Sicherheitenbestellung die Gesellschaftereigenschaft des Hauptschuldners nicht erkennen konnte.[147] Nach zutreffender hM besteht dieses Leistungsverweigerungsrecht (als Äquivalent zum Rückerstattungsanspruch gemäß § 31 GmbHG) dagegen grundsätzlich nur gegenüber dem Gesellschafter und diesem Gleichgestellten,[148]

---

[136] BGH v. 19.3.1998, ZIP 1998, 793, 795; BGH v. 23.6.1997, BB 1997, 1807, 1808; BGH v. 20.9.1982, WM 1982, 1402; Hachenburg/*Goerdeler/Müller,* GmbHG § 30 Rn. 77 f.; Scholz/*Verse,* GmbHG § 30 Rn. 120; *Lutter/Wahlers* AG 1989, 1, 14 (unter Hinweis auf die verjährungs- und haftungsrechtliche Spezialvorschrift des § 31 GmbHG); *Groß/Sonnenhol* GmbHR 1995, 561, 562; *Peltzer/Bell* ZIP 1993, 1757.

[137] BGH v. 19.3.1998, ZIP 1998, 793, 795; BGH v. 23.6.1997, BB 1997, 1807, 1808; so auch Baumbach/Hueck/*Fastrich,* GmbHG § 30 Rn. 67; bei bewusstem Verstoß für die Nichtigkeit des Verpflichtungsgeschäfts, nicht aber des Erfüllungsgeschäfts, Rowedder/Schmidt-Leithoff/*Pentz,* GmbHG § 30 Rn. 49 f.

[138] *Joost* ZHR 148 (1984), 27, 30 ff. mit eingehender Begründung; *Messer* ZHR 159 (1995), 375, 377.

[139] Dazu → § 47 Rn. 10 ff.

[140] HM; Scholz/*Verse,* GmbHG § 30 Rn. 105; aA *Meister* WM 1980, 390, 394.

[141] BGH v. 19.3.1998, ZIP 1998, 793, 795; LG Frankfurt v. 19.6.1997, ZIP 1997, 1464, 1467.

[142] BGH v. 23.6.1997, BB 1997, 1807, 1808; eine gegenteilige Vereinbarung führt zur Nichtigkeit des Verpflichtungsgeschäfts gemäß § 134 BGB, *Peltzer/Bell* ZIP 1993, 1757, 1760 mwN.

[143] HM und st. Rspr., vgl. Baumbach/Hueck/*Fastrich,* GmbHG § 30 Rn. 67 mwN; Hachenburg/*Goerdeler/Müller,* GmbHG § 30 Rn. 66.

[144] *Peltzer/Bell* ZIP 1993, 1757, 1761.

[145] *Peltzer/Bell* ZIP 1993, 1757, 1762 f.; ähnlich auch *Tries,* Verdeckte Gewinnausschüttungen im GmbH-Recht, S. 82.

[146] *Peltzer/Bell* ZIP 1993, 1757, 1764.

[147] *Peltzer/Bell* ZIP 1993, 1757, 1763 f.; zu Recht ablehnend *Groß/Sonnenhol* GmbHR 1995, 561, 562 f.; *Reemann* MittRhNotK 1996, 113, 128.

[148] Dazu → § 43 Rn. 17.

dagegen **nicht gegenüber Dritten.**[149] Die Gesellschaft kann sich also gegenüber einem außenstehenden Kreditgeber nicht auf ein Leistungsverweigerungsrecht berufen.[150] Das Auszahlungsverbot soll nur Auszahlungen an Gesellschafter verhindern, nicht aber Geschäfte mit Dritten.[151]

d) Rückerstattungsanspruch

64 **(i) Anspruch gegen Gesellschafter.** Die Gesellschaft hat gemäß § 31 Abs. 1 GmbHG ab dem Zeitpunkt der verbotswidrigen Auszahlung einen Erstattungsanspruch gegen den Gesellschafter.[152] Der Anspruch entsteht nur dann, wenn die Leistung im **maßgeblichen Zeitpunkt** gegen § 30 Abs. 1 GmbHG verstoßen hat. War die Leistung dagegen im maßgeblichen Zeitpunkt mit § 30 Abs. 1 GmbHG vereinbar, so führen spätere nicht vorhersehbare negative Entwicklungen (zB Verlust der Werthaltigkeit eines Rückerstattungsanspruchs gegen den Gesellschafter) nicht nachträglich zu einer verbotenen Auszahlung.[153] Bei aufsteigenden Sicherheiten ist nach hM der Zeitpunkt ihrer Bestellung maßgeblich.[154]

65 Auch bei einer Leistung an einen Dritten, die dem Gesellschafter zuzurechnen ist,[155] besteht der Anspruch nur **gegenüber dem Gesellschafter.**[156] Von mehreren Gesellschaftern haftet nach § 31 Abs. 1 GmbHG derjenige, der die Leistung empfangen hat.[157]

66 Der Anspruch aus § 31 Abs. 1 GmbHG geht auf **Rückgewähr** der verbotswidrigen Leistung.[158] Die Haftung ist nicht etwa auf den Betrag der Stammkapitalziffer beschränkt.[159] Denn sie besteht nicht nur bei Herbeiführung oder Vertiefung einer Unterbilanz, sondern auch bei Herbeiführung oder Vertiefung einer Überschuldung.[160] Allerdings finden die §§ 30, 31 GmbHG nur in der **Höhe** Anwendung, in der die Leistung eine Unterbilanz oder Überschuldung bewirkt.[161] Daher besteht der Rückerstattungsanspruch nur in der Höhe, in der eine Rückerstattung zum Ausgleich der Unterbilanz (bei Bestehen einer Überschuldung zum Ausgleich des Fehlbetrags und der Unterbilanz) erforderlich ist.[162] Darüber hinaus verstößt die Leistung an den Gesellschafter nicht gegen § 30 Abs. 1 GmbHG, und dieser darf sie behalten.

67 War der Gesellschafter beim Empfang der Leistung in **gutem Glauben,** so kann die Leistung nur insoweit zurückverlangt werden, als sie zur Befriedigung der Gesellschaftsgläubiger erforderlich ist (§ 31 Abs. 2 GmbHG). Der Empfänger ist nicht in gutem Glauben, wenn er die Umstände, aus denen sich die Unzulässigkeit der Leistung ergibt, kennt oder grob fahrlässig nicht kennt.[163]

68 Der Anspruch ist nach hM grundsätzlich auf **gegenständliche Rückabwicklung** des Auszahlungsgeschäfts durch Rückzahlung, Rückübertragung von Gegenständen, Aufhebung einer Gesellschaftsverbindlichkeit oder Aufhebung eines beschränkten dinglichen

[149] Lutter/*Hommelhoff,* GmbHG § 30 Rn. 53, 58; *Stimpel* FS 100 Jahre GmbHG, S. 335, 356; *Sonnenhol/Groß* ZHR 159 (1995), 389, 405; *Schön* ZHR 159 (1995), 351, 358 f.; *Mülbert* ZGR 1995, 578, 604; *Kerber* WM 1989, 473, 476.
[150] So aber *Meister* WM 1980, 390, 394.
[151] BGH v. 19.3.1998, ZIP 1998, 793, 795; Lutter/*Hommelhoff,* GmbHG § 30 Rn. 3.
[152] Baumbach/Hueck/*Fastrich,* GmbHG § 30 Rn. 66.
[153] RegE MoMiG, BT-Drucks. 16/6140, S. 41.
[154] Dazu → § 43 Rn. 30.
[155] Zur Zurechnung → § 43 Rn. 16 ff.
[156] Lutter/*Hommelhoff,* GmbHG § 31 Rn. 6 (ausnahmsweise auch gegenüber dem Dritten, wenn der Dritte in „qualifizierter Nähe" zum Gesellschafter steht).
[157] *Steinbeck* WM 1999, 885, 888. Zur Ausfallhaftung der übrigen Gesellschafter siehe § 31 Abs. 3 GmbHG.
[158] Hachenburg/*Goerdeler/Müller,* GmbHG § 31 Rn. 23 (mit Zahlenbeispiel); Baumbach/Hueck/*Fastrich,* GmbHG § 31 Rn. 16.
[159] Hachenburg/*Goerdeler/Müller,* GmbHG § 31 Rn. 23.
[160] BGH v. 25.2.2002, ZIP 2002, 848, 850; *Henze* BB 2002, 1011.
[161] Scholz/*Verse,* GmbHG § 31 Rn. 15 mwN.
[162] BGH v. 26.3.1984, BGHZ 90, 370, 378; Scholz/*Verse,* GmbHG § 31 Rn. 15 (mit Zahlenbeispiel); Hachenburg/*Ulmer,* GmbHG § 32a, b Rn. 172.
[163] Baumbach/Hueck/*Fastrich,* GmbHG § 31 Rn. 18a.

Rechts gerichtet, soweit der geleistete Gegenstand bei dem Begünstigten noch vorhanden ist.[164] Im Fall der Besicherung einer Gesellschafterverbindlichkeit besteht ein Anspruch auf **Befreiung** von der Sicherheit.[165] Nur wenn die ursprüngliche Sachleistung im Vermögen des Begünstigten nicht mehr vorhanden ist, muss er Wertausgleich in Geld leisten.[166] In diesem Fall muss der Gesellschafter den im Zeitpunkt der Vermögensübertragung vorhandenen Wert des Vermögens bis zur Höhe der Stammkapitalziffer wiederherstellen, trägt also das Risiko einer Wertminderung, die eine Sachleistung in seinem Vermögen erfahren hat.[167] Nach anderer Ansicht geht der Anspruch regelmäßig nur auf **wertmäßige Auffüllung** des Stammkapitals (gegebenenfalls zuzüglich eines Fehlbetrags).[168]

Fortbestehen des Anspruchs. Ein einmal entstandener Rückerstattungsanspruch bleibt **69** bestehen, auch wenn das Gesellschaftskapital zwischenzeitlich anderweitig bis zur Höhe der Stammkapitalziffer nachhaltig wiederhergestellt ist.[169] Das folgt aus dem Rechtscharakter des Erstattungsanspruchs, der funktional dem Einlageanspruch der Gesellschaft gegen den Gesellschafter vergleichbar ist.[170]

(ii) Anspruch gegen Dritten. In der **Literatur** wurde die Ansicht vertreten, dass auch **70** ein der Gesellschaft oder einem Gesellschafter nicht nahestehender Kreditgeber bzw. Sicherungsnehmer nicht an einer verbotenen Einlagenrückgewähr mitwirken dürfe. Falls er dem zuwiderhandele, sei er einem eigenständigen **gesellschaftsrechtlichen** Rückerstattungsanspruch ausgesetzt.[171]

Diese Ansicht wurde vom **BGH** ausdrücklich verworfen. Der BGH hat klargestellt, dass **71** sich die Rechtsfolgen eines Verstoßes gegen das Kapitalerhaltungsgebot des § 30 GmbHG auch dann ausschließlich nach § 31 GmbHG bestimmen, wenn es den Beteiligten auf die Umgehung der Kapitalerhaltungsvorschriften ankomme.[172] Normadressat des § 31 GmbHG ist nur der **Gesellschafter.**[173] Ein Dritter ist dagegen grundsätzlich nicht zur Rückerstattung verpflichtet,[174] auch dann nicht, wenn er bei der Bestellung der Sicherheit bösgläubig war.[175]

e) Ausfallhaftung der übrigen Gesellschafter

Ist der Rückerstattungsanspruch gegenüber dem Empfänger der Leistung nicht durchsetz- **72** bar, so haften die übrigen nicht begünstigten Gesellschafter für den Ausfall nach § 31 Abs. 3 GmbHG. Allerdings erfasst die Ausfallhaftung der übrigen Gesellschafter nicht den gesamten durch Eigenkapital nicht gedeckten Fehlbetrag (dh bei einer Überschuldung den Betrag des Stammkapitals zuzüglich des bestehenden Fehlbetrags), sondern ist nach dem BGH auf den Betrag der **Stammkapitalziffer** beschränkt.[176] Eine unbeschränkte Haftung der nicht

---

[164] Scholz/*Verse,* GmbHG § 31 Rn. 17; Lutter/*Hommelhoff,* GmbHG § 31 Rn. 8; Baumbach/Hueck/*Fastrich,* GmbHG § 31 Rn. 16 (volle Rückgewähr).

[165] Hachenburg/*Goerdeler/Müller,* GmbHG § 31 Rn. 25.

[166] Scholz/*Verse,* GmbHG § 31 Rn. 19; Lutter/*Hommelhoff,* GmbHG § 31 Rn. 8.

[167] BGH v. 10.5.1993, BGHZ 122, 333, 339; Scholz/*Verse,* GmbHG § 31 Rn. 19; Lutter/*Hommelhoff,* GmbHG § 31 Rn. 14.

[168] Hachenburg/*Goerdeler/Müller,* GmbHG § 31 Rn. 25; MHdB GesR III/*Fronhöfer* § 51 Rn. 75.

[169] BGH v. 18.6.2007, DB 2007, 1969, 1970; BGH v. 29.5.2000, ZIP 2000, 1251, 1253 unter Aufgabe der früheren Rechtsprechung, insbesondere BGH v. 11.5.1987, ZIP 1987, 1113.

[170] So auch BGH v. 24.11.2003, WM 2004, 325, 326.

[171] *Peltzer/Bell* ZIP 1993, 1757, 1760; *Abramenko* GmbHR 1997, 875, 879.

[172] BGH v. 23.6.1997, BB 1997, 1807, 1808; BGH v. 19.3.1998, ZIP 1998, 793, 795.

[173] BGH v. 20.9.1982, WM 1982, 1402; Baumbach/Hueck/*Fastrich,* GmbHG § 31 Rn. 12, außer bei besonders enger persönlicher oder rechtlicher Beziehung zu einem Gesellschafter; *Mülbert* ZGR 1995, 578, 604; *Canaris* FS Fischer, S. 31, 55.

[174] BGH v. 20.9.1982, WM 1982, 1402; Lutter/*Hommelhoff,* GmbHG § 31 Rn. 6; aA noch *Meister* WM 1980, 390, 395 mwN.

[175] BGH v. 19.3.1998, ZIP 1998, 793, 795; anders noch BGH v. 20.9.1982, WM 1982, 1402; BGH v. 28.9.1981, BGHZ 81, 365, 369; LG Frankfurt v. 19.6.1997, ZIP 1997, 1464, 1467.

[176] BGH v. 25.2.2002, ZIP 2002, 848, 850; zur Berechnung siehe BGH v. 22.9.2003, GmbHR 2003, 1420, 1424.

begünstigten Gesellschafter wäre mit dem Prinzip der beschränkten Haftung der GmbH-Gesellschafter und dem Fehlen einer Nachschusspflicht nicht zu vereinbaren.[177] Die nicht begünstigten Gesellschafter können sich selbst dann auf die Haftungsbeschränkung berufen, wenn sie an der Transaktion mitgewirkt haben.[178]

73 Die Haftung der nicht begünstigten Gesellschafter ist aber nicht entsprechend § 24 GmbHG auf die Höhe ihrer jeweiligen Stammeinlage beschränkt.[179] Darum haftet bei Ausfall aller übrigen Gesellschafter der einzig leistungsfähige Gesellschafter (wie ein Gesamtschuldner) bis zur Höhe der Stammkapitalziffer. Sein eigener Anteil am Stammkapital ist nicht abzuziehen.[180]

f) Verjährung

74 Der Anspruch auf Rückerstattung der verbotswidrigen Leistung verjährt, soweit er sich gemäß § 31 Abs. 1 GmbHG gegen den Gesellschafter richtet, in zehn Jahren, soweit er sich gemäß § 31 Abs. 3 GmbHG gegen die übrigen Gesellschafter richtet, in fünf Jahren (§ 31 Abs. 5 S. 1 GmbHG). Die Verjährung beginnt mit dem Ablauf des Tages der verbotswidrigen Auszahlung (§ 31 Abs. 5 S. 2 GmbHG). Das ist bei aufsteigenden Sicherheiten nach hM der Tag der Bestellung der Sicherheit.[181]

3. Sonstige gesellschaftsrechtliche Rechtsfolgen

75 Neben den Rechtsfolgen des § 31 GmbHG kann eine gegen § 30 Abs. 1 S. 1 GmbHG verstoßende Leistung weitere gesellschaftsrechtliche Ansprüche gegen die Gesellschafter und Geschäftsführer begründen.[182]

a) Haftung der Gesellschafter

76 **(i) Pflichtverletzung gegenüber Gesellschaft.** Nach früherer Rechtsprechung verletzte ein GmbH-Gesellschafter, der zustimmend an einem Gesellschafterbeschluss mitwirkte, mit dem die Geschäftsführung (wenn auch nicht rechtswirksam[183]) angewiesen wurde, eine Auszahlung aus dem Gesellschaftsvermögen unter Verstoß gegen § 30 Abs. 1 GmbHG vorzunehmen, seine Pflichten als Gesellschafter, wenn er wusste oder hätte wissen müssen, dass haftendes Kapital entnommen wird oder die Gesellschaft bereits überschuldet war.[184] Diese ältere Rechtsprechung ist seit der Rechtsprechung des BGH zur Existenzvernichtungshaftung überholt.[185]

77 Nach *Altmeppen* soll der Geschäftsführer eines herrschenden Unternehmens im faktischen Konzern der beherrschten Gesellschaft auch bei einer gegen § 30 Abs. 1 S. 1 GmbHG verstoßenden Sicherheitenbestellung analog § 317 Abs. 3 AktG haften.[186] Die hM wendet die §§ 311, 317 AktG dagegen auch nicht analog auf die GmbH an.[187]

---

177 BGH v. 25.2.2002, ZIP 2002, 848, 850 mwN.
178 *Henze* BB 2002, 1011.
179 Noch offengelassen in BGH v. 25.2.2002, ZIP 2002, 848, 850.
180 BGH v. 22.9.2003, GmbHR 2003, 1420, 1424.
181 BGH v. 21.3.2017, WM 2017, 945, 948 Rn. 27; Scholz/*Verse*, GmbHG § 31 Rn. 77 iVm § 30 Rn. 96 ff.; zu dem Meinungsstreit ausführlich → § 43 Rn. 26 ff.
182 Zu den zivilrechtlichen Ansprüchen gegen Gesellschafter und Geschäftsführer siehe § 47.
183 Dazu → § 43 Rn. 93.
184 BGH v. 10.12.1984, BGHZ 93, 146, 150.
185 Scholz/*Verse*, GmbHG § 31 Rn. 32 sowie 68 mwN; zur Existenzvernichtungshaftung → § 47 Rn. 36.
186 *Altmeppen* ZIP 2017, 1977, 1980 ff.; zur analogen Anwendung des § 317 III AktG im Rahmen von aufsteigenden Darlehen bereits *Altmeppen* ZIP 2009, 49, 55; Roth/*Altmeppen*, § 30 Rn. 133; zust. *Lutter/Hommelhoff*, § 13 Anh Rn. 15.
187 Vgl. Ulmer/*Habersack*/Löbbe, GmbHG § 30 Rn. 91, Rn. 111 ff.; Baumbach/Hueck/*Beurskens*, GmbHG, Schlussanh. I Rn. 15; *Goette*, Die GmbH § 9 Rn. 9.

(ii) Pflichtverletzung gegenüber Minderheitsgesellschaftern. Veranlasst ein Mehrheitsgesellschafter (oder eine einvernehmlich handelnde Gesellschaftermehrheit) die von ihm beherrschte Gesellschaft, eine gegen § 30 Abs. 1 GmbHG verstoßende Auszahlung vorzunehmen, so verletzt er seine **gesellschaftsrechtliche Treuepflicht** gegenüber dem Minderheitsgesellschafter. Der Minderheitsgesellschafter hat einen unmittelbaren Anspruch gegen den Mehrheitsgesellschafter wegen Verletzung der Treuepflicht auf Rückgewähr der Auszahlung an die Gesellschaft.[188] In einer mehrgliedrigen GmbH stellt jede für die Gesellschaft nachteilige Weisung des Mehrheitsgesellschafters eine Pflichtverletzung gegenüber den mit der Weisung nicht einverstandenen Minderheitsgesellschaftern dar, wenn der Nachteil der GmbH vom Mehrheitsgesellschafter nicht kompensiert wird.[189] Das ist bei Akquisitionsfinanzierungen unter anderem für die Bestellung von Sicherheiten für Verbindlichkeiten des Mehrheitsgesellschafters zu beachten. 78

b) Haftung der Geschäftsführer der Ziel-GmbH

(i) Sorgfaltspflichtverletzung. Der Geschäftsführer hat in Angelegenheiten der Gesellschaft die **Sorgfalt** eines ordentlichen Geschäftsführers anzuwenden (§ 43 Abs. 1 GmbHG). Verletzt er diese Pflicht, haftet er der *Gesellschaft* auf Schadensersatz (§ 43 Abs. 2 GmbHG). Er ist insbesondere dann schadensersatzpflichtig, wenn er unter Verstoß gegen § 30 GmbHG Zahlungen aus dem zur Erhaltung des Stammkapitals erforderlichen Vermögen der GmbH geleistet hat (§ 43 Abs. 3 S. 1 GmbHG). 79

Pflichtenumfang. Problematisch ist die Rechtslage bei **Bestellung einer Sicherheit** durch die GmbH für Verbindlichkeiten ihres Gesellschafters. Die Bestellung der Sicherheit ist grundsätzlich nicht bilanzwirksam. Wenn in der Zukunft aber die Inanspruchnahme der Sicherheit droht und deshalb eine Rückstellung gebildet werden muss, kann es zu einer Unterbilanz kommen. Bei der Bestellung einer Sicherheit besteht die besondere Situation, dass im Zeitpunkt der Handlung des Geschäftsführers regelmäßig keine Unterbilanz entsteht und der Geschäftsführer im Zeitpunkt des Entstehens der Unterbilanz nicht handelt. 80

Hiervon ausgehend plädiert *Steinbeck* für einen weiten Pflichtenkreis des Geschäftsführers. Ein Geschäftsführer soll eine Sicherheit für Gesellschafterverbindlichkeiten nur dann bestellen dürfen, wenn (i) auch bei Verwertung der Sicherheit keine Unterbilanz entstehen würde oder (ii) wenn sich der Sicherungsnehmer gegenüber der Gesellschaft **vertraglich verpflichtet** hat, die Sicherheit nur insoweit in Anspruch zu nehmen, dass das zur Erhaltung des Stammkapitals erforderliche Vermögen nicht berührt wird. Bestelle der Geschäftsführer Sicherheiten ohne eine solche vertragliche Verwertungsbeschränkung (sog *Limitation Language*), so überschreite er die Grenzen seiner **Geschäftsführungsbefugnis.**[190] Diese einzeln gebliebene Ansicht ist jedoch abzulehnen. Eine allgemeine Pflicht der Geschäftsführer, den Eintritt einer Unterbilanz, zB durch entsprechende vertragliche Vereinbarungen, zu verhindern, gibt es nicht. 81

Der Geschäftsführer hat vielmehr nur die Pflicht, im Zeitpunkt seiner Handlung dh der Sicherheitenbestellung, zu prüfen, ob mit der Inanspruchnahme der Sicherheit **objektiv zu rechnen** ist.[191] Ist sie das, darf die Sicherheit grundsätzlich nicht bestellt werden, wenn deren Inanspruchnahme zu einer Unterbilanz führen würde. Ist damit nicht zu rechnen, so darf die Sicherheit bestellt werden. In Parallele zur Rechtslage bei aufsteigenden Darlehen, muss der Geschäftsführer aber die Bonität des Gesellschafters fortlaufend prüfen und spätestens bei drohender Inanspruchnahme der Sicherheit Freistellung vom Gesellschafter verlangen. Unterlässt er dies, so liegt hierin nach dem BGH zwar kein Verstoß gegen § 30 82

---

[188] BGH v. 5.6.1975, WM 1975, 1152, 1153 („ITT").
[189] *Röhricht* FS 50 Jahre BGH, S. 83, 105.
[190] *Steinbeck* WM 1999, 885, 889.
[191] Dazu → § 43 Rn. 47.

Abs. 1 S. 1 GmbHG, da auf den Freistellungsanspruch nicht verzichtet wird,[192] er haftet aber ggf. nach § 43 Abs. 2 GmbHG.[193] Hierzu ist festzuhalten, dass für eine Haftung der Geschäftsführung der Gesellschaft tatsächlich aufgrund der mangelnden Geltendmachung des Freistellungsanspruchs ein Schaden entstanden sein muss. Dies ist nur dann der Fall, wenn bei rechtzeitiger Geltendmachung eine zumindest teilweise Freistellung erwartbar gewesen wäre. In Akquisitionsfinanzierungen, in denen der Gesellschafter eine bloße Zweckgesellschaft ohne eigenes operatives Geschäft ist, kann eine Freistellung nur durch Zugführung neuen Eigenkapitals der Investoren, eine Refinanzierung mit Dritten oder Veräußerung der Anteile an der Zielgesellschaft erreicht werden.

83 **Handeln auf Weisung.** Der Geschäftsführer wird die Sicherheiten in aller Regel nicht aus eigenem Antrieb, sondern **aufgrund einer ausdrücklichen oder konkludenten Weisung** seines Gesellschafters bestellen. Dadurch ändern sich die Pflichten des Geschäftsführers. Er hat eine durch Gesellschafterbeschluss erteilte Weisung grundsätzlich auch dann zu **befolgen,** wenn sie für die GmbH nachteilig ist.[194] Die Nichtbefolgung der Weisung kann einen Grund für den Widerruf der Bestellung des Geschäftsführers und einen wichtigen Grund für die Kündigung seines Anstellungsverhältnisses darstellen.[195] Soweit die Folgepflicht des Geschäftsführers reicht, ist seine Haftung grundsätzlich ausgeschlossen.[196] Eine Folgepflicht besteht, wenn die Weisung **bindend** ist (arg. § 43 Abs. 3 S. 3 GmbHG).[197] Das ist sie aber ua dann nicht, wenn sie zwingenden gesetzlichen Bestimmungen widerspricht, zB die Weisung, gebundenes Vermögen entgegen § 30 GmbHG an die Gesellschafter auszuzahlen[198] oder wenn mit Befolgen der Weisung die Existenz der Gesellschaft gefährdet würde.[199] Nach hM darf die Tatsache, die eine Weisung wegen Existenzgefährdung unwirksam macht, nicht nur eine entfernte Wahrscheinlichkeit haben. Sie muss vielmehr bei objektiver Betrachtung mit **„überwiegender“[200] Wahrscheinlichkeit** zu erwarten oder sogar **„greifbar nahe liegend“** sein.[201] Es erscheint sachgerecht, diesen Maßstab auch bei der Weisung zur Bestellung aufsteigender Sicherheiten anzulegen.

84 Soweit der Geschäftsführer auf Grund einer wirksamen Weisung der Gesellschafter handelt, ist er von der Haftung gegenüber der Gesellschaft nach § 43 GmbHG **freigestellt.**[202] Kommt es später wider Erwarten doch zu einer Inanspruchnahme der Sicherheit und dadurch zu einer Unterbilanz, haftet der Geschäftsführer dafür grundsätzlich nicht. Allerdings ist der Geschäftsführer, auch wenn die Bestellung einer Sicherheit ohne Verstoß gegen § 30 Abs. 1 GmbHG erfolgt, weil im Zeitpunkt ihrer Bestellung mit einer Inanspruchnahme nicht zu rechnen war, von seinen Sorgfaltspflichten noch nicht entbunden. Er muss vielmehr **die Bonität des Gesellschafters** laufend **überwachen,** um einen etwaigen Befreiungsanspruch bei drohender Inanspruchnahme der Sicherheit rechtzeitig

---

[192] BGH v. 21.3.2017, WM 2017, 945, 947 f. Rn. 23; kritisch dazu Scholz/*Verse*, GmbHG § 30 Rn. 23, 88.

[193] BGH v. 21.3.2017, WM 2017, 945, 947. Rn. 22.

[194] Allg. M., vgl. nur Baumbach/Hueck/*Zöllner/Noack*, GmbHG § 37 Rn. 24; Scholz/*Schneider*, GmbHG § 37 Rn. 37; OLG Frankfurt v. 7.2.1997, ZIP 1997, 450, 451.

[195] Ein wichtiger Grund wird jedenfalls im Falle einer nachdrücklichen oder wiederholten Widersetzlichkeit gegenüber Gesellschafterweisungen zu bejahen sein, vgl. Lutter/Hommelhoff/*Kleindiek*, GmbHG § 38 Rn. 21; Baumbach/Hueck/*Zöllner/Noack,* GmbHG § 35 Rn. 220.

[196] BGH v. 31.1.2000, NJW 2000, 1571; BGH v. 10.5.1993, BGHZ 122, 333, 336; Baumbach/Hueck/*Zöllner/Noack*, GmbHG § 43 Rn. 33; Lutter/Hommelhoff/*Kleindiek*, GmbHG § 43 Rn. 40 ff.

[197] Lutter/Hommelhoff/*Kleindiek*, GmbHG § 37 Rn. 22, § 43 Rn. 42.

[198] Scholz/*Schneider*, GmbHG § 37 Rn. 61; Lutter/Hommelhoff/*Kleindiek*, GmbHG § 37 Rn. 18, 22, § 43 Rn. 42; *Keßler* GmbHR 2001, 1095, 1098; *Fleck* ZHR 1985, 387, 408.

[199] Lutter/Hommelhoff/*Kleindiek*, GmbHG § 37 Rn. 18.

[200] Lutter/Hommelhoff/*Kleindiek*, GmbHG § 37 Rn. 18.

[201] OLG Frankfurt v. 7.2.1997, ZIP 1997, 450, 452; noch enger *Konzen* NJW 1989, 2977, 2982: „unschwer erkennbare Exzeßfälle“ (Sittenwidrigkeit), „unternehmerischer Ermessenspielraum grob überschritten“ (Treuepflichtverletzung).

[202] BGH v. 31.1.2000, NJW 2000, 1571; BGH v. 10.5.1993, BGHZ 122, 333, 336; BGH v. 14.12.1959, BGHZ 31, 258, 278; Baumbach/Hueck/*Zöllner/Noack*, GmbHG § 43 Rn. 33; Lutter/Hommelhoff/*Kleindiek*, GmbHG § 43 Rn. 40.

geltend machen zu können.[203] Dies kann die Einrichtung eines geeigneten Informations- oder Frühwarnsystems in Bezug auf die Bonität des Gesellschafters erfordern.[204] Verletzt er diese Überwachungspflicht oder unterlässt er die Geltendmachung bestehender Ansprüche, kann dies zu einer Haftung nach § 43 Abs. 2 GmbHG führen.[205]

Maßnahmen zur Reduzierung des Haftungsrisikos. Der Geschäftsführer sollte sich 85 die Weisung der Gesellschafter schriftlich erteilen lassen und in jedem Fall **dokumentieren,** dass und auf welcher Tatsachengrundlage er geprüft hat, ob die Weisung bindend ist. Er kann die Gefahr einer Haftung noch weiter reduzieren, wenn er ein **Gutachten** eines sachverständigen Dritten, zB eines Wirtschaftsprüfers, einholt, in dem dieser bestätigt, dass die Inanspruchnahme der Sicherheit unwahrscheinlich ist. Schließlich können die Geschäftsführer durch eine **Organhaftpflichtversicherung** (*Directors & Officers Insurance*) gegen Haftungsrisiken versichert werden.

(ii) Haftung für Zahlungen nach Zahlungsunfähigkeit oder Überschuldung. Nach 86 § 64 S. 1 GmbHG haften die Geschäftsführer für Zahlungen der Gesellschaft, die nach Eintritt der Zahlungsunfähigkeit oder nach Feststellung der Überschuldung und bis zum Verlust der Verfügungsbefugnis gemäß § 80 InsO[206] geleistet werden.[207] Die Haftung entfällt, wenn die Zahlung mit der Sorgfalt eines ordentlichen Geschäftsmanns vereinbar war (§ 64 S. 2 GmbHG). Beispiele sind die Zahlung von Zinsen, Gehältern etc., um die Sanierung der Gesellschaft zu ermöglichen.[208] Durch das MoMiG wurde ein neuer Satz 3 in den § 64 GmbHG eingefügt, der lautet: „Die gleiche Verpflichtung trifft die Geschäftsführer für Zahlungen an Gesellschafter, soweit diese zur Zahlungsunfähigkeit der Gesellschaft führen mussten, es sei denn, dies war auch bei Beachtung der in Satz 2 bezeichneten Sorgfalt nicht erkennbar." Diese Bestimmung soll die Kapitalerhaltungsmechanismen (§§ 30, 31 GmbHG, existenzvernichtender Eingriff, Insolvenzanfechtung) ergänzen,[209] indem sie auch bilanzneutrale Zahlungen untersagt, welche die Zahlungsunfähigkeit herbeiführen müssen und tatsächlich auch herbeiführen.[210]

Im Unterschied zu §§ 30, 31 GmbHG, die nur das Stammkapital schützen, bezweckt **§ 64** 87 **S. 3 GmbHG** einen **Liquiditätsschutz,** denn er erfasst auch Zahlungen, die das Stammkapital nicht antasten, aber zur Zahlungsunfähigkeit führen.[211] Während sich ein Anspruch aus § 826 BGB wegen existenzvernichtenden Eingriffs gegen den Gesellschafter richtet, gewährt § 64 S. 3 GmbHG einen Anspruch gegen den Geschäftsführer als „Auslöser" oder „Gehilfe" der Vermögensverschiebung zugunsten des Gesellschafters.[212] Die Insolvenzanfechtung gemäß §§ 129 ff. InsO ist grundsätzlich nur innerhalb kurzer Fristen möglich. Außerdem müssen Kenntnis bzw. Vorsatz bewiesen werden. Dagegen unterliegt der Anspruch gegen den Geschäftsführer aus § 64 S. 3 GmbHG der fünfjährigen Verjährung (§ 64 S. 4 iVm § 43 Abs. 4 GmbHG), und die Beweislast für das Verschulden ist zu seinen Lasten umgekehrt. Gegenüber dem § 64 S. 1 GmbHG, der erst nach Eintritt der Zahlungsunfähigkeit oder Feststellung der Überschuldung greift, wird die Zahlungssperre durch den neuen § 64 S. 3 GmbHG nach vorne verlagert. Die Bestimmung enthält Pflichten für die Zeit vor Eintritt der Zahlungsunfähigkeit, die ja gerade verhindert werden soll.[213]

---

[203] Zu dem Befreiungsanspruch gemäß §§ 670, 257 BGB → § 47 Rn. 5. Vgl. zum parallel liegenden Fall der Gewährung eines Darlehens und einer Kündigung bei Verschlechterung der Vermögensverhältnisse gemäß § 490 Abs. 2 BGB oder der Anforderung von Sicherheiten, BGH v. 1.12.2008, ZIP 2009, 70, 72 („MPS"); *Altmeppen* ZIP 2009, 49, 54.
[204] BGH v. 1.12.2008, ZIP 2009, 70, 73 („MPS").
[205] Vgl. hierzu bereits ausführlich → § 43 Rn. 83 ff.
[206] Lutter/Hommelhoff/*Kleindiek,* GmbHG § 64 Rn. 4.
[207] Kritisch zur Neuregelung *K. Schmidt* GmbHR 2007, 1, 5 ff.
[208] Lutter/Hommelhoff/*Kleindiek,* GmbHG § 64 Rn. 33.
[209] RegE MoMiG, BT-Drucks. 16/6140, S. 46.
[210] *K. Schmidt* GmbHR 2007, 1072, 1079.
[211] RegE MoMiG, BT-Drucks. 16/6140, S. 46.
[212] RegE MoMiG, BT-Drucks. 16/6140, S. 46.
[213] *Knof* DStR 2007, 1536, 1539.

88 Der Begriff der **„Zahlungen"** iSd § 64 S. 1 GmbHG ist nicht auf reine Geldleistungen beschränkt, sondern erfasst auch sonstige vergleichbare Leistungen zu Lasten des Gesellschaftsvermögens, durch die der Gesellschaft im Ergebnis Liquidität entzogen wird.[214] Angesichts des Zwecks des § 64 S. 3 GmbHG, das Auszahlungsverbot gemäß § 30 Abs. 1 GmbHG zu ergänzen,[215] liegt es nahe, sich auch an der Auslegung des Begriffs der Auszahlung in § 30 Abs. 1 GmbHG zu orientieren.[216] Danach kann eine „Zahlung" an einen Gesellschafter grundsätzlich auch in der Bestellung einer persönlichen oder dinglichen **Sicherheit** für die Verbindlichkeiten des Gesellschafters liegen.[217] **Maßgeblicher Zeitpunkt** für die Beurteilung der Haftung des Geschäftsführers ist der Zeitpunkt der Bestellung der Sicherheit. Der Geschäftsführer hat also im Hinblick auf § 64 S. 3 GmbHG im Zeitpunkt der Bestellung der Sicherheit zu prüfen, ob die Inanspruchnahme der Sicherheit wahrscheinlich ist und ob für diesen Fall ein vollwertiger Befreiungsanspruch besteht.[218] Ist mit einer Inanspruchnahme unter Beachtung der Sorgfalt eines ordentlichen Geschäftsmannes nicht zu rechnen oder besteht ein vollwertiger Befreiungsanspruch gegen den Gesellschafter, so darf der Geschäftsführer die Sicherheit bestellen.

89 Über § 64 S. 3 GmbHG hinaus kann der Geschäftsführer allerdings gemäß § 43 Abs. 2 GmbHG verpflichtet sein, einen möglichen Befreiungsanspruch gegen den Gesellschafter geltend zu machen, wenn sich die Bonität des Gesellschafters verschlechtert, so dass eine Inanspruchnahme der Sicherheit wahrscheinlich wird.[219]

90 Die Zahlung muss an einen **Gesellschafter** der GmbH erfolgen. Dem Gesellschafter sind entsprechend der Rechtsprechung zu § 30 GmbHG bestimmte Personen, zB mit dem Gesellschafter verbundene Unternehmen, gleichgestellt.[220]

91 **Zahlungsunfähigkeit** liegt nach dem BGH nur bei einer mindestens dreiwöchigen Liquiditätsunterdeckung vor.[221] Geringfügige Liquiditätslücken von weniger als 10 % der Gesamtverbindlichkeiten des Schuldners bleiben außer Betracht, es sei denn, es ist bereits absehbar, dass die Lücke demnächst größer sein wird.[222]

92 Erforderlich ist ein **enger Kausalzusammenhang** zwischen der Zahlung an den Gesellschafter und der Zahlungsunfähigkeit.[223] Die Zahlung muss ohne Hinzutreten weiterer Kausalbeiträge zur Zahlungsunfähigkeit der Gesellschaft führen.[224] Der Entzug der Liquidität muss sich von Anbeginn an ganz deutlich als **„Weichenstellung ins Aus"** darstellen und ein objektiver Betrachter muss den Verlust der Zahlungsfähigkeit somit *ex ante* mit an Sicherheit grenzender Wahrscheinlichkeit vorhersagen können.[225] Das dürfte bei der Besicherung von Akquisitionsfinanzierungen regelmäßig auszuschließen sein.[226]

93 Es ist unerheblich, ob die Gesellschafter den Geschäftsführer angewiesen haben, die Zahlung zu leisten. Eine solche Weisung wäre nicht verbindlich (§§ 64 S. 4, 43 Abs. 3 S. 3 GmbHG).[227]

---

[214] RegE MoMiG, BT-Drucks. 16/6140, S. 46.
[215] RegE MoMiG, BT-Drucks. 16/6140, S. 46.
[216] Roth/*Altmeppen*, GmbHG § 64 Rn. 10.
[217] Dazu → § 43 Rn. 4.
[218] So iE auch *Greulich/Bunnemann* NZG 2006, 681, 684; *Knof* DStR 2007, 1536, 1538; *Wicke* GmbHG § 64 Rn. 27.
[219] Dazu → § 43 Rn. 48.
[220] *Greulich/Bunnemann* NZG 2006, 681, 685; *Knof* DStR 2007, 1536, 1538; zu den einem Gesellschafter für Zwecke des § 30 GmbHG gleichgestellten Dritten → § 43 Rn. 17.
[221] Sonst lediglich „Zahlungsstockung", BGH v. 24.5.2005, DStR 2005, 1616.
[222] BGH v. 24.5.2005, DStR 2005, 1616, 1619; Baumbach/Hueck/*Haas*, GmbHG vor § 64 Rn. 16 mwN.
[223] Eingehend dazu *Knof* DStR 2007, 1536, 1539 f.
[224] RegE MoMiG, BT-Drucks. 16/6140, S. 46 f.
[225] MüKoGmbHG/*H. F. Müller* § 64 Rn. 193 mwN.
[226] Vgl. zur Frage der Geltung des § 64 S. 3 GmbHG auf die Bestellung oder Verwertung von Upstream-Sicherheiten auch Diem/Jahn/*Beyersdorfer*, II.23 Rn. 85 ff., *Sutter/Kuznetsova* WM 2017, 745, 747 ff.; *Sutter* WM 2018, 360, 366, jeweils mwN.
[227] *Greulich/Bunnemann* NZG 2006, 681, 683; *Knof* DStR 2007, 1536, 1538.

Umfang der Haftung. § 64 S. 3 GmbHG gewährt der Gesellschaft keinen Anspruch auf Schadensersatz gegen den Geschäftsführer, sondern einen Anspruch auf Erstattung in Höhe des ungekürzten Wertes der Zahlung.[228] 94

4. Limitation Language

Grundsatz. In der Kreditpraxis wurde in der Vergangenheit bei der Besicherung von Gesellschafterverbindlichkeiten durch deutsche GmbHs oder GmbH & Co KGs regelmäßig das Recht des Sicherungsnehmers zur Inanspruchnahme der Sicherheit durch Aufnahme einer sog *Limitation Language* in die Verträge beschränkt, um eine mögliche Haftung der Geschäftsführer gemäß §§ 43 Abs. 3, 30 Abs. 1 GmbHG zu verhindern.[229] Dasselbe erfolgt bei Abgabe einer Bürgschaft oder Garantie für die Verbindlichkeiten eines (direkten oder indirekten) Gesellschafters oder einer Schwestergesellschaft. Die neuen Urteile des BGH zu bestimmten aufsteigenden Sicherheiten[230] haben dazu geführt, dass diese Praxis kurzfristig hinterfragt wurde oder Alternativformulierungen vorgeschlagen wurden, die auf den Zeitpunkt der Bestellung der Sicherheiten anstelle der Verwertung abstellten. 95

Erforderlichkeit. Die für Personalsicherheiten und revolvierende Sicherheiten nur bedingt übertragbare Begründung des BGH,[231] insbesondere aber die Unsicherheiten hinsichtlich der an die Geschäftsführer bei Sicherheitenbestellung sowie nach Bestellung bestehenden Sorgfaltspflichten hinsichtlich der Beurteilung der Wahrscheinlichkeit einer Sicherheitenverwertung,[232] haben dazu geführt, dass eine große Mehrheit der Kommentatoren nach wie vor für die Aufnahme einer *Limitation Language* zum Schutz der Geschäftsführer plädiert.[233] Nach hier vertretener Ansicht wäre eine solche *Limitation Language* zum Schutz der Geschäftsführer jedenfalls in kleineren Unternehmensgruppen häufig nicht erforderlich.[234] Solange der BGH aber seine Anforderungen an die Beurteilung der Inanspruchnahmewahrscheinlichkeit nicht konkretisiert, werden zumindest in Akquisitionsinfinanzierungen Geschäftsführer von Tochtergesellschaften nur schwerlich bewegt werden können, ohne Vereinbarung einer *Limitation Language Upstream*-Sicherheiten zu bestellen. Die Praxis ist daher zumindest in Akquisitionsinfinanzierungen wieder fast durchgängig zur Aufnahme einer *Limitation Language* zurückgekommen.[235] 96

Wichtig ist in jedem Fall zu beachten, dass der Geschäftsführer nach Bestellung einer Sicherheit **ohne** *Limitation Language*, die auf den Zeitpunkt der Verwertung der Sicherheiten abstellt, in der Lage sein muss, etwaige Rückgriffsansprüche gegen seinen Gesellschafter auch während der Laufzeit des besicherten Darlehens geltend zu machen. Hier ist zum Schutze der Geschäftsführer eine Ausnahme zu der ansonsten LMA-üblichen Regelung, dass solche Freistellungs- oder Rückgriffsansprüche bis zur vollständigen Befriedigung der besicherten Banken nicht geltend gemacht werden dürfen[236] oder im manchen Sicherheiten gar auf diese verzichtet wird, vorzusehen. 97

---

[228] BGH v. 8.1.2001, NZG 2001, 361, 365; *Knof* DStR 2007, 1536, 1537; kritisch *K. Schmidt* GmbHR 2007, 1072, 1079.

[229] Ausführlich zur kautelarjuristischen Praxis mit Verhandlungsalternativen Diem/Jahn/*Beyersdorfer*, II.23 Rn. 21 ff.

[230] Dazu eingehend → § 43 Rn. 47 ff.

[231] → § 43 Rn. 32.

[232] Dazu ausführlich → § 43 Rn. 50 ff.

[233] Vgl. *Becker* ZIP 2017, 1599, 1606 ff.; *Heerma/Bergmann* ZIP 2017, 1261, 1263; *Kiefner/Bochum* NZG 2017, 1292, 1302 f.; *Séché/Theusinger* BB 2017, 1550, 1554; *Verse* GmbHR 2018, 113, 121 f.; *Wilhelm/Hoffmann* DB 2018, 1387, 1391; differenzierend nach „normaler Unternehmensfinanzierung" (dort keine *Limitation Language* erforderlich) und „Leverage- oder Sub-Investment-Grade-Finanzierungen" (dort *Limitation Language* erforderlich), *Sutter* WM 2018, 360, 365.

[234] Ebenso Scholz/*Verse*, GmbHG § 30 Rn. 103; Ulmer/*Habersack*, § 30 Rn. 98; *Freitag*, Der Konzern 2011, 330, 336.

[235] Die Aussage *Altmeppens* ZIP 2017, 1977, 1979, dass dies so gut wie nie geschehe, entspricht nicht der von den Verfassern beobachteten Praxis.

[236] Siehe Beispielsklausel Ziff. 24.8 (*Deferral of Guarantors' rights*) LMA Leveraged Finance Facilities Agreement.

98 **Rechtliche Folgen.** Die *Limitation Language* gewährt dem Sicherungsgeber bei Personalsicherheiten (zB Garantie, Bürgschaft) ein **Leistungsverweigerungsrecht** gegenüber dem Sicherungsnehmer[237] und bei dinglichen Sicherheiten (zB zur Sicherheit übereignete Gegenstände, abgetretene Forderungen, Pfandrechte) einen schuldrechtlichen Anspruch auf **Unterlassung** der Verwertung oder auf **Herausgabe** des Verwertungserlöses, soweit dies zum Ausgleich der Unterbilanz notwendig ist.

99 **Praktische Folgen.** Die Verwertungsbeschränkung bewirkt, dass der Sicherungsnehmer nur insoweit auf die Sicherheiten zugreifen kann bzw. die Verwertungserlöse behalten darf, als der Sicherungsgeber über ungebundenes Vermögen, dh Rücklagen, Gewinnvorträge und Gewinn aus dem laufenden Geschäftsjahr, verfügt.[238] Kommt es zur Inanspruchnahme der Sicherheit, so war die Erwerbsgesellschaft (dh der Kreditnehmer) nicht mehr in der Lage, ihre Kreditverbindlichkeiten zu erfüllen. Da sie selbst regelmäßig über kein operatives Geschäft verfügt, liegt dies daran, dass die Zielgesellschaft (dh der Sicherungsgeber) ihrem Gesellschafter nicht genügend Mittel für den Schuldendienst zur Verfügung stellen konnte. Die Zielgesellschaft wird dann ebenfalls über keine Rücklagen mehr verfügen, etwaige Gewinnvorträge und ein Jahresüberschuss werden bereits durch Verluste aufgezehrt sein. Im Verwertungszeitpunkt ist also regelmäßig **kein ungebundenes Vermögen** mehr vorhanden, auf das die Kreditgeber zugreifen können. In einem **Vertragskonzern** wird das meist sogar von Anfang an der Fall sein, da regelmäßig sämtliche Gewinne der abhängigen Gesellschaft an die herrschende Gesellschaft abzuführen sind und diese deshalb keine neuen Rücklagen und Gewinnvorträge bilden kann. Die Vereinbarung einer *Limitation Language* führt im Ergebnis also dazu, dass der Sicherungsnehmer mit seinem Anspruch aus der Sicherheit hinter alle anderen Gläubiger der Gesellschaft **zurücktritt.**[239]

100 Außerdem kann es wichtig sein, Sicherheiten **schnell** verwerten zu können. Die vertraglichen Verwertungsbeschränkungen enthalten häufig detaillierte Bestimmungen über das Verfahren zur Feststellung, ob durch die Verwertung der Sicherheit eine Unterbilanz entstehen oder vertieft würde.[240] Diese Feststellung setzt regelmäßig eine Zwischenbilanz voraus. Es kann geraume Zeit in Anspruch nehmen, bis eine solche Zwischenbilanz erstellt ist und die Parteien sich auf deren Richtigkeit (uU mit Hilfe eines Schiedsgutachters) geeinigt haben. Bis dahin kann das Insolvenzverfahren über das Vermögen des Sicherungsgebers eröffnet sein, was zu weiteren zeitlichen Verzögerungen führt und den Wert der Sicherheiten erheblich reduzieren kann.

101 **Ergebnis.** Im Ergebnis führt eine *Limitation Language* zu einer **erheblichen Entwertung** der Sicherheiten.[241] Ein solcher Kredit kommt einem Blankokredit nahe, der sehr viel teurer ist als ein besicherter Kredit.[242] Daher sollte immer auch geprüft werden, ob die Verletzung der Kapitalerhaltungsvorschriften nicht durch eine alternative Gestaltung vermieden werden kann.[243]

II. § 43a GmbHG analog

102 Nach § 43a S. 1 GmbHG ist die Gewährung von Kredit aus dem zur Erhaltung des Stammkapitals erforderlichen Vermögen der GmbH an Geschäftsführer, andere gesetzliche Vertreter, etc. verboten. Ein entgegen diesem Verbot gewährter Kredit ist sofort zurückzugewähren (§ 43a S. 2 GmbHG).

---

237 *Bastuck* WM 2000, 1091, 1097.
238 → § 43 Rn. 22.
239 Ähnlich *Bastuck* WM 2000, 1091, 1098.
240 *Freitag* WM 2003, 805, 809.
241 Ebenso *Freitag* WM 2003, 805, 809.
242 *Freitag* WM 2003, 805, 810.
243 Siehe dazu § 48.

Der Begriff des **Kredits** ist weit zu verstehen.[244] Er erfasst ua auch die Übernahme von Darlehen anderer Kreditgeber, Zahlung auf fremde Verbindlichkeiten sowie die **Besicherung** von Verbindlichkeiten des betroffenen Personenkreises.[245] **103**

Ein Teil der Lehre befürwortet eine **analoge Anwendung** des § 43a GmbHG auf die Gewährung von Kredit an **Gesellschafter.**[246] Das würde bedeuten, dass jede Besicherung einer Gesellschafterverbindlichkeit durch die GmbH bei Vorliegen einer Unterbilanz, ohne Rücksicht auf die Werthaltigkeit eines Rückgriffsanspruchs oder die Wahrscheinlichkeit einer Inanspruchnahme der Sicherheit, *per se* verboten wäre und der GmbH ein sofort fälliger Anspruch auf Befreiung von der Sicherheit gegen den Gesellschafter zustünde. Die hL,[247] der auch der BGH folgt,[248] lehnt eine analoge Anwendung des § 43a GmbHG auf Kredite an Gesellschafter jedoch unter Hinweis auf den klaren entgegenstehenden Willen des Gesetzgebers ab.[249] **104**

Im Hinblick auf die Wertungen des MoMiG wird *de lege ferenda* die Abschaffung des § 43a GmbHG gefordert.[250] **105**

III. § 33 GmbHG

§ 71 AktG verbietet einer AG, von wenigen Ausnahmen abgesehen, eigene Aktien zu erwerben. §§ 71a, 71d AktG sollen eine **Umgehung** dieses Verbots verhindern. § 71a Abs. 1 S. 1 AktG verbietet der AG, den Erwerb eigener Aktien ua durch die Gewährung eines Darlehens oder die Bestellung einer Sicherheit zu unterstützen. § 71d AktG erstreckt dieses Verbot auf Tochtergesellschaften der AG. Es fragt sich, ob § 33 GmbHG, der den Erwerb eigener Geschäftsanteile durch eine GmbH regelt, entsprechende Umgehungsverbote für die GmbH enthält. **106**

1. Beschränkung des Erwerbs eigener Geschäftsanteile

Nach § 33 Abs. 2 GmbHG darf eine GmbH eigene Anteile, auf welche die Einlagen vollständig geleistet sind, nur erwerben, soweit sie im Zeitpunkt des Erwerbs eine Rücklage in Höhe der Aufwendungen für den Erwerb bilden könnte, ohne das Stammkapital oder eine nach dem Gesellschaftsvertrag zu bildende Rücklage zu mindern, die nicht zur Zahlung an die Gesellschafter verwandt werden darf. **107**

2. Umgehungstatbestände

§ 33 GmbHG erfasst nicht den Fall, dass die Ziel-GmbH den Erwerb eigener Geschäftsanteile durch einen Dritten finanziell unterstützt, indem sie dem Dritten ein Darlehen gewährt oder ein von diesem aufgenommenes Darlehen durch die Stellung von Sicherheiten besichert. Diese Fälle sind im Aktienrecht durch § 71a Abs. 1 S. 1 AktG besonders geregelt. Die Vorschrift ist nicht analog auf die GmbH anwendbar, da keine planwidrige Regelungslücke besteht.[251] Eine entsprechende Vorschrift fehlt im GmbHG, und § 33 GmbHG wird auch nicht erweiternd dahin gehend ausgelegt. **108**

---

[244] Lutter/Hommelhoff/*Kleindiek*, GmbHG § 43a Rn. 6; Roth/*Altmeppen*, GmbHG § 43a Rn. 2.
[245] Lutter/Hommelhoff/*Kleindiek*, GmbHG § 43a Rn. 6; Roth/*Altmeppen*, GmbHG § 43a Rn. 2.
[246] Scholz/*Schneider*, GmbHG § 43a Rn. 61, 63; ihm folgend *K. Schmidt*, Gesellschaftsrecht § 37 III 6b); *Kühbacher*, Darlehen an Konzernunternehmen, S. 45.
[247] Baumbach/Hueck/*Zöllner/Noack*, GmbHG § 43a Rn. 3; Lutter/Hommelhoff/*Kleindiek*, GmbHG § 43a Rn. 4; Roth/*Altmeppen*, GmbHG § 43a Rn. 7; *Cahn*, Kapitalerhaltung im Konzern, S. 259.
[248] BGH v. 24.11.2003, WM 2004, 325, 326.
[249] Vgl. BT-Drucks. 8/1347, S. 74; siehe dazu auch *Cahn*, Kapitalerhaltung im Konzern, S. 254 ff.
[250] *Drygala/Kremer* ZIP 2007, 1289, 1296.
[251] *Fischer/Gasteyer* NZG 2003, 517, 518; ebenso wohl *Kühbacher*, Darlehen an Konzernunternehmen, S. 134.

109 Das ist auch nicht erforderlich, da die Kapitalerhaltungsvorschrift des § 30 Abs. 1 GmbHG auch diese Fälle abdeckt. Der Erwerb eigener Geschäftsanteile ist im GmbH-Recht nur insoweit unzulässig, als er zu einer **Unterbilanz** führen würde (§ 33 Abs. 2 GmbHG). Dasselbe gilt für finanzielle Unterstützungsleistungen der GmbH für den Erwerb ihrer Geschäftsanteile durch einen Dritten.[252]

§ 44. Kapitalerhaltung in der GmbH & Co. KG

1 Die GmbH & Co. KG ist eine Personengesellschaft mit einer GmbH als (persönlich haftendem) Komplementär. Bei der GmbH & Co. KG gelten grundsätzlich die gesetzlichen Vorschriften über Kapitalrückzahlungen für die beiden Gesellschaftsformen gesondert, je nachdem, aus welchem Bereich eine Auszahlung erfolgt.[1] Die Auszahlung fällt unter § 30 GmbHG, wenn sie ohne vollwertige Gegenleistung zur Stammkapitaldeckung erforderliches Vermögen **der GmbH** angreift. Daneben kommt auch eine Einlagenrückgewähr **der KG** iSd § 172 Abs. 4 HGB in Betracht.

I. Verbot der Auszahlung von Stammkapital

1. Tatbestand des § 30 GmbHG

a) Auszahlung und Unterbilanz

2 **(i) KG als Leistende.** Das in § 30 GmbHG enthaltene Auszahlungsverbot beruht auf dem Grundsatz der Kapitalerhaltung und Kapitalbindung in der GmbH. Die KG verfügt als Personengesellschaft selbst über kein gebundenes Kapital, so dass eine Anwendung der Kapitalerhaltungsregeln auf sie grundsätzlich ausscheidet. Allerdings spielt das Vermögen der KG eine zentrale Rolle für die Kapitalsituation der an ihr beteiligten **Komplementär-GmbH.** So kann eine Leistung der KG mittelbar zu einer Auszahlung des nach § 30 Abs. 1 GmbHG geschützten Kapitals der GmbH führen, wenn durch diese Leistung das Nettovermögen der GmbH unter die Stammkapitalziffer absinkt. Dies kann im Wesentlichen auf zwei Arten geschehen:

3 **Wertverlust der Kapitaleinlage.** Eine im Übrigen vermögenslose Komplementär-GmbH bringt ihr Kapital als Einlage in die KG ein und erwirbt so einen Anteil an deren Haftkapital. Erbringt die KG Leistungen an einen Kommanditisten, der zugleich GmbH-Gesellschafter ist, die dem Drittvergleich nicht standhalten, kann dadurch der Wert der Beteiligung an der KG so weit absinken, dass bei der Komplementär-GmbH eine Unterbilanz entsteht.[2]

4 **Gesellschafterhaftung.** Auch ohne vermögensmäßige Beteiligung der Komplementär-GmbH an der KG kann es zu einer Haftung kommen, wenn die Komplementär-GmbH von den Gläubigern der KG gemäß §§ 161 Abs. 2, 128 HGB für deren Verbindlichkeiten in Anspruch genommen wird, mangels ausreichenden Vermögens bei der KG aber der nach §§ 161 Abs. 2, 110 HGB bestehende Freistellungs- bzw. Rückgriffsanspruch der GmbH gegen die KG nicht mehr vollwertig ist.[3] Dies kann zB bei der Inanspruchnahme einer von der KG für Verbindlichkeiten ihres Gesellschafters abgegebenen Garantie der Fall sein, wenn das Vermögen der KG nicht ausreicht, um den Anspruch des Garantieempfängers zu erfüllen. Dann kann es zu einer Unterbilanz bei der Komplementär-GmbH kommen. Eine

[252] Ebenso *Lutter/Hommelhoff,* GmbHG § 33 Rn. 25; Roth/*Altmeppen,* GmbHG § 33 Rn. 39; *Kühbacher,* Darlehen an Konzernunternehmen, S. 134.

[1] *K. Schmidt* GmbHR 1989, 141.

[2] BGH v. 29.3.1973, BGHZ 60, 324, 329; BGH v. 19.2.1990, BGHZ 110, 342, 357.

[3] BGH v. 29.3.1973, BGHZ 60, 324, 329; Roth/*Altmeppen* § 30 Rn. 173; Lutter/*Hommelhoff,* GmbHG § 30 Rn. 60.

Unterbilanz kann auch schon dann entstehen, wenn der Komplementär-GmbH eine Haftung droht, die sie zur Bildung einer Rückstellung zwingt (§ 249 Abs. 1 S. 1 HGB), soweit ihr Freistellungs- bzw. Rückgriffsanspruch gegen die KG gefährdet und daher nicht mehr vollwertig ist.[4]

Eine Auszahlung iSd § 30 Abs. 1 GmbHG ist nur gegeben, wenn es sich dabei nicht um ein sog. **„Drittgeschäft"** handelt.[5] Die Bestellung von **Sicherheiten für Gesellschafterverbindlichkeiten** (sog aufsteigende Sicherheit oder *Upstream Security*) ist regelmäßig kein Drittgeschäft und fällt damit in den Anwendungsbereich des § 30 Abs. 1 S. 1 GmbHG.[6] Ist nach Ansicht des Geschäftsführers im Zeitpunkt der Sicherheitenbestellung nicht mit der Verwertung der aufsteigenden Sicherheit zu rechnen, so ist sie nicht bilanzwirksam und führt deshalb, nach hier vertretener Ansicht, nicht zu einer Auszahlung im Sinne des § 30 Abs. 1 S. 1 GmbHG.[7] Rechnet der Geschäftsführer der KG dagegen mit der Inanspruchnahme der Sicherheit, so hat er eine Rückstellung zu bilden. Die Zulässigkeit der Bestellung der Sicherheit hängt dann davon ab, ob die KG auch nach einer Verwertung der Sicherheit über ausreichend Vermögen zur Befriedigung ihrer eigenen Gläubiger verfügte. Denn sonst droht eine Haftung der Komplementär-GmbH gemäß §§ 161 Abs. 2, 128 HGB, und diese müsste ihrerseits eine Rückstellung bilden. Das könnte zu einer **Unterbilanz** bei der Komplementärin führen. 5

(ii) Komplementär-GmbH als Leistende. Eine direkte Zuwendung der Komplementär-GmbH an ihren Gesellschafter unterliegt den allgemeinen Regeln des § 30 GmbHG. Dagegen sind Zuwendungen der Komplementär-GmbH an die KG auch dann keine Leistung iSd § 30 Abs. 1 GmbHG, wenn ein Gesellschafter der GmbH gleichzeitig Kommanditist der KG ist. Denn bei einer GmbH & Co. KG ist die KG im Verhältnis zu ihrer Komplementär-GmbH nicht als ein Drittunternehmen anzusehen. Die Komplementär-GmbH bildet als bloße Verwaltungsgesellschaft mit der KG eine **Einheit.**[8] 6

b) Leistungsempfänger

Die „Auszahlung" aus dem Vermögen der Komplementär-GmbH muss an einen Gesellschafter erfolgen. 7

Kommanditist. Führt eine Auszahlung aus dem KG-Vermögen zu einer Unterbilanz bei der Komplementär-GmbH, so findet § 30 GmbHG Anwendung, wenn der empfangende Kommanditist zugleich auch Gesellschafter der Komplementär-GmbH ist.[9] Die KG muss Auszahlungen aus ihrem Vermögen, die bei der Komplementär-GmbH zu einer Unterbilanz führen, unterlassen. Ob die Leistung dem Empfänger in seiner Eigenschaft als Kommanditist oder als Gesellschafter der GmbH zufließt, ist gleichgültig.[10] 8

Ist der empfangende Kommanditist *nicht* an der Komplementär-GmbH beteiligt, so gilt ihm gegenüber § 30 GmbHG analog, wenn – wie meist bei der GmbH & Co. KG – keine natürliche Person unbeschränkt haftet.[11] Im Interesse der Gläubiger einer GmbH & Co. KG sind die Vorschriften zur Kapitalerhaltung im GmbH-Recht für die GmbH & Co. KG entsprechend heranzuziehen, wenn zu Lasten des Stammkapitals der Komplementärin Ver- 9

4 BGH v. 19.2.1990, BGHZ 110, 342, 357; Lutter/*Hommelhoff,* GmbHG § 30 Rn. 60.
5 Dazu → § 43 Rn. 8.
6 Dazu → § 43 Rn. 10 ff.
7 Zum Meinungsstreit → § 43 Rn. 24 ff.
8 OLG Köln v. 5.2.2002, NZG 2003, 42.
9 BGH v. 29.3.1973, BGHZ 60, 324, 328; BGH v. 27.9.1976, BGHZ 67, 171, 174; BGH v. 29.9.1977, BGHZ 69, 274, 279 (auch, wenn Komplementär-GmbH nicht am Haftungskapital der KG beteiligt ist); Lutter/*Hommelhoff,* GmbHG § 30 Rn. 62.
10 Lutter/*Hommelhoff,* GmbHG § 30 Rn. 62.
11 BGH v. 19.2.1990, BGHZ 110, 342, 357; BGH v. 22.10.1990, NJW 1991, 1057, 1059; OLG Celle v. 18.6.2003, NZG 2004, 183; Lutter/*Hommelhoff,* GmbHG § 30 Rn. 50; Baumbach/Hueck/*Fastrich,* GmbHG § 30 Rn. 70; *Fahrholz,* Neue Formen der Unternehmensfinanzierung, S. 72; im Ergebnis wohl auch Scholz/*Verse,* GmbHG § 30 Rn. 131.

mögen der Kommanditgesellschaft an die Kommanditisten ausgeschüttet wird.[12] Das kann auch dann der Fall sein, wenn die Leistung an den Kommanditisten dazu führt, dass die Komplementär-GmbH (Drohverlust-)Rückstellungen bilden muss.[13] Der Kommanditist haftet auch dann, wenn er nur ein Anlegerinteresse hat und ihm ein bestimmender Einfluss auf die Geschäftsführung fehlt.[14]

10 **Komplementär.** Soll durch die Bestellung der Sicherheit eine Verbindlichkeit des Komplementärs besichert werden, so gilt dieser als Leistungsempfänger. Sinkt durch die Sicherheitenbestellung der Beteiligungswert der KG oder droht die persönliche Haftung des Komplementärs, so kann bei diesem eine Unterbilanz entstehen. Leistungsempfänger und geschädigte Gesellschaft sind dann ein und dieselbe Person. Diese Situation ist mit der **Besicherung eigener Verbindlichkeiten** vergleichbar. Die Sicherheitenbestellung durch die KG verstößt dann nicht gegen § 30 Abs. 1 GmbHG.

11 **Komplementär-Gesellschafter.** Ist der Empfänger der das Stammkapital mindernden Auszahlung als Gesellschafter an der Komplementär-GmbH beteiligt, aber nicht als Kommanditist an der KG, so gilt § 30 GmbHG analog.[15]

12 **Dritter.** Ein Nichtgesellschafter, der eine Leistung von der KG erhält, kann deren Kommanditist oder Komplementär unter bestimmten Voraussetzungen gleichgestellt werden, die den im GmbH-Recht entwickelten Voraussetzungen entsprechen.[16]

c) Ausnahmetatbestände

13 Ist mit der Verwertung der Sicherheit und als deren Folge dem Eintritt einer Unterbilanz bei der Komplementär-GmbH zu rechnen, so verstößt die Stellung der Sicherheit nur dann nicht gegen das Kapitalerhaltungsgebot des § 30 Abs. 1 S. 1 GmbHG, wenn die aufsteigende Sicherheit unter einen der beiden Ausnahmetatbestände des § 30 Abs. 1 S. 2 GmbHG fällt. Eine GmbH & Co. KG kann nach heute hM beherrschte Gesellschaft im Rahmen eines **Beherrschungs- oder Gewinnabführungsvertrags** sein.[17] In der Praxis kommt dies mangels steuerrechtlicher Anreize oder gesellschaftsrechtlicher Notwendigkeiten aber wohl so gut wie nicht vor.[18] Aus kapitalerhaltungsrechtlicher Sicht genügte es, wenn die Komplementär-GmbH beherrschte Gesellschaft eines Beherrschungs- oder Gewinnabführungsvertrages würde. Ob eine der beiden Ausnahmen eingreifen kann, beurteilt sich dann nach den gleichen Überlegungen wie bei der GmbH.[19]

d) Limitation Language

14 Die für eine GmbH vereinbarte *Limitation Language* wird regelmäßig auf von der GmbH & Co. KG bestellte Garantien und dingliche Sicherheiten erweitert, soweit durch eine Inanspruchnahme der GmbH & Co. KG das Nettovermögen der jeweiligen Komplementär-GmbH unter die Stammkapitalziffer sinkt oder, soweit bereits in der Unterbilanz, weiter reduziert wird. In den in der Praxis häufigen Fällen, in denen die Komplementär-GmbH nicht am Kapital der GmbH & Co. KG beteiligt ist, lässt sich eine solche Beschränkung vermeiden, wenn die Banken auf eine Inanspruchnahme der Komplementär-GmbH aus §§ 161 Abs. 2, 128 HGB verzichten.[20] Denn in diesem Fall hat die Inanspruchnahme der

[12] BGH v. 19.2.1990, BGHZ 110, 342, 357. Diese Haftung kann über die Haftung nach § 172 Abs. 4 HGB hinausgehen, die auf die Höhe der Hafteinlage beschränkt ist.
[13] Lutter/*Hommelhoff,* GmbHG § 30 Rn. 60.
[14] BGH v. 19.2.1990, BGHZ 110, 342, 358.
[15] *Fleck* FS 100 Jahre GmbHG, S. 391, 419 mwN.
[16] Lutter/*Hommelhoff,* GmbHG § 30 Rn. 62; siehe auch → § 43 Rn. 19.
[17] Reichert/*Liebscher,* GmbH & Co. KG § 51 Rn. 66; MüKoGmbHG/*Liebscher,* Anh § 13 Rn. 1381, 1436 ff.
[18] Reichert/*Liebscher,* GmbH & Co. KG § 51 Rn. 7, 66; MüKoGmbHG/*Liebscher,* Anh § 13 Rn. 1381, 1436 ff.
[19] Dazu → § 43 Rn. 34 ff.
[20] Ein solcher Verzicht ist möglich, siehe nur Baumbach/Hopt/*Roth,* HGB, § 128 Rn. 38.

GmbH & Co. KG oder Verwertung der von ihr bestellten Sicherheit keine Auswirkung auf die Bilanz der Komplementär-GmbH.

2. Rechtsfolgen

15 Hat die Bestellung einer aufsteigenden Sicherheit durch die KG eine Unterbilanz bei der GmbH zur Folge oder wird diese vertieft, so entsteht ein Anspruch auf Rückerstattung nach § 31 GmbHG.[21] Schuldner des Anspruchs ist der Gesellschafter, der die Leistung empfangen hat oder dem die Leistung an einen Dritten zuzurechnen ist.[22] Umstritten ist, wer **Anspruchsinhaber** des Erstattungsanspruchs ist. Nach der Rechtsprechung steht der Anspruch der KG zu.[23] Dagegen ist ein bedeutender Teil der Literatur unter Hinweis auf den Gesetzeswortlaut der Ansicht, dass der Anspruch der GmbH zustehe.[24] Sei die Auszahlung aus dem KG-Vermögen geleistet worden, so gehe der Anspruch der GmbH aber auf Erstattung an die KG.[25]

II. Einlagenrückgewähr gemäß § 172 Abs. 4 HGB

16 **Tatbestand.** Die Kapitalerhaltungsregel des § 172 Abs. 4 HGB ist neben den §§ 30, 31 GmbHG anwendbar.[26] Eine Rückbezahlung der Einlage iSd § 172 Abs. 4 HGB liegt vor, wenn der Kommanditist eine Leistung aus dem Vermögen der KG erhält, ohne hierfür eine gleichwertige Gegenleistung in das Gesellschaftsvermögen zu erbringen.[27] Eine Einlagenrückgewähr kann auch in der Bestellung einer **dinglichen Sicherheit** durch die KG an einen **Dritten** zur Besicherung von Verbindlichkeiten ihres Kommanditisten liegen.[28]

17 **Rechtsfolgen.** Eine Einlagenrückgewähr an einen Kommanditisten führt grundsätzlich nur zum Wiederaufleben seiner Haftung gemäß § 172 Abs. 4 HGB, so dass die Gesellschaftsgläubiger im Umfang der Entnahme unmittelbar auf das Privatvermögen des Kommanditisten zugreifen können.[29] Diese Haftung ist aber durch die Höhe der für den Kommanditisten gemäß § 172 Abs. 1 HGB in das Handelsregister eingetragenen Haftsumme[30] begrenzt. Sie reicht auch dann nicht weiter, wenn der Kommanditist ein Mehrfaches der Summe entnommen hat.[31]

18 § 172 Abs. 4 HGB befasst sich nur mit der Haftung des Kommanditisten im Außenverhältnis, dh gegenüber den Gesellschaftsgläubigern.[32] Ein Rückgewähranspruch der Gesellschaft gegen den Kommanditisten kann sich nur aus anderen Rechtsgründen ergeben.[33] In Betracht kommt eine Rückforderung auf Grund analoger Anwendung der §§ 30, 31 GmbHG.[34] Teilweise wird auch die Ansicht vertreten, dass der Komplementär, der kapitalschmälernde Maßnahmen vornehme, die nicht durch §§ 167, 169 HGB oder den Gesellschaftsvertrag gedeckt sind, seine Vertretungsmacht überschreite. Solche Maßnahmen seien nur mit Zustimmung der Gesellschafter zulässig.[35] Eine ohne Zustimmung der Gesell-

---

[21] Lutter/*Hommelhoff,* GmbHG § 31 Rn. 3 mwN.
[22] Lutter/*Hommelhoff,* GmbHG § 31 Rn. 6.
[23] BGH v. 29.3.1973, BGHZ 60, 324, 329; BGH v. 27.9.1976, BGHZ 67, 171, 176; Baumbach/Hueck/*Fastrich,* GmbHG § 31 Rn. 7.
[24] Hachenburg/*Goerdeler/Müller,* GmbHG § 31 Rn. 8; Lutter/*Hommelhoff,* GmbHG § 31 Rn. 3.
[25] Lutter/*Hommelhoff,* GmbHG § 31 Rn. 10.
[26] MüKoHGB/*K. Schmidt* § 172 Rn. 127.
[27] BGH v. 29.3.1973, BGHZ 60, 324, 327.
[28] BGH v. 20.10.1975, NJW 1976, 751, 752.
[29] BGH v. 19.2.1990, BGHZ 110, 342, 356.
[30] BGH v. 29.3.1973, BGHZ 60, 324, 327; Baumbach/Hopt/*Roth,* HGB § 172 Rn. 1, 4.
[31] BGH v. 19.2.1990, BGHZ 110, 342, 356.
[32] EBJS/*Strohn,* HGB § 172 Rn. 19.
[33] EBJS/*Strohn,* HGB § 172 Rn. 19.
[34] Dazu → § 44 Rn. 9.
[35] MüKoHGB/*K. Schmidt* § 172 Rn. 62.

schafter erfolgte verdeckte Gewinnausschüttung könne die KG gemäß § 812 BGB zurückfordern.[36]

III. Haftung der Geschäftsführer

19 Der Geschäftsführer der Komplementär-GmbH könnte durch die Einlagenrückgewähr seine Pflichten gegenüber der KG verletzen.[37] § 172 Abs. 4 HGB enthält aber keine Pflicht, die Haftungseinlagen der Kommanditisten zu erhalten.[38] Der Geschäftsführer als Organ der Komplementär-GmbH begeht daher durch die Rückzahlung der Einlage keine Pflichtverletzung gegenüber der KG, die einen Schadensersatzanspruch zur Folge hätte.

20 Der Geschäftsführer der Komplementär-GmbH verletzt seine Pflichten gegenüber der GmbH aus § 30 Abs. 1 S. 1 GmbHG, wenn er Leistungen an die Gesellschafter der KG erbringt, die eine Unterbilanz der Komplementär-GmbH zur Folge haben. Für diese Pflichtverletzung haftet der Geschäftsführer gemäß § 43 Abs. 3 GmbHG der GmbH als der Geschädigten auf Schadensersatz.

§ 45. Kapitalerhaltung in der Aktiengesellschaft

I. Verbot der Einlagenrückgewähr

1. Tatbestand des § 57 AktG

a) Einlagenrückgewähr

1 **(i) Umfang der Vermögensbindung.** § 57 Abs. 1 S. 1 AktG verbietet die Rückgewähr der Einlagen an die Aktionäre. Diese Bestimmung wird von der Rechtsprechung sehr weit interpretiert. Das Verbot der Einlagenrückgewähr schützt nach hL das **gesamte Vermögen** der Gesellschaft (sog **„Grundsatz der umfassenden Vermögensbindung“**[1]). Das Aktienrecht kennt kein ungebundenes Vermögen der AG, das an die Aktionäre ausgeschüttet werden darf.[2] Das steht im Kontrast zu § 30 Abs. 1 S. 1 GmbHG, der das Gesellschaftsvermögen nur bis zur Höhe der Stammkapitalziffer schützt. Nach früher hL verbietet § 57 Abs. 1 S. 1 AktG grundsätzlich jede Zuwendung zugunsten von Aktionären, die kein sog „Drittgeschäft“[3] ist und nicht im Rahmen der ordnungsgemäßen Ausschüttung des Bilanzgewinns (§ 57 Abs. 3 AktG)[4] oder einer zulässigen Abschlagszahlung (§ 59 AktG) erfolgt, es sei denn, die Zuwendung an den Aktionär ist durch eine gesetzliche Ausnahme erlaubt.[5] Auch das Reichsgericht vertrat diese Ansicht.[6] Entscheidungen des BGH gibt es dazu nicht.[7]

2 Nach aA gebietet § 57 Abs. 1 S. 1 AktG nur die Bindung des Vermögens in Höhe der **Grundkapitalziffer und der gesetzlichen Rücklagen** (§ 150 AktG).[8] Die Vorschrift diene nur der Kompetenzabgrenzung zwischen Vorstand und Aufsichtsrat einerseits und der Hauptversammlung andererseits. Vorstand und Aufsichtsrat sollen für die Feststellung

[36] Str., so MüKoHGB/*K. Schmidt* § 172 Rn. 62 mwN; ihm folgend EBJS/*Strohn,* HGB § 172 Rn. 19.
[37] Zum unmittelbaren Schadensersatzanspruch der KG gegen den Geschäftsführer der Komplementärin auch ohne vertragliche Grundlage vgl. Reichert/*Breitfeld,* GmbH & Co. KG § 16 Rn. 148.
[38] Betrifft nur Außenhaftung gegenüber Gesellschaftsgläubigern, vgl. EBJS/*Strohn,* HGB § 172 Rn. 19.
[1] MüKoAktG/*Bayer* § 57 Rn. 11; *Hüffer/Koch,* AktG § 57 Rn. 2.
[2] *Michael Winter* DStR 2007, 1484, 1489.
[3] Dazu → § 45 Rn. 3.
[4] Dazu → § 45 Rn. 9.
[5] MüKoAktG/*Bayer* § 57 Rn. 8; *Hüffer/Koch,* AktG § 57 Rn. 2 ff.
[6] GKAktG/*Henze* § 57 Rn. 9 Fn. 20.
[7] So *Henze* WM 2005, 717, 721.
[8] *Henze* WM 2005, 717, 721; *Schön* FS Röhricht, 2005, S. 559, 560 ff.; *Altmeppen* ZIP 2006, 1025, 1031 f.

der Jahresbilanz zuständig sein und einen Betrag in die Gewinnrücklagen einstellen können. Dagegen soll die Verwendung des Bilanzgewinns in die Zuständigkeit der Hauptversammlung fallen.[9] Gläubigerschutzgesichtspunkte seien als Grundlage der Regelung nicht zu erkennen.[10]

(ii) Abgrenzung zum zulässigen Drittgeschäft. Als Drittgeschäft[11] (oder „Umsatzgeschäft“[12]) wird ein Rechtsgeschäft bezeichnet, das unter sonst gleichen Umständen zu den gleichen Bedingungen auch mit einem Nichtaktionär abgeschlossen worden wäre, also betrieblich veranlasst war.[13] Verboten ist danach ua jedes Rechtsgeschäft mit einem Aktionär, wenn zwischen Leistung und Gegenleistung zugunsten des Aktionärs ein **objektives Missverhältnis** besteht,[14] die AG dem Aktionär also Bedingungen gewährt, wie sie einem fremden Dritten nicht gewährt worden wären.[15] Auf subjektive Merkmale bei der AG kommt es nach hM nicht an.[16] Das gilt grundsätzlich auch im Verhältnis zum Alleinaktionär.[17] 3

Besicherung von Aktionärsverbindlichkeiten. Die Besicherung von Aktionärsverbindlichkeiten durch eine AG ist regelmäßig kein Drittgeschäft.[18] In der Praxis erfolgt die Bestellung von Sicherheiten für Verbindlichkeiten eines Dritten ua bei der Abgabe einer Konzerngarantie durch die Konzernobergesellschaft für Verbindlichkeiten einer Tochtergesellschaft sowie im Rahmen des Avalgeschäfts der Banken. Beide Fälle sind mit dem Sachverhalt, der einem typischen *Leveraged Buy-out* zugrunde liegt, nicht vergleichbar. 4

Eine **Konzerngarantie** ist häufig Voraussetzung für den Abschluss eines Geschäfts durch die Tochtergesellschaft oder ermöglicht zumindest günstigere Konditionen. Die Konzernobergesellschaft hat also ein eigenes Interesse an der Abgabe der Garantie. Dagegen hat in LBO-Fällen die Ziel-AG im Regelfall kein rechtlich anzuerkennendes eigenes Interesse daran, dass ihre Aktien von der Erwerbsgesellschaft erworben werden. Denkbarer Ausnahmefall ist, dass die Erwerbergesellschaft bestehende Kreditverbindlichkeiten der Ziel-AG ablöst und die Ziel-AG hierfür haftet. Abhängig von der Ausgestaltung der neuen Finanzierung kann die Ablösung der eigenen Kreditverbindlichkeiten im Interesse der Aktiengesellschaft sein.[19] Bei Fälligkeit der Kreditverbindlichkeiten aufgrund eines *Change of Control* dürfte dies sogar regelmäßig der Fall sein, wenn und soweit sich die Aktiengesellschaft zu dem Zeitpunkt der Fälligkeit selbst nicht hätte günstiger refinanzieren können. 5

Eine **risikoangemessene Avalprovision** genügt für sich allein nicht dafür, die von ihr gestellten Sicherheiten zu einem zulässigen Drittgeschäft zu machen.[20] **Fehlt eine angemessene Avalprovision** kann allerdings eine gemäß § 57 Abs. 1 AktG verbotene Auszahlung liegen.[21] 6

---

[9] *Henze* WM 2005, 717, 721.
[10] *Henze* WM 2005, 717, 721.
[11] So KölnKommAktG/*Drygala* § 57 Rn. 37.
[12] So MüKoAktG/*Bayer* § 57 Rn. 49; *Hüffer/Koch,* AktG § 57 Rn. 8.
[13] BGH v. 13.11.1995, NJW 1996, 589, 590; MüKoAktG/*Bayer* § 57 Rn. 49; dazu, dass auch nach dem MoMiG ungeschriebenes Tatbestandsmerkmal des § 57 AktG ist, dass die Leistung an den Gesellschafter kein Drittgeschäft ist, siehe MüKoAktG/*Bayer,* § 57 Rn. 46 mwN; zur vergleichbaren Fragestellung bei der GmbH → § 43 Rn. 8 ff.
[14] KölnKommAktG/*Drygala* § 57 Rn. 37; *Hüffer/Koch,* AktG § 57 Rn. 8.
[15] OLG Koblenz v. 10.2.1977, AG 1977, 231 (nicht rechtskräftig); *Hüffer/Koch,* AktG § 57 Rn. 8.
[16] BGH v. 1.12.1986, WM 1987, 348, 349; KölnKommAktG/*Drygala* § 57 Rn. 88.
[17] BGH v. 11.10.1956, WM 1957, 61, 62.
[18] Allg. M., vgl. nur *Canaris* FS Fischer, S. 31, 34, Fn. 10.
[19] Zur Zulässigkeit der Besicherung weitergeleiter Kredite auch bei der Aktiengesellschaft siehe Spindler/Stitz/*Cahn/v. Spannenberg,* AktG § 57 Rn. 38; MüKoAktG/*Bayer,* § 57 Rn. 184 mwN; zur vergleichbaren Situation bei der GmbH eingehend unter → § 43 Rn. 12.
[20] MüKoAktG/Bayer, § 57 Rn. 183; *Peltzer* GmbHR 1995, 15, 17, der auch darauf hinweist, dass solche Geschäfte von der Satzung der AG im Allgemeinen nicht gedeckt sind.
[21] MüKoAktG/*Bayer,* § 57 Rn. 183; zur vergleichbaren Situation bei der GmbH → § 43 Rn. 11.

7 Ist damit die Bestellung einer Sicherheit für Aktionärsverbindlichkeiten kein Drittgeschäft, ist sie nach hM nur dann erlaubt, wenn sie durch eine gesetzliche Ausnahme gedeckt ist.[22]

8 **(iii) Ausschüttung von Bilanzgewinn.** Erlaubt ist die Verteilung des festgestellten und von der Hauptversammlung zur Verteilung beschlossenen Bilanzgewinns (§ 174 Abs. 2 Nr. 1 AktG). Dies ergibt sich bereits aus § 57 Abs. 1 S. 1 AktG und wird durch § 57 Abs. 3 AktG noch einmal klargestellt.[23] Der **Bilanzgewinn** errechnet sich aus dem Jahresüberschuss zuzüglich Gewinnvortrag aus dem Vorjahr und Entnahmen aus Gewinnrücklagen, abzüglich Verlustvortrag aus dem Vorjahr und Einstellungen in Gewinnrücklagen (§ 158 Abs. 1 AktG).

b) Leistender. Leistung durch AG

9 Ein Verstoß gegen § 57 AktG kommt grundsätzlich nur dann in Betracht, wenn die AG selbst Sicherheiten bestellt, zB durch Sicherungsübereignung ihres Warenlagers oder Bestellung einer Grundschuld an einem eigenen Grundstück.

10 **Leistungen durch Dritte.** Erfolgt die Leistung nicht durch die AG, sondern durch einen Dritten auf Rechnung der AG, so darf die AG dem Dritten seine Aufwendungen nicht gemäß § 670 BGB erstatten, wenn die unmittelbare Leistung durch die AG gegen § 57 AktG verstoßen hätte.[24]

11 Veranlasst die AG eine von ihr (auf Grund Mehrheitsbesitzes oder in sonstiger Weise, zB auf Grund eines Beherrschungsvertrags) **abhängige Gesellschaft** zu einer Leistung an den Aktionär der AG für eigene Rechnung, so liegt grundsätzlich kein Verstoß gegen § 57 AktG vor.[25] Wenn aber durch die Leistung der beherrschten Gesellschaft an den Aktionär eine mittelbare Vermögensbeeinträchtigung der AG eintritt oder droht, so verstößt die Leistung gegen § 57 AktG.[26] Dazu ist eine nicht ganz unerhebliche Kapitalbeteiligung[27] der AG an der beherrschten Gesellschaft oder (wegen §§ 302, 303 AktG) ein Beherrschungs- und Gewinnabführungsvertrag erforderlich.[28]

c) Leistungsempfänger

12 Empfänger der Leistung muss grundsätzlich ein **Aktionär** sein.

13 **Leistung an Dritten.** Eine Leistung der AG an einen Dritten ist bei Vorliegen eines **Zurechnungstatbestandes** als eine Leistung an den Aktionär, dh als eine Einlagenrückgewähr, anzusehen.[29] Nach dem BGH findet eine Zurechnung statt, wenn die Leistung auf Veranlassung des Aktionärs an eine ihm **nahestehende Person** erfolgt.[30] Statt dieser Formel, die nicht alle Fälle erfasst, sind im Schrifttum **Fallgruppen** gebildet worden.[31] Danach liegt eine dem Aktionär zurechenbare Einlagenrückgewähr ua vor, wenn die Zuwendung an den Dritten (i) **auf Veranlassung** des Aktionärs erfolgt[32] (was regelmäßig bei der Bestellung von Sicherheiten durch die AG für Verbindlichkeiten des Aktionärs

[22] Dazu → § 45 Rn. 17 ff.
[23] MüKoAktG/*Bayer* § 57 Rn. 213.
[24] KölnKommAktG/*Drygala* § 57 Rn. 120; GKAktG/*Henze* § 57 Rn. 75.
[25] GKAktG/*Henze* § 57 Rn. 78.
[26] Allg. M., KölnKommAktG/*Drygala* § 57 Rn. 120; GKAktG/*Henze* § 57 Rn. 77; MüKoAktG/*Bayer* § 57 Rn. 103; *Hüffer/Koch*, AktG § 57 Rn. 17.
[27] *Henze* schlägt vor, eine unerhebliche Beteiligung in Anlehnung an § 32a Abs. 3 S. 2 GmbHG aF (heute § 39 Abs. 5 InsO) bis zu einer Beteiligungshöhe von 10% anzunehmen, vgl. GKAktG/*Henze* § 57 Rn. 78. Dies dürfte bei einer abhängigen Gesellschaft regelmäßig der Fall sein.
[28] KölnKommAktG/*Drygala* § 57 Rn. 121; GKAktG/*Henze* § 57 Rn. 77.
[29] Überblick bei KölnKommAktG/*Drygala* § 57 Rn. 123 ff.
[30] So die Formel der Rechtsprechung, BGH v. 11.10.1956, WM 1957, 61.
[31] Eingehend dazu *Canaris* FS Fischer, S. 31, 35 ff.
[32] BGH v. 11.10.1956, WM 1957, 61; GKAktG/*Henze* § 57 Rn. 88; KölnKommAktG/*Drygala* § 57 Rn. 127.

gegenüber einem Kreditgeber der Fall sein wird), (ii) **für Rechnung** des Aktionärs erfolgt (Strohmann),[33] (iii) dem Aktionär zumindest einen **mittelbaren Vorteil** bringt[34] oder (iv) an ein mit dem Aktionär **verbundenes Unternehmen** erfolgt.[35] Eine Zuwendung an ein verbundenes Unternehmen setzt nach der überw. Meinung im Schrifttum voraus, dass der Aktionär **Zugriff** auf die Leistung haben muss, was erst bei einer mehrheitlichen Beteiligung oder im Vertragskonzern anzunehmen sei.[36]

Ohne Einordnung in eine der Fallgruppen geht die Rechtsprechung jedenfalls davon aus, dass die Bestellung von **Sicherheiten** für einen Kredit eine Leistung an denjenigen darstellt, der ohne die Sicherheit den Kredit nicht bekommen hätte.[37] Bei der typischen Akquisitionsfinanzierung ermöglichen die von der Ziel-AG bestellten Sicherheiten die Kreditvergabe an die Erwerbsgesellschaft. Es handelt sich also um eine Leistung an den Aktionär. 14

Künftiger Aktionär. Auch wenn die Erwerbsgesellschaft noch nicht Aktionärin der Ziel-AG ist, kann die Besicherung ihrer Verbindlichkeiten durch die Ziel-AG § 57 Abs. 1 S. 1 AktG verletzen. Dem Schutzbereich des § 57 AktG unterfallen auch Leistungen der Gesellschaft an künftige Aktionäre, die in engem sachlichem und zeitlichem Zusammenhang mit dem Aktienerwerb erfolgen.[38] Daher ist bei Akquisitionsfinanzierungen die Bestellung von Sicherheiten auch vor dem Erwerb der Aktien der Ziel-AG durch die Erwerbsgesellschaft unzulässig. 15

Ehemaliger Aktionär. Bestellt die Ziel-AG den veräußernden Aktionären, die zB der Erwerbsgesellschaft gegenüber ihren Kaufpreisanspruch gestundet haben, nach der Übertragung der Aktien auf den Erwerber eine Sicherheit, ist § 57 AktG verletzt. Leistungen an ehemalige Aktionäre fallen in den Schutzbereich des § 57 AktG, wenn sie in sachlichem oder zeitlichem Zusammenhang mit der früheren mitgliedschaftlichen Stellung des Empfängers stehen.[39] 16

d) Gesetzliche Ausnahmetatbestände

§ 57 Abs. 1 S. 2 bis 4 AktG enthalten Legalausnahmen vom Verbot der Einlagenrückgewähr. Zu dem bereits vorhandenen Satz 2 (Zahlung des Erwerbspreises beim zulässigen Erwerb eigener Aktien) wurden durch das MoMiG die Sätze 3 und 4 neu in das Gesetz eingefügt. Nach dem neuen Satz 3 des § 57 Abs. 1 AktG gilt Satz 1 nicht, (i) bei Leistungen, die entweder „bei Bestehen eines Beherrschungs- oder Gewinnabführungsvertrags (§ 291) erfolgen oder durch einen vollwertigen Gegenleistungs- oder Rückgewähranspruch gegen den Aktionär gedeckt sind". Satz 4 betrifft die Zulässigkeit der Rückzahlung von Aktionärsdarlehen vor Insolvenzeröffnung. 17

Die Änderung des § 57 Abs. 1 AktG ist im Wesentlichen wortgleich mit der Änderung des § 30 Abs. 1 GmbHG und soll laut der Gesetzesbegründung des MoMiG den Gleichlauf zur Änderung des § 30 GmbHG herstellen. Im Übrigen verweist die Begründung zur Änderung des § 57 AktG auf die Ausführungen zu den Änderungen des § 30 Abs. 1 GmbHG.[40] 18

---

[33] OLG Hamburg v. 23.5.1980, AG 1980, 275, 278; zB der Dritte die Leistung an den Aktionär durchleitet, *Hüffer/Koch,* AktG § 57 Rn. 19; *Canaris* FS Fischer, S. 31, 36.

[34] OLG Hamburg v. 23.5.1980, AG 1980, 275, 278.

[35] Nach dem BGH soll es ausreichen, dass der Aktionär an dem Zuwendungsempfänger wesentlich beteiligt ist, sofern die Zuwendung auch auf Veranlassung des Aktionärs erfolgte, BGH v. 11.10.1956, WM 1957, 61; kritisch dazu *Canaris*: § 57 AktG sei im Verhältnis zum verbundenen Unternehmen nur anzuwenden, wenn daran ausschließlich Aktionäre der zuwendenden AG beteiligt seien, sonst würden die übrigen Gesellschafter des verbundenen Unternehmens unbillig benachteiligt, *Canaris* FS Fischer, S. 31, 42.

[36] KölnKommAktG/*Drygala* § 57 Rn. 124.

[37] OLG Düsseldorf v. 24.10.1979, AG 1980, 273, 274 („Augsburger Kammgarnspinnerei"); Annahme der Revision abgelehnt, BGH v. 13.10.1980, AG 1981, 227; GKAktG/*Henze* § 57 Rn. 51.

[38] BGH v. 13.11.2007, ZIP 2008, 118, 119; *Lutter/Wahlers* AG 1989, 1, 9; MHdB GesR IV/*Rieckers* § 16 Rn. 71; KölnKommAktG/*Drygala* § 57 Rn. 119.

[39] OLG Hamburg v. 23.5.1980, AG 1980, 275, 278; *Lutter/Wahlers* AG 1989, 1, 10; MHdB GesR IV/*Rieckers* § 16 Rn. 71; KölnKommAktG/*Drygala* § 57 Rn. 119.

[40] RegE MoMiG, BT-Drucks. 16/6140, S. 52, 41 f.

19 **(i) Beherrschungs- und Gewinnabführungsvertrag.** Die erste Alternative des neuen § 57 Abs. 1 S. 3 AktG erlaubt Leistungen an Aktionäre, die „bei Bestehen eines Beherrschungs- oder Gewinnabführungsvertrags (§ 291) erfolgen". Zu Inhalt und Rechtsfolgen dieses Ausnahmetatbestandes siehe § 46 Rn. 28 ff.

20 **(ii) Deckung durch vollwertigen Gegenleistungs- oder Rückgewähranspruch.** Die zweite Alternative des neuen § 57 Abs. 1 S. 3 AktG erlaubt Leistungen an Aktionäre, die „durch einen vollwertigen Gegenleistungs- oder Rückgewähranspruch gegen den Aktionär gedeckt sind".

21 Sowohl der im Wesentlichen mit § 30 Abs. 1 S. 3 GmbHG identische Wortlaut als auch die ausdrückliche Verweisung auf die Begründung für die Änderung des § 30 Abs. 1 GmbHG lassen nur den Schluss zu, dass nach dem Willen des Gesetzgebers die **bilanzielle Betrachtungsweise** künftig auch für § 57 Abs. 1 AktG gelten soll.[41] Durch die Aufnahme des neuen Satzes 3 in § 30 Abs. 1 GmbHG und (so ausdrücklich!) die parallel dazu erfolgende Änderung in § 57 AktG[42] wollte der Gesetzgeber die durch das „Novemberurteil" des BGH[43] entstandene Unsicherheit über die Zulässigkeit von „Darlehen und anderen Leistungen mit Kreditcharakter" der Gesellschaft an ihre Gesellschafter sowohl für die GmbH als auch für die AG beseitigen. Der Gesetzgeber verwirft jeden Versuch, den Schutz des § 30 GmbHG zu einem *gegenständlichen* Schutz zu erweitern. Das Stammkapital sei eine *bilanzielle* Ausschüttungssperre. Der Gesetzentwurf kehre daher zur bilanziellen Betrachtungsweise zurück.[44] Dies soll nun offenbar auch für den Schutz des Vermögens der AG im Rahmen des § 57 Abs. 1 AktG gelten. Daher kann die Darlehensvergabe an einen Aktionär nach § 57 Abs. 1 AktG zulässig sein, wenn der Rückgewähranspruch gegen den Aktionär vollwertig ist. Vor dem MoMiG war das nur möglich, wenn die Bedingungen für ein neutrales Drittgeschäft erfüllt waren, dh wenn die Liquiditätslage der Gesellschaft die Darlehensvergabe erlaubte, verkehrsübliche Zinsen bezahlt wurden und der Rückgewähranspruch voll besichert wurde.[45]

e) Einzelfragen

22 **(i) Aufsteigendes Darlehen.** Ein Darlehen an einen Aktionär ist nach § 57 Abs. 1 S. 3 AktG (i) innerhalb des Vertragskonzerns und, (ii) wenn die Darlehenshingabe durch einen vollwertigen Rückgewähranspruch gedeckt ist, zulässig. Die Vollwertigkeit des Rückgewähranspruchs ist im **Zeitpunkt** der Gewährung des aufsteigenden Darlehens zu beurteilen. **Vollwertigkeit** ist anzunehmen, wenn die Forderung bei „vernünftiger kaufmännischer Betrachtung"als einbringlich anzusehen ist.[46] Dabei kommt dem Vorstand ein **Beurteilungsspielraum** zu.[47] Spätere, nicht vorhersehbare negative Entwicklungen der Forderung gegen den Aktionär und bilanzielle Abwertungen führen nicht nachträglich zu einer verbotenen Einlagenrückgewähr.[48] Allerdings ist der Vorstand verpflichtet, die Bonität des Aktionärs laufend zu überwachen und gegebenenfalls Rückzahlungsansprüche geltend zu machen.[49]

23 **(ii) Aufsteigende Sicherheit.** Auch für aufsteigende Sicherheiten hat der BGH inzwischen ausdrücklich entschieden, dass die Gewährung durch eine Aktiengesellschaft vor dem

---

[41] Ebenso BGH v. 1.12.2008, ZIP 2009, 70, 71 f. („MPS"); *Michael Winter* DStR 2007, 1484, 1887; *Kiefner/Theusinger* NZG 2008, 201, 804.

[42] RegE MoMiG, BT-Drucks. 16/6140, S. 41.

[43] BGH v. 24.11.2003, WM 2004, 325 ff.

[44] RegE MoMiG, BT-Drucks. 16/6140, S. 41.

[45] *Hüffer/Koch*, AktG, 10. Aufl. § 57 Rn. 18.

[46] BGH v. 1.12.2008, BGHZ 179, 71, 78. Siehe dazu im Zusammenhang mit aufsteigenden Darlehen durch eine GmbH bereits → § 43 Rn. 38.

[47] *Drygala/Kremer* ZIP 2007, 1289, 1293.

[48] RegE BT-Drucks. 16/6140, S. 52, 41.

[49] Dazu → § 45 Rn. 46.

Hintergrund des § 57 Abs. 1 S. 3 AktG zulässig ist, wenn der Vorstand der AG davon ausgehen durfte, dass es nicht zu einer Inanspruchnahme der Sicherheit kommt.[50] Die einzige Ausnahme zum Recht der GmbH ist damit, dass bei der GmbH auch bei wahrscheinlicher Inanspruchnahme der Sicherheit eine aufsteigende Sicherheit bis zur Höhe des ungebundenen Vermögens bestellt werden dürfte, bei der AG nicht. Wegen Einzelheiten wird daher auf die Kommentierung zur GmbH verwiesen.[51]

2. Rechtsfolgen aus §§ 57, 62 AktG

a) Wirksamkeit der Sicherheit

Nach bislang hM ist § 57 AktG ein Verbotsgesetz iSd § 134 BGB.[52] Nach inzwischen überwiegender Meinung führt ein derartiger Verstoß aber weder zur Nichtigkeit des Verpflichtungs- noch des Erfüllungsgeschäfts.[53] Die Bestellung einer Sicherheit zugunsten von Aktionärsverbindlichkeiten ist daher weder im Verhältnis zum Aktionär noch im Außenverhältnis zum begünstigten Dritten nach § 134 BGB nichtig. Dies entspricht der Rechtslage bei der GmbH.[54] **24**

Wie bei der GmbH kann die Sicherheitenbestellung aber im Fall des **kollusiven Zusammenwirkens** (§§ 138, 826 BGB) zwischen Begünstigtem und Vorstand zum Schaden der Gesellschaftsgläubiger oder bei evidentem Missbrauch der Vertretungsmacht nichtig sein.[55] **25**

b) Verwertungsbefugnis

Soweit das dingliche Erfüllungsgeschäft gegenüber dem Dritten wirksam ist, ist dieser zur Verwertung der Sicherheit berechtigt. **26**

c) Leistungsverweigerungsrecht

Solange die AG die zugesagte Einlagenrückgewähr nicht (vollständig) erfüllt hat, steht ihr ein Leistungsverweigerungsrecht zu.[56] Das Leistungsverweigerungsrecht (als Äquivalent des Rückgewähranspruchs) steht der AG aber nur im Verhältnis zum Aktionär zu, dagegen nicht gegenüber dem Dritten. **27**

d) Rückgewähranspruch. Gegenüber Aktionär

Die Gesellschaft hat gegen den Empfänger gemäß § 62 AktG einen Anspruch auf Rückgewähr, **soweit** die Leistung im maßgeblichen Zeitpunkt gegen § 57 Abs. 1 AktG verstoßen hat.[57] **28**

---

[50] BGH v. 10.1.2017, WM 2017, 479, 480 Rn. 19.

[51] → § 43 Rn. 43 ff.

[52] GKAktG/*Henze* § 57 Rn. 200; so auch im Grundsatz noch BGH v. 12.3.2013, BGHZ 196, 312, 315 ff.; Staudinger/*Sack/Seibl*, § 134 Rn. 196; MüKoBGB/*Armbrüster*, § 134 Rn. 72; MüKoAktG/*Bayer*, § 57 Rn. 218; aA KölnKommAktG/*Drygala* § 57 Rn. 132 ff. MHdB GesR IV/*Rieckers* § 16 Rn. 96.

[53] BGHZ 196, 312, 315 ff.; Staudinger/*Sack/Seibl*, § 134 Rn. 196; MüKoBGB/*Armbrüster*, § 134 Rn. 72; MüKoAktG/*Bayer* § 57 Rn. 227 ff.; konsequenterweise auch die Kommentatoren, die schon den Verbotscharakter der Normen bestreiten, vgl. KölnKommAktG/*Drygala* § 57 Rn. 132 ff.; *Hüffer/Koch*, AktG § 57 Rn. 32; MHdB GesR IV/*Rieckers* § 16 Rn. 96; aA die früher hM OLG Düsseldorf v. 24.10.1979, AG 1980, 273, 274 („Augsburger Kammgarnspinnerei"); OLG Koblenz v. 10.2.1977, AG 1977, 231; GKAktG/*Henze* § 57 Rn. 206; zum Meinungsstand ausführlich ua MüKoAktG/*Bayer*, Rn. 216 ff.

[54] MüKoAktG/*Bayer* § 57 Rn. 228.

[55] Dazu ausführlich → § 47 Rn. 17 ff.

[56] KölnKommAktG/*Drygala* § 57 Rn. 136; MüKoAktG/*Bayer* § 57 Rn. 219; Schmidt/Lutter/*Fleischer*, AktG § 57 Rn. 75.

[57] GKAktG/*Henze* § 62 Rn. 39; *Hüffer/Koch*, AktG § 62 Rn. 9 f.

29 Der Anspruch geht auf Rückgewähr des Empfangenen.[58] Hat die Gesellschaft einem Dritten Sicherheiten für die Verbindlichkeiten ihres Aktionärs bestellt, hat sie gegen den Aktionär (dh im Deckungsverhältnis) einen Anspruch auf Freistellung gegenüber dem Dritten.[59] Dieser Anspruch dürfte in LBO-Finanzierungen regelmäßig nicht werthaltig sein, da die Kreditgeber die Sicherheit nur verwerten werden, wenn der Aktionär (dh der Kreditnehmer der Akquisitionsdarlehen) nicht mehr leistungsfähig ist. Der begünstigte Dritte ist hiervon grundsätzlich nicht betroffen. § 62 AktG verdrängt als gesellschaftsrechtliche Spezialregelung (ua zehnjährige Verjährung[60]) die allgemeinen bereicherungsrechtlichen Bestimmungen der §§ 812 ff. BGB (Regelverjährung).[61]

30 **Gegenüber Drittem.** § 57 AktG hat nur Bedeutung für das Innenverhältnis zwischen der Gesellschaft und ihren Aktionären. § 62 AktG gewährt daher grundsätzlich keinen Rückgewähranspruch gegen den Drittgläubiger.[62] Auch eine Rückforderung nach anderen Vorschriften, wie zB §§ 812 ff. BGB, kommt grundsätzlich nicht in Betracht.[63] Allerdings kann die AG das Geleistete von dem Dritten dann nach §§ 985, 812 ff. BGB zurückfordern, wenn die Rechtsgeschäfte zwischen AG und Drittem ausnahmsweise **nichtig** sind.[64]

3. Sonstige gesellschaftsrechtliche Rechtsfolgen

a) Haftung des Aktionärs

31 Ein Aktionär, der vorsätzlich unter Ausnutzung seines Einflusses auf die AG ua Vorstandsmitglieder zu einem für die AG schädlichen Verhalten veranlasst, haftet gemäß § 117 Abs. 1 S. 1 AktG auf Schadensersatz. Dieser Anspruch steht in Konkurrenz zu § 62 AktG.[65]

32 Auch aus der Verletzung mitgliedschaftlicher Treuepflichten kann sich grundsätzlich eine Haftung des Aktionärs ergeben.[66] Wegen der grundsätzlichen Weisungsfreiheit des Vorstands der AG und den Spezialvorschriften der §§ 291 ff. AktG[67] wird ein Rückgriff auf die mitgliedschaftlichen Treuepflichten in den hier in Betracht stehenden Fällen aber selten sein.

b) Haftung der Vorstandsmitglieder der Ziel-AG

33 **(i) Sorgfaltspflichtverletzung.** Die Vorstandsmitglieder einer AG sind dieser gegenüber verpflichtet, „die Sorgfalt eines ordentlichen und gewissenhaften Geschäftsleiters anzuwenden" (§ 93 Abs. 1 S. 1 AktG). Eine Pflichtverletzung liegt nicht vor, wenn „das Vorstandsmitglied bei einer unternehmerischen Entscheidung vernünftigerweise annehmen durfte, auf der Grundlage angemessener Information zum Wohle der Gesellschaft zu handeln" (§ 93 Abs. 1 S. 2 AktG). Vorstandsmitglieder, die ihre Pflichten verletzen, sind der AG zum Schadensersatz verpflichtet (§ 93 Abs. 2 S. 1 AktG). Nach § 93 Abs. 2 Satz 2 AktG tragen die Vorstandsmitglieder die Beweislast für die Anwendung der Sorgfalt eines ordentlichen und gewissenhaften Geschäftsleiters.[68]

---

58 OLG Düsseldorf v. 24.10.1979, AG 1980, 273, 274; *Hüffer/Koch,* AktG § 62 Rn. 9.
59 *Lutter/Wahlers* AG 1989, 1, 10; KölnKommAktG/*Lutter* § 57 Rn. 75.
60 § 62 Abs. 3 AktG.
61 BGH v. 23.6.1997, BGHZ 136, 125; *Lutter/Wahlers* AG 1989, 1, 10; aA GKAktG/*Henze* § 57 Rn. 217.
62 BGH v. 13.10.1980, AG 1981, 227.
63 OLG Düsseldorf v. 24.10.1979, AG 1980, 273, 274.
64 Dazu → § 45 Rn. 35, 37.
65 GKAktG/*Henze* § 62 Rn. 63.
66 Vgl. dazu nur *Hüffer/Koch,* AktG § 53a Rn. 27 ff.
67 *Hüffer/Koch,* AktG § 53a Rn. 19.
68 Gegenstück zur Einführung der sog *Business Judgement Rule* in § 93 Abs. 1 S. 2 AktG, vgl. *Hüffer/Koch,* AktG § 93 Rn. 4 ff., 53.

§ 93 Abs. 3 AktG präzisiert für einige Sondertatbestände die allgemeinen Haftungsregeln des § 93 Abs. 1 und 2 AktG.[69] Nach § 93 Abs. 3 Nr. 1 AktG sind die Vorstandsmitglieder insbesondere zum Ersatz verpflichtet, wenn sie entgegen dem AktG Einlagen an die Aktionäre zurückgewähren. Daraus folgt im **Umkehrschluss,** dass alle nach § 57 Abs. 1 AktG erlaubten Leistungen an die Aktionäre keine Pflichtverletzung darstellen und keine Ersatzpflicht auslösen. Die Vorstandsmitglieder dürfen also alle Leistungen an die Aktionäre erbringen, soweit sie nach § 57 Abs. 1 S. 2 bis 4 AktG erlaubt sind. Dazu gehört, nach hier vertretener Ansicht, auch die **Bestellung von Sicherheiten für Aktionärsverbindlichkeiten,** wenn der Vorstand damit rechnen darf, dass es nicht zu ihrer Verwertung kommt.[70] Anders als bei der GmbH ist bei der AG allerdings zu beachten, dass der Vorstand einer AG mit Ausnahme im Rahmen eines Beherrschungsvertrages nicht weisungsgebunden ist. Er hat allein im Interesse seiner AG zu handeln. Folglich greifen zu seinem Schutz auch nicht die Haftungserleichterungen für GmbH-Geschäftsführer.[71] Der Maßstab, an dem die Wahrscheinlichkeit der Inanspriuchnahme der Sicherheit zu messen ist, ist also unter Umständen strenger. 34

Auch wenn unter diesen Voraussetzungen die Bestellung einer Sicherheit in Übereinstimmung mit § 57 AktG erfolgt, bleibt der Vorstand wie der Geschäftsführer der GmbH verpflichtet, laufend etwaige Änderungen der **Bonität** des Gesellschafters zu **überwachen**. Dies kann die Einrichtung eines geeigneten Informations- oder Frühwarnsystems erfordern. Tritt nachträglich eine Bonitätsverschlechterung des Aktionärs ein, kann der Vorstand zur Geltendmachung des Befreiungsanspruchs verpflichtet sein. Verletzt er diese Überwachungspflicht oder unterlässt die Geltendmachung bestehender Ansprüche, kann dies zu einer Haftung nach §§ 93 Abs. 2 AktG führen.[72] 35

Die Ersatzpflicht der Vorstandsmitglieder ist ausgeschlossen, wenn zwischen der AG als beherrschtem Unternehmen und einem Dritten als herrschendem Unternehmen ein **Beherrschungsvertrag** besteht und die Bestellung der aufsteigenden Sicherheit auf einer gemäß § 308 Abs. 2 AktG zu befolgenden **Weisung** beruht (§ 310 Abs. 3 AktG). Dasselbe gilt bei Eingliederung der AG in eine andere AG (§ 323 Abs. 1 AktG). In beiden Fällen gilt jedoch die Einschränkung, dass eine existenzgefährdende Weisung nach hM unzulässig ist.[73] Eine unzulässige Weisung darf der Vorstand nicht befolgen. Eine Weisung, die der Vorstand nicht befolgen darf, befreit ihn auch nicht von seiner Haftung (arg. § 310 Abs. 3 AktG). Besteht zwischen Erwerbsgesellschaft und Ziel-AG nur ein **faktischer Konzern,**[74] so haftet der Vorstand bei pflichtwidrigem Verhalten nach § 318 AktG neben den gemäß § 317 AktG Ersatzpflichtigen als Gesamtschuldner. 36

LBO-Finanzierungen. Erteilt die im Rahmen eines Beherrschungsvertrags herrschende Erwerbsgesellschaft dem Vorstand der beherrschten Ziel-AG die Weisung, die Verbindlichkeiten der Erwerbsgesellschaft zu besichern und **rechnet** der Vorstand **nicht** mit der Verwertung der Sicherheiten, so darf er nach hier vertretener Ansicht,[75] die Weisung befolgen. Kommt es wider Erwarten später dennoch zu einer Verwertung der Sicherheiten, so haftet der Vorstand nicht. **Rechnet** der Vorstand im Bestellungszeitpunkt dagegen mit der Verwertung der Sicherheiten, so darf er die Weisung nur befolgen, wenn er den Verlustausgleichsanspruch gegen die Erwerbsgesellschaft für werthaltig und durchsetzbar hält. Das wird regelmäßig nicht der Fall sein, denn die Sicherheiten werden nur dann verwertet werden, wenn die Erwerbsgesellschaft ihre Kreditverbindlichkeiten nicht mehr erfüllen kann. Die Weisung wäre somit unzulässig, und der Vorstand würde haften. 37

[69] *Hüffer/Koch,* AktG § 93 Rn. 68.
[70] Dazu → § 43 Rn. 50 ff.
[71] Dazu → § 43 Rn. 59.
[72] Vgl. zum *Upstream*-Darlehen BGH v. 1.12.2008, ZIP 2009, 70, 73 („MPS"); RegE BT-Drucks. 16/6140, S. 41; zur vergleichbaren Rechtslage bei der Bestellung einer *Upstream*-Sicherheit durch eine GmbH ausführlich → § 43 Rn. 55 ff.
[73] Dazu → § 46 Rn. 30.
[74] Dazu → § 46 Rn. 16 ff.
[75] Zum Meinungsstand → § 43 Rn. 59.

38 **(ii) Haftung für Zahlungen nach Zahlungsunfähigkeit oder Überschuldung.** Durch das MoMiG wurde § 92 AktG in derselben Weise geändert wie § 64 GmbHG.[76] Der neue § 92 Abs. 2 S. 3 AktG ergänzt das Verbot der Einlagenrückgewähr gemäß § 57 Abs. 1 AktG, indem er auch Zahlungen erfasst, die zwar bilanzneutral sind, aber die Zahlungsunfähigkeit der Gesellschaft herbeiführen müssen und tatsächlich auch herbeiführen.[77] Laut der Gesetzesbegründung soll die Regelung den Gleichlauf zwischen dem Recht der AG und der GmbH wahren.[78]

4. Limitation Language

39 Besichert eine GmbH Verbindlichkeiten ihres Gesellschafters, so wird das Recht des Sicherungsnehmers zur Inanspruchnahme der Sicherheit häufig durch Aufnahme einer *Limitation Language* in die Verträge beschränkt, um eine mögliche Haftung der Geschäftsführer gemäß §§ 43 Abs. 3, 30 Abs. 1 GmbHG zu verhindern.[79]

40 Vor dem MoMiG war die Bestellung von aufsteigenden Sicherheiten durch eine AG nach hL insgesamt unzulässig.[80] Lediglich eine Mindermeinung vertrat die Auffassung, dass das Vermögen der AG über das Grundkapital und die gesetzlichen Rücklagen hinaus nicht schutzwürdig sei.[81] Darüber hinaus vorhandenes Eigenkapital könnte dann dem Zugriff der Aktionäre unterliegen, so dass insoweit auch aufsteigende Sicherheiten bestellt werden könnten. Folgte man dagegen der hL, so konnten von einer AG keine aufsteigenden Sicherheiten verlangt werden, und eine *Limitation Language* erübrigte sich. Seit Inkrafttreten des MoMiG verstößt die Bestellung aufsteigender Sicherheiten dagegen nicht mehr in jedem Fall gegen § 57 Abs. 1 S. 1 AktG, sondern ist unter bestimmten Voraussetzungen zulässig. Kommt es dennoch zur Inanspruchnahme der Sicherheiten und dadurch zu einem Vermögensabfluss bei der AG, so stellt sich die Frage nach der Haftung des Vorstands.

41 Die Rechtslage für den Vorstand ist ebenso unklar wie die für den GmbH-Geschäftsführer. Mangels Weisungsgebundenheit wird das Handeln des Vorstandes sogar noch an einer stärkeren allein am Interesse der Gesellschaft ausgerichteten Sorgfaltspflicht gemessen. Solange der BGH die Kriterien zur Beurteilung einer Inanspruchnahmewahrscheinlichkeit nicht konkretisiert wird daher der Vorstand einer faktisch abhängigen[82] Aktiengesellschaft in der Praxis vermutlich weiterhin auf der Aufnahme einer Limitation Language bestehen, auch wenn sie rechtlich nach hier vertretener Ansicht in vielen Fällen nicht erforderlich sein sollte.[83]

II. Finanzierungshilfe der AG beim Erwerb eigener Aktien

1. Tatbestand des § 71a Abs. 1 AktG

42 § 71a AktG erklärt ein Rechtsgeschäft für nichtig, das die Gewährung eines Vorschusses oder eines Darlehens oder die Leistung einer Sicherheit durch eine AG an einen anderen zum Zweck des Erwerbs von Aktien dieser AG zum Gegenstand hat.[84]

43 **Vorschussleistung und Darlehensgewährung.** Ein **Vorschuss** ist eine Leistung der AG an den Erwerber, auf welche dieser einen Anspruch hat, der aber noch nicht fällig ist,

[76] RegE BT-Drucks. 16/6140, S. 14.
[77] *Hirte* ZInsO 2008, 689, 697.
[78] RegE BT-Drucks. 16/6140, S. 52; zur Parallelvorschrift im GmbHG → § 43 Rn. 86 ff.
[79] Dazu → § 43 Rn. 95 ff.
[80] Dazu → § 45 Rn. 1.
[81] Dazu → § 45 Rn. 2.
[82] Zur abhängigen Aktiengesellschaft im Rahmen eines Beherrschungs- oder Gewinnabführungsvertrages → § 46 Rn. 32 ff.
[83] Vgl. zur *Limitation Language* bei der GmbH → § 43 Rn. 95 ff.
[84] *Habersack* FS Röhricht, S. 155, 169 ff. verneint einen eigenständigen Anwendungsbereich des § 71a Abs. 1 Satz 1 AktG neben § 57 AktG. Darauf soll hier jedoch nicht näher eingegangen werden.

zB die vorzeitige Tilgung einer Kaufpreisschuld oder eines Darlehens.[85] Der Begriff des **Darlehens** umfasst Darlehen iSd § 488 BGB, darüber hinaus aber auch funktional entsprechende Sachverhalte, wie eine Einlage der AG beim Erwerber als stiller Gesellschafter.[86] Dabei ist es unerheblich, ob das Darlehen aus eigenen Mitteln der AG stammt oder von ihr bei einer Bank aufgenommen und mit eigenem Vermögen besichert wird.[87]

Sicherheitsleistung. Der Tatbestand des § 71a Abs. 1 AktG in der Alternative der **44** Sicherheitsleistung ist grundsätzlich erfüllt, wenn die Ziel-AG die Besicherung der Verbindlichkeiten des Erwerbers gegenüber einem Dritten (veräußernde Aktionäre oder Kreditgeber) übernimmt.[88] In Betracht kommt jede Art der Sicherheitsleistung.[89]

Subjektive Erfordernisse. Erforderlich ist in allen Fällen, dass sich AG und Erwerber **45** ausdrücklich oder konkludent darüber einig sind, dass der Vorschuss, das Darlehen oder die Sicherheitsleistung dem Erwerb der Aktien der Ziel-AG dienen soll.[90] Das ist beim Betriebsmittelkredit und bei Krediten, die der Gesellschafter für sonstige Investitionen oder Akquisitionen verwenden muss (Akquisitions- oder Capex-Kreditlinien), nicht der Fall. In Bezug auf diese Kredite wäre daher eine Besicherung durch die Ziel-AG ohne Verstoß gegen § 71a Abs. 1 AktG möglich. Allerdings werden Akquisitions- und Capex-Kreditlinien meist nicht von der Erwerbsgesellschaft, sondern direkt von der operativen Zielgesellschaft in Anspruch genommen. Dann handelt es sich um eigene Verbindlichkeiten der Ziel-AG, die von ihr ohne Einschränkung besichert werden können.

Nachfolgende Finanzierungshilfe. Finanzierungshilfen, die dem Aktienerwerb zeit- **46** lich nachfolgen, mit ihm aber in **unmittelbarem Zusammenhang** stehen, fallen entgegen dem Wortlaut nach hM ebenfalls unter § 71a Abs. 1 AktG.[91] § 71a Abs. 1 AktG beruht auf Art. 23 Abs. 1 der Kapitalschutzrichtlinie,[92] der lautet: „Eine Gesellschaft darf im Hinblick auf den Erwerb ihrer Aktien durch einen Dritten weder Vorschüsse geben noch Darlehen gewähren noch Sicherheiten leisten." Die Formulierung „im Hinblick auf" umfasst auch Rechtshandlungen nach dem Erwerb. Bei der gebotenen richtlinienkonformen Auslegung des § 71a Abs. 1 AktG ist demnach auch die nach dem Erwerb erfolgende Finanzierungshilfe erfasst.[93] § 71a Abs. 1 S. 1 AktG hat somit den typischen Sachverhalt eines LBO im Auge, bei dem die Erwerbsgesellschaft den Aktienerwerb durch Kredite finanziert und beabsichtigt, nach dem Erwerb das Vermögen der Zielgesellschaft zur Besicherung ihrer Kredite einzusetzen.[94]

Ausnahmetatbestand. Durch das **MoMiG** wurde § 71a Abs. 1 AktG folgender Satz 3 **47** angefügt: „Satz 1 gilt zudem nicht für Rechtsgeschäfte bei Bestehen eines Beherrschungs- oder Gewinnabführungsvertrags (§ 291)." Der neu in § 57 Abs. 1 AktG eingefügte Ausnahmetatbestand für die Rückgewähr von Einlagen bei Bestehen eines Vertragskonzerns wurde also in den § 71a Abs. 1 AktG übernommen. Der Ausnahmetatbestand ist nicht auf Leistungen zwischen den Vertragsteilen beschränkt, sondern erfasst auch Leistungen auf Veranlassung des herrschenden Unternehmens, zB an andere Konzernunternehmen oder an Unternehmen, die mit dem herrschenden Unternehmen oder anderen Konzernunternehmen in Geschäftsverbindungen stehen.[95] § 71a Abs. 1 S. 1 AktG bleibt aber nach hier

---

[85] KölnKommAktG/*Lutter/Drygala* § 71a Rn. 28.
[86] KölnKommAktG/*Lutter/Drygala* § 71a Rn. 28 f.; MüKoAktG/*Oechsler* § 71a Rn. 17, 23.
[87] *Lutter/Wahlers* AG 1989, 1, 9.
[88] *Lutter/Wahlers* AG 1989, 1, 9; *Fleischer* AG 1996, 494, 499; MüKoAktG/*Oechsler* § 71a Rn. 18.
[89] KölnKommAktG/*Lutter/Drygala* § 71a Rn. 33; MüKoAktG/*Oechsler* § 71a Rn. 18.
[90] KölnKommAktG/*Lutter/Drygala* § 71a Rn. 27; MüKoAktG/*Oechsler* § 71a Rn. 35.
[91] Wie hier *Lutter/Wahlers* AG 1989, 1, 9; *Fleischer* AG 1996, 494, 501; *Hüffer/Koch,* AktG § 71a Rn. 3; MüKoAktG/*Oechsler* § 71a Rn. 36; KölnKommAktG/*Lutter/Drygala* § 71a Rn. 40; *Schroeder,* Finanzielle Unterstützung des Aktienerwerbs, S. 194 ff.; aA *Otto* DB 1989, 1389, 1395, der die abhängige AG im Buy-out Fall durch die §§ 302, 311 Abs. 1 AktG für ausreichend geschützt hält.
[92] BT-Drucks. 8/1678, S. 16.
[93] MüKoAktG/*Oechsler* § 71a Rn. 36; *Lutter/Wahlers* AG 1989, 1, 9.
[94] Ebenso MüKoAktG/*Oechsler* § 71a Rn. 36.
[95] Spindler/Stilz/*Cahn,* AktG § 71a Rn. 18 ff.; Hölters/*Laubert,* AktG § 71a Rn. 9; vgl. BT-Drucks. 16/9737, S. 57 iVm S. 56.

vertetener Ansicht dann anwendbar, wenn das unter § 71a S. 1 AktG fallende Rechtsgeschäft die **Existenz** der AG **gefährdet** und der **Verlustausgleichsanspruch** aus § 302 AktG nicht werthaltig oder nicht durchsetzbar ist.[96]

2. Rechtsfolgen des § 71a Abs. 1 AktG

48 Rechtsgeschäfte, die gegen § 71a Abs. 1 AktG verstoßen, sind nichtig. Die Nichtigkeit erfasst nach noch hM aber nur das **schuldrechtliche Verpflichtungsgeschäft,** nicht das dingliche Erfüllungsgeschäft.[97] § 71a AktG soll nach seiner Überschrift Umgehungen des § 71 AktG verhindern. Nach § 71 Abs. 4 AktG ist aber nur das schuldrechtliche, nicht auch das dingliche Rechtsgeschäft nichtig.[98] Entsprechendes gilt dann auch für Umgehungsgeschäfte. Bei der Bestellung von Sicherheiten erstreckt sich die Nichtigkeit nach hM somit nur auf die Sicherungsabrede,[99] nicht auf die dingliche Sicherheit selbst. Nach einer im Vordringen befindlichen Mindermeinung erfasst die Nichtigkeit dagegen auch das dingliche Erfüllungsgeschäft, da beide Rechtsgeschäfte die Leistung zum Gegenstand hätten,[100] das Vermögen der AG, um deren Schutz es gehe, gerade durch die Übertragung von Vermögenswerten beeinträchtigt werde und andernfalls bei Finanzierungsgeschäften mit Dritten nicht hinnehmbare Regelungslücken eintreten würden.[101]

49 Auch wenn man mit der noch herrschenden Meinung grundsätzlich von der Wirksamkeit des dinglichen Erfüllungsgeschäfts ausgeht, könnte es aber dennoch wegen evidenten Missbrauchs der Vertretungsmacht zur Unwirksamkeit der Sicherheitenbestellung kommen. Dies gilt zumindest dann, wenn man die Regelungen zum Missbrauch der Vertretungsmacht nicht als durch § 71a AktG verdrängt ansieht.[102] Bestellt der Vorstand einer AG einer Bank Sicherheiten für Darlehen, die die Bank dem Aktionär zum Zwecke des Erwerbs der Aktien der AG gewährt hat, dann handelt der Vorstand vorbehaltlich der Geltung der Ausnahme des § 71a Abs. 1 S. 3 AktG evident verbotswidrig und damit außerhalb des rechtlichen Rahmens seiner Vertretungsmacht. Geschäfte, die unter evidentem Missbrauch der Vertretungsmacht vorgenommen wurden, sind analog § 177 BGB grundsätzlich schwebend unwirksam, bis sie vom Vertretenen genehmigt werden.[103] Eine Genehmigung scheitert hier aber an dem Verbotscharakter des § 71a Abs. 1 S. 1 AktG.

50 Nach der hM kann die Gesellschaft die von ihr erbrachten Leistungen nach den Bestimmungen über die **ungerechtfertigte Bereicherung** (§§ 812 ff. BGB) zurückfordern.[104] Bei Unwirksamkeit der zwischen AG und Kreditgeber vereinbarten Sicherungsabrede kann die AG die gewährte Sicherheit direkt vom Kreditgeber kondizieren.[105] Für akzessorische Sicherheiten behaupten *Oechsler* und *Lutter/Drygala*, dass hier zwischen Sicherungsgeber und Sicherungsnehmer regelmäßig keine Sicherungsabrede getroffen werde. Um dennoch eine direkte Kondiktion zu ermöglichen, möchte daher *Oechsler*[106] in diesen Fällen eine Durch-

---

[96] Dazu → § 46 Rn. 30 f.

[97] KölnKommAktG/*Lutter/Drygala* § 71a Rn. 50; *Hüffer/Koch,* AktG § 71a Rn. 4; MüKoAktG/*Oechsler* § 71a Rn. 40; GKAktG/*Merkt* § 71a Rn. 48; *Lutter/Wahlers* AG 1989, 1 (10); dem Grundsatz nach auch *Schroeder,* Finanzielle Unterstützung des Aktienerwerbs, S. 253, 254, 166.

[98] MüKoAktG/*Oechsler* § 71a Rn. 40; GKAktG/*Merkt* § 71a Rn. 48.

[99] MüKoAktG/*Oechsler* § 71a Rn. 32; GKAktG/*Merkt* § 71a Rn. 48; differenzierend KölnKommAktG/*Lutter/Drygala* § 71a Rn. 57: Wirksamkeit bei nicht-akzessorischen Sicherheiten und Nichtigkeit bei akzessorischen Sicherheiten.

[100] *Joost* ZHR 149 (1985), 419, 430; ihm folgend Spindler/Stilz/*Cahn,* AktG § 71a Rn. 50; Schmidt/Lutter/*Bezzenberger,* AktG § 71a Rn. 15, 17.

[101] Spindler/Stilz/*Cahn,* AktG § 71a Rn. 50.

[102] Dazu noch → § 47 Rn. 28.

[103] Dazu unter → § 47 Rn. 22.

[104] KölnKommAktG/*Lutter/Drygala* § 71a Rn. 55; *Hüffer/Koch,* AktG § 71a Rn. 4; MüKoAktG/*Oechsler* § 71a Rn. 32, 41; nach Ansicht von *Oechsler,* unabhängig von der Aktionärseigenschaft des Erwerbers, daneben auch nach § 62 AktG, MüKoAktG/*Oechsler* § 71a Rn. 41.

[105] Schmidt/Lutter/*Bezzenberger,* AktG § 71a Rn. 16; KölnKommAktG/*Lutter/Drygala* § 71a Rn. 57; MüKoAktG/*Oechsler* § 71a Rn. 32.

[106] MüKoAktG/*Oechsler* § 71a Rn. 32.

griffskondiktion zulassen, während *Lutter/Drygala*[107] in diesem Fall von der Nichtigkeit des dinglichen Geschäfts ausgehen und daher ebenfalls zur Kondiktion gegen den Sicherungsnehmer kommen. Zum selben Ergebnis kommen all diejenigen, die ohnehin von der Nichtigkeit des dinglichen Erfüllungsgeschäfts ausgehen, [108] sowie wenn die Unwirksamkeit der Sicherheitenbestellung auf evidenten Missbrauch der Vertretungsmacht gestützt wird.

III. Finanzierungshilfe durch Dritte beim Aktienerwerb

§ 71a Abs. 1 S. 1 AktG erfasst nur die finanzielle Unterstützung des Erwerbs eigener Aktien durch Handlungen der AG selbst. **51**

Durch § 71d AktG wird das Verbot des Erwerbs eigener Aktien durch die AG gemäß § 71 AktG zur Vermeidung von Umgehungen auf folgende drei Fälle erstreckt: (i) Erwerb von Aktien der AG durch ein abhängiges oder in Mehrheitsbesitz stehendes Unternehmen, (ii) Erwerb durch einen Dritten für Rechnung der AG und (iii) Erwerb durch einen Dritten für Rechnung eines abhängigen Unternehmens.[109] Für diese Fälle wird ua § 71a AktG als sinngemäß anwendbar erklärt (§ 71d S. 4 AktG). **52**

1. Erwerb durch abhängiges Unternehmen

Ein abhängiges oder in Mehrheitsbesitz stehendes Unternehmen[110] darf Aktien der herrschenden AG grundsätzlich **nicht erwerben,** ausgenommen in den in § 71d S. 1 AktG genannten Fällen (§ 71d S. 2 Hs. 1 AktG). Dagegen fällt der Erwerb von Aktien einer abhängigen AG **durch die herrschende AG** oder durch ein anderes, von dieser abhängiges Unternehmen **(Schwestergesellschaft)** nicht unter § 71d AktG und ist unbeschränkt zulässig.[111] **53**

Nach § 71d S. 4 AktG gilt § 71a AktG sinngemäß auch für die in § 71d AktG geregelten Sachverhalte. Demnach darf ein abhängiges oder in Mehrheitsbesitz stehendes Unternehmen den Erwerb von Aktien der herrschenden AG durch einen Dritten (einschließlich eines Nichtaktionärs) nicht durch die in § 71a Abs. 1 S. 1 AktG genannten Maßnahmen (Vorschuss, Darlehen, Sicherheit) unterstützen.[112] Die Bestellung einer Sicherheit **durch eine Tochtergesellschaft** der Ziel-AG für die Verbindlichkeiten der Erwerbsgesellschaft ist demnach unzulässig. **54**

Außerdem verboten und nichtig ist ein Rechtsgeschäft, das den Erwerb von Aktien der herrschenden AG durch einen Dritten für Rechnung des abhängigen oder in Mehrheitsbesitz stehenden Unternehmens zum Inhalt hat, soweit das Tochterunternehmen die Aktien nicht selbst nach § 71d S. 1 und 2 AktG hätte erwerben dürfen.[113] Die Tochtergesellschaft der Ziel-AG darf demnach grundsätzlich nicht den für sie **treuhänderisch** durch einen Dritten vorgenommenen Erwerb von Aktien der Ziel-AG unterstützen. **55**

2. Erwerb durch einen Dritten für Rechnung der AG

Eine Vereinbarung mit einem Dritten, wonach dieser (als mittelbarer Stellvertreter) Aktien der AG für deren Rechnung erwerben soll, verstößt bereits gegen § 57 Abs. 1 AktG.[114] Nach § 71d S. 1 AktG (und auch nach § 71a Abs. 2 AktG) sind aber bestimmte Fälle von dem generellen Verbot ausgenommen. **56**

---

[107] KölnKommAktG/*Lutter/Drygala* § 71a Rn. 56 f.
[108] Spindler/Stilz/*Cahn,* AktG § 71a Rn. 50.
[109] KölnKommAktG/*Lutter* § 71d Rn. 1.
[110] Siehe §§ 16, 17 AktG, KölnKommAktG/*Lutter* § 71d Rn. 8.
[111] KölnKommAktG/*Lutter/Drygala* § 71d Rn. 21.
[112] KölnKommAktG/*Lutter/Drygala* § 71d Rn. 49.
[113] KölnKommAktG/*Lutter/Drygala* § 71d Rn. 53.
[114] KölnKommAktG/*Lutter/Drygala* § 71d Rn. 89.

57 Der Anwendungsbereich des § 71d S. 1 und des § 71a Abs. 2 AktG überschneiden und widersprechen sich teilweise.[115] Aus der in § 71d S. 4 enthaltenen Verweisung auf § 71a AktG darf nicht geschlossen werden, dass dem Dritten (mittelbarer Stellvertreter) untersagt werden solle, den Erwerb von Aktien durch einen Vierten finanziell zu unterstützen und dass ein solches Rechtsgeschäft nichtig sei.[116] Nichtig und untersagt ist bereits das gegen § 71d S. 1 AktG verstoßende Rechtsgeschäft zwischen AG und Drittem. Für den typischen Sachverhalt eines LBO hat die Bestimmung des § 71d S. 1 AktG keine Bedeutung.

3. Erwerb durch einen Dritten für Rechnung eines abhängigen Unternehmens

58 Nach § 71d S. 2 Hs. 2 AktG ist es dem abhängigen oder in Mehrheitsbesitz stehenden Unternehmen in gleicher Weise wie der AG selbst verboten, sich eines mittelbaren Stellvertreters beim Erwerb von Aktien der herrschenden AG zu bedienen.[117] Für den typischen Sachverhalt eines LBO hat die Bestimmung keine Bedeutung.

§ 46. Konzernrecht

I. Rechtliche Grundlagen

1 Die Zulässigkeit der Besicherung von Verbindlichkeiten eines Gesellschafters durch die Gesellschaft kann anders zu beurteilen sein, wenn zwischen Gesellschafter und Gesellschaft ein Abhängigkeits- oder Konzernverhältnis besteht.

2 Zwischen zwei Unternehmen besteht ein **Abhängigkeitsverhältnis,** wenn beide Unternehmen rechtlich selbständig sind und ein Unternehmen (herrschendes Unternehmen) auf das andere (abhängiges Unternehmen) einen beherrschenden Einfluss ausüben kann (§ 17 Abs. 1 AktG).[1] Gehört einem Unternehmen die Mehrheit der Anteile an einem anderen Unternehmen oder steht ihm die Mehrheit der Stimmrechte am anderen Unternehmen zu, so wird die Abhängigkeit vermutet (§§ 17 Abs. 2 iVm 16 Abs. 1 AktG).

3 Sind ein herrschendes und ein oder mehrere abhängige Unternehmen unter **einheitlicher Leitung** zusammengefasst, so bilden sie einen **Konzern** (§ 18 Abs. 1 S. 1 AktG). Besteht zwischen diesen Unternehmen kein Beherrschungsvertrag, so spricht man von einem **faktischen Konzern.** Unternehmen, zwischen denen ein **Beherrschungsvertrag** besteht (§ 291 AktG), sind als unter einheitlicher Leitung zusammengefasst anzusehen (§ 18 Abs. 1 S. 2 AktG). Keinen Konzern im engeren Sinne begründet ein isolierter Gewinnabführungsvertrag, da er keine Weisungsbefugnis vermittelt.[2] Dennoch spricht man sowohl bei Vorliegen eines Beherrschungs- als auch eines isolierten Gewinnabführungsvertrags von einem **Vertragskonzern.**

II. GmbH

1. Abhängigkeitsverhältnis und faktischer Konzern

4 Das GmbHG enthält keine Regeln über das Verhältnis von herrschendem Unternehmen und abhängiger GmbH. Solche Bestimmungen finden sich jedoch im AktG. Nach

[115] § 71a Abs. 2 AktG verweist auf den ganzen § 71 Abs. 1 AktG, während § 71d S. 1 die Nr. 6 des § 71 Abs. 1 AktG gerade ausspart. Es gilt die speziellere Vorschrift des § 71d S. 1 AktG, KölnKommAktG/*Lutter/Drygala* § 71d Rn. 89.
[116] KölnKommAktG/*Lutter/Drygala* § 71d Rn. 123.
[117] KölnKommAktG/*Lutter/Drygala* § 71d Rn. 126.
[1] Die §§ 15–19 AktG gelten auch für den GmbH-Konzern, Baumbach/Hueck/*Beurskens,* GmbHG, Schlussanh. I Rn. 12.
[2] *Hüffer/Koch,* AktG § 291 Rn. 27.

§§ 311 ff. AktG ist es einem herrschenden Unternehmen grundsätzlich erlaubt, eine abhängige AG zu veranlassen, ein für sie nachteiliges Geschäft vorzunehmen oder Maßnahmen zu ihrem Nachteil zu treffen oder zu unterlassen, wenn das herrschende Unternehmen die Nachteile spätestens am Ende des Geschäftsjahrs der abhängigen AG ausgleicht oder dieser einen Rechtsanspruch auf Nachteilsausgleich einräumt (§ 311 AktG). Nach herrschender Meinung sind die §§ 311 ff. AktG aber auf die **Beherrschung** einer abhängigen GmbH **nicht analog** anwendbar.[3] Diese Vorschriften sind bei einer Einmann-GmbH zu streng, da sie unabhängig von einer Unterbilanz den Ausgleich aller durch den Gesellschafter veranlassten Nachteile verlangen.[4] Bei einer GmbH mit mehreren Gesellschaftern bleiben sie dagegen hinter der strengen Rechtsprechung des BGH zur Treuepflicht des Mehrheitsgesellschafters gegenüber den Minderheitsgesellschaftern einer GmbH zurück.[5] Inwieweit allerdings Einzelregelungen, insbesondere der Nachteilsbegriff des § 311 AktG und § 317 AktG analog anzuwenden sind, ist weiterhin umstritten.[6]

Dagegen wandte die Rechtsprechung die aktienrechtlichen Regeln über den Vertrags- **5**
konzern (§§ 291 ff. AktG) lange Zeit auf den sog **qualifizierten faktischen Konzern**[7] an. In seinen Urteilen vom 17.9.2001 („Bremer Vulkan")[8] und vom 24.6.2002 („Kindl Backwaren Vertriebs-GmbH" oder „KBV")[9] hat der BGH aber klargestellt, dass der Schutz einer abhängigen GmbH gegen Eingriffe ihres herrschenden Gesellschafters (oder einer einverständlich handelnden Gesellschaftermehrheit) nicht dem Haftungssystem des Aktienkonzernrechts (§§ 291 ff., 311 ff. AktG) folgt. Der Schutz beschränkt sich auf die Erhaltung des Stammkapitals der GmbH iSd **§§ 30, 31 GmbHG,** für die im Rahmen des § 43 Abs. 3 GmbHG auch die Geschäftsführer haften. Außerdem hat der herrschende Gesellschafter bei Eingriffen in das Vermögen oder die Geschäftschancen der abhängigen GmbH angemessene Rücksicht auf ihre seiner Disposition entzogenen Belange zu nehmen.[10] Dasselbe gilt auch bei einem einfachen faktischen Konzern. Die §§ 30, 31 GmbHG sind somit uneingeschränkt auch bei Vorliegen eines Abhängigkeitsverhältnisses und im faktischen GmbH-Konzern anwendbar.

2. Vertragskonzern

Es war lange Zeit **umstritten,** ob die Kapitalerhaltungsvorschrift des § 30 Abs. 1 GmbHG **6**
auch Anwendung findet, wenn ein **Beherrschungs- oder Gewinnabführungsvertrag** besteht. Eine Meinung hielt § 30 GmbHG ungeachtet der Verlustausgleichspflicht des § 302 AktG analog auch im Vertragskonzern für **anwendbar.**[11] Der BGH und die wohl hL

---

[3] Ulmer/*Habersack*/Löbbe, GmbHG § 30 Rn. 91, Rn. 111 ff.; Baumbach/Hueck/*Beurskens,* GmbHG, Schlussanh. I Rn. 15; *Goette,* Die GmbH § 9 Rn. 9; Schmidt/Lutter/*Vetter,* AktG § 311 Rn. 11; Emmerich/*Habersack,* KonzernR, Anh § 318 Rn. 6.

[4] Schmidt/Lutter/*Vetter,* AktG § 311 Rn. 11.

[5] BGH v. 5.6.1975, BGHZ 65, 15 ff. („ITT"); Schmidt/Lutter/*Vetter,* AktG § 311 Rn. 11.

[6] Für eine analoge Anwendung der §§ 311, 317 AktG ua Roth/*Altmeppen,* GmbHG, Anh § 13 Rn. 166 ff.; *Altmeppen,* AktG, Vor § 311 Rn. 78 ff; *Wilhelm,* KapGesR Rn. 1320 ff.; zur Frage der Haftung der gesetzlichen Vertreter des herrschenden Unternehmens analog § 317 Abs. 3 AktG *Altmeppen* ZIP 2009, 49, 55; *Altmeppen* ZIP 2017, 1977, 1980 ff.; dagegen zB *Liebscher,* GmbH-Konzernrecht Rn. 393.

[7] Ein qualifizierter faktischer Konzern lag nach der Rechtsprechung vor, wenn das herrschende Unternehmen einen so intensiven Einfluss auf die abhängige GmbH ausübte, dass die ihr zugefügten Nachteile nicht mehr isolierbar waren. Nach den Grundsätzen vom qualifizierten faktischen Konzern haftete das herrschende Unternehmen gegenüber der abhängigen GmbH nach §§ 302, 303 AktG analog. Einen kurzen Überblick über die Entwicklung der Rechtsprechung geben *Römermann/Schröder* GmbHR 2001, 1015 ff.

[8] BGH v. 17.9.2001, NJW 2001, 3622 ff.; dazu *K. Schmidt* NJW 2001, 3577 ff.; *Ulmer* ZIP 2001, 2021 ff.; *Römermann/Schröder* GmbHR 2001, 1015 ff; *Altmeppen* NJW 2002, 321 ff.; *Keßler* GmbHR 2001, 1095 ff.; *Decher* ZInsO 2002, 113 ff.; *Hoffmann* NZG 2002, 68 ff.; *Luttermann* BB 2001, 2433, 2437.

[9] BGH v. 24.6.2002, ZIP 2002, 1578 ff.; dazu *Altmeppen* ZIP 2002, 1553 ff.; *Ulmer* JZ 2002, 1049 ff.; *Keßler* GmbHR 2002, 945 ff.

[10] Dazu → § 47 Rn. 37 ff.

[11] Hachenburg/*Goerdeler/Müller,* GmbHG § 30 Rn. 72 f.; *Brandes* FS Kellermann, S. 33; *Peltzer* GmbHR 1995, 15, 17; *Dampf,* Der Konzern 2007, 157, 169 f.

hielten § 30 Abs. 1 GmbHG im Vertragskonzern gemäß § 291 Abs. 3 AktG analog dagegen für **unanwendbar.**[12] Die Verlustausgleichspflicht gemäß § 302 AktG analog diene dem Schutz der GmbH und ihrer Gläubiger gegen die Aushöhlung der bilanzmäßigen Substanz und „tritt damit im Vertragskonzern an die Stelle der Kapitalerhaltungsvorschriften".[13] Die Anwendung des § 30 GmbHG neben der Verlustausgleichspflicht würde dazu führen, dass die abhängige GmbH stärker geschützt wird als die abhängige AG.[14]

7 Durch das **MoMiG** ist diese Streitfrage nun im Sinne der hM entschieden.[15] Nach dem neu eingefügten Satz 2 des § 30 Abs. 1 GmbHG verbietet § 30 Abs. 1 S. 3 GmbHG nicht die Auszahlung des zur Erhaltung des Stammkapitals erforderlichen Vermögens an den Gesellschafter, die „bei Bestehen eines Beherrschungs- oder Gewinnabführungsvertrags (§ 291 des Aktiengesetzes)" erfolgt.[16] Besteht zwischen dem Gesellschafter, dessen Verbindlichkeiten besichert werden und der besichernden GmbH ein Beherrschungsvertrag iSd § 291 Abs. 1 AktG, so verstößt nach der Neuregelung die Besicherung nicht gegen § 30 Abs. 1 GmbHG. Dasselbe gilt auch bei Abschluss eines isolierten Gewinnabführungsvertrags iSd § 291 Abs. 1 AktG, der gerade im Bereich der GmbH verbreitet ist.[17] Dies ist aus Gläubigersicht sachgerecht, da auch ein reiner Gewinnabführungsvertrag die Verlustausgleichspflicht gemäß § 302 AktG auslöst.[18]

8 Vor dem MoMiG war umstritten, ob auf der Grundlage eines **isolierten Gewinnabführungsvertrags** durch § 291 Abs. 3 AktG nur die Abführung von Gewinn oder auch von anderen Leistungen[19] an den Gesellschafter (zB aufsteigende Darlehen im Rahmen eines Cash-Pools oder die Besicherung von Gesellschafterverbindlichkeiten) privilegiert waren. Die durch das MoMiG gewählte Formulierung „bei Bestehen" stellt klar, dass alle Leistungen an einen Gesellschafter, die bei Bestehen eines isolierten Gewinnabführungsvertrags erfolgen, grundsätzlich nicht gegen das Verbot der Einlagenrückgewähr verstoßen. Ebenfalls auf Grund der neuen Formulierung muss sich im Falle eines Beherrschungsvertrags derjenige, der sich auf die Privilegierung beruft, nicht mehr nachweisen, dass die Leistung auf Grund einer Weisung erfolgte.[20] Denn Weisungen erfolgen in der Praxis häufig nicht ausdrücklich und nicht schriftlich.[21] Schließlich soll die neue Formulierung klarstellen, dass auch **Leistungen an Dritte,** die auf Veranlassung des herrschenden Unternehmens erfolgen, zB an andere Konzernunternehmen oder an Unternehmen, die mit dem herrschenden Unternehmen oder anderen Konzernunternehmen in Geschäftsverbindungen stehen, vom Verbot der Einlagenrückgewähr freigestellt sind.[22]

9 Nach hM bleibt § 30 Abs. 1 S. 1 GmbHG allerdings dann anwendbar, wenn eine Weisung die Existenz der abhängigen GmbH bedroht und der **Verlustausgleichsanspruch** aus § 302 AktG analog **nicht werthaltig** oder nicht durchsetzbar ist.[23] Weisungen des herrschenden Unternehmens, welche die Existenz der beherrschten Gesellschaft bedrohen, sind nach danach nicht zulässig.[24] Denn ein Beherrschungsvertrag geht vom

[12] BGH v. 14.2.1987, BGHZ 103, 1, 10; *Liebscher,* GmbH-Konzernrecht Rn. 735; *Henze* WM 2005, 717, 722; *Bayer/Lieder* ZGR 2005, 133, 152; *Habersack/Schürnbrand* NZG 2004, 689, 691; Scholz/*Verse,* GmbHG § 30 Rn. 72; *Fleck* FS 100 Jahre GmbHG, S. 391, 395 f.; *Hommelhoff* WM 1984, 1105, 1110; *Fischer/Gasteyer* NZG 2003, 517, 520; *Früh* GmbHR 2000, 105, 107; *Reidenbach* WM 2004, 1421, 1426.

[13] So ausdrücklich BGH v. 14.12.1987, BGHZ 103, 1, 10.

[14] *Liebscher,* GmbH-Konzernrecht Rn. 735.

[15] So auch *Michael Winter* DStR 2007, 1484, 1490.

[16] Dazu → § 46 Rn. 28.

[17] Ein isolierter Gewinnabführungsvertrag reicht zur Herbeiführung der steuerlichen Organschaft aus, und das durch einen Beherrschungsvertrag vermittelte Weisungsrecht ist bei der GmbH von untergeordneter Bedeutung, *Drygala/Kremer* ZIP 2007, 1289, 1295.

[18] *Drygala/Kremer* ZIP 2007, 1289, 1296.

[19] So BGH v. 23.9.1991, BGHZ 115, 187, 197 (Video); *Michael Winter* DStR 2007, 1484, 1490 mwN.

[20] Schmidt/Lutter/*Langenbucher,* AktG § 291 Rn. 70.

[21] Handelsrechtsausschuss DAV, NZG 2007, 735, 740.

[22] Beschlussempfehlung und Bericht des Rechtsausschusses (MoMiG), BT Drucks. 16/9737, S. 98.

[23] Roth/*Altmeppen,* GmbHG § 30 Rn. 101; Baumbach/Hueck/*Fastrich* GmbHG § 30 Rn. 45; Scholz/*Verse,* GmbHG § 30 Rn. 75; *Wicke,* GmbHG § 30 Rn. 14.

[24] OLG Düsseldorf v. 7.6.1990, AG 1990, 490, 492; *Liebscher,* GmbH-Konzernrecht Rn. 714.

Fortbestand der abhängigen Gesellschaft aus und verpflichtet den herrschenden Unternehmergesellschafter, deren Existenz für die Gegenwart zu erhalten und für die Zukunft zu sichern, insbesondere also den Eintritt von Substanzverlusten zu vermeiden.[25] Wenn der Anspruch auf Verlustausgleich nach § 302 AktG analog die Bedrohung der Existenz der abhängigen GmbH nicht verhindern kann, weil er nicht vollwertig ist, bleibt § 30 Abs. 1 S. 1 GmbHG anwendbar.[26]

Nach **aA** kommt es auf die Vollwertigkeit des Verlustausgleichsanspruchs nicht an. [27] Für **10**
diese Ansicht spricht zum einen der Gesetzeswortlaut und das Ziel des Gesetzgebers Leistungsbeziehungen zwischen Konzerngesellschaften zu erleichtern.[28] Dies würde erschwert, verlangte man stets auch eine Prüfung der Vollwertigkeit des Verlustausgleichsanspruchs.[29] Auch lässt sich fragen, welchen Anwendungsbereich § 30 Abs. 1 S. 3 GmbHG noch hat, da die Leistung bei vollwertigem Verlustausgleichsanspruch auch unter § 30 Abs. 1 S. 2, 2. Alt. GmbHG subsumiert werden könnte.[30]

Für die bei Akquisitionsfinanzierungen relevante Frage der Zulässigkeit aufsteigender **11**
Sicherheiten ergibt sich bei näherem Hinsehen allerdings kein nennenswerter Unterschied. Auch nach der Gegenansicht ist der Geschäftsführer der beherrschten Gesellschaft vor Vergabe eines aufsteigenden Darlehens, deren Wertung auf die Bestellung aufsteigender Sicherheiten zu übertragen ist, verpflichtet, die Bonität des herrschenden Gesellschafters zu prüfen[31] und bei einer Verschlechterung der Vermögensverhältnisse mit Kündigung oder Verlangen nach Sicherheitenbestellung zu reagieren.[32] Nach § 297 Abs. 1 AktG kann er auch den Beherrschungsvertrag kündigen, wenn das herrschende Unternehmen seine Vertragspflichten (einschließlich dem Verlustausgleichsanspruch) voraussichtlich nicht erfüllen kann.[33]

Eine Auszahlung an Gesellschafter darf auch im Vertragskonzern jedenfalls nur in den **12**
Grenzen des vertragskonzernrechtlichen Verbots existenzbedrohender Weisungen erfolgen.[34] Eine existenzbedrohende Weisung liegt jedoch nicht schon dann vor, wenn Zweifel bestehen, ob das herrschende Unternehmen in der Lage sein wird, den Verlustausgleichsanspruch der beherrschten GmbH gegen die herrschende Gesellschaft aus § 302 Abs. 1 AktG zu erfüllen.[35] Denn auf die **abstrakte Gefahr** der mangelnden Solvenz des herrschenden Unternehmens kann es nicht ankommen. Vielmehr muss im Falle der Befolgung der Weisung damit zu rechnen sein, dass die beherrschte GmbH einen Verlust erleiden wird und deshalb einen Verlustausgleichsanspruch geltend machen müsste, den die herrschende Gesellschaft nicht wird erfüllen können.[36]

---

[25] BGH v. 5.2.1979, NJW 1980, 231, 232; siehe auch BGH v. 17.9.2001, NJW 2001, 3622 („Bremer Vulkan"); Emmerich/Habersack Aktien-/GmbH-KonzernR § 308 Rn. 61 mwN.

[26] Roth/*Altmeppen*, GmbHG § 30 Rn. 101; Scholz/*Verse*, GmbHG § 30 Rn. 75; so bereits auch früher schon *Sonnenhol/Stützle* DB 1979, 925, 927; *Reidenbach* WM 2004, 1421, 1426; *Habersack/Schürnbrand* NZG 2004, 689, 691.

[27] OLG Frankfurt NZI 2014, 363, 365; MüKoGmbHG/*Ekkenga* § 30 Rn. 270; Rowedder/Schmidt-Leithoff/*Pentz*, GmbHG § 30 Rn. 123; Lutter/*Hommelhoff*, GmbHG § 30 Rn. 48; Ulmer/Habersack/Löbbe/*Habersack*, GmbHG § 30 Rn. 89; *Schmolke*, Kapitalerhaltung Rn. 171; zur AG: Schmidt/Lutter/*Fleischer* § 57 AktG Rn. 37; ähnlich MHLS/*Heidinger*, GmbHG § 30 Rn. 213 f.

[28] RegE, BT-Drucks. 16/6140 S. 41: „Die Vorschrift will es den Gesellschaften erleichtern, mit ihren Gesellschaftern – vor allem auch im Konzern – alltägliche und wirtschaftlich sinnvolle Leistungsbeziehungen zu unterhalten und abzuwickeln."

[29] Schmidt/Lutter/*Fleischer* § 57 AktG Rn. 37 zu § 57 Abs. 1 S. 3, Alt.1.

[30] MüKoGmbHG/*Ekkenga* § 30 Rn. 270.

[31] MüKoGmbHG/*Ekkenga* § 30 Rn. 270.

[32] MüKoGmbHG/*Ekkenga* § 30 Rn. 270; Lutter/*Hommelhoff* GmbHG § 30 Rn. 49; Rowedder/Schmidt-Leithoff/*Pentz* § 30 Rn. 62; Ulmer/Habersack/Löbbe/*Habersack*, GmbHG § 30 Rn. 89.

[33] Diem/Jahn/*Beyersdorfer*, II.23 Rn. 77.

[34] Diem/Jahn/*Beyersdorfer*, II.23 Rn. 77; Lutter/*Hommelhoff* GmbHG § 30 Rn. 48; Ulmer/Habersack/Löbbe/*Habersack*, GmbHG § 30 Rn. 90; für die AG Schmidt/Lutter/*Langenbucher*, AktG § 291 Rn. 71.

[35] Nach *Grigoleit/Rieder*, GmbH- Recht nach dem MoMiG Rn. 221 sollen im Vertragskonzern Auszahlungen an den Gesellschafter sogar erst dann unzulässig seien, wenn die Wertlosigkeit des Verlustausgleichsanspruchs sicher und offenkundig ist.

[36] *Riegger* ZGR 2008, 233, 245; *Emmerich/Habersack Aktien-/GmbH-KonzernR* § 308 Rn. 61, 63; auch → § 46 Rn. 30.

13 **Besicherung von Gesellschafterverbindlichkeiten.** Die Bestellung von Sicherheiten durch eine GmbH für Verbindlichkeiten ihres Gesellschafters ist regelmäßig zunächst nicht bilanzwirksam, da im Zeitpunkt der Bestellung regelmäßig **nicht** mit der Verwertung der Sicherheiten **zu rechnen** sein wird.[37] Dann darf der Geschäftsführer, nach hier vertretener Ansicht,[38] die Sicherheiten bestellen. Spätere, nicht vorhersehbare negative Entwicklungen der Forderung gegen den Gesellschafter und bilanzielle Abwertungen führen nicht nachträglich zu einer verbotenen Einlagenrückgewähr.[39] Im unwahrscheinlichen Fall, dass im Zeitpunkt der Bestellung der Sicherheiten durch die GmbH mit deren Verwertung **zu rechnen** ist, kommt es bei Bestehen eines Beherrschungs- oder Gewinnabführungsvertrags darauf an, ob die GmbH gegen ihren Gesellschafter einen vollwertigen Verlustausgleichsanspruch hat. Bei Akquisitionsfinanzierungen verfügt die Erwerbsgesellschaft regelmäßig über kein eigenes Geschäft oder Vermögen, mit Ausnahme der erworbenen (und idR an die Kreditgeber verpfändeten) Geschäftsanteile. Daher wird der Verlustausgleichsanspruch selten vollwertig sein.[40] Verfügt die GmbH nicht über ungebundenes Vermögen in ausreichender Höhe, um den durch die Verwertung der Sicherheiten entstehenden Verlust auszugleichen, verstieße die Sicherheitenbestellung gegen § 30 Abs. 1 S. 1 GmbHG.

III. GmbH & Co. KG

14 Erfolgt die Besicherung zugunsten von Verbindlichkeiten eines Unternehmens, von dem die GmbH & Co. KG **abhängig** ist oder das die GmbH & Co. KG im Rahmen eines **faktischen Konzerns** beherrscht, so gilt das zur abhängigen GmbH Ausgeführte entsprechend.[41]

15 Eine GmbH & Co. KG oder deren Komplementär-GmbH kann beherrschtes Unternehmen in einem **Vertragskonzern** sein.[42] Insoweit gelten die Ausführungen zum GmbH-Vertragskonzern entsprechend.[43]

IV. Aktiengesellschaft

1. Abhängigkeitsverhältnis und faktischer Konzern

a) Anwendbarkeit des § 57 AktG

16 **Spezialvorschriften §§ 311 ff. AktG.** Besteht zwischen Erwerbsgesellschaft und Ziel-AG ein Abhängigkeitsverhältnis,[44] so werden nach hM die §§ 57 ff. AktG durch § 311 AktG als *lex specialis* **verdrängt,** wenn und soweit diese Vorschrift Anwendung findet und die nachteilige Maßnahme vom herrschenden Unternehmen rechtzeitig ausgeglichen wird.[45] Ein herrschendes Unternehmen darf eine abhängige AG zu einem für sie nachteiligen Geschäft veranlassen, ohne dass ein Verstoß gegen § 57 AktG vorliegt, da das herrschende Unterneh-

[37] Dazu → § 43 Rn. 27.
[38] Zum Meinungsstand → § 43 Rn. 44 ff.
[39] Dazu → § 43 Rn. 51 f.
[40] Dazu → § 43 Rn. 54.
[41] MüKoGmbHG/*Liebscher*, Anh § 13 Rn. 1405 ff., 1422 ff.; zur GmbH → § 46 Rn. 5 ff.
[42] MüKoGmbHG/*Liebscher*, Anh § 13 Rn. 1436 ff.; dazu auch → § 44 Rn. 13.
[43] Dazu → § 46 Rn. 6 ff.
[44] Ein Konzernverhältnis iSd § 18 AktG, das zusätzlich zur Abhängigkeit auch eine einheitliche Leitung voraussetzt, ist iRd §§ 311 ff. AktG nicht erforderlich.
[45] BGH v. 1.12.2008, ZIP 2009, 70, 71 („MPS"); OLG München v. 15.12.2004, NZG 2005, 181, 183; OLG Frankfurt v. 30.11.1995, AG 1996, 324, 327; OLG Stuttgart v. 21.12.1993, AG 1994, 411, 412; *Hüffer/Koch,* AktG § 311 Rn. 49; GKAktG/*Henze,* § 57 Rn. 194; MHdB GesR IV/*Rieckers* § 16 Rn. 78; Emmerich/Habersack Aktien-/GmbH-KonzernR § 311 Rn. 82; *Peltzer* GmbHR 1995, 15, 16; Schmidt/Lutter/*Vetter*, AktG § 311 Rn. 117; aA *Cahn,* Kapitalerhaltung im Konzern, S. 64 ff.; GKAktG/*Würdinger,* 3. Aufl. 1975, § 311 Rn. 5; nach KölnKommAktG/*Drygala* § 57 Rn. 105 ist § 57 Abs. 1 unter Berücksichtigung der in §§ 311, 317 getroffenen Wertungen auszulegen.

men jedes nachteilige Geschäft gemäß § 311 AktG auszugleichen hat.[46] Allerdings darf der Vorstand der abhängigen AG die nachteilige Rechtshandlung dann nicht vornehmen, wenn er Zweifel hat, ob die Maßnahme Konzernbelangen dient, der Nachteil ausgleichsfähig ist und das herrschende Unternehmen zum Ausgleich bereit und imstande ist.[47] § 311 AktG begründet kein Weisungsrecht des herrschenden Unternehmens und keine Pflicht der abhängigen Gesellschaft, eine gewünschte Maßnahme zu ergreifen.[48]

Nachteil. Ein Nachteil ist jede Minderung oder konkrete Gefährdung der Vermögens- 17 und Ertragslage der Gesellschaft ohne Rücksicht auf Quantifizierbarkeit, soweit sie als Folge der Abhängigkeit eintritt.[49] Ob die Beeinträchtigung als Folge der Abhängigkeit eintritt, ist nach überwiegender Ansicht nach den Grundsätzen über die Einlagenrückgewähr zu beurteilen.[50] Die Abhängigkeitsfolge ist demnach zu verneinen, wenn ein ordentlicher, gewissenhafter Geschäftsleiter einer unabhängigen Gesellschaft das Rechtsgeschäft zu denselben Konditionen vorgenommen hätte.[51]

Anders als beim Kapitalschutz des § 57 AktG ist eine **bilanzielle Auswirkung** ist 18 **weder erforderlich noch hinreichend** für einen Nachteil im Sinne des § 311 AktG.[52] Die durch das MoMiG eingeführten Änderungen im Kapitalerhaltungsrecht sind aber auch im Rahmen der §§ 311, 317 f. AktG zu beachten. Denn diese Vorschriften sind als Privilegierung gegenüber § 57 AktG gedacht, so dass keine strengeren Maßstäbe gelten können.[53] Der BGH hat daher festgestellt, dass eine Darlehensvergabe an den Gesellschafter dann nicht nachteilig im Sinne des § 311 AktG ist, wenn die Darlehensforderung vollwertig ist. Ob dies der Fall ist, hat der Vorstand vor Abschluss des Darlehensvertrages nach vernünftiger kaufmännischer Beurteilung, wie sie auch bei der Bewertung von Forderungen aus Drittgeschäften im Rahmen der Bilanzierung (§ 253 HGB) maßgeblich ist, zu prüfen.[54]

Selbiges gilt für die Bestellung einer **aufsteigenden Sicherheit** für Verbindlichkeiten 19 des Aktionärs. Diese ist ist kein für die AG nachteiliges Rechtsgeschäft, wenn im Zeitpunkt ihrer Bestellung (a) nicht mit ihrer Inanspruchnahme zu rechnen ist,[55] (b) die AG einen vollwertigen Befreiungsanspruch gegen den Aktionär hat oder (c) ein Beherrschungs- oder Gewinnabführungsvertrag besteht und der Verlustausgleichsanspruch gegen den Aktionär vollwertig ist.[56]

Maßgeblicher Zeitpunkt. Ob ein Rechtsgeschäft oder eine sonstige Maßnahme nach- 20 teiligen Charakter hat, ist (anders als die Höhe der Ausgleichsleistung) nach den im Zeitpunkt seiner **Vornahme** maßgeblichen Verhältnissen zu bestimmen.[57]

Nachteilsausgleich. Die Nachteile müssen durch die Gewährung gleichwertiger Vor- 21 teile ausgeglichen und damit die Vermögensinteressen der abhängigen AG gewahrt werden.[58] Ein Nachteilsausgleich kommt grundsätzlich nur bei Quantifizierbarkeit des Nachteils in Betracht.[59] Das ist der Fall, wenn ein etwaiger Schaden der Gesellschaft bezifferbar ist.[60] Ist der Schaden nicht bezifferbar und kann somit nicht ausgeglichen werden, so ist die

---

46 So die hM, *Hüffer/Koch,* AktG § 311 Rn. 49; *Sonnenhol/Groß* ZHR 159 (1995), 389, 410.
47 So auch Emmerich/Habersack Aktien-/GmbH-KonzernR § 311 Rn. 78.
48 Emmerich/Habersack Aktien-/GmbH-KonzernR § 311 Rn. 23.
49 *Hüffer/Koch,* AktG § 311 Rn. 25.
50 BGH v. 1.12.2008, ZIP 2009, 70, 71 („MPS"); *Hüffer/Koch,* AktG § 311 Rn. 27 ff. mwN.
51 BGH v. 1.12.2008, ZIP 2009, 70, 71 („MPS"); BGH v. 3.3.2008, ZIP 2008, 785; *Hüffer/Koch,* AktG § 311 Rn. 25 mwN.
52 Schmidt/Lutter/*Vetter,* AktG § 311 Rn. 32.
53 BGH v. 1.12.2008, ZIP 2009, 70, 72 („MPS").
54 BGH v. 1.12.2008, ZIP 2009, 70, 72 („MPS").
55 Dazu → § 45 Rn. 23.
56 Dazu → § 46 Rn. 10.
57 *Hüffer/Koch,* AktG § 311 Rn. 26.
58 Emmerich/Habersack Aktien-/GmbH-KonzernR § 311 Rn. 59; MüKoAktG/*Altmeppen* § 311 Rn. 266.
59 Emmerich/Habersack Aktien-/GmbH-KonzernR § 311 Rn. 60.
60 Emmerich/Habersack Aktien-/GmbH-KonzernR § 311 Rn. 43.

nachteilige Einflussnahme auf die Gesellschaft rechtswidrig.[61] Auf die Bilanzierungsfähigkeit des Vorteils kommt es nur an, wenn auch der Nachteil bilanzielle Auswirkungen hat.[62] Der Aktionär kann die Nachteile entweder tatsächlich ausgleichen oder der abhängigen Gesellschaft einen **Rechtsanspruch** auf Nachteilsausgleich einräumen (§ 311 Abs. 2 AktG). Bei Bestellung von **Sicherheiten** durch die abhängige AG kommt als Nachteilsausgleich insbesondere die Verpflichtung des herrschenden Unternehmens zum Ausgleich später entstehender Nachteile in Betracht.[63]

22 Eine Maßnahme nach § 311 AktG löst die Rechtsfolgen der §§ 57, 62 AktG **zunächst** nicht aus.[64] Wird der Nachteil aber nicht entsprechend § 311 Abs. 2 AktG rechtzeitig (dh in der Regel bis zum Ende des Geschäftsjahrs) ausgeglichen, so steht der abhängigen AG nach § 317 AktG gegen das herrschende Unternehmen und ggf. gegen seine gesetzlichen Vertreter (§ 317 Abs. 3 AktG) ein Anspruch auf **Schadensersatz** zu. § 311 AktG begründet für die abhängige AG keinen Anspruch auf Nachteilsausgleich, sondern nur eine Ausgleichspflicht des herrschenden Unternehmens.[65] Neben dem Schadensersatzanspruch aus § 317 AktG leben die Ansprüche aus §§ 57, 62 AktG wieder auf.[66]

23 **Akquisitionsfinanzierungen.** Bei einer Akquisitionsfinanzierung wird das herrschende Unternehmen (dh die Erwerbsgesellschaft) meist nicht zum Ausgleich später entstehender Nachteile (zB durch eine Verwertung von Sicherheiten) in der Lage sein. Die Erwerbsgesellschaft ist regelmäßig eine reine Zweckgesellschaft ohne eigenes operatives Geschäft. Die Mittel für den Schuldendienst der Erwerbsgesellschaft stammen ausschließlich von der Zielgesellschaft. Der im Wesentlichen einzige Vermögenswert der Erwerbsgesellschaft sind die Aktien der Zielgesellschaft. Diese Aktien sind an die Kreditgeber verpfändet und sind deshalb unverkäuflich. Die Finanzinvestoren als Gesellschafter der Erwerbsgesellschaft werden sich nicht zum Nachteilsausgleich nach § 311 AktG verpflichten. Die Mittel für einen Nachteilsausgleich müssten also von der Zielgesellschaft kommen. Da die Zielgesellschaft keinen ausreichenden *Cashflow* erwirtschaftet hat, um die Erwerbsgesellschaft in die Lage zu versetzen, ihren Schuldendienst zu leisten, wird sie der Erwerbsgesellschaft auch keine Mittel für den Nachteilsausgleich zur Verfügung stellen können. Außerdem übernimmt die abhängige AG durch die Sicherheitsleistung das **Insolvenzrisiko** des herrschenden Unternehmens.[67] Einen solchen Nachteil kann das herrschende Unternehmen nicht ausgleichen.[68] Aus diesen Gründen findet § 57 AktG bei einer typischen Akquisitionsfinanzierung auch bei Vorliegen eines Abhängigkeitsverhältnisses Anwendung.[69] Dasselbe gilt im faktischen Konzern. In der Sache bedeutet das keinen Unterschied. Im Rahmen des § 57 AktG kommt es, wie bei der Beurteilung der Nachteiligkeit einer Weisung im Rahmen des § 311 AktG, auf die Wahrscheinlichkeit der Inanspruchnahme der gegebenen Sicherheiten an.[70]

b) Anwendbarkeit des § 71a AktG

24 Nach der wohl hM in der Literatur bleibt § 71a Abs. 1 AktG auch bei Vorliegen eines Abhängigkeitsverhältnisses **anwendbar** und wird nicht durch die §§ 311, 317 AktG verdrängt.[71] Eine Suspendierung des § 71a Abs. 1 S. 1 AktG im Verhältnis von herrschendem

[61] Emmerich/Habersack Aktien-/GmbH-KonzernR § 311 Rn. 60.
[62] Emmerich/Habersack Aktien-/GmbH-KonzernR § 311 Rn. 63; aA Schmidt/Lutter/*Vetter*, AktG § 311 Rn. 88, nach dem auch nicht in dem jeweiligen Geschäftsjahr quantifizierbare Vorteile zum Nachteilsausgleich ausreichen können.
[63] MHdB GesR IV/*Krieger* § 70 Rn. 91 (Bürgschaften, Garantien).
[64] KölnKommAktG/*Drygala* § 57 Rn. 105.
[65] Emmerich/Habersack Aktien-/GmbH-KonzernR § 311 Rn. 75.
[66] Schmidt/Lutter/*Vetter*, AktG § 311 Rn. 117; § 317 Rn. 42.
[67] *Schön* ZHR 159 (1995), 351, 372.
[68] *Schön* ZHR 159 (1995), 351, 372.
[69] Wohl ebenso *Canaris* FS Fischer, S. 31, 42.
[70] Dazu → § 45 Rn. 23.
[71] Schmidt/Lutter/*Bezzenberger*, AktG § 71a Rn. 18; Spindler/Stilz/*Cahn* § 71a Rn. 22; MüKoAktG/*Oechsler* § 71a Rn. 49d; KölnKommAktG/*Lutter/Drygala* § 71a Rn. 48.

und abhängigem Unternehmen würde jedenfalls dem gesetzgeberischen Ziel des § 71a AktG, Missbräuche bei LBOs einzudämmen,[72] widersprechen. Die §§ 311, 317 AktG stellen darauf ab, ob und inwieweit die abhängige Gesellschaft durch das herrschende Unternehmen konkrete Nachteile erleidet. Dagegen verbietet § 71a Abs. 1 S. 1 AktG die finanzielle Unterstützung des Aktienerwerbs unabhängig von irgendwelchen Nachteilen für das abhängige Unternehmen.[73]

Die Gegenmeinung ist der Auffassung, dass die §§ 311, 317 AktG den § 71a Abs. 1 S. 1 AktG zumindest zeitweise bis zum Zeitpunkt des ordnungsgemäßen Nachteilsausgleichs **verdrängen.**[74] Nach *Schroeder* kommen den §§ 311 ff. AktG zugleich Schutz- und Privilegierungsfunktionen gegenüber den Normen zu, die für unverbundene Unternehmen gelten. Der Schutz der Gesellschaft, ihrer Gläubiger und Minderheitsaktionäre werde einerseits intensiviert, weil § 317 AktG eine weiterreichende Haftung begründe als §§ 57, 62 AktG. Andererseits bedeute die zeitlich verschobene Ausgleichsmöglichkeit eine Einschränkung der Haftung und damit die Privilegierung der Sonderinteressen der Unternehmensverbindung. Das Privileg des herrschenden Unternehmens gelte, soweit die Entscheidungsfrist für den Nachteilsausgleich noch nicht abgelaufen sei oder das herrschende Unternehmen den Ausgleich bereits gewährt habe.[75] Für die Verdrängung und gegen die uneingeschränkte Anwendung des § 71a Abs. 1 AktG spreche insbesondere die sofortige Nichtigkeit eines gegen § 71a Abs. 1 AktG verstoßenden Rechtsgeschäfts und die Auslösung von Rückgewähransprüchen der abhängigen Gesellschaft, welche die in § 311 Abs. 2 AktG zugebilligte zeitliche Aufschiebung sinnlos machen würde. Die Privilegierung des herrschenden Unternehmens wäre damit gegenstandslos.[76] Rechtsfolge der Verdrängung des § 71a Abs. 1 S. 1 AktG sei dessen **Suspendierung** durch § 311 AktG, die jedoch dann **rückwirkend ende,** wenn die herrschende Gesellschaft den Nachteil nicht gemäß § 311 Abs. 2 AktG rechtzeitig ausgeglichen habe.[77] Dann sei das nachteilige Finanzierungsgeschäft von Anfang an gemäß § 71a Abs. 1 AktG nichtig. Dasselbe gelte, wenn ein Ausgleich aus rechtlichen oder faktischen Gründen nicht möglich sei.[78] 25

Akquisitionsfinanzierungen. Die finanzielle Unterstützung des Erwerbs eigener Aktien gemäß § 71a Abs. 1 AktG durch die Besicherung von Verbindlichkeiten des Aktionärs stellt zumindest dann einen Nachteil für die AG dar, wenn ihre Inanspruchnahme wahrscheinlich wird.[79] Folgt man der Meinung, die eine Suspendierung des § 71a Abs. 1 S. 1 AktG vertritt, so müsste die herrschende Erwerbsgesellschaft den Nachteil der Ziel-AG dann gemäß § 311 AktG ausgleichen. Bei einem *Leveraged Buy-out* ist die herrschende Erwerbsgesellschaft zu einem Ausgleich des Vermögensnachteils der Ziel-AG nach Inanspruchnahme der Sicherheiten durch die Kreditgeber mangels eigener Einkünfte und eigenen verwertbaren Vermögens aber regelmäßig nicht in der Lage. Daher wird jedenfalls in LBO-Fällen § 71a AktG nicht durch die §§ 311 ff. AktG verdrängt. 26

2. Vertragskonzern

a) § 57 Abs. 1 AktG

Bestellt die Ziel-AG Sicherheiten für Verbindlichkeiten der Erwerbsgesellschaft, so ist dies nicht als Drittgeschäft anzusehen. Bei bilanzieller Auswirkung kann es eine Einlagenrück- 27

[72] Vgl. zur Entstehungsgeschichte der Norm MüKoAktG/*Oechsler* § 71a Rn. 1 f. und *Schroeder,* Finanzielle Unterstützung des Aktienerwerbs, S. 10 ff.
[73] Schmidt/Lutter/*Bezzenberger,* AktG § 71a Rn. 18.
[74] *Schroeder,* Finanzielle Unterstützung des Aktienerwerbs, S. 278 f.; *Riegger* ZGR 2008, 233, 240; Schmidt/Lutter/*Vetter,* AktG § 311 Rn. 119; sympathisierend *Fleischer* AG 1996, 494, 507; *Habersack* FS Röhricht, S. 155, 165.
[75] *Schroeder,* Finanzielle Unterstützung des Aktienerwerbs, S. 278 f. mwN.
[76] *Schroeder,* Finanzielle Unterstützung des Aktienerwerbs, S. 279.
[77] *Schroeder,* Finanzielle Unterstützung des Aktienerwerbs, S. 281.
[78] *Schroeder,* Finanzielle Unterstützung des Aktienerwerbs, S. 283.
[79] Dazu → § 46 Rn. 20.

gewähr sein. Schon vor dem MoMiG war eine solche Einlagenrückgewähr zulässig, wenn sie „auf Grund eines Beherrschungs- oder Gewinnabführungsvertrages" erfolgte (§ 291 Abs. 3 AktG aF).[80] Durch das **MoMiG** wurde in § 57 Abs. 1 AktG eine tatbestandliche Ausnahme aufgenommen, wonach das Verbot der Rückgewähr von Einlagen bei Leistungen nicht gilt, die „bei Bestehen eines Beherrschungs- oder Gewinnabführungsvertrags erfolgen" (§ 57 Abs. 1 S. 3 AktG). Ebenfalls durch das MoMiG wurde der Wortlaut des § 291 Abs. 3 AktG an den neuen § 57 Abs. 1 S. 3 AktG angepasst. Diese Vorschrift privilegiert nun ebenfalls Leistungen der AG an ihren Aktionär „bei Bestehen eines Beherrschungs- oder Gewinnabführungsvertrags" (§ 291 Abs. 3 AktG nF). Beide Regelungen haben denselben Inhalt.

28 Durch den abweichenden Wortlaut „bei Bestehen" soll klargestellt werden, dass auch Leistungen an Dritte, die auf Veranlassung des herrschenden Unternehmens, beispielsweise an andere Konzernunternehmen oder an Unternehmen, die mit dem herrschenden Unternehmen oder anderen Konzernunternehmen in Geschäftsverbindungen stehen, erfolgen, vom Verbot der Einlagenrückgewähr freigestellt sind.[81] Die neue Regelung macht auch deutlich, dass im Falle eines Beherrschungsvertrags derjenige, der sich auf die Privilegierung beruft, nicht nachweisen muss, dass die Leistung „auf Grund" einer Weisung erfolgte. Denn Weisungen erfolgen in der Praxis häufig nicht ausdrücklich und nicht schriftlich.[82]

29 Die Privilegierungen in § 57 Abs. 1 S. 3 AktG und in § 291 Abs. 3 AktG setzen voraus, dass die Weisung an die Ziel-AG, Sicherheiten zu bestellen, den Belangen des herrschenden Unternehmens, eines anderen Konzernunternehmens oder des Konzerns dient (§ 308 Abs. 1 S. 2 AktG).[83] Die ganz hM verlangt außerdem, dass die Weisung die **wirtschaftliche Existenz** der abhängigen Aktiengesellschaft nicht gefährdet.[84] Eine derartige Weisung muss nicht befolgt werden.[85] Die Gegenmeinung lehnt diese Beschränkung des Weisungsrechts vollständig ab, da die Gesellschaft durch die Verlustausgleichspflicht ausreichend geschützt sei.[86] Der hM ist zu folgen, da die §§ 302 ff. AktG vom Fortbestand der Untergesellschaft während der Laufzeit des Unternehmensvertrages ausgehen.

30 Fraglich ist, wann der Vorstand von einer Existenzgefährdung ausgehen muss. Nach Ansicht einiger genügen Zweifel, ob das herrschende Unternehmen in der Lage sein werde, den Verlustausgleichsanspruch der beherrschten AG gegen die herrschende Gesellschaft aus § 302 Abs. 1 AktG zu erfüllen.[87] Dem wird zurecht entgegengehalten, dass es nicht auf die **abstrakte Gefahr** der mangelnden Solvenz des herrschenden Unternehmens ankommen kann. Wenn kein Verlust zu erwarten ist, stellt sich die Frage nach der Werthaltigkeit des Verlustausgleichsanspruchs nicht. Vielmehr kommt es darauf an, ob der Vorstand nach pflichtgemäßer Ausübung seines Ermessens glaubt, dass die AG im Falle der Befolgung der Weisung einen Verlust erleiden wird und die AG deshalb einen Verlustausgleichsanspruch geltend machen müsste, den die herrschende Gesellschaft nicht wird erfüllen können.[88]

31 **Akquisitionsfinanzierungen.** Bei Akquisitionsfinanzierungen ist das herrschende Unternehmen regelmäßig eine Zweckgesellschaft ohne eigenes Geschäft und Vermögen, mit Ausnahme der erworbenen (und idR an die Kreditgeber verpfändeten) Aktien. Der Ver-

---

[80] OLG München v. 11.7.1979, AG 1980, 272, 273 („Kolb Wohnungsbau AG"); KölnKommAktG/*Drygala* § 57 Rn. 97.

[81] Beschlussempfehlung und Bericht des Rechtsausschusses (MoMiG), BT Drucks. 16/9737, S. 98.

[82] Siehe dazu Handelsrechtsausschuss DAV, NZG 2007, 735, 740.

[83] OLG München v. 11.7.1979, AG 1980, 272 („Kolb Wohnungsbau AG"); KölnKommAktG/*Drygala* § 57 Rn. 101.

[84] Schmidt/Lutter/*Langenbucher,* AktG § 308 Rn. 31 mwN; Emmerich/Habersack Aktien-/GmbH-KonzernR § 308 Rn. 61 mwN (weil nicht von § 308 Abs. 1 AktG gedeckt); jedenfalls soweit es sich um eine Existenzgefährdung während der Laufzeit des Beherrschungsvertrages handelt, MüKoAktG/*Altmeppen* § 308 Rn. 123; *Schön* ZHR 159 (1995), 351, 373; *Hüffer/Koch,* AktG § 308 Rn. 19.

[85] Schmidt/Lutter/*Langenbucher,* AktG § 308 Rn. 31 mwN.

[86] KölnKommAktG/*Koppensteiner* § 308 Rn. 50; Spindler/Stilz/*Veil,* AktG § 308 Rn. 31.

[87] MüKoAktG/*Altmeppen* § 302 Rn. 40 und § 308 Rn. 126; *Becker* DStR 1998, 1429, 1431; *Clemm* ZHR 141 (1977), 197, 204 ff.

[88] *Riegger* ZGR 2008, 233, 245; Emmerich/Habersack Aktien-/GmbH-KonzernR § 308 Rn. 61, 64.

lustausgleichsanspruch wird deshalb nicht vollwertig sein. Darum kommt es entscheidend auf die Wahrscheinlichkeit der Sicherheitenverwertung an.[89]

b) § 71a Abs. 1 S. 1 AktG

Ob § 71a Abs. 1 S. 1 AktG auch im Vertragskonzern gilt, war in der Literatur umstritten. 32
Gerichtsentscheidungen sind zu dieser Frage bisher nicht ergangen.

Nach herrschender Ansicht trat bei Bestehen eines Beherrschungs- und Gewinnabführungsvertrags zwischen Erwerbsgesellschaft und Zielgesellschaft § 71a Abs. 1 AktG hinter die §§ 291 ff. AktG zurück.[90] In einer Unternehmensgruppe werde der in unverbundenen Unternehmen geltende Kapitalerhaltungsschutz durch ein **System der konsolidierten Risikozuordnung** ersetzt.[91] Außerdem dienten § 57 AktG und § 71a AktG beide der Kapitalerhaltung. Wenn § 291 Abs. 3 AktG schon den „Grundpfeiler" des aktienrechtlichen Kapitalersatzrechts außer Kraft setze, liege es nahe, diese Ausschlusswirkung im Wege eines Erst-recht-Schlusses auch auf § 71a Abs. 1 AktG zu erstrecken.[92] Die nicht näher begründete Gegenansicht hielt § 71a Abs. 1 S. 1 AktG auch im Vertragskonzern für anwendbar.[93] 33

Diese Streitfrage wurde durch das MoMiG im Sinne der ersten Ansicht entschieden (§ 71a Abs. 1 S. 3 AktG). Der durch das MoMiG neu in § 57 Abs. 1 S. 3 AktG eingefügte Ausnahmetatbestand für die Rückgewähr von Einlagen bei Bestehen eines Vertragskonzerns wurde in den § 71a Abs. 1 AktG übernommen. 34

Wie im Rahmen des § 57 Abs. 1 S. 3 AktG ist allerdings umstritten, ob die Vollwertigkeit des Verlustausgleichsanspruchs nach § 302 AktG ungeschriebenes Tatbestandsmerkmal der Privilegierung ist. Versteht man mit der schon bisher herrschenden Meinung den § 71a AktG zumindest auch als Ausprägung des Kapitalschutzes,[94] liegt es nahe, sich an den hierzu getroffenen Feststellungen zu orientieren. Nach hier vertretener Auffassung greift die Privilegierung des § 71a Abs. 1 S. 3 AktG daher nicht, wenn zum Zeitpunkt der Vornahme der Unterstützungshandlung, dh bei Bestellung der Sicherheit, eine Inanspruchnahme wahrscheinlich und der Verlustausgleichsanspruch nicht werthaltig war.[95] 35

§ 47. Zivilrecht

Die Besicherung von Gesellschafterverbindlichkeiten kann nicht nur gegen gesellschaftsrechtliche Bestimmungen verstoßen, sondern ist auch an den Vorschriften des Zivilrechts zu messen. So kann die Bestellung aufsteigender Sicherheiten wegen Sittenwidrigkeit nichtig sein. Außerdem können sich die Gesellschafter, die Geschäftsführer oder Vorstände der beteiligten Gesellschaften oder die Kreditgeber als Sicherungsnehmer schadensersatzpflichtig machen. 1

---

[89] Dazu → § 46 Rn. 13.

[90] *Schroeder,* Finanzielle Unterstützung des Aktienerwerbs, S. 287 ff.; ihm folgend *Fleischer* AG 1996, 494, 506; *Becker* DStR 1998, 1429, 1431; *Riegger* ZGR 2008, 233, 245; wohl auch Picot/Mentz/Seydel/*Bürger,* Die Aktiengesellschaft bei Unternehmenskauf und Restrukturierung, Teil XI Rn. 166.

[91] *Schroeder,* Finanzielle Unterstützung des Aktienerwerbs, S. 289; *Fleischer* AG 1996, 494, 506; ihm folgend *Becker* DStR 1998, 1429, 1431.

[92] *Schroeder,* Finanzielle Unterstützung des Aktienerwerbs, S. 287 ff.; *Fleischer* AG 1996, 494, 506.

[93] *Lutter/Wahlers* AG 1989, 1, 9; ihnen folgend *Zerey,* Rechtliche Probleme der Finanzierung von Leveraged Buyouts und Tender Offers, S. 117; HdBKonzernfinanzierung/*Maier-Reimer* Rn. 16.64, alle ohne eingehende Begründung.

[94] Schmidt/Lutter/*Bezzenberger,* AktG § 71a Rn. 7.

[95] Im Ergebnis ebenso KölnKommAktG/*Lutter/Drygala,* § 71a Rn. 47; MüKoAktG/*Oechsler,* § 71a Rn. 49b; aA für Privilegierung unabhängig von der Vollwertigkeit des Verlustausgleichsanspruchs Spindler/Stitz/Cahn, AktG, § 71a Rn. 21; Schmidt/Lutter/*Bezzenberger,* AktG § 71a Rn. 18.

2 Unterschiede bestehen insbesondere zwischen GmbH und AG. Die **Gesellschafter einer GmbH** können durch ihre Weisungsbefugnis auf die GmbH einwirken und in bestimmtem Umfang auf ihr Vermögen zugreifen. Diesen Rechten korrespondieren Pflichten der Gesellschafter, wie zB die Pflicht zur Rücksichtnahme auf die Zweckbindung des Gesellschaftsvermögens gegenüber der GmbH oder die Treuepflicht gegenüber Minderheitsgesellschaftern. Die Verletzung dieser gesellschaftsrechtlichen Pflichten könnte nach den Vorschriften des Zivilrechts zur Nichtigkeit der Rechtsgeschäfte führen (§§ 134, 138 BGB) oder Schadensersatzansprüche auslösen. Dagegen haben die **Aktionäre einer AG** grundsätzlich keine Zugriffsmöglichkeit auf das Gesellschaftsvermögen. Soweit sie dennoch faktisch auf die AG einwirken, gelten die §§ 311 ff. AktG.[1] Keine Unterschiede ergeben sich hingegen bei einem deliktischen Handeln von GmbH-Gesellschaftern und Aktionären.

3 Die aus dem allgemeinen Zivilrecht folgende Nichtigkeit der Sicherheitenbestellung sowie die hieraus oder aus einem deliktischen Handeln der Gesellschaftsorgane resultierenden Ausgleichs- und Ersatzansprüche der Gesellschaft erlangen besondere Bedeutung gegenüber dritten, an der Sicherheitenbestellung beteiligten Parteien, weil auf diese nach zutreffender Ansicht die §§ 30 ff. GmbHG und die §§ 57, 71a AktG keine Anwendung finden.[2]

I. Rechtsverhältnis zwischen Gesellschafter und Gesellschaft

4 **Vertragsverhältnis.** Erteilt der Gesellschafter der Gesellschaft die Weisung, Sicherheiten für seine eigenen Verbindlichkeiten zu bestellen, so besteht zivilrechtlich zwischen Gesellschafter und Gesellschaft ein **Auftragsvertrag** (§§ 662 ff. BGB) oder wenn ein Entgelt für die Übernahme des Haftungsrisikos gezahlt wird, ein **Geschäftsbesorgungsvertrag** mit werkvertraglichem Charakter (§§ 675, 631 ff. BGB).[3] Der Gesellschafter hat gegen die Gesellschaft einen Anspruch auf Bestellung und Beibehaltung[4] der Sicherheit.

5 **Anspruch auf Befreiung.** Die Gesellschaft hat gegen den Gesellschafter einen Anspruch auf Ersatz ihrer Aufwendungen (§ 670 BGB).[5] Bei einem Auftrag zur Bestellung einer Sicherheit ist dieser Anspruch auf **Befreiung** von der Verpflichtung aus der Sicherheit (§ 257 BGB) gerichtet.[6] Er entsteht grundsätzlich mit der Ausführung des Auftrags bzw. der Geschäftsbesorgung oder der anderweitigen Beendigung des Vertragsverhältnisses,[7] zB durch Widerruf oder Kündigung (§ 671 BGB). Der Auftrag ist nicht bereits mit der wirksamen Bestellung der Sicherheit ausgeführt, sondern erst mit deren **Inanspruchnahme** oder der Erledigung des Sicherungszwecks durch vollständige Erfüllung der besicherten Verbindlichkeit durch den Hauptschuldner. Daher entsteht der Anspruch auf Befreiung von der Verpflichtung aus der Sicherheit zivilrechtlich grundsätzlich erst mit der Inanspruchnahme der Sicherheit.[8] Wird der Anspruch auf Befreiung von der Verpflichtung aus der Sicherheit nicht erfüllt und kommt es zur Verwertung der Sicherheit, so erwirbt die Gesellschaft unter den Voraussetzungen der §§ 280, 281 BGB einen **Schadensersatzanspruch** gegen ihren Gesellschafter.[9]

6 **Anspruch auf vorzeitige Befreiung.** Der beauftragte Sicherungsgeber kann unter bestimmten Voraussetzungen vom Auftraggeber vorzeitige Befreiung von der Verpflichtung

---

[1] Dazu → § 46 Rn. 16.

[2] Zur Nichtanwendbarkeit der §§ 30 ff. GmbHG gegenüber Dritten → § 43 Rn. 19, 63, 65, und zur Nichtanwendbarkeit der §§ 57, 71a AktG gegenüber Dritten → § 45 Rn. 24, 30.

[3] *Mülbert* ZGR 1995, 578, 582; *Reemann* MittRhNotK 1996, 113, 124; für den Fall der Übernahme einer Bürgschaft ebenso MüKoBGB/*Habersack* § 775 Rn. 1; allgemein für den Fall der Besicherung einer fremden Schuld, BGH v. 17.12.1954, WM 1955, 377, 380.

[4] *Mülbert* ZGR 1995, 578, 585 (Verfügbarmachung).

[5] *Mülbert* ZGR 1995, 578, 583.

[6] BGH v. 28.2.1972, WM 1972, 661; *Mülbert* ZGR 1995, 578, 585.

[7] Staudinger/*Martinek/Omlor* § 670 Rn. 9, 32, 35; *Mülbert* ZGR 1995, 578, 583.

[8] *Mülbert* ZGR 1995, 578, 585.

[9] MüKoBGB/*Krüger* § 257 Rn. 13.

aus der Sicherheit verlangen. Bei einem Auftrag auf Bestellung einer **Hypothek** kann der Eigentümer vom Schuldner die vorzeitige Befreiung von der dinglichen Haftung als Ersatz seiner Aufwendungen gemäß §§ 670, 257 BGB verlangen, wenn er den Auftrag gemäß § 671 Abs. 3 BGB (Kündigung aus wichtigem Grund trotz Verzichts auf Kündigungsrecht) gekündigt hat.[10]

Ist der Auftrag auf Übernahme einer **Bürgschaft** gerichtet, so geht § 775 BGB den 7
§§ 669 (Recht auf Vorschuss), 670 (Ersatz von Aufwendungen), 671 Abs. 1 (Recht auf jederzeitige Kündigung), 257 BGB (Befreiungsanspruch ohne besondere Voraussetzungen) als *lex specialis* vor.[11] Nach § 775 BGB kann der Bürge vom Hauptschuldner unter bestimmten Voraussetzungen vorzeitige Befreiung von der Verbindlichkeit verlangen, ua dann, wenn sich die Vermögensverhältnisse des Hauptschuldners wesentlich verschlechtert haben.

Die Vorschrift des § 775 BGB ist nach hM auf **andere Personalsicherheiten und** 8
Realsicherheiten entsprechend anwendbar.[12] Der beauftragte Sicherungsgeber kann danach die vorzeitige Befreiung von allen Sicherheiten ähnlich wie im Fall der Auftragsbürgschaft (§ 775 BGB) grundsätzlich nur bei Vorliegen eines wichtigen Grundes erreichen, der ihn zur Kündigung des Auftrags gemäß § 671 Abs. 3 BGB berechtigen würde.[13]

Ist die Hauptverbindlichkeit noch nicht fällig, so kann der Auftraggeber dem beauftragten 9
Sicherungsgeber, statt ihn zu befreien, Sicherheit leisten (§§ 775 Abs. 2, 257 S. 2 BGB). Die Sicherheitsleistung erfolgt gemäß §§ 232 ff. BGB.[14]

II. Nichtigkeit der Sicherheitenbestellung

1. Missbrauch der Vertretungsmacht

a) Kollusion

Die Kollusion stellt einen Unterfall des Missbrauchs der Vertretungsmacht dar und liegt vor, 10
wenn der im Außenverhältnis berechtigte Vertreter und ein Dritter einverständlich zum Nachteil des Vertretenen zusammenwirken.[15] Kollusives Verhalten ist als sittenwidrig zu bewerten und führt zur Nichtigkeit des vorgenommenen Rechtsgeschäfts gemäß § 138 BGB.[16]

Obwohl die Gesellschafter grundsätzlich nicht zur Vertretung der Gesellschaft berechtigt 11
sind, fasste der BGH auch das bewusste Zusammenwirken von GmbH-Gesellschafter und Drittem (dh dem besicherten Kreditgeber) zum Schaden der Gesellschaft oder ihrer Gläubiger unter den Tatbestand der Kollusion.[17] Der BGH dehnt damit den Anwendungsbereich der Kollusion über den in Rechtsprechung und Literatur anerkannten Fall hinaus aus und lässt es für die Annahme von Sittenwidrigkeit genügen, dass statt eines Vertreters des Geschädigten, dessen Gesellschafter mit einem Dritten (dh des zu besichernden Kreditgebers) zum Nachteil des Geschädigten zusammenwirken.

---

10 BGH v. 17.12.1954, WM 1955, 377, 380; für den Fall einer Grundschuld, BGH v. 28.2.1972, WM 1972, 661.

11 *Mülbert* ZGR 1995, 578, 584; Palandt/*Sprau* § 775 Rn. 1.

12 MüKoBGB/*Habersack* § 775 Rn. 3; Palandt/*Sprau* § 775 Rn. 1; Scholz/*Verse*, GmbHG § 30 Rn. 101; LG Karlsruhe v. 25.7.2000, MDR 2001, 624 (Anspruch auf Befreiung von einer Grundschuld gemäß § 775 Abs. 1 Nr. 4 BGB); BGH v. 16.1.1974, WM 1974, 214, 215 (Anspruch auf Befreiung von einer hypothekarischen Haftung); kritisch *Mülbert* ZGR 1995, 578, 583; ablehnend Staudinger/*Horn* § 775 Rn. 7.

13 *Mülbert* ZGR 1995, 578, 585.

14 MüKoBGB/*Krüger* § 257 Rn. 16.

15 Vgl. nur Palandt/*Ellenberger* § 164 Rn. 13; MüKoBGB/*Schubert* § 164 Rn. 212; Scholz/*Schneider/Schneider*, GmbHG § 35 Rn. 188 mwN.

16 BGH v. 25.3.1968, BGHZ 50, 112, 114; Staudinger/*Sack/Fischinger* § 138 Rn. 495.

17 BGH v. 20.9.1982, WM 1982, 1402; BGH v. 19.3.1998, ZIP 1998, 793, 795.

12 **Tatbestand.** Erforderlich ist in **objektiver** Hinsicht ein Zusammenwirken von Gesellschafter und Kreditgeber zum Nachteil des Vertretenen.[18] Dieses liegt zunächst in der Vereinbarung zwischen Gesellschafter und Kreditgeber, dass der Gesellschafter der Gesellschaft die Weisung erteilen wird, Sicherheiten an den Kreditgeber für dessen Forderungen gegen den Gesellschafter zu bestellen. Erforderlich ist jedoch der Eintritt eines tatsächlichen Nachteils für den Vertretenen. Anderenfalls wäre die Rechtsfolge der Nichtigkeit wegen Sittenwidrigkeit nicht gerechtfertigt.[19] Der BGH stellt weiter klar, dass der bloße Verstoß gegen eine gesetzliche Norm (hier: § 30 Abs. 1 GmbHG) für einen Sittenverstoß nicht ausreicht, selbst wenn er vorsätzlich geschieht. Andernfalls liefe § 134 BGB leer. Auch seien die Vorschriften der Insolvenz- und Gläubigeranfechtung bei Rechtshandlungen, deren Inhalt und Zweck im Wesentlichen darin besteht, die Gläubiger zu benachteiligen, grundsätzlich abschließend.[20] § 138 BGB kommt daneben nur zur Anwendung, wenn das Rechtsgeschäft besondere, über die Schädigung der Gesellschaft oder die Gläubigerbenachteiligung hinausgehende Umstände aufweist. Das kann der Fall sein, wenn die Gläubigergefährdung mit einer **Täuschungsabsicht** oder einem **Schädigungsvorsatz** einhergeht.[21]

13 Erforderlich ist somit zumindest bedingter **Schädigungsvorsatz,** der im Zeitpunkt des Abschlusses des Sicherungsgeschäfts vorliegen muss.[22] Kennt der begünstigte Kreditgeber Umstände, die den Schluss auf einen **bevorstehenden Zusammenbruch** des Schuldners **aufdrängen,** so handelt er schon dann sittenwidrig, wenn er sich über diese Erkenntnis mindestens grob fahrlässig hinwegsetzt. Durfte er dagegen davon ausgehen, der Schuldner werde mit den gewährten Krediten den Geschäftsbetrieb ordnungsgemäß weiterführen können, kann ihm nicht vorgeworfen werden, sich sittenwidrig über die Belange anderer Gläubiger hinweggesetzt zu haben.[23]

14 Der BGH lässt unklar, worin der **Schaden** der **Gesellschaft** zu sehen ist, auf den sich der Vorsatz beziehen muss. Den Gesellschaftern ist der Zugriff auf das Gesellschaftsvermögen grundsätzlich bis zur Grenze der Verletzung der jeweils anwendbaren Kapitalerhaltungsvorschriften erlaubt. Von einem Schaden der Gesellschaft kann deshalb erst dann gesprochen werden, wenn diese Grenzen überschritten sind. Schädigungsvorsatz dürfte auch dann vorliegen, wenn die Schädiger es billigend in Kauf nehmen, dass die **Gläubiger** der Gesellschaft durch die Stellung der Sicherheiten geschädigt werden, zB weil sie nach Verwertung der Sicherheiten mit ihren Forderungen ganz oder teilweise ausfallen. Insoweit reicht jeder Schaden aus.

15 **Rechtsfolge.** Rechtsfolge der Kollusion ist die Nichtigkeit der Verabredung zwischen Gesellschafter und Drittem gemäß § 138 BGB. Die Nichtigkeit dieser Verabredung schlägt, jedenfalls in den Fällen der Kollusion zwischen einem Vertreter und einem Dritten, in der Regel auf den deshalb zustande gekommenen Hauptvertrag durch.[24] Denn die Sittenwidrigkeit liegt hier gerade im Vollzug des dinglichen Geschäfts,[25] mit dem die Gefährdung des Kapitals der Tochtergesellschaft herbeigeführt wird.[26] Das auf Grund der Kollusion zustande gekommene Geschäft ist der Sicherheitenvertrag,[27] nicht die Weisung. Letztere ist schon

---

[18] Staudinger/*Schilken* § 167 Rn. 93; Erman/*Maier-Reimer*, § 167 Rn. 71; MüKoBGB/*Schubert* § 164 Rn. 212.
[19] MüKoBGB/*Schubert* § 164 Rn. 212.
[20] BGH v. 19.3.1998, ZIP 1998, 793, 795.
[21] BGH v. 19.3.1998, ZIP 1998, 793, 796.
[22] BGH v. 19.3.1998, ZIP 1998, 793, 796.
[23] BGH v. 19.3.1998, ZIP 1998, 793, 796.
[24] BGH v. 4.11.1999, NJW 2000, 511, 512; BGH v. 6.6.2000, NJW 2001, 1065, 1067; MüKoBGB/*Schubert* § 164 Rn. 213 („kann durchschlagen"); einschränkend aber BGH v. 6.5.1999, BGHZ 141, 357, 361.
[25] Vgl. generell Palandt/*Ellenberger* § 138 Rn. 20; Staudinger/*Sack/Fischinger* § 138 Rn. 219.
[26] Vgl. speziell für den Fall von Sicherungsübereignungen oder -abtretungen, Palandt/*Ellenberger* § 138 Rn. 20 sowie Staudinger/*Sack/Fischinger* § 138 Rn. 219, 472 (für den Fall, in dem die Gläubiger des Unternehmens hierdurch über dessen Kreditwürdigkeit getäuscht werden).
[27] So wohl auch der BGH, vgl. BGH v. 20.9.1982, WM 1982, 1402; BGH v. 19.3.1998, ZIP 1998, 793, 795, wo die Wirksamkeit der „Kreditbesicherung" geprüft wird.

deshalb nichtig, weil sie die Gesellschaft zu einer Maßnahme anweist, die gegen die Kapitalerhaltungsvorschriften verstoßen würde.[28] Eine kollusive Verabredung zwischen Gesellschafter und Kreditgeber, die darauf gerichtet ist, die Gesellschaft zur Bestellung von Sicherheiten unter (wahrscheinlichem) Verstoß gegen die Kapitalerhaltungsvorschriften zu veranlassen, führt somit in der Regel auch zur **Nichtigkeit** des Vertrags zwischen Gesellschaft und Kreditgeber über die Bestellung der **Sicherheit.** Der Dritte, dh der Kreditgeber, hat die empfangene Leistung nach §§ 812 ff. BGB zurückzugewähren. Daneben stehen dem Sicherungsgeber auch dingliche Ansprüche, etwa aus § 985 BGB (Sicherungsübereignung) oder § 894 BGB (Grundschuldbestellung)), zu.

Akquisitionsfinanzierungen. Kollusion ist anzunehmen, wenn sich der Erwerbsgesell- 16
schaft und dem Kreditgeber aufdrängen musste, dass die Zielgesellschaft nicht in der Lage sein wird, einen ausreichenden *Cashflow* zu erwirtschaften, um den gesamten Schuldendienst der Gruppe zu erfüllen, dies zur Verwertung der Sicherheiten und auf Grund des zu geringen ungebundenen Vermögens zum wirtschaftlichen Zusammenbruch (Insolvenzreife) der Zielgesellschaft führen wird. Wenn ein bevorstehender Zusammenbruch der Zielgesellschaft für die Erwerbsgesellschaft und den Kreditgeber dagegen nicht erkennbar war, sondern diese vielmehr davon ausgehen durften, dass die Zielgesellschaft mit den gewährten Krediten den Geschäftsbetrieb ordnungsgemäß weiterführen werde, fehlt es am Schädigungsvorsatz. Maßgeblicher Beurteilungszeitpunkt dafür ist die Sicherheitenbestellung. Zu diesem Zeitpunkt werden die Erwerbsgesellschaft bzw. der Finanzinvestor und die Kreditgeber regelmäßig davon ausgehen, dass sich die Zielgruppe plangemäß entwickeln wird und den für den gesamten Schuldendienst nötigen *Cashflow* erwirtschaften kann. Ein Schädigungsvorsatz wird daher regelmäßig nicht vorliegen.

b) Evidenter Missbrauch der Vertretungsmacht

Neben den Fällen der Kollusion liegt ein Missbrauch der Vertretungsmacht auch dann vor, 17
wenn der Vertreter zwar im Außenverhältnis wirksam vertritt, jedoch die im Innenverhältnis zum Vertretenen bestehenden Grenzen seiner Vertretungsmacht überschreitet und der Vertragspartner dies weiß oder es sich ihm aufdrängen musste.[29]

(i) GmbH. Nach einem Teil der Literatur kann eine Sicherheit, die vom Geschäftsführer 18
einer GmbH unter Verstoß gegen § 30 GmbHG bestellt wurde, auch nach den Grundsätzen des Missbrauchs der Vertretungsmacht unwirksam sein, so dass der Sicherungsnehmer keine Rechte aus der Sicherheit geltend machen kann.[30]

Tatbestand. Der **GmbH-Geschäftsführer** missbraucht seine Vertretungsmacht, wenn 19
er von seinem rechtlichen **Können** gegenüber Dritten Gebrauch macht, obwohl er dies im Innenverhältnis zur Gesellschaft nicht **darf.** Die Vertretungsmacht des GmbH-Geschäftsführers ist im Außenverhältnis gemäß §§ 35 Abs. 1, 37 Abs. 2 S. 1 GmbHG grundsätzlich unbeschränkt und unbeschränkbar.[31] Der Geschäftsführer ist jedoch im Innenverhältnis gegenüber der Gesellschaft ua verpflichtet, keine Rechtsgeschäfte unter Verstoß gegen § 30 GmbHG zu tätigen (§ 43 Abs. 3 GmbHG). Die Bestellung der aufsteigenden Sicherheiten würde gegen § 30 Abs. 1 GmbHG verstoßen, wenn er auf Grund seiner Planung für die GmbH davon ausginge, dass der künftig erwirtschaftete *Cashflow* nicht ausreichen wird, um den Schuldendienst der GmbH und ihres Gesellschafters (der Erwerbsgesellschaft) zu erfüllen und deshalb eine Verwertung der aufsteigenden Sicherheiten mit der Folge einer

[28] Dazu → § 43 Rn. 93.

[29] BGH v. 13.11.1995, ZIP 1996, 68, 69; BGH v. 19.6.2006, DB 2006, 1722; Palandt/*Ellenberger* § 164 Rn. 14; MüKoBGB/*Schubert* § 164 Rn. 217 ff.

[30] So *Steinbeck* WM 1999, 885, 889; für den Fall der Besicherung von Gesellschafterverbindlichkeiten trotz Vorliegens einer Unterbilanz, Rowedder/Schmidt-Leithoff/*Pentz,* GmbHG § 30 Rn. 57; wohl ebenso Roth/*Altmeppen* § 30 Rn. 165 f.; *Hager* ZGR 1/1989, 71, 101; *Kühbacher,* Darlehen an Konzernunternehmen, S. 73.

[31] Scholz/*Schneider/Schneider,* GmbHG § 35 Rn. 25, 26; Baumbach/Hueck/*Zöllner/Noack,* GmbHG § 35 Rn. 116.

Unterbilanz überwiegend wahrscheinlich ist. Hält der Geschäftsführer die Verwertung dagegen für unwahrscheinlich, so fehlt es an einem Verstoß gegen § 30 GmbHG (auch wenn es wider Erwarten später zu einer Verwertung kommt), und der Geschäftsführer hat die Grenzen seines rechtlichen Dürfens nicht überschritten. Es wird jedoch auch die Ansicht vertreten, dass ein Geschäftsführer ohne Vereinbarung einer *Limitation Language* gar keine Sicherheiten für Gesellschafterverbindlichkeiten bestellen darf.[32]

20 Der Verstoß des Geschäftsführers müsste **objektiv evident** sein. Objektive Evidenz ist anzunehmen, wenn der Vertreter (Geschäftsführer) von seiner Vertretungsmacht in ersichtlich verdächtiger Weise Gebrauch macht und sich dem Geschäftspartner (Kreditgeber) der Verdacht eines Treueverstoßes aufdrängen musste.[33]

21 **Subjektive Merkmale** in der Person des Vertreters sind nicht erforderlich.[34] Dies wird damit begründet, dass die Trennung von Vertretungsmacht und Geschäftsführungsbefugnis der Herbeiführung von Verlässlichkeit für den Rechtsverkehr dient. Der solchermaßen bezweckte Verkehrsschutz wird hinfällig, wenn der Geschäftspartner weiß oder es objektiv evident ist, dass im konkreten Fall die Geschäftsführungsbefugnis überschritten wird.[35] Ziel der Rechtsfigur des evidenten Missbrauchs der Vertretungsmacht ist es somit, diejenigen Fälle zu erfassen, in denen sich der Geschäftspartner rechtsmissbräuchlich auf eine formale Rechtsposition beruft, nämlich die Gültigkeit des Vertrages auf Grund der Unbeschränkbarkeit der Vertretungsmacht. Das missbräuchliche Verhalten des Geschäftspartners hängt aber nicht von subjektiven Voraussetzungen auf Seiten des Vertreters ab. Auch nach dem BGH ist ein bewusst nachteiliges Handeln des Vertreters nicht (mehr) tatbestandliche Voraussetzung für die Annahme eines Missbrauchs der Vertretungsmacht.[36]

22 **Rechtsfolgen.** Nach heute herrschender Ansicht ist der evidente Missbrauch der Vertretungsmacht in seinen Rechtsfolgen einem Fehlen der Vertretungsmacht gleichzustellen, so dass die §§ 177 ff. BGB analog Anwendung finden.[37] Das Rechtsgeschäft ist demnach so zu behandeln, als habe der Geschäftsführer ohne Vertretungsmacht gehandelt. Es ist somit im Regelfall zunächst **schwebend unwirksam,** kann aber vom Geschäftsführer auf Weisung der Gesellschafter genehmigt werden.[38] Erfolgt keine Genehmigung, ist das Empfangene gemäß §§ 812, 985 BGB zurückzugewähren.

23 **Verhältnis zu §§ 30, 31 GmbHG bei der Bestellung von Sicherheiten.** Nach wohl herrschender Ansicht **verdrängen** die Sondervorschriften der §§ 30, 31 GmbHG die allgemeinen Regeln über den Missbrauch der Vertretungsmacht als *lex specialis.*[39] Die §§ 30 ff. GmbHG regeln die Folgen von Verstößen gegen die Kapitalerhaltungsvorschriften

---

32 *Steinbeck* WM 1999, 885, 889; dazu bereits → § 43 Rn. 81.

33 HM, vgl. BGH v. 31.1.1991, BGHZ 113, 315, 320; BGH v. 25.10.1994, BGHZ 127, 239, 241; BGH v. 29.6.1999, NJW 1999, 2883; Palandt/*Ellenberger* § 164 Rn. 14; Staudinger/*Schilken* § 167 Rn. 97; auf grobe Fahrlässigkeit und damit auf subjektive Momente abstellend aber zB Soergel/*Leptien* § 177 Rn. 18; vgl. auch BGH v. 5.11.2003, NZG 2004, 139, 140.

34 Baumbach/Hueck/*Zöllner/Noack* GmbHG § 37 Fn. 48.

35 Ebenso Roth/*Altmeppen* § 37 Rn. 42 f.; *Flume,* BGB AT § 45 II 3; *Steinbeck* WM 1999, 885, 889; Staudinger/*Schilken* § 167 Rn. 95 ff. auch m. Nachw. zur Gegenansicht; im Erg. auch Palandt/*Ellenberger* § 164 Rn. 14.

36 BGH v. 19.6.2006, DB 2006, 1722, etwas anderes ergebe sich auch nicht aus der Entscheidung BGH v. 25.3.1968, BGHZ 50, 112, 114.

37 Roth/*Altmeppen* § 37 Rn. 44; Lutter/Hommelhoff/*Kleindiek,* GmbHG § 35 Rn. 22; MüKoBGB/*Schubert* § 164 Rn. 225; Staudinger/*Schilken,* § 167 Rn. 103; so jetzt teilweise auch die neuere Rspr., vgl. BGH v. 6.5.1999, BGHZ 141, 357, 364; anders noch im Sinne einer Arglisteinrede nach § 242 BGB: BGH v. 5.12.1983, NJW 1984, 1461, 1462; BGH v. 5.11.2003, NZG 2004, 139, 140; uneinheitlich: Palandt/*Ellenberger* § 164 Rn. 14b (grds. §§ 177 ff. BGB anwendbar, aber evtl. gemäß §§ 242, 254 BGB zu korrigieren); Soergel/*Leptien* § 177 Rn. 15 (Arglisteinrede nach § 242 BGB, aber §§ 170–180 BGB „in jedem Fall" entsprechend anzuwenden).

38 Beachte aber, dass die Genehmigung eines Rechtsgeschäfts, das gegen § 30 GmbHG verstößt, regelmäßig nicht in Betracht kommt, vgl. Roth/*Altmeppen,* GmbHG § 30 Rn. 43; *Steinbeck* WM 1999, 885, 889.

39 Vgl. LG Frankfurt/M. v. 19.6.1997, ZIP 1997, 1464, 1468; *Bastuck* WM 2000, 1091, 1096; Umkehrschluss aus Scholz/*Verse,* GmbHG § 30 Rn. 122 f.; *Früh* GmbHR 2000, 105, 108; *Groß/Sonnenhol* GmbHR 1995, 561, 563; *Vedder,* Missbrauch der Vertretungsmacht, S. 113 (mwN); auch der BGH prüft neben §§ 30, 31 GmbHG allein § 138 BGB, vgl. BGH v. 19.3.1998, ZIP 1998, 793, 795.

grundsätzlich abschließend. Eine Ausnahme hat der BGH in seiner Leitentscheidung[40] zu den Rechtsfolgen einer das Stammkapital der GmbH gefährdenden Bestellung von Sicherheiten an Dritte nur für die Fälle gemacht, in denen die Sicherheitenbestellung gegen die guten Sitten verstößt (§ 138 BGB). Er stellt darüber hinaus klar, dass es für die Begründung eines Sittenwidrigkeitstatbestands nicht ausreiche, dass die Bank wisse oder sich der Kenntnis leichtfertig verschließe, dass die Besicherung das Stammkapital der GmbH angreife.[41] Hierin kommt die Wertung zum Ausdruck, dass die Kenntnis der Bank vom Verstoß gegen § 30 GmbHG oder deren Evidenz nicht die Wirksamkeit der Sicherheitenbestellung beeinträchtigen soll. Der BGH erteilt damit auch denjenigen Autoren eine Absage, die die Geltung der Kapitalerhaltungsvorschriften über den Umweg des Missbrauchs der Vertretungsmacht auch auf den mit der Gesellschaft nicht verbundenen Sicherungsgeber ausdehnen wollen.[42]

Doch selbst wenn man mit der Gegenmeinung die Regeln über den Missbrauch der Vertretungsmacht neben den §§ 30, 31 GmbHG grundsätzlich anwenden wollte,[43] lägen die Voraussetzungen eines evidenten Missbrauchs der Vertretungsmacht in der Praxis regelmäßig nicht vor. Dies folgt aus denselben Erwägungen, mit der auch das Vorliegen einer Kollusion in den typischen Fallgestaltungen einer Akquisitionsfinanzierung verneint wurde.[44] **24**

Praktisch bedeutsam sind somit nur die Fälle, in denen der Kredit bereits ausgereicht ist und **nachträglich** unter evidentem Missbrauch der Vertretungsmacht Sicherheiten dafür bestellt werden sollen. In einem solchen Fall wird aber bereits die Annahme einer sittenwidrigen Gläubigergefährdung naheliegen.[45] **25**

(ii) AG. Der Vorstand einer AG überschreitet durch die Bestellung von Sicherheiten für Verbindlichkeiten eines Aktionärs die im Innenverhältnis zur AG bestehenden Grenzen seiner Vertretungsmacht, wenn er damit rechnet, dass die Sicherheiten verwertet werden. Denn der **Vorstand** darf nicht entgegen § 57 Abs. 1 AktG Einlagen an die Aktionäre zurückgewähren (§ 93 Abs. 3 Nr. 3 AktG)[46] oder an Umgehungsgeschäften gemäß § 71a AktG mitwirken.[47] Eine Genehmigung des Rechtsgeschäfts durch die Aktionäre ist unbeachtlich, da diese auf die Einhaltung der Sorgfaltspflichten des Vorstands, wozu auch die Wahrung der Gesetzmäßigkeit des Geschäftsbetriebs der AG gehört, nicht verzichten können.[48] **26**

Verhältnis zu §§ 57, 62 AktG. Die Gesellschaft kann Dritten gegenüber den Missbrauch der Vertretungsmacht durch den Vorstand grundsätzlich nicht geltend machen.[49] Erkennt allerdings der Dritte den Missbrauch der Vertretungsmacht oder musste er sich ihm aufdrängen (objektive Evidenz), so kann er sich – nach einer Auffassung – nicht auf die unbeschränkte Vertretungsmacht berufen,[50] und die AG kann ihm gegenüber die Nichtigkeit des Sicherungsgeschäfts einwenden.[51] Nach aA verdrängen die §§ 57, 62 AktG die Grundsätze des Missbrauchs der Vertretungsmacht als *lex specialis.*[52] In Anbetracht der zu § 30 GmbHG ergangenen Entscheidung des BGH[53] hinsichtlich der Bestellung von auf- **27**

---

40 BGH v. 19.3.1998, ZIP 1998, 793.
41 BGH v. 19.3.1998, ZIP 1998, 793, 795 f.
42 So auch *Röhricht,* Gesellschaftsrecht in der Diskussion 1999, S. 1, 15.
43 Dafür *Steinbeck* WM 1999, 885, 889 (weil die §§ 30, 31 GmbHG nur das Verhältnis der Gesellschaft zu ihren Gesellschaftern beträfen).
44 Dazu → § 47 Rn. 16.
45 Dazu → § 47 Rn. 29 ff.
46 BGH v. 25.3.1968, BGHZ 50, 112; KölnKommAktG/*Drygala* § 57 Rn. 79.
47 *Lutter/Wahlers* AG 1989, 1, 11.
48 *Lutter/Wahlers* AG 1989, 1, 11.
49 KölnKommAktG/*Mertens/Cahn* § 82 Rn. 46.
50 *Canaris* FS Fischer, S. 31, 48 ff.; *Lutter/Wahlers* AG 1989, 1, 11 f.; KölnKommAktG/*Mertens/Cahn* § 82 Rn. 49.
51 KölnKommAktG/*Mertens/Cahn* § 82 Rn. 49; *Lutter/Wahlers,* AG 1989, 1, 12.
52 *Früh* GmbHR 2000, 105, 108; *Mülbert* ZGR 1995, 578, 605 f.
53 BGH v. 19.3.1998, ZIP 1998, 793.

steigenden Sicherheiten an Dritte spricht auch hier vieles dafür, der zweitgenannten Auffassung zu folgen. Wegen vergleichbarer Interessenlage erscheinen die dort vom BGH für die Annahme von Unwirksamkeitsgründen außerhalb der §§ 30 ff. GmbHG aufgestellten Grundsätze auf die §§ 57, 62 AktG übertragbar. §§ 57 und 62 AktG dürften daher gegenüber der allgemeineren Regelung des Missbrauchs der Vertretungsmacht ebenso als speziellere Regelung anzusehen sein wie die §§ 30 ff. GmbHG.

28 **Verhältnis zu § 71a AktG**. Die Literatur zum Verhältnis des § 71a AktG zu den Regelungen des evidenten Missbrauchs der Vertretungsmacht ist spärlich.[54] Geht man von einer Geltung aus, dass liegt es nahe, in der Sicherheitenbestellung unter den Voraussetzungen des § 71a AktG ein Missbrauch der Vertretungsmacht anzunehmen. Dieser ist auch evident, sofern nicht möglicherweise ein Ausnahmetatbestand des § 71a AktG einschlägig ist, insbesondere kein Beherrschungs- und Gewinnabführungsvertrag besteht (§ 71a Abs. 1 S. 3 AktrG), bei dessen Bestehen regelmäßig von einer Zulässigkeit der Sicherheitenbestellung auszugehen ist.[55]

2. Sittenwidrigkeit wegen Gläubigergefährdung

29 Rechtshandlungen, deren Inhalt und Zweck darin besteht, die Gläubiger zu benachteiligen, sind durch die Sondervorschriften der Insolvenz- und Gläubigeranfechtung grundsätzlich abschließend geregelt. Die allgemeine Vorschrift des § 138 BGB kommt daneben nur zur Anwendung, wenn das Rechtsgeschäft **besondere,** über die Gläubigerbenachteiligung hinausgehende **Umstände** aufweist.[56] Das ist nicht schon dann anzunehmen, wenn der Kreditnehmer fast sein gesamtes freies Vermögen zur Sicherung übertragen hat, so dass seine übrigen Gläubiger nur geringe Chancen haben, ihre Forderungen realisieren zu können.[57] Auch kommt es für die Frage, wann eine Gläubigergefährdung den Grad der Sittenwidrigkeit erreicht, auf die Gesellschaftsform des betroffenen Unternehmens nicht an.

30 **Täuschungs- und Schädigungsvorsatz.** Besondere Umstände können vorliegen, wenn die Gläubigergefährdung mit dem (mindestens bedingten) Vorsatz einhergeht, andere Gläubiger (zB über die Kreditwürdigkeit des Kreditnehmers) zu **täuschen** oder zu **schädigen.**[58] Nach dem BGH kommt ein Sittenverstoß zB dann in Betracht, wenn das Sicherungsgeschäft unter Umständen abgeschlossen wird, die dazu geeignet und bestimmt sind, andere Gläubiger darüber zu täuschen, dass der Schuldner kein freies Vermögen mehr hat und dadurch zur **Vergabe weiterer Kredite zu verleiten.**[59] Wenn der begünstigte Gläubiger Umstände kennt, die den Schluss auf einen bevorstehenden Zusammenbruch des Schuldners aufdrängen, handelt er schon dann sittenwidrig, wenn er sich über diese Erkenntnis mindestens grob fahrlässig hinwegsetzt. Durfte der begünstigte Gläubiger aber davon ausgehen, dass der Schuldner mit den gewährten Krediten den Geschäftsbetrieb ordnungsgemäß fortsetzen werde, kann ihm nicht vorgeworfen werden, sich über die Belange anderer Gläubiger hinweggesetzt zu haben.[60] Letzteres wird bei Akquisitionsfinanzierungen regelmäßig der Fall sein.

---

[54] Für eine Geltung *Lutter/Wahlers* AG 1989, 1, 11; KölnKommAktG/*Lutter/Drygala*, § 71a Rn. 50 unter Verweis auf „allgemeine zivilrechtliche Grundsätze (insbes. Missbrauch der Vertretungsmacht)"; ähnlich MHdB GesR IV/*Rieckers*, § 15 Rn. 31.

[55] Siehe zur Unwirksamkeit wegen Missbrauchs der Vertretungsmacht bei Verstoß gegen das Verbot von Finanzierungshilfen auch → § 45 Rn. 49; zur Privilegierung bei Bestehen eines Beherrschungs- oder Gewinnabführungsvertrags, → § 45 Rn. 6 ff.

[56] Ständige Rechtsprechung, vgl. BGH v. 19.3.1998, ZIP 1998, 793, 795 mwN; BGH v. 12.4.2016, NJW 2016, 2662, 2664 mwN.

[57] BGH v. 19.3.1998, ZIP 1998, 793, 795 f.; BGH v. 14.11.1983, ZIP 1984, 37, 38.

[58] BGH v. 19.3.1998, ZIP 1998, 793, 796.

[59] BGH v. 19.3.1998, ZIP 1998, 793, 796.

[60] BGH v. 14.11.1983, ZIP 1984, 37, 38; BGH v. 19.3.1998, ZIP 1998, 793, 796.

Insolvenzverschleppung. Ein Vertrag kann ferner wegen Gläubigergefährdung sittenwidrig sein, wenn er der **Insolvenzverschleppung** dient und der Gläubiger hofft, sich dadurch persönliche **Vorteile** zu verschaffen.[61] Das kommt in Betracht, wenn die Bank einem insolvenzreifen Unternehmen nicht den zur Sanierung benötigten Kredit gewährt, sondern nur so viel, um den Zusammenbruch zu verzögern, damit sie sich in dieser Zeit zum Nachteil anderer Gläubiger Sicherheit verschaffen oder sich daraus befriedigen kann und dabei billigend in Kauf nimmt, dass andere Gläubiger Schaden nehmen.[62] 31

Bewusste Beeinträchtigung des Stammkapitals. Nach einer **weitergehenden Ansicht** ist § 138 BGB in der Fallvariante der Gläubigergefährdung schon dann anzuwenden, wenn der Kreditgeber eine das Stammkapital der Ziel-GmbH mindernde Sicherheit entgegennimmt und er das Gesellschaftsverhältnis zwischen dem Hauptschuldner und dem Sicherungsgeber kennt und weiß oder sich leichtfertig der Kenntnis verschließt, dass die Besicherung das Stammkapital angreifen kann.[63] Der Gläubiger, der die Sicherheit entgegennehme, überspiele die „strukturelle Nachrangigkeit" seiner Forderung gegenüber den Forderungen der Gesellschaftsgläubiger. Mit den Sicherheiten der Gesellschaft für Verbindlichkeiten des Gesellschafters erlange die Bank eine gleichrangige (bei dinglichen Sicherheiten sogar vorrangige) Stellung mit den Gesellschaftsgläubigern, die der Trennung der Vermögens- bzw. Haftungsmassen einer (Kapital-)Gesellschaft und ihres Gesellschafters widerspreche.[64] Als Folge des Sittenverstoßes wäre sowohl der Sicherungsvertrag als auch die Bestellung der dinglichen oder schuldrechtlichen Sicherheit nichtig,[65] und die Gesellschaft hätte gegen den Gläubiger einen Bereicherungsanspruch aus §§ 812 ff. BGB. 32

Dieser Ansicht folgt der BGH ausdrücklich nicht.[66] Zu Recht wird gegen diese weitergehende Ansicht eingewendet, dass jede Besicherung einer Verbindlichkeit durch einen dritten, rechtlich selbständigen Vermögensträger zu einer Vermischung der Haftungsmassen führe und die sonstigen Gläubiger des Sicherungsgebers benachteilige. Konsequenterweise müsste dann jede Besicherung einer Verbindlichkeit eines Dritten eine sittenwidrige Gläubigergefährdung darstellen.[67] 33

3. Sittenwidrigkeit wegen Teilnahme an fremdem Unrecht

Ähnlich wie die eben geschilderte Mindermeinung zur Sittenwidrigkeit wegen Gläubigergefährdung sieht *Mülbert* in der Bestellung der Sicherheit ein sittenwidriges Rechtsgeschäft iSd § 138 BGB, wenn der Sicherungsnehmer von den Umständen weiß, die zu dem Verstoß gegen § 30 GmbHG führen.[68] Nicht die Gläubigergefährdung soll aber die Sittenwidrigkeit begründen, sondern die Teilnahme des Sicherungsnehmers an fremdem Unrecht.[69] Dies habe bei Personalsicherheiten die Folge, dass die Gesellschaft aus ihrer nichtigen Verpflichtung nicht in Anspruch genommen werden könne. Bei der Verpfändung oder Sicherungsabtretung von Forderungen entstehe das Pfandrecht nicht bzw. die Forderung gehe nicht auf den Zessionar über. Bei einer Sicherungsübereignung entstehe kein Besitzmittlungsverhältnis, und das Eigentum gehe nicht über. Bestehe die Sicherheit in der Bestellung einer Grundschuld oder Hypothek, so könne der Sicherungsgeber gemäß § 894 BGB Berichtigung des Grundbuchs verlangen.[70] 34

---

[61] OLG München v. 24.7.1998, WM 1999, 1113, 1115; BGH v. 9.7.1953, BGHZ 10, 228, 233.
[62] OLG Köln v. 27.2.1981, WM 1981, 1238; Palandt/*Sprau* § 826 Rn. 44; *Schäffler* BB 2006, 56, 58.
[63] *Schön* ZHR 159 (1995), 351, 366; *Messer* ZHR 159 (1995), 375, 377.
[64] *Schön* ZHR 159 (1995), 351, 366.
[65] *Schön* ZHR 159 (1995), 351, 367.
[66] BGH v. 19.3.1998, ZIP 1998, 793, 795.
[67] *Mülbert* ZGR 1995, 578, 607.
[68] *Mülbert* ZGR 1995, 578, 608; ähnlich *Abramenko* GmbHR 1997, 875, 878.
[69] *Mülbert* ZGR 1995, 578, 608.
[70] *Mülbert* ZGR 1995, 578, 608, Fn. 98.

35 Nach dem BGH reicht der bloße Verstoß gegen eine gesetzliche Norm, auch wenn er **vorsätzlich** geschieht, im Allgemeinen für einen Sittenverstoß nicht aus. Andernfalls liefe § 134 BGB leer.[71] Daher ist eine Sicherheit, die eine GmbH einem Dritten (zB einer Bank) für dessen Forderung gegen ihren Gesellschafter stellt, grundsätzlich auch dann wirksam, wenn dadurch das Stammkapital iSd § 30 Abs. 1 GmbHG angegriffen wird.

III. Deliktische Haftung der Gesellschafter

36 Bei einem Verstoß gegen Kapitalerhaltungsvorschriften oder einem existenzvernichtenden Eingriff kann die Gesellschafter der Zielgesellschaft neben der gesellschaftsrechtlichen Haftung auch eine deliktische Haftung aus § 826 BGB oder § 823 Abs. 2 BGB iVm § 266 StGB treffen. Die Schadensersatzpflicht aus diesen Normen steht neben der speziellen gesellschaftsrechtlichen Haftung.[72]

1. Existenzvernichtender Eingriff

a) GmbH

37 Die Kapitalerhaltungsvorschriften der §§ 30, 31 GmbHG bieten nur einen unvollkommenen Schutz gegen Eingriffe der Gesellschafter in das Vermögen der Gesellschaft. Wegen der herrschenden bilanziellen Betrachtungsweise[73] sind Eingriffe in das Gesellschaftsvermögen im Rahmen des § 30 GmbHG zulässig, solange das rechnerische Eigenkapital der Gesellschaft nach fortgeführten Buchwerten nicht unter die Stammkapitalziffer absinkt.[74] § 30 GmbHG bietet keinen Schutz (i) gegen Maßnahmen, die nicht bilanzwirksam sind, wie zB die Verlagerung von Produktion in ein anderes Unternehmen, der Entzug von Liquidität und (ii) in Fällen, in denen eine Rückgewähr nach § 31 GmbHG die Insolvenz allein nicht mehr beseitigen kann.[75] Im **GmbH-Vertragskonzern** werden die Gläubiger der abhängigen GmbH durch eine analoge Anwendung der Vorschriften des Aktienrechts (§§ 291 ff. AktG) geschützt.[76] Dagegen sind die aktienrechtlichen Vorschriften zum faktischen Konzern (§§ 311 ff. AktG) nicht analog auf den **faktischen GmbH-Konzern** anwendbar.[77] Daher entwickelte der BGH durch seine Leitentscheidungen vom 16.9.1985 („Autokran"),[78] 20.2.1989 („Tiefbau")[79] und vom 23.9.1991 („Video")[80] eine Haftung des herrschenden Unternehmens im **qualifizierten faktischen GmbH-Konzern.** Eine qualifizierte Beherrschung wurde angenommen, wenn das herrschende Unternehmen seine Konzernleitungsmacht dauernd und umfassend ausübte.[81] Bei Vorliegen eines qualifizierten faktischen Konzerns haftete das herrschende Unternehmen wie in einem Vertragskonzern, dh es bestand ua eine Verlustausgleichspflicht gemäß § 302 AktG analog und eine Durch-

---

[71] BGH v. 19.3.1998, ZIP 1998, 793, 795.

[72] *Röhricht,* Gesellschaftsrecht 2003, S. 1, 13 f.

[73] Dazu → § 43 Rn. 23.

[74] *Röhricht* FS 50 Jahre BGH, S. 83, 93.

[75] *Röhricht* FS 50 Jahre BGH, S. 83, 93 f.; dies ist insbesondere bei sog „Kollateralschäden" anzunehmen, wenn zB die für die Gesellschaft wichtige Maschine bis zur Rückführung in das Gesellschaftsvermögen nicht zur Erzielung von Umsätzen und Gewinnen zur Verfügung steht, vgl. *Paefgen* DB 2007, 1907.

[76] Vgl. dazu Baumbach/Hueck/*Beurskens,* GmbHG, Schlussanhang I Rn. 94.

[77] Allg. M. vgl. nur *Goette,* Die GmbH § 9 Rn. 9. Diese Vorschriften wären bei einer Einmann-GmbH zu streng, da sie unabhängig von einer Unterbilanz den Ausgleich aller durch den Gesellschafter veranlassten Nachteile verlangen. Bei einer GmbH mit mehreren Gesellschaftern blieben sie dagegen hinter der strengen Rechtsprechung des BGH zur Treuepflicht des Mehrheitsgesellschafters gegenüber den Minderheitsgesellschaftern zurück, vgl. BGH v. 5.6.1975, BGHZ 65, 15 ff. („ITT").

[78] BGH v. 16.9.1985, BGHZ 95, 330 ff.

[79] BGH v. 20.2.1989, BGHZ 107, 7 ff.

[80] BGH v. 23.9.1991, BGHZ 115, 187 ff.

[81] Vgl. nur *Röhricht* FS 50 Jahre BGH, S. 83, 87.

griffshaftung, die der BGH aus § 303 AktG herleitete.[82] Bei einem einfachen faktischen Konzern, oder wenn kein Konzernverhältnis[83] vorlag, fehlte ein Schutz gegen Eingriffe der Gesellschafter.

Die Rechtsprechung zum qualifizierten faktischen Konzern wurde vom BGH durch das Urteil vom 17.9.2001 („Bremer Vulkan")[84] ausdrücklich aufgegeben und durch die Haftung der Gesellschafter bei einem **existenzvernichtenden Eingriff** ersetzt. Der neue Haftungstatbestand des existenzvernichtenden Eingriffs wurde in den Entscheidungen vom 25.2.2002[85] und vom 24.6.2002 („Kindl Backwaren Vertriebs-GmbH" oder „KBV")[86] präzisiert.[87] Damit revidierte der BGH seine lange vertretene Auffassung, dass die Gesellschafter einer GmbH in den Grenzen des § 30 GmbHG **frei** seien, über das Gesellschaftsvermögen zu verfügen,[88] lediglich eingeschränkt im Vertragskonzern und bei Vorliegen eines qualifizierten faktischen Konzerns durch die Haftung nach §§ 302, 303 AktG (analog).[89] In Anlehnung an Arbeiten von *Ulmer*[90] und *Martin Winter*[91] und vorbereitet durch einen Literaturbeitrag seines Vorsitzenden[92] entschied der zweite Zivilsenat des BGH, dass die Dispositionsfreiheit der Gesellschafter über das Gesellschaftsvermögen hinter den Schutz der Gesellschaftsgläubiger zurückzutreten habe. In den Urteilen Bremer Vulkan und KBV hob der BGH die Bedeutung des Gesellschaftsvermögens der GmbH als Haftungsmasse für deren Gläubiger hervor. Den Gesellschaftern einer GmbH sei es nicht erlaubt, der GmbH ohne **Rücksicht** auf diese Zweckbindung ihr Vermögen zu entziehen und ihr dadurch die Möglichkeit zu nehmen, ihre Verbindlichkeiten zu erfüllen.[93] Ebenso wie im Liquidations- und Insolvenzverfahren stehe den Gesellschaftern auch außerhalb dieser Verfahren nur der Zugriff auf den zur Erfüllung der Gesellschaftsverbindlichkeiten **nicht benötigten Überschuss** zu.[94] Eine „Liquidation auf kaltem Wege" sollte ausgeschlossen sein.[95] Entzögen die Gesellschafter unter Außerachtlassung der gebotenen Rücksichtnahme auf die Zweckbindung des Gesellschaftsvermögens der Gesellschaft durch offene oder verdeckte Entnahmen Vermögenswerte und beeinträchtigten sie dadurch in einem ins Gewicht fallenden Ausmaß die Fähigkeit der Gesellschaft zur Erfüllung ihrer Verbindlichkeiten, so läge darin ein existenzvernichtender Eingriff".[96] 38

Der BGH knüpfte den Haftungstatbestand des existenzvernichtenden Eingriffs zunächst an den Missbrauch der Rechtsform der GmbH.[97] Der Missbrauch der Rechtsform[98] der 39

---

82 Vgl. BGH v. 16.9.1985, BGHZ 95, 330 ff. („Autokran"); Baumbach/Hueck/*Beurskens*, GmbHG, Schlussanh. I Rn. 74 mwN.

83 Legaldefinition des Konzernbegriffs in § 18 AktG.

84 BGH v. 17.9.2001, NJW 2001, 3622 ff.; dazu *K. Schmidt* NJW 2001, 3577 ff.; *Ulmer* ZIP 2001, 2021 ff.; *Römermann/Schröder* GmbHR 2001, 1015 ff.; *Altmeppen* NJW 2002, 321 ff.; *Keßler* GmbHR 2001, 1095 ff.; *Decher* ZInsO 2002, 113 ff.; *Hoffmann* NZG 2002, 68 ff.; *Luttermann* BB 2001, 2433, 2437; *Bitter* WM 2001, 2133 ff.

85 BGH v. 25.2.2002, ZIP 2002, 848 ff.

86 BGH v. 24.6.2002, ZIP 2002, 1578 ff.; dazu *Altmeppen* ZIP 2002, 1553 ff.; *Ulmer* JZ 2002, 1049 ff.; *Keßler* GmbHR 2002, 945 ff.; *Wilhelm* NJW 2003, 175 ff.; *Benecke* BB 2003, 1190 ff.

87 Verfassungsrechtliche Bedenken gegen diese Rechtsprechung äußert *Nasall* ZIP 2003, 969 ff.

88 So noch BGH v. 16.9.1985, BGHZ 95, 330, 340 („Autokran"), dazu EWiR 1985, 885 (*Hommelhoff*).

89 Vgl. nur Baumbach/Hueck/*Beurskens*, GmbHG, Schlussanh. I Rn. 74 mwN.

90 *Ulmer* ZHR (148) 1984, 391 ff.

91 *Martin Winter*, Mitgliedschaftliche Treuebindungen im GmbH-Recht, S. 185 ff., 205 ff., 210 ff.

92 *Röhricht* FS 50 Jahre BGH, S. 83 ff.

93 BGH v. 24.6.2002, ZIP 2002, 1578, 1580 („KBV"). Ähnliche Formulierungen finden sich bereits in dem Urteil des BGH v. 29.3.1992 („TBB"), wonach Rechtsfolge eines solchen Verhaltens aber die Haftung des herrschenden Unternehmens im Vertragskonzern gemäß §§ 291 ff. AktG bleiben sollte, BGH v. 29.3.1992, BGHZ 122, 123, 130, dazu EWiR 1993, 327 (*Altmeppen*).

94 BGH v. 24.6.2002, ZIP 2002, 1578, 1580 („KBV").

95 So *Röhricht* FS 50 Jahre BGH, S. 83, 101 im Anschluss an *Martin Winter*, Mitgliedschaftliche Treuebindungen im GmbH-Recht, S. 206.

96 BGH v. 24.6.2002, ZIP 2002, 1578, 1579 („KBV").

97 BGH v. 24.6.2002, ZIP 2002, 1578, 1580 („KBV").

98 Der aber nicht mit der Verletzung einer Treuepflicht des Gesellschafters gegenüber der Gesellschaft gleichgesetzt werden darf, vgl. *Hölzle* ZIP 2003, 1376, 1381.

GmbH führe zum Verlust des Haftungsprivilegs gemäß § 13 Abs. 2 GmbHG.[99] Bei Vorliegen der Tatbestandsvoraussetzungen seien die Gläubiger der GmbH grundsätzlich berechtigt, ihre Forderungen unmittelbar gegen die Gesellschafter der GmbH geltend zu machen (sog **Durchgriffshaftung**), soweit sie von der Gesellschaft keine Befriedigung erlangen könnten.[100] Voraussetzung war jedoch, dass die der Gesellschaft zugefügten Nachteile nicht schon nach §§ 30, 31 GmbHG ausgeglichen werden können. Außerdem wurde dem Gesellschafter die Möglichkeit eröffnet, sich von seiner grundsätzlich unbegrenzten und verschuldensunabhängigen Haftung (teilweise) zu entlasten. Dazu musste er nachweisen, dass der Gesellschaft im Vergleich zu der Vermögenslage bei einem redlichen Verhalten nur ein begrenzter und dann in diesem Umfang auszugleichender Nachteil entstanden ist.[101]

40 Bis zu der Entscheidung des BGH vom 16.7.2007 („Trihotel") war die Existenzvernichtungshaftung eine eigenständige Haftungsfigur, die an den Missbrauch der Rechtsform anknüpfte und als Durchgriffs(außen)haftung des Gesellschafters gegenüber den Gesellschaftsgläubigern ausgestaltet war. Dieses Konzept hat der BGH in der Trihotel-Entscheidung aufgegeben. Stattdessen knüpft er die Existenzvernichtungshaftung des Gesellschafters nun an die missbräuchliche Schädigung des im Gläubigerinteresse zweckgebundenen Gesellschaftsvermögens an und ordnet sie – in Gestalt einer schadensersatzrechtlichen **Innenhaftung** gegenüber der Gesellschaft – in den § 826 BGB als eine besondere Fallgruppe der **sittenwidrigen vorsätzlichen Schädigung** ein.[102] Die Haftung wegen existenzvernichtenden Eingriffs ist damit nicht mehr gesellschaftsrechtlich, sondern allein deliktsrechtlich begründet.[103] Der BGH möchte dadurch einem Ausufern der persönlichen Haftung der Gesellschafter einer GmbH einen Riegel vorschieben.[104]

b) Tatbestand

41 **(i) Objektiver Tatbestand.** Der **objektive Tatbestand** eines Anspruchs aus § 826 BGB wegen existenzvernichtenden Eingriffs erfordert eine missbräuchliche Schädigung des Vermögens einer abhängigen GmbH durch den sie beherrschenden Gesellschafter, die gegen die guten Sitten verstößt.[105] Der **subjektive Tatbestand** verlangt Vorsatz.

42 **Schädigung des Gesellschaftsvermögens.** Die Schädigung des Gesellschaftsvermögens setzt den **Entzug von Vermögenswerten** ohne rechtfertigenden Grund[106] oder angemessenen Ausgleich[107] („**Selbstbedienung** des Gesellschafters"[108]) voraus. Dies kann

[99] Der Festlegung auf die Durchgriffshaftung der Gesellschafter ging ein Meinungsstreit in der Literatur voraus, vgl. dazu *Altmeppen* ZIP 2001, 1837 ff., *K. Schmidt* NJW 2001, 3577, 3580; *Ulmer* ZIP 2001, 2021 ff. und zusammenfassend *Ulmer* JZ 2002, 1049, 1050. Darauf soll hier jedoch nicht näher eingegangen werden.

[100] BGH v. 24.6.2002, ZIP 2002, 1578, 1580 („KBV").

[101] BGH v. 13.12.2004, WM 2005, 176, 178 („Autovertragshändler").

[102] BGH v. 16.7.2007, WM 2007, 1572, 1574 („Trihotel").

[103] BGH v. 16.7.2007, WM 2007, 1572, 1573 („Trihotel"). Die Änderung der Rechtsprechung zur Existenzvernichtungshaftung zeigt einen deutlichen Paradigmenwechsel im II. Zivilsenat des BGH. Der frühere Vorsitzende des II. Zivilsenats *Röhricht* hatte zu einer dogmatischen Einordnung der Existenzvernichtungsfälle unter die Generalklausel des § 826 BGB noch geschrieben, sie sei „oftmals unbefriedigend" und „nur unter Vergewaltigung vor allem der subjektiven Tatbestandsmerkmale" dieser Norm möglich (*Röhricht* FS 50 Jahre BGH, S. 83, 97). Einer solchen Ausgliederung „einer genuin gesellschaftsrechtlichen Regel aus dem Gesellschaftsrecht in die allgemeine Generalklausel des Deliktsrechts" könne „nicht ernstlich das Wort geredet werden". Abgesehen von der „damit notwendigerweise verbundenen weiteren Überspannung des subjektiven Tatbestandes des § 826 BGB" sollten „speziell gesellschaftsrechtlichen Problemlagen nach Möglichkeit auch durch gesellschaftsrechtliche Regeln Rechnung getragen werden" (*Röhricht* FS 50 Jahre BGH, S. 83, 116).

[104] BGH v. 16.7.2007, WM 2007, 1572, 1575 („Trihotel"). Einen Überblick über die Entwicklung der Rechtsprechung vom qualifiziert faktischen Konzern bis zu Trihotel gibt *Dauner-Lieb* DStR 2006, 2034 ff.

[105] BGH v. 16.7.2007, WM 2007, 1572, 1576 („Trihotel").

[106] BGH v. 16.7.2007, WM 2007, 1572, 1578 („Trihotel"); *Weller* ZIP 2007, 1681, 1684.

[107] BGH v. 16.7.2007, WM 2007, 1572, 1574 („Trihotel").

[108] BGH v. 16.7.2007, WM 2007, 1572, 1576 („Trihotel") „sittenwidrige, weil insolvenzverursachende oder -vertiefende Selbstbedienung des Gesellschafters vor den Gläubigern der Gesellschaft"; ebenso BGH v. 28.4.2008, NZG 2008, 547, 548 („Gamma").

durch Verlagerung des Vermögens und des Geschäftsbetriebs auf eine andere Gesellschaft (meist des gleichen Konzerns) erfolgen.[109] Ein Vermögensentzug kann auch dann vorliegen, wenn der Gesellschaft Geschäftschancen entzogen werden, mit dem Ziel, sie auf die Gesellschafter zu verlagern.[110]

Dagegen reicht es nicht, wenn der Gesellschafter die GmbH veranlasst, ihre wesentliche Geschäftstätigkeit einzustellen und die für eine nachhaltige Fortführung des Unternehmens erforderlichen Investitionen unterlässt[111] oder es von vornherein unterlässt, die Gesellschaft hinreichend mit Kapital auszustatten („Unterkapitalisierung").[112] **43**

Nach einer Ansicht steht dem kompensationslosen Entzug von Vermögenswerten die kompensationslose Zuführung von **Verbindlichkeiten** gleich.[113] Diese Ansicht ist abzulehnen. Die Existenzvernichtungshaftung „soll wie eine das gesetzliche Kapitalerhaltungssystem ergänzende, aber deutlich darüber hinausgehende **Entnahmesperre** wirken, indem sie die sittenwidrige, weil insolvenzverursachende und vertiefende ‚Selbstbedienung' des Gesellschafters vor den Gläubigern der Gesellschaft" ausgleichen soll.[114] Im Hinblick auf die Kapitalerhaltungsregeln hat der BGH entschieden, dass § 30 Abs. 1 GmbHG nicht jede (zu einer Unterbilanz oder Überschuldung führende) Minderung des Gesellschaftsvermögens erfasse, sondern nur „Auszahlungen" an Gesellschafter. Darunter falle die bloße Belastung des Gesellschaftsvermögens mit Ansprüchen Dritter nicht.[115] Dasselbe muss auch für den existenzvernichtenden Eingriff gelten. **44**

Fraglich ist, ob eine Schädigung des Gesellschaftervermögens durch bloßes **Unterlassen** den Tatbestand erfüllt. Die Entscheidung des BGH vom 28.4.2008[116] scheint eher dagegen zu sprechen. Der BGH betont darin, dass ein Versäumnis schon begrifflich keinen „Eingriff" darstelle.[117] Auch ist eine „Selbstbedienung" durch Unterlassen kaum vorstellbar. **45**

Beherrschender Einfluss. Nach der bisherigen dogmatischen Einordnung der Existenzvernichtungshaftung als eigenständige gesellschaftsrechtliche Haftungsfigur musste die Schädigung durch einen Gesellschafter oder einen Dritten mit Zustimmung eines Gesellschafters[118] erfolgen, von dem die geschädigte Gesellschaft **abhängig** ist, dh durch einen herrschenden Gesellschafter. Dies sollte nach der neuen Einordnung als deliktsrechtliche Haftung nicht anders sein, da sich der Vorwurf der vorsätzlichen sittenwidrigen Schädigung gerade aus der schuldhaften Verletzung der Rücksichtnahmepflicht des Gesellschafters in Bezug auf das der Zweckbindung der vorrangigen Gläubigerbefriedigung unterliegende Gesellschaftsvermögen begründet.[119] Eine solche im Interesse der Gläubiger bestehende Rücksichtnahmepflicht trifft aber nur den Gesellschafter, nicht einen außenstehenden Dritten. Denn nur ein herrschender Gesellschafter kann in einer Weise auf die Gesellschaft einwirken, dass er das Rücksichtnahmeverbot verletzt. Dem herrschenden Gesellschafter steht die einverständlich handelnde Gesellschaftermehrheit gleich.[120] **46**

[109] Vgl. dazu die Sachverhalte in BGH v. 24.6.2002, ZIP 2002, 1578, 1580 („KBV") und BGH v. 16.7.2007, WM 2007, 1572 ff. („Trihotel").
[110] BGH v. 13.12.2004, WM 2005, 176, 177 („Autovertragshändler").
[111] BGH v. 13.12.2004, WM 2005, 176, 177 („Autovertragshändler") mit zustimmender Anm. von *Altmeppen* ZIP 2005, 117, 119.
[112] BGH v. 28.4.2008, NZG 2008, 547, 548 („Gamma"); dazu auch *Waclawik,* der darauf hinweist, dass der BGH die Existenzvernichtungshaftung als einen Baustein im System der Kapitalerhaltung begreife, die nicht auf das Gebiet der Kapitalaufbringung ausgedehnt werden solle, *Waclawik* DStR 2008, 1486, 1488.
[113] *Enneking/Heckschen* DB 2006, 1099, 1101.
[114] BGH v. 28.4.2008, NZG 2008, 547, 548 („Gamma").
[115] BGH v. 31.1.2000, NJW 2000, 1571; OLG Dresden v. 6.6.2002, GmbHR 2003, 356, 358.
[116] BGH v. 28.4.2008, NZG 2008, 547, 548 („Gamma"); aA wohl *Waclawik* DStR 2008, 1486, 1488.
[117] BGH v. 28.4.2008, NZG 2008, 547, 548 („Gamma").
[118] BGH v. 16.7.2007, WM 2007, 1572, 1576 („Trihotel").
[119] BGH v. 16.7.2007, WM 2007, 1572, 1576 („Trihotel").
[120] *Röhricht,* Gesellschaftsrecht 2003, S. 1, 2; siehe auch BGH v. 25.2.2002, ZIP 2002, 848 ff.

47 Nach den Leitentscheidungen zum qualifizierten faktischen Konzern kam eine Haftung stets nur bei Vorliegen eines **Konzernverhältnisses** in Betracht.[121] Ein Konzernverhältnis setzt voraus, dass ein herrschendes und mindestens ein abhängiges Unternehmen unter der einheitlichen Leitung des herrschenden Unternehmens zusammengefasst sind (§ 18 Abs. 1 AktG). Nach der neueren Rechtsprechung des BGH ist ein Abhängigkeitsverhältnis ausreichend.[122] Abhängigkeit besteht nach der Legaldefinition des § 17 AktG, wenn ein Unternehmen (herrschendes Unternehmen) auf ein anderes rechtlich selbständiges Unternehmen (abhängiges Unternehmen) unmittelbar oder mittelbar einen beherrschenden Einfluss ausüben kann.

48 Die Haftung wegen existenzvernichtenden Eingriffs kann selbst einen Gesellschafter treffen, der die für ein Abhängigkeitsverhältnis erforderliche **Unternehmereigenschaft** iSd § 17 Abs. 1 AktG[123] nicht erfüllt.[124] Die die Haftung wegen existenzvernichtenden Eingriffs tragenden Überlegungen sind nicht auf Konzernsachverhalte beschränkt, sondern gelten für jeden **Mehrheitsgesellschafter,** unabhängig davon, ob er außerhalb der GmbH noch weitere unternehmerische Interessen verfolgt.[125]

49 **Kausalität.** Die Schädigung muss kausal für den Erfolg, dh die Herbeiführung oder Vertiefung der Insolvenzreife, sein (haftungsbegründende Kausalität). Kausalität ist anzunehmen, wenn der Gesellschaft Vermögenswerte entzogen wurden, die sie zur Erfüllung ihrer Verbindlichkeiten benötigt.[126] Der Vermögensentzug muss allein oder zusammen mit anderen Maßnahmen unmittelbar zur Insolvenzreife der Gesellschaft geführt haben.[127] Eine Gesellschaft ist insolvenzreif, wenn ein Eröffnungsgrund gemäß §§ 17 ff. InsO, dh insbesondere Zahlungsunfähigkeit oder Überschuldung, vorliegt. Die Eröffnung des Insolvenzverfahrens ist dagegen keine Haftungsvoraussetzung.

50 **Sittenwidrigkeit.** Das Verhalten des Gesellschafters muss gegen die guten Sitten verstoßen. Ein Sittenverstoß ist jedenfalls dann anzunehmen, wenn die insolvenzverursachende oder -vertiefende Schädigungshandlung „zum unmittelbaren oder mittelbaren **Vorteil des Gesellschafters oder eines Dritten"** vorgenommen wurde.[128] Ein mittelbarer Vorteil könnte dem Gesellschafter bei Bildung einer GmbH-Stafette oder einer Aschenputtel-Gesellschaft erwachsen.[129] Dagegen sind Handlungen des herrschenden Gesellschafters, die von einer, wenn auch fehlgeleiteten Wahrnehmung der Interessen der Gesellschaft bestimmt sind, nicht als sittenwidrig anzusehen.[130] Es fehlt an der erforderlichen Rücksichtnahme, wenn der Eingriff den Rahmen dessen überschreitet, was bei einer Gesamtschau der widerstreitenden Interessen als noch **vertretbare unternehmerische Entscheidung** anzusehen ist.[131] Nach *K. Schmidt* soll eine Nachteilszufügung vertretbar sein, wenn sie sich im Rahmen des operativen Tagesgeschäfts hält, dagegen nicht, wenn sie darüber hinausgeht. Letzteres soll der Fall sein beim Entzug wichtiger Produktionsmittel oder ganzer Geschäftsfelder, bei einem erheblichen Angriff auf das Stammkapital oder strategischen

---

[121] BGH v. 16.9.1985, BGHZ 95, 330, 335 („Autokran"); BGH v. 20.2.1989, BGHZ 107, 7, 15 („Tiefbau"); BGH v. 23.9.1991, BGHZ 115, 187, 189 („Video").

[122] BGH v. 17.9.2001, NJW 2001, 3622 („Bremer Vulkan"); so auch *Ulmer* ZIP 2001, 2021, 2023; *Röhricht* FS 50 Jahre BGH, S. 118 ff.; *Röhricht,* Gesellschaftsrecht 2003, S. 1, 14.

[123] Siehe dazu *Hüffer/Koch,* AktG § 15 Rn. 8 ff.

[124] *Ulmer* JZ 2002, 1049, 1051; *Lutter/Banerjea* ZGR 2003, 402, 405; *Ihrig,* Gesellschaftsrecht 2003, S. 27, 39; weitere Nachweise bei *Altmeppen* ZIP 2001, 1837, Fn. 3.

[125] *Röhricht* FS 50 Jahre BGH, S. 118 ff.

[126] BGH v. 16.7.2007, WM 2007, 1572, 1574 („Trihotel").

[127] *Lutter/Banerjea* ZGR 2003, 402, 418; *Ihrig,* Gesellschaftsrecht 2003, S. 27, 43.

[128] BGH v. 16.7.2007, WM 2007, 1572, 1576 („Trihotel") „sittenwidrige, weil insolvenzverursachende oder -vertiefende Selbstbedienung des Gesellschafters vor den Gläubigern der Gesellschaft"; *Weller* ZIP 2007, 1681, 1685.

[129] Näher dazu *Röhricht,* Gesellschaftsrecht 2003, S. 1, 2 ff.; aA *Vetter* BB 2007, 1965, 1966; *Weller* ZIP 2007, 1681, 1684.

[130] *Weller* ZIP 2007, 1681, 1685; ebenso zum früheren Haftungskonzept *Röhricht,* Gesellschaftsrecht 2003, S. 1, 14; BGH v. 13.12.2004, WM 2005, 332, 334 („Handelsvertreter").

[131] OLG Rostock v. 10.12.2003, ZIP 2004, 118, 120.

Entscheidungen, die mit unvertretbaren Risiken verbunden sind, insbesondere solchen, die einen Liquiditätsbedarf auslösen, der die Gesellschaft überfordern muss.[132]

(ii) Subjektiver Tatbestand. § 826 BGB verlangt auf der subjektiven Tatbestandsseite **vorsätzliches** Verhalten. Dazu reicht es aus, dass dem Gesellschafter mindestens bewusst ist, dass er selbst (oder andere mit seiner Zustimmung) das Gesellschaftsvermögen sittenwidrig, dh in einer die Insolvenzreife herbeiführenden oder -vertiefenden Weise, schädigt. Er muss dazu die faktische dauerhafte Beeinträchtigung der Fähigkeit der Gesellschaft zur Erfüllung ihrer Verbindlichkeiten als voraussehbare Folge des Eingriffs mindestens billigend in Kauf genommen haben (*dolus eventualis*).[133] Eine bloße Voraussehbarkeit des Insolvenzeintritts reicht daher für die Begründung des Vorsatzes nicht aus.[134] 51

Weller hält vorsätzliches Handeln für ausgeschlossen, wenn eine *Limitation Language* vereinbart wird.[135] Allerdings sind die üblichen Klauseln so formuliert, dass sie nur den Eintritt einer Unterbilanz beim Sicherungsgeber verhindern, nicht deren Insolvenzreife auf Grund Zahlungsunfähigkeit, was eine typische Folge eines existenzvernichtenden Eingriffs ist. 52

(iii) Verhältnis zu §§ 30, 31 GmbHG. Der BGH bezeichnet den Anspruch der Gesellschaft aus § 826 BGB wegen existenzvernichtendem Eingriff als die „Verlängerung des Schutzsystems der §§ 30, 31 GmbHG auf der Ebene des Deliktsrechts".[136] Der Anspruch aus § 826 BGB wegen existenzvernichtendem Eingriff ist nicht (mehr) subsidiär gegenüber dem Anspruch aus §§ 30, 31 GmbHG.[137] Vielmehr besteht zwischen beiden Ansprüchen Anspruchsgrundlagenkonkurrenz.[138] Die Gesellschaft kann den Anspruch gegen den Gesellschafter auf Rückgewähr der empfangenen Leistungen auf § 826 BGB oder auf §§ 30, 31 GmbHG stützen.[139] 53

(iv) Einzelfragen. Besicherung von Gesellschafterverbindlichkeiten. Die bei Akquisitionsfinanzierungen übliche Weisung der Erwerbsgesellschaft an die abhängige Ziel-Gesellschaft, **Sicherheiten** für ihre eigenen Verbindlichkeiten zu bestellen, könnte einen existenzvernichtenden Eingriff darstellen.[140] Die auf Veranlassung des Gesellschafters erfolgende Bestellung von Sicherheiten stellt einen **Entzug von Vermögenswerten** dar,[141] der regelmäßig **kompensationslos** erfolgt. Die Haftungsmasse der betroffenen Vermögenswerte hat die Gesellschaft bereits im Zeitpunkt ihrer Bestellung „wie ein bilanzrechtliches U-Boot" verlassen,[142] denn die Gesellschaft kann die Verwertung der Sicherheiten nicht verhindern. Der Vermögensentzug erfolgt zu **betriebsfremden Zwecken,** da ausschließlich oder zumindest auch Verbindlichkeiten des Gesellschafters besichert werden, was nicht im eigenen Interesse der Gesellschaft, sondern des Gesellschafters liegt. Kommt es zur Verwertung, wird die Gesellschaft regelmäßig nicht mehr über das erforderliche Vermögen zur Befriedigung ihrer Gläubiger verfügen, dh die Gesellschaft wird **insolvenzreif** sein. Die Weisung zur Bestellung von Sicherheiten stellt somit objektiv eine sittenwidrige missbräuchliche Schädigung des Gesellschaftsvermögens dar. 54

Der Gesellschafter müsste **vorsätzlich** gehandelt haben. Bedingter Vorsatz liegt vor, wenn der Gesellschafter im Zeitpunkt der Weisung die Verwertung der Sicherheiten und die daran anschließende Insolvenzreife der Gesellschaft als möglich erkannt und billigend in 55

---

[132] *K. Schmidt* NJW 2001, 3577, 3580; ihm folgend *Lutter/Banerjea* ZGR 2003, 402, 416; Lutter/Hommelhoff/*Bayer,* GmbHG § 13 Rn. 32ff.
[133] BGH v. 16.7.2007, WM 2007, 1572, 1576 („Trihotel").
[134] *Vetter* BB 2007, 1965, 1967.
[135] *Weller* ZIP 2007, 1681, 1686.
[136] BGH v. 16.7.2007, WM 2007, 1572, 1576 („Trihotel").
[137] BGH v. 16.7.2007, WM 2007, 1572, 1577 („Trihotel").
[138] BGH v. 16.7.2007, WM 2007, 1572, 1577 („Trihotel").
[139] BGH v. 16.7.2007, WM 2007, 1572, 1577 („Trihotel").
[140] So wohl *Röhricht* FS 50 Jahre BGH, S. 83, 91; *Röhricht,* Gesellschaftsrecht 2003, S. 1, 5 (ausdrücklich unter Einschluss kreditfinanzierter Unternehmenskäufe).
[141] Baumbach/Hueck/*Fastrich,* GmbHG § 30 Rn. 61ff.; *Röhricht* FS 50 Jahre BGH, S. 83, 91, 113.
[142] *Schön* ZHR 159 (1995), 351, 358.

Kauf genommen hat. Der Gesellschafter handelt dagegen nicht vorsätzlich, sondern nur (bewusst) fahrlässig, wenn er im Zeitpunkt der Weisung darauf vertraut, dass es nicht zu einer Verwertung der Sicherheiten kommen werde.[143]

56 Der Gesellschafter muss prüfen, ob die Zielgruppe während der Laufzeit der Kredite wahrscheinlich einen *Cashflow* erwirtschaften wird, der nach Abzug aller laufenden Kosten und Aufwendungen, zB für sonstige Verbindlichkeiten und notwendige Investitionen, ausreicht, die Kreditverbindlichkeiten der Gruppe zu erfüllen. Dabei ist eine Vielzahl von Faktoren zu berücksichtigen und zukünftige Entwicklungen, ua der Märkte, Wettbewerber und Produkte, einzuschätzen. Meint er, dass der zu erwartende *Cashflow* ausreichen wird, handelt er nicht mit Schädigungsvorsatz. Bei Akquisitionsfinanzierungen erstellt der Sponsor auf Basis historischer Zahlen und einer Financial und Commercial Due Diligence einen Business Plan, der durch Management und Banken plausibilisiert wird. Kommt es wider Erwarten doch zu einer Verwertung der Sicherheiten, haftet er mangels vorsätzlichen Handelns nicht.[144]

c) Rechtsfolgen

57 **(i) Anspruchsinhaber.** Der Anspruch wegen existenzvernichtenden Eingriffs steht nur der Gesellschaft zu. Der nur mittelbar geschädigte Gesellschaftsgläubiger hat grundsätzlich keinen direkten Anspruch gegen den Gesellschafter.[145] Durch das Urteil vom 16.7.2007 hat der BGH die bis dahin bestehende Durchgriffs- (außen)haftung des Gesellschafters wegen existenzvernichtenden Eingriffs in eine Innenhaftung umgewandelt.[146] Nach der Insolvenzeröffnung über das Vermögen der Gesellschaft ist der der Gesellschaft zustehende Anspruch vom Insolvenzverwalter geltend zu machen (§ 80 Abs. 1 InsO).[147]

58 **(ii) Anspruchsgegner. Gesellschafter.** Der Anspruch richtet sich gegen diejenigen Gesellschafter, die durch ihr **Einverständnis** mit dem Vermögensentzug (zB durch einen Gesellschafterbeschluss[148]) an der Existenzvernichtung der Gesellschaft mitgewirkt[149] oder ihr zugestimmt haben.[150] Daher scheidet eine Haftung der übrigen, am Eingriff nicht selbst beteiligten Gesellschafter aus.[151]

59 Bei der Akquisitionsfinanzierung stellt sich die Frage, ob **Verkäufer** (Altgesellschafter), **Käufer** (Neugesellschafter) **oder beide** wegen existenzvernichtenden Eingriffs haften können. Die Haftung trifft jeden Gesellschafter, der durch sein Einverständnis an dem Vermögensentzug mitgewirkt oder ihm zugestimmt hat. Das kann auch auf den Verkäufer zutreffen. Um eine Haftung wegen existenzvernichtenden Eingriffs sicher zu vermeiden, sollte der Verkäufer deshalb darauf achten, dass die Zielgesellschaft Sicherheiten erst (zumindest eine logische Sekunde) nach Übertragung ihrer Geschäftsanteile auf den Käufer und auf Grund von dessen ausdrücklicher Weisung bestellt. Die erforderlichen Verträge können bereits vor dem Übertragungsstichtag aufschiebend bedingt geschlossen werden.

60 **Mittelbarer Gesellschafter.** Bei *Leveraged Buy-outs* ist zwischen der Haftung der Erwerbsgesellschaft und der **Finanzinvestoren** (dh der Gesellschafter der Erwerbsgesellschaft)

---

[143] Zur Abgrenzung von bedingtem Vorsatz und bewusster Fahrlässigkeit vgl. Palandt/*Grüneberg* § 276 Rn. 13.

[144] *Weller* ZIP 2007, 1681, 1686.

[145] BGH v. 16.7.2007, WM 2007, 1572, 1576 („Trihotel").

[146] BGH v. 16.7.2007, WM 2007, 1572 ff. (2. Leitsatz) („Trihotel").

[147] *Paefgen* DB 2007, 1907, 1908; einer Analogie zu § 93 InsO bedarf es nicht, BGH v. 16.7.2007, WM 2007, 1572, 1577 („Trihotel").

[148] *Keßler* GmbHR 2002, 945, 950.

[149] Die Haftung des einverständlich mitwirkenden Minderheitsgesellschafters folgt aus § 830 BGB, wofür ein psychischer oder intellektueller Beitrag ausreichend ist, *Paefgen* DB 2007, 1907, 1909 mwN. Im Gegensatz dazu trifft alle nicht begünstigten Gesellschafter die Ausfallhaftung nach § 31 Abs. 3 GmbHG, unabhängig von ihrer Mitwirkung. Die Haftung nach § 31 Abs. 3 GmbHG ist allerdings beschränkt auf den Betrag der Stammkapitalziffer; vgl. dazu BGH v. 25.2.2002, ZIP 2002, 848, 850.

[150] BGH v. 16.7.2007, WM 2007, 1572, 1576 („Trihotel").

[151] *Vetter* ZIP 2003, 601, 607.

zu unterscheiden. In den typischen Fallkonstellationen verwenden die Finanzinvestoren für die Aufnahme der Akquisitionskredite und den Erwerb der Zielgesellschaft eine neu gegründete GmbH. Selbst wenn die GmbH als Gesellschafterin der Zielgesellschaft wegen existenzvernichtenden Eingriffs haftbar wäre, würde diese Haftung nicht ohne weiteres auf die Finanzinvestoren durchschlagen. Nach dem BGH kommt eine Haftung des mittelbaren Gesellschafters (sog **Gesellschafter-Gesellschafter**) aber dann in Betracht, wenn er auf den unmittelbaren Gesellschafter (und dadurch auch auf die Gesellschaft) einen beherrschenden Einfluss ausüben kann.[152] Der Gesellschafter kann sich deshalb der Haftung wegen existenzvernichtenden Eingriffs auch nicht dadurch entziehen, dass er seine unmittelbare Beteiligung auf eine von ihm beherrschte Zwischenholding überträgt und dadurch zum mittelbaren Gesellschafter wird.

Faktischer Gesellschafter. Die Rechtsprechung hat die Haftung eines Nicht-Gesell- **61** schafters bejaht, wenn dieser faktisch über die Einflussmöglichkeiten eines Gesellschafters verfügt (sog faktischer Gesellschafter).[153] In dem den Entscheidungen zugrunde liegenden Fall hatte der von § 181 BGB befreite Generalbevollmächtigte des Mehrheitsgesellschafters und alleinvertretungsberechtigte Geschäftsführer einer GmbH („Mutter-GmbH"), die 52% der Anteile an der insolvent gewordenen Tochter-GmbH hielt, durch die Mutter-GmbH einen existenzvernichtenden Eingriff in die Tochter vorgenommen. Die Gerichte entschieden, dass ein Nicht-Gesellschafter als (faktischer) Gesellschafter zu behandeln sei, wenn er die Geschicke der Tochter-GmbH maßgeblich bestimme.[154]

Offen geblieben war nach bisheriger Rechtsprechung, ob auch eine Gesellschaft, die an **62** der Vernichtung ihrer **Schwestergesellschaft** teilnimmt, aus existenzvernichtendem Eingriff haftet, da sie keinen beherrschenden Einfluss auf ihre Schwester ausüben kann. Der BGH hielt dies in einer früheren Entscheidung für zweifelhaft, sah jedoch eine Haftung der Schwestergesellschaft aus § 826 BGB wegen „planmäßiger Entziehung von Vermögen" ohne Weiteres für möglich an.[155] Aus der Trihotel-Entscheidung vom 16.7.2007 lässt sich nunmehr entnehmen, dass auch im Rahmen der Haftung aus § 826 BGB ein existenzvernichtender Eingriff nur durch einen beherrschenden Gesellschafter oder Personen mit entsprechenden Einflussmöglichkeiten auf die Gesellschaft begangen werden kann.

Gehilfen, Anstifter. Anstifter und Gehilfen des Gesellschafters haften gemäß § 830 **63** Abs. 2 BGB wie Mittäter, soweit sie selbst vorsätzlich gehandelt haben. Als Teilnehmer eines existenzvernichtenden Eingriffs kommen neben den Geschäftsführern der GmbH auch Banken und Berater in Betracht.[156] Sie haften neben dem Gesellschafter als Gesamtschuldner (§ 840 Abs. 1 BGB).

(iii) Kausalität und Anspruchshöhe. Der Anspruch geht auf Ersatz des **negativen** **64** **Interesses.** Die Gesellschaft ist so zu stellen, wie sie ohne das haftungsbegründende Ereignis stünde.[157] Zwischen der sittenwidrigen Schädigung und dem eingetretenen Schaden muss ein Zurechnungszusammenhang bestehen (haftungsausfüllende Kausalität).[158] Zu ersetzen sind grundsätzlich auch sog. „Kollateralschäden". Darunter versteht man Schäden, die durch Rückgängigmachung der Vermögensverschiebung nicht vollständig zu beseitigen sind. Wird einer Gesellschaft eine für die Produktion wichtige Maschine entzogen, kann der entstandene Produktionsausfall durch die spätere Rückgabe der Maschine nicht ausgeglichen werden.[159]

[152] BGH v. 16.7.2007, WM 2007, 1572, 1577 („Trihotel").
[153] BGH v. 16.7.2007, WM 2007, 1572, 1578 („Trihotel") und die Vorinstanz OLG Rostock v. 10.12.2003, ZIP 2004, 118, 120.
[154] BGH v. 16.7.2007, WM 2007, 1572, 1578 („Trihotel"); ähnlich schon die Vorinstanz OLG Rostock v. 10.12.2003, ZIP 2004, 118, 120; ablehnend *Bruns* NZG 2004, 409, 410.
[155] BGH v. 20.9.2004, NZG 2004, 1107, 1108 („Rheumaklinik").
[156] *Weller* ZIP 2007, 1681, 1687.
[157] Palandt/*Sprau* § 826 Rn. 35.
[158] Palandt/*Sprau* Einf. v. § 823 Rn. 3.
[159] Siehe dazu *Dauner-Lieb* DStR 2006, 2034, 2038.

65 Im Gegensatz zu § 31 Abs. 1 GmbHG geht der Anspruch aus § 826 BGB über die Wiederherstellung des Eigenkapitals bis zur Höhe der Stammkapitalziffer hinaus,[160] allerdings nur soweit dies für die Fähigkeit der Gesellschaft, ihre Schulden zu bezahlen, erforderlich ist.[161]

66 **(iv) Darlegungs- und Beweislast.** Nach früherer Rechtsprechung genügte der klagende Gläubiger seiner Darlegungs- und Beweislast, indem er Umstände darlegte und gegebenenfalls bewies, die darauf schließen ließen, dass der beklagte Gesellschafter einen existenzvernichtenden Eingriff in die Gesellschaft vorgenommen hatte. Der Gesellschafter haftete dann unbegrenzt bis zur Befriedigung aller Gläubiger, nicht zuletzt deshalb, weil die Eingriffe des Gesellschafters häufig nicht isolierbar und die Höhe des daraus entstandenen Schadens durch den Kläger nicht quantifizierbar war. Dem Gesellschafter stand es allerdings offen, seinerseits zu beweisen, dass der Gesellschaft im Vergleich zu der Vermögenslage bei redlichem Verhalten nur ein begrenzter Nachteil entstanden war. Er haftete danach nur noch der *Gesellschaft* gegenüber auf den durch ihn tatsächlich verursachten Schaden.[162]

67 Im Gegensatz zu dieser nach früherer Rechtsprechung gewährten Beweiserleichterung für die Gläubiger der Gesellschaft betont der BGH im Rahmen des § 826 BGB nun, dass die Gesellschaft als Gläubigerin die Darlegungs- und Beweislast für alle objektiven und subjektiven Tatbestandsmerkmale des Delikts trage, mithin insbesondere auch den vollen Kausalitätsbeweis zu erbringen habe.[163] Dies bedeutet eine deutliche Schlechterstellung der Gläubigerposition im Vergleich zur bisherigen Rechtspraxis.[164]

68 **(v) Geltendmachung des Anspruchs.** Es liegt in der Natur des Anspruchs aus existenzvernichtendem Eingriff, dass er nur in der Insolvenz der Gesellschaft geltend gemacht wird. Im Fall der Eröffnung des Insolvenzverfahrens geschieht dies durch den Insolvenzverwalter. Außerhalb des Insolvenzverfahrens, etwa wenn eine Eröffnung mangels Masse unterblieben ist, weil der Insolvenzverwalter selbst den Anspruch aus existenzvernichtendem Eingriff für aussichtslos hielt oder ihn schlicht übersehen hat, hat der Gläubiger der Gesellschaft zunächst diese zu verklagen und ist dann im Rahmen der Einzelzwangsvollstreckung darauf angewiesen, einen etwaigen Anspruch der Gesellschaft gegen ihren beherrschenden Gesellschafter aus existenzvernichtendem Eingriff zu pfänden und sich gemäß §§ 835, 836 ZPO überweisen zu lassen.

d) Anwendbarkeit auf GmbH & Co. KG und Aktiengesellschaft

69 **(i) GmbH & Co. KG.** Der BGH sieht den Grund für die Haftung wegen existenzvernichtenden Eingriffs aus § 826 BGB in der sittenwidrigen Schädigung des im Gläubigerinteresse zweckgebundenen Gesellschaftsvermögens.[165] Eine GmbH & Co. KG verfügt – wie jede Personenhandelsgesellschaft[166] – über ein Gesellschaftsvermögen. Dieses Gesellschaftsvermögen dient zur vorrangigen Befriedigung der Gesellschaftsgläubiger. Das ergibt sich schon daraus, dass Personenhandelsgesellschaften insolvenzfähig sind[167] und im Rahmen des Insolvenzverfahrens zunächst die Verbindlichkeiten der Gesellschaftsgläubiger

[160] BGH v. 16.7.2007, WM 2007, 1572, 1575 („Trihotel").

[161] BGH v. 16.7.2007, WM 2007, 1572, 1579 („Trihotel"); zur Haftungsbegrenzung näher *Weller* ZIP 2007, 1681, 1686.

[162] BGH v. 13.12.2004, WM 2005, 176, 177 („Autovertragshändler") mit zustimmender Anm. von *Altmeppen* ZIP 2005, 117 ff.

[163] BGH v. 16.7.2007, WM 2007, 1572, 1577 („Trihotel").

[164] Ebenso *Paefgen* DB 2007, 1907, 1909; *Altmeppen* NJW 2007, 2657, 2660; *Vetter* BB 2007, 1965, 1969; eine Schlechterstellung „jedenfalls in Randfällen" erkennt auch *Theiselmann* GmbHR 2007, 904, 906.

[165] Siehe dazu BGH v. 16.7.2007, WM 2007, 1572, 1576 („Trihotel").

[166] Für die OHG und KG siehe nur § 133 Abs. 1 Nr. 3, 155 HGB. Selbst die BGB-Außengesellschaft verfügt über ein dinglich gebundenes Sondervermögen, das vom sonstigen Vermögen der Gesellschafter, dem Privatvermögen, streng zu trennen ist, BGH v. 25.2.1999, NJW 1999, 1407; Palandt/*Sprau* § 718 Rn. 1.

[167] Für die OHG und KG siehe § 133 Abs. 1 Nr. 3 HGB. Selbst die BGB-Außengesellschaft ist heute insolvenzfähig, siehe § 11 Abs. 2 Nr. 1 InsO.

befriedigt werden müssen. Nur ein etwa verbleibender Überschuss wird an die Gesellschafter ausbezahlt (§ 199 InsO). Auch außerhalb der Insolvenz kann eine Personenhandelsgesellschaft grundsätzlich nur durch ein geordnetes Verfahren liquidiert werden (§ 145 HGB), in dem zunächst die Gläubiger zu befriedigen sind und nur das danach verbleibende Vermögen an die Gesellschafter verteilt werden darf (§§ 149, 155 HGB).

Der Mehrheitsgesellschafter (oder die einverständlich handelnde Mehrheit der Gesell- 70 schafter) einer Personenhandelsgesellschaft kann daher in gleicher Weise wie der Mehrheitsgesellschafter einer GmbH zum Nachteil der Gesellschaftsgläubiger in das Gesellschaftsvermögen der Personenhandelsgesellschaft schädigend eingreifen. Führt dieser Eingriff zur Insolvenzreife und handelt der Gesellschafter mindestens mit bedingtem Vorsatz, so kann eine sittenwidrige vorsätzliche Schädigung vorliegen.[168]

Anders als bei Kapitalgesellschaften bedarf ein Gesellschafterbeschluss einer Personen- 71 handelsgesellschaft grundsätzlich der Zustimmung aller Gesellschafter (§ 119 Abs. 1 HGB). Lässt der Gesellschaftsvertrag die **Mehrheit** der Gesellschafter ausreichen, so ist im Zweifel die Mehrheit nach Köpfen, nicht nach der Höhe der Anteile, zu berechnen (§ 119 Abs. 2 HGB).

(ii) Aktiengesellschaft. Ebenso wie im GmbH-Recht, sind auch im Aktienrecht Situatio- 72 nen denkbar, in denen durch Maßnahmen des Alleinaktionärs oder einverständlich handelnder Aktionäre die Existenz der AG vernichtet wird.[169] In der Literatur wird daher vorgeschlagen, die Grundsätze des existenzvernichtenden Eingriffs, die für die GmbH entwickelt wurden, auch auf die AG zu übertragen.[170] Mag dies noch umstritten gewesen sein, als die Haftung wegen existenzvernichtenden Eingriffs gesellschaftsrechtlich ausgestaltet war,[171] dürfte eine deliktsrechtliche Haftung des Mehrheitsaktionärs bei einem existenzvernichtenden Eingriff in das Vermögen der AG – gegebenenfalls in Anspruchsgrundlagenkonkurrenz mit §§ 317, 318 AktG oder § 302 AktG analog – nicht mehr zu bezweifeln sein.[172] Die §§ 311 ff. AktG verdrängen den deliktischen Anspruch aus § 826 BGB wegen existenzvernichtenden Eingriffs nicht. Vielmehr besteht zwischen diesen Ansprüchen Anspruchsgrundlagenkonkurrenz.

e) Anwendbarkeit auf Scheinauslandsgesellschaften

Die Existenzvernichtungshaftung nach der Trihotel-Entscheidung könnte für Zwecke des 73 internationalen Privatrechts **deliktsrechtlich, insolvenzrechtlich** oder **gesellschaftsrechtlich** anzuknüpfen sein.[173] Nach *Schanze* spricht gegen eine deliktsrechtliche Anknüpfung, dass das Deliktsstatut nur Verstöße gegen allgemeine, jedermann treffende Verhaltensanforderungen erfasst und die Existenzvernichtungshaftung auf dem spezifischen Verhältnis von GmbH und Gesellschafter beruhe.[174] Einer **insolvenzrechtlichen** Einordnung stehe entgegen, dass die Existenzvernichtungshaftung nicht rechtsformneutral ausgestaltet sei.[175] Daher sei die Existenzvernichtungshaftung **gesellschaftsrechtlich** zu qualifizieren und deshalb nur auf deutsche Gesellschaften anzuwenden.[176] Für die Anwendung des Gesellschaftsstatuts spricht zudem die Ausgestaltung als Innenhaftung[177] und die Ergänzungsfunk-

[168] Zu den objektiven und subjektiven Tatbestandsvoraussetzungen im Einzelnen, → § 47 Rn. 41 ff.
[169] *Henze* WM 2005, 717, 726 (mit Beispielen).
[170] *Henze* WM 2005, 717, 726, so auch schon *Henze* AG 2004, 405; *Hüffer/Koch*, AktG § 1 Rn. 29.
[171] Vgl. *Dauner-Lieb* DStR 2006, 2034.
[172] Zu den Tatbestandsvoraussetzungen und Rechtsfolgen eines Anspruchs aus § 826 BGB wegen existenzvernichtenden Eingriffs → § 47 Rn. 40 ff.
[173] Ausführlich zu den verschiedenen Anknüpfungsmöglichkeiten und ihren Argumenten jetzt MüKoGmbHG/*Weller*, Einl. Int. GesR Rn. 415 ff.
[174] *Schanze* NZG 2007, 681, 685.
[175] Für eine insolvenzrechtliche Anknüfung auch nach der Trihotel-Entscheidung aber *Kindler* IPRax 2009, 189; MüKoBGB/*Kindler*, Bd. 12, Teil 10 (Internationales Handels- und Gesellschaftsrecht) Rn. 622.
[176] *Schanze* NZG 2007, 681, 685 f.
[177] *Wagner* IPRax 2008, 1, 2; MüKoGmbHG/*Weller*, Einl. Int. GesR Rn. 418.

tion dieser Haftungsfigur im Hinblick auf die gesellschaftsrechtlichen Kapitalerhaltungsgrundsätze.[178] Trotz Befürwortung einer gesellschaftsrechtlichen Anknüpfung schlägt *Weller* inzwischen eine Sonderanknüpfung der Existenzvernichtungshaftung als international zwingende Norm für deutsche und ausländischen Gesellschaften mit dem Mittelpunkt ihres wirtschaftlichen Interesses in Deutschland vor.[179] Dogmatisch sei die Existenzvernichtungshaftung obwohl gesellschaftsrechtlich qualifiziert auf die Wertung der Insolvenz- und Liquidationsvorschriften zurückzuführen. Diesen solle über den bloßen Parteischutz hinaus mittels der Existenzvernichtungshaftung wirtschaftspolitisch und ungeachtet des Gesellschaftsstatuts zur praktischen Wirksamkeit verholfen werden. Die Existenzvernichtungshaftung verfolge insofern auch ein ordnungspolitisches Interesse an der Durchsetzung gemeinwohlorientierter Verfahrensvorschriften.[180]

74 Der BGH hat in seiner Trihotel-Entscheidung jedoch mehrfach die **deliktsrechtliche** Einordnung der Existenzvernichtungshaftung in Abgrenzung zu den gesellschaftsrechtlichen Normen der §§ 30, 31 GmbHG betont. Bejaht man daher trotz der überzeugenden Gegenargumente eine deliktsrechtliche Anknüpfung über Art. 4 Rom II-VO, findet die Existenzvernichtungshaftung auch zum Schutz von im Inland tätigen Scheinauslandsgesellschaften Anwendung,[181] dh Gesellschaften in der Rechtsform einer ausländischen Gesellschaft, die aber ihren effektiven Verwaltungssitz in Deutschland haben. Nach *Weller* sei allerdings ungeschriebene Tatbestandsvoraussetzung der Existenzvernichtungshaftung im Rahmen des § 826 BGB das Defizit gesellschaftsrechtlichen Gläubigerschutzes. Als materiell-rechtliche Vorfrage sei daher selbständig anzuknüpfen und zu prüfen, ob auch nach dem Gesellschaftsstatut der Scheinauslandsgesellschaft vergleichbare Schutzlücken im Gläubigerschutz bestehen wie im deutschen GmbH-Recht.[182]

f) Abhängigkeitsverhältnis oder Konzern

75 **(i) Abhängigkeitsverhältnis oder faktischer Konzern.** Ein existenzvernichtender Eingriff kann auch bei einem bestehenden Abhängigkeitsverhältnis und im faktischen Konzern verübt werden. Der deliktische Anspruch aus § 826 BGB wegen existenzvernichtenden Eingriffs wird durch das Abhängigkeitsverhältnis oder den faktischen Konzern nicht ausgeschlossen. Im Gegenteil wird bei existenzvernichtenden Eingriffen häufig ein Abhängigkeitsverhältnis oder faktischer Konzern vorliegen, da Täter eines existenzvernichtenden Eingriffs grundsätzlich nur ein Gesellschafter mit beherrschendem Einfluss sein kann.[183]

76 **(ii) Vertragskonzern.** Da Maßnahmen im Rahmen eines Beherrschungsvertrags nicht die Existenz der beherrschten Gesellschaft gefährden dürfen,[184] ist eine Weisung des herrschenden Gesellschafters, die zu einem existenzvernichtenden Eingriff führt, nicht von § 308 AktG gedeckt. Die §§ 291 ff. AktG schließen eine Haftung aus § 826 BGB wegen existenzvernichtenden Eingriffs daher nicht aus.

2. Sonstige Schadensersatzansprüche

a) GmbH

77 **(i) Untreue (Vermögensbetreuungstatbestand).** Eine Schadensersatzpflicht des Gesellschafters kann sich aus § 823 Abs. 2 BGB iVm dem Schutzgesetz des § 266 Abs. 1 Alt. 2

[178] Staudinger/*Oechsler* § 826 Rn. 326.
[179] MüKoGmbHG/*Weller*, Einl. Int. GesR Rn. 469 ff.
[180] MüKoGmbHG/*Weller*, Einl. Int. GesR Rn. 469 ff.
[181] MHLS/*Leible*, GmbHG, Systematische Darstellung 2 Rn. 166; ebenso schon *Goette* DStR 2005, 197, 200.
[182] *Weller* ZIP 2007, 1681, 1689; MüKoGmbHG/*Weller*, Einl. Int. GesR Rn. 420.
[183] Dazu → § 47 Rn. 46.
[184] Dazu → § 46 Rn. 9.

StGB ergeben.[185] Dem herrschenden Gesellschafter einer GmbH obliegt gegenüber der von ihm beherrschten Gesellschaft eine **Vermögensbetreuungspflicht** iSd § 266 Abs. 1 Alt. 2 StGB.[186] Aufgrund dieser Pflicht hat der herrschende Gesellschafter bei seinen Dispositionen über die Vermögenswerte der beherrschten GmbH durch angemessene Rücksichtnahme auf ihr Eigeninteresse an der Aufrechterhaltung ihrer Fähigkeit, ihren Verbindlichkeiten nachzukommen, darauf zu achten, dass er die Existenz der Gesellschaft nicht gefährdet.[187]

(ii) Sittenwidrige vorsätzliche Schädigung. Die Besicherung einer Verbindlichkeit des 78
Gesellschafters durch die Gesellschaft kann nach § 138 BGB sittenwidrig und damit nichtig sein. Handelt der Gesellschafter bei Erteilung der Weisung an die Gesellschaft zur Bestellung der Sicherheit mit Schädigungsvorsatz, so haftet er nach § 826 BGB auf Schadensersatz. Sittenwidrigkeit kommt zB in Betracht, wenn der Gesellschafter mit der Bank bewusst zum Schaden der Gesellschaft oder der Gläubiger zusammenwirkt (sog **Kollusion**) [188] oder wenn die Maßnahme des Gesellschafters zu einer **Gläubigergefährdung** führt und er dabei mit Täuschungsabsicht oder Schädigungsvorsatz handelt.[189]

b) Aktiengesellschaft

(i) Untreue (Vermögensbetreuungstatbestand). Der Aktionär hat grundsätzlich keine 79
Möglichkeit, auf das Vermögen der AG zuzugreifen.[190] Ihn trifft deshalb auch keine entsprechende Vermögensbetreuungspflicht, so dass ein Anspruch nach § 823 Abs. 2 BGB iVm § 266 StGB grundsätzlich nicht in Betracht kommt.

(ii) Sittenwidrige vorsätzliche Schädigung. Der Aktionär einer AG, der die Gesell- 80
schaft zu einer Einlagenrückgewähr veranlasst hat, haftet bei Vorliegen der Voraussetzungen grundsätzlich nach §§ 311, 317 AktG. Sind auch die Voraussetzungen einer **sittenwidrigen vorsätzlichen Schädigung** erfüllt, so kommt daneben eine Haftung auf Schadensersatz nach § 826 BGB in Betracht.[191]

IV. Deliktische Haftung der Vertretungsorgane der Erwerbsgesellschaft

1. GmbH

a) Untreue (Vermögensbetreuungstatbestand)

Handelt jemand als Mitglied eines vertretungsberechtigten Organs einer juristischen Person, 81
so kann er sich nach § 14 Abs. 1 Nr. 1 StGB strafbar machen. Verletzt die Erwerbsgesellschaft gegenüber der Ziel-GmbH ihre **Vermögensbetreuungspflicht** aus § 266 Abs. 1 Alt. 2 StGB,[192] so machen sich die vertretungsberechtigten Geschäftsführer der Erwerbsgesellschaft persönlich strafbar, wenn sie mit dem erforderlichen Vorsatz gehandelt haben. Daran anknüpfend haften die Geschäftsführer auch zivilrechtlich nach § 823 Abs. 2 BGB iVm §§ 266 Abs 1 Alt. 2, 14 Abs. 1 Nr. 1 StGB auf Schadensersatz.[193]

Auch bei einem existenzvernichtenden Eingriff können sich die vertretungsberechtigten 82
Geschäftsführer des Gesellschafters wegen Untreue nach § 266 Abs. 1 Alt. 2 (Vermögens-

[185] Kritisch *Haas* ZIP 2006, 1373, 1380 f.
[186] BGH v. 17.9.2001, NJW 2001, 3622, 3623 („BremerVulkan").
[187] BGH v. 17.9.2001, NJW 2001, 3622, 3623 („BremerVulkan").
[188] BGH v. 19.3.1998, ZIP 1998, 793, 795; dazu → § 47 Rn. 10 ff.
[189] BGH v. 19.3.1998, ZIP 1998, 793, 795 f.; → dazu § 47 Rn. 29 ff.
[190] Zu den beschränkten Vermögensrechten des Aktionärs, vgl. nur MHdB GesR IV/*Wiesner* § 17 Rn. 4.
[191] Schmidt/Lutter/*Vetter*, AktG § 317 Rn. 45, 51.
[192] Vgl. dazu → § 47 Rn. 77.
[193] BGH v. 17.9.2001, NJW 2001, 3622, 3623 („Bremer Vulkan").

betreuungstatbestand), § 14 Abs. 1 Nr. 1 StGB strafbar machen[194] und auf Schadensersatz haften.

b) Sittenwidrige vorsätzliche Schädigung

83 Erfüllt der Geschäftsführer der Erwerbsgesellschaft die Voraussetzungen einer sittenwidrigen vorsätzlichen Schädigung in seiner Person, so haftet er den Geschädigten unmittelbar auf Schadensersatz.[195]

2. AG

84 Da dem Aktionär einer AG gegenüber dieser keine Vermögensbetreuungspflicht obliegt, scheidet eine Haftung der Geschäftsführer der Erwerbsgesellschaft gegenüber der Ziel-AG nach § 823 Abs. 2 BGB iVm §§ 266, 14 Abs. 1 Nr. 1 StGB aus. Dagegen kommt eine Haftung der Geschäftsführer der Erwerbsgesellschaft wegen sittenwidriger vorsätzlicher Schädigung grundsätzlich in Betracht.

V. Deliktische Haftung der Vertretungsorgane der Zielgesellschaft

1. GmbH

a) Untreue (Missbrauchstatbestand)

85 Ein Geschäftsführer der sicherungsgewährenden Ziel-GmbH missbraucht seine Vertretungsmacht iSd § 266 Abs. 1 Alt. 1 StGB (Missbrauchstatbestand), wenn er die GmbH verpflichtet, zugunsten ihrer Gesellschafter oder Schwestergesellschaften Zahlungen zu leisten, soweit dadurch das Stammkapital angegriffen wird.[196] Dasselbe gilt bei einem existenzvernichtenden Eingriff.

86 Nach der Rechtsprechung des dritten Strafsenats des BGH kann der Tatbestand der Untreue gegenüber der GmbH selbst dann erfüllt sein, wenn alle Gesellschafter ihre Zustimmung erteilt haben und das nach § 30 GmbHG geschützte Stammkapital noch nicht angegriffen ist.[197] Nach Ansicht des BGH sind tatsächliche oder rechtsgeschäftliche Handlungen des Geschäftsführers einer GmbH, mit denen dieser eigennützig oder im Interesse Dritter willkürlich Vermögen der GmbH verschiebt, auch wenn das nach § 30 GmbHG geschützte **Stammkapital** der GmbH **oder** deren **Liquidität** dadurch unmittelbar noch nicht beeinträchtigt werden, in der Regel dann missbräuchlich oder pflichtwidrig im Sinne des § 266 StGB, wenn – gegen die Grundsätze ordentlicher Kaufleute verstoßend – die Vermögensverschiebung bei der GmbH unter Missachtung der Pflicht nach § 41 GmbHG durch Falsch- oder Nichtbuchen verschleiert wird und die Zustimmung der Gesellschafter unter Missbrauch der Gesellschafterstellung erteilt wird.[198] Der BGH hat dies in einem **späteren Urteil** präzisiert: Einer GmbH werde nicht ohne weiteres ein rechtswidriger Nachteil iSd § 266 StGB zugefügt, wenn der geschäftsführende Gesellschafter ihrem Vermögen mit Zustimmung aller Mitgesellschafter bereits erzielte Gewinne entnimmt, auch wenn er deren Entstehung durch Falschbuchungen zum Zwecke der Steuerhinterziehung verschleiert.[199] Eine an sich zulässige Gewinnentnahme könne aber dann einen rechtswidrigen Nachteil darstellen, wenn sie die Existenz der GmbH durch Entzug der Produktions-

---

[194] BGH v. 17.9.2001, NJW 2001, 3622, 3623 („Bremer Vulkan"); vgl. dazu *Vetter* ZIP 2003, 601, 611.

[195] Für den Anspruch aus § 826 BGB wegen existenzvernichtenden Eingriffs, *Paefgen* DB 2007, 1907, 1911.

[196] *Maier-Reimer* FS Rowedder, S. 245, 252.

[197] BGH v. 29.5.1987, NJW 1988, 1397, 1398.

[198] BGH v. 29.5.1987, NJW 1988, 1397, 1399; *Stimpel* bezeichnet diese Rechtsprechung der BGH-Strafsenate als „unglückselig", weil „auf unzutreffenden GmbH-rechtlichen Vorstellungen beruhend", vgl. *Stimpel* FS 100 Jahre GmbHG, S. 335, 336; ebenfalls ablehnend *Otto* DB 1989, 1389, 1392.

[199] BGH v. 24.8.1988, WM 1989, 136, 137.

grundlage oder ihre Liquidität gefährde.[200] Bei Vorliegen der Tatbestandsvoraussetzungen einer Untreue (Missbrauchstatbestand) haftet der Geschäftsführer **der GmbH** nach § 823 Abs. 2 iVm § 266 Abs. 1 Alt. 1 StGB auf Schadensersatz.

b) Sittenwidrige vorsätzliche Schädigung

Begeht der Geschäftsführer Dritten gegenüber eine unerlaubte Handlung, so haftet er diesen unmittelbar auf Schadensersatz. In Betracht kommt insbesondere eine Haftung wegen Kollusion oder Gläubigerbenachteiligung nach § 826 BGB. **87**

2. AG

a) Untreue (Missbrauchstatbestand)

Der Vorstand der Ziel-AG missbraucht seine Vertretungsmacht iSd § 266 StGB (Missbrauchstatbestand), wenn er die Gesellschaft verpflichtet, unter Verstoß gegen § 57 AktG zugunsten ihrer Aktionäre oder Schwestergesellschaften Zahlungen zu leisten. Er kann sich deshalb nach § 266 Abs. 1 Alt. 1 StGB wegen Untreue strafbar und nach § 823 Abs. 2 iVm § 266 Abs. 1 Alt. 1 StGB gegenüber der AG[201] schadensersatzpflichtig machen. Die Haftung tritt neben seine Haftung aus § 93 Abs. 2, Abs. 3 Nr. 1 AktG.[202] Eine Außenhaftung gegenüber Dritten scheidet aus, da der Vorstand nur gegenüber der AG, nicht aber Dritten gegenüber verpflichtet ist, die Beschränkung der Vertretungsmacht zu beachten.[203] **88**

b) Sittenwidrige vorsätzliche Schädigung

Der Vorstand einer AG haftet dem jeweiligen Geschädigten, dh auch Dritten gegenüber, unmittelbar auf Schadensersatz, wenn er diesem durch eine deliktische Handlung Schaden zugefügt hat. Das kommt insbesondere bei einer Kollusion oder Gläubigerbenachteiligung (§ 826 BGB) in Betracht.[204] **89**

§ 48. Alternative Gestaltungen

Die Besicherung von Gesellschafterverbindlichkeiten kann zu einer Verletzung von Kapitalerhaltungsvorschriften, bei der AG einschließlich des Verbots der Unterstützung des Erwerbs eigener Aktien, führen. Eine solche Verletzung kann uU dadurch vermieden werden, dass entweder der begünstigte Kreditnehmer und der Sicherungsgeber in einer rechtlichen Einheit zusammengefasst werden (siehe unten A), unter Fortbestand des Kreditnehmers und des Sicherungsgebers als eigenständige Gesellschaften die Kreditverbindlichkeiten und die Sicherheiten zusammengeführt werden (siehe unten B), ein Beherrschungs- oder Gewinnabführungsvertrag geschlossen oder die Ziel- in die Erwerbsgesellschaft eingegliedert wird (siehe unten C). **1**

I. Rechtliche Einheit von Kreditnehmer und Sicherungsgeber

Ausgehend vom Grundmodell der Akquisitionsfinanzierung, in dem die Erwerbsgesellschaft die Akquisitionskredite aufnimmt und die von ihr beherrschte Zielgesellschaft die wesentlichen Sicherheiten stellt, entstehen die Probleme mit den Kapitalerhaltungsvor- **2**

---

[200] BGH v. 24.8.1988, WM 1989, 136, 137.
[201] GKAktG/*Hopt* § 93 Rn. 477; KölnKommAktG/*Mertens/Cahn* § 93 Rn. 225.
[202] Dazu → § 45 Rn. 33 ff.; *Röhricht,* Gesellschaftsrecht 2003, S. 1, 13 f.
[203] GKAktG/*Hopt* § 93 Rn. 499.
[204] KölnKommAktG/*Mertens/Cahn* § 93 Rn. 226.

schriften deshalb, weil der Sicherungsgeber die Verbindlichkeiten seines Gesellschafters besichert. Werden jedoch Kreditnehmer und Sicherungsgeber in einer rechtlichen Einheit zusammengefasst, so besichert der Sicherungsgeber eigene Verbindlichkeiten. Für eine Anwendung der Kapitalerhaltungsvorschriften bleibt dann kein Raum mehr. Die Vereinigung von Kreditnehmer und Sicherungsgeber kann ua auf folgende Arten erfolgen:

- Verschmelzung (*Upstream* oder *Downstream Merger*) von Erwerbs- und Zielgesellschaft oder
- Anwachsung der Ziel- auf die Erwerbsgesellschaft.

1. Upstream Merger

3 Erwirbt die Erwerbsgesellschaft zunächst alle Anteile an der Zielgesellschaft und wird in einem zweiten Schritt die Zielgesellschaft auf die Erwerbsgesellschaft verschmolzen (sog *Upstream Merger*), so geht das gesamte Vermögen der Zielgesellschaft auf die Erwerbsgesellschaft über (§ 20 Abs. 1 Nr. 1 UmwG). Danach gehören die mit den dinglichen Sicherheiten belasteten Vermögensgegenstände der Erwerbsgesellschaft, und diese besichert damit ihre eigenen Verbindlichkeiten.

a) Verfahren

4 Die Vertretungsorgane der Zielgesellschaft und der Erwerbsgesellschaft schließen einen **Verschmelzungsvertrag,** der notariell zu beurkunden ist (§§ 4 ff. UmwG).

5 Die Vertretungsorgane der Zielgesellschaft und der Erwerbsgesellschaft erstellen jeweils einen **Verschmelzungsbericht.** Der Verschmelzungsvertrag ist grundsätzlich von einem oder mehreren Sachverständigen zu **prüfen** (§§ 9 Abs. 1, 48, 60 Abs. 1 UmwG). Ein Verschmelzungsbericht und die Verschmelzungsprüfung sind nicht erforderlich, wenn die Erwerbsgesellschaft alle Anteile an der Zielgesellschaft hält oder alle Gesellschafter der Zielgesellschaft und alle Gesellschafter der Erwerbsgesellschaft durch notariell beurkundete Erklärungen auf den Verschmelzungsbericht und die Verschmelzungsprüfung verzichtet haben (§§ 8 Abs. 3, 9 Abs. 3 UmwG).

6 Die Gesellschafterversammlungen der Erwerbs- und der Zielgesellschaft müssen dem Verschmelzungsvertrag durch notariell beurkundete Beschlüsse **(Verschmelzungsbeschluss)** zustimmen (§ 13 UmwG).[1] Die Verschmelzungsbeschlüsse bedürfen jeweils einer Mehrheit von drei Vierteln der abgegebenen Stimmen (§§ 50 Abs. 1 UmwG) bzw. bei AGs der Mehrheit von drei Vierteln des auf der Hauptversammlung vertretenen Grundkapitals (§§ 50, 65 UmwG). Die Beschlüsse können von außenstehenden Gesellschaftern **angefochten** werden (§ 14 UmwG).[2]

7 Soweit die Erwerbsgesellschaft Anteile an der Zielgesellschaft innehat, darf sie zur Durchführung eines *Upstream Merger* ihr **Stamm- bzw. Grundkapital** nicht erhöhen (§§ 54 Abs. 1 S. 1 Nr. 1, 68 Abs. 1 Nr. 1 UmwG). Das ist in Akquisitionsfinanzierungen regelmäßig der Fall.

8 Die Verschmelzung ist von den Geschäftsführern oder Vorständen der beteiligten Gesellschaften jeweils bei ihrem zuständigen **Handelsregister** anzumelden (§ 16 UmwG). Eine Eintragung der Verschmelzung erfolgt grundsätzlich nur, wenn die Wirksamkeit der Verschmelzungsbeschlüsse nicht durch Klage angefochten wurde oder das Prozessgericht durch rechtskräftigen Beschluss festgestellt hat, dass die Klage der Eintragung nicht entgegensteht (§ 16 Abs. 2 und 3 UmwG). Der Anmeldung zum Register der Zielgesellschaft als übertragendem Rechtsträger ist deren **Schlussbilanz** beizufügen (§ 17 Abs. 2 UmwG). Die Verschmelzung ist zunächst in das Handelsregister der Zielgesellschaft und danach in das

[1] Kein Verschmelzungsbeschluss ist erforderlich, wenn die Erwerbsgesellschaft in der Form der AG mindestens 90 % der Anteile an der Zielgesellschaft hält (§ 62 Abs. 1 UmwG).

[2] *Lutter/Wahlers* AG 1989, 1, 13.

Handelsregister der Erwerbsgesellschaft einzutragen (§ 19 Abs. 1 S. 1 UmwG). Mit der Eintragung der Verschmelzung in das Handelsregister der Erwerbsgesellschaft wird die Verschmelzung wirksam (§ 20 UmwG). Als Folge der Verschmelzung geht das Vermögen der Zielgesellschaft einschließlich ihrer Verbindlichkeiten auf die Erwerbsgesellschaft über, und die Zielgesellschaft erlischt (§ 20 Abs. 1 Nr. 1 UmwG).

Hat eine Zielgesellschaft in der **Rechtsform der AG** keine außenstehenden Aktionäre, 9
so wird das Verfahren meist nach ein- bis zwei Monaten abgeschlossen sein. Gibt es dagegen außenstehende Minderheitsaktionäre und sollen diese nicht an der übernehmenden Gesellschaft beteiligt werden, so sind sie gegebenenfalls vorher auszuschließen (sog Squeeze-out gemäß §§ 327aff. AktG), was zusätzliche vier- bis fünf Monate in Anspruch nehmen wird. Ein ***Squeeze-out*** ist möglich, wenn der Hauptaktionär mindestens 95 % der Aktien hält (§ 327a Abs. 1 AktG) oder im Rahmen einer Verschmelzung, wenn die Erwerbsgesellschaft die Rechtsform der AG hat und mindestens 90 % der Anteile an der Zielgesellschaft hält (§ 62 Abs. 5 UmwG).

b) Pfandrechte

Durch den *Upstream Merger* erlöschen die von der Erwerbsgesellschaft gehaltenen Anteile an 10
der Zielgesellschaft (§ 20 Abs. 1 Nr. 3 S. 1 Hs. 2 UmwG). Rechte Dritter an diesen Anteilen, etwa bestehende Pfandrechte, fallen ersatzlos weg.[3] Möglich sind nur Schadensersatzansprüche auf Grund der der Pfandrechtsbestellung regelmäßig zugrunde liegenden Sicherungsabrede.[4]

c) Wertansätze

Die Aktiva und Passiva der Zielgesellschaft sind handelsrechtlich bei der Erwerbsgesellschaft 11
entweder zu Anschaffungskosten gemäß §§ 246 ff. HGB[5] oder unter Fortführung der Buchwerte (Buchwertverknüpfung) zu bilanzieren (§ 24 UmwG).

Wird zu **Anschaffungskosten** bilanziert und ist die Erwerbsgesellschaft an der Zielge- 12
sellschaft beteiligt, so sind nach hM die Grundsätze über den Tausch heranzuziehen.[6] Folglich kann zwischen der Fortführung des Buchwerts der Beteiligung (nicht wie bei der Buchwertverknüpfung der Vermögensgegenstände und Schulden des übertragenden Rechtsträgers[7]) dem Zeitwert der Beteiligung oder einem ergebnisneutralen Zwischenwert gewählt werden.[8] Wird als Wertansatz der Zeitwert der Beteiligung gewählt, so führt die Differenz zwischen dem Wertansatz und dem Buchwert der Beteiligung zu einem Verschmelzungsverlust oder -gewinn, der eine Minderung oder Erhöhung des Jahresüberschusses zur Folge hat.[9]

Wird dagegen die **Buchwertverknüpfung** gewählt, so sind die in der Schlussbilanz der 13
Zielgesellschaft (§ 17 Abs. 2 UmwG) angesetzten Werte als Anschaffungskosten bei der

---

[3] Lutter/*Grunewald,* UmwG § 20 Rn. 71 mwN; Schmitt/Hörtnagl/*Stratz,* UmwG/UmwStG § 20 UmwG Rn. 19; Kallmeyer/*Marsch-Barner,* UmwG § 20 Rn. 31; Semler/Stengel/*Leonard/Simon,* UmwG § 20 Rn. 80. Die in § 20 Abs. 1 Nr. 3 S. 2 UmwG vorgesehene Surrogation der Rechte Dritter an den an die Stelle der untergegangenen Anteile getretenen neuen Anteilen oder Mitgliedschaften des übernehmenden Rechtsträgers ist regelmäßig nicht einschlägig, da bei einem *Upstream Merger* auf die 100%ige Muttergesellschaft keine neuen Anteile ausgegeben werden dürfen (§§ 54 Abs. 1 S. 1 Nr. 1, 68 Abs. 1 Nr. 1 UmwG).

[4] Lutter/*Grunewald,* UmwG § 20 Rn. 71.

[5] Schmitt/Hörtnagl/Stratz/*Hörtnagl,* UmwG/UmwStG § 24 UmwG Rn. 20; zweifelnd Kallmeyer/*Lanfermann,* UmwG § 24 Rn. 23.

[6] Kallmeyer/*Lanfermann,* UmwG § 24 Rn. 31; Lutter/*Priester,* UmwG § 24 Rn. 55 mwN.

[7] Dazu → § 48 Rn. 13.

[8] Kallmeyer/*Lanfermann,* UmwG § 24 Rn. 310ff.; Lutter/*Priester,* UmwG § 24 Rn. 55, 54; nach Widmann/Mayer/*Widmann,* Umwandlungsrecht § 24 Rn. 371 ist eine Bewertung entweder zum Zeitwert des übergehenden Vermögens oder mit dem Buchwert der Beteiligung möglich; nach aA ist zwingend auf den Zeitwert der Vermögensgegenstände und Schulden der Tochtergesellschaft abzustellen, Schmitt/Hörtnagl/Stratz/*Hörtnagl,* UmwG/UmwStG § 24 UmwG Rn. 38 mwN.

[9] Widmann/Mayer/*Widmann,* Umwandlungsrecht § 24 Rn. 380.

Erwerbsgesellschaft anzusetzen.[10] Dadurch wird es regelmäßig zu einem Verschmelzungsgewinn oder -verlust kommen.[11] Der Gewinn oder Verlust entspricht der Differenz zwischen dem Beteiligungswert (der ausgebucht wird) und den übernommenen Buchwerten (dh ohne Aufdeckung der stillen Reserven).[12] Ein Verschmelzungsverlust ist in der Gewinn- und Verlustrechnung als außerordentlicher Aufwand auszuweisen.[13] Ein Verschmelzungsgewinn ist, jedenfalls wenn die Erwerbsgesellschaft an der Zielgesellschaft beteiligt ist, in der Gewinn- und Verlustrechnung als außerordentlicher Ertrag auszuweisen.[14]

14 Ein Verschmelzungsverlust bleibt **steuerlich** außer Ansatz, ein Verschmelzungsgewinn dagegen nur zu 95 % (§ 12 Abs. 2 S. 2 UmwStG iVm § 8b KStG).

d) Kapitalerhaltungsvorschriften

15 **(i) Verschmelzungsverlust.** Hat die Erwerbsgesellschaft die Rechtsform einer AG oder GmbH, so kann durch einen Verschmelzungsverlust das Grund- oder Stammkapital der übernehmenden Gesellschaft angegriffen werden. Nach einer früher vertretenen Ansicht führt ein Verschmelzungsverlust grundsätzlich nicht zur Unzulässigkeit der Verschmelzung wegen Verstoßes gegen § 30 GmbHG oder § 57 AktG, denn der Fehlbetrag sei nur formeller Art.[15] Wenn die übertragende Gesellschaft (wie die meisten Zielgesellschaften) ein **zu Zeitwerten positives Eigenkapital** habe, würden der übernehmenden Gesellschaft durch die Verschmelzung tatsächlich Vermögenswerte zugeführt. Ihre Eigenkapitalausstattung habe sich also verbessert, auch wenn dies nicht aus der Bilanz ersichtlich sei. Konsequenz dieses formellen Fehlbetrags sei nur eine **Ausschüttungssperre,** bis der Fehlbetrag durch Bilanzgewinne ausgeglichen sei.[16] Diese Ansicht dürfte nach Inkrafttreten des MoMiG nicht mehr haltbar sein. Der Gesetzgeber wollte durch das MoMiG zu einer rein **bilanziellen Betrachtungsweise** zurückkehren.[17] Somit ist allein anhand der Auswirkungen einer Maßnahme auf die **Handelsbilanz** zu entscheiden, ob die Maßnahme gegen § 30 Abs. 1 S. 1 GmbHG oder § 57 Abs. 1 S. 1 AktG verstößt.

16 Wird die Buchwertverknüpfung gewählt und ergibt sich dadurch in der Handelsbilanz der übernehmenden GmbH eine Unterbilanz (oder der übernehmenden AG eine Einlagenrückgewähr), so ist die Verschmelzung wegen Verstoßes gegen die Kapitalerhaltungsvorschriften nach hM[18] unzulässig. Allerdings kann diese bilanzielle Auswirkung unproblematisch durch **Ansatz des Zeitwertes** der übergegangenen Vermögenswerte vermieden werden, wenn die übertragende Gesellschaft ein **zu Zeitwerten positives Eigenkapital** hat. Dadurch wird handelsbilanziell ein Step-up der übernommenen Vermögensgegenstände und der Ansatz der bisher nicht bilanzierten immateriellen Wirtschaftsgüter und des Firmenwerts der Zielgesellschaft erreicht.[19] Hat die übertragende Gesellschaft dagegen ein **zu Zeitwerten negatives Eigenkapital,** so könnte die Verschmelzung auf eine GmbH mit Blick auf § 30 GmbHG nur zulässig sein, wenn der Verlust das über deren Stammkapital hinaus ausgewiesene Eigenkapital nicht übersteigt.[20] Die Verschmelzung auf eine AG könnte in diesem Fall wegen Verstoßes gegen § 57 AktG unzulässig sein.[21] Nach

---

[10] Kallmeyer/*Lanfermann,* UmwG § 24 Rn. 43.
[11] Schmitt/Hörtnagl/Stratz/*Hörtnagl*/, UmwG/UmwStG § 24 UmwG Rn. 75.
[12] Schmitt/Hörtnagl/Stratz/*Hörtnagl*/, UmwG/UmwStG § 24 UmwG Rn. 75.
[13] Schmitt/Hörtnagl/Stratz/*Hörtnagl*/, UmwG/UmwStG § 24 UmwG Rn. 76 mwN.
[14] Schmitt/Hörtnagl/Stratz/*Hörtnagl*/, UmwG/UmwStG § 24 UmwG Rn. 79 mwN, § 24 Rn. 62 (Einstellung in Gewinnrücklage).
[15] Semler/Stengel/*Moszka,* UmwG, § 24 Rn. 81.
[16] Semler/Stengel/*Moszka,* UmwG, § 24 Rn. 81.
[17] Dazu → § 43 Rn. 23.
[18] Dazu → § 48 Rn. 32 ff.
[19] *Bock* GmbHR 2005, 1023, 1029.
[20] Für den Fall des *Downstream Merger,* Lutter/*Priester,* UmwG § 24 Rn. 62; Kallmeyer/*Lanfermann,* UmwG § 24 Rn. 40.
[21] Für den Fall des *Downstream Merger,* Schmitt/Hörtnagl/Stratz/*Hörtnagl,* UmwG/UmwStG § 24 UmwG Rn. 52.

hier vertretener Auffassung fehlt es jedoch bereits an einer Leistung aus dem Vermögen der Erwerbsgesellschaft an deren Gesellschafter, so dass weder der Tatbestand des § 30 Abs. 1 S. 1 GmbHG noch der des § 57 Abs. S. 1 AktG erfüllt sein kann.[22]

Wird die Zielgesellschaft auf eine **Personengesellschaft** verschmolzen, so kann es nur zu Kapitalerhaltungsproblemen kommen, wenn wie bei der GmbH & Co. KG eine Kapitalgesellschaft als persönlich haftender Gesellschafter an der Personengesellschaft beteiligt ist.[23] 17

(ii) Besicherung von Gesellschafterverbindlichkeiten. Durch die Besicherung von Gesellschafterverbindlichkeiten kann es zu einem Verstoß gegen die **Kapitalerhaltungsvorschriften** kommen. Nach einem *Upstream Merger* besichert die Erwerbsgesellschaft aber ihre eigenen Verbindlichkeiten. Daher findet § 57 AktG keine Anwendung mehr.[24] Gleiches gilt für § 30 GmbHG. 18

Unterstützung des Erwerbs eigener Aktien. Nach der Verschmelzung einer Ziel-AG auf die Erwerbsgesellschaft fehlt dem an die Ziel-AG gerichteten Verbot der finanziellen Unterstützung des Erwerbs eigener Aktien gemäß **§ 71a Abs. 1 S. 1 AktG** der Adressat, da die Ziel-AG als Rechtsperson erloschen ist (§ 20 Abs. 1 Nr. 2 UmwG). 19

Allerdings könnte die Verschmelzung einer Ziel-AG auf die Erwerbsgesellschaft eine **Umgehung** des Verbots der Unterstützung des Erwerbs eigener Aktien nach § 71a Abs. 1 AktG darstellen. Ohne die Verschmelzung könnte die Erwerbsgesellschaft wegen des Verbots des § 71a AktG das Vermögen der Ziel-AG nicht zur Besicherung der Akquisitionskredite heranziehen. Ohne solche Sicherheiten hätte sie die Kredite möglicherweise nicht erhalten. Durch die Verschmelzung geht das Vermögen der Ziel-AG auf die Erwerbsgesellschaft über (§ 20 Abs. 1 Nr. 1 UmwG). Dann ist § 71a AktG nicht mehr anwendbar, und das Vermögen der Ziel-AG kann zur Finanzierung des Erwerbs ihrer eigenen Aktien verwendet werden. Auf diese Weise kann der Schutzzweck des § 71a AktG umgangen werden. Rechtsfolge einer Umgehung des § 71a Abs. 1 AktG durch Verschmelzung wäre die Nichtigkeit der Zustimmungsbeschlüsse der Anteilsinhaber nach § 13 Abs. 1 UmwG (Verschmelzungsbeschlüsse)[25] und möglicherweise auch des Verschmelzungsvertrags.[26] 20

Die **herrschende Meinung** sieht in der Verschmelzung aber zu Recht keine unzulässige Umgehung des § 71a AktG, sondern einen zulässigen Umweg.[27] Die Rechte der Minderheitsaktionäre und Gesellschaftsgläubiger werden nach dieser Ansicht durch die Vorschriften des Umwandlungsrechts ausreichend geschützt. Es ist ein Verschmelzungsbericht zu erstellen (§ 8 UmwG). Der Verschmelzungsvertrag wird durch unabhängige Verschmelzungsprüfer geprüft (§ 9 Abs. 1 UmwG), die über das Ergebnis ihrer Prüfung einen Prüfungsbericht erstatten (§ 12 UmwG). Außerdem können etwa vorhandene Minderheitsaktionäre den Verschmelzungsbeschluss ua wegen Ermessensmissbrauchs oder Ungleichbehandlung anfechten.[28] Ferner haben die Gesellschaftsgläubiger nach § 22 UmwG ein Recht auf Sicherheitsleistung, das allerdings mit dem Sicherungsbedürfnis der Kreditgeber kollidieren kann. Der Schutz des § 71a AktG ist daher im Rahmen einer Verschmelzung nach den Vorschriften des UmwG **überflüssig.**[29] Dieses Ergebnis wird dadurch bestätigt, dass § 71 Abs. 1 Nr. 5 AktG den Erwerb eigener Aktien ausdrücklich für den Fall 21

---

22 Dazu → § 48 Rn. 35.

23 Zum Fall der Verschmelzung einer überschuldeten GmbH auf ihren Alleingesellschafter gemäß § 120 UmwG siehe OLG Stuttgart v. 4.10.2005, DB 2005, 2681 f.

24 *Lutter/Wahlers* AG 1989, 1, 12.

25 Dazu MüKoAktG/*Oechsler* § 71a Rn. 26, der mit der hM aber im Ergebnis einen Verstoß gegen § 71a AktG ablehnt.

26 Vgl. allgemein zu Inhaltsmängeln der Zustimmungsbeschlüsse Lutter/*Drygala*, § 13 Rn. 52 ff.

27 LG Düsseldorf v. 28.10.2005, ZIP 2006, 516; *Fleischer* AG 1996, 494, 505; MüKoAktG/*Oechsler* § 71a Rn. 26 mwN; *Eidenmüller* ZHR 171 (2007), 644, 662; aA Schmidt/Lutter/*Bezzenberger*, AktG § 71a Rn. 19.

28 *Fleischer* AG 1996, 494, 505.

29 MüKoAktG/*Oechsler* § 71a Rn. 26 mwN.

einer Gesamtrechtsnachfolge uneingeschränkt zulässt. Hierdurch sollte gerade verhindert werden, dass Umstrukturierungen nach dem UmwG durch das Verbot des Erwerbs eigener Aktien unmöglich gemacht werden.[30]

e) Existenzvernichtender Eingriff

22 Ein *Upstream Merger* kann einen existenzvernichtenden Eingriff in das Vermögen der Erwerbsgesellschaft darstellen, wenn diese nach der Verschmelzung nicht in der Lage ist, den Schuldendienst für die vereinigten Schulden der Erwerbs- und der Zielgesellschaft zu leisten und dies ihre Insolvenzreife zur Folge hat.[31]

f) Ausgewählte steuerliche Aspekte

23 **(i) Ertragsteuern.** Nach der Verschmelzung ist der ursprünglich bei der Erwerbsgesellschaft anfallende Aufwand für die Finanzierung mit den betrieblichen Erträgen der ursprünglichen Zielgesellschaft innerhalb der durch die Zinsschranke gesetzten Grenzen gemäß §§ 4h EStG, 8a KStG verrechenbar.

24 Erfolgt die Verschmelzung unter Fortführung der Buchwerte (§ 11 Abs. 2 S. 1 UmwStG), so ist der Verschmelzungsvorgang steuerneutral. Erfolgt dagegen eine Buchwertaufstockung, so ist der Übertragungsgewinn körperschaft- und gewerbesteuerpflichtig, soweit er nicht mit Verlustvorträgen der Erwerbsgesellschaft verrechnet werden kann.

25 Zu beachten ist, dass eventuelle steuerliche Verlustvorträge der Zielgesellschaft nicht auf die Erwerbsgesellschaft übergehen (§ 12 Abs. 3 Hs. 2 iVm § 4 Abs. 2 S. 2 UmwStG).

26 **(ii) Grunderwerbsteuer.** Verfügt die Zielgesellschaft über Grundvermögen im Inland, so fällt beim *Upstream Merger* (im Gegensatz zum *Downstream Merger*) grundsätzlich Grunderwerbsteuer an (§ 1 Abs. 1 Nr. 3 GrEStG).[32] Dies gilt allerdings nur, wenn das Grundvermögen direkt von der Zielgesellschaft gehalten wird. Befindet sich das Grundvermögen in einer Tochtergesellschaft der Zielgesellschaft, kommt es durch deren Verschmelzung mit der Erwerbsgesellschaft lediglich zu einer Beteiligungsverkürzung. In diesem Fall fällt keine Grunderwerbsteuer an.[33]

2. Downstream Merger

a) Verfahren

27 Wenn die Erwerbsgesellschaft Anteile an der Zielgesellschaft innehat, darf sie zur Durchführung eines *Downstream Merger* ihr **Stamm- bzw. Grundkapital** erhöhen (§§ 54 Abs. 1 S. 2 Nr. 1, 68 Abs. 1 S. 2 Nr. 1 UmwG). Die beteiligten Rechtsträger können aber, soweit die Einlagen bzw. der Ausgabebetrag in voller Höhe geleistet werden, auch darauf verzichten.[34]

28 Nach § 17 Abs. 2 UmwG ist für den übertragenden Rechtsträger eine **Schlussbilanz** zu erstellen, die beim Handelsregister einzureichen ist. Der mit der Erstellung einer Schlussbilanz verbundene Aufwand ist beim *Downstream Merger* in der Regel erheblich geringer als beim *Upstream Merger,* da in diesem Fall die Erwerbsgesellschaft übertragender Rechtsträger ist und diese als reine Zweckgesellschaft über kein operatives Geschäft verfügt.

---

[30] Hüffer/*Koch,* AktG § 71 Rn. 18; MüKoAktG/*Oechsler* § 71a Rn. 26.
[31] Dazu → § 47 Rn. 37 ff.
[32] *Enneking/Heckschen* DB 2006, 1099; Boruttau/*Fischer,* Grunderwerbsteuergesetz § 1 Rn. 559.
[33] Pahlke/*Franz,* GrEStG, § 1 Rn. 340; gleichlautende Erlasse der obersten Finanzbehörden der Länder vom 2.12.1999, BStBl I 1999, 991; FG Münster vom 8.5.2003, EFG 2003, 1187.
[34] *Enneking/Heckschen* DB 2006, 1099.

b) Pfandrechte

Durch den *Downstream Merger* erlöschen die Anteile der Gesellschafter an der Erwerbsgesellschaft. Stattdessen erhalten die Gesellschafter der Erwerbsgesellschaft Anteile an der Zielgesellschaft und zwar von Gesetzes wegen gemäß § 20 Abs. 1 Nr. 3 S. 1 UmwG, dh **direkt** von der Erwerbsgesellschaft.[35] Soweit die Anteile an der Erwerbsgesellschaft verpfändet waren, besteht dieses Pfandrecht an den an ihre Stelle tretenden *neu ausgegebenen* Anteilen der Zielgesellschaft weiter (§ 20 Abs. 1 Nr. 3 S. 2 UmwG). Hält die Erwerbsgesellschaft alle Anteile an der Zielgesellschaft und werden keine neuen Anteile ausgegeben (§§ 54 Abs. 1 S. 2 Nr. 1, 68 Abs. 1 S. 2 Nr. 1 UmwG), so fällt dieses Pfandrecht nach überwiegender Meinung ersatzlos weg.[36] Nach anderer Ansicht setze sich das an den Anteilen der Erwerbsgesellschaft bestellte Pfandrecht an den Anteilen der Zielgesellschaft fort. Das folge aus einer analogen Anwendung von § 20 Abs. 1 Nr. 3 S. 2 UmwG.[37] 29

c) Wertansätze

Wie beim *Upstream Merger* können auch beim *Downstream Merger* die Aktiva und Passiva des übertragenden Rechtsträgers (hier der Erwerbsgesellschaft) zu Anschaffungskosten oder unter Fortführung der Buchwerte (Buchwertverknüpfung) bilanziert werden.[38] War die Beteiligung an der Zielgesellschaft der im Wesentlichen einzige Vermögenswert der Erwerbsgesellschaft und überwiegend fremdfinanziert, so wird regelmäßig ein **negatives Vermögen** auf die Zielgesellschaft übergehen[39] und zwar unabhängig davon, ob Zeitwerte oder Buchwerte angesetzt werden.[40] Das führt bei der Zielgesellschaft zu einem Verschmelzungsverlust. 30

d) Kapitalerhaltungsvorschriften

(i) Verschmelzungsverlust. Durch den *Downstream Merger* der Erwerbsgesellschaft auf die Zielgesellschaft entsteht regelmäßig ein Verschmelzungsverlust. Dadurch könnten die Kapitalerhaltungsvorschriften (§ 30 Abs. 1 S. 1 GmbHG, § 57 Abs. 1 S. 1 AktG) verletzt werden. 31

Führt der *Downstream Merger* zur Übertragung eines **negativen Vermögens** auf die Zielgesellschaft, so ist dies nach ganz hM nur zulässig, wenn es dadurch nicht zu einem Verstoß gegen die Kapitalerhaltungsvorschriften kommt.[41] Nach *Bock* soll dies nur gelten, wenn nicht nur eine rechnerische, sondern auch eine wirtschaftliche Beeinträchtigung des Stammkapitals (dh unter Berücksichtigung der stillen Reserven) vorliegt.[42] Der Ansicht von *Bock* hat das MoMiG eine klare Absage erteilt. Durch das MoMiG wurde klargestellt, dass allein auf die **Handelsbilanz** abzustellen ist.[43] Hat die Zielgesellschaft die Rechtsform einer **GmbH,** so darf nach hM gemäß § 30 Abs. 1 S. 1 GmbHG der Verschmelzungsverlust den 32

---

[35] Lutter/*Winter/Vetter,* § 54 Rn. 53; Semler/Stengel/*Reichert,* UmwG § 54 Rn. 15; Widmann/Mayer/*Mayer,* Umwandlungsrecht § 5 Rn. 38; *Bock* GmbHR 2005, 1023, 1024.

[36] Lutter/*Grunewald,* UmwG § 20 Rn. 71 mwN; Schmitt/Hörtnagl/*Stratz,* UmwG/UmwStG § 20 UmwG Rn. 19; Kallmeyer/*Marsch-Barner,* UmwG § 20 Rn. 31; Semler/Stengel/*Kübler,* UmwG § 20 Rn. 80.

[37] Widmann/Mayer/*Mayer,* Umwandlungsrecht § 5 Rn. 40.2; *Klein/Stephanblome* ZGR 2007, 351, 390.

[38] HM, vgl. Kallmeyer/*Lanfermann,* UmwG § 24 Rn. 39; Lutter/*Priester,* UmwG § 24 Rn. 61; aA Schmitt/Hörtnagl/Stratz/*Hörtnagl,* UmwG/UmwStG § 24 UmwG Rn. 50 (zwingende Bewertung mit dem Zeitwert).

[39] Zahlenbeispiele (für Buchwertverknüpfung) bei Widmann/Mayer/*Mayer,* Umwandlungsrecht § 5 Rn. 40.1 und *Bock* GmbHR 2005, 1023, 1024.

[40] *Klein/Stephanblome* ZGR 2007, 351, 387.

[41] Lutter/*Priester,* UmwG § 24 Rn. 62; Schmitt/Hörtnagl/Stratz/*Hörtnagl,* UmwG/UmwStG § 24 UmwG Rn. 52; Kallmeyer/*Lanfermann,* UmwG § 24 Rn. 40; Widmann/Mayer/*Mayer,* Umwandlungsrecht § 5 Rn. 40.1; *Klein/Stephanblome* ZGR 2007, 351, 383.

[42] *Bock* GmbHR 2005, 1023, 1028.

[43] Dazu → § 43 Rn. 30, 20f.; *Klein/Stephanblome* ZGR 2007, 351, 386.

Betrag des ungebundenen Vermögens der Zielgesellschaft nicht übersteigen.[44] Ist die Zielgesellschaft eine **AG,** so stellt nach hL die Übertragung eines negativen Vermögens regelmäßig eine unzulässige Einlagenrückgewähr iSd § 57 Abs. 1 S. 1 AktG dar.[45]

33 **Auszahlung.** Die Vertreter der hL lassen offen, worin die „Auszahlung" des zur Erhaltung des Stammkapitals erforderlichen Vermögens an den Gesellschafter gemäß § 30 Abs. 1 S. 1 GmbHG bzw. die Zuwendung zugunsten des Aktionärs iSd § 57 Abs. 1 S. 1 AktG zu sehen ist. Einzig *Mayer* unternimmt den Versuch einer Erklärung. Durch den *Downstream Merger* wurden die Gesellschafter der Erwerbsgesellschaft von Verbindlichkeiten befreit, die ihnen wirtschaftlich zuzuordnen sind. Die Erwerbsgesellschaft hätte sich kurzfristig nur durch Verkauf der Anteile an der Zielgesellschaft von ihren Verbindlichkeiten befreien können, da sie über kein sonstiges Vermögen verfügt. Dies würde bei einer Liquidation der Erwerbsgesellschaft deutlich.[46] Durch den *Downstream Merger* übernimmt die Zielgesellschaft die Verbindlichkeiten der Erwerbsgesellschaft, und die Beteiligungshöhe der (nunmehr unmittelbaren) Gesellschafter an der Zielgesellschaft werde dennoch nicht vermindert.[47] Ein zusätzlicher Vorteil der Gesellschafter könnte darin erblickt werden, dass die Gesellschafter der nicht operativen Erwerbsgesellschaft durch den *Downstream Merger* ihren strukturellen Nachrang, wenn auch nicht beseitigt, so doch abgeschwächt haben, da sie nach der Verschmelzung direkt auf den *Cashflow* der operativen Zielgesellschaft zugreifen können.

34 Zwar kann in Ausnahmefällen bereits die Begründung einer Verbindlichkeit gegenüber einem Dritten eine Auszahlung iSd § 30 Abs. 1 S. 1 GmbHG darstellen, wenn die Verbindlichkeit im Interesse des Gesellschafters begründet wurde. Diese Auszahlung muss aber ihre Kehrseite in einer mindestens mittelbaren Begünstigung eines Gesellschafters finden.[48] Das ist hier aber nicht der Fall. Die Gesellschafter der Erwerbsgesellschaft werden durch die Übernahme der Schulden der Erwerbsgesellschaft durch die Zielgesellschaft nicht von einer korrespondierenden Schuld befreit. Vielmehr ist ihnen nach der Verschmelzung als Gesellschaftern der Zielgesellschaft diese Schuld ebenfalls wirtschaftlich zuzuordnen.[49] Die Eliminierung der Erwerbsgesellschaft durch deren Verschmelzung auf die Zielgesellschaft schwächt zwar den strukturellen Nachrang der Gesellschafter ab. Aus dem Vermögen der Zielgesellschaft fließt aber nichts an einen Gesellschafter oder Dritten ab. Somit erfolgt keine Leistung aus dem Vermögen der Zielgesellschaft an die Gesellschafter der Erwerbsgesellschaft.[50] Daher fehlt es an einer „Auszahlung" iSd § 30 Abs. 1 S. 1 GmbHG[51] und auch an einer Einlagenrückgewähr iSd § 57 Abs. 1 S. 1 AktG.

35 **Insolvenzantragspflicht.** Nach der hier vertretenen Auffassung verstößt der *Downstream Merger* der Erwerbsgesellschaft auf die Zielgesellschaft nicht gegen die Kapitalerhaltungsvorschriften. Der entstehende Verschmelzungsverlust kann aber handelsbilanziell zu einer Überschuldung führen. Eine insolvenzrechtliche Überschuldung und damit ein Insolvenzgrund liegt jedoch nur dann vor, wenn die Gesellschaft iSd § 19 Abs. 2 InsO überschuldet ist. Um dies festzustellen, ist zunächst eine pro-forma Bilanz (sog **Überschuldungsstatus**) der Gesellschaft unter Ansatz von Liquidationswerten und Einbeziehung der stillen Reserven aufzustellen. Ergibt sich eine Überschuldung, so ist als zweiter

[44] Lutter/*Priester,* UmwG § 24 Rn. 62; Schmitt/Hörtnagl/Stratz/*Hörtnagl,* UmwG/UmwStG § 24 UmwG Rn. 52; Kallmeyer/*Lanfermann,* UmwG § 24 Rn. 40; Semler/Stengel/*Moszka,* UmwG § 24 Rn. 48; Widmann/Mayer/*Mayer,* Umwandlungsrecht § 5 Rn. 40. 1.

[45] Schmitt/*Hörtnagl*/Stratz, UmwG/UmwStG § 24 UmwG Rn. 52; Widmann/Mayer/*Mayer,* Umwandlungsrecht § 5 Rn. 40.1; zweifelnd Kallmeyer/*Lanfermann,* UmwG § 24 Rn. 40, der aber einen existenzvernichtenden Eingriff für möglich hält.

[46] Widmann/Mayer/*Mayer,* Umwandlungsrecht § 5 Rn. 40. 1.

[47] So wohl Widmann/Mayer/*Mayer,* Umwandlungsrecht § 5 Rn. 40. 1.

[48] Dazu → § 43 Rn. 7.

[49] Das gesteht auch *Mayer* zu, Widmann/Mayer/*Mayer,* Umwandlungsrecht § 5 Rn. 40. 1.

[50] So auch *Heckschen* GmbHR 2008, 802, 804.

[51] *Heckschen* GmbHR 2008, 802, 804; *Enneking/Heckschen* DB 2006, 1099, 1100; wohl auch Widmann/Mayer/*Mayer,* Umwandlungsrecht § 24 Rn. 388, Fn. 4 aE, da die Gesellschafter durch die Verschmelzung nicht mehr erhielten als sie vorher gehabt hätten.

Schritt eine Fortführungsprognose anzustellen. Dabei ist zu fragen, ob die Finanzkraft des Unternehmens mittelfristig zur Fortführung ausreicht. Ist die Fortführungsprognose positiv, so liegt keine Überschuldung im insolvenzrechtlichen Sinne vor.[52] Die Fortführungsprognose wird hinsichtlich der Zielgesellschaft auch nach einem *Downstream Merger* der Erwerbsgesellschaft im Regelfall positiv ausfallen, da sich an den Geschäftsaussichten, der Profitabilität und der wirtschaftlich von der Zielgesellschaft zu tragenden Schuldenlast allein durch die Vornahme des *Downstream Mergers* nichts geändert hat.

Vermeidungsstrategien. Befürwortet man mit der hM die Möglichkeit einer Verletzung der Kapitalerhaltungsvorschriften durch einen *Downstream Merger,* so ist nach Gestaltungen zur suchen, um eine solche Verletzung zu vermeiden. Eine Unterbilanz bei der GmbH oder eine Einlagenrückgewähr bei der AG kann uU dadurch vermieden werden, dass der Geschäftsbetrieb der Zielgesellschaft zunächst in eine Personengesellschaft eingebracht wird.[53] Auf diese Weise wird ein handelsrechtlicher Step-up der Vermögensgegenstände der Zielgesellschaft erreicht, der wegen der steuerrechtlichen Transparenz der Personengesellschaft körperschaftsteuerlich weitgehend neutral ist, gewerbesteuerlich allerdings gegebenenfalls Steuern auslösen kann.[54] Dadurch könnte ausreichend ungebundenes Vermögen geschaffen werden, um einen *Downstream Merger* zu ermöglichen. **36**

(ii) Besicherung von Gesellschafterverbindlichkeiten. Durch die Besicherung von Gesellschafterverbindlichkeiten kann es zu einem Verstoß gegen die **Kapitalerhaltungsvorschriften** kommen. Nach einem *Downstream Merger* besichert die Zielgesellschaft aber ihre eigenen Verbindlichkeiten. Daher finden §§ 30 Abs. 1 S. 1 GmbHG und 57 Abs. 1 S. 1 AktG keine Anwendung mehr. **37**

Unterstützung des Erwerbs eigener Aktien. Die Verschmelzung der Erwerbsgesellschaft auf eine Ziel-AG stellt nach einer differenzierenden Ansicht eine (unzulässige) Umgehung des Verbots aus § 71a Abs. 1 S. 1 AktG dar, denn „was da auf die AG herniederkomme“, seien doch gerade die Verbindlichkeiten oder Finanzierungslasten aus dem Erwerb ihrer Anteile, die der Gesellschaft nach § 71a Abs. 1 S. 1 AktG nicht auferlegt werden dürften.[55] Ein möglicher Ausweg sei der Formwechsel in eine Rechtsform, in der das Verbot des § 71a Abs. 1 S. 1 AktG nicht gelte.[56] Nach anderer Ansicht ist der Schutz des § 71a AktG auch im Rahmen eines *Downstream Merger* nach den Vorschriften des UmwG überflüssig.[57] Die Einwände, die auf Grund von § 71a Abs. 1 S. 1 AktG bei einer Verschmelzung der Erwerbsgesellschaft auf die Ziel-AG erhoben werden, greifen im **GmbH-Recht** von vornherein nicht, da eine dem § 71a Abs. 1 S. 1 AktG entsprechende Vorschrift fehlt und auch deren analoge Anwendung ausscheidet.[58] **38**

e) Existenzvernichtender Eingriff

In Betracht kommt auch eine Haftung der Gesellschafter wegen existenzvernichtenden Eingriffs.[59] Dafür wäre ein Entzug von Vermögenswerten ohne angemessenen Ausgleich erforderlich. Daran fehlt es hier. Denn die kompensationslose Zuführung von Verbindlichkeiten zum Gesellschaftsvermögen reicht dafür nicht aus. **39**

---

[52] BGH v. 13.7.1992, BGHZ 119, 201, 214; RegE, BT-Drucks. 16/10600, 21; *K. Schmidt* DB 2008, 2467, 2468 ff.; *Böcker/Poertzgen* GmbHR 2008, 1289, 1291 f.; *Hölzle* ZIP 2008, 2003 f.

[53] *Bock* GmbHR 2005, 1023, 1029; mit weiteren Vorschlägen *Klein/Stephanblome* ZGR 2007, 351, 378 f.

[54] *Klein/Stephanblome* ZGR 2007, 351, 378.

[55] K. Schmidt/Lutter/*Bezzenberger,* AktG § 71a Rn. 19, der jedoch die Upstream-Verschmelzung für zulässig hält.

[56] K. Schmidt/Lutter/*Bezzenberger,* AktG § 71a Rn. 19.

[57] Dazu → § 48 Rn. 21; MüKoAktG/*Oechsler* § 71a Rn. 26 mwN.

[58] Dazu → § 43 Rn. 108.

[59] *Enneking/Heckschen* DB 2006, 1099, 1101 (für die GmbH); wohl auch Kallmeyer/*Lanfermann,* UmwG § 24 Rn. 40 (für die AG).

f) Ausgewählte steuerliche Aspekte

40 **(i) Ertragsteuern.** Nach der Verschmelzung ist der ursprünglich bei der Erwerbsgesellschaft anfallende Aufwand für die Finanzierung mit den betrieblichen Erträgen der ursprünglichen Zielgesellschaft innerhalb der Grenzen der Zinsschranke gemäß §§ 4h EStG, 8a KStG verrechenbar.

41 Erfolgt die Verschmelzung unter Fortführung der Buchwerte (§ 11 UmwStG), so ist der Verschmelzungsvorgang steuerneutral. Erfolgt dagegen eine Buchwertaufstockung, so ist der Übertragungsgewinn körperschaft- und gewerbesteuerpflichtig, soweit er nicht mit Verlustvorträgen der ursprünglichen Zielgesellschaft verrechnet werden kann.

42 Eventuelle steuerliche Verlustvorträge der Erwerbsgesellschaft gehen nicht auf die Zielgesellschaft über (§ 12 Abs. 3 Hs. 2 iVm § 4 Abs. 2 S. 2 UmwStG).

43 **(ii) Grunderwerbsteuer.** Verfügt die Zielgesellschaft über Grundvermögen im Inland, so fällt beim *Downstream Merger* (im Gegensatz zum *Upstream Merger*) grundsätzlich keine Grunderwerbsteuer an.[60]

3. Anwachsung

a) Begriff und Verfahren

44 Scheidet ein Gesellschafter aus einer Personengesellschaft aus, so wächst sein Anteil den verbleibenden Gesellschaftern zu (§ 738 Abs. 1 S. 1 BGB).[61] Der Anteil des ausscheidenden Gesellschafters erlischt.[62] Sind nur noch zwei Gesellschafter an der Personengesellschaft beteiligt und scheidet einer davon aus, so endet das Gesellschaftsverhältnis durch Konfusion. Die Gesellschaft erlischt ohne Auseinandersetzung, und der verbleibende „Gesellschafter" wird ihr Gesamtrechtsnachfolger.[63] Nach dem Ausscheiden der Komplementär-GmbH aus einer GmbH & Co. KG mit nur einem Kommanditisten wächst das gesamte Vermögen der KG dem Kommanditisten zu. Ist die Erwerbsgesellschaft als einziger Kommanditist an der Zielgesellschaft in der Rechtsform der GmbH & Co. KG beteiligt, so führt das Ausscheiden der Komplementär-GmbH dazu, dass das Vermögen der KG der Erwerbsgesellschaft anwächst. Die Erwerbsgesellschaft, die bereits Schuldnerin der Verbindlichkeiten aus den Akquisitionskrediten ist, wird dadurch auch Eigentümerin der Sicherungsgegenstände.

45 Für die Anwachsung bestehen – im Gegensatz zur Verschmelzung – keine besonderen Verfahrensvorschriften. Auch ist bei der Anwachsung die Aufstellung einer Schlussbilanz nicht erforderlich. Die Anwachsung ist einfach, schnell und kostengünstig durchzuführen.

b) Pfandrechte

46 Durch die Anwachsung erlöschen die von der Erwerbsgesellschaft gehaltenen Anteile an der Zielgesellschaft und damit die daran bestehenden Pfandrechte.

c) Wertansätze

47 Wächst die Personengesellschaft auf eine Kapitalgesellschaft an, so besteht nur das Wahlrecht, das Vermögen mit dem Zeitwert oder mit dem Buchwert der bisherigen Beteiligung anzusetzen.[64] Erlaubt ist also nur der Wertansatz zu **Anschaffungskosten.** Eine analoge

---

[60] *Enneking/Heckschen* DB 2006, 1099.

[61] Es handelt sich nicht um einen Verkauf und die Übertragung von Anteilen, *K. Schmidt,* Gesellschaftsrecht § 45 II 5.

[62] *K. Schmidt,* Gesellschaftsrecht § 45 III 1.

[63] *K. Schmidt,* Gesellschaftsrecht § 8 IV 2b; MüKoHGB/*Grunewald* § 161 Rn. 18; offen lassend, ob Gesellschaft fortbesteht oder Gesamtrechtsnachfolge durch letztverbleibenden Gesellschafter erfolgt, MüKoBGB/*Schäfer* § 738 Rn. 11.

[64] Widmann/Mayer/*Mayer,* Umwandlungsrecht § 24 UmwG Rn. 561 f.

Anwendung des § 24 UmwG kommt nicht in Betracht.[65] Im Übrigen gelten die Ausführungen zum *Upstream Merger*[66] entsprechend.

d) Kapitalerhaltungsvorschriften

48 **(i) Verschmelzungsverlust.** Da die auf die Erwerbsgesellschaft angewachsenen Vermögenswerte von dieser zu Anschaffungskosten zu bilanzieren sind, ist ein Verschmelzungsverlust nur denkbar, wenn die (anwachsende) Zielgesellschaft ein **zu Zeitwerten negatives Eigenkapital** hatte. Durch die Anwachsung könnte es so bei der Erwerbsgesellschaft in der Rechtsform einer GmbH zu einer Unterbilanz und bei einer AG zu einer Einlagenrückgewähr kommen. Nach hier vertretener Auffassung fehlt es jedoch bereits an einer Leistung aus dem Vermögen der Erwerbsgesellschaft an deren Gesellschafter, so dass weder der Tatbestand des § 30 Abs. 1 S. 1 GmbHG noch der des § 57 Abs. S. 1 AktG erfüllt sein kann.[67]

49 **(ii) Besicherung von Gesellschafterverbindlichkeiten.** Da die Erwerbsgesellschaft nach der Anwachsung nur eigene Verbindlichkeiten besichert, kommt eine Verletzung der Kapitalerhaltungsvorschriften (§ 57 AktG, § 30 GmbHG) nicht mehr in Betracht.

50 **Unterstützung des Erwerbs eigener Aktien.** Die Anwachsung kann eine Verschmelzung ersetzen. Dazu ist die Zielgesellschaft zunächst durch Formwechsel gemäß § 190 UmwG in eine Personengesellschaft mit zwei Gesellschaftern umzuwandeln. Scheidet sodann ein Gesellschafter aus der Personengesellschaft aus, kommt es zur Anwachsung auf den verbleibenden Gesellschafter, der Gesamtrechtsnachfolger der Zielgesellschaft wird. Da nur der Formwechsel, nicht aber die Anwachsung unter das UmwG fällt, finden die für den Verschmelzungsvorgang wichtigen Schutzvorschriften des UmwG keine Anwendung.[68] Insbesondere haben die Gesellschaftsgläubiger keinen Anspruch auf Sicherheitsleistung nach § 22 UmwG.

51 Hatte die Zielgesellschaft vor ihrer Umwandlung in eine Personengesellschaft die Rechtsform einer AG,[69] so stellt sich die Frage, ob der Formwechsel und die nachfolgende Anwachsung gegen **§ 71a AktG** verstößt. Bei einer Verschmelzung nach dem UmwG ist nach ganz hM der Schutz des § 71a AktG wegen der anwendbaren Schutzvorschriften des UmwG überflüssig.[70] Dasselbe gilt nach *Habersack* auch für den Fall der „anwachsenden Verschmelzung".[71] Das UmwG lasse die sich aus dem allgemeinen Gesellschaftsrecht ergebenden Möglichkeiten der Umstrukturierung und insbesondere das Prinzip der Anwachsung unberührt.[72] Der Schutz der Gläubiger der erloschenen Gesellschaft werde durch die Haftung des übernehmenden Gesellschafters besorgt.[73] Dagegen wendet sich *Kerber* mit Nachdruck.[74] Durch den Formwechsel und die Anwachsung würden die Schutzbestimmungen des UmwG umgangen. Der Formwechsel in eine Personengesellschaft mit nachfolgender Anwachsung sei ein Fall des **Institutionenmissbrauchs** und gegebenenfalls der Sittenwidrigkeit, der die Nichtigkeit des Aktienerwerbs durch die Erwerbsgesellschaft zur Folge haben könne.[75] In der Praxis ist jedenfalls nach vollzogener Anwachsung eine Rückabwicklung nahezu ausgeschlossen.[76]

---

65 Widmann/Mayer/*Mayer*, Umwandlungsrecht § 24 UmwG Rn. 560.
66 Dazu → § 48 Rn. 11 ff.
67 Dazu → § 48 Rn. 35.
68 *Habersack* FS Röhricht, S. 155, 175.
69 Siehe dazu den von *Kerber* beschriebenen Sachverhalt des Erwerbs der HDW AG durch One Equity Partners im Jahr 2002 sowie der nachfolgenden Umstrukturierung, *Kerber* DB 2004, 1027 ff.
70 Dazu → § 48 Rn. 21.
71 *Habersack* FS Röhricht, S. 155, 175 f.
72 *Habersack* FS Röhricht, S. 155, 176.
73 *Habersack* FS Röhricht, S. 155, 175.
74 *Kerber* DB 2004, 1027 ff. und *Kerber* NZG 2006, 50 ff.
75 *Kerber* DB 2004, 1027, 1029; ablehnend *Habersack* FS Röhricht, S. 155, 176.
76 Darauf weist auch *Kerber* hin, der deshalb – ungeachtet der geänderten Rechtsprechung des BGH – für eine Haftung nach den Grundsätzen des qualifizierten faktischen Konzerns plädiert, *Kerber* DB 2004, 1027, 1031.

e) Existenzvernichtender Eingriff

52 Eine Anwachsung kann einen existenzvernichtenden Eingriff der Gesellschafter der Erwerbsgesellschaft in deren Vermögen darstellen, wenn die Erwerbsgesellschaft nach der Anwachsung nicht mehr in der Lage ist, den Schuldendienst für die vereinigten Schulden der Erwerbs- und der Zielgesellschaft zu leisten und dies ihre Insolvenzreife zur Folge hat.[77] Voraussetzung der Haftung ist allerdings, dass der beherrschende Gesellschafter der Erwerbsgesellschaft die Anwachsung herbeigeführt hat. Allerdings dürfte sich die Schuldendienstfähigkeit der Erwerbsgesellschaft, die die Akquisitionskredite aufgenommen hat, durch die Anwachsung in den meisten Fällen verbessern. Sie erwirtschaftet dann selbst den für den Schuldendienst erforderlichen Cashflow und ist nicht mehr auf Auschüttungen der Zielgesellschaft angewiesen.

f) Ausgewählte steuerliche Aspekte

53 **(i) Ertragsteuern.** Eine Personengesellschaft ist steuerlich transparent. Durch die Anwachsung ändert sich an der steuerlichen Behandlung der Erwerbsgesellschaft nichts. Die Anwachsung ist in den meisten Fällen zu Buchwerten möglich.

54 **(ii) Grunderwerbsteuer.** Die Übernahme des Vermögens einer Personengesellschaft durch den verbleibenden Gesellschafter bei Ausscheiden der übrigen Gesellschafter ist ein grunderwerbsteuerlicher Vorgang (§ 1 Abs. 1 Nr. 3 GrEStG), der jedoch steuerfrei bleibt, soweit der Übernehmende bereits vor der Anwachsung an dem Vermögen der Gesamthand beteiligt war. Die Steuerbefreiung gilt jedoch nicht, wenn der Übernehmende seinen Anteil an der Personengesellschaft innerhalb von fünf Jahren vor der Anwachsung erworben hatte (§ 6 Abs. 2 und 4 GrEStG).[78]

II. Zusammenführung von Kredit und Sicherungsgegenständen

55 Statt den Kreditnehmer und den Sicherungsgeber in einer rechtlichen Einheit zusammenzuführen, können auch die zugrunde liegenden Verbindlichkeiten und die Sicherungsgegenstände in einer Gesellschaft vereinigt werden. Dafür kommen insbesondere die folgenden Maßnahmen in Betracht:
- Übernahme der Kreditverbindlichkeiten durch den Sicherungsgeber (*Debt Push-down*) oder
- Übertragung der mit Sicherungsrechten belasteten Gegenstände auf den Kreditnehmer.

1. Übernahme der Kreditverbindlichkeiten durch den Sicherungsgeber („Debt Push-down“)

56 Die Zielgesellschaft kann die Kreditverbindlichkeiten der Erwerbsgesellschaft durch **befreiende Schuldübernahme** übernehmen. Die befreiende Schuldübernahme kann entweder direkt zwischen Zielgesellschaft und Kreditgebern vereinbart werden (§ 414 BGB) oder zwischen Zielgesellschaft und Erwerbsgesellschaft. In letzterem Fall ist die Zustimmung der Kreditgeber erforderlich (§ 415 BGB).

a) Ziel-GmbH

57 Der befreienden Schuldübernahme wird regelmäßig ein Auftragsverhältnis zwischen Gesellschafter (=Erwerbsgesellschaft) und (Ziel-) GmbH zugrunde liegen. Die Schuldüber-

[77] Dazu → § 47 Rn. 37 ff.
[78] Pahlke/Franz, GrEStG § 6 Rn. 62; Boruttau/*Fischer,* Grunderwerbsteuergesetz § 1 Rn. 562; BFH v. 19.1.1977, BStBl. 1977, 359.

nahme führt in der Bilanz der (Ziel-) GmbH zur Passivierung der übernommenen Verbindlichkeit und zur Aktivierung des Anspruchs gegen den Gesellschafter auf **Aufwendungsersatz** gemäß § 670 BGB. Soweit der Anspruch gegen den Gesellschafter vollwertig ist, stellt die Schuldübernahme nach bilanzieller Betrachtungsweise zunächst also nur eine Bilanzverlängerung dar. Stundet die GmbH – wie regelmäßig – die Erfüllung des Aufwendungsersatzanspruchs, so finden die Regeln über **Darlehen** an Gesellschafter Anwendung.[79] Die Schuldübernahme wäre von vornherein dem Anwendungsbereich des § 30 Abs. 1 GmbHG entzogen, wenn es sich um ein **Drittgeschäft** handelte. Das dürfte in der Regel zu verneinen sein, denn die Schuldübernahme ist kein Rechtsgeschäft, das unter sonst gleichen Umständen zu den gleichen Bedingungen auch mit einem Nichtaktionär abgeschlossen worden wäre, also betrieblich veranlasst war.[80] Allerdings kann die Darlehensvergabe an den Gesellschafter durch eine der **Legalausnahmen** des § 30 Abs. 1 S. 2 GmbHG erlaubt sein.[81]

b) Ziel-AG

Ist die Zielgesellschaft eine AG, so sind dieselben Erwägungen anzustellen wie bei einer GmbH. Auch in diesem Fall könnte die Darlehensvergabe an den Aktionär durch eine der **Legalausnahmen** des § 57 Abs. 1 S. 3 AktG erlaubt sein.[82] Im faktischen Konzern wird § 57 AktG durch die §§ 311, 317 AktG überlagert.[83] 58

Der *Debt Push-down* verletzt nach hM **§ 71a Abs. 1 S. 1 AktG,** wenn die Ziel-AG der Erwerbsgesellschaft in sachlichem und zeitlichem Zusammenhang mit der Akquisition der Zielgesellschaft ein Darlehen gewährt, das nach Vorstellung beider Parteien den Erwerb der Aktien der Ziel-AG (nachträglich) finanzieren soll.[84] Besteht zwischen Erwerbsgesellschaft und Ziel-AG ein Beherrschungs- oder Gewinnabführungsvertrag, so kann aber die **Ausnahme** des § 71a Abs. 1 S. 3 AktG eingreifen.[85] 59

2. Übertragung der Sicherungsgegenstände auf den Kreditnehmer

Statt die Kreditverbindlichkeiten durch einen *Debt Push-down* auf die Zielgesellschaft als Sicherungsgeber zu verlagern, können auch die mit Sicherungsrechten belasteten Gegenstände auf die Erwerbsgesellschaft als Kreditnehmer übertragen werden. Dies erfolgt durch Verkauf der Gegenstände an die Erwerbsgesellschaft. Dadurch kommt es hinsichtlich der Sicherungsgegenstände zur Identität von Kreditnehmer und Sicherungsgeber, so dass sich insoweit ein Kapitalerhaltungsproblem nicht mehr stellt.[86] 60

Die Erwerbsgesellschaft wird aber meist nicht in der Lage sein, den Kaufpreis für die Vermögensgegenstände an die Zielgesellschaft aufzubringen. Stundet die Zielgesellschaft den Kaufpreis, ist dies wie die Vergabe eines Darlehens an die Erwerbsgesellschaft anzusehen. Dann gelten die Ausführungen zum *Debt Push-down.* 61

Der Verkauf führt, wie beim *Asset Deal,* automatisch zur Hebung der stillen Reserven und somit zu einer handelsrechtlichen und steuerrechtlichen Buchwerterhöhung.[87] Der daraus resultierende Gewinn ist zu versteuern, soweit er nicht mit Verlustvorträgen verrechnet werden kann. 62

---

[79] Siehe dazu → § 43 Rn. 41 f.
[80] BGH v. 13.11.1995, NJW 1996, 589, 590.
[81] Dazu → § 43 Rn. 34 ff.
[82] Dazu → § 45 Rn. 17 ff.
[83] Dazu → § 46 Rn. 16.
[84] Hüffer/*Koch,* AktG § 71a Rn. 2 ff.; *Fleischer* AG 1996, 494, 500 ff.; *Lutter/Wahlers* AG 1989, 1, 9.
[85] Dazu → § 46 Rn. 34.
[86] *Weber* ZHR 1991, 120, 122.
[87] *Weber* ZHR 1991, 120, 122.

III. Vertragskonzern und Eingliederung

1. Abschluss eines Beherrschungsvertrags

a) Ziel-GmbH

63 Nach § 30 Abs. 1 S. 2 GmbHG findet die Kapitalerhaltungsvorschrift des § 30 Abs. 1 GmbHG keine Anwendung, wenn zwischen Erwerbsgesellschaft als herrschendem und Ziel-GmbH als abhängigem Unternehmen ein Beherrschungs- oder Gewinnabführungsvertrag besteht.[88] Nach einer Ansicht bleibt § 30 Abs. 1 S. 1 GmbHG allerdings dann anwendbar, wenn eine Weisung des herrschenden Unternehmens die Existenz der abhängigen GmbH bedroht und der Verlustausgleichsanspruch aus § 302 AktG analog nicht werthaltig oder nicht durchsetzbar ist. Nach einer anderen Ansicht führt bereits das Bestehen eines Beherrschungs- oder Gewinnabführungsvertrags zwischen Erwerbs- und Zielgesellschaft zur Unanwendbarkeit des § 30 GmbHG.[89] Durch den Abschluss eines Beherrschungsvertrags wird die Gefahr eines Verstoßes gegen die Kapitalerhaltungsvorschriften also nicht sicher ausgeschlossen.

b) Ziel-AG

64 § 57 Abs. 1 S. 1 AktG findet im Vertragskonzern keine Anwendung (§§ 57 Abs. 1 S. 3 Alt. 1, 291 Abs. 3 AktG). Dasselbe gilt gemäß § 71a Abs. 1 S. 3 AkG auch im Hinblick auf das Verbot des § 71a Abs. 1 S. 1 AktG.[90] Die bei Bestehen eines Beherrschungs- oder Gewinnabführungsvertrags eingreifende Privilegierung gilt nach einer (bestrittenen) Ansicht jedoch dann nicht, wenn eine Weisung des herrschenden Unternehmens die Existenz der abhängigen AG bedroht und der Verlustausgleichsanspruch aus § 302 AktG nicht werthaltig oder nicht durchsetzbar ist.[91]

2. Eingliederung

65 Eine AG (eingegliederte Gesellschaft) kann in eine andere AG (Hauptgesellschaft) mit Sitz im Inland eingegliedert werden, wenn sich mindestens 95 % der Aktien der eingegliederten Gesellschaft in der Hand der Hauptgesellschaft befinden (§§ 319 Abs. 1, 320 Abs. 1 AktG). Leistungen der eingegliederten Gesellschaft an die Hauptgesellschaft gelten gemäß § 323 Abs. 2 AktG nicht als Verstoß gegen § 57 AktG. Diese Rechtslage entspricht der im Vertragskonzern (§ 291 Abs. 3 AktG).[92] Daher ist auch § 71a Abs. 1 S. 1 AktG grundsätzlich nicht anwendbar.[93]

66 In der Praxis wird eine Eingliederung aber meist daran scheitern, dass die Erwerbsgesellschaft regelmäßig keine AG ist. Das Eingliederungsverfahren ist außerdem kompliziert und mit Rechtsrisiken verbunden.

---

[88] Dazu → § 46 Rn. 7.
[89] Dazu → § 46 Rn. 10 f. mwN.
[90] Dazu → § 46 Rn. 34.
[91] Dazu → § 46 Rn. 30, 35.
[92] Hüffer/*Koch*, AktG § 323 Rn. 8.
[93] Dazu → § 46 Rn. 34.

Teil H. Nachrang von Krediten in der Insolvenz

Teil H behandelt die Voraussetzungen und Rechtsfolgen des Nachrangs von Krediten, die von Gesellschaftern oder diesen gleichgestellten Dritten gewährt wurden, in der Insolvenz des Kreditnehmers. 1

§ 49. Einführung

Sowohl das bis zum Inkrafttreten des MoMiG im Jahr 2008 geltende sog Eigenkapitalersatz- 1
recht als auch das neue Recht der Gesellschafterdarlehen bezwecken, eine Befriedigungskonkurrenz zwischen Gesellschaftern und Gesellschaftsgläubigern zu unterbinden.[1]

1. Eigenkapitalersatzrecht

Das frühere Eigenkapitalersatzrecht knüpfte an die Finanzierungsfolgenverantwortung des 2
Gesellschafters an. Nach dem Grundsatz der Finanzierungsfreiheit[2] können sich die Gesellschafter frei entscheiden, *ob* sie der Gesellschaft bei Bedarf weiteres Kapital zur Verfügung stellen und *wie* sie die Gesellschaft mit Kapital ausstatten wollen. Entschließen sich die Gesellschafter, der Gesellschaft über die Stammeinlagen hinaus weiteres Kapital zur Verfügung zu stellen, so können sie frei entscheiden, *wie* dies erfolgen soll, dh durch Zuführung von Eigenkapital oder Fremdkapital, dann meist in der Form von Gesellschafterdarlehen.[3]

Die Gesellschafter dürfen aber nicht dadurch, dass sie auf Grund ihrer besseren Informa- 3
tionsmöglichkeiten ihr Kapital rechtzeitig abziehen und so in Sicherheit bringen können, das von ihnen übernommene **Finanzierungsrisiko** durch die gewählte Finanzierungstechnik auf die Gläubiger der Gesellschaft abwälzen.[4] Entscheidet sich ein Gesellschafter, der Gesellschaft in der „Krise" (dh der Kreditunwürdigkeit der Gesellschaft) neue Finanzmittel zur Verfügung zu stellen oder bereits gewährte Mittel zu belassen, so muss er Eigenkapital zuführen und nicht Fremdkapital.[5] Andernfalls muss er es hinnehmen, dass diese Mittel wie Eigenkapital behandelt werden.[6] Dies folgt aus der Mitverantwortung des Gesellschafters für eine ordnungsmäßige Unternehmensfinanzierung, der sog **„Finanzierungsfolgenverantwortung".**[7]

2. Neues Recht der Gesellschafterdarlehen

Durch das MoMiG wurde das Recht der kapitalersetzenden Gesellschafterdarlehen auf eine 4
rein **insolvenz- und anfechtungsrechtliche** Grundlage gestellt[8] und vereinfacht. Die neue Regelung knüpft nicht mehr an die Finanzierungsfolgenverantwortung des Gesellschafters an, denn es kommt nicht mehr darauf an, ob der Gesellschafter das Darlehen nach

---

[1] BGH v. 16.10.1989, BGHZ 109, 55, 57 („Lagergrundstück I").
[2] Vgl. dazu auch BGH v. 24.3.1980, BGHZ 76, 326, 330, 333 ff.
[3] Vgl. nur *Priester* FS Helmrich, S. 721, 729.
[4] RegE v. 2.9.1977, Entwurf eines Gesetzes zur Änderung des Gesetzes betreffend die Gesellschaften mit beschränkter Haftung und anderer handelsrechtlicher Vorschriften, BR-Drucks. 404/77, S. 39; BGH v. 14.12.1959, BGHZ 31, 258; BGH v. 26.3.1984, BGHZ 90, 381, 388 („BuM/WestLB").
[5] BGH v. 19.9.1988, BGHZ 105, 168, 175 f.
[6] Lutter/Hommelhoff/*Kleindiek,* GmbHG Anh zu § 64 Rn. 123.
[7] BGH v. 26.3.1984, BGHZ 90, 381, 389; BGH v. 7.11.1994, BGHZ 127, 336, 345; Baumbach/*Hueck/ Fastrich,* GmbHG 19. A. § 30 Anh Rn. 3.
[8] *Habersack* ZIP 2007, 2145.

Eintritt der „Krise" gewährt oder stehen gelassen hat. Das schwer zu definierende Merkmal der „Krise" wurde abgeschafft. Nach dem neuen Recht folgt der Nachrang des Darlehens allein aus der **Gesellschaftereigenschaft** des Darlehensgebers. Es wird nicht mehr zwischen „kapitalersetzenden" und sonstigen Gesellschafterdarlehen unterschieden. Vielmehr werden alle Gesellschafterdarlehen gleich behandelt. Der Nachrang erfasst aber nicht – wie anfänglich gefordert[9] – alle Vermögensansprüche des Gesellschafters, sondern **nur Darlehen** und Forderungen aus wirtschaftlich entsprechenden Rechtshandlungen. Somit wird nur das vom Gesellschafter der Gesellschaft zur Verfügung gestellte Fremdkapital gegenüber den Ansprüchen sonstiger Gesellschaftsgläubiger benachteiligt. Der Gläubigerschutz beginnt erst mit Eröffnung der Insolvenz.

5 **Dogmatisch** wird der Nachrang des Gesellschafterdarlehens in der Insolvenz des Darlehensnehmers von einem Teil der Literatur[10] mit dem Prinzip der Haftungsbeschränkung begründet. Ein unternehmerisch (dh über 10 %) beteiligter Gesellschafter müsse es hinnehmen, dass das von ihm zur Verfügung gestellte Kapital in der Insolvenz des Darlehensnehmers, soweit zum Gläubigerschutz erforderlich, als **Risikokapital** behandelt werde. Das sei der Preis dafür, dass der Gesellschafter-Kreditgeber eine Gesellschaftsform mit beschränkter Haftung gewählt habe.[11]

6 **Persönlicher Anwendungsbereich.** Das neue Recht ist rechtsformneutral. Es erfasst die Darlehensvergabe an „Gesellschaften, die weder eine natürliche Person noch eine Gesellschaft als persönlich haftenden Gesellschafter haben, bei der ein persönlich haftender Gesellschafter eine natürliche Person ist" (§ 39 Abs. 4 S. 1 InsO). Dazu gehören die GmbH, die AG, die KGaA, die Genossenschaft, die OHG und die KG (ohne unbeschränkte persönliche Haftung einer natürlichen Person) sowie die Europäische Gesellschaft (SE). Der persönliche Anwendungsbereich der Neuregelung ist auch nicht auf Gesellschaften mit einer deutschen Rechtsform beschränkt, sondern erstreckt sich auf Auslandsgesellschaften (ohne unbeschränkte persönliche Haftung einer natürlichen Person), deren Insolvenz nach deutschem Recht abgewickelt wird.[12]

7 **Gesellschafterdarlehen und entsprechende Forderungen.** Der Nachrang von Gesellschafterdarlehen und „Forderungen aus Rechtshandlungen, die einem solchen Darlehen wirtschaftlich entsprechen" in der Insolvenz der Gesellschaft ist nun in § 39 Abs. 1 Nr. 5 InsO geregelt. Durch die Formulierung „Forderungen aus Rechtshandlungen, die einem solchen Darlehen wirtschaftlich entsprechen" sollen die Regelungen des bisherigen § 32a Abs. 3 S. 1 GmbHG in personeller und sachlicher Hinsicht übernommen werden.[13]

8 **Privilegierungen.** Die Privilegierungen des § 32a Abs. 3 S. 2 und 3 GmbHG von nicht geschäftsführenden Kleinbeteiligten und Darlehensgebern, die erst in der Krise und zum Zweck der Sanierung Anteile an der Gesellschaft erwerben, wurden in § 39 Abs. 4 S. 2 und Abs. 5 InsO übernommen. Das Kleinbeteiligtenprivileg gilt nun unabhängig von der Rechtsform für alle Gesellschaften iSd § 39 Abs. 4 S. 1 InsO. Das Sanierungsprivileg greift nicht schon bei einem Anteilserwerb nach Eintritt der „Krise", sondern erst nach Eintritt eines Insolvenzeröffnungsgrundes iSd § 17 bis 19 InsO. Außerdem wurde klargestellt, dass das Sanierungsprivileg mit Abschluss der nachhaltigen Sanierung der Gesellschaft erlischt.

9 **Anfechtbarkeit.** Nach § 135 Abs. 1 InsO ist eine Rechtshandlung, die für die Forderung eines Gesellschafters auf Rückgewähr eines Darlehens im Sinne des § 39 Abs. 1 Nr. 5 InsO oder für eine gleichgestellte Forderung Sicherheit oder Befriedigung gewährt hat,

---

[9] *Huber/Habersack* BB 2006, 1, 2.

[10] Ein anderer Teil der Literatur begründet den Nachrang von Gesellschafterdarlehen nach wie vor mit der Finanzierungsfolgenverantwortung des Gesellschafters, *Altmeppen* NJW 2008, 3601, 3603; weitere Nachweise bei KPB/*Preuß*, InsO § 39 Rn. 40 ff.

[11] *Habersack* ZIP 2007, 2145, 2147; KPB/*Preuß*, InsO § 39 Rn. 41; *Altmeppen* erhebt dagegen verfassungsrechtliche Bedenken, *Altmeppen* NJW 2008, 3601, 3602.

[12] Braun/*Bäuerle*, InsO § 39 Rn. 19; KPB/*Preuß*, InsO § 39 Rn. 47.

[13] Braun/*Bäuerle*, InsO § 39 Rn. 21; KPB/*Preuß*, InsO § 39 Rn. 33.

anfechtbar. Im Falle der Sicherheitenbestellung gilt dies für einen Zeitraum von zehn Jahren vor dem Antrag auf Eröffnung des Insolvenzverfahrens, im Falle der Befriedigung dann, wenn diese im letzten Jahr vor dem Eröffnungsantrag oder nach diesem Antrag vorgenommen worden ist. Hat der Darlehensgeber vor Beginn der Fristen des § 135 Abs. 1 Nr. 1 oder 2 InsO seine Beteiligung am Darlehensnehmer veräußert oder auf 10% oder weniger reduziert oder das Darlehen an einen Nicht-Gesellschafter übertragen, so ist es nicht verstrickt und seine Besicherung oder Rückzahlung ist nicht anfechtbar.[14]

Anfechtungsgesetz. Durch die Aufgabe der gesellschaftsrechtlichen Verankerung des Eigenkapitalersatzrechts und die Neuregelung der Gesellschafterdarlehen im Insolvenzrecht entsteht eine Schutzlücke bei masselosen Insolvenzen. Um diese Schutzlücke zu schließen, wurden Regelungen in das AnfG aufgenommen, die den neuen Bestimmungen in der InsO entsprechen. Nach § 6 Abs. 1 AnfG sind alle Rechtshandlungen anfechtbar, die für Darlehensforderungen eines Gesellschafters (oder diesen gleichgestellte Forderungen) innerhalb eines Jahres vor Erlangung des vollstreckbaren Titels Befriedigung oder innerhalb von zehn Jahren vor Erlangung eines vollstreckbaren Titels Sicherheit gewährt haben. Wurde vor Erlangung des Titels ein Antrag auf Insolvenzeröffnung gestellt (und dieser später mangels Masse abgelehnt), so beginnen die Anfechtungsfristen schon mit Antragstellung. §§ 6a, 11 Abs. 3 AnfG enthalten an die neuen Bestimmungen der InsO angelehnte Regelungen zu mittelbaren Gesellschafterdarlehen. 10

§ 50. Nachrang von Gesellschafterdarlehen

1. Tatbestand des § 39 Abs. 1 Nr. 5 InsO

a) Gesellschafter

(i) Allgemeines. Normadressat des § 39 Abs. 1 Nr. 5 InsO ist jeder formale Inhaber eines Gesellschaftsanteils an der Gesellschaft.[1] Eine typische stille Beteiligung oder eine Unterbeteiligung genügt nicht.[2] Da es grundsätzlich auf die formale Rechtsinhaberschaft ankommt, ist auch der Treuhänder (oder Strohmann) Normadressat.[3] 1

Maßgeblicher Zeitpunkt. Die Gesellschaftereigenschaft muss grundsätzlich im Zeitpunkt der **Insolvenzeröffnung** vorliegen. Allerdings ist auch das Darlehen eines Gesellschafters, der erst im letzten Jahr vor dem Eröffnungsantrag oder nach diesem Antrag als Gesellschafter ausscheidet, im Insolvenzverfahren der Gesellschaft nachrangig (§ 135 Abs. 1 Nr. 2 InsO analog).[4] 2

(ii) Privilegierung nichtunternehmerischer Kleinbeteiligungen. Die Regeln über den Nachrang finden keine Anwendung auf Darlehensgeber, die nur eine sog nichtunternehmerische Kleinbeteiligung halten. Nach § 39 Abs. 5 InsO ist dies der Fall, wenn ein Gesellschafter mit 10% oder weniger am Haftkapital der Gesellschaft beteiligt und nicht deren Geschäftsführer ist.[5] Diese Privilegierung wird damit begründet, dass solche Gesellschafter typischerweise **keine mitunternehmerische Verantwortung** trügen, es ihnen regelmäßig an der Insiderstellung fehle und sie auch kaum Einflussmög- 3

---

[14] Baumbach/*Hueck/Haas*, GmbHG, Anh nach § 64 Rn. 51.

[1] Henssler/Strohn/*T. Fleischer*, Gesellschaftsrecht, § 39 InsO Rn. 21; Uhlenbruck/*Hirte*, InsO, § 39 Rn. 40.

[2] Henssler/Strohn/*T. Fleischer*, Gesellschaftsrecht, § 39 InsO Rn. 25; Uhlenbruck/*Hirte*, InsO, § 39 Rn. 43.

[3] Henssler/Strohn/*T. Fleischer*, Gesellschaftsrecht, § 39 InsO Rn. 21; Uhlenbruck/*Hirte*, InsO, § 39 Rn. 41; zum früheren Eigenkapitalersatzrecht: BGH v. 19.9.1988, NJW 1988, 3143; BGH v. 14.12.1959, BGHZ 31, 258, 265 („Lufttaxi") zu § 30 GmbHG.

[4] HM; BGH v. 15.11.2011, NJW 2012, 682.

[5] *F. Bayer* DStR 2009, 2397, 2399.

lichkeiten auf die Gesellschaft hätten.[6] Die 10%-Schwelle gilt nun auch für den Aktionär einer AG.[7]

4 Ein Teil der Literatur ist der Ansicht, dass das Kleinbeteiligtenprivileg **nicht gelte,** wenn die Stimmkraft bzw. das Gewinnbezugsrecht eines Kleinbeteiligten einem Anteil von über 10% entspreche.[8] Umgekehrt sollen Gesellschafter, die keine mitunternehmerische Verantwortung tragen, auch bei einer Beteiligung von über 10% privilegiert sein.[9] Die Gegenmeinung lehnt mit Recht eine solche teleologische Reduktion des § 39 Abs. 5 InsO wegen des eindeutigen Wortlauts der Vorschrift ab.[10]

5 Die Privilegierung greift nicht bei einer **koordinierten** Darlehensvergabe von Kleinbeteiligten, wenn deren Anteile zusammen 10% überschreiten.[11]

6 **Erhöht** sich die Beteiligung eines Gesellschafters auf über 10%, so wird sein Darlehen unmittelbar ab Schwellenwertüberschreitung nachrangig.[12] **Sinkt** die Beteiligung eines Gesellschafters auf 10% oder weniger ab, so behält ein nachrangiges Darlehen diesen Charakter, ungeachtet der Reduzierung der Beteiligung.[13]

7 Nach allg. Meinung ist das Kleinbeteiligtenprivileg auch im Lichte der Umgehungsklausel des § 39 Abs. 1 Nr. 5 InsO zu sehen, wonach den Gesellschafterdarlehen Rechtshandlungen gleichgestellt werden, „die einem solchen Darlehen wirtschaftlich entsprechen".[14] Daher wird ein Kleinbeteiligter als **geschäftsführend** angesehen, wenn er zum Geschäftsführer (bzw. bei AG und Genossenschaft zum Vorstand) bestellt wurde, ohne dass es auf den Umfang seiner Befugnisse ankommt.[15]

b) Gleichgestellte Gläubiger

8 Die folgenden Gläubiger sind einem Gesellschafter gleichgestellt:

9 **Verbundene Unternehmen**. Hier ist zu differenzieren: Vergibt der mittelbare Gesellschafter des Darlehensnehmers das **Darlehen selbst**, so ist er einem Gesellschafter jedenfalls dann gleichgestellt, wenn er auf Grund einer qualifizierten Mehrheit der Anteile oder Stimmrechte einen beherrschenden Einfluss auf den Gesellschafter ausüben kann.[16] Nach einem Teil der Rechtsprechung und Literatur genügt sogar eine nicht beherrschende Stellung.[17] Erforderlich sei nur, dass seine Beteiligung im wirtschaftlichen Ergebnis (also „durchgerechnet") einer unmittelbaren Beteiligung von mehr als 10% am Darlehensneh-

---

6 Zum früheren Eigenkapitalersatzrecht: Referentenentwurf zur Änderung des GmbH-Kapitalersatzrechts, abgedruckt in ZIP 1996, 1362.

7 Zur früher geltenden 25%-Schwelle vgl. BGH v. 26.3.1984, BGHZ 90, 381, 391 („BuM/WestLB").

8 So wohl zum früheren § 32a GmbHG: *Tillmann* GmbHR 2006, 1289, 1291.

9 Zum früheren § 32a GmbHG: *Hommelhoff* WM 1984, 1105, 1115.

10 Graf-Schlicker/*Neußner* § 39 Rn. 36; Baumbach/*Hueck/Haas,* GmbHG, Anh nach § 64 Rn. 52, Henssler/Strohn/*T. Fleischer*, Gesellschaftsrecht, § 39 InsO Rn. 33; *Habersack* ZIP 2007, 2145, 2149.

11 Uhlenbruck/*Hirte*, InsO § 39 Rn. 74; BGH v. 19.3.2007, DStR 2007, 684, 685 (zum früheren § 32a GmbHG).

12 SBL BankR-HdB/*Gehrlein*, § 84 Rn. 51; Uhlenbruck/*Hirte*, InsO § 39 Rn. 73; *Habersack* ZIP 2007, 2145, 2150; *Tillmann* GmbHR 2006, 1289, 1291; ebenso zum früheren § 32a GmbHG: Gesetzentwurf der Bundesregierung, Entwurf eines Gesetzes zur Verbesserung der Wettbewerbsfähigkeit deutscher Konzerne an internationalen Kapitalmärkten und zur Erleichterung der Aufnahme von Gesellschafterdarlehen (Kapitalaufnahmeerleichterungsgesetz – KapAEG), BT-Drucks. 13/7141, S. 12.; kritisch *Freitag,* der fordert, ausschließlich auf die Beteiligungshöhe im Zeitpunkt der Darlehensgewährung abzustellen, vgl. *Freitag* WM 2007, 1681, 1683.

13 Graf-Schlicker/*Neußner* § 39 Rn. 36; Uhlenbruck/*Hirte*, InsO § 39 Rn. 73; *Habersack* ZIP 2007, 2145, 2150; zum früheren Eigenkapitalersatzrecht: *Obermüller* ZInsO 1998, 51, 52.

14 Davon geht in Bezug auf den früheren § 32a GmbHG auch der Referentenentwurf zur Änderung des GmbH-Kapitalersatzrechts aus, abgedruckt in ZIP 1996, 1362, 1363.

15 Henssler/Strohn/*T. Fleischer*, Gesellschaftsrecht, § 39 InsO Rn. 33.

16 BGH v. 28.2.2012, ZIP 2012, 865, 866; zum früheren Eigenkapitalersatzrecht: BGH v. 5.5.2008, WM 2008, 1164, 1165; BGH v. 21.11.2005, ZIP 2006, 279, 282 mwN.

17 OLG Hamburg v. 16.12.2005, ZIP 2006, 129, 130 (zum früheren § 32a GmbHG); Graf-Schlicker/*Neußner,* § 39 Rn. 27.

mer entspreche (§ 39 Abs. 5 InsO).[18] Denn dann sei der mittelbare Gesellschafter in nennenswertem Umfang mit **Risikokapital** am Darlehensnehmer beteiligt.[19] Wird das Darlehen dagegen nicht von einem (mittelbaren oder unmittelbaren) Gesellschafter des Darlehensnehmers vergeben, sondern von einem **Dritten**, so kommt es nach bisher **hM** darauf an, ob der (mittelbare oder unmittelbare) Gesellschafter des Darlehensnehmers an dem Darlehensgeber maßgeblich beteiligt ist. Dazu reicht eine Mehrheitsbeteiligung aus, auf Grund der der Gesellschafter einen **beherrschenden Einfluss** auf den Darlehensgeber ausüben kann, also dessen Geschäftspolitik bestimmen und Weisungen an deren Geschäftsführer – etwa zur Vergabe des Darlehens – durch Gesellschafterbeschluss durchsetzen kann.[20] Ist der Darlehensgeber eine **AG** und besteht kein Beherrschungsvertrag, so fehlt es an einem beherrschenden Einfluss des Aktionärs, da ein Aktionär über keine „gesellschaftsrechtlich fundierten Weisungsbefugnisse" gegenüber dem Vorstand der AG verfügt.[21] Nach einem **Teil der Literatur** sollen seit dem MoMiG nur solche von einem Verbundunternehmen gegebenen Darlehen nachrangig sein, die **auf Rechnung des Gesellschafters** gewährt werden. Das folge aus der Herleitung der Rechtsfolgen des Gesellschafterdarlehens aus dem Prinzip der Haftungsbeschränkung.[22] Das Darlehen werde immer dann auf Rechnung des Gesellschafters gewährt, wenn, wie im Vertragskonzern, den Gesellschafter eine Verlustausgleichspflicht treffe. Dadurch entstehe eine „wirtschaftliche Einheit" zwischen Mutter- und Tochterunternehmen.[23] Nicht erfasst sei aber der typische Fall, dass die Finanzierung über ein verbundenes Unternehmen (außerhalb eines Vertragskonzerns) erfolge und die wirtschaftlichen Folgen nur über die Beteiligung vermittelt werden.[24]

Ein Unternehmen, das mit einem Gesellschafter eine **„wirtschaftliche Einheit"** bil- 10
det.[25] Das ist ua der Fall, wenn zwischen dem Unternehmen und dem Gesellschafter ein Beherrschungsvertrag besteht.[26]

Die **Besitzgesellschaft,** bei Betriebsaufspaltung in Besitz- und Betriebsunternehmen, 11
die beide über dieselben Gesellschafter miteinander verbunden sind und darum eine wirtschaftliche Einheit bilden.[27]

Ein **Strohmann,** der das Darlehen mit Mitteln oder für Rechnung des Gesellschafters 12
gewährt.[28] Erfasst ist auch derjenige, dem hinsichtlich des Darlehens ein Freistellungs- oder Erstattungsanspruch (zB aus § 670 BGB oder § 110 HGB) gegen den Gesellschafter zusteht.[29]

---

[18] Graf-Schlicker/*Neußner,* § 39 Rn. 27; *Habersack* ZIP 2008, 2385, 2388; *Hirte* WM 2008, 1429, 1433; zum früheren § 32a GmbHG: *Hommelhoff* WM 1984, 1105, 1117; OLG Hamburg v. 16.12.2005, ZIP 2006, 129, 130.

[19] Zum früheren Eigenkapitalersatzrecht: OLG Hamburg v. 16.12.2005, ZIP 2006, 129, 130; zum (umstrittenen) dogmatischen Konzept des insolvenzrechtlichen Nachrangs von Gesellschafterdarlehen → § 50 Rn. 7a.

[20] St. Rspr. zum früheren Eigenkapitalersatzrecht, vgl. BGH v. 28.2.2005, ZIP 2005, 660, 661 und BGH v. 21.6.1999, GmbHR 1999, 916; siehe auch OLG Hamburg v. 16.12.2005, ZIP 2006, 129, 130.

[21] Graf-Schlicker/*Neußner* § 39 Rn. 27; zum früheren Eigenkapitalersatzrecht: BGH v. 5.5.2008, WM 2008, 1164, 1165 (Aktionär hielt 86,1 % der Aktien an der AG); zustimmend *Habersack* ZIP 2008, 2385, 2389 f.; kritisch dagegen *Servatius,* II C. § 32a GmbHG 1.09, der auch den faktischen Einfluss eines Großaktionärs im Konzern für ausreichend hält, um beherrschenden Einfluss zu gewähren.

[22] *Habersack* ZIP 2008, 2385, 2389.

[23] Dazu → § 50 Rn. 10.

[24] *Habersack* ZIP 2008, 2385, 2389.

[25] Baumbach/*Hueck/Haas,* GmbHG, Anh nach § 64 Rn. 70; zum früheren § 32a GmbHG: BGH v. 19.9.1988, WM 1988, 1525, 1528 (für öffentlich-rechtliche Gebietskörperschaft, die mit dem Gesellschafter eine „wirtschaftliche Einheit" bildet); BGH v. 27.11.2000, NJW 2001, 1490, 1491; zustimmend *Altmeppen* ZIP 1993, 1677, 1683.

[26] Zum früheren § 32a GmbHG: *Raiser/Veil KapGesR* § 38 Rn. 27.

[27] Graf-Schlicker/*Neußner,* § 39 Rn. 27; zum früheren § 32a GmbHG: BGH v. 14.12.1992, NJW 1993, 392, 393.

[28] BGH v. 18.11.1996, NJW 1997, 740, 741 (zum früheren § 32a GmbHG); *Habersack* ZIP 2008, 2385, 2388.

[29] Graf-Schlicker/*Neußner* § 39 Rn. 26.

13 Ein **Treugeber** (= wirtschaftlicher Inhaber), der den Geschäftsanteil einem Treuhänder (= rechtlicher Inhaber) übertragen hat.[30] Der Treuhänder ist unmittelbarer Normadressat des § 39 Abs. 1 Nr. 5 InsO.[31]

14 Unter Umständen ein **Nießbraucher** am Geschäftsanteil, soweit er, wie beim Treuhandverhältnis, für Rechnung der Gesellschafter handelt[32] oder bei langjähriger Berechtigung.[33]

15 Ein stiller Gesellschafter an einer GmbH, wenn er am Ertrag der Gesellschaft beteiligt ist und ähnlich wie ein Gesellschafter die Geschicke der Gesellschaft mitbestimmen kann (sog **atypisch stiller Gesellschafter**).[34]

16 Bis zum Inkrafttreten des MoMiG war auch ein Pfandgläubiger einem Gesellschafter gleichgestellt, wenn er auf Grund vertraglicher Vereinbarungen ähnlich wie ein Gesellschafter die Geschicke der Gesellschaft mitbestimmen kann (sog **atypischer Pfandgläubiger**).[35] Nach einer Mindermeinung sollte auch ein sonstiger **Dritter mit schuldrechtlichen Einwirkungsrechten** einem Gesellschafter gleichgestellt sein, wenn er breitflächig und besonders intensiv auf die Gesellschaft Einfluss nehmen kann.[36] Dies wird mit Blick auf die dogmatische Begründung des neuen Rechts bestritten. Gläubiger des Gesellschafters, die über ein Pfandrecht an dessen Geschäftsanteil verfügten, machen sich nicht das Prinzip der Haftungsbeschränkung zunutze, sondern wollen es überwinden. Sie unterliegen deshalb auch dann nicht den Regeln über Gesellschafterdarlehen, wenn sie Einfluss auf die Geschäftsführung der Gesellschaft haben.[37] Dies gilt erst recht für Darlehensgeber, die ohne über ein Pfandrecht am Geschäftsanteil zu verfügen, Mitspracherechte in Bezug auf die Geschäftsführung haben.[38] Dem ist zu folgen.

17 **Abtretungsempfänger.** Die Abtretung der Darlehensforderung (gemäß § 398 BGB oder durch Vertragsübernahme) durch den nicht privilegierten Gesellschafter an einen Nicht-Gesellschafter **nach Insolvenzeröffnung** führt nicht dazu, dass der Nachrang der Darlehensforderungen gemäß § 39 Abs. 1 Nr. 5 InsO entfällt. Vielmehr sind hier die Fristen des § 135 Abs. 1 InsO zu beachten. Tritt der Gesellschafter seine Darlehensforderung **im letzten Jahr vor oder nach der Insolvenzeröffnung** an einen Nicht-Gesellschafter ab, so bleibt sie nachrangig.[39] Zahlt die Gesellschaft dieses Darlehen in der Folgezeit zurück oder lässt sich der Nicht-Gesellschafter dafür von der Gesellschaft eine Sicherheit stellen, so sind die Rechtshandlungen nach §§ 129, 135 InsO analog durch den Insolvenzverwalter anfechtbar.[40] Sonst könnte der Nachrang von Gesellschafterdarlehen, zB durch deren Verkauf an einen Nicht-Gesellschafter kurz vor Insolvenzeröffnung, leicht umgangen werden. Der Zessionar muss sich in der Insolvenz des Darlehensempfängers hinsichtlich des früheren Gesellschafterdarlehens wie ein Gesellschafter behandeln lassen (§ 404 BGB).[41]

---

[30] Graf-Schlicker/*Neußner* § 39 Rn. 26; Baumbach/*Hueck/Haas,* GmbHG, Anh nach § 64 Rn. 62; BGH v. 14.12.1959, BGHZ 31, 258, 265 („Lufttaxi") zu § 30 GmbHG; zum früheren Eigenkapitalersatzrecht: *Altmeppen* ZIP 1993, 1677, 1683.

[31] → § 50 Rn. 1.

[32] *Gehrlein* BB 2011, 3, 6; Henssler/Strohn/*T. Fleischer*, Gesellschaftsrecht, § 39 InsO Rn. 25.

[33] Baumbach/*Hueck/Haas,* GmbHG, Anh nach § 64 Rn. 63.

[34] Zum früheren § 32a GmbHG: BGH v. 7.11.1988, BGHZ 106, 7; differenzierend *Altmeppen* ZIP 1993, 1677, 1683; Uhlenbruck/*Hirte*, InsO, § 39 Rn. 43.

[35] Zum Eigenkapitalersatzrecht: BGH v. 13.7.1992, BGHZ 119, 191 ff.; dazu → § 51 Rn. 1 ff.

[36] Zum früheren Eigenkapitalersatzrecht: *Fleischer* ZIP 1998, 313, 314 f.; *Priester* FS Helmrich, S. 721, 728; aA Ulmer/Habersack/Löbbe/*Habersack* Anh. § 30 Rn. 91; Scholz/*K. Schmidt,* GmbHG, 10. Aufl., §§ 32a, 32b Rn. 154; dazu → § 51 Rn. 27 ff.

[37] Ulmer/Habersack/Löbbe/*Habersack* Anh. § 30 Rn. 91 m. w. N; *Habersack* ZIP 2008, 2385, 2388.

[38] Ulmer/Habersack/Löbbe/*Habersack* Anh. § 30 Rn. 91 m. w. N; *Habersack* ZIP 2008, 2385, 2388.

[39] Graf-Schlicker/*Neußner,* § 39 Rn. 23; *Altmeppen* NJW 2008, 3601, 3603 f.

[40] *Altmeppen* NJW 2008, 3601, 3603; *Habersack* ZIP 2007, 2145, 2149; KPB/*Preuß*, InsO § 39 Rn. 65; Graf-Schlicker/*Neußner* § 135 Rn. 19.

[41] *Habersack* ZIP 2007, 2145, 2149; BGH v. 21.3.1988, BGHZ 104, 33, 43 (zum früheren Eigenkapitalersatzrecht); kritisch KPB/*Preuß*, InsO § 39 Rn. 66.

c) Darlehensempfänger

18 Das neue Recht der Gesellschafterdarlehen ist rechtsformneutral. Es erfasst die Darlehensvergabe an „Gesellschaften, die weder eine natürliche Person noch eine Gesellschaft als persönlich haftenden Gesellschafter haben, bei der ein persönlich haftender Gesellschafter eine natürliche Person ist" (§ 39 Abs. 4 S. 1 InsO). Die Regeln finden also grundsätzlich auf alle Gesellschaften Anwendung, deren Kapital geschützt werden muss, weil sie keinen (unmittelbaren oder mittelbaren) Gesellschafter haben, der für die Gesellschaftsverbindlichkeiten mit seinem gesamten Vermögen unbeschränkt persönlich haftet.[42] Dazu gehören die GmbH, die AG, die KGaA, die Genossenschaft, die OHG und die KG (ohne unbeschränkte persönliche Haftung einer natürlichen Person) sowie die Europäische Gesellschaft (SE). Erfasst werden unter anderem auch die Vorgesellschaft, soweit bei ihr die Gründer – wie im Regelfall – nur der Gesellschaft auf Ausgleich einer Unterbilanz haften, sowie im Inland ansässige ausländische Kapitalgesellschaften.[43] Die von *K. Schmidt* geforderte teilweise Anwendung der Eigenkapitalersatzregeln auch auf Vereine und Personenhandelsgesellschaften, an denen eine natürliche Person als unbeschränkt haftender Gesellschafter beteiligt ist,[44] hat sich bisher nicht durchgesetzt und wurde auch vom Gesetzgeber nicht übernommen (vgl. § 39 Abs. 4 S. 1 InsO).[45] Der persönliche Anwendungsbereich der Neuregelung ist nicht auf Gesellschaften mit einer deutschen Rechtsform beschränkt, sondern erstreckt sich auf Auslandsgesellschaften (ohne unbeschränkte persönliche Haftung einer natürlichen Person), deren Insolvenz nach deutschem Recht abgewickelt wird.[46]

d) Darlehen eines Gesellschafters

19 Grundfall des § 39 Abs. 1 Nr. 5 InsO ist die Gewährung eines Darlehens durch den Gesellschafter. § 39 Abs. 1 Nr. 5 InsO erfasst sowohl Gelddarlehen iSd §§ 488 ff. BGB als auch Sachdarlehen iSd §§ 607 ff. BGB.[47]

20 **Kurzfristiger Überbrückungskredit**. Auch kurzfristige Überbrückungskredite fallen unter § 39 Abs. 1 Nr. 5 InsO und werden bei Insolvenzeröffnung nachrangig.[48]

e) Entsprechende Rechtshandlungen

21 Nach § 39 Abs. 1 Nr. 5 InsO sind auch Forderungen aus Rechtshandlungen nachrangig zu befriedigen, die einem Gesellschafterdarlehen wirtschaftlich entsprechen.[49] Zusätzlich zu Gesellschafterdarlehen erfasst der Tatbestand auch (i) Darlehen eines einem Gesellschafter gleichgestellten Dritten, (ii) einem Darlehen entsprechende Forderungen eines Gesellschafters und (iii) einem Darlehen entsprechende Forderungen eines gleichgestellten Dritten. Der Gewährung eines Darlehens durch den Gesellschafter entspricht wirtschaftlich die Stundung einer Forderung des Gesellschafters.[50] Auf den Rechtsgrund der Forderung kommt es nicht an. In Betracht kommen ua Gehaltsforderungen, Mietforderungen, Dividendenansprüche etc.

---

[42] Dazu → § 49 Rn. 6.
[43] Im Einzelnen *Habersack* ZIP 2007, 2145, 2147.
[44] Zum früheren Eigenkapitalersatzrecht: *K. Schmidt* ZIP 1991, 1 ff.
[45] *Habersack* ZIP 2007, 2145.
[46] RegE MoMiG, BT-Drucks. 16/6140, S. 56 f.; dazu schon *Grunewald/Noack* GmbHR 2005, 189 ff.; vgl. auch Artikel 3 Abs. 1 iVm Artikel 7 Abs. 1 der Verordnung (EU) 2015/848 des Europäischen Parlaments und des Rates vom 20. Mai 2015 über Insolvenzverfahren (EuInsVO).
[47] Baumbach/*Hueck/Fastrich,* GmbHG § 30 Anh Rn. 49.
[48] BGH v. 7.3.2013, NZI 2013, 483, 484; Graf-Schlicker/*Neußner* § 39 Rn. 38.
[49] Dazu → § 49 Rn. 7.
[50] *Habersack* ZIP 2007, 2145, 2150; Allg. M., BGH v. 24.3.1980, BGHZ 76, 326, 329; Baumbach/*Hueck/Haas,* GmbHG, Anh nach § 64 Rn. 79.

2. Rechtsfolgen des § 39 Abs. 1 Nr. 5 InsO

22 Die Rechtsfolgen des § 39 Abs. 1 Nr. 5 InsO greifen (vorbehaltlich der rückwirkenden Anfechtung gemäß § 135 Abs. 1 InsO) erst nach der Eröffnung der Insolvenz über das Vermögen des Darlehensempfängers. Daher steht § 39 Abs. 1 Nr. 5 InsO der Rückzahlung und Verzinsung eines Gesellschafterdarlehens gemäß den Bestimmungen des Kreditvertrags bis zur Eröffnung des Insolvenzverfahrens nicht entgegen.[51] § 39 Abs. 1 Nr. 5 InsO gewährt der Gesellschaft vor Insolvenzeröffnung kein Leistungsverweigerungsrecht.

23 **Nachrang.** Soweit das Darlehen bei Eröffnung des Insolvenzverfahrens der Gesellschaft noch nicht zurückgezahlt worden ist, kann der Gesellschafter das Darlehen nur als **nachrangiger Insolvenzgläubiger** geltend machen. Die Forderungen nachrangiger Gläubiger können nur zur Tabelle angemeldet werden, wenn das Insolvenzgericht besonders dazu auffordert (§§ 39 Abs. 1 Nr. 5, 174 Abs. 3 InsO). Das Darlehen ist auch nach Insolvenzeröffnung trotz des Nachrangs zu verzinsen (str.).[52]

24 **Anfechtbarkeit der Rückzahlung.** Soweit das Darlehen im letzten Jahr vor dem Antrag auf Eröffnung des Insolvenzverfahrens oder danach zurückgezahlt wurde, kann der Insolvenzverwalter die Rückzahlung allerdings anfechten (§ 135 Abs. 1 Nr. 2 InsO).[53] Die Anfechtung wird durch Geltendmachung des Rückgewähranspruchs aus § 143 InsO ausgeübt.[54] § 143 Abs. 1 InsO verleiht der Gesellschaft gegen den Gesellschafter einen Anspruch auf Rückerstattung des Empfangenen. Der Anspruch verjährt innerhalb von drei Jahren nach der Eröffnung des Insolvenzverfahrens (§ 146 Abs. 1 InsO iVm §§ 195, 199 Abs. 1 Nr. 1 BGB).[55]

25 **Sicherheiten.** Der Gesellschafter kann sich aus Sicherheiten, die für das nachrangige Darlehen bestellt sind, nicht gemäß §§ 49 ff. InsO abgesondert befriedigen.[56] Hat die Gesellschaft dem Gesellschafter zur Besicherung seiner Forderung **akzessorische** Sicherheiten bestellt, so kann sie gegen die Sicherheiten dieselben Einwendungen und Einreden geltend machen wie gegen die Forderung (vgl. nur §§ 1137, 1211 BGB). Soweit dem Gesellschafter **nicht-akzessorische** Sicherheiten bestellt wurden, kann die Gesellschaft dem Gesellschafter die Einrede der Anfechtbarkeit (§ 135 Abs. 1 Nr. 1 InsO)[57] oder die Bereicherungseinrede entgegenhalten.[58] Die Anfechtung wird durch Geltendmachung des Rückgewähranspruchs aus § 143 InsO ausgeübt.[59] Der Insolvenzverwalter hat dann gegen den Sicherungsnehmer einen Anspruch auf Aufgabe der Sicherheit.[60] Pfandrechte an beweglichen Sachen sind durch Pfandrück- oder -aufgabe nach §§ 1253 ff. BGB aufzuheben, sicherungsübereignete Sachen sind zurückzuübereignen, abgetretene Forderungen sind zurückabzutreten etc.[61]

26 **Nebenforderungen.** Zinsen und entsprechende Nebenforderungen, die für das Darlehen zu entrichten sind, sind in der Insolvenz des Schuldners genauso zu behandeln wie die Hauptforderung auf Rückzahlung der Darlehensvaluta (§ 39 Abs. 3 InsO).[62]

---

51 Zum früheren Eigenkapitalersatzrecht insoweit richtig OLG Düsseldorf v. 7.6.2001, DB 2001, 2706, 2707.

52 Zum früheren Eigenkapitalersatzrecht: BFH v. 5.2.1992, ZIP 1992, 620 geht von der Verzinsungspflicht aus.

53 Außerhalb des Insolvenzverfahrens kann eine Anfechtung durch einen Gläubiger mit einem vollstreckbaren Schuldtitel nach § 6 AnfG in Betracht kommen.

54 FKInsO/*Dauernheim* § 143 Rn. 38.

55 Graf-Schlicker/*Huber* § 146 Rn. 6.

56 Baumbach/*Hueck/Haas,* GmbHG, Anh nach § 64 Rn. 109.

57 Außerhalb des Insolvenzverfahrens kann eine Anfechtung durch einen Gläubiger mit einem vollstreckbaren Schuldtitel nach § 6 AnfG in Betracht kommen.

58 *Raiser/Veil KapGesR* § 48 Rn. 38.

59 FKInsO/*Dauernheim* § 143 Rn. 37 f.

60 FKInsO/*Dauernheim* § 143 Rn. 4.

61 FKInsO/*Dauernheim* § 143 Rn. 5.

62 *Habersack* ZIP 2007, 2145, 2150; Baumbach/*Hueck/Haas,* GmbHG Anh nach § 64 Rn. 79.

27 **Mehrheit von Gläubigern.** Steht die nachrangige Forderung mehreren gemeinsam zu (§ 432 BGB) und ist nur einer der (Mit-)Gläubiger gleichzeitig Gesellschafter, so wird die Forderung nur in Höhe des Anteils nachrangig, der dem Gesellschafter-Gläubiger intern zusteht.[63] Bei Konsortialkrediten ist jeder Konsorte alleiniger Inhaber seiner Forderungen.[64] Daher sind auch nur die Darlehensforderungen derjenigen Konsorten nachrangig, die selbst (direkte oder indirekte) Gesellschafter des Kreditnehmers sind oder nach dem Gesetz einem Gesellschafter gleichgestellt werden.

3. Gesetzliche Ausnahmen

a) Sanierungsprivileg

28 Das Sanierungsprivileg wurde erstmals 1998 im GmbHG kodifiziert[65] und durch das MoMiG in leicht modifizierter Form in die InsO übernommen.

29 **Sinn und Zweck.** Nach dem Sanierungsprivileg des § 39 Abs. 4 S. 2 InsO sollen bereits gewährte oder neu zu gewährende Darlehen eines Darlehensgebers nicht allein deshalb nachrangig werden, weil der Darlehensgeber bei drohender oder eingetretener Zahlungsunfähigkeit oder bei Überschuldung der Gesellschaft zum Zweck der Sanierung eine Beteiligung an dieser erwirbt.[66] Der Darlehensgeber soll so gestellt werden, wie er stünde, wenn er bei Vorliegen eines Eröffnungsgrunds gemäß §§ 17 bis 19 InsO keine Anteile erworben hätte.[67]

30 **Erwerb von Anteilen.** Der Darlehensgeber muss Anteile an der Gesellschaft erwerben. Eine Mindestbeteiligung wird nicht verlangt.[68] Allerdings erlangt das Sanierungsprivileg erst dann eine praktische Bedeutung, wenn die erworbene Beteiligung die bereits nach § 39 Abs. 5 InsO privilegierten sog nichtunternehmerischen Kleinbeteiligungen übersteigt.[69] Auch eine Beteiligungsobergrenze existiert nicht.[70] Das Sanierungsprivileg gilt also auch bei einem Kontrollerwerb oder dem Erwerb aller Anteile.[71] Es spielt keine Rolle, ob die Anteile durch eine Kapitalerhöhung neu geschaffen oder als bereits bestehende Anteile von anderen Gesellschaftern erworben wurden.[72]

31 Das Sanierungsprivileg greift nach hM nur ein, wenn der Anteilserwerb **ursächlich** für den Nachrang des Darlehens ist.[73] § 39 Abs. 4 S. 2 InsO gilt daher nur für **Neugesellschafter,** diesen Gleichgestellten und für nicht geschäftsführende Kleingesellschafter (§ 39 Abs. 5 InsO), die ihre Beteiligung erst nach Eintritt eines Eröffnungsgrundes erwerben oder über die 10%-Grenze hinaus erhöhen.[74] Dagegen wird die Privilegierung eines Darlehens übereinstimmend abgelehnt, das ein bereits vor Eintritt eines Eröffnungsgrundes

---

[63] Zum früheren Eigenkapitalersatzrecht: BGH v. 16.6.1997, NJW 1997, 3026, 3027; *Wagner* RBeistand 2003, 9, 13.

[64] Dazu → § 31 Rn. 19.

[65] Vgl. den früheren § 32a Abs. 3 S. 3 GmbHG. In der „Helaba-Sonnenring"-Entscheidung vom 21.9.1981 hatte der BGH noch ein Sanierungsprivileg abgelehnt. Aus welchen Beweggründen eine Bank einen Kredit gewähre (ob zur Rettung oder aus anderen Motiven), sei gleichgültig. Entscheidend sei, dass die Bank als Gesellschafter der Gesellschaft anstelle von fehlendem Eigenkapital die Mittel verschaffe, die sie benötige, um lebensfähig zu bleiben, BGH v. 21.9.1981, BGHZ 81, 311, 314 („HeLaBa-Sonnenring"); dazu *Dauner-Lieb* DStR 1998, 1517, 1518.

[66] Graf-Schlicker/*Neußner* § 39 Rn. 28; Zum früheren Eigenkapitalersatzrecht: Bericht des Rechtsausschusses, BT-Drucks. 13/10038 vom 4.3.1998.

[67] Zum früheren Eigenkapitalersatzrecht: Beschlussempfehlung des Rechtsausschusses zum KonTraG, ZIP 1998, 491.

[68] Zum früheren Eigenkapitalersatzrecht: *Pentz* GmbHR 1999, 437, 448.

[69] → § 50 Rn. 3.

[70] Zum früheren § 32a GmbHG: *Dauner-Lieb* DStR 1998, 1517, 1519.

[71] Zum früheren § 32a GmbHG: v. Gerkan/Hommelhoff/*Dauner-Lieb,* HdBKapitalersatzrecht Rn. 4.34.

[72] Zum früheren Eigenkapitalersatzrecht: Allg. M., v. Gerkan/Hommelhoff/*Dauner-Lieb,* HdBKapitalersatzrecht Rn. 4.32; *Pentz* GmbHR 1999, 437, 448.

[73] Zum früheren § 32a GmbHG: v. Gerkan/Hommelhoff/*Dauner-Lieb,* HdBKapitalersatzrecht Rn. 4.51.

[74] Graf-Schlicker/*Neußner* § 39 Rn. 31; zum früheren § 32a GmbHG: *Dauner-Lieb* DStR 1998, 1517, 1520; *Raiser/Veil KapGesR* § 48 Rn. 24; *Rümker/Denicke* FS Lutter, S. 665, 674.

mit einer relevanten Beteiligung beteiligter Gesellschafter („Altgesellschafter") der Gesellschaft gewährt hat. Dieses Darlehen verliert nicht seinen Nachrang, wenn der Altgesellschafter seine Beteiligung nach Vorliegen eines Eröffnungsgrunds zum Zwecke der Sanierung weiter erhöht.[75]

32 Umstritten ist allerdings die Behandlung von Darlehen, die ein Altgesellschafter nach Vorliegen eines Eröffnungsgrundes der Gesellschaft neu gewährt (sog **Neudarlehen**).[76] Eine starke **Mindermeinung** ist der Ansicht, dass auch ein Neudarlehen, welches ein Altgesellschafter nach Vorliegen eines Eröffnungsgrundes gewährt, dem Sanierungsprivileg unterfalle.[77] Eine solche Auslegung entspräche dem gesetzgeberischen Ziel, Sanierungen zu fördern.[78] Es sei auch nicht einzusehen, warum ein Altgesellschafter hinsichtlich seiner Neukredite schlechter gestellt werden solle als ein Neugesellschafter hinsichtlich seiner Neukredite.[79] Die Nichtanwendung des Sanierungsprivilegs führe auch zu einer ungerechtfertigten Ungleichbehandlung der Gesellschafter. Das Neudarlehen eines „Kleingesellschafters", der vor dem Anteilserwerb mit 9% an der Gesellschaft beteiligt war, wäre privilegiert, das Neudarlehen eines „Altgesellschafters", der vorher einen Anteil von 11% hielt, dagegen nicht.[80] Dagegen lehnt die wohl **hM** die Anwendung des Sanierungsprivilegs auf Neudarlehen eines Altgesellschafters zu Recht ab, da das Neudarlehen unabhängig vom Anteilserwerb nachrangig wird und es daher an der Kausalität des Anteilserwerbs für den Nachrang fehlt. Durch das Sanierungsprivileg soll nur verhindert werden, dass ein Gesellschafter durch eine Verstrickung seines Darlehens für sein Sanierungsengagement bestraft wird.[81]

33 **Erwerb einer entsprechenden Rechtsstellung.** Teilweise wird unter Hinweis auf den Wortlaut vertreten, dass nur der Anteilserwerb, nicht aber eine sonstige lediglich mitgliedschaftliche Beziehung zur Gesellschaft, die Anwendung des Sanierungsprivilegs rechtfertigen könne.[82] Die ganz hM anerkennt aber als Erwerb von Anteilen nach Vorliegen eines Eröffnungsgrundes iSd § 39 Abs. 4 S. 2 InsO auch den Erwerb einer Rechtsstellung, die der eines Gesellschafters wirtschaftlich entspricht.[83]

34 **Zeitpunkt des Anteilserwerbs.** Aus der Formulierung „erwirbt ein Gläubiger" wird teilweise geschlossen, dass das Sanierungsprivileg nur anwendbar sei, wenn der Anteilserwerb *nach* der Gewährung eines Darlehens erfolge.[84] Diese Auslegung ist mit dem Sinn und Zweck der gesetzlichen Regelung aber nicht zu vereinbaren. Deshalb kommt es nicht darauf an, ob das Darlehen vor oder nach dem Anteilserwerb gewährt worden ist.[85]

---

[75] Baumbach/*Hueck/Haas,* GmbHG § 64 Anh Rn. 118; v. Gerkan/Hommelhoff/*Dauner-Lieb,* HdBKapitalersatzrecht Rn. 4.46; zum früheren Eigenkapitalersatzrecht: *Obermüller* ZInsO 1998, 51, 53.

[76] Zum Erfordernis der Prüfung der Sanierungsfähigkeit des Kreditnehmers vor der Kreditvergabe → § 50 Rn. 36.

[77] Zum früheren Eigenkapitalersatzrecht: *Rümker/Denicke* FS Lutter, S. 665, 675; *Früh* GmbHR 1999, 842, 845; *Pentz* GmbHR 1999, 437, 449; jedenfalls dann, wenn der Altgesellschafter vor der Gewährung des Neudarlehens durch Anteilsveräußerung zum Kleinbeteiligten geworden ist, *Altmeppen* ZGR 1999, 291, 296.

[78] Zum früheren Eigenkapitalersatzrecht: *Rümker/Denicke* FS Lutter, S. 665, 676.

[79] Zum früheren Eigenkapitalersatzrecht: *Rümker/Denicke* FS Lutter, S. 665, 675.

[80] Zum früheren Eigenkapitalersatzrecht: *Rümker/Denicke* FS Lutter, S. 665, 675.

[81] Zum früheren Eigenkapitalersatzrecht: v. Gerkan/Hommelhoff/*Dauner-Lieb,* HdBKapitalersatzrecht Rn. 4.51 mwN.

[82] Zum früheren Eigenkapitalersatzrecht: *Pentz* GmbHR 1999, 437, 449; *Neuhof* NJW 1999, 20, 21.

[83] Baumbach/*Hueck/Haas,* GmbHG § 64 Anh Rn. 118; zum früheren Eigenkapitalersatzrecht: *Diem* BKR 2002, 1034, 1040; *Wittig* FS Uhlenbruck, S. 685, 718; *Dörrie* ZIP 1999, 12, 15; nach *Früh* GmbHR 1999, 842, 844, ist der Begriff des Gesellschafters in § 32a Abs. 3 S. 3 GmbHG ebenso weit auszulegen wie für § 32a GmbHG im Übrigen. Nach *Pichler* WM 1999, 411, 414, erfüllt jede Verpfändung von Gesellschaftsanteilen den Erwerbsbegriff des § 32a Abs. 3 S. 3 GmbHG; *Rümker/Denicke* FS Lutter, S. 665, 671 ff., die aber den Erwerb eines „atypischen" Pfandrechts davon ausnehmen.

[84] Zum früheren Eigenkapitalersatzrecht: *Pichler* WM 1999, 411, 415 f.

[85] So zum früheren Eigenkapitalersatzrecht: *Rümker/Denicke* FS Lutter, S. 665, 677; *Casper/Ullrich* GmbHR 2000, 472, 477.

Sanierungszweck. Der Darlehensgeber muss **subjektiv** den Willen zur Sanierung haben[86] und berechtigterweise von der Sanierungsfähigkeit der Gesellschaft ausgehen dürfen.[87] Dies sollte durch das Gutachten eines unabhängigen Experten nachgewiesen werden.[88] Weitergehend wird gefordert, dass die Sanierung das primäre Ziel des Anteilserwerbs darstellt.[89] Dem ist zu folgen, soweit damit nicht gemeint ist, dass die Sanierung das einzige Ziel sein muss.[90] Die Sanierung der Gesellschaft wird niemals das alleinige Ziel sein, sondern nur ein Etappenziel, auf dem Weg, den Wert der erworbenen Anteile zu steigern.[91] Eigennützige Motive oder mit dem Anteilserwerb und einer möglichen Sanierung verbundene positive Nebeneffekte für den Sanierungsgesellschafter sind daher grundsätzlich unschädlich.[92] 35

Die Gesellschaft muss außerdem nach der pflichtgemäßen Einschätzung eines objektiven Dritten im Augenblick des Anteilserwerbs **(objektiv) sanierungsfähig** sein, und die für ihre Sanierung konkret in Angriff genommenen Maßnahmen müssen objektiv geeignet sein, die Gesellschaft in überschaubarer Zeit durchgreifend zu sanieren.[93] Die Privilegierung des Darlehens ist dagegen nicht vom tatsächlichen Eintritt des Sanierungserfolges abhängig.[94] 36

Dauer der Privilegierung. Das Darlehen ist bis zum Abschluss der „nachhaltigen Sanierung" privilegiert (§ 39 Abs. 4 S. 2 InsO).[95] 37

b) Privilegierung von Unternehmensbeteiligungsgesellschaften

Zum Zwecke des Erwerbs, des Haltens, der Verwaltung und der Veräußerung von Wagniskapitalbeteiligungen kann eine Unternehmensbeteiligungsgesellschaft („UBG") gegründet werden (§ 2 Abs. 2 UBGG). Wagniskapitalbeteiligungen sind Aktien, GmbH-Geschäftsanteile, Kommanditanteile, Beteiligungen als Komplementär, Beteiligungen als stiller Gesellschafter oder Genussrechte (§ 1a Abs. 2 UBGG). Eine UBG kann in der Rechtsform einer AG, GmbH, KG oder KGaA betrieben werden (§ 2 Abs. 1 UBGG). 38

Das Gesetz unterscheidet zwischen offenen und integrierten UBG. Eine offene UBG darf nur während einer fünfjährigen Anlaufphase einen Mehrheitsgesellschafter haben. Danach darf kein Gesellschafter unmittelbar oder mittelbar mehr als 40 % der Anteile oder Stimmrechte an der offenen UBG halten (§ 7 Abs. 1 UBGG). Eine integrierte UBG darf sich nur an Unternehmen beteiligen, bei denen mindestens eine natürliche Person Geschäftsführer ist und mindestens 10 % der Stimmrechte an der UBG hält. Außerdem darf die integrierte UBG zwar eine Mehrheitsbeteiligung erwerben. Sie muss diese Mehrheitsbeteiligung aber spätestens nach einem Jahr auf höchstens 49 % der Stimmrechte zurück- 39

---

86 Der Sanierungswille wird im Regelfall zu vermuten sein, BGH v. 21.11.2005, BKR 2006, 452, 454.

87 Baumbach/*Hueck/Haas,* GmbHG § 64 Anh Rn. 120; zum früheren Eigenkapitalersatzrecht: *Früh* GmbHR 1999, 842, 845.

88 Zum früheren Eigenkapitalersatzrecht: BGH v. 21.11.2005, ZInsO 2006, 148.

89 Zum früheren Eigenkapitalersatzrecht: *Dörrie* ZIP 1999, 12, 14.

90 So aber zum früheren Eigenkapitalersatzrecht: *Claussen* GmbHR 1996, 316, 326 (ausschließlich zu Sanierungszwecken).

91 Nach *Früh* muss der Sanierungswille jedenfalls ein Mitmotiv für die Kreditgewährung sein; vgl. zum früheren Eigenkapitalersatzrecht: *Früh* GmbHR 1999, 842, 845.

92 So auch zum früheren Eigenkapitalersatzrecht: *Dörrie* ZIP 1999, 12, 14; *Rümker/Denicke* FS Lutter, S. 665, 679.

93 Baumbach/*Hueck/Haas,* GmbHG § 64 Anh Rn. 120; Uhlenbruck/*Hirte,* InsO, § 39 Rn. 64; zum früheren Eigenkapitalersatzrecht: BGH v. 21.11.2005, BKR 2006, 452, 454; *Dörrie* ZIP 1999, 12, 14; *Pentz* GmbHR 1999, 437, 449; *Pichler* WM 1999, 411, 417; kritisch Scholz/*K. Schmidt,* GmbHG, 10. Aufl., §§ 32a, 32b Rn. 217; ablehnend *Rümker/Denicke* FS Lutter, S. 665, 680.

94 Zum früheren Eigenkapitalersatzrecht: *Früh* GmbHR 1999, 842, 845.

95 Der Gesetzgeber hat damit die vor Inkrafttreten des MoMiG teilweise in der Literatur geäußerte Ansicht verworfen, dass die Privilegierung des Darlehens nach erfolgter Sanierung auch dann erhalten bleibe, wenn erneut eine Krise eintrete, vgl. dazu *Früh* GmbHR 1999, 842, 847; *Wittig* FS Uhlenbruck, S. 685, 695; auf fehlende Beschränkung im Wortlaut abstellend, BeckHdB GmbH/*Jung/Otto* § 8 Rn. 203; im Erg. ebenso *Obermüller* ZInsO 1998, 51, 53 f. mit eingehender Begründung.

geführt haben (§§ 7 Abs. 6, 4 Abs. 4 UBGG). Aufgrund dieser Beschränkungen sind UBG selten geblieben.

40 Eine UBG hat verschiedene Vorteile. Unter anderem enthält § 24 UBGG eine Ausnahme vom grundsätzlichen Nachrang der Gesellschafterdarlehen in der Insolvenz des Darlehensnehmers (§ 39 Abs. 1 Nr. 5 InsO). Ist der Darlehensgeber über eine Beteiligung an einer UBG mittelbar am Darlehensnehmer beteiligt, so wird sein Darlehen nicht nachrangig.

41 Folgt man der Ansicht, dass die Nachrangregel des § 39 Abs. 1 Nr. 5 InsO auf einen mittelbaren Gesellschafter nur dann Anwendung findet, wenn er ein mit dem unmittelbaren Gesellschafter verbundenes Unternehmen ist, dieses insbesondere beherrscht,[96] so kann die Privilegierung des § 24 UBGG für eine offene UBG allenfalls während der fünfjährigen Anlaufphase Bedeutung haben. Denn danach darf es bei einer offenen UBG keinen Mehrheitsgesellschafter mehr geben, auf den die Nachrangregel des § 39 Abs. 1 Nr. 5 InsO Anwendung finden könnte (§ 7 Abs. 1 UBGG).[97] Ist man dagegen der Auffassung, dass bereits eine Beteiligung des mittelbaren Gesellschafters von (durchgerechnet) mehr als 10 % am Kapital des Darlehensnehmers ausreicht, so wäre § 24 UBGG auch über diese Frist hinaus interessant. Gesellschafter einer integrierten UBG können daran Mehrheitsbeteiligungen halten und somit von der Privilegierung des § 24 profitieren.[98]

4. Mittelbares Gesellschafterdarlehen

42 **Begriff.** Gewährt nicht der Gesellschafter, sondern ein Dritter (zB eine Bank) das Darlehen an die Gesellschaft und bestellt der Gesellschafter dafür eine Sicherheit, so spricht man von einem **„mittelbaren Gesellschafterdarlehen"**.

43 **Grundprinzip der Regelung.** Den Regelungen zum mittelbaren Gesellschafterdarlehen liegt folgende Überlegung zugrunde: Es macht wirtschaftlich keinen Unterschied, ob ein Gesellschafter der Gesellschaft selbst ein Darlehen gewährt oder das Darlehen eines Dritten besichert. In der Insolvenz der Gesellschaft soll der Gesellschafter in beiden Fällen gleich behandelt werden. Das bedeutet, dass für die Rückzahlung des Darlehens an den Dritten nach Insolvenzeröffnung primär die vom Gesellschafter bestellte Sicherheit oder abgegebene Bürgschaft haftet und erst danach die Gesellschaft. Denn der Gesellschafter hat ab Insolvenzeröffnung im **Innenverhältnis** gegenüber der Gesellschaft eine Pflicht, die Gesellschaft von der Darlehensverbindlichkeit freizustellen.[99] Erfolgte die Darlehensrückzahlung innerhalb eines Jahres vor der Insolvenzeröffnung, so hat der Gesellschafter den zurückgezahlten Betrag bis zum Wert seiner Sicherheit der Gesellschaft zu erstatten.

44 **Sicherheit**. Der Begriff der Sicherheit ist weit zu verstehen. In Betracht kommt jede Realsicherheit an Vermögensgegenständen des Gesellschafters.[100]

45 **Rang der Forderungen in der Insolvenz.** Die Forderungen des **Gläubigers** eines mittelbaren Gesellschafterdarlehens sind in der Insolvenz des Darlehensschuldners **nicht nachrangig.** Allerdings muss der Gläubiger **zunächst** vom Gesellschafter, der die Sicherheit bestellt hat, Befriedigung suchen. Seinen Darlehensrückzahlungsanspruch kann er in der Insolvenz der Gesellschaft nur in dem Umfang geltend machen, wie er vom Gesellschafter keine Befriedigung erlangt hat (§ 44a InsO). Nach heute wohl hM kann der Gläubiger seine Forderung trotzdem in voller Höhe im Insolvenzverfahren anmelden.[101] Die Beschränkung des § 44a InsO bezieht sich nur auf das Verteilungsverfahren.[102] Es soll

---

[96] Dazu → § 50 Rn. 9.

[97] *Fock*, UBGG § 24 Rn. 19.

[98] *Fock*, UBGG § 24 Rn. 20.

[99] Diese Freistellungspflicht folgt aus der Sicherungsabrede zwischen Gesellschaft und Gesellschafter, *K. Schmidt* BB 2008, 1966, 1967 ff.

[100] Graf-Schlicker/*Neußner* § 44a Rn. 7.

[101] Graf-Schlicker/*Neußner* § 44a Rn. 8. Baumbach/*Hueck/Fastrich,* GmbHG § 30 Rn. 103; Henssler/Strohn/*T. Fleischer*, Gesellschaftsrecht, § 44a InsO Rn. 4; *Gehrlein* BB 2008, 846, 852.

[102] MüKoInsO/*Bitter* § 44a InsO Rn. 20; Henssler/Strohn/*T. Fleischer*, Gesellschaftsrecht, § 44a InsO Rn. 4.

erreicht werden, dass die Gesellschaftersicherheit vor der Schlussverteilung ausgeschöpft ist.[103]

Im Fall der Verwertung der Sicherheit erwirbt der **Gesellschafter** einen **Rückgriffsanspruch** gegen die Gesellschaft.[104] Diesen Anspruch kann er nur als nachrangiger Gläubiger geltend machen (§ 39 Abs. 1 Nr. 5 InsO).[105] Hat der Gesellschafter innerhalb eines Jahres vor der Insolvenzeröffnung für die Inanspruchnahme seiner Sicherheit Regress genommen, so ist die Erfüllung der Regressforderung nach § 135 Abs. 1 InsO anfechtbar. Denn die Regressforderung wäre in der Insolvenz gemäß § 39 Abs. 1 Nr. 5 InsO nachrangig gewesen.[106] **46**

Anfechtbarkeit und Erstattungspflicht. Die Rückzahlung eines von einem Gesellschafter besicherten Darlehens im letzten Jahr vor dem Antrag auf Insolvenzeröffnung oder danach ist anfechtbar (§ 135 Abs. 2 InsO). Die Vorschrift ist missglückt. Die Anfechtung richtet sich inhaltlich nicht gegen die (nicht missbilligte) Rückzahlung des Darlehens an den Dritten, sondern gegen die (missbilligte) Befreiung des Gesellschafters von seiner Verpflichtung aus der Sicherheit.[107] Grundsätzlich muss der Empfänger einer angefochtenen Leistung, dh der Gläubiger des Rückzahlungsanspruchs, gemäß § 143 Abs. 1 InsO das Erhaltene an die Insolvenzmasse erstatten. Allerdings regelt § 143 Abs. 3 InsO als *lex specialis,* dass stattdessen der **Gesellschafter,** der die Sicherheit bestellt hatte oder als Bürge haftete, den zurückgezahlten Betrag an die Insolvenzmasse zu erstatten hat. Diese Sonderregelung führt zur erwünschten Rechtsfolge. Die Haftung des Gesellschafters ist aber auf den Betrag, mit dem er als Bürge haftete oder der dem Wert seiner Sicherheit im Zeitpunkt der Rückgewähr des Darlehens entspricht, beschränkt. Das bedeutet, dass der Gesellschafter nur insoweit zur Erstattung verpflichtet ist, als der Erstattungsbetrag zusammen mit dem Betrag, für den er dem Gläubiger weiter verhaftet bleibt, die Bürgschaftssumme nicht übersteigt.[108] Der Gesellschafter kann sich von seiner Haftung befreien, wenn er die Gegenstände, die dem Gläubiger als Sicherheit dienten, der Insolvenzmasse zur Verfügung stellt (§ 143 Abs. 3 S. 3 InsO). Der Anspruch gegen den Gesellschafter verjährt zwei Jahre nach der Insolvenzeröffnung (§ 146 InsO). **47**

Privilegierungen. Das einer Gesellschaft gewährte Darlehen eines Darlehensgebers, der erst nach Eintritt eines Insolvenzeröffnungsgrundes zum Zweck der Sanierung der Gesellschaft Anteile an dieser erwirbt, oder der mit nicht mehr als 10% am Haftkapital der Gesellschaft beteiligt und nicht in deren Geschäftsführung eingebunden ist, wird nicht nachrangig (§ 39 Abs. 1 Nr. 4 S. 2 und Abs. 5 InsO). Gewährt ein solcher Gesellschafter der Gesellschaft das Darlehen nicht selbst, sondern besichert er nur das Darlehen eines (nicht gleichgestellten) Dritten, so kann er nicht strenger haften. Darum gilt § 44a InsO nicht für Darlehen von (nicht gleichgestellten) Dritten, die von einem Gesellschafter besichert werden, der (i) erst nach Eintritt eines Eröffnungsgrundes zum Zweck der Sanierung der Gesellschaft mehr als 10% der Anteile an der Gesellschaft erwirbt oder seine bisherige Beteiligung auf mehr als 10% erhöht oder (ii) der nicht mehr als 10% der Anteile an der Gesellschaft hält.[109] Der Dritte kann seine Darlehensforderungen ohne Einschränkung im Insolvenzverfahren des Darlehensnehmers geltend machen. Greift einer der Privilegierungstatbestände, so kann die Rückzahlung eines mittelbaren Darlehens durch den Darlehensnehmer auch nicht nach § 135 Abs. 2 InsO angefochten werden (§ 135 Abs. 4 InsO). **48**

---

[103] Henssler/Strohn/*T. Fleischer*, Gesellschaftsrecht, § 44a InsO Rn. 4.

[104] Vgl. die Rückgriffsansprüche des Bürgen (§ 774 Abs. 1 BGB), des Eigentümers (§ 1143 BGB), des Verpfänders (§ 1225 BGB) oder anderer Sicherungsgeber aus § 670 BGB.

[105] *K. Schmidt* BB 2008, 1966, 1968; Baumbach/*Hueck/Fastrich,* GmbHG § 30 Anh Rn. 78; zum früheren Eigenkapitalersatzrecht: *Dörrie* ZIP 1999, 12, 15.

[106] *K. Schmidt* BB 2008, 1966, 1970.

[107] *K. Schmidt* BB 2008, 1966, 1969.

[108] Zum früheren Eigenkapitalersatzrecht: BGH v. 2.4.1990, NJW 1990, 2260.

[109] *Freitag* WM 2007, 1681, 1684; zum Sanierungsprivileg *Rümker/Denicke* FS Lutter, S. 665, 681.

§ 51. Nachrang von Bankkrediten

I. Bank als atypischer Pfandgläubiger

1. BGH-Entscheidung zum atypischen Pfandgläubiger

1 Große Bedeutung für die Vertragspraxis hat die Entscheidung des BGH zum „atypischen Pfandgläubiger". Darin erklärte der BGH, dass eine kreditgebende Bank, die zwar nicht Gesellschafterin des Kreditnehmers ist, sich aber dessen Gesellschaftsanteile zur Sicherheit **verpfänden** lässt, unter bestimmten Bedingungen einem Gesellschafter gleichzustellen sei.[1] Ob der vom BGH entschiedene Fall verallgemeinerungsfähig ist[2] bzw. ob auch nach Inkrafttreten des MoMiG ein Pfandgläubiger mit umfassenden Mitspracherechten in Bezug auf die Geschäftsführung der von ihm finanzierten GmbH als gesellschaftergleicher Dritter anzusehen ist, ist umstritten.[3] Nach hier vertretener Ansicht sollte das Darlehen eines atypischen Pfandgläubigers nicht nachrangig sein.[4]

2 Aus der Entscheidung des BGH lassen sich folgende **Grundsätze** entnehmen: Orientiert sich die Ausgestaltung des Pfandrechts und damit die Rechtsstellung des Pfandgläubigers am **gesetzlichen Modell** der §§ 1273, 1205 ff. BGB (typischer Pfandgläubiger), führt dies nicht zur Gleichstellung mit einem Gesellschafter iSd § 39 Abs. 1 Nr. 5 InsO. Das Pfandrecht an einem Gesellschaftsanteil gewährt dem Pfandgläubiger grundsätzlich keine gesellschafterähnliche Stellung. Der Pfandgläubiger hat keine Möglichkeit, auf die Geschäftsführung der Gesellschaft, deren Anteile Gegenstand des Pfandrechts sind, einzuwirken. Denn das Pfandrecht erstreckt sich nicht auf Mitgliedschafts- und Gewinnbezugsrechte (ua das Stimmrecht und das Dividendenbezugsrecht). Diese verbleiben nach dem gesetzlichen Modell der §§ 1273, 1205 ff. BGB beim Gesellschafter.[5]

3 Der Pfandgläubiger erhält auch dann keine gesellschafterähnliche Stellung, wenn er über das gesetzliche Modell hinaus mit dem Verpfänder schuldrechtliche **Nebenabreden** trifft, die ihm Schadensersatzansprüche für den Fall der Beeinträchtigung seiner Pfandrechte sichern sollen. Eine Abrede, wonach die Ausübung der Mitgliedschaftsrechte allein beim Verpfänder verbleibt, dieser jedoch verpflichtet ist, keine Willenserklärungen abzugeben und keine Rechtshandlungen vorzunehmen, durch die das Pfandrecht der Beklagten beeinträchtigt werden könnte, sah der BGH als unschädlich an.[6]

4 Der Pfandgläubiger wird aber dann zum Normadressaten des § 32a Abs. 3 S. 1 GmbHG (seit dem MoMiG § 39 Abs. 1 Nr. 5 InsO), wenn er sich durch **weitergehende Nebenabreden** im Verpfändungsvertrag oder einem anderen Vertrag[7] eine Position einräumen lässt, die nach ihrer konkreten Ausgestaltung im wirtschaftlichen Ergebnis der Stellung eines Gesellschafters gleich- oder jedenfalls nahekommt **(atypischer Pfandgläubiger).**[8] Eine solche atypische Ausgestaltung des Pfandrechts an einem Gesellschaftsanteil ist nach Ansicht des BGH ebenso zu beurteilen wie die Stellung eines atypischen stillen Gesell-

---

1 BGH v. 13.7.1992, BGHZ 119, 191 ff.

2 *Goette*, der als Richter des II. Zivilsenats an dem Urteil mitgewirkt hat, erklärt dazu: „Die Entscheidung ist von der Besonderheit der Fallgestaltung geprägt, in der die Bank wie ein faktischer Geschäftsführer gehandelt hat, sie ist schwerlich in der Weise verallgemeinerungsfähig, dass Pfandgläubiger und Banken stets der Geltung des Eigenkapitalersatzrechts unterworfen werden können.", *Goette*, Die GmbHG, § 4 Rn. 122.

3 Zum Meinungsstand Ulmer/*Habersack*/Löbbe Anh. § 30 Rn. 92, wonach sich noch keine klar vorherrschende Ansicht feststellen lässt.

4 → § 50 Rn. 16.

5 Baumbach/Hueck/*Fastrich*, GmbHG § 15 Rn. 50; Scholz/*H. Winter/Seibt*, GmbHG § 15 Rn. 181.

6 BGH v. 13.7.1992, BGHZ 119, 191, 195.

7 Ist der Verpfänder – wie häufig – auch gleichzeitig Kreditnehmer oder Garant, so können Vereinbarungen im Kreditvertrag im Ergebnis die gleiche Wirkung entfalten wie Nebenabreden zum Verpfändungsvertrag. Auch solche Nebenabreden können eine Bank uU zum „atypischen Pfandgläubiger" machen.

8 BGH v. 13.7.1992, BGHZ 119, 191, 195.

schafters. Der atypische stille Gesellschafter ist nach dem BGH in Bezug auf die Eigenkapitalersatzregeln (seit dem MoMiG die Nachrangregeln) einem Gesellschafter gleichzustellen, wenn ihm weitreichende Befugnisse zur Einflussnahme auf die Geschäftsführung und die Gestaltung der Gesellschaft eingeräumt sind, insbesondere wenn er wie ein Gesellschafter die Geschicke der Gesellschaft mitzubestimmen berechtigt ist.[9] Der BGH hält es für unerheblich, dass der Pfandgläubiger als kreditgebende Bank mit der ihm eingeräumten Stellung in der Gesellschaft keine unternehmerischen, sondern lediglich Sicherungsinteressen verfolgt.[10]

In dem vom BGH **entschiedenen Fall** ließ sich die kreditgebende Bank im Rahmen der Verpfändungsverträge von sämtlichen Gesellschaftern des Kreditnehmers über das gesetzliche Leitbild hinaus die folgenden zusätzlichen Befugnisse einräumen: (a) Verpflichtung der Gesellschaft und ihrer Gesellschafter, vor wichtigen Entscheidungen und Vereinbarungen, welche die Gesellschaft und das Gesellschaftsverhältnis betreffen, die Zustimmung der Bank einzuholen. Dazu zählten im konkreten Fall der Abschluss und die Änderung von Verträgen zwischen Gesellschaft und Gesellschafter, die Fassung eines Gewinnverwendungsbeschlusses, Abschluss und Änderung des Gesellschaftsvertrags, Änderung der Rechtsform, einschließlich Verschmelzung oder Einbringung der Gesellschaftsanteile in eine andere Gesellschaft.[11] Außerdem: (b) Pfandrecht an Gewinnbezugsrechten und (c) Sicherungsabtretung der bestehenden und künftigen Ansprüche auf Auszahlung und Entnahme des Gewinns, Abfindung bei Austritt, Auszahlung des Liquidationsüberschusses bei Auflösung und den Kaufpreis bei einer Veräußerung der Geschäftsanteile.[12] Darüber hinaus veranlasste die Bank die verpfändenden Gesellschafter, (d) der Übertragung der Geschäftsführung der Gesellschaft und der Leitung des Unternehmens auf eine „ihr nahe stehende" Unternehmensberatung zuzustimmen.[13] 5

Aufgrund der **„gebotenen Gesamtbetrachtung"** kam der BGH zu der Ansicht, dass sich die Bank spätestens mit der faktischen Entmachtung der bisherigen Geschäftsführung entscheidenden Einfluss auf die Geschicke des Schuldnerunternehmens verschafft hatte, der über die Stellung eines Pfandgläubigers weit hinausging und die Bank in eine gesellschafterähnliche Verantwortung für die seriöse Finanzierung des Unternehmens einbezog. Der BGH sah die Bank daher „spätestens ab diesem Zeitpunkt" als Normadressatin des § 32a GmbHG (seit dem MoMiG § 39 Abs. 1 Nr. 5 InsO) an,[14] und ihr Darlehen wurde kapitalersetzend (seit dem MoMiG nachrangig). Eine Bank, die ein Pfandrecht an den Gesellschaftsanteilen ihres Kreditnehmers hat und sich gesellschafterähnliche Rechte einräumen lässt, muss sich nach Ansicht des BGH in der Insolvenz des Kreditnehmers wie ein Gesellschafter behandeln lassen. Das Darlehen eines atypischen Pfandgläubigers wäre also in der Insolvenz des Kreditnehmers gemäß § 39 Abs. 1 Nr. 5 InsO nachrangig. 6

Seit dieser Entscheidung des BGH besteht die Gefahr, dass das Pfandrecht an den Gesellschaftsanteilen des Kreditnehmers, das dem Kreditgeber eine Sicherheit für seine Forderungen bieten sollte, das Gegenteil seines Zwecks bewirkt[15] und zur faktischen Wertlosigkeit nicht nur der Sicherheit, sondern auch der besicherten Forderung führt. 7

---

9 BGH v. 7.11.1988, WM 1989, 14; BGH v. 13.7.1992, BGHZ 119, 191, 195 f.

10 BGH v. 13.7.1992, BGHZ 119, 191, 196; zustimmend *Dreher* ZGR 1994, 144, 150. Demgegenüber hat Österreich in seinem am 1.1.2004 in Kraft getretenen Eigenkapitalersatz-Gesetz („EKEG") eine bankenfreundliche Regelung getroffen. Nach § 5 Abs. 1 Nr. 3 EKEG gilt als Gesellschafter auch derjenige, der ohne Beteiligung an der Gesellschaft einen beherrschenden Einfluss auf die Gesellschaft ausübt. Ein durch kreditvertragstypische Informations- und Einflussrechte und Sicherheiten vermittelter Einfluss ist davon jedoch ausdrücklich ausgenommen, vgl. *Blöse* GmbHR 2004, 412, 413.

11 BGH v. 13.7.1992, BGHZ 119, 191, 198.

12 BGH v. 13.7.1992, BGHZ 119, 191, 192.

13 BGH v. 13.7.1992, BGHZ 119, 191, 193.

14 BGH v. 13.7.1992, BGHZ 119, 191, 201.

15 *Maier-Reimer* FS Rowedder, S. 245, 246.

2. Reaktionen der Literatur

8 Der überwiegende Teil der Literatur ist dem BGH gefolgt.[16] Ein Teil der Literatur lehnte die Erweiterung des Adressatenkreises des § 32a Abs. 3 S. 1 GmbHG (seit dem MoMiG § 39 Abs. 1 Nr. 5 InsO) auf „atypische Pfandgläubiger" dagegen ab:

9 Einige Autoren verneinen die **Vergleichbarkeit der Rechtsstellung** des atypischen Pfandgläubigers mit der des stillen oder atypisch stillen Gesellschafters.[17] Der Pfandgläubiger sei nicht in den Mitgliederverband der Gesellschaft einbezogen und nicht unmittelbar am Gewinn und Verlust beteiligt.[18] Eine in einem Austauschverhältnis **schuldrechtlich** vereinbarte Einflussmöglichkeit auf die Geschäftsführung könne nicht zur Anwendung der Eigenkapitalersatzregeln (seit dem MoMiG der Nachrangregeln) führen.[19] Eine Gleichstellung eines Außenstehenden mit einem Gesellschafter komme nur in Betracht, wenn der Außenstehende ein Darlehen „causa societatis" gewährt habe, dh aus demselben Unternehmerinteresse heraus wie ein Gesellschafter.[20] Die Bank als Pfandgläubiger habe aber keine mitgliedschaftlichen Rechte und kein auf Gewinnerzielung gerichtetes unternehmerisches Interesse an der Gesellschaft.

10 Ähnlich kommt es nach *Altmeppen* für die Anwendbarkeit der Regeln über den Eigenkapitalersatz (seit dem MoMiG über den Nachrang) in der GmbH nicht darauf an, ob der Kreditgeber Einfluss auf die Geschäftsführung hat, sondern ob er – bei wirtschaftlicher Betrachtung – schon mit **Risikokapital** an der GmbH beteiligt ist und daher bei einem Abzug seines Kapitals gegen den Grundsatz des *venire contra factum proprium* verstoßen würde.[21]

11 *Früh* hält die BGH-Entscheidung für eine „nicht unbedenkliche" Ausweitung des Gesellschafterbegriffs, die allenfalls gerechtfertigt sein könne, falls der Kreditgeber tatsächlich faktisch die **Geschäftsführung** der Gesellschaft übernehme und daher zugleich eine Sittenwidrigkeit wegen Schuldnerknebelung nach § 138 Abs. 1 BGB in Frage stehe.[22]

12 Das **MoMiG** hat zwar die frühere Anknüpfung des Eigenkapitalersatzes an die Finanzierungsfolgenverantwortung des Gesellschafters aufgehoben und stellt das neue Recht auf eine rein insolvenz- und anfechtungsrechtliche Grundlage.[23] Allerdings übernimmt es im Wesentlichen die Wertungen des alten Eigenkapitalersatzrechts. So heißt es in der Begründung des MoMiG, dass „der bisherige § 32 Abs. 3 S. 1 GmbHG in personeller (‚Dritte') und sachlicher Hinsicht übernommen" werden soll.[24] Dies schließt auch dessen Interpretation durch die höchstrichterliche Rechtsprechung mit ein. Der Gesetzgeber wollte also an der Erstreckung des Gesellschafterbegriffs auf atypische Pfandgläubiger nichts ändern. Folgt man den Stimmen, die seit dem MoMiG den Nachrang von Gesellschafterdarlehen aus dem Prinzip der Haftungsbeschränkung herleiten,[25] so ist eine Neubewertung der Rechtsprechung zum atypischen Pfandgläubiger geboten. Gläubiger des Gesellschafters, die über ein Pfandrecht an dessen Geschäftsanteil verfügen, machen sich nicht das Prinzip der Haftungsbeschränkung zunutze, sondern wollen es überwinden. Sie unterliegen deshalb

---

16 Henssler/Strohn/*T. Fleischer*, Gesellschaftsrecht, § 39 InsO Rn. 14; Uhlenbruck/*Hirte*, InsO § 39 Rn. 41; Baumbach/*Hueck/Fastrich*, GmbHG § 30 Anh Rn. 22; BGH v. 13.7.1992, EWiR § 32a GmbHG 5/92; *Fahrholz*, Neue Formen der Unternehmensfinanzierung, S. 74 f.

17 *Habersack* ZIP 2007, 2145, 2148 f. („zumal nach Inkrafttreten des MoMiG") und ZGR 2000, 384, 399; *Westermann* FS Odersky, S. 897, 918 ff.; *Maier-Reimer* FS Rowedder, S. 245, 266, 267; *Hagemeister/Bültmann* WM 1997, 549, 553.

18 *Maier-Reimer* FS Rowedder, S. 245, 266, 267; ähnlich *Habersack* ZIP 2007, 2145, 2147 und bereits in ZGR 2000, 384, 399; *Hagemeister/Bültmann* WM 1997, 549, 553; wohl auch *Westermann* FS Odersky, S. 897, 918 ff.

19 Zum früheren Eigenkapitalersatzrecht: *Maier-Reimer* FS Rowedder, S. 245, 267.

20 *Habersack* ZIP 2007, 2145, 2148; *Maier-Reimer* FS Rowedder, S. 245, 270.

21 *Altmeppen* ZIP 1993, 1677, 1681, 1682.

22 *Früh* GmbHR 1999, 842.

23 Dazu → § 49 Rn. 4.

24 RegE MoMiG, BT-Drucks. 16/6140 S. 56.

25 Dazu → § 49 Rn. 5.

auch dann nicht den Regeln über Gesellschafterdarlehen, wenn sie Einfluss auf die Geschäftsführung der Gesellschaft haben.[26]

3. Interpretation der BGH-Entscheidung

a) Nebenabreden. Nebenabreden mit Gesellschafter

Der BGH hat eine Gleichstellung des Pfandgläubigers mit einem Gesellschafter bejaht, 13 wenn der Bank die Geschäftsanteile des Kreditnehmers verpfändet wurden und sie sich durch weitergehende **Nebenabreden im Verpfändungsvertrag** eine Position einräumen ließ, die nach ihrer konkreten Ausgestaltung im wirtschaftlichen Ergebnis der Stellung eines Gesellschafters gleich oder jedenfalls nahekommt.[27] Solche Nebenabreden können nicht nur im Verpfändungsvertrag, sondern auch in einem anderen mit dem Gesellschafter geschlossenen Vertrag getroffen werden.

Nebenabreden mit Gesellschaft. Es stellt sich die Frage, ob die schädlichen Neben- 14 abreden auch in einem zwischen der Gesellschaft und der Bank geschlossenen Vertrag enthalten sein können, dh ob die gesellschafterähnlichen Befugnisse statt vom Gesellschafter auch von der Gesellschaft selbst abgeleitet sein können. Wenn die Gesellschaft selbst Kreditnehmer oder Garant ist, kommen namentlich Auflagen im Kreditvertrag in Betracht.[28] Dagegen wird eingewendet, dass sich Auflagen einer Bank zum Teil an die Gesellschafter (zB im Hinblick auf die Ausschüttung von Dividenden, die Änderung des Geschäftszwecks, die Ernennung und Abberufung der Geschäftsführer) und zum Teil an die Gesellschaft (zB Einhaltung des Investitionsplans) richten. Die Entscheidung des BGH betreffe nur Auflagen, durch welche die **Rechtsposition der Gesellschafter** eingeschränkt werde. Auflagen, welche die Handlungsmöglichkeiten der Gesellschaft selbst einschränkten, blieben von dieser Rechtsprechung unberührt.[29] Auflagen, die der Bank gesellschafterähnliche Befugnisse verleihen, können jedoch auch in einem Vertrag mit der Gesellschaft enthalten sein. In Akquisitionsfinanzierungen werden dem Kreditnehmer häufig Pflichten auferlegt, die nur unter Mitwirkung der Gesellschafter erfüllt werden können. Das allein an die Gesellschaft gerichtete Verbot, keine Dividenden auszuschütten, kann deren Geschäftsführer ohne Verletzung seiner Pflichten gegenüber der Gesellschaft (§ 37 Abs. 1 GmbHG) nur erfüllen, wenn die Gesellschafterversammlung keine Ausschüttung von Dividenden beschlossen hat. Die Gesellschafter sind **faktisch gezwungen,** an der Erfüllung der Auflage mitzuwirken, wenn sie nicht eine Kündigung des Kredits gegenüber der Gesellschaft wegen Verletzung einer Auflage riskieren wollen. Für die Frage des Nachrangs kann es nicht darauf ankommen, in welchem Vertrag die Auflagen enthalten sind, sondern nur darauf, ob die Bank die ihr eingeräumten gesellschafterähnlichen Rechte gegenüber der Gesellschaft durchsetzen kann.

Ausgestaltung der Nebenabreden. Schädlich sind nicht nur konkrete Handlungs- 15 anweisungen. Weitreichende Befugnisse zur Einflussnahme auf die Geschäftsführung und die Gestaltung des Kreditnehmers können sich auch aus **Verboten mit Zustimmungsvorbehalt** ergeben. Die Bank übt einen erheblichen Einfluss auf die Geschäftsführung des Kreditnehmers aus, wenn zB eine Kreditaufnahme, der Verkauf von Vermögen, Akquisitionen etc. nur mit ihrer vorherigen Zustimmung zulässig sind. Sie beeinflusst in weitreichendem Maße die Gestaltungsfreiheit der Gesellschafter, wenn zB eine Verschmelzung des Kreditnehmers mit einem anderen Unternehmen oder eine Änderung der Geschäftstätigkeit des Kreditnehmers ihre vorherige Zustimmung erfordern. Wird die Maßnahme ohne die erforderliche Zustimmung durchgeführt, ist die Bank zur Kündigung der Kredite wegen Nichteinhaltung einer Auflage berechtigt.

[26] Ulmer/*Habersack*/Löbbe Anh. § 30 Rn. 92; *Habersack* ZIP 2008, 2385, 2388.
[27] BGH v. 13.7.1992, BGHZ 119, 191, 195.
[28] *Diem* BKR 2002, 1034, 1038.
[29] *Hagemeister/Bültmann* WM 1997, 549, 553.

b) Art und Umfang der schädlichen Nebenabreden

16 Die Entscheidung des BGH aus dem Jahr 1992 ist durch die höchstrichterliche Rechtsprechung bisher nicht weiter präzisiert worden.[30] Das ist bedauerlich, da die genaue Art und der genaue Umfang der Nebenabreden, die zu einer gesellschafterähnlichen Stellung der Bank führen können, der Entscheidung nicht entnommen werden können. Eindeutige Aussagen werden zusätzlich durch die „gebotene Gesamtbetrachtung" aller Umstände erschwert. Danach können zahlreiche für sich genommen unschädliche Klauseln in der Gesamtbetrachtung dazu führen, dass ein Pfandgläubiger zum Normadressaten des § 39 Abs. 1 Nr. 5 InsO wird.[31]

17 **Vermögensrechte.** Nach einem Teil der Literatur muss sich ein Kreditgeber wie ein Gesellschafter behandeln lassen, wenn er, zB durch Sicherungsabtretung der Ansprüche auf Gewinn, Abfindung und Liquidationserlös, gesellschaftergleich am Vermögen der Gesellschaft beteiligt ist und deshalb an einem Sanierungserfolg partizipieren würde.[32] Erforderlich sei also ein Gleichlauf zwischen dem Gesellschaftsinteresse und dem Interesse des Kreditgebers.[33] Der Kreditgeber partizipiert aber nicht schon dadurch am Unternehmenserfolg, dass er sich Gewinnansprüche, mögliche Abfindungsansprüche und den Anspruch auf den Liquidationserlös zur Sicherheit abtreten lässt. Im Unterschied zum Gesellschafter kann ein Kreditgeber diese Rechte nur dann geltend machen, wenn er mit seinen Kreditforderungen ausgefallen ist. Eine solchermaßen beschränkte Beteiligung am Vermögen der Gesellschaft sollte deshalb unschädlich sein.[34]

18 **Verwaltungsrechte.** Andere Autoren stellen vor allem auf die gesellschaftsrechtlichen Verwaltungsrechte ab. Schädlich sei nur die Einräumung von **typischen Gesellschafterrechten,** insbesondere die Gewährung von Einfluss auf Grundlagenentscheidungen.[35] Ein Pfandgläubiger ist umso eher als atypisch anzusehen, je stärker sein Einfluss im Bereich der **Verwaltungsrechte** eines Gesellschafters und auf die Geschäftsführung der Gesellschaft ist.

19 **Vertrauensleute der Bank.** Nach *Neuhof* ist es entscheidend, ob sich die Bank auf eine Beratung und Überwachung des Schuldnerunternehmens beschränkt oder ob sie über eigene Vertrauensleute (Bankmitarbeiter, Unternehmensberater, Interimsmanager usw.), durch Zustimmungsvorbehalte uÄ **wesentliche Gesellschafter- und Geschäftsführerfunktionen an sich zieht,** ohne dass die Gesellschafter wenigstens bei der Auswahl der Vertrauensleute mitbestimmen können.[36] *Neuhof* empfiehlt daher zur Vermeidung einer gesellschafterähnlichen Stellung der Bank, die Gesellschafter in alle wesentlichen Personal- und Sachentscheidungen einzubinden. Allerdings könnte dies vom BGH als nicht ausreichend erachtet werden, wenn die Vertrauensleute im Übrigen den Willen der Bank vollstrecken.

20 **Unternehmerischer Spielraum**. *Hagemeister/Bültmann* interpretieren den BGH dahin, dass schuldrechtliche Vereinbarungen zum Schutz des Pfandgläubigers gegen eine Beeinträchtigung seines Pfandrechts grundsätzlich nicht zu beanstanden seien, wenn dem Verpfänder genügend eigener unternehmerischer Spielraum bleibe. Wenn eine Bank – wie regelmäßig in Projektfinanzierungen – auf den künftigen *Cashflow* des Kreditnehmers angewiesen sei, sollten Vereinbarungen, die zur Wahrung der hieraus folgenden Sicherungsinteressen des Kreditgebers und zur Vermeidung von Planabweichungen oder zur Einräumung entsprechender Reaktionsmöglichkeiten der Bank oder des Unternehmens dienen, nicht den Eigenkapitalersatzregeln (seit dem MoMiG den Nachrangregeln) unterfallen.[37] Dasselbe müsste für Akquisitionsfinanzierungen gelten.

---

30 v. Gerkan/Hommelhoff/*Johlke/Schröder,* HdBKapitalersatzrecht Rn. 5.28.

31 Zum früheren Eigenkapitalersatzrecht: *Dreher* ZGR 1994, 144, 147.

32 Zum früheren Eigenkapitalersatzrecht: v. Gerkan/Hommelhoff/*Johlke/Schröder,* HdBKapitalersatzrecht Rn. 5.30.; *Habersack* ZGR 2000, 384, 396.

33 *Habersack* ZGR 2000, 384, 396.

34 Ähnlich *Dreher* ZGR 1994, 144, 149; *Priester* FS Helmrich, S. 721, 731.

35 MAH GmbHR/*Selzner/Leuering,* MAH GmbH-Recht, § 7 Rn. 95.

36 *Neuhof* NJW 1999, 20, 21.

37 *Hagemeister/Bültmann* WM 1997, 549, 555.

21 **Versuch einer Grenzziehung.** Der BGH hat ausdrücklich erklärt, dass der Verpfänder verpflichtet werden darf, alles zu unterlassen, was das Pfandrecht beeinträchtigen könnte.[38] Dabei ließ er es offen, ob sich die Beeinträchtigung nur auf den Bestand des Pfandrechts oder auch den Wert des Pfandobjektes bezog. Für den Pfandgläubiger macht es keinen Unterschied, ob sein Sicherungsrecht wertlos ist, weil das Pfandrecht nicht mehr besteht oder weil das verpfändete Objekt wirtschaftlich ausgehöhlt wurde. Nach der hier vertretenen Ansicht muss es dem Pfandgläubiger daher erlaubt sein, insoweit auf die Rechtsstellung des Verpfänders einzuwirken, als dies zur Sicherung des Wertes, des Bestandes und der Verwertbarkeit des Pfandobjektes unmittelbar erforderlich ist.[39] Wahrt der Pfandgläubiger diese Grenze, so verfolgt er allein das für diese Rechtsstellung typische Sicherungsinteresse und überschreitet nicht die Grenze zum atypischen Pfandgläubiger. **Unschädlich** sollte daher die Gewährung von Einflussrechten sein, die **unmittelbar** der Wertsicherung des verpfändeten Anteils dienen, zB Ausübung des Stimmrechts bei Beschlüssen über (a) die Verwendung des Gewinns, (b) die Änderung des Gewinnanteils des Sicherungsgebers und (c) die Änderung des Anspruchs des Sicherungsgebers auf ein Auseinandersetzungsguthaben oder einen Abfindungsanspruch.[40] **Schädlich** sind dagegen Einflussrechte, die nur **mittelbar** der Wertsicherung des verpfändeten Anteils dienen. Zu vermeiden sind daher generalklauselartige Mitbestimmungsrechte, zB bei einer Änderung des Gesellschaftsvertrags oder des Unternehmensgegenstands, auch wenn sich diese nachteilig auf den Anteilswert auswirken können.[41]

22 **Bedingungen.** Ausgehend von der These, dass die vertragliche Einräumung gesellschafterähnlicher Verwaltungsrechte an einen Kreditgeber diesen zum Normadressaten des § 39 Abs. 1 Nr. 5 InsO machen kann, ist klarzustellen, dass vertraglich fest vereinbarte Bedingungen keine Verwaltungsrechte sind. Ein Verwaltungsrecht setzt die Möglichkeit zu einer **eigenen Ermessensentscheidung** im konkreten Einzelfall auf der Grundlage der dann bekannten Tatsachen voraus. An der Ausübung eigenen Ermessens fehlt es bei Bedingungen, die vor Vertragsabschluss ausgehandelt und im Vertrag festgelegt wurden und danach nur noch mit Zustimmung der anderen Vertragspartei geändert werden können.[42] Dies muss auch dann gelten, wenn die Bedingung erst nach Vertragsabschluss (zB aufschiebende Bedingungen für die Auszahlung der Kredite) oder sogar erst nach der Darlehensauszahlung (auflösende Bedingungen) vom Kreditnehmer oder dessen Gesellschaftern zu erfüllen ist. Deshalb ist es nach hier vertretener Ansicht unschädlich, dem Kreditnehmer bereits im Kreditvertrag als Auflage aufzuerlegen, zB einen bestimmten Geschäftsbereich auszugliedern und zu verkaufen oder einen Beherrschungs- und Gewinnabführungsvertrag mit einer Gruppengesellschaft zu schließen. Keine Bedingung, sondern ein Verwaltungsrecht ist dagegen eine Unterlassungspflicht mit Zustimmungsvorbehalt, zB die Auflage, vor einer Satzungsänderung die Zustimmung der Bank einzuholen.

4. Sanierungsprivileg

23 Das Darlehen eines atypischen Pfandgläubigers wird nicht nachrangig, wenn das Sanierungsprivileg des § 39 Abs. 4 S. 2 InsO eingreift. Eine Bank, die ihren Kredit trotz Vorliegens eines Eröffnungsgrundes iSd §§ 17 bis 19 InsO nicht kündigt, sondern weiterhin gewährt, sich aber zur Sicherstellung der Sanierung der Gesellschaft (uU auch weit reichende) Einwirkungsrechte auf die Geschäftsführung einräumen lässt, die ihr eine **gesellschafterähnliche Stellung** verleihen, kann unter das Sanierungsprivileg des § 39 Abs. 4 S. 2 InsO fallen.[43]

[38] BGH v. 13.7.1992, BGHZ 119, 191, 195.
[39] Nach *Dreher* sind dagegen nur Abreden zum Schutz des Bestandes des Pfandrechts unschädlich, nicht dagegen solche, die eine wirtschaftliche Aushöhlung verhindern sollen, *Dreher* ZGR 1994, 144, 149.
[40] *Rümker/Büchler* FS Claussen, S. 337, 347 f.
[41] *Rümker/Büchler* FS Claussen, S. 337, 349.
[42] Zum früheren Eigenkapitalersatzrecht: *Diem* BKR 2002, 1034, 1038.
[43] Zum früheren Eigenkapitalersatzrecht: *Diem* BKR 2002, 1034, 1040.

24 Als **Erwerb eines Anteils** iSd des § 39 Abs. 4 S. 2 InsO gilt nach ganz hM auch der Erwerb einer nach § 39 Abs. 1 Nr. 5 InsO gleichzustellenden Kreditgeberstellung.[44] Dagegen wollen *Rümker/Denicke* den Erwerb eines „atypischen" Pfandrechts in der Krise (seit dem MoMiG nach Eintritt eines Eröffnungsgrundes) von dieser Privilegierung ausnehmen. Eine Gleichstellung mit einem Anteilserwerber sei nur gerechtfertigt, wenn die Bank einen Sanierungsbeitrag leiste. Eine Bank, die sich in der Krise (seit dem MoMiG nach Eintritt eines Eröffnungsgrundes) Geschäftsanteile verpfänden lasse, leiste jedoch keinen Sanierungsbeitrag neben der Kreditgewährung, sondern verfolge nur ihr Sicherungsinteresse.[45] Dabei wird freilich verkannt, dass der Sanierungsbeitrag auch in einem Anteilserwerb von Altgesellschaftern, verbunden mit einem Austausch des Managements, bestehen kann.[46] Auch dadurch wird der Gesellschaft kein zusätzliches Kapital zugeführt, sondern lediglich Einfluss auf die Geschäftsführung ausgeübt. Häufig werden die Einflussmöglichkeiten der Bank auf die Geschäftsführung des Kreditnehmers sogar hinter denen eines Neugesellschafters zurückbleiben. Erwirbt ein sanierungswilliger Neugesellschafter die Mehrheit der Anteile an der Gesellschaft, so kann er der Geschäftsführung einer GmbH grundsätzlich jederzeit Einzelweisungen erteilen (§ 37 Abs. 1 GmbHG) und die Geschäftsführer abberufen (§ 38 Abs. 1 GmbHG). Eine Bank, die nach Eintritt der Krise (seit dem MoMiG nach Eintritt eines Eröffnungsgrundes) mit dem Ziel der Sanierung ein atypisches Pfandrecht erwirbt oder sich Einwirkungsmöglichkeiten einräumen lässt, welche ein bestehendes typisches Pfandrecht zu einem atypischen Pfandrecht machen, sollte jedenfalls nicht schlechter behandelt werden als hätte sie Gesellschaftsanteile von Altgesellschaftern erworben.

25 Voraussetzung ist, dass sich die Bank die Rechte **zum Zweck der Sanierung** der Gesellschaft einräumen lässt. Sie muss also subjektiv den Willen zur Sanierung haben und berechtigterweise von der Sanierungsfähigkeit der Gesellschaft ausgehen dürfen.[47] Ein **Sanierungswille** läge zB nicht vor, wenn sich die Bank gesellschafterähnliche Rechte ausschließlich zu dem Zweck einräumen ließe, sich zusätzliche Sicherheiten zu verschaffen. Etwas anderes gilt aber, wenn sich die Bank die besonderen Rechte im Wesentlichen aus denselben Motiven einräumen lässt, aus denen ein Neugesellschafter eine Beteiligung erwirbt, dh um ihre Vorstellungen von der Sanierung der Gesellschaft durchzusetzen und aus der sanierten Gesellschaft einen wirtschaftlichen Vorteil zu erlangen.[48] Regelmäßig kann davon ausgegangen werden, dass sich die Bank in geeigneter Weise über die **Sanierungsfähigkeit** des Kreditnehmers informiert und sie bejaht hat. Sonst hätte sie das Darlehen gekündigt.

26 Unter diesen Voraussetzungen könnten die Darlehensforderungen der Bank nicht nachrangig werden. Die Bank muss aber darauf achten, dass sie sich die Einwirkungs- und sonstigen gesellschafterähnlichen Rechte nicht schon vor Eintritt eines Eröffnungsgrunds einräumen lässt.[49] Dies hätte die Unanwendbarkeit des Sanierungsprivilegs zur Folge.

---

[44] Dazu → § 51 Rn. 24. Darauf weisen im Zusammenhang mit der BGH-Entscheidung zum „atypischen Pfandgläubiger" auch *Johlke/Schröder* hin, v. Gerkan/Hommelhoff/*Johlke/Schröder,* HdBKapitalersatzrecht Rn. 5.31.

[45] Zum früheren Eigenkapitalersatzrecht: *Rümker/Denicke* FS Lutter, S. 665, 672.

[46] Beschlussempfehlung des Rechtsausschusses zum KonTraG, ZIP 1998, 487, 488, wonach dem Anteilserwerb durch Kapitalerhöhung der Anteilserwerb von Alteigentümern gleichgestellt wird, weil „auch der Anteilserwerb von Alteigentümern, verbunden mit dem Austausch des Managements, ein wichtiger Sanierungsbeitrag sein könne".

[47] Vgl. dazu *Diem* BKR 2002, 1034, 1039 f.

[48] Vgl. dazu *Diem* BKR 2002, 1034, 1039 f.; das verkennen *Rümker/Denicke,* die unterstellen, dass der Erwerb des Pfandrechts (und dem gleichzustellen der Erwerb der gesellschafterähnlichen Einwirkungsmöglichkeiten) in der Regel nicht mit Sanierungsabsicht erfolge, sondern um bestehende Ansprüche zu sichern, *Rümker/Denicke* FS Lutter, S. 665, 673; ebenso v. Gerkan/Hommelhoff/*Johlke/Schröder,* HdBKapitalersatzrecht Rn. 5.31. Andererseits bejahen *Rümker/Denicke* das Vorliegen des Sanierungswillens bei Kreditinstituten, auch wenn die Sicherung bereits gewährter Darlehen durch die Übernahme unternehmerischer Kontrolle im Vordergrund stehe, *Rümker/Denicke* FS Lutter, S. 665, 679.

[49] Das kann dadurch erreicht werden, dass die entsprechenden Auflagen aufschiebend bedingt sind und erst mit Eintritt der Krise (seit dem MoMiG Vorliegen eines Eröffnungsgrundes) des Kreditnehmers wirksam werden (§ 158 Abs. 1 BGB), vgl. *Diem* BKR 2002, 1034, 1041.

II. Bank als Dritter mit schuldrechtlichen Einwirkungsrechten

Das LG Dortmund sowie einige Autoren vertreten die Ansicht, dass eine gesellschaftsrechtliche Beteiligung, wie zB ein Pfandrecht, für eine gesellschafterähnliche Stellung des Darlehensgebers nicht erforderlich sei.[50] Eine Bank sei einem Gesellschafter iSd § 39 Abs. 1 Nr. 5 InsO gleichzustellen, wenn sie „breitflächig" und „besonders intensiv" auf den Kreditnehmer Einfluss nehmen könne.[51] Das soll auch gelten, wenn der Bank keine Geschäftsanteile des Kreditnehmers verpfändet wurden[52] und auch sonst keine gesellschaftsrechtliche Verbindung zwischen Bank und Kreditnehmer besteht. Die bloß **schuldrechtliche Gewährung** entsprechender Rechte wird als ausreichend angesehen. Ein solcher Einfluss soll anzunehmen sein, wenn die Bank (a) über Gestaltungsmacht im Hinblick auf strukturändernde Maßnahmen (im Gegensatz zum gewöhnlichen Geschäftsbetrieb) verfügt, (b) marktstrategische Entscheidungen[53] breitflächig beeinflussen kann oder (c) das Management auswechseln kann.[54] Erforderlich sei eine wertende Gesamtschau. Von vornherein unschädlich seien nur reine Informations- und Inspektionsrechte.[55] Auch die Vereinbarung von Auflagen im Kreditvertrag soll zur Umqualifizierung des Kredits in Eigenkapital (seit dem MoMiG zum Nachrang des Darlehens) führen können.[56] Andere Autoren wollen sogar die rein **faktische** Einflussnahme ohne rechtliche Grundlage einer gesetzlich oder vertraglich begründeten Möglichkeit zur Einflussnahme gleichsetzen.[57] 27

Die zuerst genannte Ansicht ist in der **Literatur** zu Recht auf Ablehnung gestoßen. Eine Einflussnahme auf den Kreditnehmer durch Kontrollrechte, insbesondere durch *Financial Covenants,* genügt nicht, solange sie sich auf die Kreditsicherung beschränkt.[58] Schädlich kann allenfalls die Einräumung von typischen Gesellschafterrechten sein, insbesondere die Gewährung von Einfluss auf Grundlagenentscheidungen.[59] 28

Der BGH hat dazu bisher nicht Stellung genommen. Es ist aber nicht auszuschließen, dass die höchstrichterliche **Rechtsprechung** bei ihrer Ausdehnung des § 39 Abs. 1 Nr. 5 InsO auf Nichtgesellschafter auch diesen letzten Schritt noch geht und bereits die schuldrechtliche Gewährung von weitgehenden Einflussrechten oder gar die faktische Einflussnahme auf die Geschäftsführung genügen lässt. Das Erfordernis einer gesellschaftsrechtlichen Beteiligung wurde immer weiter gelockert. Nachdem der BGH die mittelbare Unternehmensbeteiligung eines atypischen stillen Gesellschafters für schädlich hielt,[60] ließ er wenig später schon das Pfandrecht eines Dritten an Geschäftsanteilen des Kreditnehmers ausreichen[61] und stellte klar, dass es unerheblich sei, wenn der Pfandgläubiger mit der ihm eingeräumten Stellung keine unternehmerischen, sondern lediglich Sicherungsinteressen 29

[50] LG Dortmund v. 11.6.1985, ZIP 1986, 855, 857; *Fleischer* ZIP 1998, 313 ff.; *Priester* FS Helmrich, S. 721, 728; *Kästle,* Rechtsfragen der Verwendung von Covenants in Kreditverträgen, S. 164 mwN; *Schwintowski/Dannischewski* ZIP 2005, 840, 842.

[51] *Fleischer* ZIP 1998, 313 ff.

[52] *Fleischer* ZIP 1998, 313, 315 f..

[53] Dazu sollen die „echten Führungsentscheidungen" gehören, wie die Festlegung der Unternehmenspolitik auf weite Sicht, die Koordinierung der großen betrieblichen Teilbereiche, geschäftliche Maßnahmen von außergewöhnlicher betrieblicher Bedeutsamkeit und die Besetzung von Führungsstellen im Unternehmen, vgl. *Fleischer* ZIP 1998, 313, 321.

[54] *Fleischer* ZIP 1998, 313, 320 f.

[55] *Fleischer* ZIP 1998, 313, 319.

[56] *Schwintowski/Dannischewski* ZIP 2005, 840, 843 f., 846 (die von *Financial Covenants* sprechen, aber Auflagen meinen).

[57] *Schwintowski/Dannischewski* ZIP 2005, 840, 843.

[58] Ulmer/Habersack/Löbbe/*Habersack* Anh. § 30 Rn. 91 mwN.

[59] MAH GmbHR/*Selzner/Leuering,* MAH GmbH-Recht, § 7 Rn. 95.erforderlich sei ein „quasi-mitgliedschaftliches Rechtsverhältnis zur Gesellschaft", *Habersack* ZGR 2000, 384, 396; ebenfalls ablehnend *Früh* GmbHR 1999, 842, 843; *Diem* BKR 2002, 1034, 1038.

[60] BGH v. 7.11.1988, BGHZ 106, 7 ff.

[61] BGH v. 13.7.1992, BGHZ 119, 191 ff.

verfolge.[62] Daher liegt es nicht mehr fern, dass der BGH künftig auf jegliche gesellschaftsrechtliche Verbindung zwischen Bank und Kreditnehmer verzichtet und stattdessen ausschließlich darauf abstellt, ob und in welchem Umfang dem Dritten (gegebenenfalls nur schuldrechtlich) Einfluss auf die Geschäftsführung des Kreditnehmers eingeräumt wurde.

III. Besonderheiten beim Konsortialkredit

30 Bei einem Konsortialkredit können die Voraussetzungen, unter denen ein Kredit nachrangig wird, nur bei einzelnen Konsortialbanken vorliegen, zB wenn nur eine Konsortialbank gesellschaftsrechtlich am Kreditnehmer in relevanter Höhe beteiligt ist.

31 Bei Akquisitionsfinanzierungen schließen meist nur wenige Banken (ursprüngliche Kreditgeber) den Kreditvertrag im eigenen Namen ab. Im Rahmen der Syndizierung übertragen sie Konsortialanteile auf weitere Banken. Jede Konsortialbank ist selbst Trägerin der Rechte und Pflichten aus dem Kreditvertrag, allerdings beschränkt auf ihren Konsortialanteil.[63] Liegen die Voraussetzungen des Nachrangs bei einem Konsorten vor, so wird nur dessen Konsortialanteil nachrangig, nicht jedoch die Konsortialanteile der übrigen Konsorten.[64]

---

[62] BGH v. 13.7.1992, BGHZ 119, 191, 196.

[63] Zum seltenen Fall eines Innenkonsortiums vgl. *v. Gerkan*/Hommelhoff, HdBKapitalersatzrecht Rn. 3.69 ff.

[64] Zum früheren Eigenkapitalersatzrecht: *v. Gerkan*/Hommelhoff, HdBKapitalersatzrecht Rn. 3.67; Lutter/*Hommelhoff*, GmbHG §§ 32a/b Rn. 41; *Lösler* ZInsO 2003, 773, 774.

Teil I. Sicherheitenpool und Sicherheiten-Treuhänder

Teil I behandelt den Zweck und die gesetzlichen Grundlagen eines Sicherheitenpools sowie die üblichen vertraglichen Bestimmungen zur Verwaltung der Sicherheiten und Verwendung von Verwertungserlösen einer Intercreditor-Verinbarung bzw. eines Sicherheiten-Treuhandvertrags. 1

§ 52. Sicherheitenpool

I. Definition und Zweck

Definition. Unter einem Sicherheitenpool wird ein rechtsgeschäftlicher Zusammenschluss von Kreditgebern und/oder Warenlieferanten verstanden, der zum Zwecke einer gemeinschaftlichen Übernahme, Verwaltung, Kontrolle und Verwertung von Mobiliar-, Immobiliar- oder sonstigen Kreditsicherheiten gebildet wird.[1] Hier geht es ausschließlich um den von Kreditgebern im Zusammenhang mit der Besicherung eines Konsortialkredits gebildeten Sicherheitenpool. 1

Zweck. Der Sicherheitenpool soll gewährleisten, dass alle Sicherheiten für die – im Verhältnis der Konsortialanteile – gleichmäßige Befriedigung aller Kreditgeber derselben Rangstufe zur Verfügung stehen. Außerdem muss ein beitretender Kreditgeber einen Anteil an einem Konsortialkredit übernehmen und in den Genuss der bestellten Sicherheiten kommen können, ohne dass die Sicherheiten für alle Kreditgeber neu bestellt werden müssen. Eine Neubestellung kann mit erheblichem Aufwand verbunden sein, insbesondere wenn sie formbedürftig ist, wie zB die Verpfändung von GmbH-Geschäftsanteilen. 2

II. Gestaltungsmöglichkeiten

Für die Sicherheitenbestellung und -verwaltung im Rahmen eines Konsortialkredits kommen im Wesentlichen drei Modelle in Betracht. Die Sicherheiten können entweder (a) unmittelbar jeder einzelnen Konsortialbank bestellt und von einem gemeinsamen Beauftragten verwaltet werden oder (b) sie werden Gesellschaftsvermögen des von den Kreditgebern gegründeten Sicherheitenpools oder (c) sie werden einem Treuhänder der Konsortialbanken bestellt, der sie im eigenen Namen hält und verwaltet. 3

In der Praxis hat sich eine Mischform aus (a) und (c) durchgesetzt.[2] Die Konsortialbanken schließen sich zu einem Sicherheitenpool zusammen, um ihre gleichrangige und anteilige Befriedigung aus den Sicherheiten zu gewährleisten. Die akzessorischen Sicherheiten werden den einzelnen Kreditgebern (gegebenenfalls auch einem Treuhänder, dem sog Sicherheiten-Treuhänder), bestellt, die nicht-akzessorischen Sicherheiten dagegen nur dem Sicherheiten-Treuhänder. Die Konsorten beauftragen regelmäßig den Sicherheiten-Treuhänder mit der Verwaltung und gegebenenfalls Verwertung der Sicherheiten. Die vertraglichen Beziehungen der Konsortialbanken untereinander und mit dem Sicherheiten-Treuhänder werden üblicherweise nicht im Kreditvertrag, sondern separat entweder in der Intercreditor-Vereinbarung oder einem Sicherheiten-Treuhandvertrag geregelt. Dieses Modell wird im Folgenden genauer beschrieben. 4

---

[1] MHdB GesR I/*Schaffelhuber/Sölch* § 31 Rn. 2.

[2] SBL BankR-HdB/*Martinek/Omlor* § 97 Rn. 21; *Lwowski,* Kreditsicherung § 4 Rn. 20; wohl auch BuB/*Wenzel* Rn. 4/284c.

III. Rechtsform

5 **Gesellschaft bürgerlichen Rechts.** Nach hM bilden die in einem Sicherheitenpool zusammengeschlossenen Konsortialbanken eine Gesellschaft bürgerlichen Rechts („GbR").[3] Eine GbR liegt vor, wenn mehrere Gesellschafter einen Vertrag zu einem gemeinsamen Zweck schließen, in dem sie sich zu Zweckförderungsleistungen (Beiträgen) verpflichten und keine Körperschaft oder Handels-Personengesellschaft vorliegt.[4]

6 Die Sicherungsnehmer gründen einen Sicherheitenpool ua zu dem **gemeinsamen Zweck,** bei einer Verwertung der Sicherheiten, eine – entsprechend den Konsortialanteilen – gleichmäßige Befriedigung aller Konsortialbanken derselben Rangstufe zu gewährleisten.[5]

7 Die Konsortialbanken leisten ihre **Beiträge** ua dadurch, dass sie die Sicherungsgeber veranlassen, die nicht-akzessorischen Sicherheiten direkt dem Sicherheiten-Treuhänder zu bestellen[6] und auf ihr Recht verzichten, die Sicherheiten bei Vorliegen der Verwertungsvoraussetzungen ohne Abstimmung mit den anderen Konsortialbanken jederzeit allein zu verwerten. Die Konsortialbanken gründen weder eine Körperschaft noch eine Handels-Personengesellschaft. Die Tatbestandsmerkmale einer GbR sind also erfüllt.

8 Die GbR ist **Gelegenheitsgesellschaft,** da sie auf die Durchführung einer einzigen Finanzierung gerichtet ist.[7]

9 **Außen- oder Innengesellschaft.** Fraglich ist, ob der Sicherheitenpool eine Außen- oder Innengesellschaft darstellt. Nach einer Auffassung bilden die Mitglieder eines Sicherheitenpools in der Regel eine GbR im Sinne einer Außengesellschaft,[8] nach aA eine Innengesellschaft.[9] Da Sicherheitenpools unterschiedlich ausgestaltet sein können, kann die Frage nicht allgemein beantwortet werden. Es kommt vielmehr auf die konkrete Ausgestaltung an.

10 Nach *Ulmer* liegt eine rechts- und parteifähige (Außen-)GbR nur dann vor, wenn die Gesellschaft unter eigenem Namen und Sitz und mit eigenen Geschäftsführern gegenüber Dritten rechtsgeschäftlich tätig wird und dadurch Gesamthandsvermögen begründet.[10] Das sei dann der Fall, wenn der GbR die Sicherungsrechte von ihren Mitgliedern zur gemeinsamen Geltendmachung durch einen zum Geschäftsführer bestellten Gesellschafter übertragen sind.[11] Wollen die Gesellschafter dagegen nicht *als Gesellschaft* am Rechtsverkehr teilnehmen und soll die Rechtsmacht des Geschäftsführers mit Wirkung für die GbR nach außen rechtsgeschäftlich zu handeln entgegen § 714 BGB ausgeschlossen sein, so handelt es sich um eine Innengesellschaft. Eine Innengesellschaft kann nach (bestrittener) Meinung des BGH über kein Gesellschaftsvermögen verfügen.[12] Das Vor-

[3] MüKoBGB/*Schäfer,* Vorbem. § 705 Rn. 71; SBL BankR-HdB/*Martinek/Omlor* § 97 Rn. 17; BuB/*Wenzel* Rn. 4/284d; dagegen handelt es sich nach *Stürner* in einzelnen Fällen um eine Miteigentümergemeinschaft gemäß §§ 741 ff. BGB, so zB beim Pool der aussonderungsberechtigten Vorbehaltsverkäufer, *Stürner* ZZP 94 (1981), 263, 275 f.

[4] *K. Schmidt,* Gesellschaftsrecht § 59 I.

[5] Ähnlich BGH v. 12.11.1992, WM 1993, 265, 266; BuB/*Wenzel* 4/284d; BeckHdB PersGes/*Bärwaldt* § 22 Rn. 49; nach aA besteht der Zweck in der gemeinsamen optimalen Verwertung der eingebrachten Sicherheiten, SBL BankR-HdB/*Martinek/Omlor* § 97 Rn. 17.

[6] Ähnlich BeckHdB PersGes/*Bärwaldt* § 22 Rn. 50.

[7] MüKoBGB/*Schäfer,* Vorbem. § 705 Rn. 87; MHdB GesR I/*Schaffelhuber/Sölch* § 31 Rn. 9; *Hinsch/Horn,* Das Vertragsrecht der internationalen Konsortialkredite und Projektfinanzierungen, S. 157; *De Meo,* Bankenkonsortien, S. 48.

[8] BGH v. 3.11.1988, NJW 1989, 895, 896; BGH v. 7.5.1991, NJW 1991, 2629, 2630; BuB/*Wenzel* 4/284d; BeckHdB PersGes/*Bärwaldt* § 22 Rn. 39.

[9] *Kümpel,* Bank- und Kapitalmarktrecht Rn. 6.554; nach SBL BankR-HdB/*Martinek/Omlor* § 97 Rn. 17 sind Sicherheitenpools in der Form der Innengesellschaft häufiger.

[10] *Ulmer* ZIP 2001, 585, 593 f.

[11] MüKoBGB/*Schäfer,* Vorbem. § 705 Rn. 71.

[12] BGH v. 22.6.1981, WM 1981, 876; Erman/*Westermann* § 718 Rn. 2; MHdB GesR I/*Gummert* § 17 Rn. 13; Palandt/*Sprau* § 705 Rn. 33 mwN; MüKoBGB/*Schäfer* § 705 Rn. 280; aA MüKoBGB/*Ulmer* 6. Aufl. § 705 Rn. 280; Staudinger/*Habermeier* § 705 Rn. 58; Soergel/*Hadding/Kießling,* Vorbem. § 705 Rn. 28.

handensein von Gesamthandsvermögen ist andererseits keine notwendige Voraussetzung für eine GbR.[13]

11 Nach den üblichen vertraglichen Vereinbarungen handelt der Treuhänder gegenüber Dritten ausschließlich im eigenen Namen[14] und nicht im Namen der GbR. Der Sicherheitenpool soll nicht als solcher mit außenstehenden Dritten in Rechtsbeziehungen treten, und es wird kein Gesellschaftsvermögen gebildet.[15] Die GbR geht über eine schuldrechtliche Vereinbarung nicht hinaus und erschöpft sich in fiduziarischen Bindungen der auf einen Treuhänder übertragenen Rechte.[16] Es handelt sich deshalb regelmäßig um eine GbR in der Form der **Innengesellschaft.**[17]

IV. Gründung des Sicherheitenpools

12 Mitglieder des Sicherheitenpools sind die Konsortialbanken. Die Sicherungsgeber sind zwar Vertragsparteien der Intercreditor-Vereinbarung oder des Sicherheiten-Treuhandvertrags,[18] werden aber nicht Gesellschafter des Sicherheitenpools, da sie mit den Konsortialbanken keinen gemeinsamen Zweck verfolgen.[19]

13 Der Sicherheitenpool entsteht mit Abschluss des Gesellschaftsvertrags durch die Poolmitglieder. Die gesellschaftsvertraglichen Bestimmungen sind regelmäßig Bestandteil der Intercreditor-Vereinbarung oder des Sicherheiten-Treuhandvertrags.

V. Gesellschaftsvermögen

14 Grundsätzlich könnten die Sicherheiten in ein Gesellschaftsvermögen einfließen. Ob dies der Fall ist, muss für akzessorische und nicht-akzessorische Sicherheiten getrennt untersucht werden.

1. Akzessorische Sicherheiten

15 Akzessorische Sicherheiten folgen der Forderung (vgl. §§ 401 Abs. 1, 1153 Abs. 1, 1250 Abs. 1 BGB) und können daher nur in der Person des Inhabers der Forderung wirksam entstehen.

a) Bestellung an Sicherheitenpool

16 Die Bestellung der akzessorischen Sicherheiten an den **Sicherheitenpool,** dh die GbR der Konsortialbanken, wäre also nur dann möglich, wenn die GbR auch Inhaberin der Forderungen der Kreditgeber gegen den Kreditnehmer wäre. Die GbR würde Forderungsinhaberin, wenn sie selbst den Kredit vergäbe oder ihr die Forderungen der Kreditgeber abgetreten würden.[20] Die Kreditvergabe durch die GbR und auch die Abtretung der Forderungen der Kreditgeber an die GbR ist grundsätzlich denkbar. Dann müssten die Konsortialbanken der GbR die Kreditmittel zur Verfügung stellen. Eine entsprechende Verpflichtung kann nach §§ 705, 706 BGB vereinbart werden. Die GbR verfügte dann

[13] MüKoBGB/*Schäfer,* Vorbem. § 705 Rn. 8; Staudinger/*Habermeier* § 718 Rn. 3; *Kümpel,* Bank- und Kapitalmarktrecht Rn. 6.554.

[14] Das gilt auch für Handlungen im Rahmen der Ermächtigungstreuhand, da der Treuhänder gemäß § 185 BGB insoweit zu Verfügungen im eigenen Namen ermächtigt wird, dazu → § 53 Rn. 4.

[15] Zu den Gründen → § 52 Rn. 17.

[16] Sowohl auch SBL BankR-HdB/*Martinek/Omlor* § 97 Rn. 19, 21.

[17] *Kümpel,* Bank- und Kapitalmarktrecht Rn. 6.554; *Bohlen* verkennt, dass die Poolbanken auch bei einer Treuhandkonstruktion eine BGB-Gesellschaft in der Form der Innengesellschaft bilden, vgl. *Bohlen,* Sicherheiten-Pool, S. 11, 13.

[18] Dazu → § 40 Rn. 18.

[19] BuB/*Wenzel* Rn. 4/284e.

[20] *Kümpel,* Bank- und Kapitalmarktrecht Rn. 6.556.

über ein Gesellschaftsvermögen. Durch die Kreditvergabe im eigenen Namen würde die GbR auch *als solche* mit außenstehenden Dritten in Rechtsbeziehungen treten und wäre somit eine GbR in der Form der **Außengesellschaft.**[21]

17 Das ist aber regelmäßig nicht gewollt. Denn die Gesellschafter einer Außengesellschaft haften für deren Verbindlichkeiten als **Gesamtschuldner** akzessorisch.[22] Die akzessorische Haftung erstreckt sich nicht nur auf Neuverbindlichkeiten,[23] sondern analog § 130 HGB auch auf solche Verbindlichkeiten der GbR, die schon vor dem Beitritt einer Konsortialbank zum Sicherheitenpool begründet wurden.[24] Die Haftung überdauert die Auflösung der Gesellschaft (§ 736 Abs. 2 BGB iVm § 159 HGB) und das Ausscheiden des Gesellschafters aus der Gesellschaft (§ 736 Abs. 2 BGB iVm § 160 HGB). Haftungsbeschränkungen sind nach hL grundsätzlich möglich.[25] Sie müssen jedoch mit den jeweiligen Gesellschaftsgläubigern vereinbart werden.[26] Als Gläubiger des Sicherheitenpools kommen neben den Sicherungsgebern auch Dritte in Betracht, welche zB im Rahmen der Verwertung Sicherungsgegenstände von der GbR erworben haben. Diese Dritten sind bei Abschluss der Intercreditor-Vereinbarung bzw. des Sicherheiten-Treuhandvertrags unbekannt, so dass ein Haftungsausschluss mit diesen nicht von vornherein vereinbart werden kann. Außerdem ist unklar, in welchem Umfang einer Konsortialbank, die aus der GbR ausgeschieden ist, ein Abfindungsanspruch gegen die übrigen Konsortialbanken gewährt werden muss und welchen Inhalt er hat. Aus diesen Gründen erfolgt die Kreditvergabe in der Praxis nicht durch die GbR.[27] Die GbR ist also nicht Inhaberin der Kreditforderungen, und folglich können die akzessorischen Sicherheiten nicht der GbR bestellt werden.

b) Bestellung an Sicherheiten-Treuhänder

18 Beim echten Konsortialkredit erfolgt die Kreditvergabe zentral durch die Konsortialführerin, die sich im Innenverhältnis mit den anderen Konsortialbanken refinanziert.[28] Alle Forderungen aus dem Kreditverhältnis stehen im Außenverhältnis zum Kreditnehmer allein der Konsortialführerin zu. Übernähme die Konsortialführerin auch die Rolle des Sicherheiten-Treuhänders, so käme die Bestellung der akzessorischen Sicherheiten an den Sicherheiten-Treuhänder in Betracht. Akquisitionsfinanzierungen werden jedoch regelmäßig als unechte Konsortialkredite vergeben.[29] Daher stehen die Forderungen den einzelnen Konsortialbanken zu, so dass die Bestellung der akzessorischen Sicherheiten nur an den Sicherheiten-Treuhänder grundsätzlich ausscheidet.

19 Allerdings geben die Kreditnehmer gegenüber dem Sicherheiten-Treuhänder regelmäßig ein **abstraktes Schuldversprechen** ab, oder es wird eine (atypische) Gesamtgläubigerschaft vereinbart.[30] Zur Besicherung dieser Forderungen des Sicherheiten-Treuhänders werden die akzessorischen Sicherheiten jedenfalls auch an den Sicherheiten-Treuhänder bestellt.

c) Bestellung an Konsortialbanken

20 Inhaber der Forderungen aus dem Kreditvertrag sind die **Konsortialbanken** im Verhältnis der von ihnen ausbezahlten Kreditbeträge.[31] Daher müssen die akzessorischen Sicherheiten

---

[21] Dazu → § 31 Rn. 8.
[22] BGH v. 29.1.2001, BGHZ 146, 341, 358.
[23] BGH v. 29.1.2001, BGHZ 146, 341, 358.
[24] BGH v. 7.4.2003, WM 2003, 977, 978.
[25] Palandt/*Sprau* § 714 Rn. 18; Baumbach/*Hopt,* HGB § 160 Rn. 8; aA Staub/*Habersack,* HGB § 160 Rn. 7.
[26] Palandt/*Sprau* § 714 Rn. 18.
[27] Dazu → § 30 Rn. 20 f.
[28] Dazu → § 30 Rn. 8.
[29] Dazu → § 30 Rn. 13, 32.
[30] Dazu → § 42 Rn. 2 ff.
[31] Dazu → § 30 Rn. 25, 32.

den einzelnen Konsortialbanken bestellt werden. Entgegen einer in der Literatur geäußerten Meinung ist es aber nicht erforderlich, dass die akzessorischen Sicherheiten unmittelbar für die einzelnen Konsorten entsprechend ihrer quotalen Kreditforderung bestellt werden.[32] Vielmehr wird dieselbe akzessorische Sicherheit allen Konsorten zur Besicherung ihrer jeweiligen Forderungen aus dem Konsortialkreditverhältnis bestellt. Deshalb ist, entgegen der o. g. Literaturmeinung, die Besicherung von Konsortialkrediten durch akzessorische Sicherheiten durchaus zweckmäßig und in der Praxis auch unverzichtbar.

2. Nicht-akzessorische Sicherheiten

Nicht-akzessorische Sicherheiten bestehen dagegen unabhängig von der Forderungsinhaberschaft. Daher können die nicht-akzessorischen Sicherheiten entweder an (a) den Sicherheitenpool der Konsortialbanken, (b) direkt an die einzelnen Konsortialbanken oder (c) an einen Treuhänder bestellt werden. **21**

a) Bestellung an Sicherheitenpool

Die nicht-akzessorischen Sicherheiten könnten direkt an die GbR bestellt werden und würden damit Gesamthandsvermögen der GbR iSd § 718 Abs. 1 BGB. Das hätte den Vorteil, dass alle Sicherheiten einem einzigen Rechtsträger zustünden. Ein Wechsel in der Mitgliedschaft der GbR ist unproblematisch möglich. Die Rechte der beitretenden Poolmitglieder an den Sicherheiten wären gleichrangig mit den daran bestehenden Rechten der übrigen Poolmitglieder. Die Bestellung der nicht-akzessorischen Sicherheiten an die GbR mit der Folge, dass diese ein Gesellschaftsvermögen begründen und zur Außengesellschaft würde, ist von den beteiligten Banken aber regelmäßig nicht gewollt.[33] **22**

b) Bestellung an Konsortialbanken

Die Übertragung eines Rechts (zB die Abtretung einer Forderung) an mehrere führt grundsätzlich zur Entstehung einer Gemeinschaft nach Bruchteilen (§§ 741 ff. BGB), bei der Übereignung einer Sache an mehrere in der Sonderform des Miteigentums (§§ 1008 ff. BGB). Bei der Übertragung eines Konsortialanteils auf einen beitretenden Kreditgeber müssten die dafür bestehenden Sicherheiten von allen Bruchteilsberechtigten dinglich übertragen werden. Ist die Bestellung der Sicherheit formbedürftig, wie zB bei der Grundschuld, müsste diese neu bestellt und das Grundbuch geändert werden. Das ist nicht praktikabel. Beitretende Konsortialbanken müssen einfach und sicher in den Genuss der bestellten Sicherheiten kommen können. **23**

c) Bestellung an Sicherheiten-Treuhänder

Um die Probleme beim Beitritt weiterer Konsortialbanken[34] zu vermeiden, werden die nicht-akzessorischen Sicherheiten in der Praxis nur dem Sicherheiten-Treuhänder bestellt.[35] Die Poolmitglieder sind an den nicht-akzessorischen Sicherheiten nicht dinglich berechtigt. Sie haben nur einen schuldrechtlichen Anspruch gegen den Treuhänder, so gestellt zu werden, als ob sie gesamthänderisch an dem Vermögen des Treuhänders beteiligt wären, das den Gegenstand der Innengesellschaft bildet.[36] **24**

---

[32] So aber *De Meo,* Bankenkonsortien, S. 15 und ihm folgend SBL BankR-HdB/*Hadding,* 3. Aufl., § 87 Rn. 51; *Picherer,* Sicherungsinstrumente bei Konsortialfinanzierungen von Hypothekenbanken, S. 32.

[33] → § 52 Rn. 17.

[34] Dazu → § 54 Rn. 1 ff.

[35] So auch das Muster des Sicherheiten-Poolvertrags, abgedruckt in BuB Rn. 4/287; dies entspricht der heute weitverbreiteten Praxis, BuB/*Wenzel* Rn. 4/290a.

[36] BGH v. 21.12.1972, WM 1973, 296, 297; Palandt/*Sprau* § 705 Rn. 34.

3. Ergebnis

25 Da die Sicherungsrechte den einzelnen Konsortialbanken und/oder dem Sicherheiten-Treuhänder, nicht aber der GbR bestellt werden, bilden sie kein Gesellschaftsvermögen. Auch der Erlös aus der Verwertung von Sicherheiten wird nicht an den Pool ausgezahlt, sondern an den Sicherheiten-Treuhänder, der ihn auf die Poolmitglieder verteilt. Daher wird überwiegend die Ansicht vertreten, dass der Sicherheitenpool über **kein Gesellschaftsvermögen** verfügt.[37]

VI. Innenverhältnis der Poolmitglieder

26 **Poolvertrag.** Die Rechtsverhältnisse der Gesellschafter einer Innengesellschaft ohne Gesellschaftsvermögen untereinander sind rein **schuldrechtlicher** Natur.[38] Sie sind im **Poolvertrag** geregelt, der in die Intercreditor-Vereinbarung bzw. den Sicherheiten-Treuhandvertrag integriert ist.

27 **Anwendbares Recht.** Die GbR ist eine Gelegenheitsgesellschaft ohne körperschaftliche Organisation in der Form einer Innengesellschaft. Daher ist eine **Rechtswahl zulässig.**[39] Fehlt eine Rechtswahl, ist das Recht des Staates anwendbar, mit dem der Poolvertrag die engsten Verbindungen aufweist (Art. 4 Abs. 4 Rom I-VO).[40] Ist dieses Recht nicht feststellbar, so ist auf den Ort der Hauptverwaltung des Poolführers abzustellen.[41] Poolführer ist diejenige Bank, die die Aufgaben des Sicherheiten-Treuhänders übernimmt.

28 **Sicherheiten.** Die Poolmitglieder verpflichten sich, die nicht-akzessorischen Sicherheiten direkt an den Sicherheiten-Treuhänder bestellen zu lassen und diesen zu ermächtigen, ihre Rechte aus den akzessorischen Sicherheiten für sie auszuüben.

29 **Verwertungserlöse.** Die Poolmitglieder vereinbaren, einen Erlös aus der Verwertung der Sicherheiten – entsprechend ihrer jeweiligen Konsortialanteile – gleichmäßig untereinander aufzuteilen, soweit ihre Forderungen gleichen Rang haben. Bestehen – wie häufig – mehrere Gläubigergruppen mit unterschiedlichem Rang (zB Senior-Kreditgeber, Mezzanine-Kreditgeber, sonstige nachrangige Gläubiger), so ist für die Verteilung des Erlöses auf diese Gruppen die Intercreditor-Vereinbarung zu beachten.

30 **Beschlüsse.** Die Poolmitglieder verpflichten sich untereinander, ihre Entscheidungen in der Regel mit qualifizierter Mehrheit zu fassen. Als qualifizierte Mehrheit gelten meist zwei Drittel der Konsortialanteile. Fehlt eine solche Bestimmung, so findet das Einstimmigkeitsprinzip Anwendung (§ 709 Abs. 1 Hs. 2 BGB).

31 Gegenstand der Beschlüsse sind alle Angelegenheiten, die sich auf die Verwaltung und Verwertung der Sicherheiten beziehen, soweit sie nicht ausnahmsweise dem Sicherheiten-Treuhänder im Rahmen seines Treuhandauftrags zur alleinigen Entscheidung übertragen sind. Regelmäßig behalten sich die Poolmitglieder die Entscheidung über die Verwertung und die Freigabe von Sicherheiten vor, wobei für die Freigabe einer Sicherheit grundsätzlich ein einstimmiger Beschluss erforderlich ist.[42]

VII. Geschäftsführung

32 Eine Innengesellschaft ohne Gesellschaftsvermögen ist nicht dazu bestimmt, als solche nach außen aufzutreten. Sie regelt nur die schuldrechtlichen Innenbeziehungen der Gesellschaf-

---

[37] Ebenso BuB/*Wenzel* Rn. 4/284d; *Kümpel,* Bank- und Kapitalmarktrecht Rn. 6.553.

[38] MüKoBGB/*Schäfer* § 705 Rn. 285.

[39] Dazu → § 27 Rn. 16.

[40] Palandt/*Thorn,* Art. 4 Rom I-VO Rn. 33; MüKoBGB/*Martiny* Art. 1 Rom I-VO Rn. 72; MHdB GesR I/*Schaffelhuber/Sölch* § 31 Rn. 77.

[41] MHdB GesR I/*Schaffelhuber/Sölch* § 31 Rn. 7.

[42] Dazu → § 36 Rn. 3.

ter untereinander, und es fehlt ihr an einer „organisationsrechtlichen Komponente".[43] Die Aufgabe des Sicherheiten-Treuhänders besteht deshalb nicht darin, „den Willen der Gesellschaft zu bilden und in die Tat umzusetzen".[44] Er handelt nicht als Organ der GbR, sondern wird „in einer Art Treuhandfunktion" für die Poolmitglieder tätig.[45] Dabei beschränken sich seine Aufgaben im Rahmen des Pools im Wesentlichen auf die Herbeiführung von Beschlüssen der Poolmitglieder sowie auf die Verteilung eines Verwertungserlöses. Seine anderen Aufgaben folgen unmittelbar aus den Treuhandverhältnissen mit den Konsortialbanken.[46]

VIII. Gesellschafterwechsel

Ausscheiden. Das Ausscheiden eines Gesellschafters aus der GbR kann ua durch **Vereinbarung** mit den übrigen Gesellschaftern erfolgen.[47] Scheidet ein Gesellschafter aus der GbR aus, so wächst grundsätzlich sein Anteil am Gesellschaftsvermögen den übrigen Gesellschaftern zu (§ 738 Abs. 1 BGB), und der ausscheidende Gesellschafter erhält gegen die übrigen einen Anspruch auf Abrechnung und Abfindung.[48] Da der Sicherheitenpool jedoch über kein Gesellschaftsvermögen verfügt, kommt es nicht zu einer Anwachsung bei den übrigen Poolmitgliedern, und das ausscheidende Poolmitglied erwirbt keinen Abfindungsanspruch. 33

Eintritt. Der Eintritt eines Gesellschafters erfolgt durch Vereinbarung mit den übrigen Gesellschaftern.[49] Tritt ein neuer Gesellschafter in die GbR ein, so wächst ihm grundsätzlich ein Anteil am Gesellschaftsvermögen zu, und den übrigen wächst ein entsprechender Anteil ab.[50] Mangels Gesellschaftsvermögens erfolgt beim neu eintretenden Poolmitglied keine Anwachsung. Das eintretende Poolmitglied muss auch keine Einlage in die GbR leisten. 34

Übertragung der Mitgliedschaft. Die Übertragung der Mitgliedschaft in einer GbR kommt dadurch zustande, dass ausscheidender und neu eintretender Gesellschafter nacheinander oder gleichzeitig jeweils entsprechende Vereinbarungen mit den übrigen Gesellschaftern treffen (Theorie des **Doppelvertrags**).[51] Es handelt sich um zwei unterschiedliche Rechtsgeschäfte, die der Zustimmung der übrigen Gesellschafter bedürfen, nicht aber der Mitwirkung des jeweils anderen, dh des ausscheidenden oder des eintretenden Gesellschafters.[52] Die Zustimmung kann bereits im Voraus erteilt werden. Die Finanzierungsverträge sehen die Möglichkeit der Übertragung von Konsortialanteilen vor. Die Parteien haben somit bereits bei Abschluss der Finanzierungsverträge stillschweigend auch der Übertragung einer Mitgliedschaft zugestimmt und gehen vom Fortbestand des Sicherheitenpools (§ 736 BGB) aus. Die GbR wird deshalb durch die Übertragung von Mitgliedschaften nicht aufgelöst.[53] 35

IX. Beendigung und Kündigung

Beendigung. Eine GbR endet ua mit der **Erreichung des Gesellschaftszwecks** oder dann, wenn die Erreichung des Gesellschaftszwecks **unmöglich** geworden ist (§ 726 36

[43] MüKoBGB/*Schäfer* § 705 Rn. 285.
[44] Vgl. MüKoBGB/*Schäfer* § 705 Rn. 256.
[45] MüKoBGB/*Schäfer*, Vorbem. § 705 Rn. 8.
[46] Dazu → § 54 Rn. 6, 9.
[47] MüKoBGB/*Schäfer* § 719 Rn. 17.
[48] Palandt/*Sprau* § 738 Rn. 2.
[49] MüKoBGB/*Schäfer* § 719 Rn. 17.
[50] MüKoBGB/*Schäfer* § 718 Rn. 8.
[51] MüKoBGB/*Schäfer* § 719 Rn. 17.
[52] MüKoBGB/*Schäfer* § 719 Rn. 17.
[53] Palandt/*Sprau*, Vorbem § 723 Rn. 1.

BGB).[54] Der gemeinsame Zweck des Sicherheitenpools besteht darin, bei einer Verwertung der Sicherheiten, eine – entsprechend der Konsortialanteile – gleichmäßige Befriedigung aller Konsortialbanken mit gleicher Rangstelle zu gewährleisten. Der Gesellschaftszweck ist also erreicht, wenn alle Sicherheiten verwertet und der Erlös an die Kreditgeber verteilt worden ist. Er ist unmöglich geworden, wenn alle Ansprüche der Kreditgeber vollständig befriedigt wurden, ohne dass es einer Verwertung der Sicherheiten bedurft hätte und die Sicherheiten demzufolge erloschen oder zurückgewährt worden sind.

37 **Kündigung.** Der Sicherheitenpool ist für eine bestimmte Zeit eingegangen. Ein kalendermäßig bestimmter Endzeitpunkt ist dafür nicht erforderlich. Es genügt, dass die Zeitdauer objektiv bestimmbar ist, zB wenn die Gesellschaft auf die Dauer eines anderen befristeten Rechtsverhältnisses eingegangen ist oder der Endtermin sich nach dem Eintritt eines künftigen, bestimmten Ereignisses richten soll.[55] Ein solches Ereignis ist die vollständige Verwertung der Sicherheiten und Verteilung des Erlöses bzw. das Erlöschen bzw. die Rückübertragung der Sicherheiten. Eine ordentliche Kündigung nach § 723 Abs. 1 S. 1 BGB ist deshalb ausgeschlossen.[56] Die Gesellschaft kann daher grundsätzlich nur aus **wichtigem Grund** gekündigt werden (§ 723 Abs. 1 S. 2 BGB). Dieses Kündigungsrecht ist nicht vollständig abdingbar (§ 723 Abs. 3 BGB). Ein wichtiger Grund liegt vor, wenn einem Poolmitglied das Verbleiben in der Gesellschaft bei Abwägung aller Umstände nach Treu und Glauben nicht länger zugemutet werden kann.[57] An das Vorliegen eines wichtigen Grunds sind hohe Anforderungen zu stellen.[58]

38 Andere Auflösungsgründe, wie zB Eröffnung des Insolvenzverfahrens über das Vermögen eines Poolmitglieds (§ 728 BGB), spielen in der Praxis keine Rolle.

§ 53. Sicherheiten-Treuhänder

1 Die Aufgabe des Sicherheiten-Treuhänders wird meist von derselben Bank übernommen, die auch Agent ist.

I. Treuhandverhältnisse

2 Dem Sicherheiten-Treuhänder werden die Sicherheiten teilweise treuhänderisch übertragen.[1] Teilweise wird er nur zur treuhänderischen Wahrnehmung der Rechte aus den Sicherheiten ermächtigt. Die Treuhandverhältnisse unterscheiden sich je nachdem, ob es sich um nicht-akzessorische oder akzessorische Sicherheiten handelt.

3 **Vollrechtsübertragung.** Erwirbt der Treuhänder das Eigentum an einer Sache, die Forderung etc. zu vollem Recht nach den für die Übertragung des jeweiligen Rechts geltenden Übertragungsvorschriften und ist er dem Treugeber gegenüber schuldrechtlich gebunden, diese Rechte nur nach Maßgabe einer Treuhandvereinbarung auszuüben, so

[54] SBL BankR-HdB/*Hadding/Häuser* § 87, 3. Aufl. Rn. 23.

[55] MüKoBGB/*Schäfer*, § 726 Rn. 1 f.

[56] Ein Teil der Literatur will auf Innengesellschaften ohne Gesellschaftsvermögen die Vorschriften über die stille Gesellschaft (§§ 230 ff. HGB) entsprechend anwenden, insbesondere § 234 HGB, wonach auf die Kündigung der Gesellschaft durch einen Gesellschafter die §§ 132, 134 und 135 HGB entsprechende Anwendung finden, vgl. Staudinger/*Habermeier* § 705 Rn. 60en; bezogen auf die „stille Gesellschaft des bürgerlichen Rechts" auch MüKoBGB/*Schäfer* § 705 Rn. 288. Relevant ist hier allenfalls die Einhaltung der sechsmonatigen Kündigungsfrist des § 132 HGB. Diese Bestimmung gilt jedoch nur für Gesellschaften, die auf unbestimmte Zeit eingegangen wurden. Das ist bei Sicherheitenpools gerade nicht der Fall.

[57] BGH v. 12.7.1982, BGHZ 84, 379, 382 f.

[58] Vgl. MHdB GesR I//*Schaffelhuber/Sölch* § 31 Rn. 66; eingehend zu den möglichen Kündigungsgründen *Preissler*, Eigenkapitalersetzende Gesellschafterdarlehen und konsortiale Kreditvergabe durch Banken, S. 68 ff.

[1] Dabei sind die für den jeweiligen Übertragungsakt geltenden Formvorschriften zu beachten.

spricht man von einer fiduziarischen Treuhand oder **echten Treuhand.**[2] Die Konsortialbanken und der Sicherheiten-Treuhänder vereinbaren im Hinblick auf die **nicht-akzessorischen Sicherheiten** eine echte Treuhand. Auch hinsichtlich der Forderungen aus dem **abstrakten Schuldversprechen** und den akzessorischen Sicherheiten, die dem Treuhänder zur Besicherung dieser Forderungen bestellt wurden, handelt es sich um eine echte Treuhand.

Ermächtigungstreuhand. Bei der Ermächtigungstreuhand **(unechte Treuhand)** bleibt dagegen der Treugeber Vollrechtsinhaber. Der Treuhänder wird aber gemäß § 185 BGB zu Verfügungen im eigenen Namen ermächtigt. Der Treugeber kann grundsätzlich selbst Verfügungen treffen, solange der Treuhänder nicht verfügt hat.[3] Die Ermächtigung erlischt mit dem Ende der Rechtsinhaberschaft des Treugebers oder mit dem Ende des Treuhandvertrags (§ 168 BGB analog).[4] Diese Gestaltung liegt im Hinblick auf die den Konsortialbanken bestellten **akzessorischen Sicherheiten** vor. 4

Doppelseitige Treuhand. Der Treuhänder ist sowohl den Konsortialbanken als auch dem Sicherungsgeber treuhänderisch verpflichtet (sog **doppelseitige Treuhand**).[5] Im Verhältnis zu den Konsortialbanken liegt eine **fremdnützige** Verwaltungstreuhand vor, da das Treuhandverhältnis im Interesse der Konsorten als Treugeber begründet wurde, um eine einfache Verwaltung und gleichmäßige Verwertung der Sicherheiten zu gewährleisten.[6] Gegenüber dem Sicherungsgeber hat der Treuhänder die Stellung eines **eigennützigen** Sicherheiten-Treuhänders, da das Treuhandverhältnis im Interesse des Sicherheiten-Treuhänders begründet wurde, um ihn und die anderen Konsorten dinglich zu sichern.[7] 5

II. Rechte und Pflichten des Sicherheiten-Treuhänders

Aufgaben. Der Sicherheiten-Treuhänder hat die Sicherheiten treuhänderisch für die Poolmitglieder zu halten und zu verwalten. Er überwacht die Einhaltung der Informationspflichten des Kreditnehmers, nimmt Mitteilungen, Bestandslisten etc. entgegen, führt bei Bedarf Beschlüsse der Poolmitglieder herbei und setzt diese um. Der Sicherheiten-Treuhänder verwertet die Sicherheiten und verteilt den Erlös an die Poolmitglieder. 6

Entgelt. Der Sicherheiten-Treuhänder erhält als Entgelt meist einen festen jährlichen Betrag. 7

Rechtliche Einordnung. Der Sicherheiten-Treuhänder übt eine selbständige Tätigkeit wirtschaftlicher Art in fremdem Interesse aus. Es handelt sich also um eine Geschäftsbesorgung,[8] die einen entgeltlichen Dienstvertrag zum Inhalt hat. Zwischen **jeder Konsortialbank** und dem Sicherheiten-Treuhänder besteht somit ein **entgeltlicher Geschäftsbesorgungsvertrag,**[9] auf den weitgehend **Auftragsrecht** Anwendung findet (§ 675 Abs. 1 BGB iVm §§ 663, 665 bis 670, 672 bis 674 BGB), soweit vertraglich nichts Abweichendes vereinbart ist. Nach dem gesetzlichen Modell ist der Beauftragte gegenüber dem Auftraggeber verpflichtet, dessen Weisungen zu befolgen (arg. § 665 BGB) und den Erlös aus der Verwertung der Sicherheiten an ihn herauszugeben (§ 667 BGB). 8

Vertragliche Regelung. Die Intercreditor-Vereinbarung bzw. der Sicherheiten-Treuhandvertrag regelt die Rechte und Pflichten des Sicherheiten-Treuhänders im Verhältnis zu den Poolmitgliedern. Dies umfasst ua die Beauftragung und Ermächtigung des Sicherhei- 9

---

[2] Palandt/*Herrler* § 903 Rn. 37.
[3] Palandt/*Herrler* § 903 Rn. 34.
[4] Palandt/*Herrler* § 903 Rn. 34.
[5] *De Meo,* Bankenkonsortien, S. 16; *Obermüller* DB 1973, 1833, 1834; *Picherer,* Sicherungsinstrumente bei Konsortialfinanzierungen von Hypothekenbanken, S. 33; Palandt/*Herrler* § 903 Rn. 35.
[6] *Obermüller* DB 1973, 1833, 1834. Das hat ua für evtl. Aussonderungsrechte der Treugeber in der Insolvenz des Sicherheiten-Treuhänders Bedeutung; → § 52 Rn. 2.
[7] *Obermüller* DB 1973, 1833, 1834.
[8] Dazu Palandt/*Sprau* § 675 Rn. 2.
[9] Ebenso BeckHdB PersGes/*Lochmann* § 20 Rn. 58.

ten-Treuhänders durch die Poolmitglieder, seine Rechenschaftspflicht, die Pflicht zur Befolgung von Weisungen und Weiterleitung von Informationen. Zudem enthält die Vereinbarung die Verpflichtung der Poolmitglieder zur Erstattung von Kosten der Verwaltung und Verwertung der Sicherheiten und (durch die Sicherungsgeber) die Befreiung der Poolmitglieder vom Bankgeheimnis, damit sie sich untereinander zB über eine negative wirtschaftliche Entwicklung des Kreditnehmers informieren können.[10]

10 **Verhältnis zu den Sicherheitenverträgen.** Die Intercreditor-Vereinbarung bzw. der Sicherheiten-Treuhandvertrag ändert grundsätzlich nicht die Sicherheitenverträge. Die Vertragsparteien der Sicherheitenverträge sowie deren Rechte und Pflichten bleiben unberührt. Nur soweit sich die Vereinbarungen widersprechen, gehen die Bestimmungen der Intercreditor-Vereinbarung bzw. des Sicherheiten-Treuhandvertrags vor.

III. Vertretungsbefugnis

11 Der Sicherheiten-Treuhänder wird von den Sicherungsnehmern regelmäßig bevollmächtigt, die zur Ausführung seiner Aufgaben (zB Abschluss und Änderung von Verträgen über die Bestellung von Sicherheiten) erforderlichen Erklärungen abzugeben. Der Sicherheiten-Treuhänder handelt dabei nicht im Namen der GbR, sondern im Namen jedes einzelnen Kreditgebers.

IV. Haftung

12 **Haftung des Sicherheiten-Treuhänders gegenüber den Poolmitgliedern.** Der Beauftragte haftet dem Auftraggeber grundsätzlich nach § 276 BGB, dh er hat Vorsatz und jede Fahrlässigkeit zu vertreten.[11] Auch für den Fall, dass der Sicherheiten-Treuhänder ausnahmsweise unentgeltlich tätig wird, besteht nach dem BGH kein allgemeiner Grundsatz, dass der Schuldner nur die in eigenen Angelegenheiten übliche Sorgfalt anzuwenden braucht.[12]

13 Eine Haftung nach § 276 BGB erscheint jedoch als zu streng. Insbesondere, wenn der Sicherheiten-Treuhänder selbst mit einem bedeutenden Konsortialanteil an den Krediten beteiligt ist, hat er ein starkes eigenes Interesse an der sorgfältigen Erfüllung seiner Aufgaben. Kommt es dennoch zu einer Pflichtverletzung und hat der Sicherheiten-Treuhänder fahrlässig gehandelt oder die eigenübliche Sorgfalt nicht angewendet, ist nicht einzusehen, warum er neben einem eventuellen Ausfall mit seiner eigenen Forderung gegen den Sicherungsgeber auch einen eventuellen Schaden der anderen Poolmitglieder ausgleichen soll. In den üblichen Verträgen ist die Haftung des Sicherheiten-Treuhänders daher regelmäßig auf **Vorsatz** und **grobe Fahrlässigkeit** beschränkt.

14 **Haftung der Poolmitglieder gegenüber dem Sicherheiten-Treuhänder.** Entstehen dem Sicherheiten-Treuhänder bei der Erledigung des ihm erteilten Auftrags Aufwendungen, so hat er gemäß §§ 675, 670 BGB einen Erstattungsanspruch gegen die Auftraggeber. Nach den banküblichen Verträgen richtet sich dieser Anspruch direkt gegen die (anderen[13])

---

[10] BuB/*Wenzel* Rn. 4/288c.

[11] BGH v. 7.10.1963, BB 1964, 100; Palandt/*Sprau* § 662 Rn. 11; nach aA sind die §§ 521, 599 (jeweils nur grobe Fahrlässigkeit und Vorsatz), 690 (Sorgfalt wie in eigenen Angelegenheiten) entsprechend anwendbar, vgl. zum Meinungsstand MüKoBGB/*Schäfer* § 662 Rn. 68.

[12] BGH v. 7.10.1963, BB 1964, 100. Wäre der Sicherheiten-Treuhänder als Geschäftsführer des Pools anzusehen, so hätte er nach dem gesetzlichen Leitbild der GbR gegenüber den anderen Konsortialbanken dagegen nur für die Sorgfalt einzustehen, die er in eigenen Angelegenheiten anzuwenden pflegt (§ 708 BGB). Das schließt eine Haftung für grobe Fahrlässigkeit mit ein (§ 277 BGB).

[13] Ist der Sicherheiten-Treuhänder selbst Konsortialbank, entsteht der Anspruch in seiner Eigenschaft als Sicherheiten-Treuhänder gegen ihn als Gesellschafter der GbR auf anteilige Erstattung seiner Aufwendungen nicht. Ein Schuldverhältnis setzt voraus, dass Gläubiger und Schuldner verschiedene Personen sind, BGH v. 4.7.1991, BGHZ 115, 116, 122.

Konsortialbanken als Teilschuldner im Verhältnis ihrer Konsortialanteile. Der Anspruch entsteht allerdings grundsätzlich erst mit der Ausführung des Auftrags bzw. der Geschäftsbesorgung oder der anderweitigen Beendigung des Vertragsverhältnisses.[14] Insoweit sollte in einer Intercreditor-Vereinbarung, die deutschem Recht unterliegt, eine abweichende Regelung getroffen werden.

Haftung des Sicherheiten-Treuhänders gegenüber den Sicherungsgebern. Auch gegenüber den Sicherungsgebern haftet der Sicherheiten-Treuhänder nur für Vorsatz und grobe Fahrlässigkeit. 15

V. Insolvenz des Sicherheiten-Treuhänders

Die Vereinbarung eines Treuhandverhältnisses birgt das Risiko einer Insolvenz des Sicherheiten-Treuhänders, der alle nicht-akzessorischen Sicherheiten als Treugut in seinem Vermögen hält. Sicherheiten-Treuhänder ist in der Regel eine der Konsortialbanken, die regelmäßig noch weitere, auch risikoreiche Geschäfte, betreibt. In der Insolvenz des (fremdnützigen[15]) Treuhänders steht den Konsortialbanken als Treugebern grundsätzlich ein Aussonderungsrecht am Treugut zu.[16] Das gilt nach der **Rechtsprechung** aber nur, wenn dem Treuhänder das Treugut (die Sicherheiten) aus dem Vermögen des Treugebers unmittelbar übertragen wurde **(Unmittelbarkeitsprinzip).**[17] Erforderlich ist ein einem „Anvertrauen zu treuen Händen".[18] Bei der Besicherung von Konsortialkrediten werden die nicht-akzessorischen Sicherheiten (also va Sicherungseigentum, sicherungshalber abgetretene Forderungen, Grundschulden) jedoch nicht zunächst den Konsortialbanken bestellt, die sie danach an den Sicherheiten-Treuhänder bestellen. Vielmehr erfolgt die dingliche Übertragung bzw. Bestellung der Sicherheiten durch die Sicherungsgeber direkt an den Sicherheiten-Treuhänder. 16

Der BGH hat in engem Umfang **Ausnahmen** vom Unmittelbarkeitsprinzip zugelassen. Ein Anvertrauen unmittelbar vom Treugeber ist zunächst dann nicht erforderlich, wenn Geld auf ein sog **echtes Anderkonto** eingezahlt oder überwiesen wird, da ein Anderkonto offenkundig zu dem Zweck bestimmt ist, fremde Gelder zu verwalten.[19] Darüberhinaus sah der BGH das Unmittelbarkeitsprinzip auch dann als erfüllt an, wenn ein Dritter zur Erfüllung einer Forderung des Treugebers (im entschiedenen Fall ein Verein), statt an diesen, direkt an den Treuhänder (im entschiedenen Fall der Kassenwart des Vereins) leistet, der Treugeber den Treuhänder zum Empfang der Zahlungen **ermächtigt** hat und (solange) der Treuhänder den **Willen** hat, die Mittel für den Treugeber zu verwalten, gelten diese Mittel als vom Treugeber dem Treuhänder anvertraut.[20] 17

Dagegen reicht es nicht aus, dass der Eigentümer und Verkäufer eines Grundstücks mit dem Käufer eine **schuldrechtliche Vereinbarung** trifft, wonach der Käufer bevollmächtigt wird, das Grundstück zu verkaufen, den Kaufpreis zu vereinnahmen und sich der Verkäufer verpflichtet, über das Grundstück nicht zu verfügen und die Weisungen des Käufers zu befolgen. Eine solche nachträgliche schuldrechtliche Beschränkung der Befugnisse als Eigentümer begründet kein Aussonderungsrecht des Käufers in der Insolvenz des Eigentümers. Wer seine Rechte an Gegenständen, die einem anderen gehören, sichern und sie vor dem Zugriff der Gläubiger des anderen schützen will, muss sich Rechte sicherheits- 18

---

14 Staudinger/*Martinek/Omlor* § 670 Rn. 35; *Mülbert* ZGR 1995, 578, 583.
15 *Obermüller* DB 1973, 1833, 1834.
16 BGH v. 19.11.1992, DNotZ 1993, 384, 385; Palandt/*Herrler* § 903 Rn. 43.
17 BGH v. 19.11.1992, DNotZ 1993, 384, 385; RGZ 84, 217; 91, 12; 133, 84. In der Literatur wird das Unmittelbarkeitsprinzip angegriffen. So hält *Obermüller* die Unmittelbarkeit des Erwerbs vom Treugeber in allen Fällen für entbehrlich, in denen das Treuhandverhältnis dem Verfügenden (Sicherungsgeber) gegenüber offengelegt war, *Obermüller* DB 1973, 1833, 1835.
18 BGH v. 7.4.1959, NJW 1959, 1223, 1225.
19 BGH v. 7.4.1959, NJW 1959, 1223, 1225.
20 BGH v. 7.4.1959, NJW 1959, 1223, 1225; BGH v. 19.11.1992, DNotZ 1993, 384, 385.

halber abtreten, bewegliche Sachen sicherungsübereignen oder bei Grundstücken eine Vormerkung eintragen lassen.[21]

19 Hält der Sicherheiten-Treuhänder das Sicherungsgut (im Verhältnis zu den Poolmitgliedern) als fremdnütziger und zugleich (im Verhältnis zum Sicherungsgeber) als eigennütziger Treuhänder,[22] so fehlt es an der **Offenkundigkeit** der Treuhand. Denn dann ist nicht mehr klar erkennbar, welche Gegenstände treuhänderisch und welche im eigenen Interesse gehalten werden.[23] Daher ist die Übertragung der Funktion des Sicherheiten-Treuhänders auf einen Dritten, zB eine Tochtergesellschaft einer Konsortialbank, zu empfehlen.

VI. Auftragsende, Wechsel des Sicherheiten-Treuhänders

20 **Gesetzliche Regelung.** Nach den allgemeinen Regeln endet der Auftrag des Beauftragten ua durch Zeitablauf, Zweckerreichung oder mit der Erledigung seiner Aufgaben.[24] Die Tätigkeit des Sicherheiten-Treuhänders endet spätestens mit vollständiger Verwertung der Sicherheiten und Verteilung des Erlöses bzw. dem Erlöschen bzw. der Rückgewähr der Sicherheiten an die Sicherungsgeber.[25] Die Tätigkeit des Sicherheiten-Treuhänders endet schon früher, wenn die Poolmitglieder den Auftrag widerrufen oder der Sicherheiten-Treuhänder kündigt (§ 671 BGB).

21 Der Auftraggeber kann den Auftrag grundsätzlich jederzeit **widerrufen,** ohne dass ein besonderer Grund erforderlich wäre (§ 671 Abs. 1 BGB). Ebenso kann der Beauftragte den Auftrag grundsätzlich jederzeit **kündigen,** ohne dass ein besonderer Grund erforderlich wäre (§ 671 Abs. 1 BGB).

22 **Vertragliche Regelung.** Auch nach den üblichen Regelungen in der Intercreditor-Vereinbarung bzw. dem Sicherheiten-Treuhandvertrag kann der Sicherheiten-Treuhänder den Auftrag jederzeit ohne Angabe von Gründen kündigen. Die Kündigung wird sofort wirksam, wenn der Sicherheiten-Treuhänder ein mit ihm verbundenes Unternehmen als Nachfolger ernennt. Andernfalls wird die Kündigung des Sicherheiten-Treuhänder erst wirksam, wenn die Sicherungsnehmer mit Zweidrittelmehrheit oder der Sicherheiten-Treuhänder, nach Anhörung der Kreditnehmerseite, einen Nachfolger ernannt haben.

23 In den üblichen Intercreditor-Vereinbarungen bzw. Sicherheiten-Treuhandverträgen wird regelmäßig vereinbart, dass eine Zweidrittelmehrheit der Sicherungsnehmer den Sicherheiten-Treuhänder jederzeit ohne Angabe von Gründen zum Rücktritt zwingen kann.

§ 54. Übertragung eines Konsortialanteils; Beitritt zum Sicherheitenpool

1 Regelmäßig übertragen die ursprünglichen Kreditgeber nach (selten vor) der Auszahlung der Kredite im Rahmen der Syndizierung einen Teil der Rechte und Pflichten aus ihren Kreditverhältnissen (**„Konsortialanteile“** oder „Konsortialquoten“) auf weitere Kreditgeber. Die neuen Kreditgeber sollen im Hinblick auf die Sicherheiten dieselbe Rechtsstellung wie die bisherigen Konsortialbanken erhalten. Dazu muss jeder neue Kreditgeber dem Sicherheitenpool beitreten, einen Treuhandvertrag mit dem Sicherheiten-Treuhänder in Bezug auf die nicht-akzessorischen Sicherheiten schließen und Vertragspartei der Verträge über die akzessorischen Sicherheiten werden.

---

21 BGH v. 24.6.2003, NJW 2003, 3414, 3416; kritisch dazu *Stürner* KTS 2004, 259, 263.
22 Vgl. → § 53 Rn. 5.
23 *Stürner* KTS 2004, 259, 263.
24 Palandt/*Sprau* § 671 Rn. 4.
25 Dazu → § 52 Rn. 36.

I. Beitritt zum Sicherheitenpool

Der beitretende Kreditgeber muss zunächst dem Sicherheitenpool, dh der GbR in der Form der Innengesellschaft der Poolmitglieder, beitreten.[1] Durch den Beitritt zum Sicherheitenpool erwirbt der neue Kreditgeber ua einen schuldrechtlichen Anspruch gegen die anderen Poolmitglieder, im Fall der Verwertung von Sicherheiten, an dem Erlös entsprechend der Höhe seines Konsortialanteils und seiner Rangstelle beteiligt zu werden. Der Beitritt zum Sicherheitenpool erfolgt in der Praxis durch Beitritt zur Intercreditor-Vereinbarung bzw. zum Sicherheiten-Treuhandvertrag. 2

II. Nicht-akzessorische Sicherheiten

Die nicht-akzessorischen Sicherungsrechte, die dem Sicherheiten-Treuhänder bestellt wurden, bleiben vom Beitritt des neuen Kreditgebers zum Sicherheitenpool unberührt. Um in den Genuss der nicht-akzessorischen Sicherheiten zu kommen, muss der neue Kreditgeber einen **eigenen Treuhandvertrag** mit dem Sicherheiten-Treuhänder schließen, in dem sich der Sicherheiten-Treuhänder verpflichtet, die nicht-akzessorischen Sicherheiten auch für Rechnung des neuen Kreditgebers zu halten und gegebenenfalls zu verwerten. Die Treuhandverhältnisse der Kreditgeber mit dem Sicherheiten-Treuhänder sind in der Intercreditor-Vereinbarung bzw. dem Sicherheiten-Treuhandvertrag enthalten. Der neue Kreditgeber schließt einen Treuhandvertrag mit dem Sicherheiten-Treuhänder ab, indem er der Intercreditor-Vereinbarung bzw. dem Sicherheiten-Treuhandvertrag **beitritt.** Wie die übrigen Kreditgeber erwirbt auch der beitretende Kreditgeber keine dinglichen Rechte an den nicht-akzessorischen Sicherheiten, sondern nur die Stellung eines Treugebers. 3

Der Abschluss dieses Treuhandvertrags **ändert** die bestehenden **Treuhandverhältnisse** mit den übrigen Kreditgebern ab, da der Sicherheiten-Treuhänder die nicht-akzessorischen Sicherheiten nach dessen Beitritt auch für den beigetretenen Kreditgeber hält und eventuelle Verwertungserlöse anteilig an ihn herauszugeben sind. Dadurch sinkt die Quote der übrigen Kreditgeber. Die Intercreditor-Vereinbarung bzw. der Sicherheiten-Treuhandvertrag sieht den Beitritt weiterer Kreditgeber vor. Die übrigen Kreditgeber haben somit bereits bei Unterzeichnung der Intercreditor-Vereinbarung bzw. des Sicherheiten-Treuhandvertrags ihr Einverständnis mit dem Beitritt weiterer Kreditgeber und damit auch der Änderung ihrer Treuhandverhältnisse erklärt. 4

III. Akzessorische Sicherheiten

1. Übertragung des Konsortialanteils nach Darlehensauszahlung

Erfolgt die Übertragung des Konsortialanteils nach (wenigstens teilweiser) Auszahlung des Darlehens, gehen die bereits entstandenen Zahlungsansprüche zusammen mit den akzessorischen Sicherungsrechten (§ 401 Abs. 1 BGB) anteilig auf die beitretende Bank über.[2] Eine vollständige Auszahlung des Kredits ist nicht erforderlich, da die Sicherungsabrede regelmäßig so gestaltet ist, dass die Sicherheit die gegenwärtigen und künftigen Forderungen der Kreditgeber aus dem Kreditverhältnis in ihrem jeweiligen Bestand besichert. Erhöht sich die Forderung der Bank, weil sie weitere Kreditbeträge auszahlt, erhöht sich regelmäßig auch der Umfang der Sicherheit. Die akzessorische Sicherheit „atmet" im Gleichtakt mit der Forderung. Selbst bei einer Übertragung eines Konsortialanteils im Wege der **Novation** (was häufig in Kreditverträgen, die englischem Recht unterliegen, vorgesehen 5

[1] Dazu → § 52 Rn. 34.
[2] Dazu → § 33 Rn. 22.

ist), ist die bei der beitretenden Bank neu entstehende Forderung als „künftige" Forderung vom Pfandrecht umfasst.

6 Bei Abtretung einer Teilforderung bleibt der **Rang** eines Pfandrechts erhalten. Die Gläubiger der Teilforderungen haben nach hM gleichrangige Pfandrechte.[3] Dasselbe gilt bei der teilweisen Vertragsübernahme. Sie wird nach überwiegender Meinung nicht als eine Kombination aus Forderungsabtretung und Schuldübernahme angesehen, sondern als einheitliches Rechtsgeschäft, auf das aber die §§ 398 ff. BGB und §§ 414 ff. BGB grundsätzlich entsprechend anwendbar sind.[4]

2. Übertragung des Konsortialanteils vor Darlehensauszahlung

7 Die Sicherheiten müssen grundsätzlich vor der Auszahlung der Kredite bestellt sein.[5] Die akzessorischen Sicherheiten entstehen grundsätzlich aber erst, wenn auch die zu besichernde Forderung entstanden ist,[6] also nach zumindest teilweiser Auszahlung der Kredite. Übernimmt ein Kreditgeber vor der Auszahlung der Kredite einen Konsortialanteil von einer der Konsortialbanken, so erwirbt der übernehmende Kreditgeber in diesem Zeitpunkt keine Forderung gegen den Kreditnehmer, und es geht keine akzessorische Sicherheit auf sie über.

8 Akzessorische Sicherheiten können auch für eine künftig entstehende Forderung bestellt werden, wenn die künftige Forderung zumindest bestimmbar ist (zB §§ 765 Abs. 2, 1204 Abs. 2 BGB).[7] Bei der Übertragung des Konsortialanteils auf den beitretenden Kreditgeber findet aber nicht etwa ein Verkauf und eine Abtretung der künftigen Forderung in Höhe des Konsortialanteils an den beitretenden Kreditgeber statt. Eine solche Annahme entspräche nicht dem Parteiwillen, da der übertragende Kreditgeber dem beitretenden Kreditgeber gegenüber nicht für das künftige Entstehen der Forderung haften will. Der beitretende Kreditgeber bezahlt auch keinen Kaufpreis für die künftige Forderung an den übertragenden Kreditgeber. Vielmehr zahlt er den von ihm zur Verfügung zu stellenden Kreditbetrag unmittelbar an den Kreditnehmer aus. Die Übernahme eines Konsortialanteils durch einen beitretenden Kreditgeber vor Auszahlung des Kredits bewirkt also nur eine (teilweise) Übertragung der zu diesem Zeitpunkt bestehenden vertraglichen Rechte und Pflichten, einschließlich des Rechts, einen Kreditbetrag bis zur Höhe des übernommenen Konsortialanteils an den Kreditnehmer auszuzahlen, mit der Folge, dass dieser zur Verzinsung und Rückzahlung nach den Bedingungen des Kreditvertrags verpflichtet wird. Der beitretende Kreditgeber erwirbt seine Forderung gegen den Kreditnehmer also **originär** durch Auszahlung des Kreditbetrags an diesen. Es wird keine, auch keine künftige Forderung abgetreten. Demzufolge gehen auch keine akzessorischen Sicherheiten zusammen mit der Forderung gemäß §§ 401 Abs. 1, 1250 Abs. 1 BGB auf den beitretenden Kreditgeber über.

3. Einbeziehung in die Sicherheitenverträge

9 Anders als bei den Verträgen über nicht-akzessorische Sicherheiten, die auf Kreditgeberseite nur vom Sicherheiten-Treuhänder unterzeichnet werden und nur diesem **Rechte und Pflichten** zuweisen, die er als Treuhänder in eigenem Namen ausübt, werden durch die Verträge über akzessorische Sicherheiten die Kreditgeber unmittelbar berechtigt und ver-

---

[3] Palandt/*Bassenge* § 1250 Rn. 1; nach aA entsteht ein gemeinschaftliches Pfandrecht, Staudinger/*Wiegand* § 1250 Rn. 5.

[4] Palandt/*Grüneberg* § 398 Rn. 42, 44 mwN.

[5] Zu den Ausnahmen bei Akquisitionsfinanzierungen in Bezug auf Sicherheiten, die von den Zielgesellschaften gestellt werden, → § 6 Rn. 11.

[6] Palandt/*Herrler*, Einl. § 854 Rn. 7; Palandt/*Sprau* § 765 Rn. 28 (Bürgschaft); Palandt/*Herrler* § 1113 Rn. 1 (Hypothek); Palandt/*Wicke* § 1204 Rn. 1; BGH v. 19.3.1998, VIZ 98, 389, 393 (Pfandrecht).

[7] BGH v. 26.1.1983, BGHZ 86, 340, 346. Auch eine Hypothek kann für eine künftige bestimmbare Forderung bestellt werden (§ 1113 Abs. 2 BGB). Es entsteht dann aber bis zum Entstehen der Forderung keine Hypothek, sondern eine Eigentümergrundschuld (§ 1163 Abs. 1 BGB).

pflichtet.[8] Selbst wenn ein Konsortialanteil erst nach Auszahlung des Darlehens auf einen beitretenden Kreditgeber übertragen wird und daher die akzessorischen Sicherheiten auf ihn übergehen (§ 401 Abs. 1 BGB), bedeutet das nur, dass der beitretende Kreditgeber Inhaber der akzessorischen Sicherungsrechte wird. Er wird dadurch aber nicht Partei der Verträge über akzessorische Sicherheiten und kann die darin für den Sicherungsnehmer vereinbarten Rechte nicht ausüben. Die vertraglichen Vereinbarungen weichen regelmäßig von den (dispositiven) gesetzlichen Regeln ab. Auch der beitretende Kreditgeber soll in die **vertraglichen Vereinbarungen einbezogen** werden. Erfolgt die Übertragung des Konsortialanteils vor Auszahlung des Darlehens, gehen keine **akzessorischen Sicherheiten** auf den beitretenden Kreditgeber über. Er soll aber auch in den Genuss der akzessorischen Sicherheiten kommen. Beides kann erreicht werden durch (a) den Neuabschluss der Verträge über die akzessorischen Sicherheiten, (b) den Beitritt des neuen Kreditgebers zu den Verträgen über die akzessorischen Sicherheiten oder (c) den Abschluss der Verträge über die akzessorischen Sicherheiten als „offenes Geschäft für den, den es angeht".

a) Neuabschluss der Sicherheitenverträge

Für den Neuabschluss eines Sicherheitenvertrags ist in jedem Fall die **Mitwirkung** des Sicherungsgebers erforderlich. **10**

Wird durch den Neuabschluss ein neues Pfandrecht bestellt, so hängt dessen **Rang** vom Zeitpunkt der Bestellung ab (§ 1209 BGB). Durch eine gleichzeitige Neubestellung des Pfandrechts an alle Pfandgläubiger erhalten diese gleichen Rang. Bei einer Neubestellung des Pfandrechts an alle Pfandgläubiger, einschließlich der bisherigen, besteht aber die Gefahr, dass dies als Aufhebung des früheren Pfandrechts angesehen wird (§ 1255 BGB), mit der Folge des Rangverlusts. Dies kann vermieden werden, indem das Pfandrecht nur dem beitretenden Kreditgeber neu bestellt wird. Dieses Pfandrecht ist dann aber gegenüber den früher bestellten Pfandrechten der anderen Pfandgläubiger nachrangig. Ungeachtet dessen können die Kreditgeber aber untereinander vereinbaren, sich schuldrechtlich so zu stellen, als hätten ihre Pfandrechte gleichen Rang. **11**

Ist die Bestellung der Sicherheit formbedürftig (zB Verpfändung von GmbH-Geschäftsanteilen), so entstehen zusätzliche **Kosten.** **12**

b) Vertragsbeitritt des Kreditgebers

Der Beitritt eines neuen Kreditgebers zum Vertrag über die Bestellung der akzessorischen Sicherheit erfolgt grundsätzlich durch Rechtsgeschäft unter allen Beteiligten.[9] Allerdings kann der Sicherungsgeber bereits bei Abschluss des Sicherheitenvertrags seine (unwiderrufliche) Zustimmung zum Beitritt weiterer Sicherungsnehmer erklären.[10] Der Beitritt erfolgt dann durch zweiseitiges Rechtsgeschäft zwischen den bisherigen Sicherungsnehmern bzw. dem Sicherheiten-Treuhänder als deren Vertreter und dem beitretenden Sicherungsnehmer. Eine erneute **Mitwirkung** des Sicherungsgebers ist nicht erforderlich. **13**

Der Beitritt wird in dem Moment wirksam, in dem alle für den Beitrittsvertrag erforderlichen Willenserklärungen abgegeben und wirksam wurden. Der Beitritt bewirkt, dass der beitretende Kreditgeber die Rechtsposition eines Sicherungsnehmers iSd Sicherheitenvertrags erhält. Dem beitretenden Kreditgeber werden aber keine Rechte und Pflichten der bisherigen Sicherungsnehmer übertragen. Eine Sonderrechtsnachfolge findet also nicht statt.[11] Der Sicherungsgeber schließt mit dem beitretenden Sicherungsnehmer vielmehr einen neuen Vertrag ab, der inhaltlich mit dem bisherigen Vertrag identisch ist. Durch den Beitritt entsteht also ein selbständiger und inhaltlich identischer Vertrag. Die Verträge sind jedoch in einer Urkunde zusammengefasst. **14**

---

8 Dazu → § 52 Rn. 20.

9 MüKoBGB/*Roth/Kieninger* § 398 Rn. 190.

10 *Larenz,* Schuldrecht Allgemeiner Teil § 35 III; Staudinger/*Busche,* Einl. §§ 398 ff. Rn. 207.

11 *Pieper,* Vertragsübernahme und Vertragsbeitritt, S. 136.

15 Bei Pfandrechten bestimmt sich deren **Rangverhältnis** nach dem Zeitpunkt ihrer Bestellung. Das gilt auch für das an einer künftigen Forderung bestellte Pfandrecht (§ 1209 BGB). Für eine Rückwirkung fehlt es an einer Rechtsgrundlage. Der beitretende Kreditgeber erwirbt daher ein gegenüber den Pfandrechten der bisherigen Sicherungsnehmer **nachrangiges** Pfandrecht.

16 Ist der Sicherheitenvertrag formbedürftig (zB Verpfändung eines GmbH-Geschäftsanteils), so bedarf der Beitrittsvertrag als Neuabschluss des Sicherheitenvertrags mit einem weiteren Vertragspartner derselben Form.[12] Dadurch entstehen zusätzliche **Kosten.**

c) Offenes Geschäft für den, den es angeht

17 Keine weiteren **Kosten** fallen an, wenn die akzessorischen Sicherheiten durch ein sog „offenes Geschäft für den, den es angeht"[13] von Anfang an zugleich für künftig beitretende Sicherungsnehmer bestellt werden. Beim offenen Geschäft für den, den es angeht, erklärt der Sicherungsgeber, dass er die Sicherheit auch zugunsten künftiger – im Zeitpunkt des Vertragsabschlusses noch nicht feststehender – Kreditgeber bestelle. Der Sicherheiten-Treuhänder erklärt, dass er die Bestellung der Sicherheit als **Vertreter** jedes künftig der Intercreditor-Vereinbarung bzw. dem Sicherheiten-Treuhandvertrag beitretenden Kreditgebers annehme.

18 Der Vertreter handelt im Namen eines im Zeitpunkt der Vornahme des Vertretergeschäfts noch nicht feststehenden Dritten (dh des beitretenden Kreditgebers), der **erst später bestimmt** werden soll.[14] Der Vertretene braucht bei der Vornahme eines Vertretergeschäfts noch nicht bestimmt zu sein. Es genügt, dass die nachträgliche Bestimmung dem Vertreter überlassen wird oder vereinbarungsgemäß auf Grund sonstiger Umstände erfolgen soll.[15] Es ist auch möglich, dass der Vertretene im Zeitpunkt der Vornahme des Vertretergeschäfts noch gar nicht existent war.[16]

19 Die **Zulässigkeit** des „offenen Geschäfts für den, den es angeht" ist wegen des Prinzips der Vertragsfreiheit und der Regelung des § 95 HGB im Grundsatz anerkannt.[17] Einigkeit herrscht insoweit in Bezug auf schuldrechtliche Geschäfte. Was indes die Zulässigkeit des Geschäftes für den, den es angeht, bei Verfügungsgeschäften betrifft, werden in der Literatur vereinzelt Zweifel geäußert.[18] Diese kritischen Stimmen gehen alle auf eine nicht näher begründete Äußerung von *K. Schmidt* zurück, wonach die Zulassung der vorbehaltenen Vertragspartnerangabe bei Verfügungsgeschäften „fragwürdig" sei.[19] Die übrige Literatur geht auf die Zulässigkeit des dinglichen Rechtsgeschäfts beim offenen Geschäft für den, den es angeht, entweder gar nicht ein[20] oder setzt dessen Zulässigkeit als selbstverständlich voraus.[21]

---

[12] Staudinger/*Busche,* Einl. §§ 398 ff. Rn. 207 aE; *Pieper,* Vertragsübernahme und Vertragsbeitritt, S. 219; *Nörr/Scheyhing/Pöggeler,* Sukzessionen, S. 197 f.

[13] Vgl. dazu Palandt/*Ellenberger* § 164 Rn. 8.

[14] Ein solches Rechtsgeschäft ist zulässig, BGH v. 23.6.1988, NJW 1989, 164, 166 (der BGH nennt es jedoch „Vertretung ohne Vertretungsmacht" und nicht „offenes Geschäft für den, den es angeht"); Palandt/*Ellenberger* § 164 Rn. 1, 9.

[15] BGH v. 23.6.1988, NJW 1989, 164, 166; BGH v. 17.9.1997, NJW 1998, 62, 63.

[16] BGH v. 17.9.1997, NJW 1998, 62, 63.

[17] BGH v. 18.9.1997, NJW 1998, 62, 63; BGH v. 23.6.1988, NJW 1989, 164, 166; RG v. 2.3.1933, RGZ 140, 336, 337, wonach eine solche Vertragsgestaltung keinen rechtlichen Bedenken begegne.

[18] *K. Schmidt* JuS 1987, 425, 431; *Schrell/Kirchner* ZBB-Report 2002, 230, 231.

[19] *K. Schmidt* JuS 1987, 425, 431.

[20] So etwa die Kommentierungen des „offenen Geschäftes für den, den es angeht", bei Palandt/*Ellenberger* § 164 Rn. 8 und Staudinger/*Schilken,* Vorbem. §§ 164 ff. Rn. 51; vgl. ferner Soergel/*Leptien,* Vorbem. § 164 Rn. 28, wonach die rechtliche Zulässigkeit von Geschäften, bei denen der Geschäftsherr erst nachträglich bezeichnet wird, im Grundsatz außer Zweifel stehe. Daraus, dass nach *Leptien* eine Ausnahme für die Auflassung gelte, können indessen wegen deren grundsätzlicher Bedingungsfeindlichkeit keine weitergehenden Schlussfolgerungen gezogen werden.

[21] Vgl. für den letzteren Fall etwa *Flume,* BGB AT § 44 II 2a, der in diesem Zusammenhang auch Verfügungsgeschäfte diskutiert, ohne Zweifel an der generellen Zulässigkeit einer späteren Bestimmung des Vertretenen zu äußern.

Grund für die geäußerten Zweifel könnte die Unsicherheit über die dinglichen Rechtsverhältnisse sein, die dann entsteht, wenn unklar ist, wer Inhaber des dinglichen Rechts geworden ist. Dieses Problem stellt sich aber nur beim *verdeckten* Geschäft für den, den es angeht. Hier legt der Vertreter nicht offen, dass er für einen Dritten handelt. Der Vertragspartner weiß also nicht, dass das Rechtsgeschäft mit einem Dritten zustande kommt. Aus diesem Grund wird das verdeckte Geschäft für den, den es angeht, auch nur bei Bargeschäften des täglichen Lebens und ähnlich gelagerten Geschäften[22] für zulässig erachtet.[23] Beim *offenen* Geschäft für den, den es angeht, wird das Vertreterverhältnis dagegen offengelegt. Bis zur Bestimmung des Dritten kommt weder das schuldrechtliche noch das dingliche Rechtsgeschäft zustande.[24] Nach der Bestimmung des Dritten sind die Rechtsverhältnisse klar. Es besteht also kein Anlass, die Zulässigkeit des Verfügungsgeschäfts beim offenen Geschäft für den, den es angeht, anzuzweifeln. **20**

Die **Bestimmung** des Vertretenen ist grundsätzlich **formlos** möglich.[25] Sie kann zB durch Abschluss einer Vereinbarung über den Beitritt zur Intercreditor-Vereinbarung bzw. zum Sicherheiten-Treuhandvertrag erfolgen. **21**

Durch den individualisierenden Akt wird der im Wege des offenen Geschäfts für den, den es angeht Vertretene **„automatisch"** Vertragspartner.[26] Der BGH geht somit offensichtlich davon aus, dass eine Genehmigung des offenen Geschäfts für den, den es angeht, durch den Vertretenen nicht erforderlich ist. Dadurch unterscheidet sich das offene Geschäft für den, den es angeht, von der Vertretung ohne Vertretungsmacht (§ 177 BGB). Gleichwohl darf der neue Kreditgeber nicht ohne oder gegen seinen Willen als Vertragspartei in den Sicherheitenvertrag einbezogen werden. Daher ist zu fordern, dass der beitretende Kreditgeber durch einen nach außen **erkennbaren Akt** zum Ausdruck bringt, dass er im Rahmen des offenen Geschäfts für den, den es angeht, als „derjenige, den es angeht", bestimmt werden möchte. Dieser Wille kann im Rahmen der Vereinbarung über den Beitritt zur Intercreditor-Vereinbarung bzw. zum Sicherheiten-Treuhandvertrag zum Ausdruck gebracht werden. **22**

Mit der Bestimmung des Vertretenen kommt das Rechtsgeschäft *ex nunc* zustande.[27] Eine Rückwirkung entsprechend §§ 177 Abs. 1, 184 Abs. 1 BGB findet nicht statt.[28] Die neue Konsortialbank erhält also ein **nachrangiges** Pfandrecht. **23**

d) Vertretung ohne Vertretungsmacht

Häufig liest man, dass der Sicherheiten-Treuhänder als Vertreter ohne Vertretungsmacht für die künftig dem Kreditvertrag beitretenden Kreditgeber handele. Merkmal einer Vertretung ohne Vertretungsmacht ist das Handeln für einen **bestimmten Dritten,** der dem Vertreter aber keine (oder keine ausreichende) Vollmacht erteilt hat. Nur wenn der Dritte bei der Vornahme des Vertretergeschäfts bereits bestimmt war und das Rechtsgeschäft lediglich auf **24**

---

[22] Das sind Geschäfte, bei denen es dem Vertragspartner gleichgültig ist, mit wem er kontrahiert und bei denen er die Gegenleistung sofort erhält.

[23] RG v. 29.9.1942, RGZ 170, 226, 229; BGH v. 21.12.1954, NJW 1955, 587, 590; Palandt/*Ellenberger* § 164 Rn. 8; eine weitergehende Beschränkung fordert *Flume,* BGB AT § 44 II 2 c.

[24] BGH v. 18.9.1997, NJW 1998, 62, 63; *Flume,* BGB AT § 44 II 2a; *K. Schmidt* JuS 1987, 425, 431; Palandt/*Ellenberger* § 164 Rn. 9; MüKoBGB/*Schubert* § 164 Rn. 126; Staudinger/*Schilken,* Vorbem. §§ 164 ff. Rn. 51; Soergel/*Leptien,* Vorbem. § 164 Rn. 28.

[25] RG v. 2.3.1933, RGZ 140, 335, 338.

[26] BGH v. 23.6.1988, NJW 1989, 164, 165; aA noch RG v. 2.3.1933, RGZ 140, 335, 337.

[27] BGH v. 17.9.1997, NJW 1998, 62, 63; *Flume,* BGB AT § 44 II 2a; *K. Schmidt* JuS 1987, 425, 431; Palandt/*Ellenberger* § 164 Rn. 9; MüKoBGB/*Schubert* § 164 Rn. 126; Staudinger/*Schilken,* Vorbem. §§ 164 ff. Rn. 51; Soergel/*Leptien,* Vorbem. § 164 Rn. 28; anders – soweit ersichtlich – nur *Cohn,* Das rechtsgeschäftliche Handeln für denjenigen, den es angeht, S. 92 ff. und ihm folgend auch *Dubber,* Das Geschäft mit dem, den es angeht, S. 135 f.

[28] BGH v. 17.9.1997, NJW 1998, 62, 63; *Flume,* BGB AT § 44 II 2a; MüKoBGB/*Schubert* § 164 Rn. 126; Soergel/*Leptien,* Vorbem. § 164 Rn. 28; anders – soweit ersichtlich – nur *Cohn,* Das rechtsgeschäftliche Handeln für denjenigen, den es angeht, S. 92 ff. und ihm folgend auch *Dubber,* Das Geschäft mit dem, den es angeht, S. 135 f.

Grund der fehlenden Vertretungsmacht schwebend unwirksam ist, ist die gesetzlich angeordnete **rückwirkende** Wirksamkeit des Rechtsgeschäfts gerechtfertigt (§§ 177 Abs. 1, 184 Abs. 1 BGB). Bei Akquisitionsfinanzierungen steht im Zeitpunkt des Abschlusses der Sicherheitenverträge regelmäßig nicht fest, welche Kreditgeber einen Konsortialanteil übernehmen werden. Der künftig beitretende Kreditgeber ist also nicht nur unbenannt, sondern auch noch nicht bestimmt. Schon deshalb sind die Regeln über die Vertretung ohne Vertretungsmacht nicht anwendbar. Deren Anwendung hätte auch unerwünschte Konsequenzen. Handelt der Vertreter für einen namentlich nicht benannten Dritten und benennt er diesen auf eine **Aufforderung** des Vertragspartners nicht, so finden die §§ 177 ff. BGB analoge Anwendung.[29] Das bedeutet, dass das Vertretergeschäft endgültig unwirksam wird. Dies könnte die Syndizierung vereiteln.

e) Ergebnis

25 Sowohl der Neuabschluss der Sicherheitenverträge als auch der Beitritt des neuen Kreditgebers zu den Sicherheitenverträgen haben den Nachteil, dass das Rechtsgeschäft bei Formbedürftigkeit des Sicherungsvertrags ebenfalls der Form bedarf. Die Einbeziehung eines beitretenden Kreditgebers in die Sicherheitenverträge durch ein offenes Geschäft für den, den es angeht, ist auch bei formbedürftigen Sicherheiten formlos möglich. Allen drei Gestaltungen ist gemein, dass bei einem Pfandrecht der neue Sicherungsnehmer nur ein nachrangiges Pfandrecht erwirbt. Der Nachrang kann in Kauf genommen werden, wenn die Sicherheiten parallel auch die Forderung des Sicherheiten-Treuhänders aus dem abstrakten Schuldversprechen besichern und sich die Kreditgeber – wie regelmäßig – schuldrechtlich zur rangrichtigen und anteiligen Verteilung des Verwertungserlöses verpflichtet haben. Dann ist nur der Rang der Forderung des Sicherheiten-Treuhänders entscheidend.

[29] BGH v. 20.3.1995, BGHZ 129, 136, 149; Palandt/*Ellenberger* § 177 Rn. 2.

Sachverzeichnis

Die fetten Ziffern verweisen auf die Paragraphen, die mageren auf die Randnummern.